중화 中華

사라진
문명의
기준

중화
中華

사라진
문명의
기준

배우성 지음

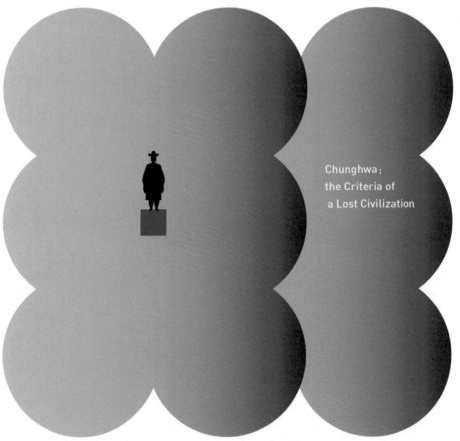

Chunghwa :
the Criteria of
a Lost Civilization

푸른역사

책머리에

21세기의 기준을 들이대고 보면 역사는 이해할 수 없는 일들로 가득 차 보일 수도 있다. 그러나 우리가 그 시대의 눈높이에서 읽어 낼 수 만 있다면 역사에는 인간의 이야기가 가득하다. 그러니 그 시대의 문 법과 맥락에 집중하지 않을 수 없다. 주의할 점이 있다. 역사의 한 단 면은 반복되지 않으며, 단면들의 관계는 결코 단선적이지 않다. 역사 를 읽는다는 것은 결국 하나의 단면이 가지는 공시성, 그것이 다른 단 면들과 가지는 통시성을 복잡성과 중층성의 층위에서 온전히 묘사해 내는 일이 아닐까.

　시간의 눈으로 보면 역사의 한 단면을 가득 채우는 것은 두 갈래의 가능성이다. 한때는 상식이었으며 다수였지만 결국 실현되지 않았던 가능성이 한 갈래를, 한때는 낯설었으며 소수였지만 결국은 다음 시 대에 실현되었던 또 다른 가능성이 다른 한 갈래를 이룬다. 이 모든 가능성은 서로 굵기를 달리한 채 뒤섞이면서 하나의 단면을 가득 메운다. 그리고 다시, 그렇게 수많은 단면이 있다. 역사란 그 단면들의 연속 혹은 불연속의 단층들이니, 그 단면들을 온전히 읽어 내는 것이야말로 역사가에게는 숙명과도 같은 일이 아닌가. 결국 그 단면을 가능하게 했던 시공간적 맥락, 그리고 그 위를 살아갔던 사람들의 심성과 절실함을 읽어 내는 일이 중요하다고 하지 않을 수 없다. 나는 그렇게 생각한다.

역사의 시공으로 진입하려는 역사가는 텍스트에 의존할 수밖에 없다. 모든 텍스트가 있었던 일을 온전히 전해 준다는 보장이 없으니 사료 비판은 필수적이다. 이제 사료 비판을 마친 역사가 앞에 넓고 큰 길이 펼쳐져 있다. 사관, 과학과 실천, 민족과 민중, 일국과 동아시아, 발전과 주체성, 생활과 문화의 이름으로 과거를 호명해 내는 길이다. 이미 수많은 역사가가 걸어왔으며 지금도 걸어가고 있는 길이다. 이 길 위에서 역사가가 찾으려 하는 것은 누구나 공감할 수 있는 재미와 유익함이다. 현재의 문제를 해결하는 데 도움이 되는 교훈이거나 힌트이며, 심지어는 모델화와 이론화를 가능하게 하는 시간 초월적인 원리이자 만능열쇠다. 이 모든 경우에서 텍스트는 역사가가 되살려 내거나 계승하거나 발전시키려는 가치 위에서 독해되고, 현재와의 거리에 따라 평가되는 질료다.

그 길 옆으로 좁고 구불구불한 길이 나 있다. 내가 이 책에서 가 보려는 길이다. 좁고 굽은 길로 간다고 해서 그 길이 현재와 끊어져 있을 리는 없다. 다만, 내가 의식하고 있는 것은 근·현대를 포함한 일체의 후행後行 시기를 특권화하지 않는 일이고, 과거를 수단화하지 않는 일이며, 과거로 현재나 미래를 정당화하지 않는 일이다. 그렇게 하기 위해서라도 텍스트에 기대지 않을 수 없다. 텍스트에 기대되 텍스트를 억압하지 말아야 한다.

무엇보다 텍스트 속 화자가 발화하는 행위와 역사가가 추론과 주장을 담아 말하는 행위 간의 경계를 의식하는 일이 중요하다. 그런 지점들을 의식할 수 있어야 텍스트 안으로 들어가는 일, 텍스트 바깥으로 나오는 일, 안팎을 연결하여 사고하는 일이 가능할 것이기 때문이다. 나에게 필요한 부분을 텍스트에서 오려 내어 나의 이야기 속으로 가져올 것이 아니라, 글의 전체 맥락을 의식하면서 텍스트 속 발화자의 의도를 드러내야 하지 않을까? 나 자신의 언어와 사료의 언어를 구별해야 하지 않을까? 발화자가 구사한 단어나 용어는 그가 함께 쓴 다른 단어나 용어들과의 관계 속에서, 그것들이 다양한 위계로 결합하는 과정에서 만들어지는 의미망 중심으로, 시간적이고 공간적인 맥락 위에서 그려 내야 하지 않을까? 물론 생각만큼 역량이 따라 준다는 보장은 없지만, 여하튼 그런 길을 찾아보고 싶다.

텍스트 독해의 전략에 관한 한, 이 책이 독일의 개념사, 영미권의 언어맥락주의적 지성사에 부분적으로 기대고 있다는 점도 미리 말해 두어야 할 것 같다. 그 틀을 전면적으로 적용하거나, 그 틀에 맞추어 사실을 배치하려 한다는 뜻은 아니다. 이 책에 도움이 될 만한 시야나 그것으로부터 도출된 지침들을 부분적이고 편의적으로 활용했다고 말하는 편이 실제에 가깝다.

그렇게 된 데에는 약간의 사정이 있다. 무엇보다 개념사나 지성사에 대한 나의 이해가 깊지 못하다는 사실을 부인할 수 없다. 그러니 그 틀을 온전히 적용하려고 해도 그렇게 할 수 없다. 그러나 내가 그것들을 충실히 이해할 수 있었다 해도 이 책의 구성이 크게 달라지는 않았을 것이다. 어떤 이론이나 방법론도 사실보다 우선할 수는 없다고 보기 때문이다.

초심자 시절이었다. 민족사학, 내재적 발전론, 민중사학, 과학적·실천적 역사학 같은 말들이 주변을 맴돌았다. 나는 그 대의大義의 소극적 추종자 중 한 사람이었다. 그런데 왜 한국사 연구는 사회과학처럼 이론적 배경과 방법론을 명확하게 정의하고 시작하는 경우가 드문 것일까? 명징한 이론과 방법론이야말로 역사 연구를 세계사적인 차원에서, 보편적이고 과학적으로 수행하게 해주는 것이 아닌가? 그것들을 먼저 정의하지 않고 연구사 정리로부터 출발하는 이유는 무엇인가? 그때 나는 그런 의구심을 떨치지 못했다.

그로부터 얼마간의 시간이 흘렀다. 역사학을 포함한 학술 영역에서 구성주의적인 문제 제기가 시작되었다. 그 덕분에 나는 역사가 사실이자 사실에 관한 이야기임을, 가장 확실한 지식이라는 과학조차 변해 왔다는 사실을 어렴풋이나마 짐작할 수 있었다. 그렇다면 이론과 과학적 방법론에 기대지 않은 채로 세계를 파악할 수는 없다고 주장하는 것은 오만한 태도가 아닌가? 역사학이 반드시 사회과학과 비슷해져야 할 이유는 없지 않은가?

그러나 또 다른 질문이 떠오른다. 구성주의적 시야가 아무리 유익하다 해도 역사를 언어의 문제만으로 치부할 수는 없는 일이다. 구성된 것으로서의 역사에 동조하는 것으로 역사가는 자기 소명을 다했다고 말해도 좋을까? 우리가 알고 있는 어느 역사상이 후대의 시야에서 정의된 것이라고 주장하는 것으로 그 시대와 그 인간을 온전히 이해할 수 있을까? 새로운 세기가 시작된 뒤에도 나는 여전히 혼돈 속에 있었다.

그사이 소득이 전혀 없지는 않았다. 역사가 맥락적으로 읽어 내지 않으면 안 되는 하나의 이야기라면, 정작 중요한 것은 역사 속 발화자와 그들이 남긴 텍스트가 아닌가? 내가 가장 믿고 의지해야 하는 것은 결국 아카이브의 힘이 아닌가? 그 혼란스러운 시간을 지나오면서 나는 그렇게 생각하게 되었던 것 같다. 이 책에서 내가 개념사와 지성사, 그리고 텍스트와 사료를 대하는 태도는 온전히 그런 과정으로부터 온 것이다.

'중화中華'를 키워드로 한 책을 내기로 한림대학교 한림과학원과 약속한 것은 꽤 오래전의 일이었다. 호의를 베풀어 준 김용구 전 원장님, 이 책이 빛을 볼 수 있도록 해준 이경구 원장님, 유익한 도움을 준 익명의 교열위원들께 감사드린다. 처음 집필을 시작했을 때만 하더라도 개념사 사전의 표준적 구성을 생각해 보지 않은 것은 아니었다. 되돌아보니 나는 이 책에서 그런 모델을 충실히 따라가지는 못했다. 한국사와 중국사의 차이 때문이기도 하지만, 근본적으로는 이론보다 역사의 복잡성과 중층성을, 방법론보다 사실의 결을 더 중요하게 보는 나 자신의 시야 때문이기도 하다. 한림과학원 측에 감사함과 함께 미안한 마음을 전하고 싶다. 푸른역사 박혜숙 대표님의 배려와 편집진의 노고가 없었다면 두툼한 원고 뭉치가 반듯한 책으로 탈바꿈하기는 어려웠을 것이다. 귀한 시간을 쪼개 난삽한 초고를 읽어 준 김창수 선생님과 박준형 선생님께도 특별히 감사의 말씀을 드리고 싶다.

지난 몇 해 동안 나라 안팎에서 모두가 코로나로 고통받았다. 시대와 인간을 탐구한다면서 정작 나는 내가 사는 이 시련의 시대 앞에서 너무나 무기력하지 않은가? 그런 자괴감이 밀려올 때면 역사학적 통찰력과 인문적 사유의 불빛을 상상하기도 했다. 물론 나는 이 책이 그런 경지에 가까이 다가갔다고 착각할 만큼 무모하지는 않다. 그러나 멀리 있다고 마냥 슬퍼할 일은 아니다. 부족하고 어설프나마, 한걸음 내딛는 그 과정을 즐길 뿐이다. 다시 또 걸을 용기를 낼 뿐이다.

배봉산 자락 연못가 연구실에서

배우성

왜 중화인가

미래를 위한 교훈이나 지침을 과거에서 찾을 수 있다고 믿는 사람들에게 역사학은 꽤 쓸모있는 학문이다. '중화中華'는 그런 그들에게 중요한 탐구 대상이 된다. 1910년 망국의 책임을 물으려는 이들은 조선의 군주와 위정자들, 그들이 기대고 있었던 유학, 그 유학과 이어진 '중화'를 떠올린다. 그 순간 '중화'는 역사적 실패의 원인이 된다. 역사에서 얻은 교훈을 미래에 비춰 보고 싶은 사람이라면 '중화'가 오늘 우리의 현실에 미치고 있는 악영향에 주목할 수도 있다. 그렇게 '중화'는 반드시 청산하지 않으면 안 되는 사대주의적 잔재, 역사의 찌꺼기가 된다.

물론 모든 사람이 그렇게 생각하는 것은 아니다. 한국 사회에 널리 퍼져 있는 비판적인 정서와는 달리, 20세기 후반의 한국 사학사는 유학과 '중화'를 긍정적으로 해석해 내려는 노력이 있었던 사실을 잘 보여 준다. 그렇게 조선중화라는 학술용어가 탄생하기도 했다. 유학자를 리더로 한 한말의 의병운동은 '중화'가 가진 그런 면모에 잘 부합한다. 유학자들의 선비 정신은 또 21세기에 되살릴 만한 가치가 된다.

중화와 관련하여, 우리는 지금도 사대주의와 선비 정신이 경합하는 현실을 본다. 외교적인 혜안을 찾는다는 감각에서 보면, 승부는 이미 기울어진 상태처럼 보일 수도 있다. 그런데 누구의 손을 들어 주더라도, 정작 근본적인 질문이 남는다. '중화'가 사대주의의 상징, 혹은 선비 정신의 근거인지 묻는 것으로 질문이 충분하다고 해도 좋을까? 그렇게 쓸모를 찾았으니 그것으로 역사학은 이제 자기책임을 다했다고 말해도 좋을까? 역사학이 읽는 과거란 늘 그런 것이어야 하는가? 그것이 21세기에 요구되는 역사학적 통찰력의 모든 것인가?

엄밀하게 말한다면, 사대주의와 선비 정신이라는 단어는 '중화'를 말했던 사람들의 문제의식을 온전하게 드러낸 것이라 하기 어렵다. 우리는 20세기에 확립된 경기 규칙을 가지고 '중화'를 본다. 그러나 역사의 발화자들은 우리가 가진 규칙을 알지 못한 채, 그 경기에 참여했다. 그들은 선비[士]였고 또 '사대'를 말했지만, 결코 사대주의나 선비 정신이라는 말을 입에 담지는 않았다. '사대'나 '선비' 같은 단어를 지금과 똑같은 의미나 뉘앙스로 사용했으리라는 보장도 없다. 더구나 사대주의나 선비 정신이라는 말은 '사대'와 '선비'라는 전통시대의 단어에 '주의'와 '정신'이라는 근대 번역어가 합쳐져서 특정한 시간대 이후로 사용되었을 뿐이다. 결코 무시할 수 없는 여러 간극이 있지만, 오늘날 그 틈을 성찰하는 경우가 흔하다고 하기 어렵다.

'속국屬國'이라는 단어가 있다. '중화'와 함께 쓰이던 것 중 하나다. '중화'를 사대주의로 정의하는 관점에서 보면, '속국'은 그런 의미에 짝하는 단어다. 최치원은 신라를 '속국'이라 했다. 송시열은 정몽주를 평가하는 장면에서 심지어 이렇게 말했다. "호원胡元을 배척하고 황조皇朝에 귀의하였으며 중화의 제도로 오랑캐의 풍속을 개혁시켜, 우리 나라를 중국의 속국으로 만들어 어엿한 예의의 나라가 되게 하였다." 한말에 이항로조차 조선을 "중국의 속국"이라 말했다. 우리는 송시열을 사대주의에 찌든 인물로 비판하거나 이항로를 의병운동의 이념적 기반을 제시한 학자로 높이는 주장들을 어렵지 않게 접할 수 있지만, 정작 그들이 모두 '속국'을 말했다는 사실 자체에는 무심한 편이다. '속국'은 전근대 용어가 그대로 근대 번역어가 됨으로써 생긴 착시 현상과 혼선을 잘 보여 주는 단어다. 그럼에도 우리는 그들이 말한 '속국'이 근대적인 의미의 속국vassal state 혹은 보호국protectorate이 아닐 가능성에 주의하지 않는다.

'중국中國'이라는 단어도 사정은 크게 다르지 않다. '북학'을 주장했던 박지원은 "중국을 잊지 않는 마음"을 강조했다. 김종후가 청나라에서 벼슬하던 한족 출신 항주 선비들은 물론 그들과 교류한 홍대용을 비판했던 것은 그들이 "중국을 생각하지 않는다"고 보았기 때문이다. '북학'을 주장한 박지원도, 홍대용과 논쟁했던 김종후도 모두 '중국'을 말했던 것이다. 우리는 박지원을 북학파로 기억하지만, 북학파와 그 반대자들이 모두 '중국'을 강조했다는 사실에는 그만큼의 관심을 가지지는 않는다. 박지원과 김종후가 말했던 '중국'은 조선이 내면화하지 않으면 안 되는 문명적 가치에 가까운 것이었다. 그러나 모두가 그렇게 생각한 것은 아니다. 철종 때 조두순은 청나라를 아무렇지 않은 듯 '중국'이라 불렀다. 그 장면에서 '중국'은 결코 박지원이나 김종후가 상상한 '중국'은 아니었다. '중국'의 의미는 결코 하나가 아니었지만, 우리는 그 차이에 주의를 기울이지는 않는다.

'중화'는 '속국'과 '중국'의 사례에서 확인되는 모든 문제 상황의 중심에 있다. 널리 알려진 '중화'의 정의에 따르면, 이 단어는 한족이 이민족과 자신을 구별하는 관념에 뿌리를 두고 있다. 한족은 자신들의 발상지인 황하 유역을 지리적이고 문화적인 중심으로 여겼으며, '중화'라는 단어를 그런 의미로 사용했다. '중화'는 또 유학의 왕도정치론으로 정당화되었다. 한족은 자신이 우월했을 때 '중화'의 이름으로 이민족을 포용했지만, 그 반대의 경우에는 같은 이름으로 그들을 배척했다. '중화'는 뒷날 근대의 번역어들과 결합하면서 새롭게 재해석되었다. 중화인민공화국, 중화민족과 같은 단어들이 그런 것이다.

한국사의 발화자들도 '중화'를 말했다. 그러나 그들에게 한족의 논리를 답습해야 할 이유는 없었다. 그들은 중화사상이라는 단어를 구사하지도 않았다. 그것은 '중화'라는 오래된 단어에 '사상'이라는 근대의 번역어를 붙여서 만든 용어일 뿐이다. 더구나 '중화'는 담론의 장에서 결국 소멸했다. 그렇다면 중국사에서 확인되는 '중화'의 정의로 이 역사를 읽을 수는 없지 않을까? '속국'과 '중국' 같은 단어가 보여 주는 의미상의 간극을 되새겨 본다면, '중화'를 20세기의 경기 규칙에 따라 본질화하는 것도 큰 도움이 되지는 않을 것이다.

나는 이 책에서 '중화'를 해석적인 가능성이 열려 있는 개념으로, 역사의 한 시점부터 '이적'과 짝하기 시작한 단어로 간주하려 한다. 본문에서 자세히 다루는 것처럼, '중화'는 중원의 한족 왕조였거나, 때로는 몽골 같은 이민족 왕조이기도 했다. 문명 세계이거나 자국사의 정체성을 상징하는 단어이기도 했으며, 유학이거나 벽돌과 깨진 기왓장이기도 했다. 할 수만 있다면 그 열린 개념 속으로, 그 사라진 가능성의 세계 안으로 뛰어들어 자유롭게 유영해 보고 싶다.

이 책은 또 '중화'가 언제나 중심과 주변에 관한 의제였다는 사실에도 유의한다. 대부분 중앙의 문인이었을 발화자들은 '중화'를 날줄로, 함께 쓰인 다른 단어들을 씨줄로 하여 어떤 의미장을 직조했는가? 서발턴Subaltern을 포함한 변경민과 한말의 엘리트 같은 주체들은 그 중앙의 언어들을 어떤 방식으로 전유하거나 전복함으로써 '중화'의 의미장에 균열을 냈는가? 그렇게 묻고 또 답을 찾아보고 싶다. 그렇게 함으로써 사대주의나 선비 정신을 찾느라 눈감았던 역사, 쓸모를 향한 강박으로 인해 보지 못했던 세계와 비로소 대면할 수 있기 때문이다.

일러두기

1. 본문 중 작은 따옴표(' ')안에 들어 있는 것은 사료상의 단어 가운데 시대에 따라 의미나 해석이 달라지는 것들이다. 두 단어 이상 혹은 여러 문장으로 구성된 사료의 언어는 큰 따옴표(" ") 안에 표시했다. 같은 사료의 언어라 하더라도 서술상 특별히 강조할 필요가 없는 경우에는 따옴표를 생략했다. 저자가 발화자의 의도를 추론한 경우에는 '〔 〕'로 표시했다.

2. 인물은 처음 나온 경우에 한하여 생몰년을 함께 쓰되, 1945년 이전 인물은 한글(한자, 생년~몰년), 1945년 이후의 인물은 한글(생년~몰년)로 적었다.

3. 이 책에는 아래 논문들의 일부 내용이 포함되어 있다.
   −배우성, 〈1920년대 피병원 건립 캠페인과 경성 조선인 사회─조선 후기적 관성과 식민지 시기의 단면〉, 《서울학연구》 56, 2014.
   −배우성, 〈역사적 기억은 어떻게 전유되었는가?─1930년대 봉천 조선인 사회와 삼학사〉, 《개념과 소통》 25, 2020.
   −배우성, 《〈열하일기〉와 중화中華 개념》, 《개념과 소통》 27, 2021.

4. 이 책 전체에 걸쳐 빈번하게 등장하는 중화, 중국, 이적 같은 단어는 〈찾아보기〉에서 제외했다.

● 이 책은 2018년 대한민국 교육부와 한국연구재단의 지원을 받아 간행되었다(NRF-2018S1A6A3A01022568).

중화론의 시대적 변천

화이지변과 대일통의 중국사

'중화'라는 개념의 용례를 찾아 올라가다 보면 필연적으로 중국사와 마주치게 된다. 그중에서도 태평천국의 난(1851~1864)이 특별한 것은 '중화'와 '이적'에 관한 중국사적인 발상을 잘 보여 주기 때문이다. 그들은 '중국'과 '만주'를 논했을 뿐이지만, '중국'이 특정한 조건을 충족한 상태를 '중화'로 본다면 그것은 결국 '중화'와 '이적'의 문제이기도 하다. 그들은 '만주'가 '중국'이 본래 가진 형상·의관·인륜·배우자·제도·언어를 부정했다고 주장했다.[1] 격문의 주요 부분을 읽어 보자.

무릇 중국은 중국의 형상이 있는데, 오늘날 만주족들이 모두 머리카락을 깎고 긴 꼬리를 뒤로 늘어뜨리게 한 것은 중국 사람을 짐승과 개로 변하게 한 것이다. 중국은 중국의 의관이 있는데, 만주족들이 새로 정대頂戴를 두르고 오랑캐 옷을 입고 원숭이 갓을 쓰게 하여, 선대의 복면 服冕을 무너뜨렸으니, 이것은 중국 사람으로 하여금 그 근본을 잊게 한 것이다. 중국은 중국의 인륜이 있는데, 전에 강희康熙라는 요괴 같은 자가 몰래 달자韃子(오랑캐) 한 사람에게 10집을 관리하게 하여 중국 여자를 간음하게 하였으니, 이는 중국 사람을 모두 오랑캐의 종자로 만들려 했던 것이다. 중국은 중국의 배우자가 있는데 오늘날 만주 요괴들이 중국의 아름다운 여인들을 모두 데려다 노비와 첩으로 삼으니, 아리따운 삼천 궁녀와 수많은 고운 여자들이 모두 오랑캐에게 더럽혀졌으니, 이는 중국의 모든 여자들을 욕보인 것이다. 중국은 중국의 제도가 있는데, 오늘날 만주족들이 요괴 같은 법률을 만들어 우리 중국 사람들로 하여금 그 그물망에서 빠져나올 수 없게 하고 손발을 움직이지 못하게 하니, 이는 중국의 남자들을 협박하는 것이다. 중국에는 중국의 언어가 있는데, 오늘날 만주가 북경 말을 만들어, 중국의 소리를 고쳤으니 이는 오랑캐의 언어로 중국을 어지럽히려는 것이다.[2]

이 격문의 기저에는 '중국'과 '만주'라는 이항 대립 구도가 깔려 있다. 그 사상적 배경을 이해하기 위해서는 '중화'와 '이적', '중국'과 '이적'에 관한 중국사상의 문제의식을 찬찬히 살펴보지 않을 수 없다. 그 아이디어는《예기》의 〈왕제편王制篇〉에서 시작된다.

그 논설에 따르면, '중국'과 '융이戎夷' 등 다섯 방위의 백성들은 모두 변화시킬 수 없는 자기들만의 본성을 가지고 있다. 동이東夷는 머리카락을 풀어헤치고 문신을 하는데, 화식을 하지 않는 자도 있다. 남만南蠻은 이마에 문신을 하고 양쪽 발가락을 서로 향하게 하여 걷는데, 화식을 하지 않는 자도 있다. 서융西戎은 머리를 풀어헤치고 가죽 옷을 입는데, 곡식을 먹지 않는 자도 있다. 북적北狄은 새 깃털과 짐승 털로 옷을 해 입고 토굴 속에서 사는데, 곡식을 먹지 않는 자도 있다. '중국'과 '사이四夷'는 각자 편안히 여기는 집 자리가 있고, 좋아하는 맛이 있으며, 어울리는 의복이 있으며, 잘 쓰는 도구가 있으며, 잘 맞는 그릇이 있다. 본성이 다르기 때문에 언어가 같을 수 없고, 즐기는 것이나 욕심내는 것이 같을 수 없다. 그런 이유로 통역을 두어 의사를 소통하게 했으니, 동방의 통역은 기寄, 남방은 상象, 서방은 적제狄鞮, 북방은 역譯이라 한다.[3]

'중화와 이적'이 아니라 '중국'과 '융이', '중국'과 '이만융적夷蠻戎狄'으로 적혀 있는 대목은 눈여겨볼 만하다. 《예기》는 결코 화華가 무엇인지, 무엇이 화를 구성하는지 말하지 않았다. 《예기》의 독자는 다만 '이만융적'의 중앙이라는 자리, 그리고 '이만융적'의 문화와 상반되는 것처럼 상상되는 문화에서 '중화'와 '이적'의 대립적인 결합 형태를 유추할 수 있을 뿐이다.

'중화'가 '천하'를 지배하는 것은 이념적으로는 당위일지 몰라도 현실에서는 그렇지 않다. 특히 중화가 이적을 압도하지 못하여 이적이 중화의 영역을 넘보거나 중화 문화를 오염시키는 경우가 문제다. 이 경우 중화는 이적을 문화적으로, 영역적으로 끊어 내야 한다. 그것을 '화이지변華夷之辨'이라 한다. 중화가 이적에 대해 취하는 태도를 기준으로 한다면, 모두를 하나로 한다는 '대일통大一統'의 이념은 '화이지변'과 전혀 상반된 자세라고 해야 한다. 그러나 그것조차 '중화'와 '이적'으로 구성되는 천하 세계를 전제하고 있다는 점에서는 다를 바 없다. '중화'는 '이적'을 자신과 분리된 상태로 관리하거나 자신의 영역으로부터 몰아낼 수는 있다. '중화'는 '이적'을 교화하거나 심하면 정복할 수도 있다. 그러나 '이적'을 섬멸할 필요는 없다. '이적'은 '중화'와 함께 천하를 받치는 두 기둥이기 때문이다. '이적'은 '중화'를 '중화'이게 만드는 이유이기 때문이다.

'이적'을 없앨 필요가 없다는 아이디어는 소식蘇軾(1036~1101)의 〈왕자불치이적론王者不治夷狄論〉에 자세하다. 이 아이디어는 《춘추공양전》에 실려 있는 "오는 자를 막지 않고 가는 자를 뒤쫓지 않는다"는 발상에 근거를 둔 것이다. "이적은 중국을 다스리는 방법으로 다스릴 수 없다. 이적은 새나 짐승과 같은 존재들이어서, 그들이 크게 다스려지기를 바라다가는 반드시 큰 혼란에 이르게 된다. 선왕들이 그 원리를 알고 있었으므로 다스리지 않는 것으로 이적을 다스렸으니, 그렇게 하는 것이야말로 이적을 깊이 다스리는 방법이기 때문이다."[4] 소식이 그렇게 말했다. 그가 보기에 《춘추》가 경계한 것은 '이적' 그 자체가 아니라 '중국'이 '이적'의 풍속에 물들 가능성이었다.[5]

《춘추좌씨전》은 '화이지변'의 초기 형태라 할 배타성의 원리를 보여 준다. 그 책에 따르면, '중화'와 '이적'을 구분하는 기준은 종족이다. "우리 족류가 아니면 그 마음은 반드시 다르다."[6] '중화'가 '이적'에 의해 위협받고 있는 상황에서 우리 '족류'가 아닌 자들은 자연스럽게 정벌 대상이 된다. 《춘추좌씨전》에는 그 상황을 잘 보여 주는 주장이 실려 있다. "융적은 승냥이나 이리처럼 금수와 마찬가지여서 그 욕심을 채워 줄 수 없으므로 그들을 정벌해야 한다"고 말하는 것이다. "제하諸夏의 나라는 모두 가까이 지내야 할 사람이므로 내버려 둘 수 없으니 형邢나라를 구해야 한다고 말하는 것이다."[7]

당나라의 문장가 한유韓愈(768~824)는 유학의 도통을 세우고 불교와 노자를 비판했으며 고문古文 운동을 선도하는 등 중국 문학사와 사상사에 뚜렷한 발자취를 남겼다.[8] '중화'와 '이적'의 관계를 놓고 보면 그중에서도 불교 비판론이 두드러진다. 헌종(778~820, 재위 805~820)이 부처 사리를 궁중에 안치하려 한 일이 있었다. 〈논불골표論佛骨表〉는 한유가 여기에 반대하며 올린 글이다.

그 글에 따르면, 불교는 이적의 문화로 후한 때 중국에 들어왔다. 당연히 상고시대에는 없던 것이다. 또 부처란 이적의 사람이다. 중국과 견주어 볼 때 그들은 언어가 통하지 않고, 의복 제도가 다르다. 입으로는 선왕의 말씀을 말하지 않고 몸에는 선왕이 주신 옷을 걸치지 않을 뿐만 아니라, 임금과 신하의 '의義'와 부모와 자식의 '정情'을 모른다. 그런 부처가 살아 있어서 천자의 도읍에 조회 온다면 천자는 그를 한 번 접견하고 연회를 한 번 베풀며 옷을 한 벌 내린 뒤 호위하여 국경 밖으로 내보냄으로써 백성들을 현혹시킬 수 없도록 해야 한다.[9]

한유가 불교를 "없애 버려야 할 것"이라기보다는 "중국 백성들을 현혹시키지 않도록" 관리해야 할 것으로 간주하는 대목이 시선을 끈다. 그는 중국과 이적을 반의어로 사용했다. 또 불교가 임금과 신하의 '의'와 부모와 자식의 '정'을 말하는 유학과 무관하다는 점을 강조했다. 그런데 이적은 변화 가능성이 없는 존재인가? 한유는 〈원도原道〉에서 이렇게 말하기도 했다. "공자가 《춘추》를 지을 때, 제후가 이적의 예법을 쓰면 오랑캐로 대우하였고, 오랑캐이면서도 중국의 예법을 따르면 중국으로 대우하였다."[10] 《논어》〈팔일편八佾篇〉에는 "이적에게 임금이 있는 것은 제하諸夏에 임금이 없는 것만 못하다"고 하였고, 《시경》〈비궁편閟宮篇〉에는 "융과 적을 응징하고 형荊과 서舒를 다스린다"고 했다. 한유가 이 두 기사를 인용한 뒤 이렇게 말했다. "이적의 법을 들어 선왕의 가르침 위에 더하니 어찌 모두가 오랑캐가 되지 않겠는가?"[11]

"제후가 이적의 예법을 쓰면 오랑캐로 대우한다"는 대목은《춘추좌씨전》에 근거를 두고 있다.[12] 본문에 "27년 봄에 기자杞子가 와서 조朝했다"라는 대목이 있다. 주석에 따르면, 기자는 기환공杞桓公인데, 그가 이적의 예법을 썼으므로 '자子'라고 적은 것이다. 기杞나라는 선대先代의 후예이지만 동이와 가까워서 풍속이 바르지 못하고 언어와 의복이 때로 오랑캐를 따르기도 했다. 지금 '조朝'라고 기록한 것은 처음에는 조현朝見의 예를 거행했으나 끝까지 온전히 하지는 못했기 때문이며, '자'라고 한 것은 그 작爵을 낮춘 것이다.[13]

《춘추곡량전》과《춘추공양전》에는 한유가 "오랑캐이면서도 중국의 예법을 따르면 중국으로 대우한다"고 했을 때 그 근거로 활용했음 직한 에피소드가 있다.[14]《춘추곡량전》본문에 "애공哀公이 진후晉侯 및 오자吳子와 황지黃池에서 회합했다"는 대목이 있다. 주석에 따르면, 오나라는 원래 머리를 깎고 몸에 문신하던 '이적'이었다. 반면 노나라는 예의의 고향이었으며, 진나라는 제후들의 맹주였다. 오나라는 그런 노나라의 예법과 진나라의 정치적 권위를 따라 면류관을 쓰고 현단복玄端服을 입기를 청하였다. 노나라의 예법은 천하의 표준이며 제후들은 진나라의 권위에 복종했기 때문이다. 오나라는 주나라를 떠받들고 천자를 높였던 것이다. 오나라는 동방의 대국으로 자기 영향권 아래 있던 소국의 제후들을 자주 회맹시켜 '중국'의 길을 따르게 했다. 공자는 왕을 참칭하던 오왕이 회맹에서 오자를 칭하고 '중국'의 예법을 받아들인 것을 높이 평가했다.[15]

《춘추공양전》본문에는 "정나라가 허나라를 정벌했다"는 기록이 있다. 주석에 따르면, 본문에서 그렇게 정나라라는 이름만 표현한 것은 정나라 양공이 초나라와 합세하여 자주 '제하諸夏'를 침범하면서 '중국'에는 회맹이 그칠 날 없고 전쟁이 자주 일어나게 되었기 때문이다. 정나라의 행위는 이적들이 주나라를 위한다면서 무리를 짓는 것과 다를 바 없었으므로, 그 나라를 '이적'으로 대우한 것이다.[16]

한유는 "공자가 이적의 예법을 쓰는 제후를 오랑캐로 대우했고, 중국의 예법을 따르면 이적을 중국으로 대우했다"고 말함으로써 이적의 변화 가능성을 인정했다. 한유가 〈원도〉에서 말하려 한 것이 '대일통'과 '존왕양이'였다는 평가를 받는 것[17]도 그런 이유일 것이다. 그러나 그의 언술에서 엿보이는 포용성이 중화와 이적의 구분법 자체를 전제로 하고 있다는 사실은 여전히 중요하다.

'대일통'과 '화이지변'이 포용주의와 배외주의를 상징한다는 점에는 이론의 여지가 없을 것이다. 그러나 한유의 주장은 "문화의 유무에 따라 화華로도 이夷로도 대우받을 수 있지만, 화와 이의 구분 자체는 없을 수 없다"는 식으로 읽힐 여지를 내포하고 있다. 더구나 한유의 방식으로는 대우의 가변성을 주장할 수는 있어도 '대일통'이 상징하는 포용성을 드러내기는 어렵다. 한유에게는 "천자의 덕화가 이적에게 미친다"거나, "하늘 아래 왕의 땅 아닌 곳이 없고, 물가에 이르기까지 왕의 신하 아닌 사람이 없다"[18]는 식의 '대일통' 논리가 작동할 공간이 없는 것이다. 당나라에서 송나라에 이르는 시대에 불교와 노장 사상이 발전할 수 있었던 것은 정치적으로 '대일통'의 국면이 조성되어 있었기 때문이다. 그러나 한유는 불교에 맞서 공자와 맹자가 구축한 유학 전통을 복원하려 했으며, 그런 구도에 부합하는 선에서 '대일통'의 논리를 부분적으로 전유專有appropriation했을 뿐이다.

석개와 구양수

석개石介(1003~1043)는 송나라 초기의 경학經學을 대표하는 인물이다. 도道는 문文과 함께 그의 사상을 지탱하는 두 기둥이다. "인의에 도道하면 인의가 융성할 것이요, 예악에 도하면 예악이 갖추어질 것이다." 석개는 그렇게 말했다.

그에 따르면, 도란 복희씨伏羲氏에서 시작되어 공자로 이어진 윤리적이고 정치적인 원칙이다. 도를 완성해 간 그들이 성인이라면, 당나라 때의 한유처럼 그 도를 이어받아 지킨 사람은 현인이다. '도통道統'은 성인과 현인으로 이어지는 그 도의 계승 관계를 가리키는 말이다. 석개는 도를 "하루라도 없어서는 안 될" 것으로 여겼지만, 그가 대면한 현실은 그렇지 못했다. 한유가 죽은 뒤로 수백 년이 지나면서 대도大道가 땅에 떨어지고 불교와 도교 같은 '이단'과 '사설邪說'이 횡행했던 것이다.[19] 그가 〈중국론〉이라는 글을 지어 불교와 도교를 '이적'으로 규정하고, 그것으로부터 '중국'을 지키려 했던 데는 그런 사정이 있었다.

〈중국론〉은 중국이 '천지의 중심'이라는 선언으로부터 시작된다.[20] 그에 따르면, "하늘은 위에 있고 땅은 아래에 있으니 천지의 가운데 있는 것을 중국이라 하고 천지의 주변에 있는 것을 사이四夷라 한다. 사이는 바깥外이며 중국은 안內이다."[21] 석개의 천지는 중국을 중심으로 동심원 구성을 하고 있으며, 그 외곽에 '사이'가 있다.

석개에게 '중국'은 처음부터 '사이'와 짝하는 단어였다. 그렇다면 '중국'은 '중국'이어야 할 이유가 있고, 반대로, '사이'는 '사이'이지 않으면 안 되는 이유가 있을 것이다. 다시 그의 설명을 보자. "무릇 중국이란 임금과 신하가 서는 곳이며, 예악이 만들어지는 곳이며, 관혼상제가 쓰이는 곳이며, 상복 입고 곡하는 의절이 만들어진 곳이며, 각종 채소와 열매가 자라는 곳이며, 온갖 곡식이 생겨나는 곳이다."[22] 그것이 '중국'이 중국인 이유이다. 그렇다면 '사이'는 어디이고 또 어떤 사람들이 사는 곳인가? "동방을 이夷라 하니 산발하고 문신을 한다. 화식하지 않는 자가 있다. 남방을 만蠻이라 하니 이마에 문신을 새기고 엄지발가락을 서로 향하게 한다. 화식하지 않는 자가 있다. 서방을 융戎이라 하니 산발하고 가죽 옷을 입는다. 곡식을 먹지 않는 자가 있다. 북방을 적狄이라 하니 새의 깃과 짐승의 털로 옷을 만들어 입으며, 토굴 속에서 산다."[23]

'사이'에 대한 석개의 설명이 《예기》〈왕제〉 편으로부터 왔다는 것은 의심의 여지가 없다. 그가 유가의 텍스트를 빌려 논지를 구성했다면, '사이'에 대한 유가의 견해 또한 그대로 계승하고 있었을 개연성을 배제할 수 없다.[24] 그가 또 이렇게 말했다. "그 풍속을 모두 스스로 편안히 여기니, 서로 뒤바뀌면 어지러워진다."[25] "중국과 사이의 본성이 달라질 수 없다"는 《예기》〈왕제〉 편의 메시지와 비교해 보면, 석개는 그 둘이 뒤바뀔지도 모를 가능성을 경계하려 했던 것 같다. 그 말에는 '중국'과 '사이'를 엄격하게 구분해야 한다는 일종의 절박함이 묻어 있다.

석개는 '중국'과 '사이'의 차이를 천·지·인의 구조에서 설명하는 것으로 〈중국론〉을 마무리했다. 그가 이렇게 말했다. "하늘을 우러러보면 28사宿가 있고, 땅을 내려다보면 구주九州의 분야分野가 있으며, 그 가운데로 사람을 들여다보면, 군신·부자·부부·형제·빈객賓客·붕우의 위계가 있다. 그러니 28사와 구주의 안쪽에 해당하지 않는 사람,

군신·부자·부부·형제·빈객·붕우의 위계가 없는 사람은 모두 외예外 裔다.” 그가 보기에, ‘중국’과 ‘외예’의 질서는 이미 천·지·인의 구조 에 의해 결정되었다. 따라서 “28사의 밖에서 28사의 안쪽에 간섭하는 것은 하늘의 상도[天常]을 어지럽히는 것이며, 구주의 분야 밖에서 그 안쪽으로 들어오는 것은 땅의 이치[地理]를 바꾸는 것이며, 군신·부 자·부부·형제·빈객·붕우의 위계를 부정하는 것은 사람의 도리[人道] 를 어그러뜨리는 것이다. 만일 위에서 하늘의 상도가 어지럽혀지고 아래에서 땅의 이치가 바뀌며 가운데에서 사람의 도리가 어그러진다 면 그런 나라는 중국이 될 수 없다.”[26]

　‘중국’이라는 단어의 역사적 기원은 주나라 무왕武王 때로 거슬러 올라간다. 이 단어가 의미하는 내용이나 포괄하는 범위는 시대에 따 라 달라졌다. ‘사이’ 혹은 ‘이적’이라는 단어와 짝하기 시작한 것은 주 나라 때였다. 석개의 〈중국론〉이 중요한 것은 송나라 때 ‘중국’이라는 단어가 가지는 의미가 이 논설에서 가장 잘 정리된 형태로 제시되었 기 때문이다.[27]

　“중국을 내內로 하고 사이를 외外로 한다”는 발상은 선진先秦 시대 의 오복제五服制나 구복제九服制에 근원을 두고 있다. 선진 시대의 유 가들은 ‘중국’을 천하의 중심에 두고 ‘사이’를 중국의 주변에 두는 세 계를 그렸다. 석개도 ‘중국’과 ‘사이’가 구성하는 천하 안에서 ‘중국’ 을 안쪽으로 하고 ‘사이’를 바깥쪽으로 하는 세계상을 상상했다. 그러 나 송나라 때의 유학자들에게는 또 하나의 고민거리가 있었다. ‘중국’ 과 ‘사이’의 경계를 선명하게 구분하고 중국의 경계를 보호하는 일이 그것이었다. 석개가 ‘구주’라는 지리적 경계선을 강조한 것은 그런 이 유 때문이다.[28]

석개의 〈중국론〉은 '중국'과 '사이'를 구분하는 '지리'가 하늘의 질서인 '천상', 사람의 지켜야 할 가치인 '인도'와 하나로 합쳐져 있다는 점에서도 특별하다. 그에 따르면, '중국'이 '이적'과 구분되는 이유는 '중국'의 땅이 '구주'이기 때문이기도 하지만 '중국'의 하늘이 28수이기 때문이며, 중국의 사람이 군신·부자·부부·형제·빈객·붕우의 위계를 알기 때문이다. 그가 강조하는 인도人道는 선진 유학 이후의 유학적 전통으로부터 온 것이다. 송나라는 초기에 유교·불교·도교를 조화시키는 정책을 취했지만, 석개는 불교와 도교를 중국 문화를 파괴하는 사상으로, 노자와 장자를 '이적'으로 몰아붙였다.[29]

북송 대 화이론의 이정표로 평가되기도 하는[30] 석개의 〈중국론〉은 '대일통'이 아니라 '화이지변'에 강조점이 있다고 해야 한다. 그러나 그에게 '사이'는 배척해야 할 대상이기도 하지만 동시에 구분해야 할 존재이기도 했다. 그에 따르면 "중국은 중국이고 사이는 사이"이므로, 결국 중요한 것은 "사이는 사이의 자리에 있고 중국은 중국의 자리에 있는 일"이었다.[31] 한족의 입장에서 보면 송나라 때는 시련의 시기였다. 중국이 이적을 압도하지 못하는 정치적 상황 속에서 문인들은 포용적인 방향을 상징하는 '대일통'보다는 배타적인 시야를 담고 있는 '화이지변'을 강조하지 않을 수 없었다. 시련은 이미 북송에서부터 시작되었다. 북송의 눈으로 보면, 요나라가 스스로를 '중국'이라 자부하는 상황은 물론, 송나라가 전연의 맹澶淵之盟(1004)을 맺은 뒤 요나라에 해마다 공물을 바쳐야 하는 현실은 당혹스러운 것이었다.

송나라 초기의 문인 구양수歐陽脩(1007~1072)도 '중국'과 '이적'을 분명히 구분해야 한다고 생각하던 인물 중 한 사람이었다. 고문 운동의 선구자이자 문장가로 이름이 높았던 그는 춘추필법과 정통론의 관점에서 역사를 편찬한 역사가이기도 했다. 춘추필법이 공자가 《춘추》를 지으면서 적용했던 도덕적 평가 기준을 의미한다면, 정통론은 역사상의 왕조 중에서 정통을 따지는 관점을 뜻한다. 그가 보기에, 존왕尊王의 정신과 대의명분을 밝히기 위해서라도, 정통의 계보를 따지기 위해서라도 '중국'과 '이적'을 구분하는 문제는 중요했다. 존왕도, 정통도 모두 '중국'에 해당하는 문제이기 때문이다.

구양수에 따르면, '불법佛法'이 '중국'의 근심거리가 된 지 이미 천 년이 되었다. 부처는 이적으로, 중국에서 가장 먼 곳에 있을 뿐만 아니라 그 역사도 오래되었다. 요 임금과 순 임금의 시대, 그리고 하나라·은나라·주나라 시절에는 왕도가 펼쳐지고 예의의 가르침이 천하에 충만하였으므로 불교가 들어올 빌미가 없었다. 그런데 하나라·은나라·주나라의 시대가 지나자 왕도가 어그러지고 예의가 무너지더니 그 뒤 200년이 지나면서 불교가 중국에 이르게 된 것이다. 그렇다면 중국의 근심을 없애기 위한 유일한 해법은 피폐해진 왕도를 되살리고 무너진 예의를 회복하는 일일 뿐이다. 예의야말로 불교를 이겨 내는 근본이 된다.[32]

구양수는 구체적인 해법을 제시했다. 그에 따르면, 요 임금과 순 임금의 시대, 그리고 하나라·은나라·주나라 시절의 정치에 관한 이야기가 아직 전해지고 있고 그 도구가 모두 남아 있다. 그러니 그것을 익히고 실천하여 백성들에게 그것을 따르게 하는 일이 중요하다. 그렇게 그 시대의 정치가 천하에 충만하게 되면 불교가 근심이 될 일은 없을 것이다. 그렇게만 할 수 있다면 굳이 "불경을 불살라 버리고 절집을 민가로 만들어야 한다"는 한유의 주장을 따를 필요도 없을 것이다.[33]

구양수는 이어서 '삼대'의 정치를 복원함으로써 이적의 근심을 일소한 역사적 전례를 거론했다. 그에 따르면, "옛날 융적과 만이가 구주九州의 인근에서 뒤섞여 살았으니 이른바 서융徐戎·백적白狄·형만荊蠻·회이淮夷와 같은 무리들이었다. 요 임금에서 주나라에 이르는 이상적인 시대가 지나자 이런 무리들이 모두 중국을 침략해 왔다. 마침내 진나라가 서융으로 종주宗周의 땅에 웅거했으며, 오초吳楚의 나라들은 모두 왕을 칭하는 상황이 벌어졌다." 그나마 이적처럼 '좌임左衽'(미개한 상태)하지 않은 것을 다행으로 여겨야 하는 그런 시대였던 것이다.[34]

당시에 불교가 비록 들어오지 않았지만, 그런 상황에서 중국이 어찌 이적이 되지 않을 수 있었겠는가? 마침내 공자가 《춘추》를 지어 중국을 높이고 이적을 낮추고 나서야 왕도가 다시 밝아지게 되고 구주의 백성들이 모두 '우임右衽'하고 '관대冠帶'하게 되었다. 이제 남은 하나의 근심이 바로 불교인 것이다.[35] 석개가 '중국'과 '사이'의 구분을 천·지·인으로 정당화했던 것과는 달리, 구양수는 왕도와 인의의 회복으로 이적으로 인한 근심을 해결할 수 있다는 점을 강조했다. 그러나 불교를 '이적'으로 규정했다는 점에서는 구양수도 석개와 다를 바 없었다.

주자와 진량

한족은 자신의 힘이 우월할 때면 이적을 포용한다는 개방적인 논리를 구사했지만, 그 반대의 경우에는 이적을 변별한다는 배타적이고 폐쇄적인 주장을 내세웠다. 당나라 때가 전자의 시기라면, 송나라, 특히 남송 때는 후자의 시기였다. 남송은 이적인 금나라에 밀려 남쪽으로 도읍을 옮길 수밖에 없었다. 위기에 처한 남송의 처지에서 보면, 당나라가 이적에게 개방적인 정책을 취했던 것이 결국 '중화'와 '이적'의 구분을 애매하게 만들었던 것이다. 그렇다면 구분하는 기준을 새롭게 하고 '중화'의 정통적 지위를 사상적으로 확인해 나가는 데서 해법을 찾지 않을 수 없다. 송나라는 한유의 시야를 계승한 위에서, 한편으로는 춘추학을 발전시켜 나갔으며 동시에 중화 문화의 본류로서 유학이 가지는 정통적 지위를 선명히 하는 데 주력했다. 전자가 '존왕'을 위한 노력이었다면, 후자는 '명도明道'를 위한 투쟁이었다.[36]

어느 날 주자朱子(1130~1200)가 이런 질문을 받았다. "기질氣質에는 혼탁한 정도에 차이가 있는데, 천명天命의 성性에도 치우치고 온전한 차이가 있습니까?" 주자가 답했다. "그렇지 않다. 햇빛과 달빛은 트인 곳에서는 완전하게 보이지만 집안에서는 가려지고 막히기 때문에 보이기도 하고 보이지 않기도 한다. 혼탁하다는 것은 기氣가 그런 것이어서 집안에 있는 것처럼 저절로 가려지고 막히는 것이다. 사람은 그 가려지고 막힌 것을 소통시킬 수 있는 이理를 가지고 있다. 짐승도 이 성性을 가지고 있지만 형체에 구애되어 가리고 막힌 정도가 심하기 때문에 소통시킬 방도가 없다. 호랑이와 이리가 제 아비를 알아보는 것은 인仁하다 할 수 있고, 승냥이와 수달이 먹을거리를 늘어놓는 모습은 예를 안다고 할 수도 있으며, 벌과 개미가 상하관계를 잘 따르는 것은 의롭다 할 수도 있다. 그러나 그것들 모두 막힌 것을 겨우 조금 통했을 뿐이어서, 말하자면 작은 틈새에서 나오는 한 줄기 빛과 같을 뿐이다. 원숭이는 모습이 사람과 비슷하고 동물 중에서 가장 영특한데 다만 말을 못할 뿐이다. 이적의 경우 사람과 금수의 중간에 있으므로 끝내 기질을 고치기 어렵다."[37]

개별 사물에 작용하는 이와 기를 설명하는 가운데 나온 이야기지만, 이적을 사람과 금수의 중간에 놓는 정서야말로 금나라에 밀려 남쪽으로 도읍을 옮긴 남송의 현실을 잘 반영한다고 할 수 있다.[38] 이민족 왕조가 중화 문화로 교화될 수 있는 가능성을 인정하지 않던 주자로서는[39] 중원이 오랑캐에게 점거된 상황과 그 이후의 문제를 논리적으로 설명해 내야 했다. 그에 따르면, 기의 운행은 한번 왕성했다가 쇠퇴하고, 한번 쇠퇴했다가 다시 왕성해진다. 일정하게 순환할 뿐이기 때문에 쇠퇴했다가 왕성하지 않은 적이 없다. 오랑캐는 단지 오랑캐일 뿐이니, 반드시 그들이 차지한 중원을 회복해야 한다.[40] 그것은 존왕의 문제였다.

주자에게 '중화'와 '이적'을 구분하여 '중화'를 높이는 일은 '명도'의 문제이기도 했다. '도를 밝힌다'는 것은 도학의 핵심 개념을 재구성하고, 그 계보를 새롭게 하는 일이다. 유학에서 정통으로 간주하는 기준은 공자의 가르침이다. '인'을 내용으로 하고 '효제孝悌'를 실천 방법으로 하는 그것이 정학正學이고 도학이며 성학聖學이다. 공자를 계승한 맹자는 도학의 핵심을 '효제'로 보았다. 성선설은 맹자가 도학을 인륜의 문제로 보는 토대가 되었다. 맹자는 또 요 임금과 순 임금으로부터 공자로, 그리고 사실상 자신으로 이어지는 도통의 맥락을 밝히고, 그 위에서 양주楊朱와 묵적墨翟을 이단으로 배척했다.

당나라 때의 유학자 한유는 도학의 핵심을 '인의'로 확장했다. 한유는 또 맹자가 말한 도통의 계보를 더 가다듬는 한편 도교와 불교를 이단으로 간주했다. 주자는 도통론을 정교화하고 도학의 핵심 내용을 다듬는 사상사적 과제를 수행했다. 주자는 맹자, 한유, 북송 대의 도통론을 계승했지만, 맹자에서 끊어진 도통이 북송의 정호程顥·정이程

頤에게 이어졌다고 주장했다. 주자가 사서四書를 중시한 것은 도통이
그것들을 통해 전수되었다고 생각했기 때문이다. 그는 또 인의를 기
초로 한 이전의 도학 이론을 천리天理 중심으로 재해석하고 그것에 기
초해 도학의 정통적 지위를 확인하고 도교와 불교 등 이단을 배척했
다. "천리를 밝히고 인욕을 제거한다"는 말은 주자가 생각한 도학의
핵심 내용이 무엇인지를 단적으로 보여 준다.[41]

'화이지변'과 '도통'을 강조한 것이 주자가 처음은 아니다. 당나라
때 한유도 그 두 가지를 모두 강조했다. 그러나 '이적'을 인간과 금수
의 사이에 두는 방식으로 '화이지변'을 강화하고 '도학'이 가지는 정
통의 지위를 '천리'를 끌어와 정당화했다는 점에서 주자는 특별했다.
주자와 같은 시대를 살았던 진량陳亮(1143~1194)은 상대적으로 '화이
지변'에 집중했다. 진량에게 '중화'와 '이적'을 선명하게 변별하지 않
는 것은 곧 수나라나 당나라 때의 전철을 다시 밟는 것이다. 그가 보
기에 이적이 중화를 침범한다면 중화는 그들을 쫓아내어 '중화'의 일
에 간여하지 못하도록 만들어야 했다.[42]

진량은 중원을 회복하고 금나라에 복수해야 한다고 일관되게 주장
했다. 그에 따르면, '중국'은 "천지의 정기가 서린 곳으로, 천명이 쌓
인 곳이자 인심이 모이는 곳이며, 의관과 예악이 모이는 곳이자 백 대
의 제왕이 서로 이어온 곳"이다. 결코 천지 밖에 있는 이적의 '사기邪
氣'가 침범할 수 있는 곳이 아니다. 그런데 불행히도 송나라가 금나라
의 침략을 받았다. 송나라는 "중국의 의관과 예악을 지닌 채"로 남쪽
한 귀퉁이에서 연명하는 처지가 되었다. '중국'의 의관과 예악을 지녔
으므로 송나라는 여전히 '중화'다. 그러니 '천명'과 '인심'도 여전히
남송과 함께하고 있다고 말해도 좋다. 그러나 중원을 오랑캐 금나라

에 빼앗긴 상황은 결코 정상이라 할 수 없다. 아무 일도 없었다는 듯 남쪽 구석에서 편안히 지낼 수는 없는 일이다. 남쪽에서 머무는 잠시의 편안함 때문에 '중국'의 회복을 도모하지 않는 것은 "원기가 몸의 한 갈래로만 흘러 나머지 팔다리는 말라 비틀어지는데도 자각하지 못하는 것"과 같다. 만일 이렇게 되면, 결국 그 한 갈래라는 것마저 믿을 만하지 못하게 될 것이다. 천지의 '정기正氣'가 '비린내[腥羶] 나는 것'에 막혀 있는데도 오래도록 풀어 주지 못하면 반드시 장차 터져 나오게 될 것이니, 천명과 인심은 진실로 남쪽 구석에서 오래 머물러 있게 할 수 없다.[43]

진량은 '중화'와 '이적'을 '천지'와 '천지 밖'이라는 말로 구분했다. 지리적·공간적 구분법을 받아들인 셈이다. 그러나 그 공간들은 다시 '정기正氣'와 '사기邪氣'에 의해 수식된다. '정기'의 땅과 '사기'의 땅은 또 '천명'과 '인심', '예악'과 '의관'의 유무에 의해 구별된다. '중화'는 그런 유교 문화적 요소에 의해 정당화되었던 것이다. 그는 결코 "누구나 문화를 가지면 중화가 될 수 있다"고 주장하지는 않았으며, 그 점에서는 주자와 크게 다르지 않았다. 그러나 진량은 '중화'와 '이적'을 엄격하게 구분하는 일이 부국강병을 추구하는 일과 병립할 수 있다고 생각했다. 그는 효종 황제에게 부국강병을 위한 다양한 정책을 제안했다. 그의 논리대로 한다면, 부국강병은 일의 성취를 중시하는 '사공事功'의 일환이었으며, 결국 '존왕'과 복수를 위해 필수불가결한 것이었다. 그러나 '존왕'과 '사공'을 위한 그의 논의에 도학을 위해 안배된 공간은 없었다. 그 점에서 진량은 주자와 생각이 달랐다.

진량은 왕도냐 패도냐의 문제를 두고 주자와 논쟁하는 것도 마다하지 않았다. 그에 따르면, '잡패雜霸'라는 것도 그 도는 왕도에 근본을 둔 것이다. "제유諸儒가 말한 것은 의라 하고 왕도라 하며, 한나라와 당나라가 이룬 것은 리利라 하며 패도覇道라 한다. 말하여 얻은 것도 좋기는 하지만 행하여 얻은 것도 나쁘지는 않다. 의와 리가 함께 행해지고 왕과 패覇가 아울러 쓰일 수도 있는 것이다."[44] 진량이 보기에는 왕도와 패도, 의와 리를 대립적으로 여기는 주자의 이분법 자체가 문제다.[45] 진량이 '제유'라 부른 사람들은 주자를 따르는 도학주의자다.

진량의 시야에서 보면, 도학주의자의 학문관 그 자체부터 문제다. 그에 따르면, 도덕과 성명性命에 관한 설이 크게 일면서 폐단이 심각해졌다. "구두점도 떼지 못하고 글을 쓸 힘도 없는 어린아이들조차 그 설을 추종하면서 스스로를 높이고 자랑하면서, 전배前輩들에게는 배울 게 없다고 한다. 세상에서 고명하다고 추앙받는 사람들은 그 기회를 틈타서 성인의 도가 모두 자기에게 있는 체하고, 천하의 일을 못할 것이 없는 것처럼 행동하며, 후생들에게 자기를 높이게 만든다."[46] 진량이 "도덕과 성명에 관한 설을 주장하는 자"라고 한 사람들 역시 주자를 따르는 도학주의자들이었다.

진량은 '수기修己'를 '치인治人'의 전 단계로 간주하는 주자에 반대했으며, 덕치보다 법치를 강조했다.[47] 주자의 시야에서 보면, 한·당 때 유학·불교·도교 등으로 끊어져 버린 성인의 학문 전통을 잇는 것이 중요하고, 성인의 학문을 되살리기 위해서는 '수기치인'에 입각한 공부를 해야 한다. 주자가 '도통'의 연원을 강조하거나 "천리를 보존하고 인욕을 버리자"고 주장한 데에는 그런 이유가 있었다. 그러나 '사공'의 중요성을 강조하던 진량은 주자가 말하는 그런 도학과 정통에 관한 논의에 동의할 수 없었다. 진량은 반도학주의反道學主義를 주창한 화이론자였다.

왕부지

시간은 흘렀고, 다시 이민족이 한족을 압박하는 시대가 되었다. 명나라 말부터 청나라 초기를 살았던 한족 문인 왕부지王夫之(1619~1692)는 석개의 아이디어를 계승했다.[48] 왕부지가 보기에, 이적은 태생적으로 교활하고 사나우며 살인을 좋아한다. 그들이 그렇게 된 것은 태어난 곳이 중국과 다르기 때문이다.[49] 그는 또 이렇게 말하기도 했다. "이적은 화하華夏에 비해 태어난 곳이 다르다. 태어난 곳이 다르니 기질이 다르고, 기질이 다르니 습성도 다르다."[50] 자연환경의 차이가 이적의 기질을 결정했다고 보는 것이다.

　그에 따르면, 이적은 인간이 아니라 금수이기 때문에 중화와 이적의 관계가 신의로 맺어질 수는 없다. 사람이 사람과 친하게 될 때는 신의를 지켜야 한다. 사람과 사람의 관계이기 때문이다. 그러나 금수나 벌레는 사람이 신의를 베푸는 대상이 아니다.[51] 그는 또 이렇게 주장했다. "이적을 죽여도 불인不仁이라 할 수 없고 이적을 침탈해도 불의라 할 수 없으며, 이적을 속여도 불신이라 할 수 없다. 왜냐면 신의라는 것은 사람과 사람 사이에서 지켜져야 하는 것일 뿐, 사람 아닌 것에게 베풀 것은 아니기 때문이다."[52]

　자연환경의 차이가 '중화'와 '이적'의 차이를 낳았다 하더라도 이적은 자기 노력으로 자신을 변화시킬 수 있지 않을까? 그는 이 문제에 대해서도 답했다. "하늘은 일기一氣를 고르게 비추어 주어 만족萬族을 생장시키지만, 땅이 그들을 구역으로 한정시키니 천기가 그에 따라 변하고, 천명도 그에 따라 달라지는 것이다. 중국은 키[箕] 모양으로 생겼으니, 대지 전체로 본다면 가슴과 같은 곳이다. 대지의 산이 두 갈래로 갈라지는데, 북쪽으로 하란賀蘭에서 뻗어 내려 동쪽 갈석산碣石山에 이르고 남쪽으로 민산岷山에서 뻗어내려 동쪽 오령五嶺에 이른다. 그 가운데가 바로 대지의 중심이며, 신성한 구역인 신고神皐다. 그러니 이적이란 옷으로 비유한다면 가장자리에 드리워진 옷자락과 같은 존재로, 산과 사막으로 가로막혀 자립한 자이다. 지형의 차이가 '천기'의 차이를 만들어 냈으니, 그 성정에 편하게 여기는 곳이 곧 그 생리生理가 있는 곳이 된다."[53] 한마디로 말한다면, 송충이는 솔잎을 먹어야 한다는 뜻이다.

이적이 중원을 넘보는 상황이야말로 송충이가 솔잎을 먹지 않으려 할 때라고 해야 한다. 그는 이 상황을 어떻게 보았을까. "저들이 외람되게 신고神皐에 들어온다 해서 신고의 아름다운 이로움을 누릴 수는 없다. 그들의 그런 행위에 대해서 땅이 마땅치 못하게 여기고, 하늘도 돕지 않기 때문이다. 본성이 불순하게 되고, 천명이 불안하게 되니, 이런 까닭에 탁발씨拓拔氏가 낙읍雒邑으로 도읍을 옮겼다가 망했고 완안씨完顏氏도 채읍蔡邑으로 옮겼다가 망했던 것이다. 모래톱에서 헤엄치는 격이며, 평원에서 여우를 부르는 꼴이니 장차 어떻게 될 것인가? 제 명을 재촉할 뿐이다."[54] 그가 보기에 이적이 중원을 점거하여 중화 문화를 습득하려 하는 것은 천지가 정해 준 이치를 거스르는 행위일 뿐이다. 이 장면에서 '용하변이用夏變夷', 즉 중화 문화로 이적의 문화를 변화시킬 가능성은 원천적으로 차단된다.

왕부지는 《춘추》에 나오는 '이적'과 진나라 이후의 문헌에 기록된 '이적'을 다른 방식으로 정의했다. 《춘추》에서 말하는 '이적夷狄'이란 예를 들면 초나라와 같은 곳이다. 왕부지는 주나라에게 초나라가 "이적이 아니라 할 수는 없지만, 천하 만세의 이적은 아니다"고 말했다.

"구주 안의 이夷는 이가 아니다"는 말도 그런 의미를 담고 있다.[55] 그러나 진나라 이후의 '이적'이라면 상황이 다르다. 그들은 '구주' 밖 "새외塞外의 호로胡虜"로 호시탐탐 '중화'의 땅을 넘보는 자들이었기 때문이다.

왕부지가 문제 삼은 것은 한나라 때의 흉노족이나 송나라 때의 금나라, 그리고 만주족의 청나라 같은 존재들이었다. 그의 논리에 따르면, 이런 '이적'에게는 오직 한 가지 선택지만 있을 뿐이다. 그들이 태어난 땅에서 천지가 정해 준 대로 '중화'와 무관하게 살아가는 것이다. 그런데 중화는 그런 이적을 다스려야 하는가? "이적을 죽여도 불인이라 할 수 없다"는 왕부지의 말은 이적이 중원을 엿보는 상황에 해당하는 말이다. 그가 보기에 중화는 이적을 자기의 경계 밖으로 몰아내 모든 접촉을 차단하는 것이 최상이다. 따라서 이적이 자기 땅에서 분수를 지키며 살아간다면, 중화는 굳이 이적을 다스릴 필요가 없는 것이다.

힘이 강한 이적도 그런데 힘이 약한 이적이라면 더 말할 필요가 없다. 후한 때 반초班超(33~102)라는 인물이 있었다. 그는 36명의 막료를 거느리고 서역 여러 나라를 한나라에 복속시켰다.[56] 《후한서》〈반초전班超傳〉에는 그가 "호랑이를 잡으려면 호랑이 굴로 들어가야 한다"면서 부하들을 독려한 일화가 전한다. 왕부지는 반초의 사례를 반면교사로 삼아 '중화'가 '이적'을 다스리지 않는 이유를 설명했다. 서역을 평정하는 과정에서 반초는 그 나라 임금들을 죽이기도 하고 사로잡기도 했다. "고금을 막론하고 뛰어난 지략과 용맹함을 가진 자가 이렇게 행동한 적이 없었다." 왕부지의 평가는 단호했다. 이유가 있다. "이 서역의 여러 나라들은 땅은 좁고 군대는 약하며 임금이 어리석어 백성이 흩어졌으니, 지략과 용맹함을 쓰지 않더라도 그들을 충분히 제압할 수 있기 때문이다. 만 리 밖에 사는 잔약한 오랑캐가 구차하게 왕이라 자칭한다 해도 실은 중국의 미관말직인 정장亭長보다도 못하니, 그들이 한나라를 배반한다 해도 흉노의 세력을 강화시킬 정도도 되지 못하고, 그들이 한나라에 복속해 온다 해도 중하中夏의 위세를 세우는 데 큰 도움이 되지 않는다."[57] '중국' 밖의 '이적'에 대해서 왕부지가 보여 준 자세는 "왕자는 이적을 다스리지 않는다"는 전통적인 관념 바로 그것이다.

'치통治統'과 '도통道統'. 왕부지에게 이 두 가지는 '중화'를 상징하는 단어다. '치통'이 천자의 자리라면, '도통'은 성인의 가르침이다. [58] 그것들은 반드시 지켜야 하는 것이었지만, 현실이 언제나 그 당위와 일치하는 것은 아니었다. 이적이 그것들을 "훔쳐 가는" 경우가 적지 않았기 때문이다. 그러면 훔친 자의 미래는 또 어떻게 될 것인가? 그가 말했다. "천하에 훔쳐서는 안 되는 지극히 소중한 것이 둘이 있다. 치통과 도통이다. 이적은 치통을 훔친다 하더라도 천지의 후원과 백성의 지지를 받지 못하게 되어 결국 영구히 제 한 몸을 보존하지도 못하게 되는 것이다. 중화에서 도통을 훔쳐 낸다 해도, 그것은 원숭이를 목욕시켜 관冠을 씌워 놓은 격이다. 문장으로 성현이라 꾸며 대며 요망한 행동을 하는 것도 모자라, 의기양양하게 선왕의 도를 지켜서 천하를 교화하겠다고 하니, 천벌을 받아 곧 망하게 되는 것이다. 성인의 가르침을 훔쳐다가 비류匪類에게 아첨하니, 화란禍亂이 극에 달하지 않겠는가."[59] 이적이 중화에서 '도통'과 '치통'을 훔쳐 갈 수는 있지만 결국 바로 그 행위로 인해 몰락하게 되리라는 것이었다.

왕부지가 늘 그렇게만 말한 것은 아니다. 그는 강남 사인士人의 터전을 중화의 땅이라 주장하려 했다. 그렇게 하기 위해서는 '태어난 곳'을 강조하는 것 이외에 다른 특별한 논리가 필요했다. 그가 근거로 삼은 것은 변화무쌍한 '천지의 기운'이다. "천지의 기는 쇠퇴하기도 하고 왕성하기도 하여 피차가 서로 바뀐다. 오吳·초楚·민閩·월越 땅은 한나라 이전에는 오랑캐의 영역이었으나, 지금은 문교文敎의 터전이 되었다. 송나라는 지금으로부터 500년 전에 있었던 나라인데, 당시 소옹邵雍은 남방 사람들이 북방 사람들보다 못하다고 여겼다. 난리가 남방 사람들의 땅에서 시작되었기 때문이다. 그런데 명나라 이후로 학술과 절의와 사공事功과 문장으로 유명한 인물은 모두 남방 땅인 형주荊州와 양주揚州에서 나왔다. 탐욕스럽고 불량한 자, 임금을 죽이고 나라를 팔아먹은 자, 궁중 세력과 결탁하고 환관에게 아첨하며 원수를 섬기는 자는 북쪽 출신이 훨씬 많았다. 소옹의 말은 남송 때는 맞았지만 지금은 그렇지 않다."[60] 천지의 기운에 따라 '오랑캐 땅'이었던 곳이 '문교'의 땅이 될 수 있다는 논리는 일종의 문명이동론이라 해도 좋을 만한 것이었다. 그러나 그는 이 주장이 자연환경의 차이가 '중화'와 '이적'의 기질 차이를 낳았다는 논리와 어떻게 공존할 수 있는지에 대해서는 말하지 않았다.

유사배와 강유위

청나라 말기 혁명파는 서구사상을 받아들여 민족주의를 제창하는 과정에서 '화이지변'을 계승했다. 그것은 개혁파가 주장하는 대민족주의, 혹은 그것의 이론적 근거를 이루었던 금문학파의 대동사상과 '대일통' 논의를 비판하는 것을 의미했다. 유사배劉師培(1884~1919)는 혁

명파를 대표하는 논객 중 한 사람이었다.[61]

청일전쟁에서 패한 후 중국에서는 보종保種·보교保教·보국保國이 사상계의 주요 과제로 떠올랐다. 지켜야 할 종족은 황인종인가 한족인가? 지켜야 할 가르침은 공자교인가 삼강오륜의 질서인가? 지켜야 할 나라는 중국인가 청나라인가, 혹은 군권인가 공화인가?[62] 논의의 쟁점은 세 갈래였지만, 그것들은 모두 민족을 어떻게 정의할 것인가에 관한 문제와 무관하지 않았다. 1905년에 접어들면서 개혁파와 혁명파가 이민족 왕조의 한화漢化 여부를 두고 논쟁을 벌이게 된 것도[63] 결코 우연한 일은 아니었다.

유사배는 "보국하여 보종하자"고 주장했다. 나라를 지켜 종족을 보존하자는 뜻이다. 그는 뒷날 강유위康有爲(1858~1927)와 양계초梁啓超(1873~1929)가 주장한 보교설保教說에 반대했으며, 말년에는 국수주의와 무정부주의에 심취했다. 그에게 보국이란 보종을 위한 일종의 수단이었다. 그런데 그보다 더 중요한 점은 그가 보종의 대상을 한족 혹은 화족華族으로 국한했다는 사실이다. 그의 호 '광한光漢'에는 '한족을 빛낸다'는 의미가 담겨 있었다. 그는 황제黃帝를 한족의 시조로 간주하고, 황제의 탄생을 기준으로 햇수를 세어《중국민족지中國民族志》와《양서攘書》를 편찬했다.[64]

보종이 그런 것인 한 그의 주장은 청나라를 이적으로 보고 배척하는 것을 의미했다. 청나라를 이적으로 여긴다는 것은 중화와 이적이 어떤 경우라도 절대 섞일 수 없는 존재라는 것을 전제한다. 유사배는 중국이 이적에게 물들었던 역사적 사례를 거론하고 이적의 이주와 침략에서 그 원인을 구하기도 했다. 그의 시야에서 이적의 중원 지배는 중화의 이적화이며, 있어서는 안 될 일이었다. '이적'이 스스로 "용하변이했다"고 주장한다고 해도, 그것은 진정한 의미의 '용하변이'가 아니었다. 그가 보기에 용하변이를 말할 수 있는 주체는 화족, 즉 한족밖에 없기 때문이다.[65] 고문학파의 논객인 유사배는 금문학파 강유위가 기대고 있는 경학經學상의 근거들을 하나하나 논파해 나갔다.

유사배에 따르면, "만한滿漢 두 민족은 만족滿族이 화하의 땅에 들어오기 전에는 동종의 사람이 아니었을 뿐만 아니라 같은 나라 사람도 아니었다." 그가 말한 만족이란 만주족 통치자를 의미한다. 민족국가를 지향했던 그에게 중요했던 것은 만주족 통치체제를 전복시켜 한족이 통치하는 나라를 세우는 일이었다.[66] 그는 또 이렇게 말했다. "하나라·은나라·주나라 때에는 종족의 의미에 대해 밝지 않은 사람이 없었다. 나라가 서게 되면 나라의 근본이 있어야 했기 때문이다. 중국이라는 나라의 근본은 어디에 있는가? 화이華夷 두 글자에 있을 뿐이다. 위로는 삼대로부터 아래로 지금에 이르기까지 백성들의 마음속에는 늘 화이 두 글자가 있었다. 공자에 따르면, 예裔는 하夏를 도모할 수 없고 이夷는 화華를 어지럽힐 수 없다. 계문자季文子는 우리 부류가 아닌 것은 그 마음부터 다르다고 했으며, 관중管仲은 융적은 승냥이이므로 따라서는 안 된다고 했다. 따라서 하夏를 안으로 하고 이夷를 바깥으로 하는 것이 중국 입국의 기본이다."[67] 종족주의자다운 면모다.

왕부지가 그랬던 것처럼, '화이지변'에 충실했던 유사배도 문명의 이동을 주장했다. 그에 따르면, 중국의 산들은 총령蔥嶺에서 시작되는데, 황하 이북으로 북간北幹, 이남으로는 중간中幹, 그리고 양자강 남쪽으로 남간南幹을 이룬다. 양자강을 기준으로 한다면 남방과 북방으로 나뉘는 것이다. 학술은 원래 북방에서 시작되었다. 그러나 위진 남북조 시대 이후로 남방의 땅에 학술이 번창하는데 북방의 학자들은 도리어 그것을 바라만 보고 있었다. 왜 이런 현상이 벌어졌는가. 옛날에는 청주青州·옹주雍州·예주豫州를 중원이라 불렀다. 양자강을 기준으로 한다면 이곳이 북방이다. 이곳 문물과 성명이 오랑캐에까지 미쳤으며, 양자강과 회수 아래로는 오랑캐의 소굴이었다. 그런데 오랑캐인 오호五胡와 북위가 세력을 키우더니 마침내 하북과 관중關中을 지배하게 되면서 상황이 바뀌었다. 중원 사람들은 점점 오랑캐의 풍속에 익숙해져 갔다. 마침내 중원中原의 명문가들이 남쪽으로 이주하고, 의관을 갖춘 백성들이 양자강 아래로 모여들게 되면서, 남방의 오랑캐 풍속은 달라졌고 문화도 넘치게 되었다.[68]

중화가 북방에서 문명을 탄생시켰다는 것을 기원론이라 한다면, 중화가 오랑캐의 소굴이던 남방을 문명의 땅으로 만들었다는 것은 교화론이라고 볼 수 있을 것이다. 문명 이동을 주장하기 위해 왕부지가 '천지의 기운'에 기대었다면, 유사배는 기원론과 교화론을 조합하는 방식을 선호했다.[69] 왕부지와 유사배의 문명이동론은 얼핏 보면 "문화를 가지면 누구나 중화"라는 주장처럼 보이기도 하지만, 사실은 그 반대다. 그들은 '화이지변'을 중시했으며, 오랑캐가 문화를 가질 가능성을 원천 배제하고 있었기 때문이다. 그들은 다만 어떻게 강남 사인들이 문명의 주도권을 쥘 수 있게 되었는지를 설명하고 싶었을 뿐이다.

강유위는 유사배가 가장 많이 의식했던 인물이었다. 유사배가 혁명파라면 강유위는 보황파保皇派 내지 개혁파이며, 유사배가 고문학파의 논객이라면 강유위는 금문학파의 대표주자였다. 강유위는 세계지리 관련 도서를 읽고 홍콩을 여행하면서, 서양을 이적시하는 것으로는 중국이 닥친 문제를 해결하기 어렵다는 생각을 가지게 되었다. 청일전쟁 직후 그는 중국이 서양에 철저히 대비해야 한다고 주장했다.

프랑스 식민지가 된 베트남이나 영국 식민지가 된 인도의 전철을 밟지 않기 위해서였다. 그가 서양이라는 위험으로부터 지켜 내려 한 것은 "우리 신명한 종족"이었다. 그러나 1898년 자강운동(무술변법운동)이 실패로 돌아간 뒤 유럽을 경험하면서, 그는 종족주의에 대해 근본적인 회의를 하게 되었다. 시야를 중국 내부로 돌리면서, 중화와 이적을 구분하는 것이 전혀 현실성이 없다는 사실을 절감하기도 했다.[70]

자강운동의 실패는 개혁파 내부를 동요시켰다. 강유위는 개혁파들에게 보낸 편지에서 '중국'이 해야 할 일은 입헌이지 혁명이 아니라고 주장했다. 그런데 그런 정치운동을 펼치기 위해서는 종족주의의 무용성을 드러내고 대동사상의 기치를 다시 세우는 일이 중요했다. 편지에서 강유위는 이렇게 말했다. "무릇 화이를 변별하는 것은 《춘추》에서 시작되었다. 그러나 공자가 《춘추》를 지은 뜻은 중국이라고 해도 이적의 일을 행하면 이적시하고, 이적이라고 해도 예의가 있으면 중국으로 대우한다는 것이었다. 《춘추》는 오로지 덕만을 중시했다. 따라서 공자가 말한 '중국'과 '이적'의 구분이란 오늘날의 문명과 야만의 차이와 같은 것이다. '중국'과 '이적'은 일정한 실체가 없이 변하는 데 따라서 옮겨 가는 것이니, 덕이 있다면 이적에 대해서도 중국이라 말하는 것이 옳다. 도가 없다면 중국이라 해도 또한 이적이라 부르는 것이 옳다. 이적은 진화를 근거로 한 개념이지 인종을 근거로 한 것이 아니다."[71] 강유위는 '중국'과 '이적'을 '진화'의 정도 차이로 정의함으로써 종족주의와 결별을 선언했다.[72] 개념사적으로 본다면 그것은 '중국'과 '중화'가 새롭게 정의되어 가는 과정이기도 했다.

'중화'와 '이적'이 그런 것이라면 만주족을 배척해야 한다고 주장해야 할 어떤 근거도 남아 있지 않게 된다. 그가 이어서 말했다. "태평의 시대가 되면 내외와 대소가 하나가 된다. 그러므로 왕자王者의 사랑이 사방에 미친다고 하고, 또 왕자에게는 외外가 없다고 하며, 또 원방遠方의 오랑캐도 안으로 삼고 배척하지 않는다고 하는 것이다. 청나라가 산해관을 넘어 대륙의 주인이 된 지 200년이 지났다. 합하여 한 나라가 되고 모여서 한 몸체가 되었으니, (만과 한의 차이에 대해서는) 이미 서로 잊은 지 오래다. 만한滿漢이라는 것은 문서대장상의 차이에 불과하다. 청나라의 교화와 문의文義는 모두 주공周公과 공자를 좇았으며, 그 예악과 문장은 모두 한나라·당나라·송나라·명나라의 것을 썼으니, 청나라는 중국의 교화와 문자를 쓰지 않은 원나라와는 다르다. 하나의 나라가 되어 다시 분열의 기미가 없어진 지 오래이기 때문이다."[73] 강유위는 문화의 유무에 따라 중화와 이적이 바뀔 수도 있다는 논리를 옹호했을 뿐만 아니라 이민족 정복왕조의 정통성을 인정하기도 했다. 그는 '대일통'의 논리를 계승하여 일종의 대민족주의를 주장한 것이다.[74]

'화이'와 '민족국가' 구상

'중화'와 '이적'을 혈연·지리·문화로 정의하는 관점에 따르면, 고대 이래로 중국인은 자신을 부를 때 세 가지 계통의 단어를 사용했다. 하夏·제하諸夏·중하中夏의 갈래, 화華·중화中華·화하華夏의 갈래, 그리고 중주中州·중국中國·중원中原·중토中土의 갈래가 그것이다. 이것들 가운데 기원이 가장 오랜 것은 하夏 계열이다. 하夏는 본래 황하 유역을 가리키던 지명이었는데 지리적인 의미의 중심으로 여겨졌다. 화華와 중中은 하夏라는 지명을 가진 그 땅이 문화적으로 앞선 지역이었기 때문에 생긴 명칭으로, 보통 화하華夏나 중화中華와 같은 방식으로 쓰이면서 지리적–문화적 중심을 상징했다.

고대 바빌론이나 이집트, 인도에서도 지리적·문화적 중심을 상상했다. 그러나 중화사상은 왕도 정치사상을 가진다는 점에서 그것들과 구별된다. 중국의 군주는 왕도정치로서 세계만방에 군림하고 그 덕화德化를 세계의 구석구석에 비추는 정치적 존재로 상상되었다. 이것이 중화사상을 구성하는 세 요소다. 이것들은 한족의 정치적 우위가 확인되었을 때에는 극단적 개방과 박애의 경향을, 그 반대의 경우에는 극단적 보수와 배외의 경향을 만들어 낸다.[75]

'천하'는 왕화문명王化文明으로서의 '중화'와 화외야만化外野蠻으로서의 '이적'을 내포와 외연으로 하는 것이었으므로, 이 천하의 틀 안에서 '중화'는 '이적'에 대해 모든 면에서 우월하다.[76] '대일통'은 그 우월성을 상징하는 단어이다. 《춘추공양전》 은공隱公 원년조 경문에 "원년춘왕정월元年春王正月"이라 했다. 해설에 따르면, '원년'이라 한 것은 임금의 다스림이 시작된 해이며, 봄은 한 해의 시작이다. 왕이란 문왕을 가리키는데, 왕을 먼저 말하고 정월을 나중에 말한 것은 '대일통'의 뜻을 보이기 위해서다.[77] 주나라 천자를 받들고, 주나라를 정점으로 하여 천하가 통일되어야 한다는 일종의 당위론이 '대일통'의 사전적 의미인 것이다. 일원적 세계질서로서의 천하, 바로 그것이었다. 하늘에 하나의 해가 있듯이 천하는 하나의 천자에 의해 지배되어야 했다.[78] 그것이 '대일통'의 이념형이다. '중화'가 '이적'을 압도했을 때 '대일통'은 당위를 넘어 포용의 논리가 된다.

그런 '중화'와 '이적'의 정의는 근대 중국에서 확장되고 재정의되었다. 강유위와 유사배는 청말 개혁파와 혁명파가 '민족국가'에 대해 어떤 다른 상상을 하고 있었는지를 잘 보여 준다. 개혁파가 만주족을 포함한 다민족 일국가를 상상했다면, 혁명파는 만주족을 배제한 일민족 일국가를 꿈꾸었다.[79] '화이지변'과 '대일통'이라는 오래된 문제의식은 민족국가를 향한 열망과 만나 새롭게 정의된 것이다.

1956년 4월 25일, 마오쩌둥毛澤東(1893~1976)은 중국공산당 중앙정치국 확대 회의에서 한족과 소수민족의 관계에 대해 이렇게 말했다. "한족들이 대민족주의를 주장하고 소수민족을 차별한다면 그것은 좋지 못하다. 토지는 누가 많이 가졌는가. 소수민족이다. 그들은 50~60퍼센트의 땅을 차지하고 있다. 우리는 중국이 땅이 넓고 물산이 풍부하며 인구가 많다고 말하지만, 실제로는 한족이 인구가 많고 소수민족은 땅이 넓고 물산이 풍부하다. 적어도 지하자원에 관한 한 소수민족이 물산이 풍부하다고 해야 한다. 각 소수민족은 중국의 역사 발전에 공헌해 왔다. 한족은 인구가 많지만, 또한 오랜 시간에 걸쳐 여러 민족의 혼혈로 형성된 것이다.……우리는 소수민족의 경제 건설과 문화 건설을 성심성의껏 적극적으로 도울 것이다."[80]

마오쩌둥은 소련을 모델로 한 중공업 중심 경제성장 정책을 넘어서 중화인민공화국의 현실에 적합한 새로운 사회주의 정책을 모색하고자 했다.[81] 한족과 비한족의 관계를 정립하는 것은 그 기초를 다지는 의미가 있었다. 근대인 마오쩌둥이 '이적'이라 불렸던 사람들의 후예를 '소수민족'이라고 부르고, 한족을 여러 민족의 혼혈로 형성되었다고 선언한 것이다.[82] 이제 '중화' 개념은 근현대에 번역어·신조어와 결합되고 또 재정의되었으며, 새로운 생명력을 얻었다. '중화민족'이나 '중화인민공화국' 같은 단어가 그런 사실을 잘 보여 준다. 중국사에서 '중화'는 개념사가 말하는 언어적 혁명의 과정을 거쳐 왔다고 해도 과언은 아니다.

문제는 한국사에서 '중화'가 그려 낸 무늬가 중국사의 경우와 같다 할 수 없다는 데 있다. 무엇보다 의제의 층위가 다르다. 중국사에서 '중화'는 이적 왕조와 한족 왕조, 다민족 일국가와 일민족 일국가에 관한 논의로 수렴되었다. 한국사에서 '중화'는 언제나 중심과 주변에 관한 의제를 구성했다. 그렇다면 '중화'를 본질화하거나 혈연·지리·문화라는 범용의 기준을 적용하는 것만으로는 중국사상의 '중화'나 '이적'과 동일시하기 어려웠을 사람들의 내면과 심성을 온전히 읽어 낼 수는 없다. 결정적으로 이 오래된 개념은 한국 근현대에 담론의 지형에서 결국 소멸했다. 그렇다면 그런 차이들을 의식하면서, 한국사의 의제들을 염두에 두면서 질문하는 것이 중요하지 않을까?

중심·주변의 의제와 한국사

이 책이 개념사와 지성사라는 연구방법론 혹은 문제의식을 참조하려 하는 것은 그것이 한국사에서 '중화' 개념을 탐색하는 과정에 도움을 줄 수 있다고 생각하기 때문이다.[83] 떠올릴 수 있는 가장 손쉬운 방법은 이미 개념사 사전으로 전범화되어 있는 모델 속에 '중화'라는 단어 혹은 개념을 대입해 보는 것이다. 코젤렉의 기념비적 저술이 우리말로 번역되었고,[84] 개념사의 모델을 적용해 한국과 동아시아의 근대를 성찰한 연구서들이 있으니,[85] 그 틀을 전근대까지 확대 적용해 볼 수도 있을 것이다. 명칭론과 의미론을 날줄과 씨줄로 하여 개념 재정의의 역사를 탐색할 수도 있을 것이다.

의존해 볼 만한 모델이 있다는 것은 다행스러운 일이다. 그러나 그 것에 전적으로 기대기에는 여러 가지 불편한 점이 있다. 명칭론이라 면 제하·중하·화하 등 하夏나 화華에 속하는 계열과 중주·중국·중 원·중토 등 중中에 속하는 계열을 구분하고 그것들이 사용되어 온 역 사를 따라갈 수 있을 것이다. 그러나 그런 방식으로는 중국사와 차이 를 드러낼 수 있을지 분명치 않다. 의미론이라면 '중화' 개념이 재정 의되는 양상을 탐구할 수 있을 것이다. 그러나 중국에서와는 달리, 한 국 근대사에서 '중화'의 의미장意味場은 내파되었으며, '중화'는 담론 지형에서 소멸해 갔다. 다른 근대의 신조어나 번역어들과 함께 쓰이 지도 않았다. 그렇다면 그런 방식만으로는 한국사에서 '중화'가 가지 는 의미를 온전히 묘사하기 어렵다.

물론 전범이나 모델이 유용하지 않은 것은 아니다. 많은 사회과학 연구가 그것이 얼마나 쓸모 있는 것인지 여실히 보여 주었다. 그러나 나는 이 책에서 그런 접근법을 취하지는 않을 작정이다. 사회과학자 에게 이론이나 방법론은 연구의 전제이자 출발점이며, 연구 전체를 관통하지 않으면 안 되는 일종의 원칙이다. 문제는 그것들이 역사적 현실의 복잡성이나 구체성과 양립하기 어렵다는 데 있다. 아무리 훌 륭한 이론이나 모델이라 해도 현실을 언제나 온전히 담아 낼 수는 없 다. 그 모든 것들을 담아 내려 하다가는 추상화나 일반화는 불가능해 지고 말 것이기 때문이다. 그러니 이론이나 방법론이란 변수를 덜어 내는 방식으로 현실의 일부를 희생시키고서야 비로소 가질 수 있는 만능열쇠인 셈이다.

내가 이 책에서 해보려는 것은 그 반대의 방식이다. 변수를 늘려 가 며 역사적 현실의 복잡성과 중층성을 온전히 묘사해 내는 일이다. 어떤 이론이나 방법론, 어떤 모델도 그것에 도움이 되는 한에서만 의미를 지닌다. 극단적으로 말한다면 "세계 지도는 읍내에서 길 찾는 데 쓸모가 없다."[86] 이 책이 그려 보려는 것은 읍내 지도에 가깝다. 방위와 지형, 도로와 방향을 표시하는 방식이 과학적 지도 제작법에서 벗어나거나 정확하지 않을 수도 있지만, 현실의 구체성과 복잡성을 충분히 드러낼 수 있다고 믿기 때문이다.

세계 지도를 그려 보면서 익힐 수 있는 감각이 읍내 지도를 그리는 데 아무런 도움이 안 된다고 말할 필요까지는 없을 것이다. 이 책이 개념사나 지성사를 대하는 태도는 그런 것이다. 사회과학이 이론을 구축하고 그 정합성을 증명하기 위해 사례를 연구한다면, 이 책은 역사적 현실의 구체성을 묘사하기 위해 이론과 방법론을 부분적으로 참조하려 하는 것이다.

어떻게 시대착오·목적론·이분법을 넘어설 것인가? 계기성과는 다른 층위에서 어떻게 전근대와 근대를 넘나들 것인가? 인간의 삶과 그 시대가 그려 내는 복잡성과 중층성을 어떻게 온전하게 읽어 낼 것인가? 근대를 언어적으로 성찰하는 데 집중했던 독일 개념사가들이 그런 문제들을 중요한 의제로 여겼다고 할 수는 없다. 그러나 그 질문들이야말로 한국 역사학이 응답하지 않으면 안 되는 것들이다. 나는 이 책에서 개념사와 지성사를 참조하되, 그것들이 강조하지 않은 지점에 유의하는 것에서 나름의 답을 찾아보려 한다. '중화'가 같이 쓰이던 다른 단어들과 함께 구성한 의미장을 연구 대상으로 삼고, 그 의미장이 그려 낸 무늬를 형성에서 소멸까지 장기사적으로 묘사해 보려는 것이다. 의미장은 한 단어가 다른 단어들과 함께 상호작용하며 구성하는 의미적 총체다.[87]

'중화'의 의미장을 연구 대상으로 한다는 것은 한국사에서 '중화'가 표상하던 핵심적인 의제들을 논의의 중심축으로 삼겠다는 뜻이다. 중국 전근대사에서 '중화'는 '이적'과 짝하면서 '화이지변'과 '대일통'의 무늬를 그려 냈다. 한국 전근대사에서도 그런 면모가 확인되지 않는 것은 아니다. 그러나 뒤에서 검토하는 것처럼, 한국사에서 '중화'는 처음부터 '이적'과 짝하는 관계는 아니었다. 역사의 어느 시점을 지나면서 짝하는 관계로 여겨지기 시작했다고 말하는 것이 사태의 본질에 가깝다.

더 중요한 차이도 있다. 한국사에서 '중화'는 언제나 중심과 주변에 관한 의제였다. '사대', '동국東國', '북학北學' 같은 단어들이 '중화'와 같이 쓰였다는 사실이야말로 한국사에서 '중화'의 의미장이 가지는 그런 개별성을 상징한다. 문제가 그런 층위에 놓여 있다면, '중화'가 재정의된 양상을 탐색하거나 언어적 혁명의 지표들을 검증하는 틀만으로는 결코 중심과 주변의 관계에 관한 다양한 고민을 온전히 묘사하기 어렵다. 나는 이 책에서 통일신라 시대부터 애국 계몽운동 시기까지의 긴 시간대를 대상으로, 중심과 주변에 관한 의제라는 차원에서, '중화'의 의미장이 그려 낸 궤적을 추적해 보려 한다.

사회집단의 문제에 대해서도 몇 가지 말해 두고 싶다. 개념사 연구자들이 개념을 지배집단의 선도개념 혹은 언어적으로 객관화된 사회적 전형으로 간주하는 것은 그들이 언어의 사회사라고 불리는 이유를 잘 말해 준다. 그들에게 개념이란 사회집단에 의해 생성된 언어적·사회적 구성물이다. 이 책은 지성사의 문제의식에 부분적으로 빚지고 있지만, 나는 텍스트를 사회사적인 맥락으로부터 갈라놓을 수 있다고 생각하지는 않는다. 가능하다면 개념사가 중시하는 사회사와 사회집단을 분석의 단위로 삼을 필요가 있다고 생각하는 편이다.

이 책에서 나는 '중화'의 발화자들과 그들의 발화행위를 담은 텍스트를 검토할 것이다. 통일신라 시기의 최치원崔致遠(857~?)도, 고려 말과 조선 초를 살았던 정도전鄭道傳(1342~1398)도, 18세기의 박지원朴趾源(1737~1805)도 모두 '중화'를 말했으며, 그 단어를 특정한 다른 단어들을 함께 구사했다. 물론 그들의 발화행위가 가지는 의미는 지성사가 말하는 것처럼 다른 텍스트와의 비교를 통해, 이데올로기적 맥락 속에 있을 때만 온전히 해석될 수 있을 것이다. 나는 가능하다면 그들이 구사한 개념을 그들이 속한 시대와 사회, 집단의 문제 속에서 논의할 수 있을지 그 가능성을 탐색해 보고 싶다.

최치원과 정도전, 박지원은 서로 다른 시간대를 살았다. 그들이 상징하는 사회집단의 성격도 같다 할 수 없다. 물론 그 차이에 주의를 기울여야 한다. 그러나 냉정하게 말한다면 그들은 모두 중앙의 목소리를 대변하는 주류 엘리트들이었다. 이들만 '중화'를 말했던 것은 아니지만, 우리가 그간 '중화'의 발화자로 여겼던 인물군은 모두 그런 인간형들이었다. 그러나 나는 이 책에서 발화의 층위가 달라지는 지점을 포착하기 위해 두 사회집단을 더 살펴보려 한다. 조선 후기를 살았던 평안도의 문인과 반란자들이 그 하나라면, 19세기 후반 이후 지구적 규모의 국제질서와 대면했던 중앙의 엘리트들이 다른 하나다.

그 밖에도 덧붙이고 싶은 것들이 있다. 개념은 사회집단에 의해 구성된 언어적·사회적 산물이라는 점에서 해석의 대상이다. '화이華夷'를 시세와 문화를 기준으로, 또는 종족을 기준으로 하는 경우로 구분하고, 고려 말의 화이론을 그 기준에 따라 분류해 볼 수는 있을 것이다.[88] 그러나 그것을 근거로 하여 언제 어디서나, 누구나 사람들이 그런 의미를 담아 그런 의도를 가지고 '화'와 '이'를 말했다고 단정하기는 어렵다. 몽골 복속기에[89] 고려는 몽골을 '중화'로 여기고 그 연장선상에서 제후국 국제國制를 받아들였다.[90] 그러나 그것은 결코 고려가 자신을 '이夷'로 여겼음을 말해 주지는 않는다.

독일의 개념사가 근대를 언어적으로 해명하려 했던 것은 새롭다. 그러나 그들의 성찰적 시도에 근대가 전제되어 있었던 것은 부인할 수 없는 사실이다. 그들은 실현된 근대를 언어적으로 해명하려 한 것일 뿐 근대를 가야 할 길로 여긴 것은 아니라고 항변할지도 모른다. 그러나 문제는 근대를 중요한 지표로 여겼다는 사실 그 자체에 있다. 전근대와 근대를 계기적인 관계로 여기지 않는다는 점에서 개념사는 충분히 성찰적이지만, 근대를 지표로 설정하는 한 전근대는 여전히 근대의 그늘 안에 놓이게 되는 셈이다.

물론 나는 이 책에서 개념사의 제안을 염두에 두고 나름의 해석을 시도해 볼 참이다. 그러나 결코 근대를 가야 할 길로 정해 놓거나 실현된 근대를 언어적으로 해명하려 하지는 않을 것이다. 그렇다면 근대로부터 역산하거나 근대와의 거리를 잴 일도 없으며, 근대의 언어적 지표를 우선적으로 검증해야 할 이유도 없다. 복수의 근대, 나아가 실현되지 않은 미완의 근대를 가정하지도 않을 것이다. 그런 상상조차 근대의 주술로부터 자유롭지 못하기 때문이다. 이 책에서 나는 다만 텍스트를 맥락적으로 독해하되, 그 시대의 사회집단이 만들어 낸 언어적 구성물 속에서 발화의 의미와 의도, 의미장의 변화과정을 탐색하려 한다.

맥락은 특이 원인이 일반 원인에 종속된 상태를 의미한다. 사건을 직접적으로 일으키지는 않지만 결과의 범위를 제한한다는 점에서 중요하다.[91] 그렇다면 텍스트의 맥락과 발화행위의 계기를 언제나 단일하다고 가정할 이유는 없다. 이론화와 추상화가 중요한 사회과학이라면 독립적이고 단일한 변수를 가정해야 할지도 모른다. 그러나 나는 이 책에서 가능하다면 여러 원인과 맥락을 중층적으로 고려해 보고 싶다. 텍스트를 맥락적으로 독해한다는 것은 인과관계의 갈래들을 세심하게 살핀다는 것과 크게 다르지 않기 때문이다. 어떤 결과는 행위자의 의도가 실현된 것일 수도 있지만, 그렇지 않은 경우들이 없다고 할 수 없다. 논리적으로 정합적인 설명은 언제나 중요하지만, 나는 어떤 결과가 결코 행위자가 의도하지 않은 것이었을 가능성을 굳이 배제할 필요는 없다고 생각한다.

사료의 언어와 역사가의 언어를 구별하는 것이 이 책을 관통하는 문제의식 중 하나라는 사실도 말해 두고 싶다. 나 자신이 이전에 수행했던 연구를 돌아보게 된다. 전근대 백성을 국민이라 부르거나 전근대의 민본정치를 민주주의라 말해서는 안 된다는 정도의 소박한 의식은 있었지만, 사료의 언어를 역사가의 언어와 구분하는 것이 얼마나 중요한 문제인지는 깨닫지 못했던 것 같다. 텍스트를 발화자의 의도에 따라 맥락적으로 독해해 보려 했지만, 사료의 언어를 역사학적으로 성찰하는 데까지 이르지는 못했다.[92]

나는 이 책에서 가능하다면 사료의 언어를 나 자신의 언어와 엄밀하게 구분하고 그것들을 소통시켜 가는 방식을 구사해 보고 싶다. 이 책이 개념으로 취급하는 '중화' 자체가 이미 사료의 언어다. 시대와 집단에 따라 '중화'와 같이 쓰이는 단어들이 달라질 수도 있었을 것이다. 어떤 단어들은 새로 생겨나기도 하고 다른 단어들은 사라지기도 했을 것이다. '일통一統'과 '혼일混一'은 사전적으로는 통일unification을 의미하는 것으로 정의해야 하겠지만, 사료의 언어라는 점에서 보면 그것들은 사용된 시대도, 가리키는 대상도 달랐다. '성腥'과 '예穢'라는 한자는 사전적으로는 비린내와 더러움이라는 뜻으로, 또 후각과 청결의 층위에서 정의되어야 하겠지만, 두 글자가 이민족 왕조를 비하하는 용어로 특정한 시점에, 특정한 집단에 의해 사용되었다는 사실이 중요하다. 그렇다면 그것들을 사료의 언어로 간주하지 않을 수 없다. 특정한 시간값과 의미를 담고 있기 때문이다.

책의 구성

1부에서는 '중화'와 '이적'이 언제 어떻게 서로 짝하는 단어로 여겨지게 되었는지를 살펴본다. 누가 '중화'를 말했으며, 발화자에게 중요했던 문제는 무엇이었는가? 1장에서는 최치원의 문제들을 다룬다. 그는 당나라에 유학하여 빈공과에 합격한 뒤 그곳에서 벼슬했을 뿐만 아니라, 귀국 후에는 현실 정치에 참여하기도 했다. 당나라를 경험한 이 신라인이야말로 그 시대 '중화'를 듣고 말했을 개연성이 높다. 그가 '중화'를 발화했다면 그 발화의 의도와 맥락은 어떤 것이었을까?(1장)

고려는 요나라·금나라·원나라·명나라 등 중원과 북방의 여러 왕조와 대면해야 했다. 고려의 문인들은 이 나라들과의 관계 속에서 '중화'를 말했는가? '중화'를 '이적'의 이항대립 항으로 삼은 뒤, 그 나라들을 '중화'나 '이적'으로 간주했을까? 몽골은 고려와 30년에 걸친 전쟁을 치렀으며, 전쟁 이후로는 고려에 압도적인 영향력을 행사했다. 고려 지식인들은 그런 몽골을 어떻게 여겼을까?(2장)

조선의 탄생은 불교가 더는 사회 운영 원리로서의 지위를 누리지 못하게 되었음을 의미하는 사건이었다. 그러나 유학적 소양을 가진 문인들이 불교를 거세게 비판한 것은 이미 고려 말부터였다. 그들은 유학과 불교를 어떤 관계에서 보았는가? 그들이 '중화'에 대해 발화했다면 그것은 불교를 비판하는 일과 별개라고 보기 어렵다. 그들은 무엇을 '중화'라 했으며, 무엇을 '이적'이라 했을까? 그들이 '중화'와 '이적'을 한 쌍의 단어로 여겼던 것은 아닌가? 그렇다면 그들은 무엇을 동원해 '중화'와 '이적'의 이항대립적 관계를 정당화했을까?(3장)

2부에서는 '이적'에게 '사대'하게 된 현실과 '이적'을 멸시하는 심성의 관계 위에서 '중화'를 다룬다. 《맹자》에 '이소사대以小事大'라는 용어가 있다. '소국'이 '대국'에 대해 '사대'하는 행위를 가리키는 말이다. 고려는 이 수사를 어떻게 이해했으며 무엇으로 그것을 정당화했는가? 고려는 언제부터 자신들이 '사대'하는 대상이 '중화'인지 '이적'인지를 따져 묻기 시작했는가? 병자호란 때 주화파들은 '중화'를 어떻게 생각했으며, '이적'에게 '사대'하지 않을 수 없는 현실을 또 어떻게 합리화했는가?(1장) 병자호란 이후 조선은 청나라에 조공하지 않을 수 없게 되었다. 명나라가 망한 뒤 조선은 자신을 중화 문화의 유일한 계승자라 여겼다. 현실에서는 청나라에 조공하면서 내면에서는 그 현실을 부정하지 않을 수 없는 상황이 이어졌다. 조선은 '북벌'과 '대보단', '존주' 같은 언어를 어떻게 구사했는가?(2장) 시간이 지나면서 조선과 청나라의 관계는 안정기에 접어들기 시작했다. 청나라는 무너져 내리기는커녕 점점 더 전성기를 구가했다. 그런 현실을 마냥 부정하는 것이 가능한가? 조선은 청나라에 대해 '분의分義'가 있다고 여겨도 좋을까?(3장)

3부에서는 '중화'와 '자국'과의 관계에 관한 문제의식들을 살핀다. 조선은 자신을 '용하변이'한 존재로 여겼다. '중화'의 문화로 '이적'의 누추함을 씻은 나라로 본 것이다. 그런데 그들은 그런 조선을 '중화'와 '중국'의 불가역적 대체재로 여겼을까? 왜 조선은 자신을 계속 '편 방偏邦'이라 했는가?(1장) '진호중국進乎中國' 또는 '진어중국進於中國'은 '용하변이'와 함께 그들이 즐겨 구사한 수사다. 그런데 '중화'와 '동 국'을 그렇게 보는 그들에게 '중국'은 무엇이었는가? '중국'이라는 이름의 문화적 지평에 나아간다는 것은 조선에게 어떤 의미였는가? 조 선은 왜 자신을 '유명조선국有明朝鮮國'이라 할 뿐, 현실의 청나라를 '황청皇淸'이라 하지는 않았는가? 그들은 왜 무엇을 근거로 명나라의 '유민遺民'을 자처했는가?(2장) 조선이 자신을 '용하변이'하고 '진어중 국'한 존재라 자부하면서도 결코 '동국'을 '중국'과 동일시하지 않았 다면, 조선의 시야에서 '동국'의 자리는 '중화'와 '중국'으로부터 얼마 나 멀리 떨어져 있는가? 그들은 그 난제를 해결할 수 있는 실마리를 역사에서 찾았다. '동東'의 역사를 '화華'의 역사에 비추어 정당화했던 것이다. 그들에게 '정통'을 중시한 역사, '이단'을 배척한 역사, '화'와 '동'이 나란히 배치된 역사란 무엇을 뜻하는가?(3장)

4부에서는 오염된 '중국' 땅에서 희망을 찾으려 했던 사람들의 이 야기를 다룬다. 조선의 문인들 가운데 '이적'이 '중국'을 차지하고 주 인 노릇하는 상황이 언제까지나 계속 이어지리라고 생각하는 사람은 드물었다. 그들은 중원을 차지하고 100년을 버틴 '이적'이 없다는 역 사 기록에서 위안을 얻었다. 송시열이 잘 보여 주듯, 어떤 이들은 "비 린내 나는" '중국' 땅을 외면했다. 그러나 송시열이 주창했던 존주尊周 의 대의를 따르면서도, 그 땅을 마냥 외면할 수만은 없다고 생각하는 사람들이 있었다. 김창협金昌協(1651~1708), 안석경安錫儆(1718~1774), 이덕무李德懋(1741~1793), 성대중成大中(1732~1812) 등은 왜 "오염된" 그 땅에서 희망을 찾으려 했는가?(1장)

홍대용洪大容(1731~1783)은 청나라에서 진정한 친구를 찾을 수 있다고 생각했고, 또 실제로 그곳에서 새로운 친구를 만나 마음을 나누었다. 그는 청나라를 "비린내 나고 더러운 원수의 땅"이라 생각하는 김종후金鍾厚(1721~1780)와의 논쟁도 마다하지 않았다. 홍대용과 김종후의 논점은 무엇이며, 그들 사이에 선 김이안金履安(1722~1791)의 문제의식은 또 어떤 것이었는가? 홍대용에게 한나라·당나라·송나라·명나라의 유제遺制란 어떤 의미였는가? 그는 조선의 낙후함을 인정했는가?《북학의》의 저자 박제가朴齊家(1750~1805)도 '중국'의 땅에서 홍대용이 본 희망을 보았다. 그런데 그는 왜 '북학'을 주장하는 저술에서 '존주'를 말했는가?(2장)

박제가의 문제의식은 《북학의》에 서문을 쓴 박지원의 생각이라고 해도 과언은 아닐 것이다. 박지원은 "오염된" '중국' 땅에서 희망을 볼 수 있다는 김창협의 시야를 더욱 구체화했다. 그런데 박지원은 북학을 말하면서 정작 청나라가 이룬 성취, 청나라가 원래 가진 만주족 문화를 어떻게 보았는가? 그는 청나라를 '중국'이라 불렀는가, '이적'이라 불렀는가? 그는 '중화'와 '이적'을 이항대립 항으로 하는 구조 자체를 대면하려는 의도가 있었는가? 만일 박지원이 청나라를 '중국'이라 부르지 않았다면, 청나라를 '이적'으로 여겼다면, 그것은 왜인가? 시간이 흘렀고 박지원의 시대는 지나갔다. 남공철南公轍(1760~1840)이나 홍희준洪羲俊(1761~1841) 등은 이제 청나라를 어떤 눈으로 보았는가? 그들은 또 청나라의 고유문화를 어떻게 평가했는가? 만일 청나라의 고

유문화가 가진 질박함을 긍정했다면 그것은 또 어떤 의미인가?(3장)

한국사에서 '중화'의 의미장은 언제나 중심과 주변의 의제를 구성해 왔다. '사대'와 '동국'과 '북학' 같은 단어가 그런 지형을 잘 보여 준다. 논쟁도 있었다. 그 논쟁들이 '중화'와 '이적'이 짝하는 구조 자체를 벗어났다고 할 수는 없다. 그러나 '중화'나 '이적'보다 더 중요한 다른 의제를 고민했다면, 그것들과 함께 쓰이던 단어들만 구사하면서도 그것으로 이전과 전혀 다른 대상이나 새로운 현실을 정당화한다면, 그것이야말로 균열의 징후라고 해야 한다. 이 책의 5부에서 평안도의 문인과 반란자들, 지구적 규모의 국제질서와 직접 대면했던 중앙의 엘리트들을 검토하려는 것은 그런 이유 때문이다.

태천 출신의 박문일朴文一(1822~1894), 정주 출신의 백경해白慶楷(1765~1842)는 '중화'에 대한 평안도 유학자의 정서를 잘 보여 준다. 그들은 변경 태생이었지만, 중앙 학계와 접속하는 일도 게을리하지 않았다. 박문일의 스승 이항로李恒老(1792~1868)는 서양이 인륜적 질서의 위기를 불러왔다고 여겼으며, 중국사의 정통을 바로잡고 거기에 자국사를 붙임으로써 '중화'를 수호해야 한다고 주장했다. 백경해와 교류한 중앙의 노론계 산림山林 홍직필洪直弼(1776~1852)은 '중화'와 '이적'에 관한 한 송시열의 문제의식을 충실하게 따랐다.

그러나 박문일이나 백경해가 이항로나 홍직필이 중요하게 여긴 의제들을 자기의 문제들로 여겼는지는 분명치 않다. 그들은 중앙 학계의 의제들 가운데 어떤 것에 동의하고 어떤 것에 무심했는가? 그들에게는 서북 지역의 학풍을 진작하고 서북에 대한 중앙의 차별을 이겨 내는 것이 더 중요하지 않았을까? 그들이 '중화'나 '이적', 혹은 '기자箕子'처럼 그것들과 같이 쓰여 오던 다른 단어들을 말했다 하더라도,

그 단어들을 통해 정당화하려 한 것은 평안도가 아니었을까?(1장)

널리 알려진 것처럼, 홍경래 난의 격문에는 차별에 대한 서북 사람들의 불만이 드러난다. 그러나 격문은 평안도 밖에서 '중화'를 정당화하는 데 쓰이던 '기자', '의관', '문물', '재조再造', '황명皇明', '의義' 같은 단어들이 등장한다는 점에서도 음미할 만하다. 진압군의 문서들 중에는 홍경래 등 반란군 지도부가 유교적 소양의 소유자였다는 사실을 보여 주는 것들도 있다. 반란군 지휘부는 그 단어들을 어떤 방식으로 구사했을 것인가? 그들은 왜 '중화'와 '이적'을 한 쌍으로 말하지 않았는가? 그들은 왜 '진인眞人'을 말했는가?(2장)

서양의 등장은 조선을 긴장시키기에 충분했다. 1860년, 영국과 프랑스 연합군이 북경까지 밀고 들어왔고, 그 소식은 사신의 보고서를 통해 조선에 알려졌다. 중앙의 엘리트들은 새로운 국제정치적 환경 속에서 '중국'을 어떻게 해석했을 것인가? '중국'이라는 단어에 더는 문명적인 의의를 부여하지 않게 되었다면 그것은 왜인가? '중국'이라는 단어를 해석하는 방식이 달라졌다면, 그것은 '중화'와 '이적'이 교직해 놓은 중심과 주변의 의제에 균열이 생겼음을 나타내 주는 징후일지도 모른다. 심지어 '중화'와 '이적'이 이항대립하는 그 질서를 믿어 의심치 않는 사람이라도 그 흐름을 피해 갈 수는 없었을 것이다. 이항로의 제자 최익현崔益鉉(1833~1906)은 왜 조선이 '황통皇統'을 계승할 수 있다고 주장했는가? 그 이항대립의 틀에 더 기대지 않는 사람들은 과연 어떻게 질문했을 것인가? 1900년대의 《황성신문》은 '중화'라는 단어를 어떤 다른 단어들과 함께 구사했으며, 또 다르게 해석했는가? 그들은 청나라를 '지나支那'라고 부름으로써 무슨 말을 하고 싶었던 것인가?(3장) 이 책이 묻는 것은 그런 것들이다.

1부

이적

—— 夷狄

1장

불교로 '이적'을
정당화하기

동해와 이역

당나라에 유학하여 벼슬하고, 또 문장으로 이름을 날린 최치원에게 '중화'는 어떤 의미였을까? 868년(신라 경문왕 8), 12세의 나이로 당나라 유학길에 오른 최치원은 18세가 되던 874년(경문왕 14)에 빈공과에 장원으로 합격했다. 그는 이전에 시행된 빈공과에서 발해 사람이 장원을 차지한 사실을 잘 알고 있었다. 그가 장원을 했다는 사실을 결코 개인의 영광으로 여길 수 없었던 이유가 거기에 있다.[1]

황소의 난(875~884)이 일어난 뒤, 최치원은 고변의 천거로 그의 막료가 되었다. 그는 과분한 은혜를 받았다는 취지로 고변에게 장계를 올렸다. 그는 스스로 "동해東海에서 온 선비" 또는 "이역異域에서 온 선비"라 했다. 당나라에서 벼슬하는 신라인이라는 의미일 것이다.

그것은 물론 드문 일이었다. 그는 한나라 때의 '외국인' 김일제金日

磾(기원전 134~기원전 86)를 예로 들었다. 김일제는 흉노 출신이었으나 한나라에 투항하여 대신까지 오른 인물이다. 한나라 무제가 벼슬을 내리려 하자, 김일제가 사양하며 말했다. "신은 외국 사람이니, 제게 관직을 내리시게 되면 장차 흉노가 한나라를 깔보게 될 것입니다." 물론 겸양을 보이기 위해서였다. 당나라 관료들의 반대도 신경이 거슬리는 대목이었다. 최치원은 관료들이 자신의 발탁을 반대한 것은 "비천한 자가 존귀한 사람을 방해하지 못하게 한" 것이며, 동시에 "이夷가 화華를 어지럽히지 못하게 하려 했다"고 여겼다.[2]

"비천한 자가 존귀한 자를 방해한다"는 말은 《춘추좌씨전》에 근거를 두고 있다. 석작石碏이 노나라 은공에게 말했다. "비천한 자가 존귀한 사람을 해치는 것, 젊은이가 어른을 능멸하는 것, 소원한 자가 친근한 자를 이간질하는 것, 새 사람이 옛사람을 이간질하는 것, 약소한 자가 강한 자를 침공하는 것, 음淫이 의義를 파괴하는 것이 이른바 여섯 가지 역逆입니다. 이것은 화를 부르는 원인이 됩니다."[3] 당나라 문장가인 유종원柳宗元(773~819)도 〈육역론六逆論〉에서 이 이야기를 인용했다. 최치원은 "비천한 자가 존귀한 사람을 방해한다"는 말의 의미를 충분히 알고 있었으며, 그것을 반어적으로 구사했던 것이다.

최치원이 자신의 등용에 반대한 관료들의 의도가 '비卑'와 '귀貴'의 비유를 '이'와 '화'의 문제로 확장하는 데 있었다고 말한 대목은 주목할 만하다. 최치원으로서는 자신을 '비천한 이적'으로 여기는 관료들의 시선이 부담스러웠을 법하다. "이역에서 온 선비"로서는 "비천하다"는 평가 자체도 그렇지만, "비천함"이 여섯 가지 '역'의 하나로 간주되고 더 나아가 '이'로 확장되는 상황을 감당해 내기 어려웠을 것이다. '비卑'와 '이夷'의 이미지는 당나라 사람들이 최치원에게 붙여 준 것이었다. 그는 당나라에서 벼슬하는 신라인이었을 뿐이기 때문이다.

최치원은 도교나 불교를 이단으로 배척하지 않고 도리어 그것들을 유학과 소통시키려 한 유학자였으며, 풍류사상에 기반한 동인東人 의식의 소유자이자 보편 문명의 존재를 가정한 '동문同文' 의식의 지지자이기도 했다.[4] 그런 최치원이 신라인을 비천한 '이'라고 보는 당나라 관료들의 주장을 내면에서 승인할 수 있었을까? 그는 당나라 관료들처럼 '비'와 '귀'를 '이'와 '화'로 보았을까?

최치원의 정서를 맥락적으로 이해하기 위해서는 '화'와 '이'에 대한 신라인들의 관념을 확인해 두어야 한다. 《삼국사기》에 실려 있는 감질허邯帙許와 김춘추의 이야기는 바로 그 지점을 잘 보여 준다.

신라가 감질허를 당나라에 보낸 것은 648년(진덕여왕 2) 겨울이었다. 당나라 태종이 어사를 통해 이렇게 물었다. "신라는 대조大朝를 신사臣事하면서 왜 연호를 따로 쓰는가?" 감질허가 답했다. "천조天朝에서 정삭正朔을 반포하지 않았으므로 법흥왕 이래로 사사로이 기년紀年을 하고 있으나, 만일 대조로부터 명이 있다면 소국이 또 어찌 감히 그렇게 하겠습니까." 얼마 뒤 신라는 김춘추 등을 다시 당나라에 보냈다. 김춘추가 당나라 태종에게 말했다. "신의 본국은 멀리 바다 한 귀퉁이에 있으나 천조를 복사伏事한 지 여러 해가 되었는데, 강성하고 교활한 백제로부터 여러 차례 침략을 받았습니다. 백제는 지난해에 대대적으로 쳐들어와서 수십여 개의 성을 빼앗아 조종朝宗의 길을 막기까지 하였습니다. 만일 폐하께서 천병天兵을 빌려주시어 흉악한 무리들을 없애 주시지 않는다면 폐읍의 인민은 저들의 포로가 되고 말 것이니, 저희가 조회하여 제후의 직분을 다하는 일도 어려워질 것입니다." 그 말을 들은 당 태종이 김춘추에게 군사를 보내 주겠노라 약속했다.

김춘추가 또 신라의 '장복章服'을 고쳐서 '중화'의 제도를 따를 수 있게 해달라고 청했다. 당나라 태종은 궁중에서 진귀한 의복을 내어 김춘추와 그 일행에게 하사했다.[5] 신라는 649년(진덕여왕 3) 1월 비로소 '중조中朝'의 의관을 입었다.[6] 650년(진덕여왕 4) 왕은 〈태평송〉이라는 시를 지은 뒤 김춘추의 아들 법민을 통해 당나라 황제에게 바쳤다. 진덕여왕은 이 시에서 '대당大唐'의 밝은 미래를 찬양했으며, 천명을 거역하는 '외이外夷'는 하늘이 내린 재앙으로 멸망하고 말 것이라고 주장했다. 그해 신라는 처음으로 중국의 연호인 '영휘'를 사용했다.[7]

김부식金富軾(1075~1151)이 이 이야기 뒤에 붙인 논평은 음미해 볼 만하다. 그에 따르면, 기회를 틈타 동시에 발흥한 뒤 양립하여 천하를 다투는 경우이거나, 간악한 무리들이 빈틈을 엿보고 일어나 '신기神器'를 노리는 경우가 아니라면, 편방偏邦의 소국으로 천자의 나라에 신속臣屬한 자는 진실로 사사로이 연호를 쓸 수는 없는 일이다. 신라의 경우는 한결같이 중국을 섬겨서 조공을 충실히 해왔다. 그러니 법흥왕이 연호를 따로 쓴 것은 그 자체로 잘못된 일이다. 그런데도 신라는 그 관행을 고집했다. 심지어 당나라 태종의 견책을 받고서도 그 관행을 버리지 못하다가, 이때 이르러서야 당나라의 연호를 따랐다. "불가피하여 내린 결정이기는 하지만, 잘못을 능히 고칠 수 있었다고 말할 수는 있을 것이다." 논평의 말미에서 김부식은 신라가 당나라의 연호를 받아들인 것에 대해 이렇게 평가했다.[8]

김부식이 불가피한 결정이었다고 말한 것은 신라가 당나라부터 군사적 도움을 얻어 내기 위해 내키지 않은 선택을 했다고 보았기 때문이다. 그런 시야에서 보면, 신라의 의관을 '중화'의 제도로 바꿀 수 있게 해달라는 김춘추의 청원도 마찬가지일 것이다. 연호가 의미하는 동아시아 국제질서의 관행이나 의관이 상징하는 '중화'의 제도와 관련하여, 김부식은 신라의 역사에서 그것을 스스로 내면화하려는 절실함을 읽어 낼 수는 없었던 것이다.

김부식의 그런 평가에 고려 시대 유학자의 입장이 투영되었던 것은 의심의 여지가 없다. 그러나 중고기 이후 신라에 여전히 천자국의 제도가 확인되고 있는 것을 고려한다면,[9] 그의 지적이 신라의 현실과 완전히 동떨어진 것이었다고 할 수는 없을 것이다. 그렇다면 감질허와 김춘추의 이야기에 등장하는 단어들은 누가 발화했는가? 화자는 그 말들을 어떤 맥락에서 구사했는가? 통일기 신라인의 '화'와 '이'에 대한 생각을 읽어 내기 위해서는 그 점을 좀 더 깊이 들여다볼 필요가 있다.

감질허와 김춘추가 당나라 태종과 나눈 대화에 따르면, 당나라는 '천조'이자 '대조大朝'이며, '정삭正朔'을 반포하는 주체다. 당나라 태종은 '폐하'이며, 그의 군사는 '천병'이다. 그에 비하면 신라는 '바다 귀퉁이'에 있으면서 '천조'를 '신사臣事'하고 '복사伏事'하는 '소국'이다. 진덕여왕이 바친 시에 따르면, '대당'의 반의어는 '외이'다. 이 단어들은 대화의 주체들이 당나라를 정점으로 하는 동아시아 국제질서를 승인하고 있었음을 잘 보여 준다.

김부식의 논평에 따르면, 당나라는 '대일통'을 이룬 주체이자 '신기神器'의 주인이다. '편방'의 '소국'인 신라는 '천자'의 나라에 '신속'했으며 한결같이 중국을 섬겨 왔으니, 마땅히 당나라의 연호를 받들어야 하는 나라다. 그 밖에 기사의 본문에도 화자가 김부식일 개연성이 높은 단어들이 있다. 김춘추가 당나라 태종에게 청원했다는 '중화'의 제도, 649년(진덕여왕 3)에 처음 입었다는 '중조中朝'의 '의관', 그리고 650년(진덕여왕 4)에 처음 쓰게 되었다는 중국의 연호 등이 그런 것이다.

일연—然(1206~1289)도 《삼국유사》에서 신라가 당나라의 의관을 도입하고 그 연호를 쓰게 된 사정을 기록했다. 그에 따르면, 자장慈藏(590~658)이 일찍이 '방국邦國'의 '복장服章'이 '제하諸夏'와 같지 않다며 개선책을 건의했다. 그 결과 649년에 비로소 '중조中朝'의 의관을 입었으며 다음 해에는 또 '정삭'을 받들고 당나라 연호를 쓰게 되었다.[10] 김부식과 일연이 모두 '중조의 의관'을 말한 대목이 예사롭지 않다. 통일기의 신라인들이 이 단어를 구사하지 않았다고 단정적으로 말할 수는 없다. 신라인들이 '중화' 혹은 '화'라는 말을 구사했을 수도 있다. 그러나 그들이 '화'와 '이'를 이항대립 항으로 두었거나, 신라를 '이'로 여겼으리라는 보장은 없다. 최치원이 그런 정서를 계승한 인물이었다면, 신라인을 비천한 '이'라고 보는 당나라 관료들의 주장을 내면에서 승인했다고 보기는 어려울 것이다.

최치원도 통일기 신라가 관복을 바꾸고 당나라 연호를 쓴 경위를 기억했다. 그는 〈무염화상비명〉이라는 글에서 이렇게 말했다. "옛날 태종무열왕 김춘추가 고구려 정벌에 필요한 원군을 요청할 계획을 지닌 채 진덕여왕의 명을 받들어 당나라 태종을 알현했다. 김춘추가 당나라 태종에게 정삭을 받들고 복장을 바꿀 수 있도록 해달라고 청원하자 천자가 가상히 여기며 허락하고는 화華의 복장을 내려 주었다."[11] 신라가 당나라로부터 지원군을 얻어 내기 위해 '정삭'을 받든 것처럼 읽히는 문장이다. '중화'의 제도를 내면화하기 위해 정삭을 받들고 복장을 바꾼 것은 아니었다는 의미다. 그 점에서 최치원의 입장은 김부식의 문제의식과 크게 다르지 않다. 그러나 최치원이 김부식처럼 '중화'의 제도를 신라가 추구해야 할 길로 여겼는지는 분명치 않다.

중화와 동이

최치원이 외교문서를 작성하면서 구사한 단어들은 당나라 중심의 동아시아 국제질서는 물론 '중화'에 대한 그의 생각을 엿볼 수 있게 한다. 〈신라하정표〉라는 글에 따르면, 당나라는 '황제 폐하'의 나라이며, 신라는 바다 귀퉁이에 있는 '신번臣蕃'이자 '원번遠蕃'이다. 신라 왕은 당나라 황제의 배신陪臣이다.[12] 최치원은 〈양위표讓位表〉라는 글에서도 같은 취지를 반복해서 강조했다. 그런데 이 글에는 신라가 그렇게 할 수 있었던 배경에 대한 설명이 자세하다.

그에 따르면, 신라는 울루鬱壘가 있다는 동해와 경계를 마주하고 있지만 상대를 위력으로 대하는 울루의 행태를 숭상하지는 않는다. 또 신라는 백이와 숙제의 나라 고죽국과 이웃하고 있어서 그들의 청렴함과 겸손함을 본받는 나라다. 더구나 '구주九疇'의 뜻과 '팔조八條'의 가르침을 익혔으므로, 사람들은 말할 때마다 하늘을 경외하고, 다닐 때마다 어른을 위해 길을 양보할 줄 안다. '인현仁賢'의 교화를 받아 '군자'의 이름에 부합할 수 있었기 때문에, 제기는 들밥을 내 갈 때도 쓰지만 창은 지게문에 버티어 둘 뿐이다. 칼을 차고 다니는 풍속이 있다고는 하지만, 무武란 전쟁을 종식시키는 것을 귀하게 여기는 것이니 신라는 건국 이래로 성城을 들어 적에게 투항하는 잘못을 범하지는 않았다. 신라는 향화嚮化로 말한다면 남려南閭보다 낫고, 안인安仁으로 말하자면 동호東戸보다 못할 것이 없는 그런 나라다. "이런 이유 때문에 신라는 헌강왕 때에 이르도록 황제의 은혜를 입고 황제의 조칙을 선포하며, 직분을 성실히 수행하고 만 리의 변경을 안정시킬 수 있었습니다." 최치원은 〈양위표〉의 도입부를 이렇게 마무리했다.[13]

울루鬱壘 이야기는 《산해경》과 관련된 이야기에서 온 것이다. 후한 왕충王充(25~97?)이 《산해경》의 〈대황동경大荒東經〉을 인용하며 이렇게 말했다. "창해滄海 가운데 도삭산度朔山이 있다. 산 위로 큰 복숭아 나무가 있는데 가지가 굽이굽이 삼천리에 뻗어 있다. 그 가지 사이 동북쪽에 귀문鬼門이 있는데 모든 귀신이 드나드는 곳이다. 문 위에는 신다神茶와 울루라는 신인이 있어 귀신들을 살피고 관리하는 일을 주관하는데, 나쁜 일을 한 귀신은 갈대로 만든 줄로 묶어서 범에게 먹이로 준다."[14]

큰 바다라는 뜻의 '창해'는 때로 동쪽 바다를 의미하는 '동해'와 동의어로 여겨지기도 했다. 최치원도 다른 글에서 "일방이 무사하고 창해가 편안했다"고 말하기도 했다. 전국시대 이후 유행한 오행설도 그런 연상을 가능하게 했다. 큰 바다는 수심이 깊고 물빛이 푸르니, 오방색五方色으로 말하면 청색은 동방이기 때문이다. '창해'가 '동해'라면 '동해' 가에 있는 신라는 '울루의 자리'에 비유할 만한 나라가 된다. 그러나 최치원이 정작 말하려 했던 것은 그다음이다. 그는 신라가 울루처럼 '동해' 가에 있지만, 울루처럼 권위와 힘으로 남을 제압하려는 나라가 아니라는 점을 강조했던 것이다.

울루 이야기는 곧이어 나오는 고죽국 이야기와 짝한다. 전자가 '위치는 같지만 정서는 다르다'는 식이라면, 후자는 '위치가 가까워 정서적으로도 비슷하다'는 식이다. 《수서隋書》에 따르면, 배구裴矩(554~627)는 "고려의 땅은 본래 고죽국"이라고 말했다.[15] 그가 고려라고 한 나라는 고구려다. 최치원은 이 기사를 근거로 신라가 백이와 숙제의 고죽국과 이웃하고 있다고 말할 수 있었던 것이다.

백이와 숙제 이야기는 《사기》에서 온 것이다. 이 책의 〈백이열전伯

夷列傳〉에 따르면, 백이와 숙제는 고죽군孤竹君의 두 아들이었다. 아버지는 숙제를 계승자로 삼으려 했지만, 숙제는 아버지가 죽은 뒤 백이에게 자리를 양보했다. 백이가 아버지의 명을 어길 수 없다며 고죽국을 떠나자, 숙제도 왕위에 오르지 않고 나라를 떠났다. 두 사람은 주나라 문왕에게 몸을 의탁했다. 뒷날 주나라 문왕의 아들 무왕이 은나라 주왕을 치려 했다. 두 사람이 "신하가 임금을 시해하는 것을 인仁하다고 할 수 없다"면서 앞을 막아 섰다. 결국 무왕은 은나라를 평정했고 천하는 주나라를 받들게 되었지만, 두 사람은 의리상 주나라의 곡식을 먹을 수 없다는 이유로 수양산에 들어가 고사리를 캐 먹다가 굶어죽었다.[16] 이 이야기가 연상시키는 것은 예양禮讓과 절의다. 서로 왕위를 사양했으니 예로써 양보한 것이며, 은거를 택했으니 절의를 지키려 한 것이다. 최치원은 그중에서 염퇴廉退를 읽어 냈다. 백이와 숙제가 가진 예양의 면모를 강조하고, 신라를 그런 나라라고 주장했던 것이다.

신라가 상대를 위력으로 대하지 않는 것은 무엇 때문이며, 또 어떻게 예양을 알게 되었는가? 최치원에 따르면, 그것은 '팔조'와 '인현'으로 상징되는 기자의 가르침 때문이다. 결국 신라는 군자국이라는 이름에 어울리는 자질을 가지게 된 것이다. 《산해경》에는 최치원이 말한 내용과 부합하는 대목이 있다. "군자국 사람들은 의관을 갖추고 칼을 차고 있으며, 사양하기를 좋아하고 다투지 않는다."[17] '사양하기를 좋아하는 것'이야말로 기자에게 배운 군자국 사람들에게 어울릴 법한 소양이다. 최치원은 "칼을 차고 다닌다"는 말도 그런 맥락에서 설명하려 했다. 그가 보기에 칼이 상징하는 것은 무武인데, 이 나라 사람들에게 무란 남에게 위해를 가하기 위해서가 아니라 적에게 투항하지 않기 위해서 필요한 것이기 때문이다.

최치원에게 '향화薰化'와 남려南閭, '안인安仁'과 동호東戶는 그런 신라를 잘 나타내 주는 단어들이다. '향화'는 천자에게 귀부한다는 것이며, '안인'은 마음을 다해 예양의 도를 실천한다는 뜻이다. 그것들을 기준으로 신라를 평가하려면 비교 대상이 필요하다. '남려'와 '동호'가 그런 존재다. 남려는 위만조선의 압박을 피해 한나라에 투항했다. 동호계자는 전설상의 임금인데, 그 시절 사람들은 길에 떨어진 물건도 주워 가지 않았다.[18] 그렇다면 남려나 동호에 비교해 보았을 때 신라는 어떤 나라인가? 〔적에게 백기로 투항하지 않겠다는 결기를 보여 준 신라는 천자에게 자발적으로 귀부했으니 남려보다 훨씬 '향화'에 적극적이었다. 또 백이·숙제의 기풍과 기자의 가르침을 계승한 군자국 신라는 동호계자의 나라에 비해 예양의 기풍을 더 체화한 나라다.〕 최치원은 행간에서 그렇게 말했다.

'구주'와 '팔조' 같은 단어들은 최치원이 신라 역사의 기원을 기자에게서 찾고 있었음을 잘 보여 준다.[19] 《사기》의 〈송미자세가〉에 따르면, 기자는 주나라 무왕에게 봉封함을 받았으면서도 그의 신하가 되지는 않았다. 뒷날 기자가 주나라에 조회朝會하러 가는 길에 은나라의 옛터를 지나다가 폐허가 된 궁궐 자리에 무성하게 자란 보리를 보게 되었다. 기자는 크게 상심했다. 곡할 수도 없고 울 수도 없었던 기자가 시를 지어 은나라의 폭군 주왕을 원망하자, 옛 은나라 백성들이 그 노래를 듣고 모두 눈물을 흘렸다.[20] 이 이야기는 독자에 따라서는 다르게 읽을 수도 있을 만큼 중의적이다. 기자가 주나라 무왕에게 봉함을 받았으며 뒷날 그에게 조회하러 갔다는 대목에 주목할 수도 있지만, 반대로 기자가 주나라 무왕의 신하가 되지 않았다는 문구를 눈여겨볼 수도 있기 때문이다. 최치원은 물론 전자의 시야를 가졌다고 해야 한다. 그는 당나라를 천자국으로, 신라를 제후국으로 보았을 뿐만 아니라,《춘추》의 역사 편찬 정신을 존중했다.[21]

최치원의 논리에 따르면, '기자'는 신라가 '외천畏天'과 '양로讓路'의 역사를 계승했다고 말할 수 있는 근거가 된다. 한걸음 더 나아간다면 신라가《산해경》에 등장하는 "호양好讓하는 군자국"이라고 말할 수도 있다. 그렇다면 그런 군자국으로서는 천자에게 귀부하고 예양을 실천하는 일이 무엇보다 중요하다고 하지 않을 수 없다.

최치원이 보기에 발해는 그런 신라와는 전혀 다른 나라였다. 897년 (신라 효공왕 1) 발해 사신 대봉예가 자국을 외교 서열상 신라보다 우위에 놓아 달라고 당나라에 청원한 일이 있었다. 이즈음 발해는 당나라 중심의 국제무대에서 신라보다 우위에 서려 했고, 신라는 국가의 위세가 날로 위축되던 상황에서도 전통적인 우위를 유지하려 했으므로 경쟁과 갈등은 불가피했다. 당나라는 "국명의 선후는 본래 강약을 따져서 칭하는 것이 아니다"라는 이유로 대봉예의 청원을 거부했고, 신라는 그런 결정에 감사한다는 취지로 최치원에게 〈사불허북국거상 表謝不許北國居上表〉라는 글을 지어 당나라에 보내게 했다.[23]

최치원은 그 글에서 발해의 청원이 "근본을 잊지 말아야 한다"는 《예기》의 가르침이나 "법도를 지켜야 한다"는《서경》의 경구에 배치될 뿐만 아니라, 분수를 벗어난 행위라고 주장했다. 그는 또 발해의 탄생과정을 문제 삼았다. 그에 따르면, 발해는 속말粟末이라는 소번小蕃, 고구려의 유민과 물길勿吉의 잡류가 기반이 되었는데, 이들은 온갖 악행을 일삼다가 마침내 당나라에 귀부했다. 그뿐만이 아니다. 그들의 추장 대조영은 신라로부터 대아찬이라는 5품 벼슬을 받은 적이 있는 인물이다. 역사를 본다면 발해는 어느 면에서도 신라와 대등하다고 할 수 없다. 그런 발해가 당나라의 제후국이 되어 신라와 동등한 반열에 올랐고 신라는 그 현실을 힘들게 받아들였다. 그런데도 발해는 분수를 모르고 함부로 윗자리를 범하려 한 것이다. 그러나 그것만이 문제인 것은 아니다. "어찌 저희가 격좌隔座의 형식에 구애되었기 때문이겠습니까? 저들이 강계降階의 예법에 몽매하기 때문입니다."[24] 최치원은 그렇게 말했다. 당나라에 조회하는 반열에 발해와 나란히 서고 싶지 않아서 그런 것이 아니라, 발해가 예에 무지해서 비판할 수밖에 없다는 뜻이다.

강계는 손님과 주인이 만나 계단에 오르는 경우의 예법이다. 양편 계단 중 서쪽 계단이 더 높다. 주인이 손님을 맞으면서 자신은 동쪽 계단에 서고 손님에게 서쪽 계단을 권했을 때, 손님은 겸손하게 예를 갖추어 사양해야 한다. 결국 최치원이 보기에 발해의 청원이 부당한 것은 발해가 악행을 일삼다가 뒤늦게 당나라에 귀부했기 때문이기도 하지만, 예로써 양보하는 의미를 모르고 힘의 강약만을 중시하기 때문이기도 하다. 그에게 발해는 '북국北國'이며 '저 오랑캐[彼虜]'이자 융적일 뿐이다.[25] 발해가 독기를 내뿜는 '고시국楛矢國'이라면, 신라는 염양廉讓을 아는 근화향槿花鄉이다.[26] 그의 방식으로 말한다면 신라는 예를 아는 군자국이며, 발해는 예를 모르는 오랑캐인 것이다.

최치원이 발해를 '융적'이라 하고, 신라를 "예양을 실천하는 군자국"이라 하면서도, 신라나 자신에 대해 '중화'나 '이적' 같은 단어들을 함께 구사하지 않았다는 사실은 주의할 필요가 있다. 유학이 천자 중심의 국제질서를 정당화한다는 통념에서 보면 의외다. 최치원은 그 질서를 존중하면서도 그것을 '중화'나 '이적'의 문제와 무관하게 여겼던 것은 아닐까?

　〈견숙위학생수령등입조장遣宿衛學生首領等入朝狀〉은 신라의 숙위학생을 받아 달라는 일종의 청원서이다. 최치원은 신라의 유학생들이 당나라에서 공부해 온 사례를 열거한 뒤, 유학생 파견이 신라에 어떤 의미인지를 강조했다. 그에 따르면, '동인東人'이 '서학西學'하는 것은 오직 예와 악 때문이다. 예악을 공부한 뒤 여력이 있으면 문장을 공부하고 '정음正音'으로 언어를 변화시킨다. 문장을 공부하는 것은 '표장表章'을 지어 '해외'의 '신절臣節'을 아뢰고자 함이요, 언어를 변화시키는 것은 '정례情禮'를 전달하여 '천상天上'의 '사거使車'를 받들기 위해서다. 당나라가 그간 신라의 유학생을 받아 주었고, 그 유학생들이 빈공과에 합격하는 일도 있었으니, 사람이 나라에 따라 다른 것은 아니라는 사실을 잘 보여 주는 사례라고 할 만하다.[27]

　최치원이 보기에, 신라가 유학생을 받아들여 달라고 당나라에 청원하는 것은 자연스러운 일이다. 이유가 있고 전례가 있기 때문이다. 그가 추천한 인물들 중에는 김곡이라는 사람도 있었다. "김곡은 바로 전해주현 자사 김장의 친아들로, '중화'에서 태어나 2대를 살아온 집안이니, 가학家學을 이어서 발전시킬 만한 인물이며, 가문의 명성을 떨어뜨리지는 않을 것입니다."[28] 그가 그렇게 말했다.

　〈주청숙위학생환번장奏請宿衛學生還蕃狀〉은 기한이 만료된 숙위학생을 신라로 돌려보내 달라고 청원하는 글이다. 이 글에 따르면, '소방小邦'은 '추로鄒魯'를 흠모하는 나라이지만, 기자가 가르침을 펴는 것을 잠시 보았을 뿐이다. 공자는 '구이九夷'의 땅에 살고 싶어 했고 담자郯子는 박식함으로 공자의 인정을 받았으며 서복徐福은 삼신산으로 신선을 찾아 떠났다 하지만, 이 나라에서 그들의 흔적을 찾을 길은 없다. 그러니 당나라가 천하를 통일한 것을 축하할 때도 문서 형태와 구어 음가에 차이가 있음을 부끄러워하게 된다. 신라의 문체文體는 진나라의 것과 비슷하다 하지만 그 토성土聲은 새 울음소리와 다를 바 없고, 글자는 매듭으로 만든 부호 신세를 면했다 하지만 그 이야기는 미려함과는 거리가 머니, 모두 역관을 통해야만 비로소 소통할 수 있다. 이 때문에 '천조'에 주문을 올리거나 칙사를 영접할 때에도 '서학'의 역할에 의지하고서야 비로소 '동이'의 실정을 아뢸 수 있었다. 국초부터 조공품을 올릴 때마다 문인을 함께 보내 '모화慕化'의 정성을 함께 표하게 한 것도 그런 이유 때문이다. 그렇게 유학생을 보냈고 약속된 기한이 만료되었다. "삼가 바라건대 '속국'의 일을 관장하는 관원에게 선부宣付해 주소서." 최치원은 유학생의 귀환을 허락해 달라고 청원하면서 이렇게 말했다.[29]

신라를 '동이'라고 부른 것이 특별해 보인다. 그러나 이 '동이'가 중화와 이항대립 항을 이루는 '이적'을 의미한다고 단정하기는 어렵다. '서학'도 눈에 띄는 단어 가운데 하나다. 〈견숙위학생수령등입조장〉에 따르면, '동인'은 '서학'을 통해 예악과 문장과 언어를 배운다. 그러나 좀 더 넓게 보면 유학적 성취를 위해서만 그렇게 하는 것은 아니다. 불교적인 깨달음을 위해서도 '동'은 '서'로 향한다. 그런데 '동인'이 '서'에서 배우기 위해서는 바다를 건너가지 않을 수 없다.

〈진감화상비명〉의 도입부에서 그는 도가 사람과 멀리 있지 않고 사람이 나라에 따라 다른 것도 아니라고 주장했다. 그 글에 의하면, '동인'이 불자佛者가 되기도 하고 유자儒者가 되기도 하는 것은 그런 이유 때문이다. 그런데 그렇게 되기 위해서 반드시 거쳐야 하는 과정이 있다. 대양에다 서쪽으로 배를 띄우고 중역重譯을 거쳐 가며 배워야 한다. 목숨은 조각배에 의지하고 마음은 보주寶洲로 향하니, 그 과정은 빈손으로 갔다가 채워서 돌아오는 것이며, 어려움을 겪어야 성취도 있는 법이다.[30] 그렇다면 진감화상이 불교적인 깨달음을 위해 보주로 향하는 것은 숙위학생이 예악·문장·언어를 배우기 위해 천자의 나라로 향하는 것과 다르다고 할 수 없다. 모두 '동'이 '서'에 가서 배우는 행위이기 때문이다. 이 경우 불교적 깨달음과 예악·문장·언어는 배움의 내용이라는 점에서 등가적이고, 천자의 나라와 보주는 배움의 터전이라는 점에서 다를 바 없다.

문장과 언어는 배움의 내용과 관련하여 이 두 개의 문서를 관통하는 주제다. 〈견숙위학생수령등입조장〉에 따르면, 문장을 배우는 것이 격식에 맞는 외교문서를 짓기 위해서라면 언어를 배우는 것은 면대면의 상황에서 소통을 원활히 하기 위해서다. 최치원은 〈주청숙위학생환번장〉에서도 문서와 언어의 문제를 거론했다.

그 글에서는 신라에 무엇이 부족한지에 관한 설명이 자세하다. '추로'는 공자와 맹자의 고향을 가리키는 말이다. 그러니 '추로'를 흠모한다는 것은 공자와 맹자로 상징되는 예의의 나라를 지향한다는 뜻이 된다. 공자·담자·서복은 모두 동쪽과 연관이 있다. 공자는 동쪽 '구이'의 땅에 가서 살고자 했고, 담자의 나라는 '동해'에 있었으며, 서복이 불로초를 찾아 떠난 곳은 동해의 삼신산이었다. 그러나 그런 이야기들로는 신라를 추로의 땅에 비유하기 부족하다. 신라가 쓰는 '문체'와 '토성'은 당나라의 천하 통일을 축하하기에 적합하지 않다. 결국 서쪽으로 향해서 배울 수밖에 없는 것이다.

예의의 나라를 지향하는 과정에서 유독 문서와 언어가 중요한 이유는 무엇인가? 최치원이 보기에 그것들은 당 중심 국제질서의 구성원

이 되기 위한 필수 조건이다. 그에 따르면 신라는 당나라에게 '동이'이
자 '소방小邦'이며 '속국'이다. 당나라는 신라에게 '중화'의 땅이자 '천
조'이며, '모화'의 대상이다. 이 장면에서 당나라와 신라는 국제질서의
중심과 주변을 이룬다. 그런데 신라의 소리를 '토성'이라 하고 당나라
의 음가를 '정음'이라 부르는 장면은 인상적이다. '소방'과 '천조'라는
정치적 위계가 '토土'가 상징하는 지방성과 '정正'이 표상하는 중심성
이라는 문화적 위계로 확장되는 양상을 보여 주기 때문이다. 신라가
'추로'의 나라를 지향하는 한 그것은 이미 예정된 일이었다고 해도 과
언은 아니다. 최치원이 이 두 문서에서 '중화'와 '동이'를 말했던 것은
그런 문제의식 때문이다. 그는 김곡이 나고 자란 곳을 '중화'라 했으
며, '천조'에 주문을 올리고 칙사를 영접하는 신라를 '동이'라 했다.

　그가 지은 〈사은표謝恩表〉라는 문서에는 '화이'라는 표현이 등장한
다. 이 글에 따르면, 신라는 '하번遐藩'이며 당나라는 '북극北極'이다.
교화가 행해져서 천자의 덕이 '해우海隅'의 해 뜨는 곳에 미쳤던 경문
왕 때 유도儒道를 받들던 신라는 송가頌歌를 지어 황제의 덕을 예찬했
다. '환해寰海'에 도적이 들어 황제가 피란을 가자, 헌강왕이 황제의
은혜에 보답하기 위해 출정하려다 뜻을 이루지 못한 일도 있었다. 경
문왕과 헌강왕은 각각 문덕으로 황제를 높이고 무공으로 황제를 도우
려 했던 것이다. 그런 두 사람에게 당나라 황제가 망자亡者에게 추증
한 적 없는 벼슬을 내려 주었다. 신라의 왕으로서는 어버이에게 효도
를 할 수 있게 되었으며, 만 번 죽더라도 갚기 어려운 은혜를 입게 된
것이다. "존몰存沒을 비교하기 어렵고 화이華夷는 다르지만 우악優渥한
은총이 유명幽冥을 적시고 은혜가 원방遠方에까지 미치게 되었습니
다." 표문의 말미에서 최치원이 이렇게 말했다. 망자에 대해, 더구나

'화'가 아닌 '이'에게 그런 벼슬을 내려 주어서 감사하다는 뜻이다.[31]

이 세 장의 외교문서를 제외하면 최치원이 '화'를 '이'의 반의어로 구사한 다른 사례를 확인하기 어렵다. 이 문서들은 그가 특정한 조건이 충족된 상황에서만 '화'와 '이'를 그렇게 구사했음을 보여 준다는 점에서 특별하다. 어떤 조건인가? 첫째, 당 중심 국제질서에 관한 서사여야 한다. 이 경우 '중화'와 '동이', 혹은 '화'와 '이'는 당나라 주변 국가의 정치적 위계가 문화적 위계로 확장될 수 있음을 보여 준다. 둘째, 그 문화적 위계는 유학적인 메타포를 가져야 한다. 〈사은표〉에 보이는 '추로'·'유도'·'문덕'·'효'·'혜惠'와 같은 것들이 그것이다. 이런 조건들이 충족되지 않았을 때라면 그는 결코 '화'를 '이'의 반의어로 사용하려 하지 않았을지도 모른다. 발해를 멸시하면서 '융적'이라 했던 그가 신라를 '동이'라 한 것을 보면, 그에게 '이'란 '융적'과 구별되는 특별한 의미를 가진 단어였던 것일지도 모른다.

이夷와 불교

〈선안주원벽기善安住院壁記〉는 최치원이 해인사 선안주원의 벽에 붙인 기문이다. 글의 첫머리에서 최치원은 이렇게 말했다. "왕제王制에는 동방을 이夷라고 했다. 범엽范曄에 따르면, 이란 근본이니, 어질고 살리기를 좋아함을 말한다. 만물이 땅을 근거로 나오니 천성이 유순하고 도로 다스리기 쉽다."[32] '왕제'란 《예기》〈왕제〉 편을 가리킨다. 최치원은 《예기》의 독자이기도 했다.[33]

〈왕제〉 편에는 '이'와 직간접으로 관련성이 있는 다른 내용이 여럿

있다. 천자와 제후, 양자 간의 위계에 관한 설명에 따르면, '왕자王者'
는 녹작祿爵을 제정할 때 공·후·백·자·남의 5등급으로 하고, '제후'도
그 아래 5등급의 관직을 둔다. 천자의 토지는 사방 1,000리이고, 공·
후·백·자·남은 각각 100리·100리·70리·50리·50리이며, 50리가 되
지 못하는 경우는 천자에 속하지 못하고 제후에 붙여 '부용附庸'이라
한다. '사해四海' 안에 '구주九州'가 있는데, 주마다 210국이 있으며, 천
자의 '현내縣內'에는 사방 100리·70리·50리의 나라가 각각 9·21·63
곳이 있어 합하면 93국이다. 천자는 1,000리의 안쪽은 어용御用에 사
용하고, 그 밖으로는 방백을 두는데, 1,000리의 안쪽을 전甸, 1,000리
의 바깥쪽을 채采라 하고, 류流라 한다. 천자는 그 대부를 감독관으로
삼아 방백의 나라를 감독한다. 천자의 '현내 제후'는 녹을 받으며, 그
밖의 제후는 세습한다. 제후는 천자에게 해마다 대부를 보내 빙문하
고, 3년에 한 번씩은 경卿을 보내 빙문하며, 5년에 한 번씩 직접 빙문
한다. 천자는 5년에 한 번씩 제후를 순시한다. 천자는 별다른 변고가
없을 때 제후와 만나는데, 이것을 조朝라고 한다. 제후는 이때 예를 잘
살피고 형刑을 바로잡으며 법을 정비하여 천자를 높이 받든다.[34]

'이'에 관한 직접적인 구상은 '오방五方'의 민民에 관한 이야기에 담
겨 있다. 그 글에 따르면, 민에 대한 정책을 세울 때 논의의 출발점으
로 삼아야 하는 것은 천지의 한난寒暖함과 조습燥濕함 같은 자연환경
의 차이다. 골짜기의 넓이가 다르고 계곡의 크기가 다르면, 그 사이에
서 난 '민'들은 풍속이 다르고, 강유剛柔와 경중과 지속遲速이 같지 않
다. 오미五味의 조화로움이 다르고, 기계器械의 표준이 다르며, 의복의
마땅함이 다르다. 그 때문에 그 교화를 닦아 그 풍속을 바꾸지 않으
며, 그 정사를 가지런히 하여 그 마땅함을 바꾸지 않아야 한다. '중국'

과 '융이' 등 오방의 민은 모두 그 특성이 있으니, 그것을 억지로 바꾸려 해서는 안 된다. '중국'과 이·만·융·적에게는 각자 편안히 여기는 집, 맛있게 여기는 음식, 적당하게 여기는 의복, 편리하다고 여기는 도구, 완비되었다고 생각하는 기물이 있다. 오방의 민은 '언어'가 통하지 않고 '기욕嗜慾'이 다르니, 서로 뜻을 소통시키고 욕망을 통할 수 있도록 담당 관리를 두는데, 동방은 기寄라 하고 남방은 상象이라 하며 서방은 적제狄鞮라 하고 북방은 역譯이라 한다.[35]

"1,000리의 안쪽을 전, 1,000리의 바깥쪽을 채라 하고, 류라 한다"는 〈왕제〉 편의 언술은 천자가 있는 곳을 중심으로 하여 사방으로 확대되어 나가는 영역과 그 영역들로 구성된 세계상을 연상시킨다. 비슷한 발상은 《상서》 〈우공〉 편의 5복제五服制, 《상서》 〈주관〉 편의 6복제六服制, 《주례》 〈직방씨〉 편의 9복도九服圖에서도 확인된다.[36] 주석가들은 〈왕제〉 편에 보이는 전-채-류의 구조를 《상서》와 《주례》의 5복·6복·9복과 관련시켰다. 정현鄭玄(127~200)은 "우공의 황복荒服 바깥으로 300리가 만蠻이며 500리는 류流"라고 말했으며, 공영달孔穎達(574~648)은 전-채-류를 〈우공〉 편의 전복甸服-후복侯服·수복綏服-요복要服·황복荒服에 각각 대응시켰다.[37]

〈왕제〉 편에는 또 천자와 제후, '중국'과 '융이' 같은 주체들이 등장한다. 그뿐만이 아니다. 그 천자가 '전甸'의 영역을 주관하는 주체라는 점도 암시되어 있다. "천자의 영역은 사방 1,000리"이고, "사해의 안에 구주가 있는데 주는 사방 1,000리"이며, "1,000리 안쪽을 전이라 하고, 1,000리 밖을 채라 하고 류라 한다"고 했기 때문이다.[38] 그 관계를 확장해 나가다 보면 '채'와 '류'의 영역에 각각 제후와 '이적'을 대응시킬 수 있는 여지도 생긴다.[39] 그러나 〈왕제〉 편에서 제후가 천자와, '융적'이 '중국'과 짝하는 단어였음을 고려한다면, 독자들이 반드시 전-채-류와 천자-제후-'융이'를 대응시켜 가면서 읽었으리라는 보장은 없다. 최치원이 "동방을 이라 한다"는 말을 《예기》로부터 인용했다고 하면서도, 전-채-류의 세계상, 천자와 제후의 관계, '중국'과 '융이'의 특성에 대해 특별한 논평을 남기고 있지 않다는 점은 유의해야 할 대목이라 하지 않을 수 없다.

범엽范曄(398~445)도 《후한서》 〈동이열전〉에서 "동방을 이夷라 한다"는 〈왕제〉 편의 말을 인용했다. 그는 이렇게 말했다. "〈왕제〉에서 동방을 이라 했는데, 이란 근본이니, 인仁하고 호생好生한다는 뜻이다. 만물이 땅에 근본하여 나오니 (이는) 천성이 유순하여 도리로 다스리기 쉽기 때문에 군자국과 불사국不死國이 있다. 이에는 아홉 종류가 있으니, 견이·우이·방이·황이·백이·적이·현이·풍이·양이가 그것이다. 그러므로 공자도 구이九夷에 살고 싶어 했다."[40]

최치원은 이렇게 말했다. "〈왕제〉에서 동방을 이라 했는데, 범엽이 이르기를, 이란 근본이니 (그 말은) 이가 어질어서 생명을 좋아한다는 뜻이다. 만물이 땅에 근본하여 나오니 (이는) 천성이 유순하여 도리로 다스리기 쉽다." 최치원이 《후한서》를 인용했음을 잘 보여 주는 장면이다. 그런데 미세한 차이가 있다. 최치원은 "〈왕제〉에서 동방을 이라 했는데, 범엽이 이르기를"이라고 했다. "범엽이 이르기를, 〈왕제〉에서 동방을 이라 했는데, 이夷는"이라고 하지는 않은 것이다. "동방을 이라 한다"는 말이 《예기》 〈왕제〉 편에서 왔다는 것을 굳이 강조하려는 의도가 엿보인다.

무엇을 인용하지 않았는가? 그것은 무엇을 인용했는가를 확인하는 것보다 중요한 문제다. 《예기》 〈왕제〉 편에서 "동방을 이라고 한다"

는 말은 "머리를 풀어헤치고 문신을 한다. 화식을 하지 않는 자도 있다"는 설명부와 하나의 문장을 이룬다. 범엽은 그 설명부를 채택하지 않았다.[41] 〈왕제〉 편이 보여 준 '이'의 이미지는 '인'과 '호생'의 덕목을 가진 '동이', 유순한 '동이', 도리로 다스리기 쉬운 '동이'의 모습과 어울리지 않았기 때문일 것이다. 최치원도 "동방을 이라고 한다"고만 했을 뿐, 그 나머지를 인용하지는 않았다.

"동방을 이라 한다"는 대목부터 '구이'와 '공자'에 관한 이야기까지가 서문의 첫머리에 해당한다. 이 서사의 기본 틀은 허신許愼(30~124)의 《설문해자》에서 온 것이다. 허신은 '이夷' 자를 풀면서 이렇게 말했다. "이는 '동방의 사람[東方之人]'인데, '대大'와 '궁弓'이라는 글자로부터 유래한 것이다."[42] 강羌 자를 풀이하는 대목에서도 이와 관련된 내용이 있다. 그 설명에 따르면, 남방·북방·동방·서방 사람을 의미하는 만민蠻閩·적狄·맥貉·강羌은 각각 벌레·개·돼지·양을 가리키는 글자에서 유래한 것이다. 방위와 관련된 글자들이 모두 동물로부터만 유래한 것은 아니다. 서남쪽의 북인僰人과 초요焦僥는 '인人'이라는 글자에서 기원한 이름인데, 순한 땅에서 태어난 사람이다. 오직 '동이'만이 '대大'에서 유래했는데, '대'라는 글자도 '인人'에서 온 것이다. 이夷의 풍속은 '인仁'하고 '인자仁者'는 장수하기 때문에 그곳에 '군자국'과 '불사국'이 있다. 공자도 '구이'의 땅에서 살고 싶어 했다.[43] 응소應劭의 《풍속통》에도 비슷한 이야기가 있다. 그 글에 의하면, '이'는 "인하고 호생"하니, "만물도 땅을 뚫고 나온다." 범엽이 "이夷는 근본"이라고 주장한 것은 그런 기록을 활용할 수 있었기 때문일 것이다. 구이와 공자의 이야기는 《논어》 〈자한〉 편에서 따온 것이다.

범엽이 "동방을 이라 한다"는 《예기》 〈왕제〉 편의 기록을 매개로 하여 '이'의 의미를 '인'이라 할 수 있었던 배경에는 오행설이 있었다. 수·화·목·금·토라는 5원소로 만물의 기원을 설명하는 이 아이디어는 춘추시대에 구체화되었다. 전국시대 추연鄒衍은 기존의 틀을 가다듬었다. 오행으로 사계절의 순환과 왕조의 흥망성쇠를 설명했으며, 한대의 유향劉向은 그 논리를 더욱 정교화한 것이다. 오행의 논리는 마침내 인간과 자연의 모든 영역에 확대 적용되었다.[44] 오방 중의 '동'은 오상五常 중의 '인仁'에 해당한다. 그렇다면 '동'은 '인'한 것이 되므로, 자연스럽게 '이'도 '인'한 존재가 되는 것이다.

선진先秦시대에 '동이'는 강소성과 산동성 일대의 집단들을 부르는 명칭이었지만, 한나라 때 이후 역사서에 등장하는 '동이'는 대륙 동북쪽 집단을 가리키는 이름이었다. 진나라나 한나라 같은 통일제국이 등장하고 그에 따라 한족의 세계관이 확대되어 나간 결과다.[45] 《후한서》〈동이열전〉에 부여전, 고구려전, 예전濊傳, 한전韓傳이 등장하는 것도 그런 흐름에서 보면 자연스럽다. '동이'가 지시하는 대상이 달라지면서 그 단어의 이미지에도 변화가 생겼다. 한족은 피발被髮과 문신 등의 이미지로 기억하던 '동이'를 '인'하고 '호생'하는 존재로 여기게 된 것이다. 최치원도 '동이'를 말하면서 후자의 이미지를 인용했다.

최치원이 《예기》〈왕제〉 편과 《후한서》〈동이열전〉을 인용한 것은 본론을 위한 도입부가 필요했기 때문이다. 그는 곧이어 이렇게 말했다. "내가 생각하기에 이夷란 평이平易함을 훈제訓齊하는 것이니, 제화濟化의 방법을 가르쳐 주는 일을 말한다." '훈제'한다는 것은 교화하여 하나로 한다는 것이며 '평이'하다는 것은 평화롭고 너그럽다는 뜻이다. '이'는 평화로움과 관후함을 가르치는 일이다. 결국 '이'한다는 것은 교화의 방법을 가르쳐 주는 행위가 된다.

최치원의 방식으로 말한다면, 《예기》〈왕제〉 편에서 "동방을 이라 한다"고 했으니, '동이'의 땅에서 '평이'함을 내용으로 하는 교화를 실천하는 것은 당연하다. 고전에 등장하는 예시들은 그런 그의 견해를 정당화하기에 좋은 소재다. 그의 눈에 《이아爾雅》와 《상서》가 들어왔다. 《이아》에는 "동쪽으로 태양이 뜨는 곳에 이르면 그곳이 대평大平"이라 했고, 또 "대평 사람들은 인하다"고 했으며, 《상서》에는 "희중羲仲에게 명하여 우이嵎夷에 살게 하니 그곳이 양곡暘谷인데, 봄 농사를 고르게 다스리도록 하였다"라고 했다. 동東·평平·이夷라는 글자가 눈에 띈다. 우이는 동방의 땅이며, 양곡은 해가 뜨는 곳이다. 이 두 기사를 합쳐 놓고 보면, "동방은 이夷의 땅[嵎夷]이자 해가 뜨는 곳[大平, 暘谷]이어서 희중이 '인'한 사람들이 사는 그곳으로 와서 봄 농사의 순서를 가르쳤다"는 식으로 말할 수 있게 된다. 결국 그런 교화행위야말로 '동이'의 숙명이 된다.[46]

이제 범엽에서 이어져 온 '이'의 의미를 신라에 적용해서 읽어 낼 차례다. 최치원에 따르면, "우리 대왕의 나라[我大王之國]"가 자연환경이 조화로워 겨울잠 자던 벌레들이 깨어나고 식물들도 싹을 틔우니, 이는 그 나라가 동쪽에 터를 잡았기 때문이다. 그러나 그것 때문만이라 할 수는 없다. "상제가 서쪽을 돌아보시고 이곳을 주시어 거처하게 했다"는 《시경》의 이야기처럼 '대왕의 나라'도 서쪽을 향해 불법을 구했고 그 결과 '석조釋祖'가 동방으로 오게 되었다. 그렇다면 '구종九種'이 불교에 귀의하게 된 것은 땅이 그렇게 만든 것이고, 또 하늘이 그렇게 만든 것이다.[47]

최치원이 '이'에서 '인'을 읽어 낸 범엽을 인용하고, 그 글자를 교화를 실천하는 행위로 해석한 뒤, 다시 그 교화를 불교와 연결시키는 장면은 '이'를 '화'의 반의어로 쓰지 않았다는 점에서, 나아가 그 '이'와 '동'으로 신라와 불교의 관계를 정당화했다는 점에서 특별하다. 중국 전근대사에서 화이는 언제나 이항대립하는 것이었지만, 최치원이 신라를 보는 시야에서 말한다면 '이'가 '인'의 덕목을 가진 존재인 한 '화'가 그런 '이'의 반의어가 될 수는 없다.

《예기》〈왕제〉 편에서 천자는 제후와, '중국'은 '융이'와 각각 짝하는 단어였다. 제후는 예를 갖추어 천자를 찾아야 하는 존재다. 〈왕제〉 편의 메시지를 받아들이는 독자라면, 천자가 책봉하고 제후가 조공하는 관계를 안정적이고 이상적인 국제질서로 여기게 될 것이다. 최치원도 당나라와 신라의 관계를 그런 틀에서 바라보았다. 그러나 그 사실은 그가 당나라와 신라의 정체성을 문명과 야만의 틀로 보았다고 주장할 만한 근거가 되지는 못한다.

〈왕제〉 편에 따르면, 자연환경의 차이가 '중국'과 '융이'의 문화적 이질성을 만들어 냈으니, 그 풍속을 억지로 바꾸어야 할 이유는 없다. 차이에만 집중해서 보면 〈왕제〉 편의 독자는 문화를 문명과 야만의 프레임에 가두어서는 안 된다는 인상을 받을 수도 있다. 그러나 '융이'의 문화를 세부적으로 설명한 대목을 읽는 순간 독자는 '융이'의 문화가 '중국'의 '화'에 비해 열등하다는 느낌을 가질 수밖에 없다. 〈왕제〉 편의 독자였던 범엽이 〈동이열전〉을 쓰면서 피발이나 문신 같은 부정적인 이미지들을 인용하지 않은 것은 '중국'과 '동이'를 문명과 야만의 프레임으로 보지 않았기 때문일 것이다.

최치원은 그런 〈동이열전〉의 문제의식을 계승했다. 최치원이 보기에 신라는 천지와 방위에 의해 결정된 고유한 문화를 가졌지만, 동시에 불교와 같은 지적 자산을 당나라와 공유한 나라였다. 결코 당나라와 신라의 문화적 차이를 우열의 방식으로 설명하려 하지 않았다. 그가 신라를 말하면서 〈왕제〉 편에 보이는 '중국'과 '융이'의 이항대립 구조에 의존하지 않은 것도 '이'를 '화'의 반의어로 쓰지 않은 것도 그런 이유 때문이다.

화와 이

최치원이 '동이'가 가진 '이'의 문화를 유교·불교·도교와의 연관 속에서 이해하고 있었다는 점도 주목할 만하다. 그가 지증智證(824~882)을 위해 지은 비문에서는 특히 불교와의 관계가 두드러진다. 그가 그 비문에서 강조한 것은 '동'과 '불'의 관계이지만, 그것은 '이'와 '불'의 관계를 정당화한 것과 다르지 않다. 그가 보기에 '동'은 곧 '이'이기 때문이다.

서문의 도입부에서 최치원은 이런 요지로 말했다. "오상五常의 방위를 정하면서 동방에 짝한 것을 인이라 하고, 유교·불교·노장사상 등에 이름을 붙이면서 정토淨土에 현현한 것을 불佛이라 했다. 그렇다면 인심仁心이 곧 부처이니 부처를 능인能仁이라 한 것도 그 뜻을 따른 것이다. 유순한 성품을 가진 욱이郁夷를 이끌어 석가모니의 자비로움과 가르침의 바다에 닿게 하는 것은 돌을 물에 던지듯, 빗물이 모래를 모으듯 한 일이다. 더구나 우리는 동방動方의 제후 가운데 가장 큰 데다가, 지령地靈은 호생을 근본으로 하고 풍속도 교양交讓을 위주로 하고 있으니, 태평의 봄날이자 상고의 교화를 이루었다고 할 만하다. 또 우리 임금은 불교 신자가 되어 삭발하고 법복을 입었으며, 우리 언어는 범어의 음을 따르니 다라니경의 글자를 온전히 발음할 수 있다. 이것은 바로 하늘이 그렇게 만들어 주고 불법의 바다가 동쪽으로 흐르기 때문이니, 군자의 고향君子之鄕에 법왕法王의 도가 날로 깊이 스며드는 것도 당연하다."[48]

이 글에 담긴 최치원의 생각을 온전히 이해하기 위해서는 정밀한 독해가 필요하다. 그가 말한 '동방動方'은 만물이 처음 생겨난 '동방東方'이다. "동방은 인하다"는 《이아》의 설명과 "동방의 이夷는 인하여 생명을 존중한다"는 《후한서》 〈동이열전〉의 언술을 하나로 합쳐서 읽으면, '동방'은 만물이 처음 생겨나는 곳이며, "인하여 생명을 존중하는" '동이'가 사는 곳이다. 그렇다면 "인심은 곧 부처"라고 말할 수 있다. "인하여 생명을 존중하는" 마음이 '인심仁心'이라면 생명을 존중하여 살생을 하지 않는 것은 부처의 마음이기 때문일 것이다. 그는 부처를 '능인'이라 하는 것도 같은 이유 때문이라고 했다. '능인能仁'은 사키야무니(석가모니)라는 산스크리트어를 "인仁에 능한 존재"라는 뜻의 한자로 의역한 것이기 때문이다. 그는 또 성품이 유순한 '동이'를 석가의 가르침에 따르게 하는 것이야말로 바람직할 뿐만 아니라 어렵지 않게 할 수 있는 일이라고 말했다. '인'을 공유하고 있다고 보았기 때문일 것이다. '욱이郁夷'는 '우이嵎夷', 즉 '동이'다. "돌을 물에 던진다"는 것은 서로에게 잘 어울린다는 뜻이며, "빗물이 모래를 모으듯 한다"는 것은 쉽게 할 수 있다는 뜻이다.

"동쪽 제후 가운데 우리가 가장 크다"는 말은 신라가 당나라의 제후국으로 안정적인 국제질서의 한 축을 담당하고 있다는 의미다. "우리의 지령과 풍속이 각각 호생과 교양을 중시한다"는 것은 신라가 생명을 존중하는 땅의 기운을 타고났으며, 사람들은 서로 예로써 존중하고 있다는 뜻이다. 또 법흥왕은 머리를 깎고 승려가 되었을 뿐만 아니라 법운이라는 불교식 이름을 가지기까지 했다. 더구나 신라의 언어는 범어와 다르지 않다. 최치원은 그런 모든 일은 하늘의 뜻이자 불교의 힘 덕분에 가능했던 것이며, 그 결과 "군자의 고장인 신라에 법왕의 도가 깊어지게 되었다"고 주장했다.

최치원은 유교에 기원을 둔 단어들을 불교의 덕목과 비교하는가 하면 유교와 불교를 자유롭게 넘나들었다.[49] 헌강왕이 이렇게 말했다. "삼외三畏는 삼귀三歸에 비할 수 있고 오상五常은 오계五戒와 같으니 왕도를 실천하면 불심에 부합된다는 무염 화상의 말씀이 지극하다."[50] 최치원은 무염 화상의 비문을 작성하면서 헌강왕의 말을 기록해 두었다. '삼외'는 천명天命·대인大人·성인의 말[聖人之言] 등 군자가 두려워해야 할 세 가지 일이다.[51] '삼귀'와 '오계'는 각각 귀의해야 할 세 가지, 범하지 말아야 할 다섯 가지를 말한다. '삼외'는 공자의 말이며, '삼귀'와 '오계'는 모두 불교 용어다.

최치원이 가진 그런 면모는 특히 '동' 혹은 '이'를 '불佛'과 연관 짓는 장면에서 유감없이 발휘된다. 〈지증화상비명〉만 하더라도 유교로부터 끌어다 쓴 내용이 적지 않다. 유교의 '인' 개념을 빌려 오지 않았다면 "동이가 가진 인심仁心이 곧 부처이니 부처를 능인이라 한다"는 식의 언술은 불가능했을 것이다. 인·의·예·지·신을 가리키는 '오상'은 유교에서 '삼강三綱'과 합하여 '삼강오상'으로 불리기도 했다. 또 '인심仁心'은 《맹자》에서 온 말이며,[52] '군자'는 유교가 그리는 이상적 인간형이다.

〈대숭복사비명병서大嵩福寺碑銘並序〉라는 글의 도입부에서도 비슷한 문제의식과 용어들을 확인할 수 있다. 왕자王者에게 중요한 인과 효의 덕목이 불교의 가르침과 다를 바 없다는 것이 첫 번째 단락의 메시지다. 그 글의 요지에 따르면, 왕자가 조상의 덕을 바탕으로 하여 자손을 위한 계책을 세울 때 정치는 인을 근본으로 하고 예는 효를 최우선으로 여겨야 한다. 인하여 대중을 구제하는 마음을 넓혀 가려 하면 편당偏黨을 짓지 말라는《홍범》의 말을 본받아야 하고, 효하여 어버이를 높이려면 효도를 다하라는《시경》의 가르침을 존중하지 않으면 안 된다. 조상의 덕을 잘 닦아 정치가 제대로 되어야 넓고 깊은 임금의 은혜가 백성들에게 고루 미칠 수 있고, 제사를 잘 받들어 제수를 정갈하게 올려야 덕의 향기가 높이 하늘에까지 가 닿을 수 있다. 주나라 무왕은 더위 먹은 사람을 나무 그늘에 쉬게 하고는 왼손으로 부축하고 오른손으로 부채질을 해주었고,[53] 우 임금은 죄인을 마주치자 수레에서 내려 그를 불쌍히 여기며 눈물을 흘렸으니, 그들이야말로 왕자의 덕을 잘 실천한 사람들이라 할 수 있다.

바른 정치를 위해 노심초사하던 그들의 마음은 대미大迷의 지경에서 중생들을 구제한 부처의 마음과 다르지 않다. 하늘에 제사를 지낼 때 선조를 배향했던 옛 임금들의 경우도 마찬가지다. 효를 행하기 위해 전력을 다하던 그들의 노력은 해탈의 경지에서 죽은 자의 영혼을 받드는 것과 다를 바 없는 것이다. 그런 사례들을 보면 유교에서 덕이 높은 선비를 써서 구족을 화목하게 하는 것[54]이 불교에서 삼보를 계승하고 발전시키는 것과 다를 바 없음을 알 수 있다.

유교의 가르침과 불교의 덕목이 궁극적으로 다르지 않다면 어느 쪽을 따르더라도 무방하겠지만, 문제는 접근성이다. '동방東方'의 입장에서는 좀 더 준비된 길, 더 편하고 접근하기 쉬운 길을 택해야 한다. 이어지는 문단에서 최치원은 그 길을 불교에서 찾았다. 그 주장의 요지와 논리적인 흐름을 따라가 보자.

동방의 입장에서 왜 불교가 답인가? '서방'의 '생령生靈'만이 아니라 '동방'의 '세계世界'에도 부처의 광채가 비추고 부처의 말씀이 전해지고 있기 때문이다. 동방의 세계란 "우리의 태평승지太平勝地"다. '동방'이라 사람들은 성품이 유순하고, 기운은 만물이 처음 생겨나기에 적합하다. 산림山林에는 정묵靜默하는 무리가 많아 '인'으로 서로 친구가 되고 강해江海는 작은 물줄기가 큰 물줄기로 흘러들어 '선'을 따르기를 물 흐르듯 하니, '군자'의 가르침을 드높이고 '범왕梵王'의 도에 스며들게 하는 것은 마치 옥새에 인주를 묻히듯, 거푸집에 쇳물을 담듯 자연스러웠다. 임금과 신하는 세 가지 보물[三寶]에 귀의할 마음을 품을 수 있었고, 사서士庶는 여섯 가지 법문[六門]에 정성을 기울일 수 있었으며, 심지어 도읍에도 조금도 개의치 않고 사탑寺塔이 서로 이어지게 할 수 있었으니, 비록 인간 세상의 바닷가에 있다 해도 도솔천의 위쪽에 비해 부끄러운 것은 없다. 신묘하고 또 신묘한 이 지경을 무슨 말로 표현할 수 있단 말인가.[55]

최치원의 시야에서 본다면, '동방세계'에 불교가 전해진 것은 '동방'이 불교를 받아들일 수 있는 조건들을 갖추고 있었기 때문이다. 그것은 사람의 노력으로 획득되었다기보다는 '동방'이라는 이유로 주어진 것이다. 방위는 사람의 성품과 지역의 기운을 결정했다. 최치원이 신라와 불교의 관계를 정당화하는 과정에서 중시한 '동'은 곧 '이'의 문제이기도 했다. '동'이 '이'와 하나의 단어를 구성했다는 사실을 고려한다면, 그가 "우리의 태평승지"라 한 "우리"는 신라이며, 그 신라는 의미상 '동이'가 된다. 그의 눈에 비친 신라는 불교에 젖어 든 '동이'다. "신묘하고도 신묘한 지경"에 이른 나라다.

최치원이 〈대숭복사비명병서〉에서 '이'를 '화'의 반의어로 구사하지 않은 것은 그가 같은 글에서 '화풍華風'이라는 단어를 사용했다는 사실과 함께 음미되어야 한다. '신묘'한 '동이' 이야기 뒤로 숭복사에 대한 설명이 이어진다. 그 글에 따르면, 헌강왕은 "천성적으로 화풍華風을 따르고 혜로慧露에 몸을 적셨으며, 존조尊祖의 의를 드높이고 귀불歸佛의 성誠을 바친"[56] 인물이다. '화풍'과 '혜로'을 풀어 쓰면 각각 '중화'의 풍속, 지혜의 이슬이 된다. 또 '존조의 의'와 '귀불의 성'은 각각 조상을 높이는 의리, 부처에 귀의하는 정성을 뜻한다. '화풍' 때문에 조상을 높일 수 있고, '혜로' 때문에 불교에 부처에 귀의할 수 있었다는 의미다. '화풍'과 '혜로'는 각각 유교적 가치와 불교적 덕목이다.[57]

〈지증화상비명병서智證和尙碑銘竝序〉의 경우도 마찬가지다. 그 글에 따르면, 헌강왕은 "화풍으로 폐풍을 일소하고 혜해慧海로 마른 땅을 적셨다."[58] '혜해'는 '혜로'와 같은 뜻이다. 이 글들에서 주목해야 하는 것은 최치원이 '화華'를 구사한 방식이다. 그는 '화'를 '혜慧'와 짝하는 단어로 사용하여, 유교와 불교를 겸비한 헌강왕의 자질을 그려 냈다. 이 장면에서 '화'는 결코 '이'의 반의어는 아니었던 것이다. 《맹자》의 독자인 최치원이 '용하변이'라는 단어를 몰랐을 리 없지만, 그가 그것을 신라의 문제로 고민했음을 보여 주는 근거는 어디에서도 찾을 수 없다. 최치원이 당나라가 주장하는 '중화'의 문화에 가장 많이 노출되었던 신라인 중 한 사람이라는 점을 고려한다면, '화'를 '이'의 반의어로 구사하지 않은 것이 최치원만의 생각이라고 할 수는 없다.

2장

몽골을 천자국으로 여기다

상국·천자국·중국

30년 가까운 전쟁을 치른 뒤, 고려는 몽골과 다시 대면해야 했다. 충렬왕 이후의 고려 국왕은 부마·승상·국왕이라는 세 층위에서 몽골과 접속했다. 몽골은 사대관계의 형식을 유지하면서도 전례 없는 형태로 고려를 복속시켰다. 고려 국왕에게 직접 천자를 알현할 것을 요구하거나[親朝], 별도의 왕을 심양에 두거나(심양왕), 심지어 퇴위한 왕을 다시 왕에 오르게 하기도[重祚] 했던 것이다. 그러나 고려가 그런 몽골을 내면에서 부정했다고 할 수는 없다. 고려의 문인들 중에는 몽골을 '성원聖元', '상국上國', '천자국'으로 여기는 이들이 적지 않았다.

최치원의 후손인 최해崔瀣(1287~1340)는 이렇게 말했다. "본국은 성원이 천명에 응하여 나라를 일으킨 뒤로 가장 먼저 제왕의 군대를 맞이하여 요적遼賊을 평정하고 이로 인해 우호의 맹약을 맺어 해마다 공물을 바쳐 온 것이 지금까지 100여 년이 되었다. 그리하여 여러 대에 걸쳐 원나라 황제로부터 포장襃獎을 받았으며, 원나라 공주와 혼인한 국왕이 또한 3대나 나오게 되었다. 원나라는 고려 국왕이 관료를 직접 임명하도록 허락해 주었으며, 나라 안의 풍속은 일체 옛 모습을 유지하게 해주었다. 천하의 많은 나라들 가운데 자기 백성과 자기 사직을 그대로 유지한 곳은 오직 삼한뿐이었다. 게다가 사방의 변경이 조용하여 백성들이 전쟁 없이 편히 살고 있으니 넓고 큰 황제의 덕은 하늘과 땅으로도 비할 수가 없다."[59]

칭기즈 칸이 제국을 건설한 것을 "성원이 천명에 응한" 일이라 한 장면이 눈에 띈다. 그는 몽골의 인재 등용 정책에 대해서도 높이 평가했다. 출신 지역을 따지지 않고 차별 없이 대우하였기 때문에 '동토' 사람들이 중원의 인재들과 어깨를 나란히할 수 있었다는 것이다.[60]

충선왕忠宣王(1275~1325)을 수행했던 이제현李齊賢(1287~1367)은 최해의 친구이기도 했다. 이제현은 고려가 몽골의 제후국이 됨으로써 안정을 찾을 수 있다고 생각했다. 그런 그가 보기에, 고려인들이 몽골에서 벼슬하는 것은 영예롭게 여길 만한 일이었다.[61] 그런데 그는 몽골이 정통을 가지고 있다고 여겼을까? 그가 판단의 기준으로 삼은 것은 '천명'과 '인심'이었다. 찬탈을 인정하지 않는다는 의미다. 그는 중원의 패자가 된 진나라를 정통으로 인정하지 않았으며, 금나라에 밀려 남쪽으로 내려간 송나라를 정통으로 여겼다. 그런 그가 세자 시절의 원종이 세조 쿠빌라이에게 찾아간 것을 천명과 인심이 어디에 있는지를 알았기 때문이라고 주장했다.[62] 그가 보기에 쿠빌라이의 몽골은 정통으로 인정받을 만한 조건을 구비했다. 다음 시를 보자.

서강西羌이 자주 침범해 오는데도 송나라는/ 쇠잔해진 나라를 문천상文
天祥 같은 서생에게 맡겼네/ 성원聖元의 천하는 거울처럼 맑으니/ 가슴
속 십만 대군 품은 계획 쓰지 않았다네.[63]

서강의 침범에 무기력했던 남송이었지만, 압도적인 물리력을 가진
원나라는 그런 송나라에 대해 전면적 공세를 취하지 않았다. 결국 남
송은 원나라에 제대로 저항해 보지도 못하고 망했다. 이제현의 눈으
로 보면, 그것은 '천명'이 남송으로부터 원나라로 옮겨 간 증거다. 그
러니 원나라를 '성원', 즉 "위대한 원나라"라고 부를 수 있는 것이다.
그는 다른 시에서 이렇게 노래하기도 했다. "성원의 덕화 천지와 같으
니/ 멀리 사해 밖까지 모두 번국이라네."[64] 이런 시도 있다.

대원의 성덕聖德이 백 왕에 으뜸이라/ 모든 혼란 한 칼로 제거하고 왕
업을 일으켰네/ 다시 사황이 보록에 응하여/ 신묘한 계략으로 깜깜한
천지를 다시 밝혔네.[65]

이제현에 따르면, 칭기즈 칸이 나라를 일으킨 그 시점부터 몽골은
'대원'이라 불러야 한다. 남송을 멸망시킨 이후가 아니라 건국한 그
시점부터 몽골을 이미 정통의 국가로 대우해야 한다는 뜻이다. 무력
이 압도적이어서가 아니다. 제왕의 성덕이 뛰어났기 때문이며, 그런
제왕이 천하의 혼란을 수습하고 중원을 통일했기 때문이다.

이제현에게 배운 이곡李穀(1298~1351)은 몽골과의 관계를 '중국'의
맥락 위에서 설명했다. 그에 따르면, 주나라 무왕이 기자를 조선에 봉
하면서 비로소 '중국'과의 관계가 시작되었다. 수나라와 당나라가 삼

한을 공격하였으나 뜻을 이루지 못하였고, 송나라·요나라·금나라는 고려와 통교하기도 하고 절교하기도 했지만, 그들도 고려를 어떻게 해볼 수는 없었다. 좋은 때가 오기를 기다린 듯, '성원'이 일어나 '천명'을 받으니 "우리 고려"가 먼저 귀부하는 영광을 입었으며, 원나라는 고려를 총애하여 고려 국왕이 3대에 걸쳐 부마가 되게 하였다.[66] 이곡도 몽골이 일어난 것을 '천명'으로 여긴 것이다. 그는 또 몽골의 법제가 한나라나 당나라에 비해 못할 것이 없다고 주장하기도 했다.[67]

몽골이 '천명'을 받았다면, 강남의 한족 사인士人들이 남송을 그리워한다 해도 부질없는 일일 뿐이다. 이곡이 지은 다음 시를 보자.

강남에 가까이 갈수록 경물은 새로워도/ 육조의 유적들은 벌써 본 모습 잃었으리라/ 성원聖元이 혼일混一하여 이제 고압아古押衙는 없으니/ 당시에 할거한 인사들을 우습게 본다네.[68]

'강남'은 양자강 이남을, 고압아는 의사義士를 가리키는 말이다. '육조의 유적'은 남송의 흔적을, '당시에 할거한 인사들'은 항주에서 망해 가는 남송을 위해 싸운 사람들을 의미한다. 이 시의 행간에서 이곡은 (성원이 혼일하였으니 더는 남송의 충신들을 기억할 필요가 없게 되었다)는 식으로 말한 것이다. 남송의 충신들을 기억할 필요가 없다고 여긴 것은 항주 사람들이었을 테지만, 또 이곡 자신이 아니라 할 수도 없다.

이곡의 아들 이색李穡(1328~1396)도 크게 다르지 않았다. 그는 이제현의 시문집《익재난고》에 붙인 서문에서 이렇게 말했다.

원나라가 천하를 차지하여 사해가 하나가 된 뒤로, 해·달·별과 오악五
嶽의 웅혼한 기운이 한데 어울려 충만해지고 사방으로 퍼져 나가서 중
화나 변원邊遠이 차이가 없게 되었다. 그런 까닭에 걸출한 인재들이 어
디에서나 뒤섞여 배출되고, 문장으로 펼쳐서 한 치세를 아름답게 장식
하였으니, 참으로 성대했다고 말할 만하다.[69]

'대원'의 천하를 승인한다는 점에서는 이승휴李承休(1224~1300) 같
은 인물도 예외가 아니었다. 그는 《제왕운기》에서 "우리 상국上國"인
'대원'의 덕을 칭송했다.[70]

이제현에서 이색에 이르는 일군의 학자들이 '천명'을 받은 '성원'을
인정하는 논리는 원나라 때 허형許衡(1209~1281)의 발상과 크게 다르
지 않다. 허형은 '대일통'의 주체가 되어 '중국'의 문화적 전통을 수용
하면 '중국'의 정통 왕조로 인정받을 수 있다고 주장했다. 그것은 기
본적으로 춘추공양학의 논리이기도 했다. 원나라가 《요사》·《금사》·
《송사》를 편찬한 이유도 거기에 있다. 그들은 자신이 계승했다고 주
장한 송나라는 물론 요나라와 금나라의 역사마저 정통으로 편입함으
로써 자신들이 중원을 지배하고 한족을 통치하는 정당성을 확보하려
했던 것이다.[71]

이승휴는 단군의 의의를 적극적으로 인정했지만, 모두가 그런 것은
아니다. 이제현이나 이곡은 기자를 중시했다. 단군을 말했던 이색조
차 기자를 더욱 중요하게 여겼다. 이색은 "주나라 무왕이 기자를 봉했
지만 신하로 삼지는 않았다"고 주장했다. 이색에게 기자는 무왕의 신
하가 되지 않았다는 면에서는 개별성을, 유교 문화의 전파자라는 점
에서는 보편성을 상징했다. 그들에게 기자는 고려의 개별성, 중국과

의 정치적·문화적 관계를 동시에 상징하는 단어였다.

유학을 바라보는 시야에서도 유사한 점이 있다. 그들에게 유학은 정학正學이라기보다는 불교나 도교와 공존하는 학문에 가까웠다.[72] 이곡은 고려에서 유교가 불교와 양립하는 양상을 이렇게 노래했다.

선왕先王이 세운 가르침은/ 중정한 도이니/ 예악으로 인도하고 형벌로 다스리니/ 무지한 백성들을 깨우쳤다/ 불교의 교설은/ 묘유와 진공이니/ 자비로 교화하고 이끌어서/ 따르지 않는 자가 거의 없었다/ 한·당 이래로 면면히 이어 오며/ 불교가 날로 더욱 성대해지다가/ 성원聖元이 일어나/ 불법을 믿고 숭봉하였으니/ 불탑과 묘우廟宇가 서로 바라보이는 것은/ 이하夷夏가 똑같구나.[73]

이곡은 주자학을 배웠지만, '이적'을 인간과 금수의 사이에 놓는 주자의 방식을 따르지는 않았다. 성리학을 정학正學으로 높이지도 않았으며 도통론을 체계화하려 하지도 않았다.

이색은 도학의 계승관계를 언급하면서 주자가 제시한 도통론을 존중했다. 그러나 그가 제시한 도통론의 끝에는 허형이 있었다. 요 임금과 순 임금에서 시작된 도통이 주돈이와 정호·정이, 그리고 주자와 허형을 거쳐 이어 온 것으로 본 것이다.[74] 그는 주자학에 대한 철학적 기초와 소양을 정학 수호나 이단 배척으로 연결하지는 않았다. '중화'에 대한 문제의식도 그 범위를 벗어나지 않는다. 이곡이 유학과 불교가 공존하는 양상을 노래하면서 "이하가 똑같다"고 말했던 것처럼 이색은 '중화'를 다만 '변원'의 반의어로 여겼을 뿐이다. 유교만을 '중화'로 여기지도 않았으며, 불교를 '이적'으로 간주하지도 않았다.

의관과 토풍

'중화'가 '변원'에 짝하는 것이라면, 고려는 '변원'일 수밖에 없다. 중심에 대한 주변인 것이다. 그렇다면 몽골 복속기 고려 문인들은 고려가 가진 주변적 정체성을 어떻게 이해하고 있었던 것일까? 충렬왕忠烈王(1236~1308)이 즉위하면서 시작된 몽골 측의 공녀貢女 요구는 1355년(공민왕 4)에 이르기까지 계속되었다.[75]

1335년(충숙왕 복위 4) 이곡은 공녀 요구를 철회해 달라는 취지로 몽골에 상소를 올렸다. 이곡은 글의 첫머리에서 '풍토'와 '인정'을 거론하고, 그것을 존중한 주체로 옛 '성왕聖王'을 내세웠다. 그에 따르면, 옛 성왕들이 천하를 다스릴 때 '일시동인一視同仁'의 눈으로 '문궤文軌'를 동일하게 하려 했으나, 지역에 따라 고유한 풍토나 인정을 억지로 바꾸려 하지 않았으니, 사방四方의 황요荒徼가 풍속이 각기 다르다고 여겼기 때문이다. 만일 그곳을 '중국'과 같게 만들려 했다면 정서에 부합하지 않을 뿐만 아니라 형세상 그렇게 되지도 않았을 것이고 그런 상태에서는 요 임금이나 순 임금이라도 잘 다스리기는 어려울 것이다.

"우리 세조 황제"는 천하에 임할 때 인심을 얻는 데 힘썼으며, 특히 원방遠方의 수속殊俗에 대해서는 그 풍속에 따라서 순리대로 다스렸으므로 세상 사람들이 모두 기뻐하면서 '중역重譯'을 거쳐 앞다투어 조회하러 왔으니 요 임금이나 순 임금의 정치도 이보다 더할 수는 없다.[76] 쿠빌라이를 "우리 세조 황제"라 하고, 또 요 임금이나 순 임금에 빗대는 장면은 몽골에 대한 이곡의 정서가 어떤 것이었는지를 잘 보여 준다.

두 번째 문단에 따르면, 고려는 원래부터 '해외'에 있으면서 따로 일국—國을 이루었다. '중국'에 성인이 있지 않으면 받들지 않았으니, 위엄과 덕망을 겸비한 당나라 태종이 두 번이나 정벌해 왔으나 뜻을 이루지 못하고 돌아갔던 역사가 그것을 말해 준다. '국조國朝'가 일어나자 고려는 가장 먼저 신복臣服했으며 왕실에 공로를 세웠다. 세조 황제는 공주를 출가시켜 주고 조서를 내려 "의관과 전례는 조풍祖風을 실추시키지 말라" 하셨으므로, 고려의 풍속이 지금껏 변하지 않은 것이다. "지금 천하에서 군신이 있고 민사民社가 있는 것은 오직 삼한뿐이니, 고려의 입장에서는 마땅히 조서를 받들어, 선조가 해온 일을 계승하고 정교政敎를 밝히며 때에 맞게 조빙朝聘하고 천자의 나라와 함께 복을 누리는 것이 옳습니다." 그가 이렇게 말했다.

이곡이 보기에 현실은 그런 이상적인 관계와 거리가 멀었다. '중국'의 권위를 빌미로 세력을 불려 오던 고려 궁중의 여인과 환관들이 도리어 '본국'을 어지럽히는 행위를 서슴지 않고 있기 때문이다. 내지內旨라고 사칭하고 각지에서 공녀를 끌고 와 윗사람에게 바치며 아첨하는 것이야말로 그런 행위라고 해야 한다. 그렇다면 공녀 문제의 빌미를 제공한 것이 고려 자신인 것은 의심의 여지가 없다. 그러나 그들 궁중 여인들과 환관들의 행위가 황제의 뜻을 가탁하고 있으니 결국 '국조國朝'에 누가 될 것이다.

문제는 그뿐만이 아니다. 자식을 낳아 기르고 뒷날 자식들에게 봉양을 받으려는 것은 '존비尊卑'든 '화이'든 인간이면 누구나 가진 천성이니, 공녀를 요구하는 것은 그런 인간의 천성을 거스르는 행위다. 그것은 또 고려의 풍속에 위배되는 행위이기도 하다. 고려에서는 결혼한 딸이 집을 떠나지 않고 부모를 봉양하기 때문이다. 그렇다면 후궁으로 삼을 사람이 모자란다고 해서 외국에서 사람을 구하려 하는 것은 당당한 '천조'가 할 일은 아니다. 그것은 '국가'에 도움이 되지 않을 뿐만 아니라 '원인遠人'에게 원망을 사는 행위일 뿐이다. "법령으로 분명히 금지하시고 뒷날의 기대를 끊어 버리시어 성조聖朝가 베풀어 준 동인同仁의 화化를 드러내시고 외국이 가진 모의慕義하는 마음을 위로해 주소서."[77] 그는 상소의 말미에서 이렇게 말했다.

이곡이 쿠빌라이를 "우리 세조 황제"라 한 것은 이 상소가 몽골 황제를 수신자로 하고 있기 때문이다. 이 글에서 몽골이 당당한 '천조'이며, '국조'이자 '성조聖朝'라면, 고려는 "해외의 일국"이며, '외국'이다. 몽골을 '존尊'·'화', 고려를 '비卑'·'이夷'라고 명시적으로 말하지는 않았지만, 독자는 그가 '존비'와 '화이' 운운하는 대목에서 그런 것들을 연상할 수도 있다. '일시동인'은 '성왕'은 천하의 사람들을 똑같이 사랑한다는 뜻이며, '문궤'는 성왕이 그들에게 같은 문자와 같은 수레를 사용하게 한다는 의미다. 그는 천하를 다스리는 성왕이 '중국'과 '황요' 사이에서 확인되는 '풍토'와 '인정'의 차이를 존중했으며, 쿠빌라이는 그런 '성왕'의 정치를 계승했다고 주장했다.

'성인'이 없던 때의 '중국'에 관한 이야기도 음미할 만하다. 그에게 '고려'는 '중국'과 풍토가 다른 '해외의 일국'이며, 당나라 태종은 '성인'이 없던 때의 '중국'을 상징하는 단어다. 당나라 태종의 정벌을 풍토의 차이를 존중하지 않은 행위의 하나로 본 셈이다. 그의 논리대로 한다면, 쿠빌라이는 '성왕'의 계승자이니 당나라 태종과 다르게 대처해야 한다. 물론 이곡은 쿠빌라이가 공주를 출가시키고 조서를 내려 고려를 배려했다고 말했다. 그러나 그는 고려가 몽골에 가장 먼저 '신복'했고 몽골 왕실에 공을 세웠다는 사실을 빼놓지 않고 언급했다. 고려가 쿠빌라이로부터 그런 배려를 받을 만하게 행동했다는 뜻이다.

"의관은 본국의 풍속을 따르라." 1917년에 간행된 《원고려기사》에 따르면, 1260년(원종 1) 쿠빌라이가 조서를 내려 원종의 요청을 허락하면서 가장 먼저 말한 내용이다.[78] 본국의 풍속을 따르라는 것이 명확하게 '의관'으로 제한되어 있다. 본국의 풍속 일체를 허락한다는 의미가 아닌 것이다. 1337년(충숙왕 복위 6) 정동행성의 관료로 부임한 이곡은 그곳에서 이문理問 자격으로 고려에 온 게이충揭以忠[79]을 만났다. 게이충은 저명한 유학자이지만 형정刑政에도 밝았다. 두 사람은 몽골의 법제와 고려의 '국속國俗'을 두고 의견을 나누었다.

게이충이 물었다. "지금 사해가 일가가 되었는데도 왜 중조中朝의 법이 동국에서 행해지지 않는 것인가?" 이곡이 답했다. "고려는 옛 삼한의 땅으로 풍기와 언어는 화하와 달랐고 의관과 전례에 관한 법령은 독자적으로 행하였으며, 진나라나 한나라 이래로 중원 왕조가 신복시킬 수 없었던 나라다. 이제 성조聖朝의 시대가 되어 친하기로는 장인과 사위요 은혜로는 부자관계와 같아서 민사民社와 형정을 모두 옛날 그대로 하게 해주셨으며 직접 다스리지는 않으셨다. 일국의 명命과 일성一省의 권權을 오로지 주관할 수 있었으므로 고려의 군주를 국왕승상國王丞相이라 한 것이다. 황제는 그렇듯 더할 나위 없이 국왕승상을 사적으로 총애해 주시고 그에게 중임을 맡겨 주셨다. 그런데 최근에 국법이 해이해지고 민풍이 갈수록 각박해졌다. 마침내 백성들이 사단을 만들어 관에 고발하는 일이 벌어졌고, 그로 인해 문제가 생겼다. 새 법전을 시행하려는 정동행성 관리는 하늘 아래 왕토 아닌 곳이 없다고 하고, 구법을 유지하려는 국신國臣은 쿠빌라이가 조서에서 토풍土風을 고치지 말라 했다고 주장한다. 각각의 주장이 근거가 없는 것은 아니니, 법이 행해지지 않는 것은 이 때문이다." 게이충이 답했다. "그럴 수도 있겠지만, 나는 이미 명을 받고 왔으니 오로지 법을 받들 뿐이다."

시간이 흘렀다. 게이충이 임기를 마치고 떠날 때가 되었다. 이곡은 게이충을 보내며 이렇게 회고했다. "그는 조정의 대체大體를 잃지 않으면서도 본국의 구속舊俗을 흔들지 않았으니, 인人과 법을 아울러 쓴 사례를 나는 게이충에게서 보았다."[80]

이곡에 따르면, '법'이 정치를 위한 도구인 것은 사실이지만, '법'에만 의존하는 것이 능사는 아니다. 좋은 정치의 지름길은 '인'과 '법'을 같이 쓰는 데 있다. '성조'가 시작되었을 무렵에는 '법'을 제정할 겨를이 없었다. 새 법전인 《지원신격至元新格》과 《지치통제至治通制》가 갖추어진 뒤로 관리들이 법에 의존하고 백성들이 법을 따르게 되었다.[81] 게이충이 '동국'에도 적용되어야 한다고 주장한 '중조'의 '법'이 그것이다. 이곡도 그 '법'을 존중했다.[82] 그러나 이곡이 이 글에서 말하려한 것은 '인'과 '법'을 아울러 썼을 때 이상적인 정치가 가능하다는 점이었다. '법'은 '조정'의 '대체'이며, '인'은 '본국'의 '구속舊俗'이기 때문이다. 그는 좋은 정치를 이루기 위해서 '중조'의 '법'과 '본국'의 '구속'을 조화시켜야 한다고 주장했던 것이다.

쿠빌라이가 조서에서 "토풍을 고치지 말라고 했다"고 하는 국신國臣의 주장이 눈에 띈다. 《원고려기사》에 따르면, 쿠빌라이가 조서에서 말한 것은 고려의 의관이었다.[83] 쿠빌라이의 조서를 문자 그대로 읽는다면 그가 인가한 의관 관련 내용을 자기 백성과 사직을 가질 수 있다는 의미로 확대해석할 수는 없다. 이곡은 몽골이 고려가 정치적으로 자존할 수 있도록 해주었다고 주장했지만, 그 근거를 몽골과 고려의 친분, 그리고 몽골이 고려에 베풀어 준 '은혜'에서 찾았다. 그가 보기에 고려는 단순한 제후국만은 아니기 때문이다. 그에 따르면 고려의 군주는 몽골 황제의 사위이며, 장인으로부터 아버지와 같은 은혜를 입은 존재다. 더구나 '일국'의 '명'을 총괄함과 동시에 정동행성의 승상으로서 '일성一省'의 '권權'을 전담하는 존재인 것이다.

《원고려기사》가 전하는 내용에 비추어 본다면, 조서에 '전례'를 덧붙인 이곡도, 조서를 '토풍'으로 읽은 국신도 쿠빌라이의 조서 내용을 확대 해석했다고 해야 한다. 그러나 '국신'만 쿠빌라이의 조서를 '토풍을 고치지 말라'는 식으로 독해한 것은 아니었다. 이곡과 게이충이 대화를 나누던 그해(1337), 몽골로부터 칙서가 왔다. 남송 출신 한인과 고려 사람들에게 무기를 소지하거나 말을 타지 못하게 한다는 내용이었다. 소식을 들은 백관들이 집무를 거부하는 사태가 벌어지자, 정동행성에서는 결정을 철회해 달라고 몽골에 청원했다. 정동행성은 쿠빌라이가 조서에서 "토풍을 고치지 않아도 좋다"는 취지로 말했다고 주장하고, 그것을 청원의 근거로 삼았다.[84]

안우경安遇慶(?~1372)도 쿠빌라이의 조서를 '토풍'으로 독해한 사람 중 하나였다. 1351년(충정왕 3) 몽골이 충선왕의 셋째 아들인 덕흥군을 왕으로 책봉하자, 안우경은 그런 결정이 부당한 것이라고 주장했다. 그에 따르면, 고려는 태조 왕건이 나라를 세운 뒤로 400년 동안 적자嫡子로 왕위를 계승해 온 나라다. 원종이 '조정'을 섬기자, 쿠빌라이는 '토풍'을 바꾸지 않도록 하고 세자(뒷날의 충렬왕)에게 공주를 출가시켰으니, 고려와 몽골은 의리상으로는 군신이며, 친분상으로는 장인과 사위의 관계다. 안우경은 덕흥군의 책봉을 주도한 최유崔濡를 비판하며 이렇게 말했다. "고려는 쿠빌라이 조서의 취지를 받들어 오랫동안 적자로 왕위를 계승해 왔는데도 고려 출신인 최유가 황제의 시야를 어지럽혀서 서자인 덕흥군을 왕으로 삼게 했으니, 그는 쿠빌라이의 조서를 부정한 천하의 죄인입니다."[85]

쿠빌라이가 조서에서 '의관'을 말한 지 수십 년이 지나서야 "토풍을 고치지 않는다[不改土風]"라는 수사가 나타나기 시작했던 데에는 그럴 만한 계기가 있었다. 1323년(충숙왕 10) 몽골에서 고려를 한 개의 성으로 편입하자는 주장이 일었다. 이른바 입성론立省論이다. 이제현 등이 몽골에 글을 올려 입성을 막으려 했다.[86] 그들은 고려가 몽골을 위해 세운 공로와 몽골의 역대 황제들이 고려에게 왕조체제를 유지할 수 있도록 배려해 준 은혜를 집중적으로 거론했다.

그들의 주장에 따르면, '소방小邦'이 '성조'에 신복하고 해마다 직공職貢을 닦은 지 100여 년이나 되었다. 1218년(고종 5) 거란족 잔당들이 '중원'의 백성을 노략질하다가 동쪽으로 들어왔을 때 고려는 몽골의 두 장수를 도왔으며 두 장수는 고려의 장수들과 형제가 되기로 맹세했다. 1259년(고종 46)에는 고려의 세자(뒷날의 원종)가 천명과 인심의 향방을 깨닫고 세조 황제에게 가서 절하였고 충렬왕도 조근朝覲을 게을리 하지 않았으므로, 몽골은 공주를 출가시켜 고려 왕을 대대로 부마로 삼았으며 고려에게 '구속舊俗'을 고치지 않도록 하여 종사를 보존하였으니, 이는 세조 황제의 조서에 힘입은 것이다. 천하의 여러 곳에 행성을 둘 때 '소방'은 예외로 하였으며, 일본 정벌에 고려가 돕도록 했으나 제한을 두었다. 고려가 본국은 세조 황제의 성지에 힘입어 옛 '본속'을 고치지 않고 관명만을 바꾸었으니 이제 전체를 고치는 것은 옳지 않다는 내용으로 상주문을 올렸을 때 성종 황제는 그 청원을 재가했다. 성종 황제는 고려를 입성立省하자는 주장을 허락하지 않았다. "이제 만일 '소방'을 성省으로 삼는다면 그것은 세조 황제의 조서와 열성조의 뜻에 어긋나는 행위일 뿐이다. 그처럼 공을 세워 왔고 열성조들이 그처럼 돌보아 주었던 '소방'에 대해 400년 된 왕업을 하루아침에 끊어 버린다면, 조정에 공을 세운 적 없는 다른 외국들은 또 어떻게 처리할 것인가."[87]

이 글에 따르면, 고려가 세운 공로는 세 가지다. 1218년(고종 5)에 몽골 장수들을 도운 것, 1259년(고종 46)에 세자가 쿠빌라이를 찾은 것, 1278년(충렬왕 4)에 충렬왕이 친조親朝한 것이 그것이다. 몽골이 고려에 베풀어 준 은혜는 크게 두 가지다. 공주를 출가시켜 고려 왕을 부마로 삼은 것이 하나라면, '구속'을 고치지 않도록 하여 종사를 보존하게 한 것이 다른 하나인데, 그것들은 모두 쿠빌라이의 조서에 힘입은 것이다. 사실관계로 본다면, 쿠빌라이가 조서를 내린 것은 1260년(원종 1)이며, 《원고려기사》를 근거로 했을 때 그 내용은 "의관은 본국의 속俗을 따르라"는 것이었다. 고려 왕실과 몽골 황실의 통혼이 실제로 성사된 것은 1274년(원종 15)이었다. 그것이 가능했던 것은 원종과 쿠빌라이가 각각 혼사를 통해 기대하는 정치적 효과가 있었기 때문이다.[88] 그런 저간의 사정에 비추어 본다면, 쿠빌라이의 조서와 그 효과를 "구속을 고치지 않도록 하여 종사를 보존하게 했다"고 읽는 것은 일종의 창조적 오독에 가깝다. 그러나 이제현 등의 입장에서 보면, 고려가 왕조체제를 보존하고 있는 근거를 쿠빌라이의 조서에서 찾는 것이야말로 입성立省 시도를 철회시킬 수 있는 가장 효과적이고 확실한 방법이었다.

고려가 쿠빌라이의 조서를 '토풍'으로 독해하고 그것을 근거로 고려의 왕조체제 존속이 쿠빌라이의 유훈이었다는 방식으로 말하기 시작한 데에는 그런 이유가 있었다. 몽골의 입장에서 보더라도 쿠빌라이의 권위를 강화하는 고려의 수사를 굳이 부정하거나 거부해야 할 이유는 없었다. 그렇게 쿠빌라이의 조서는 고려가 왕조체제 존속의 정당성을 주장할 수 있는 근거가 되어 갔다.

친조와 사대

왕조체제 존속을 주장하는 고려의 논리는 고려와 몽골의 관계가 '사대'라는 것을 전제로 하고 있다. 그것은 물론 고려의 주장이다. 관계의 본질이 그렇다고 말할 수는 없다. 몽골이 고려를 정복지 내지 복속국으로 보고 복속을 상징하는 조치들을 요구한 것은 1219년(고종 6)부터였다. 이 조치들은 뒷날 6사六事라는 이름으로 불렸다. 쿠빌라이는 원종을 책봉하고, 의관을 '본국'의 풍속에 따르게 했지만, 내전을 종식시키고 국내 정세가 안정되자 고려에 '친조親朝' 등을 요구했다. 고려를 몽골의 복속지로 본다는 점에서 쿠빌라이도 다를 바 없었던 것이다. 그러나 고려는 몽골과의 관계를 책봉─조공과 조공이 상징하는 '사대'의 일환으로 여겼다. 그것이야말로 그들이 경험했던 동아시아 국제질서의 원리였기 때문이다.[89]

무신정권에 의해 폐위되었던 원종이 몽골에 힘입어 다시 왕위에 오른 것은 1270년(원종 11)의 일이었다. 원종은 강화도를 떠나 개경으로 돌아왔으며, 6사의 대부분을 실행에 옮겼다. 얼마 뒤, 세자(뒷날의 충렬왕)가 몽골 황제의 부마가 되었다. 이제 고려의 왕권은 몽골 황제를 정점으로 하는 수직적 구조 아래 편입되었다.[90] 1278년(충렬왕 4) 충렬왕의 친조를 계기로 고려는 6사의 부담을 면제받았지만, 몽골은 책봉권을 실질적으로 행사했으며[91] 심지어 고려 군주의 사법적 권한을 제한하거나 그를 사법적 판단의 대상으로 삼기조차 했다.[92] 고려는 관제를 제후국의 것으로 낮추었다.[93]

고려는 충렬왕 이후에도 여전히 독자적인 왕조체제를 유지했으며 또 몽골에 사신단을 보냈다. 종실이 이끄는 사신단의 경우만 하더라도, 1260년(원종 1)부터 1321년(충숙왕 8)까지 모두 16차례 확인된다. 사신을 보내고 책봉을 받는 행위 자체는 물론 전통적인 동아시아 국제질서를 따른 것이지만, 종실이 그 사절을 이끈다는 것은 수장 간, 가문 간의 관계를 중시하는 몽골적 맥락을 따른 것이기도 했다. 쿠빌라이는 황제로서 한족의 방식으로 한족의 땅을 안정적으로 통치해야 했다. 그러나 예케 몽골 울르스(몽골 제국)의 대칸으로서 카안위의 적장자 계승 원칙을 세우려 했던 그에게 한족 왕조의 의례는 또 다른 의미에서 중요했다.[94] 몽골적 전통을 충실하게 계승한 쿠빌라이가 책봉이라는 형식을 구사했던 것도 고려의 왕조체제를 부인하지 않고 책봉 형식을 활용한 이유도 크게 다르지는 않을 것이다.

사실관계로 본다면 몽골 제국 아래에서 고려만이 독자적인 왕조를 유지한 것은 아니었다.[95] 몽골과 고려의 관계가 특별한 것은 책봉—조공의 형식을 유지했기 때문이다. 몽골이 본질적으로 유목국가적인 존재라는 점을 중시한다면, 그 형식은 몽골의 정복지 지배 방식이 중국풍 외피를 두른 채로 표현된[96] 것이라 할 수도 있다. 그러나 유목국가의 지배자인 카안에게도, 고려 국왕에게도 한족이 고안해 낸 외교 의례는 지배를 안정화하고 스스로의 권력을 정당화하는 데 적지 않은 도움이 되었다는 사실을 간과할 수 없다.

책봉—조공관계의 내용에 대해 일반형이나 모델을 설정할 수 있을 지는 분명치 않다. 정의할 수 있는 것은 그 형식뿐이며, 내용은 해석의 영역일 것이기 때문이다. 그러나 내용상의 전형을 정의하기 어렵다는 것이 형식만으로 관계를 규정할 수 있다는 뜻은 아닐 것이다. 무엇보다 몽골적인 문제의식을 상징하는 통혼·친조·6사 등이 고려와 몽골의 경우를 제외하고 다른 책봉—조공관계에서 확인되지 않는다는 점은 분명하다. 관계의 양상을 드러내기 위해서는 몽골의 시야와 세계관을 탐색할 필요가 있다는 점도 의심의 여지가 없다.[97]

관계의 실제에 대해 말한다면, 고려는 몽골에 의해 몽골의 방식으로 구조화된 질서를 따랐다고 해야 한다. 쿠빌라이 사후 고려는 몽골에 가장 먼저 복속했다는 '솔선귀부奉先歸附' 기억을 생산하고 그것을 몽골과의 관계에서 전략적으로 활용하기도 했다.[98] 그러나 그 사실이 고려의 심성이나 내면까지 말해 주지는 않는다는 점도 기억해야 한다. 몽골 복속기의 고려 지식인들이 몽골을 '천하'로 여긴 것을 감안하면 그들이 내면에서 쿠빌라이가 가진 대칸의 위상을 역사적 실제에 부합하는 방식으로 승인했다고 말하기는 어렵다.[99] 고려의 심성에서 몽골은 여전히 '사대'의 대상이자 '천조'일 뿐이었다.

그것은 때로 '솔선귀부'와는 층위를 달리하는 또 하나의 외교 전략이 되기도 했다. 쿠빌라이 조서에 쓰인 '의관'을 '토풍'으로 읽어 낸 안우경이 몽골의 책봉권 행사에 반대하면서 '사대'를 말하는 장면은 그 지점을 잘 보여 준다. "지금 우리 국왕은 충숙왕의 적자로서 천정天庭에 10여 년간 입시入侍하면서 자못 공적을 쌓았으며, 공주에게 장가들어 부마가 되고 정통을 계승하여 하국下國의 임금이 되어 사대의 예에 온 마음을 다해 오고 있습니다."[100]

이곡이 몽골을 '성원聖元'이라 하고, 쿠빌라이를 "우리 세조 황제"라 말하는 장면이 특별하다 할 수는 없다. 이제현도 '성원'이라 했고, 이색도 '황원'을 말했다. 두 사람은 또 이곡처럼 "세조 황제"라고 말하기도 했다. 1320년(충숙왕 7) 충선왕이 토번으로 귀양가게 되자, 이제현이 이런 시를 지었다.

삼한의 주부는 황제의 외손인데/ 한번 떠나 만 리 길 서번으로 귀양갔네/ 임금이 친히 원나라에 조회하면/ 한마디 말씀으로 억울한 죄 면하게 해줄 텐데/ 요즘은 사대 의리 더욱 돈독하여/ 대대로 받는 혜택 제번 중 으뜸이라네.[101]

그는 충선왕의 억울함을 하소연하기 위해 고려와 몽골의 특별한 관계를 상기시켰다. "삼한의 주부"가 가리키는 것은 충선왕이다. 충선왕은 쿠빌라이의 외손이며, 고려의 임금은 이미 친조 의례를 행한 바 있었다. 이제현은 그런 특수한 관계에서 행한 특별한 의례조차 '사대'로 여겼던 것이다.

이곡은 김이용을 위해 쓴 제문에서 이렇게 말하기도 했다. "우리 국가가 좋은 때를 만나 사대한 뒤로, 왕이 혹 친조할 때면 빈틈없이 수행하였고, 사신이 되어 빙문聘問할 때면 주어진 소임을 다하였다."[102] '사행'만이 아니라 '친조'까지도 '사대'의 행위라고 보았던 것이다. '친조'까지도 '사대'라고 보는 이곡이고 보면, 몽골을 '북학'의 대상으로 여기는 것은 자연스럽다.

"우리 황원皇元이 처음에는 무공으로 천하를 평정하더니 지금은 문리로 해내海內를 다스리니 나는 장차 중국으로 북학北學하리라." 이곡은 〈상국으로 유학하러 가는 동갑내기 김동양을 전송한 시〉에서 이렇게 노래했다.[103] "중국으로 북학한다"는 구절은 주목할 만하다. 이곡에 따르면 몽골은 '중국'이며, '북학'은 몽골로 배우러 가는 일이다. 그가 보기에 몽골은 '중'이면서 '북'인 것이다.

이곡의 방식으로 말한다면, '중국'인 몽골을 '이적'이라 하기는 어려울 것이다. 그는 '이하夷夏'나 '화이' 같은 단어를 구사하기도 했지만, '화'와 '이', '이'와 '하'가 얼마나 다른지를 강조하지는 않았다. 오히려 공통점을 부각시켰다. 그가 보기에 인간이 가진 천성을 공유하는 존재라는 점에서 '화'와 '이'는 아무런 차이가 없으며, 불교를 향유하고 있다는 점에서 '이'와 '하'는 다를 바 없다. '화'와 '이'의 차이를 부각시키지 않은 이곡이라면, '화'를 써서 '이'를 변화시켜야 한다는 식의 논법을 구사해야 할 이유는 더더욱 없었다. '중화'를 '변원邊遠'과 짝지었던 이색도 '중화'와 '변원'의 공통적인 경험을 강조했다. 그는 또 '이하'라는 단어를 구사하기도 했지만[104] 역시 '화'와 '이'의 차이를 강조하지는 않았다.

이제현도 '중화'를 말했지만, 그것을 '이적'의 반의어로 여기지는 않았다. 1323년(충숙왕 10) 이제현 등이 입성론에 반대하며 올린 상소에 이런 내용이 있다. "소방小邦은 1,000리에 불과한 데다가 그중 70퍼센트는 또 쓸모없는 땅이니, 세금을 땅에 매기거나 백성들에게 부과하거나 재정에 큰 도움이 되지는 못합니다. 더구나 땅은 멀고 백성은 우매하며, 언어는 상국과 같지 않고 추사趨舍는 '중화'와 크게 다르니, 백성들이 입성立省 논의에 관한 소문이라도 들으면 의구심을 가지고 크게 동요하게 될 것입니다."[105] 그들에 따르면, 몽골은 '상국'이자 '중화'이며 고려는 다만 '소방'이다. 그들은 고려가 몽골과 다른 점을 과

도하게 강조한 일종의 전략적 글쓰기를 시도했다. 물론 입성 기도를 철회시키기 위해서였다. 그들은 몽골을 '중화'라 하면서도 내면의 심성에서 고려 자신을 '이'로 여기지는 않았다.

소중화와 용하변이

'화'와 '이'의 공통점을 부각하거나 '중화'와 '이적'을 이항대립의 틀로 보지 않는 정서는 몽골을 '중국' 혹은 '중화'로 보면서도 고려 자신을 '이적'으로 여기지 않는 심성과 자연스럽게 이어진다. 신라인 최치원은 유교와 불교를 끌어와 이夷로서의 신라를 정당화하려 했지만, 몽골 복속기 고려 문인들은 그렇게 해야 할 절실한 이유가 없었다. 고려가 '이적'인지 아닌지, 고려가 계승한 역사에서 '중화'를 발견할 수 있는지 없는지는 그들에게 전혀 중요한 의제가 아니었다. 몽골 복속기 고려 문인들 가운데 고려 자신을 '소중화小中華'라고 주장한 경우를 발견하기 힘든 것은 그런 이유 때문이다.

앞 시기 인물인 이규보李奎報(1168~1241)가 고려를 '소중화'라고 부른 장면은 그런 점에서 시선을 끈다. 그는 〈화이도華夷圖〉라는 제목의 그림에 붙인 시에서 이렇게 노래했다.

만국의 삼라만상이 두어 폭 종이에 펼쳐져/ 삼한은 모퉁이의 한 작은 덩어리 같네/ 보는 자여 작다고 말하지 말라/ 내 눈에는 조금 더 커 보인다네/ 고금에 재현才賢이 끊임없이 태어났으니/ 중하中夏에 견주어도 크게 부끄러울 것 없네/ 인재 있으면 나라요 없으면 나라가 아니니/ 호융胡戎은 땅만 컸지 초개 같을 뿐/ 그대는 보지 못했는가 화인華人이 우리를 소중화小中華라 말한 것을/ 이 말은 진실로 새겨 들을 만하네.[106]

땅의 크기로 본다면 '삼한'은 한 귀퉁이 작은 땅이지만, 인물이 난 것으로 말한다면 결코 '중화'에 부끄럽지 않으며, 그렇기 때문에 '호융'에 비할 바 아니라는 것이다. '삼한'은 단순히 '고려의 땅'이라기보다는 '고려까지 이르도록 인재를 배출해 온 땅'에 가깝다.

《백운소설》은 이규보가 지은 시화집인데, 그 첫머리에 이런 이야기가 있다. "우리 동방東方은 은나라 태사인 기자가 동쪽에 봉해진 이래로 문헌이 비로소 생겼으나, 그동안 있었던 작가들에 대해서는 세대가 멀어서 알려진 것이 없다."[107] 또 중간에는 이런 대목도 있다. "삼한은 하나라 때부터 중국과 통하였으나 그때의 문헌은 전해지지 않는다. 수나라나 당나라 이래로 비로소 작가가 나타났다. 을지문덕이 수나라 장수에게 준 시, 신라의 진덕여왕이 당나라 황제에게 바친 송사 같은 것은 책에 실려 전하고 있지만 널리 알려지지는 못했다. 최치원에 이르러 당나라에 들어가 과거에 급제하고 문장으로 이름을 해내에 알렸다."[108] 그에게는 고려가 '중국'과 교류해 온 역사를 계승했으며, 문장으로 대표되는 역량을 갖추었다는 사실이 중요했다. 그가 고려 자신을 '소중화'라고 한 것도 그런 이유 때문이었을 것이다. 그에게 '중국'이라는 단어는 '호융'의 반의어였다.

고려가 '소중화'를 말하기 시작한 것은 11세기부터였다. 1055년(문종 9) 고려는 거란에 보낸 국서에서 자국이 '기자의 나라'를 계승했다고 주장했다. 1102년(숙종 7)에는 평양에 기자의 사당을 세우고 그 제사를 국가의 전례 대상에 포함시켰다. 김부식은 《삼국사기》에서 "해

동의 국가들"을 거론하는 첫머리에서 기자를 언급했다. 고려의 다른 문인들도 기자를 기억했다. 1084년(선종 1) 박인량朴寅亮(?~1096)은 문종이 "기자의 유훈을 본받아 예의를 숭상했다"고 주장했다. 자국의 문화적 전통의 근원으로 기자를 호명한 것이다.[109] 고려에 대해서는 "문물의 융성함이 상국에 비견될 만하여 소중화라 칭하였다"고 말하기도 했다.[110] 그에게 기자를 재인식한다는 것은 기자가 가르쳤다는 예의를 재발견하는 일이었다. 그렇다면 그것이 결국 '소중화'를 떠올리게 하는 동력이 되지 않을 수 없다. 물론 기자를 호명한 모든 고려 사람들이 박인량처럼 '소중화'를 떠올린 것은 아니었다. 이제현이나 이곡이 잘 보여 주는 것처럼, 몽골 복속기의 고려 문인들도 기자를 말했다. 그들은 몽골을 청자로 하여 그렇게 발화함으로써 고려가 가진 문명의 역사를 정당화했으며,[111] 고구려 계승국의 이미지를 불식시키려 했다.[112] 그러나 그들 중 누구도 고려를 '소중화'라고 주장하지는 않았다.

고려가 박인량과 이규보가 말한 '소중화'의 기억을 다시 되살리게 된 것은 명나라에 사대하기 시작하면서부터였다. 1368년(공민왕 17) 8월, 고려는 명나라 군대가 대도를 포위했다는 사실을 알게 되었다. 한 달 뒤, 몽골 황제가 상도上都로 몸을 피했다는 소식을 들은 공민왕은 명나라와 사신 교류를 해야 하는지를 두고 신하들과 논의했다. 이듬해, 명나라는 고려에 명나라 건국과 홍무제 즉위를 알려 왔다. 고려는 곧바로 몽골의 연호 대신 명나라의 홍무 연호를 사용하고 명에 사절을 파견했으며 명나라 황제로부터 고명誥命을 받았다.[113]

주원장은 대도의 몽골을 공격하면서 격문을 내걸고 "호로胡虜를 몰아 내고 중화를 회복하자"고 외쳤다. 그런데 주원장이 홍무제가 되어 내린 즉위 조서에는 또 이런 말이 있다. "짐은 중국의 임금이다. 송나라의 운이 다하자, 하늘이 진인에게 명하여 사막에서 중국으로 들어와 천하의 주인[天下主]이 되게 하고 그 자손에게 전하게 했다. 그로부터 100여 년이 되니 이제 그들의 운도 다하였다."[114] 몽골을 '호로'라 했던 주원장과 몽골 지배자를 '진인'이자 "하늘의 명을 받고 중국에 들어온 천하의 주인"이라 한 홍무제가 같은 사람인 것이 의아할 정도다. 그뿐만이 아니다. 북원이 멀쩡하게 존재하는 상황이었지만, 홍무제는 즉위한 지 2년 만에 《원사》를 서둘러 완성하기도 했다. 홍무제는 그렇게 함으로써 원의 정통을 지나간 정통으로 만들고 명나라가 그 정통을 계승했음을 주장하려 했으며,[115] 더 나아가서는 북원을 '이적'으로, 반란군이 세운 명나라를 중화의 제국으로 만들려고 했다.[116]

홍무제가 또 하나의 조서를 고려에 보낸 것은 1369년(공민왕 18) 4월의 일이었다. 이 조서의 내용은 격문보다는 포용적이지만 즉위 조서보다는 배타적이다. 홍무제가 이렇게 말했다.

유송有宋이 통치 능력을 상실하자 하늘이 그 제사를 끊어 버렸다. 원나라는 아류我類는 아니었으나 하늘은 그들에게 중국에 들어가 주인이 되도록 명하였다. 100여 년의 시간이 흘렀다. 하늘이 원나라의 혼음을 싫어하여 다시 그 명을 끊어 버렸으니, 화華가 이夷에 맞서 일어선 지 18년이 흘렀다. 처음에 군웅들이 봉기했을 때 짐은 일개 평민이었으나, 하늘의 정령이 도와 주어 사방을 평정할 수 있었다. 북쪽으로 호군胡君을 쫓아내고 화하華夏를 맑게 하였으며, 우리 중국의 구강舊疆을 회복하였다. 신민의 추대를 받아 황제의 자리에 올라 국호를 대명이라 하고 연호를 홍무라 하였음을 사이四夷에게 알리노라. 옛날 우리 중국의 임금들이 고려와 경계를 마주했을 때 고려의 왕들이 중국에 신하가 되거나 손님이 되었던 것은 중국의 풍風을 사모하여 자기 백성을 안정시키려 했기 때문이었다. 하늘이 그 덕을 살피셨으니, 어찌 영원히 고려의 왕이 되게 하지 않았겠는가.[117]

송나라를 '유송'이라 하고 원나라를 "아류가 아니다"라고 한 장면부터 의미심장하다. '아류'란 한족을 가리킨다. 홍무제는 '아류'인가 아닌가를 중요하게 여겼고, 그런 점에서 자신이 세운 명나라가 '아류'인 송나라를 계승했다고 선언한 것이다. 그러나 홍무제는 한족의 나라가 언제나 대륙의 주인이 되어야 한다고 주장하지는 않았다. 몽골이 '아류'가 아니라는 이유로 망할 수밖에 없다고 주장한 것도 아니다. '유송'의 잘못된 정치가 결국 몽골에게 빌미를 주었으며, 그들이 '중국'에 들어와 100년 넘게 '중국'의 주인이 되었다가 타락함을 면치 못하여 군웅들이 일어나게 된 것이라고 말했을 뿐이다. '유송'과 원나라가 쇠락하게 된 원인을 정치에서 찾은 것이다. 홍무제에게 '아류'는 결코 왕조의 정당성을 보증하거나 그 운명을 결정하는 변수는 아니었다.

하늘이 수행한 역할을 설명하는 방식을 보자. 홍무제의 방식으로 말한다면, 정치가 사람의 문제이며 사람이 빌미를 제공했지만, 왕조 교체를 가능하게 만든 것은 결국 하늘이다. 하늘은 '유송'의 잘못된 정치에 분노하여 그 제사를 단절시키고 원나라를 '중국'에 들어가 주인이 되게 했지만, 또 원나라의 잘못된 정치를 미워하여 그 명을 끊어버리고 홍무제가 '대명'을 세우는 것을 돕기도 했다. "하늘의 정령." 홍무제는 자신을 도운 하늘을 그렇게 표현했다. 이 경우 하늘은 성리학에서 말하는 이법理法의 영역이라기보다는 인간의 행위에 개입하는 적극적인 행위자에 가깝다고 해야 한다.

'중국'을 '화하'로, 원나라를 '호군'으로 부르는 장면도 주목할 만한 가치가 있다. 홍무제에게 '우리 중국'은 '유송'을 계승한 '대명'의 '중국'이며, 그런 맥락에서 '화하'다. 그런 '중국'의 영역이므로 '우리 중국'의 '구강', 그런 '중국'의 임금이므로 '우리 중국'의 '군君'이다. 그가 '우리'라고 부른 것은 '유송'과 '대명'이다. 〔중국은 원래 주인이 있던 땅이며, 그 주인은 우리〕라는 식이다. 그가 보기에 원나라의 임금은 다만 '호군'일 뿐이며 '대명'은 '우리 중국'의 '구강'을 그 '호군'으로부터 회복한 나라다.

홍무제는 조서에서 원나라를 '이'로 묘사하기도 했다. '군웅'과 '18년'이라는 단어들은 몽골이 '이'임을 말하기 위한 일종의 수사다. '군웅'은 1351년에 시작된 농민 봉기와 그 주도층을, '18년'은 그로부터 명나라가 건국되기까지 걸린 시간을 가리킨다. 순제(1333~1368) 즉위 후 몽골은 지속적인 체제 이완과 빈발하는 자연재해로 인해 임계점을 향해 가고 있었다. 1351년, 마침내 유복통劉福通이 반원反元을 표방하며 홍건적의 난을 일으켰다. 기다렸다는 듯 이곳저곳에서 한인들이 주도하는 농민 반란이 일어났다. 한인 지주들은 의병을 조직해서 재래의 향촌질서를 지키려 했지만, 지배체제가 이완된 상황에서 그것은 미봉책에 불과할 뿐이었다. 그들이 빈농 출신의 주원장 세력을 도운 것은 그런 이유 때문이었다.[118] 홍무제가 조서에서 18년간 싸운 두 주체를 "화와 이"라고 말하는 장면이 눈에 띈다. 그는 반원의 기치를 내건 한인 '군웅'을 '화', 몽골을 '이'라 한 것이다.

홍무제가 몽골만을 '이'로 여긴 것은 아니었다. '대명'을 제외한 다른 모든 주체들에 대해서도 '이'라 말했기 때문이다. 홍무제가 보기에 고려는 조서를 내려 명의 흥기를 알려야 할 '사이' 중 하나다. 그에게 는 '유송'과 '대명'의 계승이라는 틀로 "우리 중국"의 정당성을 알리는 일만이 중요했던 것이다. 고려의 정체성을 분명히 하거나 '유송'과 고려의 문화적 연관성을 부각하는 일은 결국 고려의 몫으로 남았다.

조서를 받은 지 한 달 뒤, 고려는 홍무제의 즉위를 축하하는 글에서 이렇게 말했다.

천명을 받으시어 중국 황왕皇王의 통統을 회복하시고, 제왕에 즉위하시어 만방 신첩의 마음과 함께하셨으니, 경명景命이 돌아간 곳이 있어 환성이 드높습니다. 황제 폐하는 문명文明함이 순 임금보다 더하고, 용지勇智는 탕 임금에 못지않습니다. 크게 떨쳐 일어나 천하를 평정하시고 새 나라를 세우시고 대명이라는 새 이름을 드리우셨으며, 전장典章과 문물은 찬연하여 볼 만하고, 화하와 만맥蠻貊은 마음으로 따릅니다. 신은 멀리 동표東表에 있으나 뭇별이 북극성 바라보듯 황제를 우러러보고 있습니다. 비록 등극을 축하하는 반열에 함께하지 못하지만, 언제나 황제를 향하는 간절한 정성을 바치겠습니다.[119]

고려의 태도는 명나라가 "중국 황왕의 통을 회복했다"는 말에 함축되어 있다. '회복'이라는 표현에는 동일한 주체와 상실의 역사가 전제되어 있다. 결국 이 말은 몽골이 '중국 황왕의 통'을 송나라로부터 빼앗았으며, 송나라의 후예인 명나라가 그것을 몽골로부터 되찾았다는 의미가 된다.

명나라는 실현 가능성과는 별개의 차원에서 번국의 외교 의례를 정비했고, 고려는 명나라가 작성한 《번국의주蕃國儀注》를 전달받았다.

명나라가 그런 의례서를 편찬할 수 있었던 것은 몽골의 유제를 계승했기 때문이다.[120] 몽골 복속기에 망궐례望闕禮와 배표례拜表禮라는 외교 의례가 등장했다는 것은 황제의 신하라는 예적 위계가 고려 국내에서도 작동하기 시작했음을 보여 준다.[121] 의례만 그런 것은 아니었다. 뒷날 조선 국왕은 명나라 황제로부터 개인에게 주어진 고명誥命과 그 자리에 대해 주어진 인장을, 사후에는 시호를 받았다. 또 매해 반포되는 명나라의 역서를 받았으며, 명나라 예부와는 같은 등급의 문서를 교환했다. 1년에 세 차례씩 사신을 파견했다. 조공이나 책봉과 관련된 그 모든 관행은 고려와 몽골의 관계에서 온 것이다. 심지어 명나라는 몽골이 복속의 상징으로 여긴 친조親朝를 《대명집례》에 규정해 두기조차 했다. 명나라가 그 모든 것을 치밀하게 기획한 것은 아니었다. 명나라의 입장에서 보면 그것은 고려로부터 얻은 힌트를 구체화한 것이었다. 몽골과의 관계를 '사대'라 주장해 왔던 고려로서는 몽골을 대하는 방식으로 명나라와 대면하는 일이야말로 자연스러운 것이었다.[122]

외교 의례를 기준으로 했을 때 고려-몽골 관계와 고려-명나라 관계에서 계승의 양상이 분명하게 확인된다는 사실은 중요하다. 그러나 내면의 심성으로 말한다면, 계승과 연속성으로만 설명할 수 없는 지점들도 있다. 홍무제는 '유송'의 계승자를 자처했으며, 고려는 몽골을 "아류가 아니다"라고 말하는 명나라와 대면해야 했다. 이제 고려는 그 '유송'과 이어지는 기억들에 기대어 현실의 명나라를 의미화하지 않을 수 없게 된 것이다. 고려는 그렇게 '소중화'를 재발견했다. 그리고 경전상에만 전해 오던 '용하변이用夏變夷'를 '소중화'의 정체성을 정당화하는 데 활용하기 시작했다.

'용하변이'라는 용어는 《맹자》〈등문공장〉에 근거를 두고 있다. 등나라 문공이 인정을 펼친다는 이야기를 듣고 초나라로부터 허행許行이란 자가 와서 백성이 되기를 청했다. 허행이 주장하던 신농씨의 학설은 선왕의 도와는 무관했다. 이번에는 진상 형제가 와서 백성이 되기를 청하자 문공이 또 받아 주었다. 진상 형제는 초나라에서 선왕의 도를 가르치던 진량陳良의 문도들이었다. 그런데 진상이 허행을 만나 보고는 크게 기뻐하여 자신의 학문을 다 버리고 허행의 학설을 따랐다. 맹자가 말했다.

나는 제하諸夏의 예의에 대한 가르침을 써서 오랑캐를 변화시켰다는 말은 들어 보았어도 도리어 오랑캐에게 변화되었다는 말은 듣지 못했다. 진량은 중국의 남쪽인 초나라 출신인데, 주공과 공자의 도를 좋아한 나머지 북쪽인 중국에서 공부하였고 그 결과 중국의 학자들도 그보다 앞선 자가 없었으니 그는 걸출한 선비였다. 그런데 진상 형제가 진량을 수십 년 동안 섬기다가 그가 죽자 결국 배신을 하는구나.

주자의 해설에 따르면, 진량은 "오랑캐 땅에서 태어났지만 예의의 가르침을 따라 오랑캐 됨을 면한" 자이고, 진상은 "진량의 제자였으면서도 도리어 오랑캐에게 변화된 자"다.[123]

고려가 명나라에 사신을 보내기로 결정했다는 소식을 들은 이색이 이런 시를 지었다.

동해도 뽕밭으로 변하는데/ 국가의 흥폐가 어찌 우연한 일이리오/ 지금 묘당의 계책에 빠진 것이 없나니/ 예로부터 인심이 바로 하늘이었

노라/ 소중화관小中華館의 이름이 전해진 지 오래인데/ 언제쯤 예전처럼 다시 돌보아 주게 될까.[124]

이색은 "영원한 왕조는 없고 인심은 천심"이라 했다. 그가 보기에 몽골이 '성원'이자 '중화'였던 것은 그들이 대륙의 지배자였기 때문이고, 그들이 그렇게 될 수 있었던 것은 인심이 그들을 따랐기 때문이며, 인심은 결국 천심이기 때문이다. 그런 논리라면 "명나라가 몽골을 대신하게 된다 해도 그것 역시 인심과 천심 때문일 것이니 그런 현실을 인정하지 않을 이유가 없다"고 말할 수 있게 된다.

이색이 신생국가 명나라에 대해서 '소중화관'을 거론하거나 "예전처럼 고려를 돌보아 주기"를 바랐던 것이 이채롭다. 이색이 그렇게 말하기 전까지 고려나 송나라가 남긴 기록 어디에도 '소중화관'에 관한 내용을 찾기는 어렵다. 그러나 박인량이 이미 '소중화'를 말했고, 북송의 문인들이 고려 사신 박인량 등으로부터 받은 글을 모아 펴낸 시문집 이름이 《소화집小華集》이었다는 점으로부터 미루어 본다면[125] 이색이 '소중화관'을 말하면서 떠올렸던 나라가 송나라였던 것은 의심의 여지가 없다.[126] 명나라로부터 "예전처럼 돌보아 주는" 은혜를 기대한 것도 그런 이유 때문일 것이다.

이색이 명나라에서 송나라의 흔적을 본 이상, 이제 논리적으로는 명나라를 '돌아온 원래의 주인'으로, 몽골을 '주인 노릇 하던 이적'으로 볼 수 있는 여지가 생긴다. 홍무제 조서의 논점과 부합하는 지점이다. 그러나 그는 다만 '소중화'라는 기억을 끌어내고, 고려와 명나라의 관계를 그런 방향에서 정당화하는 데서 멈추었다.

정몽주鄭夢周(1338~1392)는 공민왕 때 명나라에 사대해야 한다고 주장한 인물 중 하나다. 명나라인가, 북원인가. 우왕 초에 다시 논쟁이 있었다. 명나라로부터 책봉을 받은 공민왕이 피살되었고, 김의金義가 명나라 사신을 죽인 상황에서, 이인임李仁任(?~1388)은 고려가 조서를 지참한 북원의 사신을 맞아들여야 한다고 주장했다. 정몽주는 글을 올려 이인임의 주장을 반박했다.

정몽주에 따르면, 천하와 국가를 이끌어 가는 자에게 가장 중요한 일은 대계大計를 정하는 것이다. 대계가 정해지지 않으면 인심이 떠나고, 인심이 떠나가면 모든 일이 잘못되기 때문이다. 우리 '동방'은 구석진 '해외'에 있으나, 태조 왕건이 당나라 말에 일어난 이래로 '중국'을 예로써 섬길 때[禮事] 천하의 '의주義主'인가를 중시했을 뿐이다. '원 씨元氏'가 파천을 자초하자 대명이 일어나 사해의 주인이 되었다. 공민왕이 천명이 무엇인지를 깨닫고 명나라에 표문을 올려 신하를 칭하자, 황제는 기꺼이 그 청을 받아들여 왕작王爵으로 봉하고 조공하게 하였다. 그러니 '천사天使'를 죽인 김의의 죄를 위로 천자에게 고하지 않을 수 없다. 그렇다면 고려에 온 북사北使를 예로 대할 수는 없는 일이다. "만일 조정에서 문죄問罪의 군대[問罪之師]를 일으켜 육로와 수로 양쪽으로 압박해 온다면 국가가 장차 무슨 말로 답할 수 있겠습니까? 소적小敵의 군사를 늦추려다가 천하의 군대를 불러들여서는 안 됩니다."[127]

북원과 단절해야 한다고 주장하면서 정몽주가 그렇게 말했다. '의주'와 '중국', 천자와 '천사天使', '대명'과 '원 씨' 같은 단어들이 두드러진다. '의주'란 의로운 주인이라는 뜻이다. 정몽주는 '의주'의 '의'에 대해 더는 자세히 말하지 않았다. 그러나 '대명'이라는 단어를 구사한 것으로 볼 때 그가 명나라를 '의주'로 여긴 것은 분명하다. 대륙의 지배자라는 점에서 보면 몽골과 명나라가 다를 바 없지만, 그는 몽골에 대해 다만 '원 씨'라 했을 뿐이다. 몽골이 '의주'가 아니라는 뜻이다. 결국 그는 "대륙의 지배자라는 이유로 의로운 존재로 여길 수는 없다"고 말한 셈이다.

그가 말한 중국·천자·천사도 그런 '의주'와 연관되어 있다. 그의 시야에서 말한다면, 의로워야 '중국'이며, 그런 '중국'이어야 고려가 예로써 섬기는 대상이 될 수 있다. 그런 '중국'의 제왕이어야 '천자'고, 그런 '천자'가 보낸 사신이어야 '천사'다. 또 그런 천자여야 제후국에 '문죄의 군대'를 보낼 자격이 있는 것이다. 〔파천을 자초한 '원 씨'는 '의주'도 아니고 '중국'도 아니며, 천자도 아니고 '문죄의 군대'를 보낼 자격도 없다.〕 정몽주의 말은 그런 의미였다.

명나라를 "예로써 섬겨야 할 의주"로 여기는 정몽주의 문제의식이 이색의 생각과 크게 다르다고 할 수는 없다. "예전처럼 돌보아 주는" 은혜를 기대한다는 이색처럼, 정몽주도 송나라와 명나라의 계승관계를 인정했다. 이색이 그랬던 것처럼 정몽주도 명나라가 천명을 받았다고 여겼다. 그러나 이색에 비하면 정몽주는 몽골에 대해 좀 더 냉정했다. 그는 몽골을 '원 씨'라 하고 그 사신과 군대를 각각 '북사'와 '소적'으로 여겼다. 몽골을 배척하지 않으면 안 되는 상대로 간주한 것이다.

이색은 결코 원나라를 '원 씨'라 하지 않았으며, 명나라를 '의주'라고 말하지도 않았다. 그러나 그런 이색에게도 명나라를 통해 '중화'의 제도를 받아들이는 일은 중요했다. '소중화'와 '용하변이'는 그런 이색의 생각을 떠받치고 있던 두 기둥이었다. 지후祗候 벼슬하던 민안인 閔安仁(1343~1398)이 '동인東人'의 시를 모아 시집을 편찬하려 했을 때였다. 소식을 들은 이색이 이런 시를 지었다.

동방에 영웅들이 많이 나니/ 문장의 기염이 푸른 하늘에 닿았네/ 최치원 이후로 작가들이 많이 나와/ 용들이 들에서 싸우듯 필전筆戰을 벌였네/ 중원에서 소중화라 흠모하니/해와 별처럼 찬란하게 서로를 비추었네.[128]

〈독시행〉이라는 시에도 민안인이 최해의 시집을 본떠 새로운 시집을 펴내려 한다는 이야기가 들어 있다.

해동의 풍월은 당할 자가 없어서/ 중화에 명성 떨친 일 지금도 눈에 선하네/ 최치원 이후 대대로 인재들이 많았거니와/ 최해의 시집 지금도 눈에 선한데/ 민안인이 이제 그 후집을 편찬하려 하니/ 나같이 무능한 자를 각성시키네.[129]

민안인은 1374년(공민왕 23) 과거에 급제하여 춘추관 검열을 지냈으며, 부친상에 3년간 시묘한 뒤에 다시 벼슬길에 나서서 지후를 역임했다.[130] 이색이 문학적 역량을 뜻하는 '문장文章' 같은 단어들을 '소중화'와 같이 썼다는 사실이 의미심장하다. 이규보가 "인재를 배출했으므로 소중화"라고 말했다면, 이색은 고려가 "문장의 나라이며 그런 의미에서 소중화"라고 주장했던 것이다.

이색이 '소중화' 운운했던 일은 그가 '용하변이'를 말하기도 했다는 사실과[131] 함께 음미되어야 한다. 그는 고려의 유학생들을 받아 달라고 명나라에게 청원하는 문서를 작성했는데, 그 첫머리에 등장하는 단어가 '용하변이'였다. 그 글에 따르면, '용하변이' 하기 위해서 가장 중요한 것은 '예악'과 '시서詩書'를 익히는 일이다.

'우리 동방'은 처음 '염한炎漢'을 따를 때 이미 자제들을 보내 입학시켰고 그 뒤 당나라나 송나라 시대에도 그런 관행을 이어 왔다. '중국'을 존숭하는 마음에서 그렇게 한 것이지만, 예악과 시서가 태평한 시대를 장식하는 데 도움이 되었기 때문이기도 하다. 황제는 무공으로 천하를 평정하고 문덕으로 '원인遠人'을 귀의하게 했으며, 성경聖經과 사서를 반포하여 학규學規를 드러내고 '법복法服'과 '아악雅樂'을 내려 제사를 새롭게 해주셨다. 그러나 고려는 속습이 혼탁하니 유풍儒風이 걱정스럽기만 한 상황이다. 문장 같은 말단의 기예조차 능한 사람이 드무니, 의리에 관한 성현의 말씀을 올바로 이해하는 사람을 찾기는 더욱 어렵다. 만일 노나라로 변화시키려 한다면 반드시 주나라를 따라 배우는 일을 우선하지 않으면 안 된다. "저희의 향화嚮化하는 정성을 가련히 여기시고 사람을 기르려는 뜻을 살펴 주소서. 고려 학생들을 받아 주시면, 신은 삼가 성교聲教를 선양하고 길이 기자箕子의 봉역封域을 지키겠습니다."[132] 이색이 문서의 말미에서 그렇게 말했다.

고려가 명나라에 이 표문을 보낸 것은 1372년(공민왕 21)이었다.[133] '염한'은 전설상의 한족 조상을 가리키는 말이니, 이색이 청원을 한 대상은 한족 왕조인 명나라일 수밖에 없다. 그가 말한 '용하변이'에서 '하夏'는 배움의 내용이자 대상을 가리킨다. '예악'과 '시서', '성경'과 '사서', '법복'과 '아악', 그리고 '유풍' 등이 배움의 내용에 해당하는 단어들이다. 배움의 대상을 기준으로 한다면, '염한'과 당나라·송나라·명나라 같은 한족 왕조만을 거론하고 요나라·금나라·원나라 같은 정복 왕조를 전혀 언급하지 않은 것이 이채롭다.

원나라를 "아류가 아니다"라 했던 홍무제의 문제의식을 따랐을 수 있지만, 굳이 이 장면에서 몽골을 이적이라고 말해야 할 이유는 없다.

그는 다만 주나라에서 배운 노나라처럼 고려도 명나라에서 배워 자신을 변화시킬 수 있다고 주장했을 뿐이다. '용하변이'의 틀을 경직되게 적용해서 말한다면 고려는 '하'를 학습하여 자신을 변화시켜야 할 '이'일 것이지만, '소중화'를 발견한 이색이 고려를 군이 그렇게 여겨야 할 이유는 없었다. 그가 보기에 고려는 '기자'의 '봉역'을 지켜 왔으니 이미 '용하변이'한 역사를 가진 나라다. 그에게 고려는 노나라에 비유될 수 있는 '소중화'일 뿐이었다.

이색은 〈청관복표請官服表〉라는 외교문서를 지어 명나라에 관복을 내려 주기를 청했는데, '용하변이'라는 단어가 여기에도 등장한다. 그 글에 따르면, 명나라는 의례와 제도를 정비하여 '화하'의 밝음을 크게 열었으니, 고려는 그 의를 사모하고 그 기풍을 따름으로써 변방의 누추함을 씻을 때다. 황제는 삼대보다 융성한 '문물'을 구비하였고 사방에 덕교德敎를 크게 떨치셨다. 비록 '소방'에게는 "본속本俗을 좇으라" 하셨지만, 이미 '배신陪臣'을 위해 제복祭服을 하사하셨으니, 나머지 것들도 예전처럼 할 수는 없다. "본속을 좇으라" 하신 것은 성세의 조치로는 어긋나는 점이 없지만 '원인遠人'들은 마음속으로 아쉬워하고 있다.

"바라건대 신의 이소사대하는 마음을 어여삐 여기시고 용하변이 하는 것을 허락하시어 화제華製를 따르게 해주소서."[134] 이색은 표문을 그렇게 마무리했다. 그런데 그는 왜 명나라가 고려에 대해 "본속을 따르라" 한 것을 아쉬워했을까?

고려가 정몽주를 명나라로 보내서 임금이 입는 편복과 신하들이 입는 관복을 청한 것은 1386년(우왕 12) 2월의 일이었다.[135] 이때 정몽주는 이색이 지은 〈청관복표〉를 지참했다. 고려가 그렇게 청원한 것에는 그럴 만한 이유가 있었다. 이야기는 홍무제가 공민왕을 책봉하면서 전한 교서까지 거슬러 올라간다.

1370년(공민왕 19)의 일이었다. 그 교서에 따르면, 공민왕은 대대로 '조선'을 지켜 오면서 선왕의 업적을 계승했고, '화하'를 받들어서 '동토東土'의 훌륭한 번藩이 되었다. 황제가 사방을 평정했음을 알리자 왕은 표문과 공물을 바쳤으니, 평소 문풍에 익숙하였으므로 능히 신하의 직분을 잘 수행할 수 있었던 것이다. 조서에는 공민왕을 책봉한다는 글귀 뒤에 이런 말이 적혀 있었다. "일체의 의제儀制와 복용服用은 본속本俗을 따르는 것을 허락한다."[136]

쿠빌라이가 원종에게 "'의관은 본국의 속을 따르라"고 한 장면을 연상시키는 대목이다. 쿠빌라이가 몽골의 관습법에 따라 그렇게 하게 했다면, 홍무제는 고려 국왕이 신하의 '직분'을 수행한 것을 칭찬하면서 그렇게 결정했다.

공민왕이 살해되고 명나라가 보낸 사신이 살해되었다는 소식은 그런 홍무제를 당혹하게 하기에 충분했다. 1378년(우왕 4) 홍무제가 예부의 신하들에게 이렇게 말했다.

몇 년 전 공민왕이 정성을 다해 명나라를 받들다가 그 신하들에게 시해당했다. 이제 또 저들이 와서 우왕의 책봉을 청했다. 내 생각에 고려는 중국과 산과 바다로 가로막혀 있어 성교聲教하기 어려우니, 그가 스스로 알아서 하게 내버려 두고 저들의 명호나 작위에 간섭하지 않는 것이 좋겠다. 전에 자기 임금을 시해하고 황제의 사신을 죽인 자들이 지금 어찌 법률을 준수하고 헌장을 지킬 수 있겠는가?[137]

공민왕을 책봉하면서 말한 내용과 비교해 보면, "성교하기 어려우니 스스로 알아서 하라"고 말한 것은 뉘앙스가 전혀 다르다. 결코 고려를 배려한다는 의미가 아니다. 고려는 공민왕에게 시호를 내리고 우왕을 책봉해 달라고 여러 차례 청원했지만, 명나라는 요지부동이었다.

1385년 (우왕11) 9월, 명나라는 마침내 우왕을 책봉하고 공민왕에게 시호를 내렸다. 홍무제는 우왕을 책봉하면서 이런 취지로 말했다.

나는 중원의 임금이 되어 제이를 진무하여 서로 안락한 생활을 누리게 했다. 저들이 변방을 침해하지 않는다면 굳이 무리하게 군대를 일으켜 우리 백성을 괴롭게 하지 않았다. 고려는 하늘이 낸 동이의 나라로 험준할 뿐만 아니라 중국과도 멀리 있어, 짐은 조금이라도 시빗거리를 만들지 않고 각자 편안하게 살게 할 생각이었다. 그런데 고려가 그렇듯 여러 차례에 걸쳐 청하고 신하들이 그 청을 받아들이기를 권하였다. 이에 일시동인의 뜻으로 화외化外를 차별 없이 대하려 하니, 고려왕은 전작前爵을 계승하되, 의제는 본속을 따르고 법은 구장舊章을 지키도록 하라.[138]

홍무제는 고려의 계속된 청원을 받아들이면서 다시 '본속을 따르라'고 했던 것이다.

고려가 정몽주를 명나라에 보내 관복을 청한 것은 홍무제가 우왕을 책봉하고 공민왕에게 시호를 내린 다음 해였다. 고려로서는 관계 개선을 시도할 만한 시점이었다. 그러나 상황은 고려의 기대처럼 흘러가지는 않았다. 1387년(우왕 12) 7월, 정몽주가 남경에서 돌아왔다. 예부는 고려에 자문을 보내 홍무제의 뜻을 전했다. 홍무제는 공민왕이 시해된 것, 명의 사신이 살해된 것을 거론한 뒤 이렇게 말했다. "표문에서 용하변이 하겠다고 한 대목과 관련해서 말한다면, 오랑캐의 제도를 바꾸는 일은 고려의 군신이 힘써 행하는지 여부에 달려 있다."[139]

다음 해인 1388년(우왕 14) 이성계가 위화도에서 말머리를 돌렸다. 얼마 후 우왕이 폐위되면서 고려는 격랑에 빠져들었다. 마침내 이성계가 조선을 건국했다. 명나라는 창왕과 공양왕을 책봉하지 않았으며, 조선 건국을 부정하지 않으면서도 이성계를 책봉하려 하지는 않았다.[140]

조준趙浚(1346~1405)도 이색처럼 '용하변이'를 말했지만, 몽골을 융, 호胡, 이夷로 불렀다는 점에서 이색과는 달랐다.[141] 그가 26개 항목에 걸친 개혁안을 담아 상소를 올렸던 것은 1388년(창왕 즉위년) 8월의 일이었다. 그에 따르면, '조종'의 의관과 예악은 모두 '당제唐制'를 따랐으나, 원조元朝에 이르러 '시왕의 제도時王之制'에 눌려서 '화'를 버리고 '융'을 따르는 바람에 위아래가 분별이 없어지고 민심은 불안정해졌다. 상하 간에 등급이 없는 것을 고민하던 공민왕이 결연히 '용하변이'에 뜻을 두어 '조종'의 성대함을 회복하려 했다. 왕은 '천조'에 표문을 올려 '호복胡服'을 바꾸어 줄 것을 청하였으나 얼마 되지 않아 죽었다. 우왕이 그 뜻을 계승하였으나 집정에 가로막혔다.

"전하께서 즉위하여 친히 화복華服을 입고 온 나라 신민과 함께 새롭게 출발하였으나 여전히 품제를 따르지 않아 유신의 정치에 방해가 되는 경우가 있으니, 헌사憲司로 하여금 시급히 법을 만들게 하여 법령을 따르지 않는 자들을 조사하여 다스리소서."[142] 조준이 그렇게 주장했다. 조준은 고려까지 이어진 '조종'의 의관과 예악에 관해 '당제'와 '시왕지제', 명나라의 제도와 원조의 제도, '중화'의 제도와 오랑캐의 제도로 구분했다. '시왕지제'는 몽골의 제도이며, 오랑캐의 제도였다는 점을 명확히 한 것이다.

1385년(우왕 11) 조준이 명나라 사신 주탁周倬을 보내며 지은 시에 이런 구절이 있다.

성주聖主가 등극하여 만방을 어루만지니/ 비린내와 누린내[腥膻] 모두 가시고 덕향德馨만 향기롭네/ 예악으로 자문하니 인재들이 모여들고/ 세상을 구원하니 일월이 빛나네.[143]

이 시에서 '성주'는 세상을 구원한 명나라 황제다. 향기로움을 뜻하는 덕향이 명나라를 상징한다면, "비린내와 누린내"는 오랑캐 몽골을 의미한다. 몽골을 이적으로 보는 그의 시야가 여기에서도 잘 드러난다. '비린내'나 '누린내'는 뒷날 조선 후기 지식인들이 청나라를 비하할 때 즐겨 구사했던 수사이기도 하다.

명나라에 '사대'하기 이전에 고려에서 '용하변이'라는 단어를 전혀 사용하지 않은 것은 아니다. 1115년(예종 10) 예종이 송나라에 표문을 올려 5명의 유학생이 태학에 들어가 공부할 수 있게 해줄 것을 청원했다.[144] 표문의 작성자는 김부일金富佾(1071~1132)이다.

그에 따르면, 백성을 교화하여 좋은 풍속을 이루는 것이 태학의 기풍에 좌우되는 것이라면, '용하변이'하는 것은 선왕의 가르침에 힘입는 것이다. 흉노인 호한야呼韓耶는 아들을 한실漢室에 보냈고 토번은 '당가唐家'에 서적을 청했으니, 그 두 사례는 같은 경우라 할 수는 없어도 그 뜻은 다르지 않다. '대송'은 '대도大道'의 근원을 드높이고 오래된 폐습을 씻어 냈으며, 학제는 3사三舍로 나누고 교육은 6경六經에 근본을 두었으니, 100년의 예악을 새롭게 하고 만국의 거서車書를 하나로 하였다. '폐읍'이 '화풍'을 사모한 것은 송나라 태조 때부터다. 신종 때에는 사신을 보낼 때마다 생도를 파견하였으니, 비유하자면 주나라를 참고하여[觀周] 노나라를 선왕의 도에 이르게 하는[變魯] 것과 마찬가지다. 그런 관행이 중간에 끊어져, 법도와 헌장, 성명聲明(교화와 문명)과 문물에 관해 식견이 있는 이들에게 질의할 수 없게 되고 말았다. "바라건대 오도吾道가 동쪽으로 돌아오게 해주소서." 김부일은 표문의 말미에서 그렇게 말했다.[145]

'예악'과 '화풍' 같은 단어들은 일찍이 최치원이 당나라를 염두에 두면서 구사한 적이 있었다. 김부일은 송나라를 상대로 같은 단어를 구사하면서, '용하변이'라는 용어를 함께 사용했다. 김부일이 그렇게 할 수 있었던 것은 상대가 몽골이 아니라 송나라였기 때문이다. 인종에 따르면, 예종은 송나라에 대해 "예로 사대하고 충으로 직무를 수행"했다.[146]

고려의 입장에서 보면, 대국에게 사대하는 것은 하늘의 뜻을 존중하는 것이자 나라를 보존하는 방법이다. 그러나 소국이 어느 나라를 사대한다는 것은 반드시 그 나라가 '예'와 '화'의 나라이기 때문은 아니다. 대국이라고 해서 반드시 '예'와 '화'의 나라라고 할 수는 없기 때문이다. 김부일이 보기에 송나라는 물론 대국이자 예와 화의 나라였다. 뒷날 명나라와 마주해야 했던 고려 문인들이 송나라를 매개로 하여 '소중화'와 '용하변이'를 말했던 것도 그런 이유 때문이었다. 그러나 명나라에 사대하면서 '소중화'와 '용하변이'로 자신의 정체성을 정당화한다는 것은 더 많은 질문들과 대면한다는 것을 의미하기도 했다. 마침내 그들은 불교와 유교의 의미를 새삼스럽게 되돌아보지 않을 수 없었다.

3장

'중화'가 '이적'과
만나 짝하다

불교와 이적

최치원이 그랬던 것처럼, 몽골 복속기의 고려 문인 이곡도 승려들의 비문을 썼다. 〈장안사중흥비문長安寺重興碑文〉에 따르면, 시대에 따라 부침을 거듭하던 불교를 융성하게 한 것도 "우리 세조 황제"다. 쿠빌라이가 불교를 신봉하자, 그 이후의 몽골 황제들이 그것을 계승했다. 불교는 왜 그렇듯 존중받았는가? '성인'이 강조하는 '호생好生'의 덕과 불교가 말하는 '불살不殺'의 계율은 똑같은 인애仁愛이고 똑같은 자비이기 때문이다. "하늘이 성신聖神에게 길을 열어 주어 쿠빌라이의 후손들이 만방의 임금이 되게 했다. 호생의 덕이 넘쳐나니, 황제는 중생을 품어 주고 부처를 흠모하였다."[147]

〈중흥용천사비重興龍泉寺碑〉의 분위기도 크게 다르지 않다. 그 글에 따르면, '불씨佛氏'의 도가 천하에 행해진 지 오래되었지만, 우리 '성원

聖元'의 시대에 이르러 더욱더 근실하게 받들어 섬겼다. 불교는 악행을 하지 말고 선행에 힘쓰라고 말하니, 그 가르침이 '세치世治'에 절실하다고 할 수는 없지만 이 마음을 미루어 가다 보면 온 세상 사람들이 모두 선을 좋아하고[好善] 악을 미워하게 되어 '인수仁壽'의 지경에 이르게 될 것이니, 도움이 적다 할 수 없다.[148] 불교가 "세치에 절실하지 않다"고 말하는 이곡에게서 유학자의 면모가 읽힌다. 그러나 이곡은 결코 불교에 배타적이지 않았으며, 유교와 불교 사이의 교집합을 인정하는 것에 주저하지 않았다.

〈장안사중흥비문〉에서 '호생'과 '불살'을 각각 '성인'의 덕과 '불자'의 계율을 상징하는 것으로 여기는 장면을 보자. '성인'이라는 단어가 예외 없이 유학이 말하는 성현을 뜻한다고 단정할 수는 없다. 그러나 '불자'와 대비되는 '성인'이라면 그렇다고 보아도 무방할 것이다. 이곡은 '호생'과 '불살', '인애'와 '자비'가 다르지 않다고 주장했다. '호생'이 생명을 사랑한다는 것이고 '불살'이 살아 있는 것을 죽이지 않는다는 뜻이니, 생명을 사랑하기 때문에 살육을 피한다고 말할 수 있다. '호생'과 '불살'을 이어 주는 것이 생명이라면, '인애'와 '자비'를 이어 주는 것은 자애로움이다. 자애로움은 유교가 말하는 '인애'에도, 불교의 가르치는 '자비'에도 모두 들어 있다. '호생'을 의미화하는 방식에 관한 한, 이곡의 논법은 최치원의 방식과 겹치는 지점이 있다.

이곡은 유학의 덕과 불교의 계율 사이에 근본적인 차이가 없다고 주장했지만,[149] 그것은 그가 불교의 모든 계율과 사유 방식에 동의한다는 뜻은 아니었다. 〈신작심원루기新作心遠樓記〉는 그런 이곡의 문제의식이 잘 엿보이는 글이다.

보광사를 중건한 중향 스님이 그 절의 동북쪽에 누대를 세우고는 이곡에게 이름을 지어 달라고 부탁한 일이 있었다. 직접 보고 듣지 못한 상태에서 누대의 이름을 지을 수는 없다며 이곡이 완곡히 거절했다. 정보가 없다는 말의 행간에는 왜 굳이 누대까지 지어야 하는지 납득할 수 없다는 뉘앙스가 숨어 있다. 그것을 알아챘을 중향이 이렇게 답했다. "인간은 천지의 기운을 품부 받아 태어난 존재이니, 계절에 맞는 거처에서 생활하는 것은 인지상정이자 이치상 당연한 일이다. 이 누대를 지은 것은 경치를 구경하려고 해서가 아니다. 누구라도 이곳을 찾아 가슴속 막힌 응어리를 풀기를 바랐기 때문이다. 그런데 그대는 왜 한사코 이름 짓기를 사양하는가?"

심원루心遠樓. 더는 부탁을 거절할 수 없었던 이곡이 "땅이 외지니 마음이 멀다"는 뜻을 담아 그렇게 이름 지었다. 중향이 누대를 만든 뜻을 존중했던 것이다. 그러나 이곡은 여전히 의구심을 풀지 못했다. 〔마음이라는 것이 있는 곳에 따라 달라질 수 있는 것은 아니지 않는가? '유자儒者'는 '정심正心'으로 '수신'하여 '제가', '이국理國', '평천하'에 이르고, 불자는 '관심觀心'으로 수행하여 '견성', '성불', '자리이타自利利他'에 이르니, 결국 중요한 것은 '정심'이냐 '관심'이냐가 아니다. 어떻게 존양存養할 것인가가 관건이다. 선유先儒가 불교의 관심설觀心說을 비판했던 것은 그런 이유 때문이다. 먼 곳에 누대를 지어 자기 마음을 들여다본다는 중향의 발상은 유교의 지혜나 불교의 가르침이 공유하는 본질과 무슨 관련이 있는가? 굳이 기문記文에 그렇게 쓴 것은 유학과 불교의 상반됨을 주장하려는 것이 아니다. 상발相發됨을 말하기 위해서일 뿐이다.〕이곡은 행간에서 그렇게 말했다.[150]

'세치', '호선好善', '인수仁壽' 같은 단어들은 불교의 사회적 기능과 관련되어 있다. 사회적 실천과의 거리를 기준으로 말한다면, 세상을 다스린다는 뜻을 가진 '세치'가 가장 가까이 있고, 선을 행하기를 좋아한다는 뜻의 '호선'이나, 인한 자가 장수한다는 뜻을 가진 '인수'는 상대적으로 멀리 있다. 이곡은 불교가 '세치'에 절실한 것은 아니지만, 사람들을 '호선'하고 '인수'하게 하는 데 도움이 적지 않다고 주장했다.

〈송수정장로서送水精長老序〉에서 그는 유학자가 얼마든지 승려와 어울릴 수 있다고 주장했다. 그 글에 따르면, 공자가 죽은 뒤 불교가 나와서 유학과 대립했다. 유학을 따르는 자들은 불교가 공적空寂하고 고원高遠하여 세상의 이치에 어둡다며 비난했다. 당나라의 한유도 그런 사람이었다. 그러나 한유의 글을 보면, 그가 승려들과 깊게 교류했음을 알 수 있다. 그들이 세상의 이욕利欲으로부터 초탈한 삶을 살았기 때문일 것이다.[151]

이곡의 방식으로 말한다면, 한유가 불교를 비판하면서도 승려들과 교류할 수 있었던 것은 그들이 이욕에서 초탈했기 때문이다. 그런데 이욕에서 초탈했다는 것은 '세상의 이치[世理]'에 어둡다는 것과 다를 바 없는 말이다. 불교가 유학과 서로 '상발'하는 관계에 있다는 것은 불교가 세상을 다스리는 일[世治]에 최적화된 종교가 아니라는 사실과 양립한다. 마치 동전의 양면과 같다. 그는 유학과 불교를 편견 없이 보려 노력했지만, 사회적 실천이라는 기준에서 불교의 한계를 인정했던 것이다. 이곡의 불교관은 불교의 정치적·사회적 입지가 점점 좁아질 것임을 예고하는 것이었다고 해도 과언은 아니다.

성균관 생원 박초朴礎(1367~1454) 등이 1391년(공양왕 3)에 올린 척불 상소는 불교의 사회적 폐단을 비판하는 차원을 넘어선 것이라는 점에서 특별하다.[152] 그들은 자신들이 "요순 같은 임금과 요순의 백성을 만드는 데 기여하고 이단을 배척하는 일"에 뜻을 두었다는 말로 글을 시작했다. 그들의 주장에 따르면, 천지가 있어야 만물이 있고 만물이 있어야 남녀가 있으며, 남녀가 있어야 부부가 있고 부부가 있어야 부자가 있다. 부자가 있어야 군신이 있고, 군신이 있어야 상하가 있으며, 상하가 있어야 예의를 차릴 수 있다. 이것은 천하의 달도達道이며, 고금의 상경常經이다. 이런 이치를 어긴다면 공론公論으로부터 지탄받는 것을 면하기 어렵다. 그런데 저 불佛은 부자관계를 끊고 군신의 의리를 버리는 것은 물론 부부를 부정하니, 그들의 말대로라면 결국 삼강오상三綱五常의 도는 끊어지고 말 것이다. '불'은 이적 사람[夷狄之人]으로, '중국'과 언어가 같지 않고 의복도 다르다. 선왕의 법언法言을 말하지 않고 선왕의 법복法服을 입지 않으며, 부부·부자·군신의 윤리를 모르는 그런 존재다. 그렇다면 백성들이 불교에 미혹되어 사찰을 짓거나 불상을 만드는 데 재물을 허비하는 현실에 어떻게 대처해야 하는가? "윗사람이 예의를 밝혀 백성들로 하여금 천리가 어디에 있는지 알게 한 다음에라야 바로잡을 수 있습니다." 박초 등이 스스로 묻고 그렇게 답했다.

그들은 자신들의 주장을 정당화하기 위해 고려 태조 왕건을 끌어왔다. 그에 따르면, 불교가 신라 말 이래로 동방에 유행하면서 여러 가지 문제들이 생기자, 태조는 삼한을 통일한 뒤 후대의 군신들이 사사로이 원찰願刹을 세우는 것을 금지했으며, 신라가 망국에 이른 원인으로 불교를 지목하기도 했다. 그러나 불행히도 역대의 군신들이 태조가 남긴 가르침을 실천하지 못했다. '호교胡敎'를 높였다는 점에서 공양왕도 예외는 아니다. 지금 필요한 것은 연복사에 탑묘를 세우는 공사가 아니다. 동원된 승려들을 환속시키고 사찰의 재정 기반을 관에

몰수한 뒤, 예의로 가르치고 도덕으로 길러야 한다.

"그렇게 하면 전에 군부君父를 배신하고 인륜을 파괴하며 천리를 거스르던 자들이 부자와 군신의 윤리를 알고 지아비와 지어미의 도를 알게 되어, 가히 삼대와 견줄 수 있으며 한나라나 당나라를 능가하게 될 것입니다." 그들에게 척불이란 그런 의미였다.

그들은 이어서 김전金㻶을 문제 삼았다. 그에 따르면, 성현의 도를 부정하는 김전은 태조가 개국한 것을 불력에 힘입은 일이었다 하고, 불교를 배척하는 자들을 태조의 죄인이라 지목하지만, 태조는 천명에 순응하고 인심을 따르고 요순의 마음으로 탕무를 본받았으므로 삼한 백성들이 따른 것이다. 우리 국가는 그런 나라였으므로, 무신정권 전만 하더라도 '통유通儒'와 '명사名士'들이 '중국'보다 많아서, '당가唐家'에서는 우리를 군자의 나라라 했다. 그뿐만이 아니다. 송조宋朝에서는 우리를 "문물과 예악의 나라"라 불렀으며, '본국' 사신이 머물던 곳을 '소중화관小中華之館'이라 했다.

무신정권에서 살아남은 통유와 명사들이 산속으로 숨어 들어가 세간에 거의 남아 있지 않게 되자, 저 불교도들이 목소리를 높이기 시작했다. 그들은 태조의 조상들을 불교적으로 윤색한 책을 펴내기도 했다. 공민왕은 그런 그들을 도리어 후원했다. 그러나 불교도의 그런 주장은 어디까지나 사설邪說일 뿐이다. "정학正學이 밝혀지지 않고 인심은 바르지 않으니, 덕을 닦는 대신 복을 구하고, 도를 알려고 하지 않고 괴이한 이야기를 들으려 하니, 어찌 통탄스럽지 않겠습니까." 박초 등은 문제를 근원적으로 해결하는 길을 '정학'과 '인심'에서 찾았다.

논의는 다시 '정학'과 '이단'의 역사로 확장된다. 그에 따르면, 맹자가 양묵楊墨의 설을 배격하고 공자를 높인 이래로 한나라의 동중서,

당나라의 한유, 송조의 정호·정이와 주자 등이 모두 '사도斯道'를 옹호하고 이단을 배격하여 '군자'가 된 반면, 왕안석과 장천각 등은 불교를 일으키고 풍속을 변화시켜서 소인이 되었다. "전하께서는 군자들을 등용하여 천하만세의 법이 되시겠습니까, 소인들을 등용하여 이적과 금수의 가르침을 따르시겠습니까?" 박초 등은 김전을 저잣거리에서 환형轘刑에 처하자고 주장하며 이렇게 되물었다.

김전이 '이단'을 상징한다면, '정학'은 누가 대표하는가? 그들이 보기에 정도전은 공자·맹자·정자(정호·정이)·주자의 도학道學을 선도해 왔을 뿐만 아니라, 이단을 배척하고 사설을 종식시킨 동방의 '진유眞儒'다. 그들은 임금이 정도전이 제시한 방향을 따라야 한다고 주장했다.

이전에도 불교가 고려 사회에 끼친 해악을 비판하는 논의들은 많았다. 그러나 박초 등의 상소는 불교 비판의 칼끝이 사회적인 문제에서 불교 자체로 향하는 상황을 잘 보여 준다. 홍무제가 불교에 대해 비판적이었던 것이 사회 분위기를 추동했을 개연성도 배제할 수는 없다. 1370년(공민왕 19) 공민왕을 책봉하기로 한 홍무제는 서사호徐師昊를 보내 고려의 산천에 제사하게 했다. 홍무제는 자신이 내린 결정에 자부심을 가졌으며, 고려 국왕도 홍무제의 조치를 "전례 없는 일"이라며 칭송했다.[153] 그즈음 홍무제는 북경에 온 고려 사신 성회득成准得에게 고려의 정치·군사·사회 문제에 대해 물은 뒤, 옥새 찍힌 문서[璽書]를 보내 조언했다.

그중 첫 번째가 불교에 관한 문제였다. 홍무제에 따르면, 역대의 임금들은 '화이'를 막론하고 오직 인의와 예악에 힘써서 백성을 교화하고 좋은 풍속을 이루었어야 하니, 왕도를 지향하지 않고 불교를 숭상하는 것은 정치의 요체를 잃는 것이다. 삼황오제 시기에 불교가 있어서 천하가 잘 다스려졌다는 말은 들어 보지 못했다. 고인古人은 순박하여 쉽게 왕도로 다스릴 수 있었기 때문이다. 후세의 제왕들이 삼황오제만큼 잘 다스리지 못하자 불교가 그 틈을 타서 치화治化를 도왔으니, 그것은 천의天意였다. 불교가 도움이 되지 않는다고까지 말할 수는 없으나, 국왕과 대신이 불교에 눈이 어두워 나라의 정치를 그르친다면 이것은 작은 문제가 아니다.

"고금을 막론하고 불교에 힘쓰면서 온전한 국가를 이룬 경우를 나는 보지 못하였다." 홍무제는 그렇게 말한 뒤, 불교에 집착하다가 정치를 그르친 양 무제를 거론했다.[154] 불교가 정치에 개입한 것을 '천의'라 하면서도 동시에 불교가 인의와 예악을 근간으로 하는 바른 정치에 큰 도움이 되지 않는다는 점을 강조했다.

'정학'과 '이단'을 반의어로 구사하면서 유학을 정학으로, 불교를 '이단'이자 '이적'이라 정의하는 그 순간 불교 배척론은 유학과 불교, '중국'과 '이적', 더 나아가서는 '중화'와 '이적'을 이항대립 항으로 만들어 가는 동력이 된다. 박초 등이 군자의 전범으로 동중서·한유·정호·정이·주자를 거론했다는 사실은 그 점을 이해하는 데 실마리가 된다. 동중서는 한나라 때 유학 국교화를 주장한 인물이다. 당나라 때의 유학자 한유는 〈논불골표〉와 〈원도〉라는 글에서 불교를 맹렬히 비판했다. 박초 등은 〈논불골표〉의 독자이기도 했다. "불佛은 이적 사람으로, 중국과 언어가 같지 않고 의복도 다릅니다. 선왕의 법언을 말하지 않고 선왕의 법복을 입지 않으며, 부부·부자·군신의 윤리를 모릅니다." 박초 등은 한유가 〈논불골표〉에서 구사한 표현을 그대로 따온 뒤 극히 일부만 바꾸어 그렇게 주장했다.[155]

정도전을 '동방의 진유'라고 한 장면은 그들의 주장이 성리학에 기대 것임을 시사해 준다. 모든 성리학자가 그들처럼 불교를 배척해야 한다고 주장한 것은 아니지만, 그들이 불교를 부정하는 논리적 근거를 성리학에서 발견했다고 말할 수는 있을 것이다. '천리'라는 단어도 그런 추론을 가능하게 한다. 한나라 때 동중서가 천인감응론天人感應論을 말했을 때 '천'은 다만 인격을 가진 주재자로 가정되었을 뿐이다. '리'와 무관한 존재였던 것이다.

'천'을 '리'와 짝하는 하나의 단어로, 하나의 철학 용어로 구사한 것은 북송의 성리학자 정호였다.[156] 일찍이 장자도 '천리'를 말했지만, 그것은 인륜이나 도덕과는 무관한 일종의 자연법칙일 뿐이었다. 정호는 '천리'를 만물이 존재하는 이유이자 인간을 인간답게 만드는 당위의 근거로 여겼다. '천리'가 그런 것이라면 하늘은 이제 '이理'의 실체가 된다.[157] 뒷날 주자는 "천리를 보존하고 인욕을 없애는 것存天理 滅人欲"을 수양론의 핵심으로 삼았다.[158]

'도학'이라는 단어도 마찬가지다. 주자는 노장이나 불교와 접촉면이 있었던 한나라, 당나라 시기의 유학을 뛰어넘어 공자와 맹자가 보여 주었던 유학의 본래 모습에 접속하려 했다. 그렇게 하기 위해서는 유학의 정통성을 분명히 하는 일이 중요하다. 그것이 '도통'이니, '도통'을 중시하는 성리학은 '도학'이 된다. 주자는 그 '도통'의 계보가 요 임금과 순 임금에서 기원하여 공자와 맹자로 이어졌다가 오랫동안 단절된 후 북송 대 정호·정이로 이어졌다고 주장했다. 그러나 도통론의 의미는 거기에서 그치지 않는다. 도통을 계승한다는 것은 성현의 말씀을 존중하는 것은 물론 '이단'과 '사설'을 배척하는 것을 의미했기 때문이다.[159]

박초 등이 '천리'나 '도학'을 말하면서 '정학'과 '사도斯道', '이단'과

'사설'을 운운했던 것은 그들이 성리학의 문제의식을 충실히 따르고 있었음을 잘 보여 준다. 그들은 성리학이 한나라·당나라 시기의 유학과 얼마나 다른지를 논하기보다 이항대립의 구조 안에서 불교를 비판하는 데 집중했다. 그들은 유학을 '정학'과 '사도', 불교를 '이단'과 '사설'이라 했으며, 유학과 불교를 따르는 자를 각각 '군자'와 '소인'이라 불렀다. 그들이 보기에 군자의 길을 택한다는 것은 곧 유학의 가르침을 따르는 것이며, 유학의 가르침을 따른다는 것은 동시에 '이단'을 물리치는 일이기도 했다. 그들이 맹자·동중서·한유·정호·정이·주자의 예시를 들어 군자의 길을 말한 것도 그들이 유학의 가르침을 따랐을 뿐만 아니라 '이단'을 배척했기 때문이다.

불교를 '호교胡敎'라 칭하거나 부처에 대해 "이적 사람으로 중국과 언어도 다르고 의복도 다르다"고 말하는 장면도 눈여겨볼 만하다. 불교와 유교가 각각 '이夷'와 '중국'의 것이 되는 순간이기 때문이다. 그뿐만이 아니다. 그들은 신라와 고려가 '중국'보다 많은 '통유'와 '명사'를 배출했으며, 그로 인해 당나라가 신라를 '군자의 나라'로, 송나라가 고려를 '문물'과 '예악', '소중화'로 기억했다고 주장했다.

최치원이 그랬던 것처럼, 박초 등도 '화'를 '예악'과 '문물'의 이름으로 호명했다. 그러나 그 기준을 온전히 유학에 두었다는 점에서 그들은 최치원과 달랐다. '군자'라는 단어도 예외는 아니다. 그들도 최치원처럼 '군자국'을 말했지만, 그 군자국에서 '칼을 차는' 이미지는 사라졌다. 그들은 당나라가 신라를 '군자국'으로 여긴 근거를 '통유'와 '명사'의 존재에서 찾았다. 또 '본국'이 '유학'의 나라라는 것을 근거로 하여 '군자'와 '화華'를 말했다. 바야흐로 '동東'과 '인仁'과 '불佛'이 구성하는 '이夷'의 의미장은 소멸하고, 그 자리에 '이'와 '불'을 '화'의 반의어로 하고 '도통'과 '정학'과 '천리'로 '화'를 정당화하는 의미장이 들어섰다. 그들이 "동방의 진유"라 한 정도전은 그런 흐름을 돌이킬 수 없는 것으로 만들었다.

기자와 동주

1368년 명나라가 들어서고 순제(토곤 테무르)는 명나라에 쫓겨 몽골의 초원지대로 옮겨 갔다. 그러나 고려가 보기에 북원은 여전히 무시할 수 없는 존재였다. 우왕 초에 김의가 명나라 사신을 죽이고 북원으로 간 뒤 그들과 모의하여 심양왕을 고려로 들여보내려 한 일이 있었다. 고려는 김의의 죄를 묻기는커녕 도리어 북원에 조공을 바치기까지 했다.

1379년(우왕 5), 명나라에서 요동호송장 임성任誠을 고려에 보냈다. 명나라는 포로와 도망병을 찾는다는 명분을 내걸면서, 고려가 북원을 돕고 있다는 소문의 진위를 파악하려 했다.[160] 1384년(우왕 10), 정도 전은 사신단의 일원으로 명나라로 향하던 길에 요동에서 임성을 만나 교류했다. 〈증임진무시서贈任鎭撫詩序〉는 정도전이 임성에게 준 시와 그 서문이다.

서문에 따르면, '도'는 천하에 충만해 있을 뿐만 아니라 하루도 없는 날이 없었지만, 이른바 '기'에는 맑음과 흐림, 융성함과 쇠퇴함이 있다. 그 때문에 '세도世道'에 다스려짐과 어지러움이 있고 '인재'에도 훌륭함과 어리석음이 있는 것이며, '도'가 사람에게 의탁하는 데에도 어두움과 밝음, 끊어짐과 이어짐의 때가 있는 것이다. 굴곡진 역사가 그것을 말해 준다. 순 임금·하나라·은나라·주나라의 '세도世道'가 있고 거기에 여러 기夔·고요皐陶·직稷·계契·이윤伊尹·부열傅說·주공周公·소공召公 같은 인재가 있어서 도가 행해졌다. 한나라·당나라 정도의 '세도'가 있고 거기에 소하蕭何·조참曹參·방현령房玄齡·두여회杜如晦 같은 인물이 있어서 도가 그나마 보존될 수 있었다. 그 밖에 간사한 계책을 쓰거나 정벌을 일삼았던 진秦나라·진晉나라·수나라, 할거하던 남북조南北朝, 분열하던 오대五代는 어지러움의 극치에 달한 시기였으므로, '세도'와 '인재'는 진실로 논할 나위조차 없다.

쇠퇴 일로를 걷던 역사에 반전이 생겼던 것은 송나라 때였다. 송나라가 천명을 받자 문운文運이 크게 일어나니, '세도'로 말한다면 문명文明의 기운을 회복하였고 인재로 말한다면 '도덕'의 종사宗師를 배출했으며, '사도斯道'는 해와 별처럼 빛났다. 그러나 무슨 이유에서인지 맑았던 기가 탁해졌고 왕성하던 기운이 쇠퇴했다. 그 결과 하루아침에 '이류異類'들이 중국에 입거入據하여 100여 년이 지났으니, 이 일도 우주 간 '세도'의 일대 변괴였다.

천심天心이 그 시간을 기다려 주자 진주眞主가 일어났다. 그는 하늘의 뜻을 받들어 '죄'를 토벌하였으며, 화하의 분함을 드러내고 백 왕의 수치스러움을 씻었다. 사신 가는 길에 만난 임성이 한 시대의 고사高士인 것으로 보면, 유명有明의 인재와 세도는 한나라·당나라 시기가 아니라 순 임금·하나라·은나라·주나라의 시기에 비견될 만하다.

"도가 사람에게 의탁할 때 어두움이 극에 달하면 다시 밝아지고 끊어진 지 오래되면 다시 이어지니, 도가 천하에 충만하여 하루라도 없어지지 않았음을 여기에서도 알 수 있다."[161] 서문의 말미에서 그는 그렇게 적었다.

정도전은 이 서문에서 한족 왕조와 정복 왕조들이 펼쳐 낸 흥망성쇠의 역사를 도와 기氣의 문제로 설명했다. 도는 시공을 초월해서 충만해 있지만 '기'의 작용으로 시대마다 '세도'와 '인재'의 차이가 생겼다는 그의 논리는 조선 후기에 유사한 형태로 되살아났다. 조선의 문인들은 청나라를 이적으로 여겼으며, 그런 이적이 천명을 받을 수는 없다고 생각했지만, 그 이적이 대륙에서 100년 이상 버티고 있는 현실을 어떻게든 설명해야 했다. 그들은 '기'에서 딜레마를 해결할 단서를 발견했다. 하늘은 이적에게 그런 권한을 허락한 적 없지만, '기'의 작용으로 인해 대륙에서 하늘의 뜻이 온전히 구현되지 못하고 있다고 여긴 것이다. 정도전은 몽골이 대륙에서 쫓겨난 시대를 살았고, 조선 후기 문인들은 청나라가 안정적으로 대륙을 통치하는 시기를 살았으니, 시대적인 조건이 같다고 할 수는 없다. 그러나 정도전의 설명은 조선 후기적인 논리와 겹치는 지점이 없지 않다.

'세도'와 '인재'를 기준으로 역대 왕조를 평가하는 장면도 주목할 만하다. 그의 서사에 따르면, 순 임금·하나라·은나라·주나라의 이상적인 시대는 한나라·당나라를 지나며 내리막길을 걷다가 송나라 때 크게 회복되었으며, '기'의 작용으로 '이류'가 '중국'에 '입거'했지만 이번에는 '유명'의 '진주'가 일어나 '화하'의 분함을 씻었다. 몽골의 등장을 "기의 작용으로 인한 변괴"로 보는 정도전의 관점은 홍무제가 1369년(공민왕 18) 고려에 보낸 조서에서 "하늘이 원에게 중국에 들어가 주인이 되도록 명했다"고 말한 것과 결이 다르다. 그러나 정도전이 명나라를 송나라 계승자로 보는 반면 몽골을 '중국'에 '입거'한 '이류'라고 말하는 장면은 홍무제의 조서 내용에 부합한다. 정도전에게 몽골은 '진주'가 죄를 물어야 할 대상일 뿐이다. 조준이 그랬던 것처럼 정도전 역시 몽골을 '이적'으로 규정했으며, 정몽주가 '의주義主'를 거론했던 것처럼 정도전도 '진주'를 말했던 것이다.

정도전은 조선 건국 후 지은 《경제문감》에서 요 임금·순 임금·하나라·은나라·주나라에서 한나라·삼국三國·진晉나라·남북조·수나라·당나라·오대를 거쳐 송나라·원나라에 이르는 여러 군주에 대해 논평했다. 권근이 붙인 서문에 따르면, 정도전이 그 책을 지은 것은 "요 임금·순 임금으로부터 송나라·원나라에 이르기까지 본받을 만한 것과 경계 삼을 만한 것을 기록해 두기 위해서"였다. 요나라나 금나라처럼 참칭한 나라와 분열된 나라를 다루지 않은 것은 '정통'을 존중했기 때문이다.[162] 권근의 설명에 따르면 정도전은 원나라를 정통의 계보에 포함시켰던 것이다. 정도전은 몽골 태조에 대해서 "즉위한 뒤로 공덕이 날로 융성해졌다"고 말했으며,[163] 세조 쿠빌라이에 대해서는 "이하변이以夏變夷하여 천하를 통일했다"고 평가했다.[164]

정도전의 방식으로 말한다면, "원나라가 이적"이라는 사실은 송나라가 망하여 중원에 중화의 정통이 끊어진 상태에서 이적이 화하를 통일하여 '제통帝統'을 이은 것과 다른 차원의 문제다. 원나라가 이적이라고 해서 이적의 제왕 중에 현명한 자가 나올 수 없다고 할 수도 없는 일이다. 원나라는 태생적으로 '이적의 나라'이다. 변화무쌍한 기의 작용으로 송나라가 망했고, 이적인 원나라가 중원의 패권을 쥐었을 뿐이다. 그러니 그 시점의 원나라가 '중국'의 정통 왕조의 계보를 계승하지 않았다고 할 수는 없다. 그러나 원나라는 남의 자리에 들어와 주인 노릇을 했으니 '입거'했다고 말할 수밖에 없다. 그들이 '이적'이라는 사실은 결코 변하지 않기 때문이다.[165] 정도전의 시선에서 '중화'와 '이적'을 선명하게 구분하려는 문제의식이 읽힌다. 그는 존왕양이를 강상윤리와 연결시켜 이적에 대한 토벌을 정당화했던 호안국胡安國의 《춘추호씨전》을 참고했으며, 주자의 도통론을 근거로 정학을 수호하고 이단을 배척하고자 했다.[166]

뒷날 안정복은 '중화'의 '정통'과 별개의 층위에서 원나라가 '정통'을 이었다고 주장했고,[167] 박지원은 몽골을 이적으로 보면서도 그들이 이룬 성취를 부정하지 않았다.[168] 그러나 조선 후기 문인들 가운데 그렇게 생각하는 사람들은 도리어 소수였다. 송시열이 잘 보여 주는 것처럼, 더 많은 사람들은 이적인 원나라가 '제통'을 이을 수 없고, 더 나아가 이적에게 벼슬한 허형이 도통을 이을 수는 없다고 생각했다. 정도전에게는 이 두 갈래 시야의 단서들이 모두 읽힌다. 원나라를 이적이라 하면서도 그 이적이 '정통'의 계보를 이을 수 있다고 보는 점에서는 안정복이나 박지원의 문제의식이 엿보인다. 그러나 '중화'와 '이적'을 구분하는 일과 '정학'을 수호하고 '이단'을 배척하는 일을 동전의 양면처럼 여겼다는 점에서만 보면, 송시열의 문제의식과 크게 다르다고 할 수 없다. 물론 유사한 발상을 읽을 수 있다고 해서 생각이 같다고 할 수는 없다. 고민의 밀도는 더 차이가 날 것이다. 그러나 정도전의 단계에 이르러서 '중화'는 '정학', '유교', '도통', '정통', '천리'로, '이적'은 '이단', '사설', '불교'로 수식되었다는 사실이 중요하다. 안정복이나 박지원도, 송시열도 모두 그런 '중화의 의미장' 안에서 발화發話했다.

정도전은 조선 건국을 합리화하는 과정에서 '기자'를 재발견하기도 했다. 〈국호론國號論〉이라는 글에서 그가 이렇게 말했다.

기자는 주나라 무왕에게 홍범洪範을 설명하고 그 뜻을 미루어서 8조의 가르침을 지어 나라 안에 실시하니, 정치와 교화가 크게 행해지고 풍속이 지극히 아름다워졌다. 이제 조선이라는 아름다운 국호를 그대로 사용하게 되었으니, 기자의 선정 또한 당연히 강구해야 할 것이다. 아! 명나라 천자의 덕도 주나라 무왕에게 부끄러울 게 없거니와, 전하의 덕 또한 어찌 기자에게 부끄러울 게 있겠는가? 장차 홍범의 학문과 8조의 가르침이 오늘날 다시 시행되는 것을 보게 되리라. 공자가 동주東周를 만들겠다고 하였으니, 공자가 어찌 나를 속이겠는가?[169]

'동주'는 동방의 주나라라는 뜻이다. 정도전은 주나라 무왕을 명나라 태조에, 기자를 이성계를 비유하는 전략을 구사하여 조선 건국의 정당성과 선정의 당위성을 강조했다. 그런데 '기자'를 해석하는 방식이 두드러진다. 그에게 '기자'는 주나라 무왕의 책봉을 받은 존재이다. 책봉을 받은 기자는 선정의 당위성과 '동주'의 미래를 말할 수 있는 유력한 근거가 된다. 그가 '기자'를 불러들이는 방식이 이색의 그것과 같지 않을 것임을 짐작하게 한다.

정도전의 시야로 본다면, 기자의 선정이란 홍범으로부터 온 것이고, 홍범의 학문이란 유학적 전통의 산물이다. 그렇다면 조선에 이르는 유학의 전통을 재정립하는 것도 중요한 문제가 된다. 이숭인李崇仁 (1347~1392)의 시문집에 붙인 서문에서 정도전은 이렇게 말했다.

우리 동방은 해외에 멀리 떨어져 있지만 대대로 화풍을 흠모하여 문학하는 유자儒者가 줄을 이었다. 고구려 때는 을지문덕, 신라 때는 최치원, 그리고 본국에 들어서는 김부식과 이규보 등이 있었다. 최근에는 이제현 같은 큰 학자가 나와서 고문古文의 학문을 처음으로 제창하자,

이곡과 이인복 등이 그를 따랐다. 이색은 아버지 이곡에게 배웠는데, 중원으로 북학하여[北學中原] 사우師友 연원의 올바름을 얻고 성명性命과 도덕의 설을 연구하였으며, 고려로 돌아와서는 후학을 가르쳤다. 그의 문하에서 정몽주·이숭인·하륜·박상충·김구용·박의중·권근·윤소종 등이 배출되었다.[170]

이 글에 따르면, 계승해야 할 것은 "사우 연원淵源의 정맥"이며, 지켜 내야 할 것은 "성명性命과 도덕의 설"이다. 바꾸어 말한다면 그것이 '도통'이고 '정학'이다. 그런데 그 '도통'은 어디에서 오는 것이며, '정학'은 어디에서 배워야 하는가." 정도전이 '중원'과 '북학'이라는 두 단어를 거론하는 장면을 보자.

일찍이 최치원은 '서학西學'이라는 단어를 구사했으며, '동인'은 "대양에다 서쪽으로 배를 띄우고 가서 배워야 한다"고 주장하기도 했다.[171] 신라인 최치원이 서쪽으로 향했다면, 정도전이 보기에 고려인 이색은 북쪽으로 갔다. 앞에서 본 것처럼, 이곡도 '북학'을 말했다. 이곡에 따르면, 몽골은 '중국'이며, 그런 몽골에게 배우는 것이 '북학'이다. 그러나 정도전에 따르면, 이색은 몽골이라는 주체가 아니라 '중원'에서 주자학을 배웠을 뿐이다. 그것을 '북학'이라 부를 수 있는 것은 그 중원이 '북'이라 해야 할 몽골의 지배하에 있었기 때문이다. 정도전이 몽골을 '중국'으로 여기지는 않았음을 엿볼 수 있는 대목이다. 뒷날 '북학'을 주장했던 18세기 조선 문인들이 청나라를 '중국'으로 여기지 않은 것과 같은 맥락이다.

누구에게 무엇을 배울 것인가? 불교와 유교를 대립적으로 보지 않았던 최치원에게는 전혀 중요한 문제가 아니다. 최치원은 불교를 이

적으로 여긴 적도 없고, '중화'와 '이적'을 문명과 야만처럼 정의한 적
도 없기 때문이다. 그러나 중화와 이적, 유교와 불교를 반의어로 구사
하는 정도전의 입장에서 보면 그것은 핵심적으로 중요한 문제다. 이
색이 몽골을 통해 성리학을 배웠으니 그렇다면 "사우 연원의 올바름"
이 이적으로부터 온 것이라고 말해야 하는가? 정도전은 '중원'이라는
단어를 구사하여 그런 난제를 피해 갈 수 있었다. 일종의 우회로였던
셈이다. 정도전의 방식으로 말한다면 이색이 성리학을 배운 곳은 '이
적' 몽골이라기보다는 중원일 뿐이다.

정도전에게 기자는 '예악·문물·풍속'의 출발점이기도 했다. 그에
따르면, "우리 동방"이 가진 예의의 풍속은 기자로부터 말미암는다.
고려시대의 경우 문장과 제도는 '중화'를 표준으로 삼았지만, 토속을
완전히 변화시키지 못하였으며, 원나라를 섬긴 이후로는 오랑캐의 예
를 뒤섞어 썼으므로 복식에 법도가 없어져 서인庶人들이 참람한 복식
을 입었다. '황명皇明'이 천하를 통일한 뒤 조서를 내려서 "의제儀制는
본속本俗을 따르고 법은 구장舊章을 지키라"고 하였기 때문에 그 폐습
이 여전히 남아 있게 되었다.

고려 말에 이성계가 명나라에 표문을 올려서 의관을 요청한 뒤로
옛 토속의 문제점과 호복 입는 폐습을 완전히 없앨 수 있었다. 이성계
는 즉위 후에도 지속적으로 제도를 개혁하였으니, 조선 문물의 찬란
함이 '중화'에 부끄럽지 않게 되었다.[172] 정도전은 '중화'의 복제와 예
의를 '토속'과 '호복'에 대비시킴으로써 원나라를 '중화'로부터 분리해
내고 기자를 호명함으로써 자국을 '소중화'로 정당화했다.

정도전이 보기에 '중화'는 '문'과 '도', '도'와 '예악'의 문제이기도 했
다. 1388년(우왕 14) 정도전이 이숭인에게 지어 준 글에는 그런 시야

가 잘 드러난다. 그는 이렇게 말했다.

일·월·성신이 천天의 문文이고 산천·초목이 지地의 문이라면, 시·서·
예·악은 인人의 문이다. 천의 문과 지의 문을 가능하게 하는 것이 각각
기氣와 형形이라면, 인의 문에서 중요한 것은 도道다. 문을 '도'를 싣
는 도구라고 하는 것은 인문人文이 그 도를 얻으면 시·서·예·악의 가
르침이 천하에 밝게 드러나서 해와 달과 별의 운행을 순조롭게 하고 만
물이 잘 다스려지게 된다는 뜻이다. 선비는 천지로부터 받은 빼어난 기
운을 문장으로 나타내어 천자의 뜰에서 드날리거나 제후국에서 벼슬
하는 존재다. 우리 동방은 비록 해외에 있기는 하지만 대대로 화풍을
흠모하여 문학하는 유자들이 끊이지 않았다. 그중에서도 이숭인은 특
별하다. 그의 학문적 성취는 모두 예악으로부터 나온 것이니, 도에 정
통한 자가 아니라면 그렇게 할 수 없다. 황명皇明이 천명을 받아 천하의
황제가 되자 덕은 닦고 무는 거두었으며 문궤를 통일하였으니, 지금이
야말로 예악을 정비하고 인문을 회성和成하여 천지에 어울리게 만들
기회다. 이런 시대에 이숭인이 사대하는 문서를 주관했다. 천자가 보고
그 표문을 높게 평가했다.[173]

'시·서·예·악'과 '인문', 그리고 '도'의 관계에 관한 설명이 눈에 띈
다. 정도전은 '시·서·예·악'이 '인'의 '문'이라면, 그것을 그렇게 만드
는 것이 '도'라고 주장했다. '시·서·예·악'이라는 틀은 있으나 그 틀
안에 도를 담아 내지 못한다면 그것은 불완전한 상태일 뿐이라는 뜻
이다. 그렇다면 문제는 시·서·예·악이 아니라 도의 유무다. 그가 예
악에 의미를 부여하는 방식도 눈여겨볼 만하다. 정도전만이 예악이

중요하다고 말한 것은 아니다. 그러나 그가 도를 온전히 구현한 시·서·예·악의 전형을 '화풍'에서 찾았으며, 그 '화풍'을 추구하는 사람들을 '문학文學'하는 '유儒'라 했다는 사실이 중요하다. '예악'을 매개로 하여 '화華'를 '문'이나 '유儒'와 연관시킨 것이다. 그는 또 '문궤'를 통일한 '황명'의 시대에 이숭인이 사대문서를 주관하여 예악을 갖추는데 일조했다고 주장했다. 그는 그렇게 '황명'에 '사대'하는 행위를 정당화했던 것이다.

몽골을 '이류'라 했을 때도, '예악'을 매개로 '화'를 '문'이나 '유'와 연결했을 때도 그가 늘 '도'에 기댔다는 사실은 주목할 만하다. 그는 '도체道體'에 대해 "묘하다"고 했지만 그 도가 '천리'의 '흐름'에서 벗어나지 않는다고 보았으며, "도란 이理"라고 분명한 어조로 말하기도 했다.[174] 그는 성리학적 기초 위에서 '도'를 말하고, 그런 '도'에 기대어 '이류'를 비판하고 '화'를 정당화했다.

"예악의 전형을 화풍에서 찾는다"는 정도전의 입장은 《조선경국전》 (1394, 태조 3)에서도 그대로 이어졌다. 그가 이렇게 말했다. "의제儀制란 등위를 밝히고 상하를 구별하기 위한 것이니, 예 중에서도 가장 중요하다. 우리 동방[我東方]의 예의는 기자로부터 시작되었다."[175]

정도전이 "우리 동이"라 하지 않고 "우리 동방"이라 한 것은 '이'라는 말이 연상시키는 부정적인 이미지를 의식했기 때문일 것이다.[176] '동방'은 '소중화'라 할 수 있어도 결코 '이'라 할 수 없다는 의미다. '기자'를 호명한 것은 8조법금을 예의가 상징하는 '용하변이'의 출발점으로 간주한다는 뜻이다. 이 문맥에서 '중화'는 '동방'과 짝한다. 이 경우 '중화'는 '동방'이 추구해야 할 '문장'과 '제도'가 된다.

수殊와 이異

정도전이 말한 '이하변이'와 '동주'는 곧 '용하변이'와 '소중화'를 의미한다. 그 역시 용하변이한 소중화를 상상했으며, 그런 맥락에서 기자와 불교를 각각 '화'(중화)와 '이'(이적)의 근거로 호명했던 것이다. 그가 구사한 단어들 중에 '토속', '본속本俗', '구장舊章', 그리고 '동방' 같은 것들이 있다. 그가 보기에 '동방'이 지향해야 할 것은 '중화'의 제도와 문물이며, 새 왕조는 고려 때의 토속과 본속, 그리고 '구장'을 고쳐 나감으로써 거기에 한걸음 더 가까이 다가설 수 있었다.

그렇다면 '토土'는 '이夷'이며, '토속'을 바꾸어 나간다는 것은 '변이' 한다는 것을 뜻하는가? 부처가 '이적'인 것처럼, '토속'의 '토'는 이적의 문화를 상징하는가? 물론 정도전이 거기까지 물은 것은 아니다. 그러나 정도전의 사례는 '향郷', '토土', '방方'을 둘러싼 오랜 고민이 새로운 단계를 맞게 될 것임을 예고하는 것이라고 해도 좋다.

"우리 동방은 오래전부터 당풍唐風을 사모하여 문물과 예악은 모두다 그 제도를 준수하였으나, 수방殊方과 이토異土는 인성이 각기 다르니 구태여 맞출 필요가 없을 것이다."[177] 고려 태조 왕건이 내린 〈훈요십조〉 중 제4조의 내용이다. 그런데 왕건의 말은 거기서 그치지 않는다. "거란은 금수의 나라여서 풍속이 같지 않고 언어도 다르니 의관과 제도를 본받지 말라." 언어맥락주의의 문제의식으로 본다면, '수방殊方'과 '이토異土' 이야기는 그 뒤에 나오는 거란과의 연관 속에서 좀 더 음미해 볼 만하다.

왕건이 거란(요나라)에 대해 편견을 드러낸 데에는 그럴 만한 사정이 있었다. 942년(고려 태조 25)에 거란 사신이 낙타 50필을 가지고 오자, 왕건은 발해를 멸망시킨 무도한 나라라는 이유로 그 사신을 귀양 보내고 낙타를 아사시켰다.[178] 사실상 단교를 선언한 것이다.[179] 거란 은 당나라가 쇠퇴하고 중원이 분열의 시기를 맞은 상황에서 몽골 초 원지대의 강자로 급부상했다. 926년과 946년에는 각각 발해와 후진 을 멸망시키고 중원을 압박했다.[180] 동북아 국제정세를 염두에 두고 보면 왕건이 거란에 대해 위기의식을 가질 만한 상황이었던 것은 사 실이다.[181] 북진 정책을 표방하기도 했던 태조로서는[182] 거란을 '금수 의 나라'로 여겼음 직하다. 그런데 〈훈요십조〉에서 거란이 금수의 나 라라면 '수방'과 '이토'는 어디인가?

이 사료는 왕건이 '당풍'과 구별되는 독자적인 문화를 강조했거나, 다원적 천하를 구상했거나, '화풍'과 '국풍國風'의 조화를 강조한 것으 로 독해되어 왔다.[183] 왕건의 말을 '고려는 수방과 이토'라는 식으로 독해했을 때 그런 해석이 가능해진다. 그런데 '수방'이나 '이토' 같은 단어는 고려시대에 자기 문화의 정체성이라는 의미로 쓰이고 있었을 까? 확인이 필요한 문제다.

1054년(문종 8) 동여진의 유원 장군이 번인蕃人들을 인솔하고 고려 에 와서 이렇게 말했다. "번인들은 일찍이 거란의 관직을 받았으나 왕 께서 이토異土 사람들을 후대해 주신다는 말을 듣고 들어와 뵙기를 원 하므로 저희가 그들을 데리고 왔습니다."[184] 1272년(원종 13) 일본 사 신이 몽골에 들어가게 되자 원종이 표문에서 이렇게 말했다. "밝은 교 화가 널리 퍼져 해가 뜨는 나라 일본에까지 미치게 되니, 수방殊方이 모두 복종하여 함께 황제의 은택을 기뻐하고 있습니다."[185] 1323년(충 렬왕 10) 민지는 충선왕의 귀환을 몽골에 청원하면서 충선왕이 귀양 가 있는 곳을 '수방'이라 했다.[186] 1379년(우왕 5) 문하부 낭사에서 올린 글에는 "동북면과 서북면은 땅이 이토와 잇닿아 있다"는 말이 있다.[187] 이 사례들에서 '수방'과 '이토'는 이향異鄕 혹은 이역異域이라는 의미를 가진다. 위 사례들로 말한다면, '수방'과 '이토'는 적어도 자국 문화의 개별성에 대한 자부심이 묻어나는 말은 아니다

이 단어들이 거란을 가리킬 가능성은 없을까? 만일 그렇다면 태조의 말은 이런 뜻이 된다. "당풍을 본받아 온 동방이 굳이 수방과 이토에 있는 금수의 나라 거란에 맞출 필요는 없다." 그러나 태조가 '수방'과 '이토'에 대해서는 '인성'을 거론하면서 거란에 대해서 '금수' 운운했던 사실을 고려한다면, '수방'과 '이토'가 거란을 가리킨다고 할 수는 없다. 그렇다면 '수방'과 '이토'는 고려를 가리키는 표현일 수밖에 없다. 주의해야 하는 것은 이 문맥에서 '수殊'와 '이異'를 그렇게 만드는 기준이 '당唐'에 있다는 사실이다.

'수'와 '이'는 '당'의 외부를 지칭하는 말이며, 그런 기준에서 보면 고려도 거기에 해당하게 된다. 결국 왕건의 〈훈요십조〉가 말하는 의미는 이런 것이다.

우리 동방은 당풍을 사모하여 문물과 예악을 모두 당을 따랐으나, 고려는 당에 비하면 수방이자 이토라 인성이 당과 같을 수 없으니 고려의 모든 것을 당에 맞출 필요는 없다. 그러나 거란은 금수의 나라여서 풍속도 같지 않고 언어도 다르니 거란의 의관과 제도를 본받아서는 안 된다.

왕건이 보기에 모든 제도를 당나라에 맞출 필요가 없다는 점보다 중요한 것은 금수의 나라를 본받을 필요가 없다는 사실이다. 왕건이 고려의 개별성을 말하지 않은 것은 아니다. 그러나 〈훈요십조〉 제4조

의 핵심은 거란에 대한 경계심을 촉구하는 데 있었다.

'수殊'와 '이異'라는 말에도 맥락이 있다. 그 기원은 육조六朝시대 중원에서 유행하던 '괴이한' 이야기에 가서 닿는다. 중국문학사에서 지괴志怪라고 불리는 장르가 그것이다. 《수이전殊異傳》은 한국 문학사에서 지괴서志怪書로 분류될 수 있는 유일한 저작이다. 원전이 전해지지 않으며, 그 안에 담겼을 단편들이 여러 다른 저작 속에서 발견될 뿐이다. 최초 저작자는 최치원으로 추정되고 있다.[188]

육조시대는 유교·불교·도교 일체론이 주창되던 때이기도 했다. 지괴가 담아 내는 '괴이한' 이야기는 당시 도교나 불교적 사유와 친연성이 있었다.[189] 최치원이 당나라 유학생이었음을 염두에 둔다면, 그가 그런 분위기에 영향을 받았을 것임은 어렵지 않게 짐작할 수 있다. 최치원의 삼교일체론은 '풍류風流'라는 단어 속에 응축되어 있다. 그는 '풍류'를 "삼교三敎를 포함하며 군생群生을 교화"하는 것이라고 말했다.[190] "삼교를 포함한다"는 것은 부모에게 효도하고 나라에 충성하라는 공자의 가르침, 무위無爲와 불언不言을 강조하는 노자의 뜻, 악을 멀리하고 선을 추구하라는 부처의 교화, 그 셋의 합을 넘어선다는 의미다.[191] "군생을 교화한다"는 것은 사회적 실천의 함의가 있다는 뜻이다.

최치원은 난랑을 위해 적은 비문에서 '풍류'를 말했다.[192] 난랑은 명승을 찾아 노닐었던 적선謫仙이었다.[193] 적선은 화랑을 뜻한다. 《삼국사기》에 따르면 신라는 화랑을 세워 무리를 끌어모은 뒤, 서로 도의를 연마하고 가악을 즐기며 산수를 유람하게 했다. 그 과정에서 누가 등용할 만한 인재인지를 가려 낼 수 있기 때문이었다. 김부식은 최치원이 '풍류'라고 말한 것을 그 맥락에서 인용했다.[194]

그런 최치원이라면 '괴이한 이야기'에 관심을 가지는 것은 전혀 어색한 일이 아니다. 그 책의 이름이 《수이전》이다. 뒷날 《수이전》을 증보한 사람은 박인량이었다.[195] 고려를 '소중화'라고 했던 그 박인량이다. 일연도 《삼국유사》에서 참고문헌의 하나로 《고본수이전古本殊異傳》을 거론했다.[196] 최치원이 《수이전》의 작가라는 전제 위에서 본다면, 최치원과 박인량, 심지어 일연 등이 자신이 가졌거나 계승한 문화적 전통을 '수이殊異'라는 말로 표현했던 것이다. 왕건은 〈훈요십조〉 제6조에서 연등회를 적극적으로 옹호했으며, 제4조에서 그런 고려를 '수방'과 '이토'라고 했다. 중요한 점은 왕건이 '수'와 '이'라는 글자로 고려 자신을 묘사하는 데 아무런 주저함이 없었다는 사실이다. 결국 최치원에게서 확인되는 그런 정서가 왕건을 거쳐 박인량, 일연으로 이어진 것이라고 말할 수도 있게 된다.

정도전도 '풍류'를 말했다. 그러나 그가 말한 '풍류'는 최치원이 말한 것과는 의미가 달랐다. 정도전에 따르면 대륙의 왕조들이 '풍류'를 숭상한 결과는 참담했다. 공담空談을 귀하다고 하면서 근면함은 속류俗流로 여겼으며, 비둔肥遯을 일삼으면서 말을 꾸며 대는 것을 중시했다. 의규儀規를 중시하는 척하면서 실은 방광放曠한 것을 숭상했다. '예법'을 무시했으며, '의리'를 질곡처럼 여겼다. "나라의 기강이 해이해지고 중직衆職이 무너져 내렸으며 결국 이적이 화華를 어지럽히는 재앙이 생기게 되었으니, 어찌 청담清談으로 직무를 폐지한 결과가 아니겠는가?"[197] 정도전은 중국사에서 '풍류'가 초래한 정치적 난맥상을 두고 그렇게 말했다.

정도전이 생각한 '풍류'는 결코 3교三敎를 포함한 것은 아니었다. 그가 구사한 단어들 중에 공담, 비둔, 청담 등이 눈에 띈다. 공담이 쓸모

없는 이야기라면, 비둔은 세상을 피해 은둔한다는 의미를 가진 말이다. 그러나 청담이라는 단어가 지시하는 것은 좀 더 구체적이다. 이 말은 원래 현실 참여를 지향하는 유가 담론의 하나였으나, 위진시대가 되면서는 전혀 의미가 달라졌다. 어떤 종류의 현실에도 개입하지 않은 채 자유분방하게 살아가려 했던 사대부와 관료들의 지적 경향 내지는 정치적 지향을 가리키는 말이 되었던 것이다. '죽림칠현'은 그런 청담 문화를 상징하는 존재였다.[198]

'청담'을 추구한다는 것에 자연과 산수를 즐기고 감상하는 의미가 들어 있지 않은 것은 아니었다.[199] 그러나 정도전이 공담·비둔·청담이라는 세 단어를 같이 쓰고 있다는 사실이 중요하다. 정도전이 말한 '청담'의 의미는 '풍류'와의 연관 속에서 보면 좀 더 분명해진다. 한나라 때 유가적 교화의 의미로 사용되기 시작한 '풍류'는 당고黨錮의 화過를 거치면서 명사名士가 갖추어야 할 개성과 기본 소양을 의미하게 되었다. 후한의 몰락과 함께 비판적 의미가 희석된 청의淸議는 현학적인 '청담'이 되었으며, '풍류'도 결국 양진兩晉시대 '명사'가 가진 '청담'하며 현학적인 소양과 인격미를 의미하는 말이 되었다.[200] 그것이 정도전이 말하는 '풍류'였다. 정도전은 '풍류'라는 말의 핵심을 노장 사상으로 이해한 것이다. 노장사상으로 인해 지식인들은 현실로부터 도피하려 했고, 근면함·의규·예법·의리 같은 단어들은 무시되었으며, 그 결과 재상직은 폐지되고 '이적'이 '화'를 어지럽히게 되었다는 것이다. '풍류'에 대한 정도전의 태도는 조선의 문인들이 더는 '수이殊異'라는 단어로 자기가 가진 전통을 정당화하지 않게 되었음을 짐작하게 해준다.

향鄕·토土·방方·외外

'수수殊'와 '이異'는 '향鄕'과 '토土'의 문제와 무관하다고 할 수 없다. 일연이 말한 《고본수이전》은 '향전鄕傳'과 동의어이다. '향전'은 내용상 6~8세기 경주와 그 주변의 이야기들이다.[201] 최치원도 '향'을 말했다. 그 향은 주체성이나 개별성을 상징하는 '동인東人' 의식과 이어진 때도 있었지만,[202] 문명을 상징하는 '동문同文' 의식과 연동되기도 했다.[203] 고려시대에도 '향'은 중요한 의제였다. 고려가 시행한 제도 중에는 '향직'이라 불리는 고유한 작제爵制가 있다. 이 경우 '향'은 고려풍을 의미한다. 여진족 추장까지도 수여 대상으로 삼았던 이 제도는 10세기에 시작되어 몽골 복속기 이전까지 유지되었다.[204] 그러나 〈훈요십조〉의 경우에 비추어 보면, '향직'이 상징하는 고려풍이 태조가 예악과 문물의 기준으로 거론한 '당풍'과 전혀 무관하다고 할 수는 없다. 그렇다면 그 고려풍은 '당풍'의 대체재라기보다는 보완재에 가까운 것이 된다.

최승로崔承老(927~989)는 "향악을 즐겼다"는 이유로 경종을 비판했다.[205] 그러나 최승로가 향악이 상징하는 고유한 문화를 부정했다고 단정적으로 말하기는 어렵다. 특히 그 고유한 문화가 '당풍'과 무관한 것이 아니라면 더욱 그렇다. 최승로가 제시한 28조의 개혁안 중 제11조에는 이런 내용이 있다. "화하의 제도는 준수하지 않을 수 없으나, 사방의 풍속은 각자 자기 토성土性을 따르니 모두 고칠 수는 없는 일입니다. 예악과 시서의 가르침, 군신과 부자의 도는 마땅히 중화를 본받아 비루함을 바로잡아야 하겠으나, 그 나머지 거마車馬나 의복의 제도는 토풍土風을 따라 사치와 검소의 적당함을 찾을 일이며, 구태여 중화와 같게 할 필요는 없습니다."[206]

최승로는 '중화'를 본받는 일과 '토풍'을 따르는 일을 구분했지만, 그 둘을 등가적으로 여기지는 않았다. '중화'를 본받음으로써 비루함을 바로잡아야 할 영역이 있고 '토풍'을 따름으로써 사치와 검소의 적당함을 찾아야 할 영역이 따로 있다고 주장했을 뿐이다. 〈훈요십조〉와 크게 다르지 않은 논리를 구사한 것이다. 그가 보기에, '토풍'은 사치와 검소함의 적당함을 찾는 데 꼭 필요한 요소다. 그러나 적당함이란 사치와 검소의 중간 지점이니 '토풍' 하나만으로 그 적당함을 찾을 수는 없다. '중화'의 제도가 필요한 것이다. "거마나 의복의 제도를 구태여 중화와 같게 할 필요가 없다"는 것은 '중화'의 제도에 고려의 현실을 가미한 제도를 마련할 필요가 있다는 뜻이다.

광종의 정치를 평가하는 장면에서도 그는 비슷한 문제의식을 내비쳤다. "비록 화풍華風을 중시하였으나 화華의 영전슈典을 취하지 못하였으며, 비록 화사華士를 예우하였으나 화의 현재賢才를 얻지는 못하였다."[207] '화풍'을 중시했다는 것은 과거제도를 시행했다는 뜻이며, '화사'를 예우했다는 것은 쌍기를 등용한 일을 가리킨다. 문물제도를 들여온 것은 중요했지만, 그만큼의 실질적인 효과를 거두지 못했다는 뜻이다. 최승로가 광종의 정치를 비판하면서도 '화풍'을 따른 것 자체를 문제 삼지 않은 장면은 '중화'를 따르는 것을 일반 원칙으로 삼으면서 제한된 영역에서 '토풍'을 존중해야 한다고 말한 대목과 겹친다. 그는 '토풍'이 가진 의미를 인정했지만, 그것을 결코 '중화'의 대안으로 여기지는 않았던 것이다. 그는 태조 왕건의 정치적 성취를 논하면서 "예로써 사대하고 도로써 교린한 것"을 가장 먼저 거론하기도 했다.[208] 몽골 복속기에 입성론을 반대하던 고려 문인들이 왕조체제의 존속을 주장하면서 '토풍'을 말했을 때조차 그 전제가 되었던 것은 쿠빌라이의 조서였다. 몽골을 '중화'라고 서슴없이 말하던 사람들의 시야에서 보면, 쿠빌라이의 조서를 근거로 하여 '토풍'을 말하는 것은 일찍이 최승로가 '중화'를 전제로 '토풍'을 말했던 것과 크게 다르지 않다.[209]

고려가 자국 내에서의 통치행위를 몽골 황제로부터 인가받기 시작한 것은 충렬왕 때였다. 친조親朝한 충렬왕이 고려에서 발생한 불법행위를 스스로 다스릴 수 있게 해 달라고 청하자, 쿠빌라이가 그 청을 들어 주었다. 관리들의 불법행위에 대해서는 고려 국왕의 사법권을 제한하면서도, 다른 경우에는 자율적으로 처리할 수 있게 인가해 준 것이다.[210]

중원의 패권은 몽골에서 명나라로 넘어갔지만, 대륙의 지배자들이 가진 정치적 권위에 기대거나 그 권위를 전유專有하여 자신의 정치적 정당성을 분식하는 행위는 계속되었다. 공민왕이 시해되었을 때, 위화도 회군이 발생했을 때 명나라는 고려에서 알아서 처리할 문제라고 할 뿐이었다. 고려는 냉담한 홍무제에게 연달아 사신을 보냈다. 그 권위를 빌려 달라고 요청하기 위해서였다. 황제의 인가가 없는 자율권이 자신들의 정치적 권위를 강화하는 데 큰 도움이 되지는 않았기 때문이다. 그 과정에서 홍무제의 성지가 몇 차례 내려졌다. 고려와 조선은 그것을 자신들의 필요에 따라 전유했다. 홍무제는 성지에서 "궁벽한 곳의 동이僻處東夷" 운운하면서 "스스로 성교를 하라自爲聲教"고 했다. 불편한 심경을 드러낸 것이다. 조선은 그것을 "하늘에서 만든 동이天作東夷이니 성교를 스스로 행할 만하다"는 식으로 전유했다.[211] 정치적 정당성은 황제의 인가를 전제로 했을 때 더 효과적이라고 판단했기 때문일 것이다.

　황제의 인가와 정치적 정당성의 관계는 다시 '중화'와 '토풍'의 문제와 이어진다. 정도전은 고려시대 때 '토속'이 '중화'를 본받지 못했으며, 홍무제가 '본속本俗'과 '구장舊章'을 인가했기 때문에 조선이 고려의 폐습을 척결할 수 없었다고 아쉬워했다. '토풍'과 '중화'의 관계를 재정의해야 한다고 생각했기 때문일 것이다. 그가 보기에, 토풍은 지워야 할 "고려의 폐습"일 뿐이다. 그러나 '토풍' 문제에 관한 한, 그의 주장은 실현되지 못했다. 그가 그렇게 말하던 그 시절, 조선은 황제의 인가를 토대로 정치적 권위를 강화해 왔던 고려의 관성을 계승했다. 15세기 조선에서 '토풍'은 중화의 '외연外延' 안에서 용인될 수 있는 일종의 관성 같은 것이었다.[212]

　15세기 문헌에는 풍토의 차이에 관한 언술이 적지 않게 확인된다.[213] 권채權採(1399~1438)가 쓴 《향약집성방》 서문에 따르면, 역대의 의관들은 환자의 기질에 따라 처방을 달리해 왔으니, 그것은 100리만 떨어져도 '속俗'이 다르고, 1,000리가 떨어지면 '풍風'이 달라서 자라는 초목도 다르고 사람들의 기호도 다르기 때문이다. 그래서 옛 성인은 온갖 약초를 맛보고 사방의 성질에 따라 병을 다스렸던 것이다. '아국我國'은 하늘이 만든 한 구역[天作一區]으로 '대동大東'을 점유하였으니 나지 않는 약재가 없다. 그러나 의학이 발달하지 못하여 병이 들면 반드시 '중국'에서 나는 구하기 힘든 약을 찾곤 했다. 가장 좋은 것은 나라 안에서 나는 약재로 병을 치료하는 것이다. 권중화權仲和(1322~1408)가 《향약간이방》을 지어서 '동인'의 경험을 반영하여 간행한 것은 그런 이유 때문이었다. 그러나 '중국'에서 나온 의서는 많지 않고 '중국'의 약 이름과 일치하지 않은 경우가 많아 의관들이 그 점을 불편하게 여겼다. 세종은 이 문제를 해결하기 위해 의관들을 북경에 보내 의서를 구해 오게 하고, '향약'의 이름 중 잘못된 것을 바로잡았으며, 마침내 집현전 학자들에게 '향약'을 조사하여 책으로 펴내게 했다. 그것이 《향약집성방》이다.[214]

세종이 '중국'의 의서를 들여오거나 '중국'의 약재 이름에 비추어 '향약'의 이름을 바로잡으려 했던 장면을 고려한다면, 《향약집성방》의 서문을 15세기 조선이 독립적이고 자주적인 의학체계를 수립하려 했다고 독해하는 것은 지나치다.[215] 그러나 세종이 선진적인 보편 의학을 수용하기 위한 전략의 일환으로 '향약'을 발화하고 《향약집성방》을 펴내게 했다고 본다면, 그것 역시 지나치다. 무엇보다 '향'을 말하는 권채에게서 변방의식을 읽기 힘들다. 조선을 '하늘이 만든 한 구역' 혹은 '대동'이라 부르는 장면, 나지 않는 약재가 없으니 그것으로 병을 치료하는 것이 가장 좋은 일이라는 주장에서는 도리어 '향'에 대한 자부심, '중국'과의 풍토 차이를 자연스러운 것으로 받아들이는 정서가 읽힌다.

'벽처동이僻處東夷'라 한 홍무제의 조서가 《태조실록》에서 '천작동이天作東夷'로 바뀌었던 것에 비추어 보면, '천작일구天作一區'라는 수사의 기원이 그 홍무제의 조서에 가서 닿는다는 추론이 가능하다. 권채는 《태조실록》처럼 조선을 "하늘이 낸 한 구역"으로 묘사했다. 결코 "궁벽한 곳에 있는 나라"라고 말하지 않은 것이다. 그는 또 '동이' 대신 '대동'이라는 표현을 구사했다. 그렇게 '아국'은 '하늘이 낸 한 구역'이자 '대동'이 되어 갔던 것이다. 15세기에 조선이 '동이'라는 표현에 대해서 느꼈을 위화감, '대동'이라는 수사로 드러내려 했던 자신감을 읽을 수 있다.

고려 공민왕 때 만들어진 〈태묘악장〉에 '대동'이라는 말이 등장한다. "아, 황왕께서 천명을 받아 나라를 세우니, 거칠던 대동[遂荒大東]이 사방의 벼리가 되었네."[216] '수황대동遂荒大東'이라는 표현은 《시경》에서 온 것이다. 노나라가 머나먼 동쪽 땅까지 영역을 넓혔다는 의미이니 고려와는 아무런 상관이 없는 말이지만,[217] 공민왕 때 그 표현을 가져온 것이다. 그에 따르면, 왕건이 천명을 받아 창업함으로써 고려는 '동방의 거친 땅'에서 '사방'의 벼리가 된 것이다. 그러나 이 경우 '사방'의 벼리가 되기 전 거친 땅이던 '대동'에서 어떤 자부심을 읽을 수는 없다. '대동'이라는 단어에 그런 정서를 담아 내기 시작한 것은 15세기 조선이었다.

이 시기 조선은 자신이 고려로부터 계승한 풍토와 역사를 '중화'의 외연 안에서 용인할 수 있는 차이로 정당화해야 하는 과제를 안고 있었다. 원구단圜丘壇에서 제천祭天해야 한다고 주장했던 변계량卞季良(1369~1430)도 그런 생각을 하던 사람 중 하나였다. 그는 홍무제의 성지를 명나라가 조선에 자율성을 인가한 것처럼 읽어 낸 인물이기도 했다.[218] 변계량에 따르면, 명나라 홍무제는 고려가 하늘에 제사 지내 온 전통을 분명히 알고 있었을 것이다. 그런 그가 "의례는 본속을 따르고 법은 구장을 지키라"고 인가해 주었다. 처음 하늘로부터 명을 받은 '해외'의 나라가 오랫동안 시행해 온 제천 의례를 지속할 수 있도록 허락했다는 뜻이다. 그렇다면 '동방'이 하늘에 대해 제사하는 것은 고려로부터의 전통을 이은 것이고, 명 태조가 허락한 일이며 조선 태조가 준수해 온 것이니 정당하다고 하지 않을 수 없다.[219]

명나라 태조가 고려의 제천 전통을 잘 알고 있었으리라는 변계량의 주장이 근거가 분명하다고 할 수는 없다. 그러나 그가 그것을 토대로 제천을 정당화했다는 사실이 중요하다.[220] 그의 눈높이에서 본다면, 황제의 인가를 전제로 제천의 전통을 정당화하는 것만큼이나 중요한 것은 '중화'와 연동된 '예'의 차원에서 제후의 제천을 설명해 내는 일이었다. 그는 천자의 인가를 전제로 제후가 제천했던 사례로 노魯나라를, 그 선조가 제후가 아니었으므로 제천할 수 있었던 사례로 기杞와 송宋을 인용했다. 그에 따르면, 조선은 '해외'에 있는 제후국이며 조선이 계승한 역사에서 개국의 시조는 제후가 아니었으니, 그런 조선이 하늘에 제사를 지내는 것은 예제상 아무런 문제가 없다. 천자가 제천하는 것이 예의 대체大體라면, 조선이 제천하는 것은 예의 '권도權道'일 뿐이니, 조선의 제천을 예의 원칙에서 벗어난다고 할 수는 없다.[221]

이 경우 '권도'는 결코 임시적인 조치는 아니다. 예에 부합하는 다른 방식에 가깝다.[222] 변계량은 뒷날 조선의 영토가 수천 리에 달한다고 주장하면서 그것을 근거로 제천을 정당화하기도 했다.[223] 경전에 규정된 제후국의 예제는 '100리의 제후'를 대상으로 한 것이지만, 조선은 '수천 리에 달하는 제후국'이니 조선의 제천은 경전의 예제에 어긋나지는 않는다는 뜻이다.

변계량이 조선을 '해외'의 나라라고 말한 것도 주목할 만하다. 권채가 그랬던 것처럼 그도 '동이'라는 말을 피했다. "조선은 비록 해외에 있지만 기자의 교화를 받아 예의를 숭상하고 중국을 존중해 왔으며, 우리 국왕은 지성으로 성조聖朝를 신사臣事했다." 그는 그렇게 말하기도 했다. '중화'를 자기 것으로 만들어 가야 한다는 점에서 보면, '해외의 나라'는 결코 유리한 조건이라 할 수는 없다. 그러나 그가 보기에, 조선이 그런 불리함을 이겨 내고 '중화'를 내면화할 수 있었고 그 위에서 조선이 계승한 역사적·문화적 전통과 관성을 유지할 수 있었다는 점이 중요하다. 변계량은 "소중화론의 울타리 안에서 풍토부동론을 쌓아 올렸지만, 그 풍도에 근거한 역사와 문화, 전통을 '바꾸어야 할 어떤 것'으로 여기지는 않았다."[224] 그에게 '소중화'가 조선이 추구하는 방향이라면, 조선이 계승한 개별성은 그 '소중화'의 자장 안에서 용인될 수 있는 차이다. 결코 '중화'라는 문화적 표준에 맞추어 변경하거나 지방화localize하거나 폐기해야 할 문제는 아니었다. 조선은 '해외'의 나라이기 때문이다.

변계량이 '본속'과 '구장' 등으로 표상되는 문화적 개별성을 옹호하는 과정에서 '해외의 나라'를 말했다면, 정인지는 한글 창제를 정당화하기 위해 '외국'을 말했다. "나라의 어음語音이 중국과 달라 문자와 서로 통하지 않으니 우매한 백성들 가운데 말하고 싶은 것이 있어도 마침내 제 뜻을 잘 표현하지 못하는 사람이 많다. 내가 이를 딱하게 여기어 새로 28자를 만들었으니, 사람들로 하여금 쉽게 익혀서 날마다 쓰는 데 편하게 할 뿐이다."[225] 훈민정음을 창제한 세종이 그렇게 말했다.

"나라의 어음이 중국과 달라 문자와 서로 통하지 않는다"는 말은 무슨 뜻인가? 조선의 한자음이 중국의 한자음과 달라서 문제라고 말한 것일까? 만일 그렇다면 훈민정음은 '중국'의 한자음과 제대로 통할 수 있도록 하기 위해 만든 것이 된다.[226] 그러나 세종이 말한 내용을 풀어 보면 그렇게 보기 어렵다. 세종의 문맥에서 말한다면, 말소리가 '문자'가 되는 '중국'과는 달리 조선은 말소리는 있지만 그 말소리를 그대로 표현할 수 있는 글자가 없다. '중국'에서는 'tian'이라 말하고 '天'이라고 쓰니 'tian'은 '天'과 곧장 통하지만, 조선은 '하늘'이라 말하면서도 '하늘'이라고 쓰지 못한다. 그렇게 쓸 수 있는 조선의 글자가 없기 때문이다. 교육을 받은 자들은 한자로 문자 생활을 할 수 있겠지만, 교육 기회를 누리지 못하는 어리석은 백성들은 자기 말과 생각을 글자로 표현할 길이 없었던 것이다. 훈민정음은 그런 백성들을 위해 만든 것이다.

정인지도 설명을 덧붙였다. 그에 따르면, 천지자연의 '성聲'이 있으면 천지자연의 '문文'이 있다. 그러나 '사방'은 풍토가 구별되니 '성기聲氣'도 또한 그에 따라 달라진다. 대개 '외국'의 '어語'에는 소리만 있고 '자字'가 없어서 '중국'의 '자'를 빌려다 쓰고 있지만, 뜻이 통하지 않는 경우가 다반사다. 요컨대 모두가 각기 처한 환경에 따라 편안히 여기는 기준이 다르니, 그것을 무시하고 억지로 똑같이 만들 일은 아니다. 우리 동방은 예악과 문물은 화하와 비슷하지만 방언方言과 이어俚語는 그렇지 않으니, 글을 배우는 사람도 형정刑政을 관장하는 사람도 어려움을 호소해 왔다. 세종은 그런 문제를 해결하기 위해 훈민정음을 창제했다.[227]

정인지가 보기에 훈민정음은 '외국'의 소리를 표현하기 위해 만들어진 '외국'의 '자字'이다.[228] 1448년(세종 30)에 편찬된 《동국정운》이 잘 보여 주는 것처럼, 한글은 명나라의 현실음을 표기하는 데 활용되기도 했다. 그러나 적어도 정인지는 세종이 중화 문화 수용의 도구로 한글을 창제했다는 식으로 말하지는 않았다.

물론 모두가 정인지처럼 생각했던 것은 아니다. 한글 창제에 반대했던 최만리崔萬理(?~1445)에 따르면, 조선은 조종조 이래로 지성으로 사대하고 한결같이 화제華制를 따라왔는데, 이제 동문동궤同文同軌의 시대에 언문諺文을 창제하니 놀라지 않을 수 없다. 자고로 구주九州

안에 풍토가 다르다고 하지만, 방언으로 인해 별도로 문자를 만든 예는 없었다. 몽골·서하·여진·일본·서번(티베트) 등이 자기의 '자'를 가졌지만, 이는 모두 이적夷狄의 일이니 논할 만한 가치가 없다. 경전에 "용하변이라는 말은 들었어도 그 반대의 경우는 듣지 못했다"는 말이 있다. 역대로 중국에서 아국에 기자의 유풍이 있고, 아국의 문물과 예악은 중화에 비견된다고 여겨 왔으니, 이제 별도로 언문을 만드는 것은 중국을 버리고 스스로 이적과 같아지려는 것이다.[229]

최만리는 정인지가 '외국'의 일이라며 정당화했던 한글을 '이적의 일'이라며 비판했다. 그러나 세종도 정인지도 한글을 '중화'의 외연 안에 위치 지우고 있었다는 사실이 중요하다. 그들의 생각은 제천을 주장했던 변계량의 문제의식과도 크게 다르지 않다. 양성지도 그렇게 생각하던 사람 중 하나였다. 그는 조선이 '소중화'임을 믿어 의심치 않으면서도 "조복은 화제華制를 따르되 나머지 의관 모두를 반드시 그렇게 할 필요는 없다"고 주장했다.[230]

변계량이나 양성지는 '중화'를 지향하면서도 '해외 제후'나 '외복外服 제후'의 정체성까지 버려야 한다고까지 말하지는 않았다. 풍토 차이를 중화의 외연 안에서 병존할 수 있는 자연스러운 개별성으로 받아들였기 때문이다. 그러나 16~17세기 조선 문인들 중에서 변계량이나 양성지처럼 발화하는 경우를 찾기는 쉽지 않다. 그들은 성리학을 개인 수양을 위한 실천윤리로, 이기심성론의 문제로 여겼을 뿐만 아니라 '외복 제후'의 위상을 자연적으로 가지게 된 불리한 조건으로 여기고 그 불리함을 '기내畿內 제후'와 다름없는 '소중화'를 상상하는 것으로 상쇄시켰다.

선조 때의 문인 최립崔岦(1539~1612)에 따르면, 하백河伯은 북해에 이르러 바다를 보고는 자기 시야가 좁았음을 깨달았고, 북해의 바다 귀신은 자기가 천지 가운데 의탁하고 있음을 인정했다. 바다의 견지에서 황하를 보면 황하를 넓다고 할 수 없고, 천지의 입장에서 바다를 보면 바다를 넓다고 할 수도 없다. 그런 태도를 가져야 더 큰 성취를 이룰 수 있다. 사신이 되어 중국에 가는 것도 같은 의미가 있다.

그는 사신이 된 박자룡에게 준 글에서 이렇게 말했다.

아국은 외복外服에 있지만 소중화라 불린다. 옛날 인자仁者와 현자가 남긴 유풍이 있고 예법이 있다. 시서詩書가 있고 열성列聖의 은택이 있고 선생先生과 장자長者와 어진 사대부가 있다. 이런 나라에 살면서 이런 것들을 보고 익히며 떨쳐 일어난다 하더라도 부족한 점은 없을 것이다. 그러나 이 나라를 벗어나 천자의 나라를 관광觀光하는 것이야말로 황하를 지나 바다에 이르는 것이요, 바다를 지나 천지에 이르는 것이라 할 수 있다. 중국에서 본 것을 토대로 다시 학문에 전념한다면 장차 안목이 높아지고 마음이 넓어지고 기상이 커져서, 일을 해갈 때에도 큰 성취를 이룰 수 있다.[231]

최립에 따르면, 조선이 '외복'의 '소중화'라면 중국은 '천자의 나라'다. '외복'의 제후라는 조건은 약점이다. '내복內服 제후'가 아니기 때문이다. 그러나 그런 어려움 속에서도 조선이 '소중화'라 불릴 수 있었다는 사실이 중요하다. 그는 〈홍범학기洪範學記〉라는 글에서 조선이 가진 '소중화'의 면모를 구체적으로 묘사했다. 그 글에 의하면, '도'는 홍범에 갖추어져 있는데 기자가 홍범의 내용을 듣고 그것을 주나라 무왕에게 전해 주었다. 조선에 기자가 있는 것은 주나라에 문왕과 무왕이 있는 것과 같으니, 조선 사람이라면 기자의 도를 알아야 한다. 그런데 기자가 조선을 다스릴 때 정한 8조 규약은 홍범 전체의 취지에는 한참 미치지 못한다. 단군이 요 임금과 같은 때 나라를 열었다고는 하지만 고조선의 문화 수준이 주나라에 비해 낮았기 때문에 기자로서는 천도의 전체를 보여 주기보다 백성들의 수준에 맞추어 이끌어 주려 했기 때문이다. 그러나 기자의 8조법금에는 '용하변이'라는 뜻이 들어 있었으며, 한 시대 임금이 독자적으로 행하는 정치 구상이 반영되어 있었다. 그 결과 남녀가 음란해지지 않고, 음식을 먹을 때에도 그릇을 사용하게 되었으며 백성의 풍속도 크게 변하게 되었다. 조선이 '소중화'이자 예의의 나라라고 불리게 된 것은 모두 기자의 덕택이라고 하지 않을 수 없는 것이다. "기자가 홍범의 내용을 아동我東에 완전히 펼칠 수만 있었다면, 실제로 '동쪽의 주나라[東周]'가 이미 이 땅에 이루어지지 않았겠는가."[232] 최립은 기자가 경륜을 온전히 펼치지 못한 것을 아쉬워하며 그렇게 말했다.

전라도 선비 노인魯認(1566~1622)도 비슷한 생각을 가진 인물 가운데 하나다. 정유재란 때 일본으로 끌려갔다가 탈출한 뒤 명나라에 체류하고 있던 그가 명나라 관리들에게 자신을 조선으로 송환해 달라고 요청하면서 이렇게 말했다.

조선은 '비록 동방에 치우쳐 있는 번국이지만 삼대三代 때부터 화華에 맞게 자신을 잘 변화시켜 왔으므로 주나라 무왕이 기자를 조선에 봉했으니, 기자가 8조의 가르침을 펼친 이후 조선의 의관·문물·예악·법도는 밝고 아름다워졌습니다. 진나라는 요동을 복속하였고, 한나라는 한사군을 설치하였습니다. 진나라 이후로는 각자 강역을 나누어 성교聲

敎를 스스로 하게 되었으나, 공손히 제후국의 직분을 다했으며 성의를 다해 대국을 섬긴 것이 제후국 중 으뜸이었으므로 외람되게 소중화의 이름을 얻게 되었으니, 조선의 위상은 사실상 제하諸夏와 다르지 않았던 것입니다. 만일 그렇지 않다면 임진왜란 때 천자가 동방을 위해 천하의 군대를 동원하려 하지는 않았을 것입니다.[233]

"스스로 '용하변이'해 온 역사가 있었기 때문에 주나라 무왕이 기자를 조선에 봉해 주었다"는 식으로 말하는 장면, 그리고 "독자적으로 성교聲敎한 역사가 있었으나 소중화라는 이름을 얻고 또 제하와 다름없는 위상을 인정받았다"고 말하는 대목에서 자부심이 묻어난다.

17세기 조선 역사에 뚜렷한 족적을 남겼던 송시열도 풍토가 만든 차이와 '외복'이라는 조건을 그런 식으로 설명했다. 그에 따르면, 지리에는 구역의 구분이 있으나, 인성에는 그런 문제가 없으니 결국 문명을 지향할 수 있느냐의 여부가 중요할 뿐이다.[234] '아동'은 기자의 나라이며, 공자가 와서 살려 한 땅이다. 그러나 중원인들이 아동을 '동이'라 부르는 것도 사실이다. '동이'라는 칭호는 "비록 좋은 칭호는 아니지만" 문제는 백성을 어떻게 교화시키느냐에 달려 있다. 그렇게만 할 수 있다면 '이'가 '화'로 여겨질 수 있다. 역사가 그 사실을 잘 보여 준다. "비록 동이라고는 하지만" '아동'은 '이속夷俗'을 버리기 위해 노력했고, '도학'을 밝혔으며 양명학이 유행하는 세상에서 홀로 주자의 학문을 숭상해 왔다. 참으로 "주례周禮가 노나라에 있다"는 비유가 어울리는 그런 나라인 것이다.[235]

노인이 '제하'와 다름없는 '소중화'를 자랑스러워 하면서도, 독자적으로 성교聲敎한 역사까지 정당화하지는 않았던 것에 주목해야 한다.

그가 보기에 독자적으로 성교한 역사도 모두 조선이 성공적으로 극복해 낸 한때의 장애물이었을 뿐이었다. 그는 15세기와는 전혀 다른 방식으로 '성교聲敎'라는 단어를 읽고 해석했다. 그가 "조선은 비록 동방에 치우쳐 있는 번국이냐"라고 말하는 장면도 의미심장하다. 조선의 편재성은 이제 노력으로 극복해야 할 불리한 조건일 뿐이다. 송시열이 "지리에는 구역의 구분이 있다"고 말하는 대목에서도 편재성에 대한 그런 시선이 읽힌다. 바야흐로 안쪽으로는 '중화'를 온전히 내면화하고, 바깥쪽으로는 그런 시야에서 대륙의 지배자, 혹은 그 도전자들과 대면해야 하는 시대가 다가오고 있었다.

2부

사대

—— 事大

1장

['의리'에 밝고 '시세'를 안다는 것]

이소사대以小事大

《맹자》에 이런 이야기가 있다.

제나라 선왕이 물었다.

"이웃 나라와 사귀는 데 방법이 있습니까?"

맹자가 대답했다.

"오직 인자仁者만이 대국으로 소국을 섬길 수 있습니다. 그러므로 탕왕이 갈나라를 섬겼고, 문왕이 곤이를 섬긴 것입니다. 오직 지자智者만이 소국으로 대국을 섬길 수 있습니다以小事大. 그러므로 문왕의 조부인 태왕이 훈육을 섬겼고, 월왕 구천이 오나라를 섬긴 것입니다."

주자의 해설에 따르면, 인자한 사람[仁人]의 마음은 너그럽고 간곡하여 '대소'와 '강약'을 비교하고 따져 대는 사사로움이 없으니, 소국이 공손하게 굴지 않더라도 대국은 소국을 보살펴 주는 마음을 그칠수 없다. 지혜로운 사람[智者]은 '의리'에 밝고 '시세時勢'를 알기 때문에 대국에게 침략과 능멸을 당한다 해도 소국은 대국을 섬기는 예를더욱 그만둘 수 없는 것이다.[1] 맹자가 이어서 말했다.

대국이면서 소국을 섬기는 자는 하늘의 뜻을 즐거워하는 자[樂天者]이고, 소국이면서 대국을 섬기는 자는 하늘의 뜻을 두려워하는 자[畏天者]이니, 하늘의 뜻을 즐거워하는 자는 천하를 보존할 수 있고, 하늘의 뜻을 두려워하는 자는 자기 나라를 보존할 수 있습니다.

주자의 해설에 따르면, 하늘은 이理일 뿐이니, 대국이 소국을 보살피는 것도, 소국이 대국을 섬기는 것도 모두 이理의 당연함이다. 자연스럽게 이에 부합되기 때문에 "하늘의 뜻을 즐거워한다"고 한 것이고, 감히 이를 어길 수 없기 때문에 "하늘의 뜻을 두려워한다"고 한것이다. 널리 품어 주고 넓게 덮어 주니 두루 미치지 않은 곳이 없게하는 것은 천하를 보존하는 기상이며, 예절과 법도를 삼가 방종하거나 안일하지 않는 것은 한 나라를 보존하는 규모規模다.[2]

주자가 '천리'로 '이소사대'를 해석하는 장면은 조선에게 '중화'가사대에 관한 의제였음을 짐작하게 해준다. 조선에서 '중화'가 '이적'의 반의어가 된 이상, 섬김의 대상이 되는 대국이 '중화'인지 아닌지는 중요한 문제였다. 그런데《맹자》에 등장하는 '지자智者'는 누구인가? 지자가 의리와 '시세에 밝기 때문에' '이소사대'할 수 있다는 것은 무슨 뜻인가? 문왕의 조부인 태왕이 훈육을 섬겼고, 월왕 구천이 오나라를 섬긴 것은 어떤 맥락이었는가? 대국에게 침략과 능멸을 당한다 해도 대국을 섬기는 예를 더욱 그만둘 수 없다면 '지자'인 조선에게 사대해야 할 '대국'은 누구인가? 대국이 이적의 나라일 경우에도 소국이 대국을 섬기는 것을 천리라고 할 수 있는가? 언제부터 대국이 한족 왕조인지 정복 왕조인지를 중시하기 시작했는가? 맹자도, 주자도 그런 여러 가지 문제들에 대해 말하지는 않았다. 그것을 어떻게 전유하느냐는 온전히 '소중화'를 자부했던 제후국, 고려와 조선이 감당해야 할 과제였다.

'이소사대'라는 수사는 일찍이 고려-거란 관계에서부터 확인된다. 태조 왕건 이래로 고려는 거란을 외면한 반면, 송나라로부터는 책봉을 받고 그 연호를 사용했다. 993년 윤10월, 송나라와 전면전을 앞두고 있던 거란이 고려를 공격했다. 고려와 거란 사이에 전쟁이 발발한 것이다(1차 전쟁). 극심한 이해관계의 충돌이 있었던 것은 아니었으므로 곧 종전 협상이 시작되었다. 994년(성종 13) 2월, 종전 협상을 보고받은 거란의 성종은 경계 지역에 성을 쌓고 교통로를 확보해 줄 것을 고려에 요구했다.[3] 소손녕이 고려에 보내 온 편지에 따르면, 거란 성종은 소손녕에게 이렇게 말했다.

저 나라(彼國)가 거란과 일찍부터 우호관계를 맺어 왔고 경토境土가 서로 접해 있으니, 비록 이소사대하는 데 당연히 규의規儀가 있다고는 하지만 일의 시작을 헤아려서 끝을 알게 해야 모름지기 관계가 오래갈 수 있는 것이다.[4]

고려는 편지를 받은 그달, 거란의 연호를 사용했으며, 그로부터 2년 뒤에는 거란으로부터 책봉을 받았다. 거란과의 전쟁을 종결시키기 위해 그들의 요구를 받아들인 것이다.[5] 고려가 그 과정에서 거란이 한족 왕조가 아니라는 사실을 의식한 흔적은 보이지 않는다. 거란은 전쟁을 종결시키기로 하면서 '이소사대'라는 표현을 구사했다. 1038년(정종 4)에는 조공을 게을리하지 말 것을 고려에 요구하면서 이렇게 말하기도 했다. "이소사대는 열국의 통규通規이며 옛것을 버리고 새것을 모색하는 것은 제후의 격훈格訓이다."[6] 거란이 보기에, 자신은 '대국'이며, 고려는 '소국'이다.

거란이 이소사대의 논리를 구사하여 고려를 책봉했고, 고려가 그런 거란에 대해 조공 의례를 행했던 것은 고려와 거란 모두가 그런 예적禮的 질서를 승인하고 있었기 때문일 것이다. 고려가 그것을 내면화하고 있었는지는 분명치 않지만, 정치·외교적으로 그 질서가 그 시기 동아시아를 관통하고 있었던 사실이 중요하다. 예적 질서는 정치적 긴장이 고조되는 순간에도 작동했다.

1010년(현종 1) 거란의 황제 성종은 고려에서 일어난 강조康兆의 정변을 임금을 시해한 대역으로 규정하고 "문죄의 군대"를 보내야 한다고 말했다. 거란의 성종이 보기에 강조는 거란의 제후를 죽인 셈이다. 목종은 거란이 책봉한 제후이기 때문이다. 거란은 사신을 파견해 목종 시해 사건을 조사했으며, "문죄의 군대"를 보내겠다고 고려에 알렸다. 고려는 전쟁을 막기 위해 '사대'에 노력을 기울였지만, 자신을 '의군천병義軍天兵'이라 한 거란군의 침략을 막을 수는 없었다.[7] 그렇게 고려와 거란 간에 2차 전쟁이 시작되었다.

거란의 입장에서 보면, '예'는 '이소사대'의 논리로 고려 국왕을 책봉하고 고려에 조공을 요구할 때뿐만 아니라 '문죄의 군대'를 보낸다는 명분을 내세워 고려를 침략할 때에도 유용한 수사였다. 금나라(여진)도 같은 표현을 구사했다. 고려 사신 유응규庾應圭(1131~1175)가 정중부의 난으로 의종이 폐위된 사실을 감춘 채 명종이 즉위한 것을 선위禪位받은 것이라 주장했다. 금나라는 왕위 이양 같은 중대사를 미리 알리지 않은 것, 찬역簒逆한 사실을 숨기고 '상국'을 속이려 한 것 등을 문제 삼은 뒤, 고려에 대해 '천토天討'와 '문죄問罪'를 거론했다.[8] 고려가 북원이 보낸 사절을 거부했을 때도, 북원 황제는 우왕에게 편지를 보내 '문죄'를 운운하며 위협했다.[9] 뒷날 명나라는 물론 청나라도 '예'와 '문죄의 군대'를 거론하며 조선을 압박했다.[10] '예'는 평시에는 '이소사대'와 조공과 책봉 의례로, 정치적 긴장이 높아질 때는 '문죄의 군대'로 모습을 바꾸어 가며 동아시아 외교사에 등장했다.

중원의 한족 왕조나 정복 왕조만 '이소사대'를 말한 것은 아니다. '이소사대'의 발화자 중에는 고려나 조선의 문인들도 있었다. 1126년(인종 4) 임금이 백관을 불러 놓고는 금나라에 사대하는 문제에 대해 의견을 물었다. 신하들 대부분이 반대하는 가운데 유독 이자겸李資謙(?~1126)과 척준경拓俊京(?~1144)만이 찬성했다. 그들에 따르면, 금나라가 전에 소국이었을 때에는 고려와 요나라(거란)을 섬겼었다. 그러나 송나라와 요나라를 멸망시킨 지금의 금나라는 예전의 그 나라가 아니다. 정치는 안정되고 군사는 강해져서 나날이 강대해지고 있을 뿐만 아니라 고려와 국경을 마주하고 있으니, 형세상 섬기지 않을 수 없는 일이다. 더구나 소국으로 대국을 섬기는 것이 선왕의 도라는 점을 고려하면 더욱 그렇게 하지 않을 수 없다.[11] 그들은 국제적 역학관계를 길게 논한 뒤, '이소사대'를 끌어와 '사대'를 정당화했다.

몽골 군대가 밀고 내려오자 최씨 무인정권의 지도자 최우崔瑀(?~1249)가 백관들을 불러 모은 뒤 강화도로 천도하는 문제를 논의했다. 감히 발언하는 자가 없었다. 모두들 최우를 두려워했기 때문이다. 그때 유승단兪升旦(1168~1232)이 천도를 반대하면서 이렇게 말했다. "이소사대는 의이니, 몽골을 예로써 섬기고 신信으로써 사귄다면 저들이 무슨 명목으로 우리를 괴롭히겠습니까?"[12]

이자겸과 척준경에게 '이소사대'가 '선왕의 도'였다면, 유승단에게 그것은 예와 의에 관한 의제였다. 그러나 그들 누구도 자신들이 '사대'의 대상으로 삼으려고 하는 나라가 정복 왕조인지 아닌지, 그 나라의 군주가 의주義主인지 아닌지를 묻지는 않았다. 그것을 묻는 순간 '이소사대'라는 말에 담긴 선왕의 도, 예와 의의 의미는 달라질 것이었다.

'사대'의 대상을 몽골에서 명나라로 바꾼 공민왕 대, 그리고 명나라에 책봉과 의관을 청원했던 우왕 대는 그런 점에서 주목할 만하다. 1352년(공민왕 1) 임금이 왕정의 방향에 대해 포괄적으로 밝혔다. 첫머리에 고려가 이소사대해 온 역사에 관한 내용이 있다.

그 글에 따르면, '우리 태조'가 삼한을 통일하였고, 열성조에서는 서로 이어 이소사대해 왔다. 성원聖元이 발흥하자 고려는 가장 먼저 몽골에 귀부했고, 원종은 세황世皇 쿠빌라이를 찾아가 총애를 받았다.[13] 그러던 고려가 1370년(공민왕 19)에 사대의 대상을 바꾸었다. 공민왕은 홍무제로부터 책봉을 받았으며, 고려는 명나라의 연호를 사용했다. 이해 고려가 명나라에 표문을 올려 몽골이 목장을 운영하던 제주도의 문제점을 열거하고 개선방안을 청원했다. 이 장면에서 명나라는 "높은 곳에 있으면서 낮은 곳에서 청원하는 것을 흔쾌히 들어 주는" 존재라면, 고려는 그런 명나라에게 청원하고 이소사대하는 나라다.[14] 1383년(우왕 9)에 우왕은 책봉을 청원하는 표문에서 또 이렇게 말했다.

폐하께 바라건대, 효를 옮겨 충성을 다하고자 하는 신의 지극한 마음을 어여삐 여기시고, 이소사대하려는 신의 정성을 헤아려 주시어 선대의 왕업을 계승하게 하소서.[15]

1386년(우왕 12) 정몽주가 명나라에 가서 임금의 편복과 군신의 조복과 편복을 요청하는 표문을 올렸는데, 거기에는 이런 내용이 있다.

바라건대 폐하께서는 신이 이소사대하려는 것을 어여삐 여기시고 용하변이하려는 것을 허락하시어, 윤음綸音을 내려 화제華制를 따를 수 있게 해주소서.[16]

'용하변이'나 '화제' 같은 단어들이 등장하는 장면은 주목할 만하다. 명나라에 사대한 이후 '이소사대'가 비로소 그 단어들과 함께 쓰이기 시작했다는 사실을 잘 보여 주기 때문이다. '이소사대'는 여전히 선왕의 도이며, 예와 의를 상징하지만, 그것들은 이제 '용하변이'나 '화제'가 표상하는 '중화'로 수렴되었다는 점에서 결이 다르다.

바야흐로 '사대'의 대상이 '화'인지 '이'인지 따져 물어야 하는 시대가 시작되었다. 명나라가 중원의 패자였을 때는 큰 문제가 없었다. 명나라에 대한 '사대'는 주자가 말했던 것처럼 '천리'로 정당화될 수 있었다. 그러나 '이적'에게 사대해야 했던 경우라면 사정이 다르다. 병자호란 때 비변사를 이끌던 최명길崔鳴吉(1586~1647)도 그런 현실과 대면해야 했던 사람들 가운데 하나였다. 그가 보기에 청나라와 화친하지 않는다면 조선의 미래를 장담할 수 없다. 그러나 청나라의 요구를 받아들인다는 것은 조선이 '이적'이라 여겨 온 나라에 '사대'한다는 것을 뜻한다. 청나라와 화친한다면, 그것을 정당화할 만한 역사적 전례는 있는가?

최명길은 오대 후진後晉의 흥망성쇠에 관한 이야기에서 근거를 찾았다.[17] 석경당石敬瑭(高祖, 892~942)은 후진의 창업자이며 상유한桑維翰은 그의 책사였다. 석경당이 군사를 일으킨 뒤, 상유한의 제안을 받아들여 거란에 고개를 숙이고 신하라고 했다. 그렇게 해서 거란의 군사력을 빌렸으며 그 군사력을 이용해 후진(석진)이라는 나라를 세울 수 있었다. 석경당은 건국 후에도 거란을 더욱 공손히 섬겼다. 얼마 뒤 출제出帝가 즉위했다. 경연광景延廣(892~947)은 새로운 황제를 옹립하는 데 주도적인 역할을 한 인물이었다. 경연광은 후진이 거란의 신하가 될 수 없다고 주장했다. 그는 거란의 사신에게 이렇게 말했다.

선대 황제인 고조高祖는 북조北朝에서 세워 주었지만 지금 우리 황제는 중국이 스스로 책립했으니, 이제 거란과는 이웃이 되고 손자가 될 수는 있어도 신하가 되어야 할 이유는 없다. 우리나라에는 10만의 군사가 칼을 갈고 있으니, 노인께서 싸우고 싶다면 빨리 오시라. 뒷날 손자를 제지하지 못하시면 천하에 웃음거리가 되어 후회만 남으리니.[18]

경연광이 거란의 사신을 모욕하자, 후진과 거란 사이에 긴장이 고조되었다. 상유한은 겸손한 말로 거란에게 사죄하자고 주장했지만,

출제는 상유한의 제안을 받아들이지 않았다. 마침내 거란의 군대가 후진의 국경을 넘으면서 전쟁이 시작되었다. 치열한 공방전이 이어졌고, 후진은 나라를 지탱할 수 없을 정도로 큰 타격을 입었다. 상황을 돌이킬 수 없었던 후진은 거란에 사신을 보내 신하를 칭했다. 거란이 받아들일 리 없었다. 3년 뒤 거란은 후진을 멸망시켰다.

최명길에 따르면, 석경당이 처음 거란에 사대하기로 한 결정은 분명 "중국의 치욕"이다. 출제出帝의 선택은 또 어떻게 보아야 하는가. 최명길은 이렇게 말했다.

> 그 당시 석진의 군사력이 거란보다 못하지 않았던 데다가 모든 이들이 신하라는 칭호에 분노하고 있었으므로 상유한의 제안이 받아들여지지 않은 것도 크게 무리는 아니다.[19]

그렇다면 최명길은 척화파인 경연광의 선택을 옹호한 것일까. 이어지는 다음 문장에는 두 사람에 대한 총평이 들어 있다. 그 글에 의하면, 상유한의 제안은 지혜로움에 가까운 것이었지만, 처음 잘못 생각하여 자기 군주에게 오랑캐를 섬기게 함으로써 결국 '중국'을 어렵게 만들었다. 경연광의 말은 정도에 가까운 것이었으나, 국제정세를 고려하지 않고 전쟁의 단서를 만들어 결국은 나라를 멸망에 이르게 했다. 두 사람의 선택은 달랐지만, '중국'에 해를 가한 죄는 같다.

총평의 논점은 양비론에 가깝다. 최명길은 이 평가의 정당성을 입증하기 위해 주자를 끌어들였다. 주자가 《자치통감강목》에서 상유한과 경연광의 관직을 써 주지 않은 것은 두 사람의 죄를 똑같이 여겼기 때문이라는 것이다. 주자의 의도가 최명길의 생각과 같은 것이었는지는 물론 별개의 문제일 것이다. 눈에 띄는 것은 이 총평의 끝자락이다. 최명길이 이렇게 말했다. "상유한이 처음 거란에게 사대하자고만 하지 않았다면, 그는 석진의 충신이 되었을 것이니 결코 석진을 멸망에 이르게 한 경연광과 같은 평가를 받지는 않았을 것이다."[20] 그는 양비론적인 관점을 승인하면서도 '충신이 될 가능성이 있었던' 상유한에 대해서 애착을 보였다.[21]

같은 맥락에서 보면 경연광에 대한 최명길의 평가는 상대적으로 박했을 가능성이 크다. 최명길은 호안국胡安國(1074~1138)의 글을 인용하여 경연광에 대해 논평했다. 호안국의 말은 《거란국지》에 실려 있는데, 내용상 크게 세 개의 단락으로 구분된다.[22]

① 일의 결과를 기준으로 논한다면 경연광이 후진을 멸망하게 한 죄는 용서받을 수 없는 것이지만, 그의 마음을 기준으로 논한다면 후진이 오랑캐를 아버지처럼 섬기는 것에 대해 중외中外의 인심이 모두 편하게 여기지 않고 있었기 때문에 개연히 일어나서 한번 말끔하게 씻어 보려고 하다가 깊이 생각하지 않고 경솔하게 우호관계를 단절함으로써 스스로 멸망의 단서를 만들고 말았던 것이다.

② 조정의 대신들은 함께 모의하지 않고 장수들은 다른 뜻을 지니고 있으며, 임금의 덕은 치졸하고 백성의 힘은 고갈된 상태였는데도 오랑캐와 싸웠으니 어떻게 좋은 결과를 얻을 수 있었겠는가. 좁은 마음과 천박한 계책으로 잠깐의 분노를 참지 못한 나머지 자기 몸을 망친 것도 모자라 그 화가 임금에게까지 미치게 하였다.

③ 아, 만일 경연광이 '옳다고 생각하면 행동으로 옮기되 오직 때를 잘 살펴야 한다'는 말의 의미를 잘 알고서, 우선 예전의 맹약을 지키며

안으로 정사를 제대로 닦았더라면 3, 4년이 지나지 않아서 북쪽 오랑캐에게 자기 뜻을 펼쳐 낼 수도 있었으리라.

결과를 놓고 본다면 경연광이 자기 나라인 후진을 멸망에 이르게 한 것은 용서받을 수 없는 일이다. 호안국도 여기에 동의했다. 그런데, 경연광의 마음을 기준으로 한다면 사정이 약간 다르다. 호안국이 보기에 경연광은 상유한 이래로 후진이 오랑캐를 아버지처럼 섬겨 온 분위기를 일신해야 한다고 생각했다. 주관적인 의도는 좋았던 것이다. 그의 패착은 오랑캐와의 우호관계를 성급하게 단절함으로써 스스로 멸망의 단서를 만들었다는 데 있다. "좁은 마음과 천박한 계책으로 잠깐의 분노를 참지 못한 나머지 자기 몸을 망친 것도 모자라 그 화가 임금에게까지 미치게" 한 것이다.

이번에는 최명길이 호안국을 읽는 방식을 보자. 최명길이 보기에, 천자라는 존엄한 위치에서 이적에게 사대하는 것은 후진의 신하로서도 하지 못할 일이지만, '중국'을 높이고 '이적'을 배척하는 것을 평생의 업으로 살아 온 호안국 같은 학자로서는 더 말할 필요도 없는 일이다. 그런 호안국이 경연광에 대해 "경솔하게 우호관계를 단절했다"고 비판하고 "우선 예전의 맹약을 지켰어야 했다"고 평가한 것은 왜인가. 신하가 그 군주를 위해 나라 일을 도모할 때 멀리 내다보는 혜안 없이 나라를 망국으로 이끌었다면, 그 일이 비록 옳다 해도 그 죄를 벗기는 어렵다는 의미가 아니겠는가.[23]

호안국의 메시지는 경연광이 나라를 멸망에 이르게 한 죄를 성토하는 데 있지 않았다. 경연광이 때를 기다리지 못한 것에 대해 진한 아쉬움을 드러냈지만, 기다림의 미학을 강조하는 것이 그의 취지라고 보기도 어렵다. 호안국은 경연광의 실책이 결코 그 의도의 정당성을 결코 훼손할 수 없음을 말하고 싶었던 것이다. 그러나 최명길은 호안국의 말을 빌려 경연광을 성토했다. 물론 호안국이 나라를 망국으로 이끈 경연광의 잘못을 비판하지 않은 것은 아니므로 최명길이 없는 사실을 말했다고 할 수는 없다. 그러나 최명길은 호안국이 말한 맥락을 존중하지는 않았다. 최명길은 호안국의 말을 빌려 왔지만, 호안국과는 정반대의 논점을 강조하려 한 것이다.

이해利害와 시비是非의 문제는 최명길이 중요하게 보는 논거 중 하나였다. 그는 임진왜란 당시 명나라 장수의 요청을 받아 종전 협상에 찬성했던 성혼成渾(1535~1598) 등의 행보에 주목했다. "일에는 시비가 있고 이해가 있으므로 일반적인 경우라면 시비, 즉 의를 따라야 한다. 그러나 조정의 경우라면 사정이 다르다. 조정에 득이 된다면 그것이 곧 정의인 것이다. 여기에 강화를 하여 조정을 보존하는 것과 의를 지켜서 망하는 길이 있다. 후자는 신하로서 절개를 지키는 길이지만, 종사宗社를 보존하느냐 마느냐의 문제는 필부가 지켜야 할 절개와는 다른 일이다." 최명길이 성혼으로부터 빌려 온 문제의식은 대략 이런 것이었다. 최명길의 시야에서 보면 조정의 책임을 맡은 관료가 결코 척화를 주장할 수는 없는 일이다. 필부의 이해와 종사의 이해가 같지 않기 때문이다. 의와 도를 지키는 것이 결코 종묘사직을 지키는 것보다 우선할 수 없다는 것이 최명길이 견지했던 원론적인 입장이다.

최명길은 여기에 상황 논리 하나를 더 개입시켰다. 그에 따르면, 조선이 처한 상황은 후진의 출제出帝 때는 물론 임진왜란 때와도 같지 않다. '시세時勢'를 가지고 말한다면 조선은 후진처럼 강력한 군사력을 가지고 있지도 않으며, 더구나 임진왜란 때처럼 명나라의 군사적 원조를 기대할 수도 없다. '의리'를 기준으로 말한다면 후진은 거란에 대해 처음부터 신하를 칭하는 굴욕이 있었지만, 조선은 청나라에 대해 그런 치욕을 당한 일이 없었을 뿐만 아니라 역대로 그들과 원수진 일도 없었다. 그러니 주자나 호안국, 심지어 성혼 등이 살아 돌아온다 해도 결론은 분명하지 않은가.[24] 원론과 상황 양면에서 결론은 주화일 수밖에 없다는 것이다.

"정묘호란 때라면 진실로 의리에 해가 되지는 않는다고 하겠지만, 지금 저들이 황제를 칭하는 상황을 용인할 수는 없다." 척화론자라면 그렇게 주장할 수 있을 것이다. 최명길은 생각이 달랐다. "물론 저들이 정묘호란 때의 맹약을 지키지 않고 우리에게 '예'가 아닌 것을 강요해 온다면 우리는 의리상 결코 그 요구를 따를 수는 없을 것이다. 그러나 지금 저들이 여전히 이웃 나라의 의례를 쓰고 있으니, 저들이 황제를 칭하든 말든 그것은 우리가 상관할 바가 아니다."[25]

"처음에 용골대를 쫓아 보낸 것이 실수였으나, 이미 모문룡에게 자문咨文을 보내고 백성들에게 유시諭示한 마당에 어찌 다시 오랑캐의 사신을 받아들일 수 있겠는가." 절차적이고 기술적인 문제로 화친에 반대하는 사람이라면 그렇게 말할 수도 있다. 그러나 최명길이 보기에는 잘못을 고치는 것을 두려워하다가 결국 백성을 도탄에 빠뜨리고 종사를 보존할 수 없게 된다면 그보다 큰 잘못은 없다. 최명길에 따르면, 잘못을 고치는 것에도 논리가 필요하다. 복잡할 것도 없다. 저들이 황제를 참칭했다는 말을 듣고 그 사신을 거부했으나 저들이 형제의 의례를 벗어나지 않는 데다가 우리의 국력이 미약하니 도리어 전에 오랑캐를 너무 가벼이 끊어 버렸던 것이 후회스럽다는 정도면 충분하다.[26]

최명길은 청나라 사신을 받아들이자고 주장하는 데서 멈추지 않고, 그 사실을 명나라에, 그리고 조선 백성들에게 알리자고 제안하기도 했다. 그는 처음부터 명나라에 의리를 지키는 연장선에서 주화론을 제기했던 것이다.[27] 그것은 최명길이 현실의 역학관계만을 중시하지는 않았다는 의미이기도 하다. 종묘사직 지키는 일을 가장 중요하게 여겼다는 점에서 최명길은 의심의 여지 없이 현실주의자였다. 그러나 그는 "종묘사직을 지킬 수만 있다면 의와 도를 지키지 않아도 좋다"는 식으로 발화한 적이 없다. 그의 구상은 "종묘사직을 지켜 냄으로써 의와 도를 보존할 수 있는 길을 찾아야 한다"는 쪽에 가깝다. "일단 정묘년의 약속을 지켜 더 큰 화를 피하는 것"이 종묘사직을 지키기 위한 선택이라면, "내정을 닦고 군사적 대비태세를 강화하여 저들의 동태를 살피는 것"은 의와 도를 지키기 위한 노력인 것이다.[28]

최명길이 '의와 도를 지키기 위한 주화'를 표방했던 것은 '의와 도가 전제되지 않는 주화'가 어떤 결과를 낳았는지 잘 알고 있었기 때문이다. 그가 보기에, 청나라의 압박을 받는 조선은 금나라의 군사적 공세에 시달리던 남송과 다를 바 없는 처지다. 남송의 진회秦檜(1090~1155)는 항전의 주역인 악비岳飛를 모함하여 죽이고, 금나라에 대해 신하의 예를 갖추어 사대했다. 그러나 진회에게 의와 도를 지키기 위한 원대한 계획이 없었다는 점이 문제다. 최명길은 이렇게 말했다. "남송의 주화론자는 나라에 화를 미치고 자신은 이익을 얻었지만, 지금의 주화론자는 자신은 해를 입지만 나라에 도움이 되려 하는 것이다."[29] 남송의 주화론자는 진회, 지금의 주화론자는 최명길 자신을 가리킨다.[30]

의리와 이해利害

최명길은 그런 취지를 담아 상소문을 작성한 뒤, 그 초본을 조익趙翼 (1579~1655)에게 보여 주었다. 조익은 최명길의 생각에 동의하기 어려운 부분들을 하나하나 지적했다. 가장 먼저 문제 삼은 것은 최명길이 주자와 호안국을 읽어 낸 방식이다. 주자가 《자치통감강목》에서 경연광의 관직을 누락한 것은 '신하'를 칭하려 하지 않은 경연광을 비판한 것이라고 말할 수 있는가?

조익에 따르면, 경연광의 계책은 천박한 것이었다. 재앙을 도발하여 후진의 멸망을 자초했기 때문이다. 그러나 주자가 경연광의 관직을 누락한 것이 그것 때문이라고 볼 근거는 없다. 주자가 오랑캐 거란에 '신하'를 칭한 상유한의 관직을 누락한 것을 보면, 주자는 결코 오랑캐에게 신하로 자처하는 것을 옳다고 여긴 일이 없다. 호안국의 논평은 경연광의 죄를 성토하는 데 초점이 있었는가? 그렇지는 않다. 경연광이 오랑캐에게 신하를 칭하지 않은 그 동기를 인정했기 때문이다. 호안국이 경연광의 경솔한 처신을 책망하면서도 실현될 수 있었을지도 모르는 가능성을 돌아보는 것으로 글을 마무리한 것은 경연광의 의지 그 자체를 높게 평가했기 때문이다. 조익은 최명길이 주자의 생각과 호안국의 의도를 오독하고 있다고 주장했다.[31]

최명길에 비하면 조익은 원칙론자에 가까운 인물이었다. 그에 따르면, 후진이 오랑캐인 거란에 대해 신하를 칭한 것은 석경당 때의 일이니 출제出帝가 반드시 그것을 지켜야 할 의무는 없다. 그러나 국내 사정이 좋지 못하고 오랑캐를 제어할 힘이 없는 상황이라면 신하를 칭한 상태를 유지한 채 후일을 기다려도 안 될 것은 없다. 그런 점에서 보면 경연광의 선택은 명백하게 잘못된 것이다. 그러나 경연광이 때를 기다리며 실력을 기른 뒤에 비로소 신하를 칭하지 않겠다고 했다면, 경연광에게 어떤 잘못도 물을 수 없다. 상황 논리에 따라 오랑캐에게 신하를 칭할 수는 있다 하더라도, 그런 임기응변용 전략을 법도로 삼을 수는 없는 일이다.[32]

조익에 따르면, 호안국은 '예의'가 아니라 '공리功利'를 기준으로 나라를 운영하다가 실패한 사례로 석경당을 거론했다. 그런데 거란에게 땅을 떼어 주며 신하를 칭하자고 석경당에게 제안한 것은 상유한이다. 조익의 눈에 비친 상유한은 졸렬한 자이다. 눈앞의 화를 피하기 위해 뒷날의 더 큰 화를 불러온 계책을 썼기 때문이다.[33] 최명길도 상유한을 비판하지 않은 것은 아니다. 그러나 그는 상유한의 의도를 "지혜롭다"고 평함으로써 온정적인 시선을 굳이 감추지 않았다. 조익은 최명길이 "지혜롭다"고 말한 그 맥락에 대해서 동의하기 어려웠던 것이다.

최명길이 보내 온 상소문 초안에는 장승업張承業(846~922)에 관한 이야기도 들어 있었다. 당나라의 환관이었던 장승업은 하동감군河東監軍으로 파견되었다가 진왕晉王 이극용의 눈에 들었다. 그사이 당나라가 무너졌다. 이극용은 눈을 감으며 장승업에게 아들 이존욱을 보호해 줄 것을 부탁했다. 장승업은 이존욱을 도와 양나라와의 전쟁을 성공적으로 수행했다. 이존욱이 마침내 황제에 오르려는 야망을 품자 장승업이 말했다. "대왕의 부자가 양나라와 더불어 30년간 싸운 것은 가국家國의 원수를 갚고 당나라의 사직을 복원하려는 것이었으니, 지금 원수들을 멸하지도 않은 상태에서 갑자기 황제에 오르시려 하는 것은 초심을 버리는 것이며 천하의 여망을 잃는 것이니, 불가한 일입니다."[34]

최명길은 장승업이 양나라와 동맹관계에 있던 유수광劉守光에게 축하 사절을 보낸 것에 주목하고, 주자가 장승업의 결정을 높이 평가해 그를 당나라의 신하로 기록했다고 말했다. 조익은 최명길이 주자를 오독한 것이라고 주장했다. 조익에 따르면, 장승업이 이극용 부자를 섬겼다고는 하지만 그의 마음은 오로지 당나라에 있었다. 이존욱이 황제를 칭하려 할 때 장승업이 간쟁한 것은 그런 이유 때문이다. 장승업이 유수광에게 축하 사절을 보낸 것은 위기를 피하기 위한 일시적인 계책이었을 뿐이다. 상황상 잘못되었다고 할 수는 없지만, 아름답게 여길 일은 아니다. 주자가 장승업을 높이 평가한 이유는 그가 당나라에 대해 한결같은 마음을 가지고 있었기 때문이다.[35]

조익의 입장에서 볼 때 장승업이 유수광에게 축하 사절을 보낸 행위는 일종의 속임수다. 그는 이렇게 말했다.

속임수를 쓰는 것은 군사작전으로는 좋은 것이라고 할 수 있지만, 의리를 기준으로 말한다면 유수광을 정벌하는 것이 '정도'다. 지금 우리의 힘이 오랑캐보다 약해서 공개적으로 배척했다가 화를 자초할 수 없다고 주장한다면 그것은 가능한 주장이다. 그러나 그것은 그렇게 하는 것이 의리상 당연하다고 주장하는 일과는 별개다. 주자나 호안국이 오랑캐에게 신하를 칭하는 일을 옳다고 여겼다는 식으로 말하는 것은 두 사람의 본뜻과는 무관하다.[36]

상황을 중요한 변수로 간주한다는 점에서 보면 조익의 생각은 최명길과 겹치는 지점이 있다. 다만 상황을 어떻게 판단하느냐가 다를 뿐이다. 조익에 따르면, 정묘호란 때 조선은 후금과 화친했지만 결코 '교린'의 도리를 벗어나지는 않았다. '의리'를 무너뜨리는 선택은 아니었던 것이다. 당시 상황에서는 불가피한 일이기도 했다. 그러나 저들이 스스로 황제의 나라라고 일컫는 상황은 그때와 근본적으로 다르다. 이 상황을 받아들인다면 저들은 조선을 '속국'으로 대하려고 할 것이며, 조선은 결국 그들에게 신하를 칭하는 사태를 맞게 될 것이다. 오랑캐에게 신하를 칭하는 그 순간 국가는 망하는 것이다. 국가를 보존하기 위한 노력이 국가의 멸망을 재촉하는 꼴이 되고 마는 것이다.[37]

병자호란 직후 조경趙絅(1586~1669)이 인조를 만난 자리에서 이렇게 물었다. "오늘날의 일을 석진이 야율덕광耶律德光에게 한 것처럼 하고자 하십니까? 아니면 구천이 오나라에게 한 것처럼 하고자 하십니까?" '오늘날의 일'이란 인조가 남한산성에서 내려와 청 태종에게 머리를 조아린 것을 가리킨다. 그런 선택을 한 것은 무엇을 위해서였는가? 조경이 질문한 핵심은 그런 것이었다. 석경당은 거란 야율덕광의 힘을 빌려 나라를 세웠고 사대를 계속했다. 거란을 오랑캐나 원수로 여기지도 않았다. 반면 월나라 구천은 오나라에 신복臣服했지만, 와신상담 끝에 그 원수를 갚았다. 조경은 아마 이렇게 말하고 싶었을 것이다. "고두례叩頭禮를 행한 것이 패전에 따른 결과일 뿐 결코 마음속에서 우러나온 것이 아닌 만큼 이제 남은 것은 구천의 와신상담을 기억하고 실천하는 일일 것입니다."

조경이 질문한 의도를 모를 리 없던 인조가 이렇게 말했다. "종묘사직과 백성을 위해 나의 치욕을 잊은 것이다." 인조의 답변을 들은 조경은 그제야 구천이 오나라에 원수를 갚은 일을 거론한 뒤 이렇게 말했다. "인심이 혹 조정과 중국이 관계를 끊었다고 여길 수도 있으니 중국과 통신하여 잊지 않고 있다는 의리를 보이는 것이 좋겠습니다."

인조가 말했다. "일이 비밀스러워 외방에서는 알지 못하나 이미 먼저 행했다."[38] 조경이 명나라에 사람을 보내 조선의 입장을 전해야 한다고 주장하는 대목이 두드러진다. 비변사를 비판했던 조경과 비변사에서 주화를 이끌던 최명길이 같은 생각을 공유하고 있었던 것이다.

전쟁은 끝났고 청나라에 대한 사대가 시작되었다. 얼마 후, 청나라는 자신이 명나라와 벌이는 전쟁에 조선이 파병해 줄 것을 요구했다. 최명길이 보기에 파병은 청에 대한 사대와는 결이 다른 문제였다. 그가 보기에 파병 요구를 받아들인다는 것은 청나라에 대한 사대가 그랬던 것처럼 시세를 아는 행동이다. 그러나 청나라에 대한 사대가 의리를 지킬 수 있는 가능성을 내포한 것인 데 반해, 파병은 그렇지 않다. 파병하는 순간 명나라를 적으로 간주하고 명나라와 싸운다는 뜻이 되기 때문이다. 그러니 사대할 수는 있지만 파병할 수는 없는 일이다. 주자가 말한 지자智者의 길을 포기할 수 없기 때문이다.

최명길의 문제의식은 기자에게 올리는 제문에서도 잘 드러난다. 은나라 왕실 출신인 기자는 주왕紂王이 조언을 받아들이지 않자 미친 척하며 화를 피했다가, 뒷날 주나라가 일어나자 무왕에게 홍범을 전한 뒤 동쪽으로 떠났다. 주나라 무왕의 신하가 되지는 않겠다는 뜻을 분명히 한 것이다. 조선을 '중화'의 나라라고 생각하는 사람이라면 누구나 그 근거를 기자에서 찾았다. 최명길도 예외는 아니었다. 그는 《주역》에 보이는 "기자의 명이이정箕子之明夷利貞"이라는 말을 인용했다. '명이明夷'는 성인의 덕이 어둠에 가려진 형상을, '이정利貞'은 현자가 자신의 현명함을 감추며 자기 뜻을 지켜 낸 것을 뜻한다. 현자인 기자가 폭군인 주왕을 만나 미친 척할 수밖에 없는 어려움을 겪어 내면서도 끝내 주나라 무왕에게 홍범의 도를 전할 수 있었다는 뜻이다. 최명

길이 보기에, 조선이 가진 예의의 풍속이 중화에 못하지 않은 것은 기자 덕분이다.[39]

최명길의 입장에서 보면, 인조가 청 태종에게 항복한 것은 기자가 노비가 된 것과 다를 바 없다. 기자가 그런 식으로 화를 피한 뒤 주나라 무왕에게 도를 전할 수 있는 길을 찾았다면, 조선은 청나라에 사대함으로써 종사를 보존할 수 있는 길을 찾게 된 것이므로. 기자가 노비가 된 것이나 조선이 청나라에 사대한 것이 모두 화를 피하고 도를 보존하기 위한 불가피한 선택이었다면 누구도 그것을 비판할 수는 없다. 중요한 것은 도이기 때문이다.

이런 문제의식이라면, 주화파의 처신은 결코 명나라에 대한 배신이냐 아니냐 하는 차원에서 논의해야 할 문제는 아니다. 기자가 주나라 무왕에게 홍범을 전한 뒤 동쪽으로 떠나며 '불신不臣'의 뜻을 드러냈다고 해서 그가 주나라를 배반했다고 말할 수는 없다. 기자의 처신을 두고 의리상 중대한 결함이 있다 할 수는 없는 것이다. 그러나 조선이 파병하여 명을 적대시한다면 그것은 기자가 '불신'한 것과 같다고 할 수 없다. 파병은 중국에 직접적인 위해를 가하는 행위이므로, 의리상 중대한 결함이 되기 때문이다. 이 경우 '중국'은 의심의 여지 없이 명나라다. 명나라가 '중국'인 한 그 나라에게 직접적인 해를 가하는 것은 말하자면 문명의 심장에 칼끝을 겨누는 것이다. 아무리 강요에 의한 것이라고 해도 그것은 문명을 적대시하는 행위인 것이다. 최명길에게 파병이란 "좌임左袵의 나락으로 떨어지는" 길이다. 좌임은 오랑캐의 문화를 상징한다. 문명으로서의 '중국'에 반대되는 의미인 것이다. '사대'를 주장했던 최명길에게 파병이란 그런 문제였다.

시간이 지난 뒤에도 최명길의 처신과 논리는 뜨거운 논쟁거리였다.

남구만南九萬(1629~1711)은 약국이 강적을 섬기는 일에 관해, 그리고 병자호란을 전후하여 조선이 취한 자세에 대해서 최명길의 손자인 최석정崔錫鼎(1646~1715)과 논쟁했다. 약국이 강적을 섬겨 나라를 보존하는 것은 불가피한 일이지만, 조선이 청나라에 사대하게 된 것을 그런 식으로 설명할 수 있는가? 그렇게 볼 수 없다는 것이 남구만의 입장이다.

남구만에 따르면, 청나라는 명나라와 적국이고, 조선에게 명나라는 은혜를 베풀어 준 부모의 나라다. 따라서 후금과 형제관계를 맺는 것부터 올바른 결정이었다고 할 수는 없다. 그러나 당시 조선의 국력이 약했고, 명나라도 조선을 깊이 책망하지는 않고 자구책을 구하도록 했으니 조선이 명나라에 대해 변명할 말이 없는 것은 아니다. 그런데 그 뒤 병자호란이 있기 전까지 조선 조야에서 그런 명나라에 대해 사력을 다하려는 사람들이 있었는가? 자강自强을 위한 전략을 수립한 적이 없었다. 심지어 청나라의 군대를 이끌고 온 강홍립姜弘立(1560~1627)을 비변사 제조提調로 삼기까지 했다. 포로가 되었다가 탈출한 명나라 유민을 찾아 돌려보냈는가 하면, 조선에 온 명나라 사신을 잡아가겠다는 후금의 협박에 대해 제대로 한마디 하지 못했다. 인심과 국력의 나약함이 이 지경에 이르렀으니, 정묘호란 때 조선이 화친을 택한 것도 당장의 어려움을 피하기 위해 애걸한 것이 아니라고 할 수 있는가. 결코 장차 큰일을 하기 위해 임기응변한 것은 아니었다.[40] 남구만의 주장대로라면, 약국이 강적에게 사대할 수 있고 화친할 수 있지만, 그것은 의리를 잊지 않고 미래의 큰일을 도모하기 위해 '자강'의 길을 모색한다는 전제 위에서만 정당화될 수 있다. 그러나 그가 보기에, 조선은 그렇게 하지 않았다.

병자호란 직전 조선에서 척화론이 들끓었던 것은 무엇 때문이었는가. 그에 따르면, 후금이 황제를 칭하게 되면서 조선에게 신하를 칭하게 하고 명나라와 단교하게 하며 심지어 명나라를 공격하도록 강요하리라는 것은 충분히 예상 가능했다. 그러니 "병자년 봄에 정묘호란 때보다 더 격렬하게 척화론이 제기된 것은 다만 오랑캐를 섬기는 것을 수치스럽게 여겨서일 뿐만은 아니었다."[41] 〔오랑캐를 섬기는 것을 수치로 여기지 않은 것은 아니지만, 더 큰 이유는 명나라에 등을 돌릴 수 없었기 때문이다.〕 남구만은 행간에서 그렇게 말한 것이다. 당시 척화론자들에게는 오랑캐를 섬기느냐 마느냐의 문제보다 명나라에 의리를 지킬 수 있느냐 없느냐가 훨씬 중요했다는 뜻이다.

병자호란 이전과 이후 조선의 선택지는 어떻게 달라졌는가. 남구만에 따르면, 전쟁의 먹구름이 드리우기 직전인 병자년 봄만 하더라도 청나라가 조선에게 신하를 강요하거나 명나라와의 단절을 요구하지도 않았고 조선의 국력도 여전히 위약했으므로, 조선으로서는 우선 정묘호란 때의 약속을 지키는 것도 선택지 중 하나가 될 수 있었다. 그러나 결국 전쟁이 벌어졌고, 인조가 남한산성에서 내려와 청 태종에게 머리를 조아리는 상황이 연출되고 말았다. 이제 조선에는 두 가지 선택지밖에 남지 않게 되었다. "생아자生我者를 위해 죽는 것이 옛 제도이니, 명나라를 위해 우리 사직이 망한다 해도 한스러울 것은 없다"는 자세를 취하는 것은 '의리'를 위한 선택이다. "300년 이상 이어 온 사직을 하루아침에 멸망하게 할 수는 없다"고 생각하여 머리를 조아리고 신하라고 칭하는 굴욕을 참아 내는 것은 '이해利害'를 위한 일이다.[42]

남구만이 보기에, '의리'와 '이해'를 모두 취할 수 있는 길이 처음부터 없었던 것은 아니다. 주화론을 주도하는 사람들이 한편으로 군대를 정비하고 무기를 정돈하여 뒷날을 준비하기 위한 계책을 세우는 것이 그런 길일 것이다. 그러나 화의를 주도하던 최명길에게 '의리'를 위한 아이디어는 없었다. 결과적으로 본다면 '화의' 그 자체만을 국가 보존의 방략으로 여긴 것이라고 하지 않을 수 없다. 만일 김류金瑬 (1571~1648)의 반대로 인해 뜻을 펴지 못했다면, 굳이 최명길에게 그 책임을 물을 수는 없을 것이다. 그러나 당시 조정에 있는 신하들이 명나라를 위해 반드시 죽고자 하는 마음이 없었으므로 결국 항복에까지 이른 것이다. 결국 항복 이전이라면 몰라도 항복 이후라면 '의리와 이해 모두 손상되지 않는 길'을 찾을 수는 없다.[43]

최석정은 태왕太王과 구천句踐의 사례를 인용하며 당시 최명길의 선택이 불가피했다는 점을 강조했지만, 남구만은 그 점에 대해서도 최석정과 생각이 달랐다. 적절한 비유가 아니라는 것이다. 남구만에 따르면, 태왕은 훈육薰鬻에 대해 다만 가죽과 폐백을 보내 섬기는 형식을 취했을 뿐, 훈육에 항복하여 신하라고 칭한 적이 없으며, 그들의 협박을 받아 임금으로 섬기던 나라[臣事之國]와 단절한 적이 없으며, '원수의 나라'에 구원병을 보내어 '부모의 나라[父母之邦]'를 공격한 적이 없다. 그러니 '부모의 나라'와 단절했을 뿐만 아니라 '원수의 나라'에 파병하여 '부모의 나라'를 공격하게 된 조선을 훈육에 사대했던 태왕에 비교할 수는 없다. 월왕 구천의 경우는 어떤가. 그는 오왕 부차의 신하가 되어 부차가 제나라를 정벌할 때 파병한 적이 있었으니 파병만을 놓고 본다면 조선과 유사한 점이 없다고 할 수 없다. 그러나 만일 부차가 주나라를 치러 가는 길에 구천의 군대가 선봉에 섰다면 맹자가 구천을 결코 '외천자畏天者'라고 말하지는 않았을 것이다.[44]

남구만의 시야로 본다면, 시세상 불가피한 경우 소국이 오랑캐에 사대할 수도 있는 문제이지만 그 사대행위가 언제나 존주尊周의 의리와 충돌하지는 않아야 한다는 점이 중요하다. 결국 소국은 시세상 사대를 하면서도 의리를 잊지 않고 존주의 길을 찾아야 하는 것이다. "지자智者가 이소사대하고 외천사대畏天事大할 수 있다"는 맹자의 말도, 지자를 "시세와 의리를 아는 자"라 했던 주자의 말도 그런 의미다. 그런 점에서 보면 원수의 나라에 사대한 것이 문제가 아니라 부모의 나라를 배신한 것이 문제이며, 시세상 어쩔 수 없어서 등졌다고 하면서도 '의리'와 '존주'의 길을 찾지 않은 것이 문제인 것이다.

그에 따르면, 조선은 청나라에 항복함으로써 명나라를 등졌고 청나라에 파병하여 명나라를 공격해야 하는 처지에 놓이게 되었다. 파병은 이미 항복문서에 명문화되어 있었으므로 충분히 예상되는 일이었다. 그런데도 최명길은 그 점에 대해서는 함구했다. 그것이 문제다. 청나라는 곧 가도椵島를 공격하기 위해 조선에 파병을 요청했고 조선은 그 요구를 거부할 수 없었다.

이듬해 청나라에서 다시 파병 요구를 해오자 최명길이 그 요구를 철회해 달라고 청원하기 위해 심양으로 달려갔다. 그러나 조선에서는 최명길이 심양에 도착하기도 전에 이미 군대를 출발시켰다. 최명길은 자신이 청원하기도 전에 파병 건을 심의한 동료들을 비판했는가. 결코 그렇게 하지 않았다. 청원을 성사시키지 못했다며 자신의 허물을 탓한 적이 있는가. 그런 적도 없다. 그런데도 그가 군이 심양에 간 것을 어떻게 이해해야 하는가. 그것은 다만 일신의 명예를 구한 것이었을 뿐이다. 국가를 위해서는 아무런 도움도 되지 않는 행동이었다.[45]

남구만이 보기에 '이해'만 남은 상황에서는 아무리 심양에 달려간다 한들 무의미한 것이다. 형제관계를 받아들인 상황에서라도 뒷날을 위한 군사적인 대비를 했다면, 남한산성에서 죽기를 각오하고 싸웠다면 적어도 명나라를 배반하지 않았을 것이다. 만일 누군가 '의리'를 택하려 했다면 그 두 가지 경우의 수만이 유의미했지만, 최명길은 그 가운데 어느 것도 선택하지 않았다. 그러니 항복문서를 받아들이고 명나라를 배신한 그가 심양에 가서 파병 철회를 청원한다 한들 그것이 국가를 위한 계책이 될 수는 없는 노릇이다.[46]

최석정은 경도經道와 권도權道의 개념을 빌려 와 최명길의 선택이 불가피한 것임을 주장하기도 했다. 그러나 남구만은 그 점에 대해서도 생각이 최석정과 달랐다. 남구만에 따르면, 공자는 "도에 나아가는 것도 어렵지만 권도를 행하는 것은 더 어려운 일"이라는 취지로 말했다. 불가능하지는 않지만, 그만큼 어려운 일이다. 주자는 권도를 행하는 것을 '일의 경중을 저울질하여 의에 부합하게 하는 것'이라고 정의했다. 결국 '의에 부합하는가'가 핵심이다.[47]

남구만은 음식을 먹거나 부인을 얻는 일과 예를 지키는 일 사이의 관계를 예로 들었다. 이 이야기는 《맹자》〈고자장〉에 근거를 두고 있다. 음식을 먹거나 여색을 취하는 것보다 예가 중요하다는 옥려자에게 임나라 사람이 다시 물었다. "예대로 먹으면 굶어죽고 예대로 먹지 않으면 밥을 얻을 수 있는 상황이라도 반드시 예대로 해야 합니까? 친영親迎을 하면 아내를 얻지 못하고 친영을 하지 않으면 아내를 얻을 수 있는 경우라도 반드시 친영을 해야 합니까?" 답이 궁해진 옥려자가 스승인 맹자에게 물었다. 맹자의 생각은 이랬다.

먹는 것 중에서 중요한 것과 예를 지키는 것 가운데 가벼운 것을 놓고 비교한다면 먹는 것이 중하다 해야 한다. 여색을 추구하는 것 중에서 중요한 것과 예를 지키는 것 중에서 가벼운 것을 놓고 비교한다면 여색을 추구하는 것이 중하다 해야 한다. 그러나 그것은 최악의 경우와 최상의 경우를 나란히 놓고 비교한 것일 뿐이다. 그런 점에서 옥려자의 질문은 일의 근본을 잘 헤아린 것이라 할 수 없다. 그러니 근본을 헤아려 비교한다면 이렇게 되물어야 한다. 내가 형의 팔을 비틀어 먹을 것을 빼앗으면 먹을 수 있고 그렇게 하지 않으면 먹을 수 없다 하자. 이 경우 형의 팔을 비틀어야 하겠는가? 동쪽 집 담을 뛰어넘어 그 집 처녀를 끌고 오면 아내를 얻고 그렇게 하지 않으면 아내를 얻지 못한다고 하자. 이 경우 그 처녀를 끌고 오겠는가?[48]

맹자를 인용한 뒤 남구만이 이렇게 말했다. "우리나라가 명나라를 배반하고 청나라를 도와 명나라를 공격하는 것은 형의 팔뚝을 비틀고 처자를 끌어오는 행위와 같은가 다른가?"[49] 남구만이 보기에 최명길의 선택은 결코 일의 경중을 저울질하여 의에 부합하게 한 것은 아니었으므로, 그것을 '권도'라 부를 수는 없다.

남구만이 청나라에 대한 사대를 명나라에 대한 배신과 연결시키는 장면은 음미할 만하다. 약국이 나라를 지켜 내기 위해 강적을 섬길 수도 있지만, 원수의 나라인 청나라에 대한 사대는 부모의 나라인 명나라에 대한 배신과 동전의 양면을 이루기 때문에 경우가 다르다는 뜻이다. 그가 보기에 항복문서에 동의한 그 순간 조선은 명나라를 배반하게 된 것이고 명나라를 배반하는 그 순간 '의리'와 '이해'를 모두 얻을 수 있는 지자智者의 길은 사라졌다. 최명길은 사대한 뒤 의리의 가능성을 찾아 나가려 했지만, 남구만에게 그것은 처음부터 불가능한 일이었다. 최명길도 남구만도 모두 '이소사대'를 인정했다. 모두 '이해'의 불가피성과 '의리'의 중요성을 인정했으며, 주자가 말한 '지자'의 길을 따르려 했다. 그러나 그 경로에 관한 한 두 사람의 생각은 평행선을 달렸다.

병자호란에서 진 소국 조선은 전쟁의 승자이자 대국인 청나라에 사대해야 했다. 8년 뒤 중원은 마침내 청나라의 차지가 되었다. 명을 중심으로 한 예적禮的 질서도 사라졌다. 이제 조선이 명나라를 가상의 적으로 삼아야 할지도 모르는 상황 때문에 고민할 필요는 없었다. 그러나 명나라가 사라졌다고 해서 '의리'와 '이해'의 문제가 가지는 중요성이 줄어들지는 않았다.

송시열도 논쟁에 가세했다. 그는 윤선거尹宣擧(1610~1669)가 한 말 가운데 "경연광이 미쳤다"거나 "구천이 속임수를 썼다"고 한 대목을 문제 삼았다. "자기 힘을 헤아리지 않고 대국과 싸우려 했던 경연광처럼 무모하게 청나라에 맞서려 하는가? 오나라를 섬기는 척하다가 복수한 구천처럼 청나라에 대해 속임수를 써서 복수하려 하는가?" 송시열은 윤선거가 경연광과 구천의 사례를 인용하여 그렇게 말했다고 여겼다.[50]

윤선거가 그런 표현이 담긴 편지를 송시열에게 보낸 것은 1669년(현종 10)의 일이었다. 송시열이 문제 삼은 단락을 보자.

지금 천하가 모두 좌임左衽을 하는데도 오동吾東만은 체발剃髮을 하지 않고 있으니 이것은 척화를 주장한 분들의 공입니다. 대의가 어두워지고 막혀 있는 중에 오동만은 홀로 존주의 의리를 붙들고 있으니 이것은 오늘날 선비들 덕입니다. 사람만의 힘으로 될 일은 아니니, 아마도 하늘의 뜻일 것입니다. 비록 문왕이 곤이昆夷를 섬긴 것과는 다른 점이 있지만 그 현실을 논한다면 정말 비슷하다 할 수 있겠습니다. 나라를 세우고 왕통을 이어 오신 것은 선왕의 몫이었으니, 선왕의 뜻과 하신 일을 계승하는 것은 성상의 몫입니다. 구천은 속임수를 썼고 경연광은 무모했으니, 인은 문왕文王의 정치를 본받으시고 의는 춘추의 계책을 강구하시면 이로 말미암아 동방에 주나라의 도를 일으킬 수 있을 것입니다.[51]

윤선거 자신의 논리로 말하면 그 편지의 요지는 이런 것이다.

〔청나라가 중원의 주인이 되면서 세상은 오랑캐의 차지가 되었지만, 조선은 홀로 체발하지 않고 있으며 존주의 의리를 유지하고 있다. 조선은 중화 문화와 존주 의리의 계승인 것이다. 체발하지 않게 된 것이 김상헌 등 척화신 덕분이라면 존주 의리를 계승하고 있는 것은 송시열 같은 지금의 선비들 덕분이다. 조선이 지금 처한 상황은 어떤가. 조선이 병자호란으로 사대를 강요받았다면, 옛날 문왕은 시세를 감안해 자발적으로 곤이에게 사대했다. 물론 조선의 상황이 문왕이 곤이를 섬긴 것과 같다고는 할 수 없다. 그러나 중국이나 중화의 계승자가 오랑캐에게 사대한다는 점에서 보면 같은 처지라 해야 한다. 그점에 주목한다면, 조선은 태왕과 구천의 길이 아니라 문왕의 길을 따르는 것이 옳다. 무력적인 복수를 위해 와신상담했던 월왕 구천이나, 오랑캐와의 전쟁을 불사한다고 호언하다가 실패한 경연광을 보라. 구천은 속임수를 썼으며, 경연광은 미치광이였으니, 문왕의 길과는 다르다. 문왕을 따라 춘추의 대의를 밝히면 동방에 주나라의 도를 일으킬 수 있다.〕

1716년(숙종 42) 신구申球 등 지방 유생 60여 명이 상소를 올려서 이렇게 말했다. "윤선거는 절의를 잃고 죄를 진 사람으로서 춘추의 의리를 듣기 싫어하였고, 그래서 송시열을 시기하고, 감히 또 효종을 불만스럽게 여기는 마음을 품었는데, 구천이 속였다느니 경연광이 미쳤다느니 하는 말로 덕을 같이하는 임금과 신하를 근거 없이 헐뜯었습니다."⁵²

며칠 뒤 예조참판 오명준吳命峻(1662~?)이 신구를 비판하는 상소를 올렸다. 오명준에 따르면, 윤선거를 두고 춘추의 의리를 부정했다고 말하는 것은 근거가 없다. 윤선거는 그 편지에서 선왕의 뜻과 해온 일을 계승할 것을 말했을 뿐이다. 효종을 구천에 빗대었다며 비판하는 것은 더더욱 어불성설이다. 윤선거는 임금에게 구천의 속임수와 경연광의 미친 행동을 따르는 대신, 문왕의 어진 정치를 본받아 춘추의 의로운 계책을 강구하도록 권했을 뿐이다.⁵³

오명준이 윤선거를 변호하는 장면은 주목할 만하다. 신구는 윤선거가 효종을 구천에, 송시열을 경연광에 빗대었다고 의심했지만, 오명준은 구천의 비유에 대해서만 소명했기 때문이다. 오명준은 드러내 놓고 말하지 않았지만, 행간에서 이렇게 말했던 것이다. 〔송시열을 경연광에 비유한다 해서 크게 잘못은 아니지 않은가?〕

송시열과 윤선거, 신구와 오명준의 말을 비교해 보면, 윤선거가 춘추 의리를 존중하지 않았다고 말할 수는 없다. 윤선거도 송시열처럼 조선을 중화 문화의 담지자擔持者로, 존주 의리의 계승자로 여겼기 때문이다. 청나라를 상대로 하여 춘추 의리를 어떻게 실현할 것인가를 두고 송시열이 북벌과 와신상담을 상상했다면, 윤선거는 교화를 생각했다는 점에서 다르다. 박세채朴世采(1631~1695)가 쓴 윤선거의 행장

行狀에는 이런 내용이 더 있다. "인자仁者의 교화는 가까운 곳에서부터 멀리까지 미치는 것이기에 천하의 3분의 2를 가질 수 있었던 것이니, 우리나라가 비록 외지고 작지만 유독 100리의 땅으로 일어나지 못할 리가 있겠습니까?"[54]

문왕은 곤이를 섬길 수밖에 없었던 그 부당한 현실을 어떻게 극복할 수 있었는가? 윤선거와 박세채의 따르면, 구천은 섬기는 척하다가 몰래 군사력을 양성하여 복수했다. 그러나 문왕은 그렇게 하지 않았다. 대신 교화 두 글자를 중시했을 뿐이다. 그 교화를 주변으로 펼쳐 나간 결과 천하의 3분의 2를 가지게 된 것이다. 박세채가 보기에 윤선거는 춘추 의리를 실천하기 위해서 구천의 길이 아니라 문왕의 길을, 복수의 길이 아니라 교화의 길을 지향했던 것이다.

맹자는 곤이를 섬긴 문왕을 인자仁者라 했고, 주자는 그 대목을 해설하면서 '인인仁人'이라야 대국으로 소국을 섬길 수 있다 했다. 주자에 따르면 모든 대국이 그렇게 하는 것은 아니다. 너그럽고 간곡한 마음의 소유자여야만 한다. 그런 대국이라야 대소와 강약을 비교하고 따져 대는 사사로움이 없기 때문이다.[55] 맹자의 말과 주자의 해설이 충돌한다고 볼 수는 없다. 그러나 여백은 있다. 소국은 너그럽고 간곡한 마음을 가질 수 없는가? 소국은 대소와 강약에 연연하지 않는 의연함을 가질 수 없는가? 만일 그런 소국이 있다고 한다면, 그 소국은 '인자'의 길을 갈 수 있는가? 맹자도 주자도 그 점에 대해서 답하지는 않았다. 박세채가 주목한 것은 바로 그 지점이었다.

박세채는 행간에서 이렇게 말했다.

[윤선거는 복수를 위해 속임수를 쓴 구천보다는 교화에 집중했던 문왕에 가깝다. 나라의 규모로 말한다면, 소국인 조선이 대국인 청나

라를 섬기는 것을 대국인 문왕이 소국인 곤이를 섬긴 것에 비유할 수는 없다. 맹자의 방식으로 말한다면 조선은 이소사대해야 하는 처지이며, 그런 조선이 걸어야 하는 것은 '지자'의 길이다. 그러나 가치의 영역으로 말한다면 윤선거는 문왕에 비유할 수 있다. 대소와 강약에 연연하기보다는 교화를 지향했기 때문이다. 주자의 기준으로 본다면 조선은 물론 이대사소하는 대국은 아니다. 그러나 윤선거가 복수를 위해 속임수를 쓰려 하지 않은 것을 보면, 그는 '지자'보다 '인자'의 마음을 가진 인물이라고 해야 한다.]

윤선거와 송시열의 논쟁을 논평한 사람들 중에는 양득중梁得中(1665~1742)이라는 이도 있었다. 윤선거의 아들 윤증尹拯(1629~1712)에게 배운 인물이었으니, 그가 송시열의 논리에 의구심을 가졌던 것도 이상한 일은 아니다. 그는 특히 송시열이 기축봉사己丑封事에서 말한 논지를 납득할 수 없었다. 특히 이 대목이 문제였다.

시세를 헤아리지 않고 경솔히 강한 오랑캐와 관계를 끊다가 원수는 갚지 못한 채 화패禍敗가 먼저 이르게 된다면, 또한 선왕이 수치를 참고 몸을 굽혀 종사를 연장시킨 본의가 아닙니다. 삼가 원하건대 전하께서는 이 오랑캐는 군부의 큰 원수이니, 맹세코 차마 한 하늘 밑에 살 수 없다고 마음에 새기시되, 원한을 쌓고 원통을 참고 견디며, 말을 공손하게 하는 가운데 분노를 더욱 새기고, 금폐金幣를 바치는 가운데 와신상담을 더욱 절실히 하여, 계책의 비밀은 귀신도 엿보지 못하고 지기志氣의 견고함은 맹분孟賁·하육夏育도 빼앗지 못하도록 하여 5~7년 또는 10년, 20년까지도 마음을 늦추지 말고, 우리 힘의 강약을 보고 저들 형세의 성쇠를 관찰하신다면, 비록 창을 들고 저들의 죄를 문책하고 중원을 깨끗이 쓸어 내어서 우리 신종 황제의 망극한 은혜를 갚지는 못한다 하더라도 오히려 혹 관문關門을 닫고 약속을 끊으며 이름을 바르게 하고 이치를 밝혀 우리 의리의 온편穩便함을 지킬 수 있을 것입니다. 성패와 이둔利鈍은 예견할 수 없더라도 우리가 군신·부자의 사이 이미 유감이 없다면, 굴욕을 당하고 구차하게 보존하는 것보다 훨씬 낫지 않겠습니까.[56]

양득중은 〈명대의변明大義辨〉이라는 글에서 이 논리의 허점을 파고들었다. 혹자와의 문답 형식이지만, 사실상의 자문자답이다. 혹자가 물었다. "자기 힘을 헤아리지 않은 채 관문을 닫고 저들과 한 약속을 깬다면 재앙이 닥쳐 오지 않겠습니까?" 양득중이 답했다. "그렇다. 그러니 송시열이 기축봉사에서 그렇게 말한 요지는 정당하다." 질문과 답이 이어진다.

문 그렇다면 청나라의 수하 노릇을 해야 한다는 말입니까?
답 그대는 선왕이 강화한 것을 두고 저들에게 수하 노릇을 했다고 하는 것인가?
문 그렇지 않습니다. 지혜로운 사람[智者]은 소국으로 대국을 섬기니[以小事大], 태왕이 훈육을 섬긴 것이 어찌 기꺼이 수하 노릇을 한 것이겠습니까?
답 그대가 이치를 터득하였구나."[57]

양득중도 송시열처럼 인조가 굴욕적인 강화를 받아들인 것이 재앙을 피하기 위한 불가피한 선택이었다고 본 것이다. 그런데 문제는 그

다음부터다.

문 그렇다면 송시열도 이렇게 주장했을 뿐인데, 왜 그렇게 비난하시는 것입니까?"

답 그대는 태왕이 훈육을 섬긴 일을 가지고 이적을 물리치는 것으로 여기는 것이 옳다고 생각하는가? 그 일을 가지고 춘추의 대의를 밝혔다고 여기는 것이 옳다고 생각하는가? 저들에게 마음속으로 복종하지 않았다는 이유로 물리쳤다고 하고 밝혔다고 하는 것이 옳다고 생각하는가? 더구나 태왕은 훈육에 대해서 자기 몸을 굽히는 굴욕을 당했을 뿐이지만, 남송에게 금나라와 원나라, 본조本朝에게 북로北虜는 모두 군부君父의 큰 원수인데도 그런 그들과 강화하지 않았는가? 저들에게 말을 공손히 하여 제왕으로 여기고 또 금폐를 바쳐 가며 섬겨 놓고서는 남들에게 말하기를, '나는 말을 공손히 하면서 분노를 간직하고 금폐를 바치며 와신상담의 뜻을 잊지 않음으로써 이적을 물리치고 천하에 대의를 밝히려 한다'고 한다면, 남들이 그 말을 믿겠는가?"[58]

양득중이 보기에, 불가피해서 원수와 강화한 것이 문제가 아니라 그렇게 강화하면서 '이적'을 물리치고 대의를 밝힐 수 있다고 주장하는 이율배반이 문제인 것이다.

문 그렇다면 도대체 어떻게 해야 옳습니까?"

답 무릇 세상일이란 모두 때와 형편에 따라 각각 그 마땅함이 달라지게 마련이다. 주자가 지금 세상에 다시 태어난다 해도 당시 송나라 효종에게 아뢴 것처럼 우리 임금에게 아뢰지는 못할 것이다.

문 주자는 송나라 효종에게 '화친하자는 주장을 물리치시고 저들에게 보낸 우리 사신을 되돌아오게 해야 합니다. 우리 사신이 아직 회수를 넘지 않았다면 그를 따라잡을 수 있을 것입니다. 그렇게 한 뒤에 관문을 닫아걸고 오랑캐와 맺은 화약을 파기하며, 현능한 인재에게 일을 맡기며, 싸우고 지키는 계책을 합하여 하나로 만들어야 합니다' 라 하였습니다. 송시열이 '오늘날 시세를 헤아리지 않고 경솔히 강한 오랑캐와 관계를 끊다가 원수는 갚지 못한 채 화패가 먼저 이르게 된다면, 또한 선왕이 수치를 참고 몸을 굽혀 종사를 연장시킨 본의가 아닙니다' 라고 한 것도 이른바 때와 형편에 따라 각각 그 마땅함이 달라지는 것이 아니겠습니까?[59]

양득중이 말한 것은 "때와 형편에 따라 해법이 달라져야 한다"는 것이다. 그런데 송시열이 '시세를 헤아려 화를 피해야 한다'고 주장한 것도 때와 형편에 따라 다른 해법을 제시하려 한 것처럼 보일 수도 있는 것이 아닌가? 혹자는 그것을 질문한 것이다. 양득중이 그 질문에 답했다.

그에 따르면, 때와 형편에 따라 각각 그 마땅함이 달라지기 때문에 지금 강화가 현안이 되었던 것인데도, 송시열은 입신양명의 기회를 엿보았을 뿐이다. 척화하자는 주자의 주장을 빌려다가 강화하는 일에다 쓰려 한 것이다. 송시열의 처지에서 보면, "관문을 닫고 약조를 파기하자"고 말할 수 없게 되었다. "대의를 밝히고 이적을 물리치자"는 주자의 정대한 주장들을 끌어 대기 어려워진 셈이었다. 결국 그는 효종의 북벌 의지에 기대어서 "원통함을 참고 견디며, 와신상담을 절실히 해야 한다"는 논리를 내세웠다. 주자의 설을 자의적으로 인용하는 데서 돌파구를 찾은 것이다. 상황이 이렇게 되자 사람들도 그의 주장을 비판할 수 없었다. 주자는 강화에 대해 "자기를 굽히는 것이 아니라 이치를 거스른 것"이라고 주장했지만, 송시열은 그 내용을 고의적으로 숨겼다. 대신 인륜과 천리, 복수설치復讐雪恥의 의리에 관한 설만을 취한 뒤 장황하게 늘어놓았을 뿐이다.[60]

혹자가 다시 물었다. "그렇다면 어떻게 해야 합니까?" 양득중은 윤선거가 송시열에게 보낸 두 개의 편지에서 답을 찾았다.

주자가 봉사封事를 올리며 '역易을 아는 사람은 역易을 말하지 않는다'고 한 것은 공자가 《주역 계사전》에서 '하는 일이 비밀스럽지 않으면 일이 완벽해지기 어렵다'고 한 말과 같다. 더구나 오늘날의 시세는 주자의 시대와 같다 할 수 없다. 주자의 시대는 병자호란 이전의 상황과 같아서 피차간에 상적相敵하는 시세라도 있었지만, 지금은 고려가 금나라나 원나라를 대하던 때와 다를 바 없다. 시사時事가 가능한지 그렇지 않은지를 따지지도 않은 채 다만 듣기 좋은 말을 입에 올려서 입신양명하려 하는 것은 대인군자가 할 일이 아니다. 지금 이런 시대에 선비가 임금에게 고하는 말은 어떤 것이어야 하는가. 의를 소리 높여 외치고 복수해야 한다고 할 것인가, 문왕을 본받아 인정을 펼쳐야 한다고 할 것인가. 만일 주자가 오늘날 다시 태어난다 해도 '역을 아는 사람은 역을 말하지 않는다'는 말 이외에 다른 말은 하지 않을 것이다.

양득중의 시야에서 보면, 그런 윤선거는 대인군자이며, 윤선거가 보낸 편지는 '시세를 아는 정대한 주장'이었다.[61]

조선 문인들이 '의리'와 '이해'라는 의제를 놓고 치열하게 논쟁을 벌였던 것은 이적에게 사대하지 않을 수 없는 현실 때문이었다. 이 의제는 때로 돌발 변수로 인해 변주되었다. 1698년(숙종 24) 연달아 흉년이 들어 진휼미가 바닥이 나는 긴급한 상황이 되었다. 다른 대안을 찾을 수 없었던 임금은 청나라에 자문을 보내 쌀을 사들일 수 있도록 청원하자는 대신들의 주장을 따랐다. 청나라는 조선의 요청을 받아들였다. 이런 상황에서 청나라 칙사는 조선 국왕을 변경에 나오도록 하는 전례 없는 요구를 해왔으며, 청나라 상인들은 쌀값을 올려 받으려 했다. 굴욕적일 수도 있는 일이 벌어지게 된 것이다. 정시윤丁時潤(1646~1713)이 이 상황에 대해 "청나라에 구걸하여 치욕을 달갑게 여겼다"며 비판한 것은 그런 이유 때문이었다. 정호鄭澔(1648~1736)는 사안을 춘추 대의의 문제로 격상시켜 가며 비판의 강도를 높였다.[62]

비판의 목소리가 높아지자 이 사안을 주도했던 최석정이 사직을 청하는 상소를 올렸다.[63] 최석정이 청나라를 오랑캐로 여기는 관점 그자체를 건드리려고 했을 가능성은 크지 않다. 그는 다만 청나라에 청원하기로 한 결정이 불가피한 일이었다는 점을 말하고 싶었을 뿐이다. 그의 주장이 좀 더 설득력을 지니기 위해서는 진휼미 구입이 민생을 위한 문제일 뿐 결코 '이적'에 관한 문제가 아니라는 사실을 논증할 필요가 있었을지도 모르지만, 설사 그렇다 하더라도 그것은 비판을 받은 당사자가 말할 내용은 아니었다.

오도일吳道一(1645~1703)이 주목한 것은 바로 이 지점이었다. 불필요한 논란을 일으키지 않기 위해서는 무엇보다 청나라에 복수하자는 주장의 당위성을 인정하는 자세가 필요했다. 오도일은 상소의 첫 대목에서 이렇게 말했다.

태왕이 훈육을 섬기고 문왕이 곤이를 섬겼으니 이런 일은 옛 성왕도 피하지 못했던 일입니다. 그러니 병자호란 때 청나라에게 항복한 것은 진실로 나라가 작고 힘이 약해서 생긴 부득이한 일이었습니다. 이는 진실로 백세토록 씻기 어려운 수치이며, 저들은 춘추 대의에 입각해 반드시 복수해야 하는 원수입니다. 그러나 세월이 지남에 따라 인정은 무사함을 즐기니, 와신상담의 의지는 해이해지고 내수외양內修外攘의 각오는 들리지 않게 되어, 마침내 구차스럽게 안일을 탐하여 저들에게 복종하기를 달갑게 여기는 지경까지 이르게 되었습니다. 임금과 신하들이 모두 통렬히 반성하고 힘써 분발해야 할 것입니다.[64]

오도일이 소론계 문인이었다는 점을 감안한다면, 태왕과 문왕의 이야기를 해석하는 맥락이 시선을 끈다. 그 글에 따르면, 조선이 청나라에 항복한 것은 태왕과 문왕이 훈육과 곤이에게 사대한 것과 다르지 않다. 나라가 작고 힘이 약했기 때문이며, 그렇기 때문에 불가피한 일이다. 이 상황에서 필요한 것은 춘추 대의에 따라 복수해야 한다는 각오를 새롭게 하는 일뿐이다. 주자가 말한 것처럼 '지자'가 '시세'와 '의리'를 모두 알아야 한다면, 청나라에게 항복한 것은 '시세'를 따른 결정이며 북벌론은 '의리'를 지키기 위한 노력이 된다.

오도일이 이 상소에서 정작 말하고 싶었던 것은 그다음이다. 화시和市란 무엇인가? 이웃 나라끼리 서로 가지고 있거나 가지고 있지 않은 것을 교역하는 것을 화시라 한다. 유사 이래로 모든 나라가 이런 일을 해왔다. 가까운 전례도 있다. 변경에서 열리는 개시開市에서 청나라 상인과, 동래부에서 일본과 교역하고 있으니, 그것을 비방하고 배척하는 사람은 없다. 청나라에 쌀을 교역해 주도록 요청한 일도 결국 이런 범주를 벗어나는 것은 아니다. 민생을 위해 불가피한 일이었을 뿐이다. 더구나 무상으로 지원해 달라고 말한 것도 아니지 않은가?[65] 그렇다면 '이해'를 중시한 결정이라는 비판은 정당한가. 결코 그렇다고 할 수 없다. '이해'를 중시했다면 '의리'를 돌아보지 않았다는 의미가 될 것이다. 물론 국가 재정을 확충하기 위해서 그런 선택을 했다면 확실히 '이해'는 '의리'와 충돌한다고 말할 수 있다. 그러나 굶주린 백성을 살려 냄으로써 국가가 그 이익을 얻는다면, 그 '이해'라는 것이 바로 '의리'가 아닌가. 성혼도 "국가의 이해는 바로 의리가 있는 곳이다"라고 말하지 않았던가. 맹자가 양 혜왕에게 "하필 이利를 말하십니까?"라고 한 것은 이익과 은택이 백성에게 미치는 그런 '이'를 가리켜 말한 것은 아닐 것이다.[66]

최명길의 문제의식은 그의 손자 최석정에게 계승되었다. 그러나 그들조차 "백성을 위한 결정이라면 '이해'가 곧 '의리'"라는 식으로 주장하지는 않았다. 오도일이 특별한 것은 '이해'가 '의리'와 충돌하지 않는 경우를 예시하고 성현의 말과 경전의 해석을 덧붙임으로써 자신의 논리를 완성시켜 나갔기 때문이다. 그의 방식으로 말한다면, 백성을 위해 '이해'를 따지는 것은 결코 '공리'가 아니며, 그런 '이해'라면 그것이 곧 '의리'인 것이다.

물론 모든 사람이 오도일처럼 생각한 것은 아니다. 누구도 시세를 따라 이소사대해야 한다는 점을 부인하지는 않았지만, 사람들은 여전히 '이해'와 '의리'를 충돌하는 가치로 여겼다. 송시열과 그의 학문적 후예들이야말로 그런 사람들이었다. 송시열은 이소사대의 현실을 전제하면서도 의리 문제를 인륜의 차원으로 끌어올렸을 뿐만 아니라 더 많은 변수를 개입시키면서 그 의미를 확장시켰다.

2장

'천리'와 '인륜'의
이름으로

천리·인륜·도통道統·정학正學

소국의 입장에서 이소사대를 말한다는 것은 어떤 의미에서든 그렇게 할 수밖에 없는 시세와 이해를 인정한다는 의미이기도 하다. 북벌을 주장했던 송시열도 소국이 대국에 사대할 수밖에 없다는 점을 인정했다. 그러나 송시열은 결코 "이해가 의리"라는 식으로 말하지는 않았다. 송시열이 말한 '이소사대'의 의미는 오도일보다는 차라리 남구만의 문제의식에 가까웠다. 그러나 송시열은 '의리'를 천리와 인륜의 차원으로 고양시켰다는 점에서 남구만과도 구별된다.

1649년(효종 즉위년), 송시열은 효종의 부름을 받고 정치 전면에 나서면서 장문의 비밀 상소를 올렸다(《기축봉사》). 《대학》의 8조목을 활용한 이 상소는 주자가 남송의 효종에게 올린 두 개의 봉사封事에서 여러 항목과 내용을 빌려 온 것이다.[67]

〈기축봉사〉의 세 번째 항목은 '학문에 힘써 마음을 바로 하는 일'에 관한 것이다. 송시열에 따르면, 마음을 바로잡기 위해서는 학문적 수양이 전제되어야 한다. 마음을 바르게 하려면 물욕의 그늘에서 벗어나야 하는데, 물욕을 없애기 위해서는 학문의 공을 쌓지 않을 수 없기 때문이다.[68] 그가 보기에, 물욕으로부터 자유로워진다는 것은 '인욕'에서 벗어나 '천리'를 따르는 것이기도 하다.

그는 '천리'와 '인욕'의 경계를 드러내기 위해 다양한 예시를 들었다. '천리'는 음식 속에도 있으며 남녀에게도 있다. 그러나 음식으로 배를 채우려 들거나 남녀관계에서 색을 추구한다면 그것은 '인욕'이다. 궁궐을 짓거나 상하관계를 정하는 것에도 '천리'가 있다. 그러나 집을 높이 짓고 담장을 화려하게 장식하는 데 집착하거나, 임금의 권위를 높이고 신하를 억누르려 든다면 그것은 '인욕'이다. 자애로움 속에도 '천리'가 있지만 자애로운 척하며 간사한 마음을 품는 것은 '인욕'이다. 장엄함 속에도 '천리'가 있지만, 장엄함을 뽐내며 어진 이를 업신여기는 것은 '인욕'이다.

물욕으로부터 벗어나는 학문, '천리'를 따르는 학문이란 어떤 것이어야 하는가. 송시열에 따르면, 주자는 《자치통감강목》을 지어서 춘추의 의리를 밝히고 난신적자를 두려워하게 만들었다. 이 한 가지만 가지고 말하더라도 주자는 우 임금-주공-공자로 이어지는 '의리'를 계승한 존재다. '오랑캐' 원나라가 중국에 들어와 임금 노릇을 한 지 오랜 시간이 지났는데도 사관들이 오징吳澄이나 허형許衡 같은 무리를 배척할 수 있었던 것은 춘추의 의리를 밝힌 주자 때문이다. "주자가 아니었더라면 우리는 머리를 풀어 헤치고 옷깃을 왼쪽으로 여미는 오랑캐가 되었을 것입니다. 더구나 주자는 요 임금과 순 임금, 공자와 맹자, 주돈이와 정호·정이의 계통을 계승하여 천지를 위해 마음을 세우고 만세를 위해 태평을 열기까지 했습니다."[69] 송시열은 효종에게 주자를 춘추 의리와 도통의 근원으로 삼을 것을 주문했다.

송시열에 따르면, '인욕'에서 벗어나 '천리'에 이르는 것은 군주가 국가를 경영해 나가거나 혹은 국제관계를 맺어 가는 데도 중시해야 할 원칙이다. 그는 이렇게 말했다. "부강富強에도 천리가 있지만 공리功利를 추구하는 것은 인욕이며, 소국이 대국을 섬기는 것에도 천리가 있지만 부끄러움을 참고 원수를 섬기는 것은 인욕입니다."[70] 소국이 대국을 섬기는 것이 천리를 따르는 행위라는 말은 어떻게 해석해야 하는가. 치욕을 참으며 원수를 섬기는 것이 인욕이라면, 청나라에 대한 사대 의례를 거부해야 한단 말인가.

'중화'와 '이적', '사대'와 '복수'에 관한 송시열의 입장은 〈기축봉사〉의 마지막 항목에서 좀 더 선명히 드러난다. 소항목의 주제는 '정사를 닦아 이적을 물리치는 것'이다. 그에 따르면 공자가 《춘추》를 지어 '중국'을 존중하고 '이적'을 배척해야 한다는 것을 세상 사람들에게 알려 주었다면, 주자는 '인륜'에 비추어 보고 '천리'를 탐구하여 '복수설치復讎雪恥'의 뜻을 분명히 했다. 그는 주자의 말을 그대로 인용했다.

하늘은 높고 땅은 낮은데 사람은 그 가운데 위치했다. 하늘의 도는 음양에 벗어나지 않고 땅의 도는 유강柔剛에 벗어나지 않는다. 그렇다면 인과 의를 놓아 버리고서는 또한 사람의 도를 세울 수 없을 것이다. 그러나 인仁은 부자父子보다 더 큰 것이 없고, 의는 군신보다 더 큰 것이 없으니, 이를 삼강의 요체요 오상의 근본이라 이른다. 인륜은 천리의 지극함이니 천지의 사이에서 도망할 바가 없는 것이요, 군부君父의 원

수는 한 하늘 아래 함께 살 수 없는 것이다.[71]

주자는 인의를 천리로 고양시키고 그것을 다시 존화양이尊華攘夷의 문제와 연결시켰던 것이다. 송시열은 '화이'에 관한 주자의 문제의식을 온전히 내면화했다. 이적에 대한 복수는 그에게도 인륜의 문제였다. 복수는 '중화'를 높이고 천리를 구현하기 위한 것이기 때문이다.[72]

"복수가 인륜"이라는 언술은 조선이 청나라의 제후국이 된 현실 속에서 어떤 실천적 함의를 가질 것인가? 송시열은 원칙을 환기喚起하는 데서 출발했다. "만일 '우리가 이미 저들에게 몸을 굽혔으므로 명분은 이미 정해졌'고 한다면, 홍광제弘光帝가 시해당하고 인조가 수치를 당한 일에 대해 복수할 생각을 하지 않게 될 것이다. 이런 주장이 퍼져 나가게 되면 공자 이래로 이어져 온 원칙이 무너지고 나아가서는 삼강오륜과 홍범구주가 무너질 것이다. 이렇게 되면 아들은 아버지를 알아보지 못하고 신하는 임금을 알아보지 못하게 되리니, 금수와 다를 바가 무엇인가."[73]

송시열이 중요하게 고려한 것은 실현 가능성이다. '중화'를 위해 오랑캐에게 복수하는 것이 대원칙이라고 해서 항상 그 원칙대로만 행동할 수는 없다. 국제정세를 잘 살펴보지 않고 경솔하게 강한 오랑캐와 관계를 끊어 버린다면, 결국 원수는 갚지 못하고 패망에 이르게 될 것은 자명한 이치다. 이렇게 하는 것은 인조가 수치를 참고 머리를 조아리면서 종사를 보존한 뜻과는 다르다. 그렇다면 임금은 어떤 마음가짐을 가지고 어떻게 행동해야 하는가. "이 오랑캐는 군부의 원수이니 한 하늘에 살 수 없다"는 마음을 가진 채 원한을 되새기고 원통함을 참아 내야 한다. 그것은 구체적으로 "말을 공손히 하는 가운데 분노를

더욱 쌓아 두고 재물을 바치는 가운데 와신상담을 더욱 절실히 하는" 일이다.[74]

"말을 공손히 하고 재물을 바치는" 행위는 청나라에 대해 조공하고 사대 의례를 갖추는 것을 의미한다. "분노를 쌓아 두고 와신상담을 절실히 하는 것"은 그런 현실을 마음으로부터 부정해야 한다는 것을 뜻한다. 전자가 시세에 따른 대응이라면, 후자는 그 대응 속에서 지켜나가야 할 의리다. 전자가 정치적 역학관계를 중시한 것이라면 후자는 명분을 중시한 것이다. 그 명분은 이미 천리와 인륜으로까지 고양된 상태다. 송시열이 예상한 결과는 어떤 것이었을까.

그에 따르면, 짧으면 5년, 길게는 20년이 걸릴지도 모른다. 그사이, 조선의 힘에 비추어 청나라의 흥망성쇠를 관찰해야 한다. 조선의 힘이 가장 커지고 청나라가 가장 쇠퇴하는 그때야말로 결정적인 순간이다. 청나라의 죄를 문책하고 신종 황제의 은혜를 갚기 위해서라면 물론 군대를 동원해 청나라를 중원대륙에서 몰아내야 한다. 결코 쉬운 일은 아닐 것이다. 그러나 그런 최선의 결과를 내지 않는다고 해서 그간의 노력이 의미가 없는 것은 아니다. 문호를 폐쇄하고 청나라에 대한 조공과 사대를 폐기함으로써 명분과 의리를 바로잡을 수 있을 것이기 때문이다.[75]

송시열의 시야에서 보면, 신종의 은혜를 갚고 홍광제의 원수를 갚는 것은 사람으로서 해야 할 당연한 일, 즉 '인륜'이다. 이런 시야는 1657년(효종 8)에 올린 〈정유봉사〉의 세 번째 항목에서도 잘 드러난다. 그 글에 따르면, '인'에서 가장 중요한 것이 부자관계라면, '의'에서 가장 핵심적인 것은 군신관계다. 조선은 명나라로부터 큰 은혜를 받아 군신관계에 있으니, 그 관계의 '의'를 따르는 것이야말로 곧 '인륜'인 것이다. 숭정제는 죽었지만, 명나라가 가진 '정통'의 맥은 남명南明에 있으니, 결국 남명과 연락할 방도를 찾는 것이 급선무다. 바다 멀리 떨어져 있어서 남명에 소식을 전하기 어렵다 해도 마음만 있으면 못할 일은 아니다. "신은 부신符信을 품고 몰래 가서 우리 임금의 충의로운 마음을 전달하고 조종의 정성된 생각을 극진히 밝히고 싶습니다. 전달하지 못하고 만 길 높은 파도에 휩쓸려 익사한다 하더라도 마음에 달게 여기고 무궁한 영광으로 생각할 것입니다."[76] 항목의 말미에서 그가 그렇게 말했다.

송시열이 '정통의 맥'을 거론하는 장면을 보자. 그에게 중화와 이적을 구분하는 일은 곧 '정통'의 맥을 밝히는 일이기도 했다. 그것들은 모두 천리이며 인륜이기 때문에 정당하다. 그런데 '정통'을 밝히는 것은 '정통'의 계보를 어지럽힌 자를 비판하는 일이기도 하다. 〈정유봉사〉 여덟 번째 항목의 주제가 바로 그것이다. 송시열에 따르면, 공자가 《춘추》를 쓰고 주자가 《자치통감강목》을 지은 뜻은 모두 대일통에 있었다.[77] 대개 대통大統이 분명하지 못하면 인도人道가 어지러워지고 인도가 어지러워지면 나라가 따라서 망하기 때문이다. 병자호란 후 조선에서 그런 조짐이 현저해졌다. 인심이 점점 어두워져서 위僞를 진眞이라 하고 참僭을 정正이라 하는 자가 많아졌다. 이런 상태로 10여 년이 지나면 정통의 설을 말하는 선비들을 찾아보기 어려워질지도 모른다. 현재의 상태를 바꾸기 위해서는 문제의 원인을 제거해야 한다.[78]

송시열은 정통의 계보를 어지럽힌 사례로 허형許衡(1209~1281)을 들었다. 그가 보기에 허형은 한족 출신이면서도 '오랑캐' 원나라에서 벼슬하였으니 이미 절개를 지키지 못한 것이다. 요 임금이 전해 준 대통大統이 여진에 이어진다고 했을 뿐만 아니라, 요나라와 금나라를 대국으로 여기고 송나라를 열국列國으로 취급하기까지 했다. 주자의 가르침대로라면 '중화'와 '이적'을 변별하고 '중화'의 '정통'을 밝혔어야 하지만, 그는 그렇게 하지 않았다. "바라옵건대 허형을 문묘에 종사하는 자리에서 내침으로써 공자와 주자의 공을 이으소서." 그는 항목의 말미에서 그렇게 말했다. 그의 시야에서 보면, 허형을 문묘에서 내치는 것은 천리를 드러내고 왕도를 밝히며 동시에 사설邪說을 배척하는 일이기도 했다. 그는 허형이 주자학을 원나라에 전한 의의에 대해서는 말하지 않았다.[79]

'중화'와 '이적'을 변별하는 일은 이 지점에서 도통을 밝히고 정학을 지켜 내는 일이 된다. 송시열이 가진 '중화'의식은 한편으로는 '이적'에게 사대하는 아픔과 원통함을 견뎌 내는 것으로, 다른 한편으로는 '정학'을 수호하고 이단을 배척하는 방식으로도 표현되었던 것이다. 남송 대 주자의 의제는 그렇게 17세기 조선에서 송시열에 의해 되살아났다.

송시열은 주자의 주석을 존중하지 않는 윤휴尹鑴(1617~1680)를 비판하기도 했다. 도통을 중시하는 송시열의 시야에서 보면, 주자의 주석을 따르지 않는다는 것은 주자로 이어지는 '정학'의 계보를 인정하지 않는다는 의미가 될 수도 있었다. 그러나 그가 보기에 '존왕양이'의 경학적 근거는 《춘추》에 있었고, 자신에게까지 이어지고 있는 '도통'의 흐름은 공자에게서 시작되었다. 그러니 도통을 존중하지 않는다는 것은 결국 '존왕양이'를 따르지 않는 행위가 된다. 그에게 《춘추》는 북벌론과 존주론의 근거이기도 했지만, 공자의 학문이 '도통'의 축이라는 것을 말해 주는 텍스트이기도 했던 것이다. 그는 〈진수당주

차〉를 올린 이후 문묘를 정비하고 새로운 도통론을 제시하는 데 집중했다.[80]

효종의 죽음(1659)과 남명의 멸망(1662)은 송시열이 조선의 위치와 역할을 새롭게 인식하는 계기가 되었다. 효종의 죽음은 북벌을 주창한 리더십이 없어졌다는 것을, 남명의 부재는 난세의 시작을 의미했다. 송시열은 존주를 내용으로 하는 의리론을 정립하는 것에서 답을 찾았다.[81] 그가 생각한 존주의 의미는 1683년(숙종 9)에 지은 삼학사의 전기에서 잘 드러난다. 조선은 무슨 근거로 명나라에 대해 배신陪臣을 자처할 수 있는가?[82] 그에 따르면, 열국列國인 조선이 명나라를 존숭하여 '배신'이라 자칭하는 것은 분수分數가 이미 그렇게 정해졌기 때문이다.

《춘추》는 '분수'가 천지간의 떳떳한 도리임을 잘 보여 준다. 그런 분수를 어긴다면 금수나 다를 바 없게 된다. 조선과 명나라 사이의 도리는 조선이 건국되던 시점부터 시작되었다. 이성계가 조선을 세우자 명나라 태조가 조선이라 이름하고 동쪽 울타리로 삼았다. 본조本朝에서는 그때 이래로 명나라에 대해 제후로서의 법도를 지키고 정성을 다해 섬겼다. 임진왜란 때에는 신종이 도와 주어 종사를 보존할 수 있었다. 병자호란으로 공식적인 관계는 단절될 수밖에 없었으나, 명나라를 향한 마음은 변한 적이 없다. 효종과 삼학사는 천지간의 떳떳한 도리를 잘 보여 주었다.[83]

송시열은 《춘추》에서 가장 중요한 것을 '존주'의 의리라 했다.[84] '존주'의 의미는 "조선이 명나라에 대해 배신을 자처하는 것이 《춘추》에서 말하는 분수"라는 주장에서 분명해진다. 그가 보기에 춘추시대 열국과 주나라의 관계는 조선과 명나라의 관계와 같다. 숭정제가 자결함으로써 명나라가 망하고(1644), 영력제가 죽음으로써 남명조차 사라졌지만(1662), 송시열이 말하는 '존주'의 '주'는 언젠가 회복될 명나라이거나 명나라가 상징하던 '중화'라는 이름의 문명이었다. 그런 송시열이 보기에 남명의 몰락으로 명나라 황제의 혼령이 쉴 곳이 없어진 것이야말로 문제적 상황이었다.

1669년(현종 10) 민정중閔鼎重(1628~1692)이 '비례부동非禮不動'이라고 적힌 숭정제의 어필을 북경에서 구해 와 송시열에게 건넸다. 송시열은 숭정제의 어필을 보관하고, 임진왜란 때 도움을 준 만력제와 마지막 황제 숭정제를 제사 지내려 했다. 송시열의 제자 권상하權尙夏(1641~1721)가 스승의 유지를 받들었다. 그렇게 해서 화양동에 만동묘萬東廟가 만들어졌다. 1703년(숙종 29)의 일이었다.[85] 송시열이 조선을 '중화'의 유일한 계승자로 여겼던 것은 의심의 여지가 없다. 그러나 그가 조선을 존주의 '주'로 여겼는지는 분명치 않다. 확인이 필요한 문제다.

존주尊周

1704년(숙종 30) 3월 창덕궁 후원에서 숭정제를 제사 지낸 숙종은 그해 9월 다시 만력제의 묘우廟宇를 건립하는 방안을 제시하고 신하들의 의견을 물었다. 묘우는 신주를 모신 사당을 뜻한다. 묘우 대신 제단을 설치하자는 것으로 의견이 모이자, 숙종이 동의했다.[86] 논의 과정에서 가장 정교한 논리를 제안한 것은 좌의정 이여李畬(1645~1718)였다.

제후가 천자를 제사 지내는 것을 어떻게 정당화할 것인가? 그의 제안은 이 질문에 대한 답으로 시작된다. "제후가 천자를 제사 지내는 것은 예제상 참람한가? 상도常道로 말한다면 그렇다. 그렇지만 예에는 원래 경례經禮가 있고 변례變禮가 있다. 인정人情에 맞고 천리에 부합한다면 변례도 가능한 것이다. 아비를 제사 지낼 적자가 없으면 지서支庶가 그 집에서 제사를 대행하는 것이 인정에 맞는 일이다. 중원에서 더는 제사를 받지 못하는 명나라 황제들을 조선이 제사하는 것은 지서로 그 아비에게 대신 제사하는 것과 다를 바 없는 일이다."[87]

제사가 가능하다면 묘우를 지어야 할 것인가? 이여는 묘우를 세우는 것이 가지는 의미와 문제점을 설명해 나갔다. 그에 따르면, 조선에 명나라 황제를 위한 묘우를 세운다는 것은 조선을 위대한 명나라의 구역區域으로 삼는 것과 다를 바 없으니 성대한 일이라 하지 않을 수 없다. 그러나 묘우를 세운다면 청나라에 그 사실이 알려지지 않을지 걱정하지 않을 수 없게 될 텐데, 그것은 명나라 황제의 혼령을 온전히 받드는 도리라 하기 어렵다. 만일 그 사실을 알게 된 청나라가 묘우의 철거를 요구해 온다면, 마땅히 존망을 걸고 대처해야 할 테니 그런 난처한 일이 벌어질 가능성도 생각하지 않을 수 없다. 명나라 황제의 묘우를 지으면 조선의 종묘에 제사를 올릴 때는 격식과 절차상 그 등급을 낮추어 행하지 않을 수 없게 될 것이다. 명나라 황제에게 제사 지내느라 생긴 변화일 테니 그다지 큰 문제라 할 수는 없지만, 종묘에도 제사를 올려야 하는 조선 신민의 마음을 생각하면 어려운 문제라 하지 않을 수 없다.

"신의 어리석은 소견으로는 묘우를 세우기는 어려울 듯합니다." 세 가지 문제점을 거론하던 끝에 이여가 그렇게 말했다.[88]

대안은 없는가? 그에 따르면, 위계상 하늘과 천자의 관계는 천자와 제후의 관계와 같다고 할 수 있다. 그러니 천자가 하늘에 제사 지내는 예로써 명나라 황제를 제사 지내는 데서 방법을 찾을 수 있다. 천자는 단을 설치하고 마당을 쓴 뒤 하늘에 제사를 지낸다. 천지가 지내는 대제大祭 중에 시조를 모시는 체제禘祭가 있다. 이 제사 역시 평상시 묘우를 세우거나 신주를 설치하지 않고 제사를 지낼 때만 신위를 설치했다가 제사를 마치면 곧 불에 태운다. 체제는《대명회전》에도 기록되어 있다. "이제 두 가지 예를 본받아 단壇과 재齋를 설치하고 혹 1년에 한 번 지내거나 혹 봄가을로 두 번 제사 지낸다면, 성의에 부족함이 없을 것이고 사의事宜에도 맞을 듯합니다."[90] 이여가 말했다. 그렇게 대보단大報壇 건립을 위한 논리가 갖추어져 갔다.

마침내 대보단이 완성되었고 숙종이 그곳에서 명나라 만력제를 제사 지냈다. 1705년(숙종 31) 3월의 일이었다. 제문의 요지에 따르면, 만력제가 임진왜란 때 '재조再造'의 은혜를 베푼 것에 대해 조선은 "제후가 지켜야 할 법도에 있어 더욱 공경을 바치고 있었다." 그런데 명나라가 멸망하는 예상치 못한 사태가 벌어졌다. 대통이 300년으로 그치고 말았던 것이다. 조선의 입장에서는 "스스로 힘이 미약한 것만 가슴 아플 뿐, 은혜를 잊을 수는 없는" 일이다. "우리 속국"이 만력제의 덕에 조금이라도 보답하기 위해 대보단을 만들었다. 그 의리는 제천례인 교전郊典에서 인용하였으며 변궤邊簋의 의식과 전헌奠獻의 예는 명나라 제도를 모방하였다. 만력제의 혼령으로부터 본다면, 고국이 오랑캐의 땅이 되었으니, 혼령이 어디로 오르고 내리겠는가. 머나먼 해역에서 오히려 황제의 어짊을 떠받들고 있으니 아마도 영령께서는 웃으면서 이 제사를 흠향하시리라.[90]

제사를 마치고 숙종이 말했다. "몇 년을 준비하던 끝에 끝내 지극한 소원을 이루었으니, 일의 시세에 구애되어 비록 예에 준거하지는 못하였지만, 대보단 건립은 진실로 다행스러운 일이다."[91] 대보단은 조선이 '중화'의 유일한 계승자를 자처했음을 상징하는 제단이었다.

시간이 흘렀고, 문제의식의 치열함도 따라서 흘렀다. 만동묘나 대보단으로 인해 혹시라도 북벌의 의지가 약화되는 것은 아닐까? 안석경安錫儆(1718~1774)이라는 인물[92]이 걱정하던 것은 바로 그런 문제였다. 〈논왕맹論王猛〉이라는 글에는 '화'와 '이'에 관한 그의 문제의식이 잘 드러난다.

그에 따르면, 왕맹은 전진前秦의 임금인 부견苻堅에게 등용되어 공을 세운 사람이다. 그런데 화인華人인 왕맹이 오랑캐인 저족氐族의 임금 부견을 섬긴 것을 어떻게 보아야 하는가? '화華'로 저족을 섬긴 것은 근본적으로 잘못된 일이다. '저'와 '화'의 관계는 금수와 인간의 관계와 같다. 임금이 신하가 되고 금수가 임금이 되었다면 비록 함께 공을 세웠다 하더라도 그 공은 거론할 가치가 없다. 왕맹이 진晉나라로 돌아와 백성을 위했다면, 살아서 화인으로 살고 죽어서는 화귀華鬼가 될 수 있었을 것이다. 그러나 그는 그렇게 하지 않았다. 다만 오랑캐의 공신이 되었을 뿐이다.[93]

안석경은 '화'와 '이'가 변별되지 않으면 안 된다고 확신했다.[94] 화인과 저족이라는 태생적 요인을 인간과 금수의 관계로 설명하는 장면이 그 지점을 잘 보여 준다. 그의 이런 문제의식은 조선이 가진 존명尊明 의리, 나아가 조선과 청나라의 관계를 정의하는 데서도 잘 드러난다. 〈남한산성서장대무망루기南漢山城西將臺無忘樓記〉는 패전의 기억이 서린 장소에서 복수의 정당성을 되새긴 글이다. 그가 이렇게 말했다. "우리 명나라[我明]가 의주義主이자 사부라면, 오랑캐는 원수이자 개돼지다. 사람이 되어서 어찌 개돼지에게 절하고 원수를 가까이하면서 군부君父를 배반할 수 있는가? 조선 선비들이 비분강개하고 눈물을 흘리며 지금껏 우리 명나라를 위해 오랑캐를 북벌하다가 죽기를 원하는 것도 이 때문이다."[95] 명나라를 '우리 명나라[我明]', 청나라를 '오랑캐[虜]'로 부르는 장면에서 그의 생각이 잘 묻어난다.

그가 보기에, 시간이 너무 지나 버려서 복수하기 어렵다고 여기는 사람들이 많아지는 것이 문제다. "이제는 명나라로부터 받은 은혜를 갚기에는 이미 늦었다"고 말하는 사람이 있는가 하면, "시간이 충분히 지났으니 그 은혜를 잊는다고 해도 큰 허물은 아니다"라는 식으로 생각하는 사람도 있었다. 일상의 안락함에 빠진 자들도 그렇게 말했다. 냉정하게 생각해 보면 사람들이 그렇게 생각하는 이유가 없는 것도 아니었다. 오랑캐가 중원을 장악한 뒤로 이미 4세대를 지나면서 안정적인 지배를 이어 오고 있기 때문이다. 그러나 북벌과 복수는 그래서 더욱 중요하다. "지금 북벌하겠다는 것은 시세로 본다면 늦었다 하지 않을 수 없겠지만 시의時義로 본다면 어찌 늦었다 하겠는가?" "너무 늦었다"고 말하는 사람들을 향해 안석경이 그렇게 답했다.[96]

청나라의 안정적인 중원 지배는 안석경 같은 인물조차 "시간이 늦었다"는 주장을 의식하지 않을 수 없게 만들었지만, 그는 "시의를 기준하면 충분히 가능하다"는 논리를 가지고 18세기에도 북벌론을 주장했던 것이다. 그의 눈에 비친 조선의 18세기는 아무도 명나라에 대해 은혜를 갚을 생각을 하지 않는 망각의 시대다. 그의 주장 속에는 그런 현상을 낳은 그 시대에 대한 불안감이 묻어난다. 그런데 조선에는 만동묘나 대보단처럼 명나라 황제들을 제사 지내기 위한 시설이 있었다. 그런데도 안석경이 조선이 북벌을 추진하지 않게 된 것에 대해 문제를 제기하면서 왜 "은혜를 잊었다"고 말한 것인가? 그는 만동묘나 대보단을 어떤 시야에서 바라보았는가?

1743년(영조 23)에 이재李縡(1680~1746) 등이 만동묘 뜰에 신종과 의종을 기리는 비석을 세웠다. 이재 등이 "이제 조선은 명나라에 부끄러움이 없게 되었다"며 자부심을 감추지 않았다. 그들은 임금이 곧 대보단을 증축하여 신종과 의종, 심지어 명 태조까지 친히 제사 지낼 수 있게 될 것이라며 기뻐하기도 했다. 그런데 그것이 그럴 일인가? 안석경에 따르면, '황명皇明'은 '아동我東'에 대해서 인으로 말하면 부모이며 의로 말한다면 군사君師와 같은 존재다. 신하가 임금을 모시는 도리로 본다면 무엇을 어떻게 해야 옳은가? 조선은 '대명'을 위해서라면 살신망국하는 일도 피해서는 안 된다. 일이 잘 이루어져서 노족虜族을 섬멸하고 '구주'를 완헌完獻하며, 명나라의 종묘를 다시 일으킬 수 있다면 다행이다. 그것은 조선에 맡겨진 직책을 잘 수행한 결과일 뿐이니, 결코 스스로 뽐내거나 공으로 여겨서는 안 되는 것이다. 그런데 조선의 현실은 어떤가. 산 깊은 제단과 후미진 집에 구구하게 향불을 피워 놓은 채 목이 메어 눈물을 머금으며 황가皇家에 제사 지낼 뿐이다. "이것이 과연 신민의 직책을 다하는 것인가." 안석경이 이재 등의 행태를 보며 일갈했다.[97] 북벌만이 조선이 취할 길이라고 믿는 안석경이 보기에 만동묘에 비석을 세우고 자족감에 취해 즐거워하는 이재 등은 결코 송시열을 온전히 계승하는 자들이 아니다.

〈의대정대책擬大庭對策〉은 안석경이 가진 믿음이 집약되어 있는 논설이라 해도 과언은 아니다. 하늘은 어떤 기준으로 임금을 내는가? 첫 번째 단락의 논점에 근거해 말한다면, 하늘의 뜻에 부응할 수 있는지가 관건이다. 하늘이 늘 '중화'의 '대인'으로 임금을 삼은 것은 그런 이유 때문이다. 복희씨 이래 한나라·당나라·송나라·명나라에 이르기까지 다 그렇다. 그러므로 인·의·예·지, 문물제도, 오륜 질서와 예악·형정에 이르기까지 그 임금이 밝힌 것이 모두 하늘의 정리正理에 맞게 되는 것이다.[98]

하늘이 임금을 내는 기준이 그런데도 왜 오랑캐가 중원을 차지하는 일이 벌어지는가? 중원을 차지한 오랑캐는 100년 이상을 버틸 수 있는가? 두 번째 단락 논점이다. 그에 따르면, 역사상 이적 가운데 뛰어난 자가 중원을 빼앗아 스스로 황제가 되는 경우가 있었다. 그러나 그 것은 이적이 기세를 잘 활용한 것일 뿐, 천리가 그렇게 하도록 한 것은 아니다. 황제가 된 후 그 기세를 흩어지지 않게 잘 관리한 이적이 없었던 것은 아니다. 청나라 오랑캐[清虜]가 중원에서 100년을 버틴 것이 바로 그런 경우다. 그러나 그것조차 '천리'와는 무관한 일이다. "오랑캐에게는 100년의 운세가 없다"는 말이 있듯이 천리가 함께하지 않는 오랑캐가 그 기세를 끝내 잘 유지할 수는 없다.[99]

'중화'는 무엇이고 '이적'은 무엇인가? 하늘이 '중화'를 내는 것과 '이적'이 중원을 차지하는 것은 음양과 이기로 설명될 수 있는가? 이 논설의 세 번째 단락 논점에 따르면, '중화'는 천하의 양이며 '이적'은 천하의 음이다. 음양의 기운은 커졌다 작아졌다 하지만 천지가 귀하게 여기는 것은 음이 아니라 양이다. 사람은 양이고 금수는 음이기 때문에 하늘은 늘 사람에게 금수를 통제하게 한다. 이것이 천리다. 금수가 사람을 핍박하는 것은 기氣의 어그러짐 때문일 뿐, 이理와는 상관이 없는 일이다. 이는 기에 올라타는 것이니, 이와 기의 관계는 말에 올라탄 사람과 말의 관계와 같다. 말에 탄 사람은 말이 큰 길을 따라 달려가는 것을 바라지만, 말이 길을 벗어나 제멋대로 달리는 것은 사람이 그렇게 시킨 것은 아니다. 기라는 것은 말과 같아서 이를 따르기도 하고 그렇지 않기도 한다. 하늘이 '대명'을 황제로 삼은 것이 정리이며 기가 순할 때라면, 청나라 오랑캐가 황제를 참칭하는 것은 기의 어그러짐 때문일 뿐 천리와는 무관하다. 따라서 화하가 이적을 제어하는 것은 정正이요, 이적이 화하의 임금 노릇 하는 것은 부정不正이다.[100]

조선은 어떤 나라이며 어떤 역할이 부여되어 있는가? 안석경의 시선이 이번에는 조선으로 향한다. 그에 따르면, '아동我東'은 구주의 바깥이라는 불리한 조건 속에서도 '중화'의 기풍을 가진 나라이니, 천하에 정당한 임금이 있다면 그의 신하가 되어야 하며, 그런 임금이 없다면 문을 닫아걸고 자신을 지키는 것이 마땅하다. 보통 사람도 부정한 임금에게 몸을 굽히지 않는데, 하물며 당당한 천승국千乘國이 속해야 할 곳을 가리지 못한 채 부정한 임금을 섬겨야 하겠는가?[101]

구주 밖에 있는 중화 문화의 소유자 조선은 이적인가 아닌가? 만일 이적이라 한다면 이적인 조선이 이적인 청나라를 섬긴다고 해서 잘못은 없다는 논리도 가능해질 수 있다. 안석경은 그 논리의 빈구석을 집요하게 파고들었다. "화이를 변별하는 기준이 예의라고 할 때 조선은 어디에 해당하는가? 이 나라는 오륜과 예악·문물 등 모든 면에서 대명을 따르고 있다. 오직 한 가지 어음語音만을 바꾸지 못했는데, 이런 이유로 조선을 오랑캐라 한다면 너무 억울한 일이다. 설령 조선이 화하의 풍속은 찾아볼 수 없고 이적의 풍속만 있던 나라라 해도 이미 대명의 신하가 된 이상 그 충절을 버리고 저 오랑캐에게 신하 노릇 할 수는 없는 일이다. 저 청나라 오랑캐가 본래 이적이 아니고 중토에서 태어나 대명과 다를 바 없는 문물제도를 가졌다 해도 저들이 이미 대명의 사직을 빼앗은 이상 조선의 임금인 대명에게는 원수가 된 것이 니, 조선이 저들에게 무릎을 꿇을 수는 없는 일이다."[102]

그것은 물론 원론이다. 그런데 왜 현실은 원론처럼 되지 않았는가? 그에 따르면 인조가 임시변통으로 청나라와 화의를 맺었던 것은 눈앞 의 화를 늦추기 위해서였다. 효종이 밖으로는 청나라에 세폐를 보내 면서도 안으로는 북벌을 모색하고, 송시열이 그런 효종을 도운 것은 청나라가 100년 갈 것을 미처 예상하지 못했기 때문이다. 인조 이후 조선은 단 한 번도 마음속 깊은 곳으로부터 청나라를 받든 적이 없었 다. 그 사실이 중요할 뿐이다. 지금 군대를 일으켜 오랑캐를 정벌하여 '우리 명나라'를 위해 복수하고, 명 태조의 후손을 세우자고 한다면, 그것을 시급한 일이 아니라 말할 수 있을지는 몰라도, 의로운 행동이 아니라 할 수는 없다. 일이 오래되었다 해서 나라의 원수에 대해 보복 하는 일을 그만둘 수는 없는 것이다.[103]

명나라 황제를 제사 지내는 것으로 조선은 자기 할 일을 다했는가? 〈의대정대책〉의 말미에서 안석경은 그 문제를 거론했다. 그가 보기 에, 숙종이 대보단을 세울 때 당시 일을 맡은 신하들이 청나라 눈치를 보느라 사당[廟宇]을 짓지 못하고 대보단이라는 이름의 단을 만들었 다. 송시열의 제자들도 지레 걱정하여 만동묘를 규모 있게 짓지 못하 여 후세에 아쉬움을 남겼다. 이제 영조 임금이 대보단을 고쳐서 사당 [廟]을 제대로 짓는다면 좋은 일이라 하지 않을 수 없다.

그러나 대보단과 만동묘에 만족할 수는 없는 일이다. 효종 때에는 대보단이 지어지지 않았고, 송시열 때에는 만동묘가 없었지만, 그들 은 대보단이나 만동묘가 상징하는 황제 제사보다 더 큰 것을 추구했 다. 북벌을 실행하여 중원을 회복하는 일, 주 씨 황제를 세우고 황제의 사당을 일으키는 일을 당장 실행할 수 없는 현실을 감안한다면, 만동묘와 대보단에서 명나라 황제를 제사 지내는 일은 하지 않는 것보다는 나을 것이다. 그러나 이 제사들로 조선이 "신하의 책임을 다했다"고 할 수는 없는 일이다. '대명'을 위하다가 우리가 망한다 해도 그것은 우리의 직분이니 두려워할 것은 없다. 지금 당장 북벌을 추진할 수 없다면 문을 걸어 잠그고 오랑캐와의 약속을 거절하는 것도 생각해 볼 수 있는 문제다.[104]

안석경의 시야에서 보면 조선은 명나라 황제를 제사 지내는 것으로 책임을 다했다고 자족해서는 안 된다. "우리 명나라를 위해 복수하고, 주 씨 성 가진 임금을 세우는" 의로운 일을 잊어서는 안 된다. 그의 사례는 '중화'를 회복해야 한다는 절실함이 '중화'를 계승하고 있다는 자부심으로 희석되어서는 안 된다는 발상을 잘 보여 준다. 성해응成海應(1760~1839)도 그렇게 생각하던 사람들 가운데 하나였다. 그는 성대중成大中(1732~1812)의 아들이고 성대중은 안석경과 친분이 있었다.[105] 성해응의 집안은 그의 방계 5대조인 성완成琬(1639~?) 때부터 서얼 가문이 되었다. 성해응은 규장각 검서관이 되어 정조의 편찬사업에 참여하는 과정에서 이덕무李德懋(1741~1793), 유득공柳得恭(1749~?), 박제가朴齊家(1750~1805) 등 다른 검서관과 친분을 쌓았으며, 《존주휘편》 편찬 실무를 맡아 보면서 이서구李書九(1754~1825)와도 교류했다.[106]

《존주휘편》은 1825년(순조 25)에 완성되었지만, 편찬 작업이 시작된 것은 1796년(정조 20)이었다. 정조는 이 책을 통해 '존주'에 관한 사적들을 총정리하려 했고, 성해응은 그 작업에 실무자의 한 사람으로 참여했다. 그의 중국사 이해에 따르면, 남명을 끝으로 정통의 시대가 끊어지고 무통無統의 시대가 되었다. 청나라는 주인 없는 곳을 차지한 도적 같은 존재로, 결국 '중국'에 진정한 군자가 나타나면 그 자리를 비켜 주어야만 하는 존재. 그는 명나라 유민들의 사적이 담긴 《황명유민전》의 저자였으며,[107] 옹정제가 펴낸 《대의각미록大義覺迷錄》의 독자이기도 했다.[108] 《대의각미록》은 옹정제가 한족의 반란을 꿈꾼 시골 선비 증정曾靜(1679~1735)을 신문하고, 그의 논리를 논파한 책이다. 옹정제는 이 책에서 '존주'를 생각하던 성해응을 당혹시킬 만한 주장을 펼쳤다.

옹정제는 청나라가 구현한 것이 바로 '대일통'과 화이일가華夷一家의 시대라고 주장했다. 만주족과 청나라를 주체로 함으로써 한족의 자기 주장 중 하나였던 '대일통'의 논리를 전유한 것이다.[109] 그가 이렇게 말했다.

천하는 일가이고 만물은 일원이라고 하면서, 어떻게 중화와 이적을 구분할 수 있단 말인가? 《중용》에 이르기를 중화를 이루면 천지가 제자리를 잡고 만물을 기른다고 했다. 구주와 사해는 넓으니, 중화는 거기에 비하면 백분의 일 정도다. 동서남북으로 하늘이 덮고 땅이 싣는 그곳은 모두 하나의 이理이고 하나의 기氣다. 어찌 중화와 이적에 각각의 천지가 있겠는가. 성인이 만물을 기른다고 말했을 때 사람은 그 만물 안에 포함된다. 그렇다면 이적이 그 기르는 대상에 들어가겠는가 들어가지 않겠는가?"[110]

"중화와 이적을 구분할 수 없다"고 하면서도 곧이어 "구주와 사해 가운데 중화는 백분의 일 정도"라고 말하는 대목이 눈에 띈다. 옹정제는 마음속 깊은 곳에서 '중화'와 '이적'이라는 용어 자체를 폐기해야 한다고 여겼을지도 모른다. 그러나 그는 '중화'와 '이적'이라는 단어 자체와 대결하기보다는 '중화'의 의미를 축소하는 쪽을 택했다. '중화'가 그런 좁은 지역의 이름이라면 '이적'도 그런 것일 수밖에 없다. 옹정제가 말했다. "청나라는 이적이라 불리는 것을 꺼리지 않는다. 맹자가 말하기를 순은 동이 사람이요 문왕은 서이 사람이라 했으니, 본래 그 태어난 곳을 말한 것이다."[111]

한족의 화이론을 넘어서기 위해서는 '이적'을 새롭게 정의할 필요도 있었다. 한족은 이적을 인간과 금수 사이에 있는 별개의 존재로 여겼지만, 옹정제는 그 틀을 무력화시켰다.[112] 옹정제에 따르면, 이제 이적의 땅에서 태어난 그 어떤 사람도 인륜을 가지지 못할 이유가 없다. 이적이 인간이 되느냐 금수가 되느냐는 오로지 인륜을 가졌느냐 그렇지 않느냐에 따라 결정된다. 옹정제는 또 이렇게 말했다.

사람이 금수와 다른 것은 윤상倫常의 이理를 갖기 때문이다. 그러므로 오륜을 인륜이라고 하니, 이 가운데 하나가 빠져도 사람이라 할 수 없다. 군신 윤리는 오륜 가운데 으뜸이니, 임금이 없는 사람까지 사람이라 할 수 있겠는가. 내게는 임금이 없다고 여기는 사람조차 금수라 부를 수 없단 말인가. 인륜을 다하면 사람이고 천리를 어그러뜨리면 금수인 것이지 중화와 이적이라는 것으로 사람과 금수를 나눌 수는 없다.[113]

오륜으로 인간과 금수를 정의한다는 것은 화이를 종족이나 지역으로 구분할 수 없다는 것과 같은 의미다. 그가 보기에 "청나라가 이제 천명을 받들어 중외신민中外臣民의 주인이 되었으니 화이를 다르게 대할 수 없으며, 중외신민이 이제 함께 청나라를 임금으로 받드니 진심으로 순종하여 신하의 도를 다하는 데 화이가 다를 수 없다."[114] 만주족은 오륜을 갖춘 존재이며, 청나라는 이제 천명을 받아 중외의 신민에게 덕치와 예교를 베풀게 되었다는 것이다. 옹정제에 따르면 청나라는 '대일통'을 이룬 당당한 주체다.

《대의각미록》을 읽은 성해응은 어떤 반응을 보였을까? 그의 문집에서 옹정제의 논리에 격렬하게 반발했던 흔적을 찾기 어렵다. '존주'에 대한 그의 소신을 고려하면 의외다. 그렇다면 아예 못본 척 했을 것인가? 《대의각미록》에서 몇 가지 기사들을 옮겨 적은 것을 보면 그렇게도 볼 수 없다. 그중 여유량呂留良(1629~1683)이라는 사람이 지은 〈여차강산도가〉와 〈전묘송가〉가 눈에 띈다.[115]

갑자기 청나라의 세상에서 살아가야 했던 한족 선비 여유량에게 송나라의 옛 땅과 망국의 역사를 기억하는 것은 명나라를 추억하고 그 멸망을 슬퍼할 수 있는 유일한 방법이었다. 여유량이 친구들과 진림陳琳이 그린 〈여차강산도如此江山圖〉를 보게 되었다. 남송의 유민인 진림은 남송 때의 '여차강정'이라는 정자를 그려서 송나라를 기억하려 했다. 그런데 뒷날 원나라의 유민을 자처한 장욱이 이 그림을 보고 몽골의 멸망을 슬퍼했다. 그리고 다시 시간이 흘러 여유량이 친구들과 함께 이 그림을 보게 된 것이었다. 〈여차강산도가〉는 이렇게 되어 있다.

이제야 그 그림을 그린 뜻을 깨달았으니/ 이처럼 통곡하고 눈물 흘리네/ 당시의 유민遺民은 지금의 유민이며/ 농부도 아니고 관리도 아니라네/ 강산은 이처럼 너무나 태평한데/ 화려하게 그릴수록 수심은 더 깊어지네/ 그대는 보지 못했는가, 정사초가 사사로이 기록한 책을/ 철갑에 넣어 우물 밑에 둘 수밖에 없었음을.[116]

〈전묘송가〉라는 시에는 이런 대목이 있다.

만창산의 소나무는 300년도 더 되었으니/ 명나라 홍무제(1368) 이후 심은 것이라 해야 하리/ 송나라와 명나라 사이에 수십 년의 세월이 있어/ 하늘이 황폐해지고 땅이 무너져 내려 사람이 살 만한 세상이 아니었지만/ 그대는 보지 못했는가. 하·은·주 삼대의 태평성대가 다시 나타나지 않은지 천 년이 넘었고/ 한나라 고조와 당나라 태종의 시대도 모두 사라진 것을/ 그러니 이제 청나라에 약간의 시간을 주어도 무방하리/ 원나라의 하늘 아래 있던 시간도 길지 않아서/ 그 길지 않은 시간을 빼고 나면/ 송나라와 명나라의 소나무가 바로 이어졌으니.[117]

송나라의 소나무를 명나라의 소나무로 연결한 것은 남송에서 명나라 말末을 기억하고, 나아가 남송의 산천에 비유된 명나라 말의 산천을 회복하고 싶다는 간절한 염원을 보여 준다.[118] 이 경우 원나라나 청나라는 견뎌 내야 할 시련의 시간일 뿐이다.

성해응이 보기에, 여유량의 시들이 문학적으로 완성도가 높다 할 수는 없어도, 그 뜻은 "명나라를 생각하며 지은 것들"이라 해야 한다. 그는 이 시들이 남송의 유민 정사초鄭思肖(1241~1318)가 몽골의 지배에 항거하는 뜻을 담아 묵란도를 그린 것과 다를 바 없다고 여겼다.[119] 몽골의 지배를 그림으로 거부한 정사초와 청나라의 지배를 시로 거부한 여유량이 유민의식의 소유자이자 이민족의 지배를 거부한 존재들이라는 점에서 공통점이 있다면, 여유량과 성해응은 명나라의 유민으로서 명나라 산천의 회복을 꿈꾸었다는 점에서 생각이 같았다. 옹정제는 《대의각미록》으로 증정의 논리를 무력화시키려 했지만, 조선의 독자인 성해응까지 설득할 수는 없었다. 이 독자는 옹정제의 발화 의도를 전혀 존중하지 않았다. 그에게 《대의각미록》이란 명말 청초의 한족 지식인 여유량을 재발견할 수 있게 해준 사료였을 뿐이다. 그에게 《대의각미록》에 기록된 여유량은 조선에서 '존주'를 말하는 자신이기도 하다.

그가 지은 글 중에 〈대보단제의大報壇祭義〉라는 것이 있다. 그 글에 따르면, 조선은 후방侯邦, 즉 제후국이며, 제후국은 땅을 섬길 수는 있어도 하늘을 섬길 수는 없다. 그러나 '황명皇明'이 무너지고 천자의 종묘인 구묘九廟는 제사가 끊겼다. 황명의 은혜를 갚아야 하는 조선의 처지에서 보면, '하늘을 섬기는' 형식을 빌려서 '천조'의 세 황제를 제사 지내는 일은 불가피하다. 대보단이 그런 곳이다.[120]

그에 따르면, 대보단에서 천자가 하늘에 제사를 지내는 형식을 취하지 않고 지방紙榜을 쓴 것은 《대명회전》에 체제의禘祭議를 근거로 한 것이며, 제사하는 때를 2월로 잡은 것은 천자가 2월에 동쪽으로 순수巡狩하여 동쪽의 제후들을 만나 본다는 《서경》 기록을 따른 것이다. 임금이 세 번 연달아 잔을 올리는 것은 친왕親王이 홍무제의 아버지인 인조 순황제를 제사하던 《대명집례》의 의례에서 따온 것이다. 올리는 잔의 횟수는 천자가 구묘에서 잔을 올리던 전례를 따른 것이 아니라 친왕의 그 의례를 준용한 것이다. 지방에 '대명'이라는 국호를 쓰지 않은 것은 감히 명나라가 이미 망했다고 볼 수 없기 때문이다. 악장에 육일六佾을 쓴 것은 "아버지가 천자인데 아들이 사士인 경우 아들은

사의 예로써 아버지를 제사 지낸다"는 규정을 따른 것이다.[121]

성해응에게 조선의 임금은 동쪽의 제후이며, 인조 순황제의 친왕이며, 천자인 아버지에게 제사 지내는 선비 아들인 것이다. 대보단 의례를 보는 성해응의 시선이 18세기 이후 조선에서 널리 공유되어 오던 관점과 크게 다르다 할 수 없다. 그런데 대보단에 의미를 부여하는 방식에 관한 한 그의 생각은 특별한 점이 있다. 그 차이는 숙종의 문제의식과 비교해 보았을 때 가장 선명하게 드러난다. 1704년(숙종 30) 숭정제가 순절한 갑신년(1644)을 다시 맞게 된 숙종이 조선이 명나라에게 받은 은혜를 거론한 뒤 이렇게 말했다.

> 그때로부터 이제 여러 해가 지났고 세도世道도 더욱 떨어졌으니, 복수하여 부끄러움을 씻는 일은 진실로 하루아침에 기약할 수 없게 되었고, 신하들도 비분강개하는 말조차 하지 않은 채 그때 일을 점점 잊어 가고 있다. 이런 상황에서 다시 갑신년을 맞이하니 감회가 새롭다.[122]

대보단을 세우자는 논의를 시작하는 장면에서 이렇게 말한 것이다. 북벌이 불가능하다는 것을 인정한다고 해도 그 은혜를 잊지 않을 길을 찾아야 하지 않겠는가? 숙종의 문제는 그런 것이었다. 마침내 대보단을 지은 뒤 명나라 신종을 제사 지내게 되었다. 제문은 이렇게 되어 있다.

> 스스로 힘이 미약한 것만 가슴 아플 뿐, 그 은혜야 어찌 감히 잊을 수가 있겠습니까? 중하中夏가 깨끗해지지 않을까 희망했지만, 기대처럼 되지는 않았습니다. 그 뒤로 삼대를 지나도록 그 마음을 한결같이 하여

해이하지 않았습니다.[123]

대보단 제사는 중원 회복의 의지를 계승한다기보다는 은혜에 제사로 보답한다는 쪽에 맞추어져 있었던 것이다.

그 사실을 모를 리 없는 성해응이 〈대보단제의〉의 말미에서 이렇게 말했다.

세 황제의 깊고 도타운 인택仁澤이 동토東土를 흠뻑 적셨다고는 하지만 이제 오랑캐가 중원을 차지한 뒤 세월이 한참 지났으니, 전에 우리 효종께서 존양尊攘의 뜻을 펼치시어 춘추의 의리를 밝히시고 우리 숙종께서 절차를 잘 갖추시어 세 황제의 은혜에 보답하지 않았더라면, 황제의 은혜로 좌임左衽을 면하던 백성들은 끝내 좌임의 나락으로 떨어지게 되었을 것이다.[124]

효종과 숙종은 "음기가 쌓인 가운데에서 양기를 부식扶植했다"는 점에서 같은 일을 한 것이다.[125] 성해응의 방식으로 말한다면, 대보단은 북벌의 의리가 현실적으로 실현 불가능하다는 것을 전제로 한 것이 아니다. 대보단은 북벌의 의리를 계승한 것이 되어야 그 의미가 온전해지는 것이다.

〈복설의復雪議〉는 북벌에 관한 그의 구상이 온전히 녹아 있는 글이다.[126] 중원 대륙을 훔친 오랑캐의 숙명은 어떤 것인가? 그에 따르면, "오랑캐 원나라胡元"가 천하를 차지했지만 100년 못 가서 진정한 주인 명나라가 일어선 것을 보면, 천운이라는 것은 잠시 어두워졌다가도 곧 밝아지게 되어 있다.[127] 그러나 청나라가 몰락할 운명이라고 해서 조선이 그 시간이 오기를 기다리고 있으면 되는 것은 아니다. 그럴 수는 없다. 조선은 명나라의 큰 은혜를 입었기 때문이다.

병자호란 이후 효종은 송시열 등과 더불어 천하에 대의를 밝힐 수 있는 길을 모색하다가 그 준비했던 계책을 실행에 옮겨 보지 못하고 갑작스럽게 유명을 달리했다. 그런 점에서 보면 창덕궁의 대보단으로 평소 마음가짐을 밝힐 수는 있지만, 그것으로 명나라가 베풀어 준 공과 덕을 갚기에는 턱없이 부족하다. 오랑캐에게 만일 위급한 상황이 온다면 조선은 그 상황에 미리 잘 대비하고 있다가 그들을 물리쳐야 한다. 질 것을 생각해서는 안 된다. "군자라면 저들에 맞설 군대도 가지지 못한 채로 빈말로 지금이야말로 복수할 기회라는 식으로 말해서는 안 된다."[128]

이제 복수를 위해 군사를 키웠다고 하자. 그렇다면 지금이 저들과 싸울 때인가? 싸워 이긴 뒤 어떻게 할 것인가? 이 글의 마지막 논점이다. 성해응에 따르면, 청나라는 지금 사분오열되려 하고 있다. 지금은 개미굴로 황하가 범람하게 되는 것과 마찬가지니, 우리 군대가 저들을 조금만 흔들면 저들은 곧 무너지고 말 것이다. 그렇다면 저들을 몰아내 '중화'를 회복하고 난 뒤 어떻게 해야 하는가? "주 씨의 후예를 구하여 즉위시키고 숭정 황제를 예에 맞게 천장遷葬한 뒤, 물러나 동쪽 울타리를 지킨다면, 조선의 의로운 명성이 백세에 드리우게 될 것이다. 청나라를 섬긴 지 이미 오래라 복수를 지금 고려할 수 없다고 한다면, 국가의 치욕을 어떻게 씻을 수 있단 말인가."[129] 이것이 그의 결론이다.

3장

'이적'의 왕조를
인정할 수 있는가

분의分義와 문文

송시열과 그의 노론계 후예들이 '존주'에 관한 의제들을 선점했던 것은 의심의 여지가 없다. 그러나 그들만 그것을 주장한 것은 아니다. 숙종은 대보단을 건립하면서 그 의제를 국왕 중심으로 전유했다. 영남 남인계 산림山林인 이현일李玄逸(1627~1704)도, 근기近畿 남인계를 이끌던 이만부李萬敷(1664~1732)나 이익李瀷(1681~1763)도 '존주'의 의리를 인정했다.[130]

이만부는 참례僭禮라는 이유로 만동묘를 비판했지만, '권도權道'의 이름으로 대보단을 정당화했다. 그는 천자만이 예제를 결정할 수 있다고 주장했다. 그런 그의 눈으로 볼 때 만동묘는 제후국 조선의 신하인 노론계가 천자의 영역을 침해한 것이다. 그러나 대보단은 사정이 다르다. 임금은 대명을 사모하는 정성과 선왕을 추모하는 뜻을 보이기 위해 대보단을 세웠다. '묘'를 세웠을 경우 생길 수 있는 의례상의 문제를 의식해서 '단'을 세운 것이니, 그것은 '권도'다. 그렇다면 대보단은 참람한 예와는 무관하다.[131] 만동묘를 비판하면서도 대보단을 인정할 때 그에게 가장 중요한 판단의 기준은 명분과 예제였다. 그것이 확인되어야 비로소 '중화'의 유일한 계승자임을 주장할 수 있기 때문이었다.[132]

이익도 대보단 제사가 정당하다고 주장했다. 그에 따르면, 대보단이란 명나라의 은혜에 보답하기 위한 것이다. 임진왜란 때 신종의 도움이 없었으면 조선은 '재조'될 수 없었을 것이니, 그것은 영원토록 잊을 수 없는 은혜다. 천자가 제후로부터 제사를 받았던 역사적 전례가 있는 것은 아니다. 그러나 명나라가 이미 멸망한 상황이지만 자손들의 입장에서는 조상을 위해 제사를 지내지 않을 수 없을 것이니, '신자臣子'의 처지도 그 자손과 다를 바 없다. 《예기》에서 "예란 의義의 실實"이라 하였고, 또 '예'가 '의'에 잘 부합한다면 "선왕 때 시행한 적이 없는 의례라 해도 의를 일으킬 수 있다"고 했으니, 대보단 제사가 그런 경우다.[133]

이익에게 '예'와 '의'는 '사대'를 판단하는 기준이었을까? 그에 따르면, '오동吾東'은 '중국'에 비하면 오대십국 때의 오월吳越과 같은 처지라고 해야 한다. 오월의 창업자 전류錢鏐는 한쪽 귀퉁이를 차지하고서 '중국'의 상황을 묻지 않은 채 이소사대만을 생각하고 후량後梁과 후당後唐에게 복종하면서 그 징표로 폐백을 보냈다. "하늘의 뜻을 두려워하는 자가 그 나라를 보존한다"는 《맹자》의 기록에 부합하는 경우다. 그러나 그렇게 하고서도 결국 편안히 잠을 잘 수 없는 지경에 이르렀으니, 그것까지 어떻게 하지는 못했던 것이다. '동방東邦'은 땅이 좁고 힘이 약한데도 간혹 스스로 헤아리지 못하여 한나라 이후로 직 공職貢을 닦지 않다가 전쟁을 경험한 적이 여러 차례였으니, 그들은 모두 전류錢鏐에 미치지 못하는 자들이었다.[134]

한나라 문제文帝 때 가의賈誼라는 인물이 있었다. 문제는 선우계죽 單于稽粥과 화친하기 위해 공주를 흉노에 보냈다. 가의는 '천자가 이적에게 조공하는 것은 갓과 신발이 뒤바뀐 꼴'이라며 말했다. "신이 속국의 관리가 되어서 흉노를 다스린다면 반드시 선우계죽의 목을 매달 것입니다." 이익은 가의의 말을 젊은 날의 치기 어린 주장으로 간주했다. 이익에 따르면 문제는 부모가 당한 수치를 묻어둔 채 그렇게라도 해서 흉노와 화친하게 된 것을 다행으로 여겼는데, 이때부터 천하가 비로소 조금 편하게 되었다. 가의의 계책은 선왕이 인의의 정치를 했다는 사실을 말해 주지만, 그의 말처럼 선우의 목을 매달려 했다면 요 임금이나 순 임금이 다시 온다 해도 그 사나운 오랑캐 세력을 막아 내지는 못했을 것이다. "지금 유자儒者들이 오랑캐를 능히 막을 수 있다고 입으로만 떠드는 것은 모두 빈말이다. 문제도 흉노에 대해 그렇게 했는데 하물며 오월국처럼 구석에 있는 작은 나라라면 중국에 대해 어떻게 해야 하는가. 무릇 작은 나라로 큰 나라를 상대하는 경우 이런 일을 교훈으로 삼지 않을 수 없다."[135] 논설의 말미에서 이익이 그렇게 말했다.

이익처럼 전류가 후량과 후당에게, 한나라 문제가 흉노에게 폐백을 보내 화친한 것을 높이 평가한다면, "흉노의 머리를 매달겠다"는 가의의 주장을 "훌륭하다"고 칭찬하기는 어렵다. 이익은 전류와 문제의 결정을 존중했다. 그럼에도 이익은 존명의리론에 충실한 중화주의자였다.

《성호사설》에 〈조선후〉라는 글이 있다. 이익은 이 글의 첫머리에서 《동사東史》를 인용하며 이렇게 말했다. "기자의 후손인 조선후朝鮮侯가 주나라의 쇠함을 보고 군사를 일으켜 연나라를 치고 주나라를 높이려 했으나, 대부大夫 예禮가 못하게 간하므로 그만두었다."[136] 이익이 《동사東史》라고 한 것은 자국사를 가리키는 일반명사가 아니라 허목許穆 (1595~1682)이 지은 책《동사東事》를 뜻한다.

《동사》에 들어 있는 〈기자세가〉에 의하면, 은나라 주 임금의 학정이 이어지면서 천명과 인심이 은나라를 떠났지만, 은나라 종실인 기자는 임금을 떠날 수 없었다. 신하가 되어서 간쟁을 듣지 않는다는 이유로 그 임금을 떠난다면 이것은 임금의 악을 드러내 스스로 백성의 환심을 사는 것이니, 차마 그렇게 할 수 없었던 것이다. 기자가 머리를 풀어헤치고 미친 척 행세하자, 주 임금이 기자를 옥에 가두었다. 주나라 무왕이 은나라를 평정한 뒤 옥에 갇혀 있던 기자를 풀어 주고 정치의 방향에 대해 도움을 구하자, 기자는 홍범구주를 전하고 정치의 요체와 황극의 뜻을 설명한 뒤에 조선으로 향했다. 무왕은 기자를 그곳에 봉해 주었으나 신하로 삼지는 않았다. 기자의 자손이 대를 이어 나라를 이어받았다. 주나라 말에 연백燕伯이 왕이라 칭하고 동쪽 땅을 침략하자, 조선후가 군사를 일으켜 연나라를 침으로써 주나라 왕실을 높이고자 하였으나 대부 예의 간언으로 중지하고, 예로 하여금 서쪽으로 가서 연왕을 설득하여 두 나라가 서로 침략하지 않을 것을 약속하게 하였다.[137]

이익의 〈조선후〉와 허목의 〈기자세가〉를 비교해 보면 미세한 차이를 발견할 수 있다. 허목에 따르면 무왕은 기자를 봉하였으나 신하로 삼지는 않았다. 또 나라를 이어받은 것은 기자의 자손이고 연나라를 벌하려 한 것은 조선후다. 허목의 말로만 본다면, 무왕은 기자를 신하로 삼지는 않았으므로 기자의 후손들이 기자의 나라를 이어받았다고는 말할 수 있으나, 그 '기자의 후손'이 곧 연나라를 치려 한 '조선후'라고 단정적으로 말할 수 없다. '후侯'라고 말하는 순간 주나라 무왕의 신하가 되기 때문이다. 그런데 이익은 연나라를 치려 한 조선후에 대해 '기자의 후손'이라고 단정했다. 왜 그랬을까? 의문은 곧 다음 단락에서 풀린다. 이익은 말했다. "후라 칭하였으니 대대로 봉함을 받았다는 것이고, 주나라가 쇠했다 하였으니 춘추 무렵이라는 말이며, 연나라를 친다고 하였으니 주나라를 높이려면 먼저 연나라를 치는 것부터 시작한다는 말이다."[138] 이익은 주나라 무왕과 기자가 군신의 관계에 있었다는 가정을 전제로 한 뒤, 기자의 후손인 조선후를 춘추시대 말 존주 의리에 충실한 제후로 그려 내고 싶었던 것이다.

　이익의 눈높이에서 보면, 존주 의리를 높이려는 기자의 후손 조선후의 이미지는 존명 의리를 실천하려는 조선과 겹친다. 조선후는 "조그마한 나라로 멀리 변방에 있으면서 진나라나 초나라 같은 나라에 대항할 수 없음을 모르지 않았을 것이다. 다만 할 일을 하려 했을 뿐이요 승부는 중시하지 않은 것이다." 그러니 조선후는 남의 땅을 욕심내서 자기 힘도 헤아리지 않은 채 이웃 나라를 침략하려 한 경우와는 사정이 다르다.[139] 그런데 문제는 그다음부터다. '존주'의 대의는 임금이든 신하이든 반드시 성패를 염두에 두지 말고 추구해야 할 문제인가?

　송시열이라면 "그렇다"고 대답했을 것이다. 산림으로서 북벌을 표방한 효종을 도왔기 때문이다. 그러나 이익은 생각이 달랐다. 이익에 따르면, 약한 나라가 강한 나라에 대항할 수 없다는 것은 부정할 수 없는 사실이다. 대부가 나라 일을 살필 때 강한 나라를 함부로 거스르다가 끝내 의리는 실천하지 못한 채 멸망의 길로 이끈다면, 그것은 온전한 대부라 할 수 없다. 간신의 발호에 시달리는 임금이 있다고 하자. 모두가 말하기를 꺼리는데, 어떤 사람이 아무 이익이 없다는 것을 알면서도 혼자 죽음을 각오하고 그것을 비판한다면, 그 아들이 되어서 아비의 무익한 선택을 권할 것인가 말릴 것인가? 말려야 하지 않겠는가. 그러니 "대부 예도 또한 현명하다 하겠다."[140]

"대부 예도 또한 현명하다 하겠다"는 말이 의미심장하다. 이익이 〈조선후〉에서 "강한 나라를 거슬려서는 안 된다"고 말했지만, 그것을 임금이 아니라 대부의 몫으로 여겼다는 사실이 중요하다. 이익의 논법에 따르면 강한 나라를 거슬리지 않으려 한 "대부 또한 현명"했으니, 존주의 의리를 실천하려 한 조선후는 더 말할 나위도 없다. 대부가 조선후를 말린 것이 충성이라면, 조선후가 실천하고자 한 그 의리는 참으로 훌륭한 것이었기 때문이다. 임금은 임금으로서 할 일이 있고, 신하는 신하로서 할 일이 있는 것이다. 그것이 조선후와 대부를 보는 이익의 문제의식이었다. 이익은 결코 '존주'의 의리를 부정하지 않았다.

〈동주〉라는 논설에서도 비슷한 문제의식이 읽힌다. '동쪽의 주나라'를 의미하는 동주東周라는 표현은 《논어》 양화편에 근거를 두고 있다. 노나라 계씨季氏의 가신인 공산불요公山弗擾가 반란을 일으킨 뒤 공자를 불렀다. 공자가 응하려 하자 제자인 자로子路가 물었다. "가실 곳이 없으면 그만이지, 하필 공산씨에게 가시려 하십니까?" 공자가 말했다. "그가 나를 어찌 괜히 부르겠느냐? 나를 써 주는 자가 있다면 나는 그곳을 동쪽의 주나라로 만들 것이다." 집주에 들어 있는 정자程子(정호·정이)의 해설에 따르면, 성인은 "천하에 훌륭한 일을 하려는

사람이 없을 수 없고, 잘못을 깨우치는 사람이 없을 수 없다"고 여기
고 가려 하셨지만, 끝내 가지 않으신 것은 그가 능히 깨우칠 수 없음
을 아셨기 때문이다.[141]

이익은 〈동주〉에서 "동쪽의 주나라를 만들겠다"던 공자의 그 말을
옮겨 적었다. 또 "구이에 살고 싶다"거나, "뗏목을 타고 바다로 떠나
가겠다"고 한 말도 인용했다. 이익에 따르면, 공자가 동쪽의 주나라를
만들기 위해 중원에서 뗏목을 타고 떠난다면, 결국 그 바다는 동해이
며 공자가 가려 한 땅은 조선이 되지 않을 수 없다. 조선은 어떤 땅인
가? 순 임금이 동이 사람이었으니 조선이 순 임금의 교화를 먼저 받
았을 가능성이 있다. 기자의 가르침을 들으면서 조선은 '인의의 나라'
라는 칭호를 얻게 되었다. 기자의 후손이 군사를 일으켜 주나라를 높
여서 대의를 천하에 펼 뿐 성패를 염두에 두려 하지 않은 사실도 중요
하다. 외딴 곳에 있는 힘없는 나라였으므로 비록 '존주'의 뜻을 이루
지는 못했지만, 그런 상상은 다른 제후국이 하지 못한 것이라는 점에
서 소중하다 하지 않을 수 없다.[142]

만일 제나라와 노나라의 임금들이 산동의 의병을 일으키고 밖으로
조선과 연결하여 존주하지 않는 자들을 토벌했다면, 어찌 주나라의 도
가 다시 동방에서 밝아지지 않았겠는가. 공자가 공산불요에게 가려 한
것도 계씨를 성토하고 명분을 바로잡으려 했던 것이니, 만일 그곳에
가서 품은 뜻을 이룰 수만 있었다면 공자는 반드시 그렇게 했을 것이
다. 그런데 공자가 끝내 그렇게 하지 않은 것은 일이 제대로 이루어지
지 않을 것을 알았기 때문이다. 만일 공자가 조선후가 품었던 큰 뜻을
알았다면, 의심하지 않고 바로 조선으로 왔을 것이다. 성인이 '구이'와
'뗏목'을 거론하며 탄식하던 때가 바로 그 무렵이었을 것이다.[143]

〈동주〉에 담긴 이익의 논점을 확장하면 이렇게 말할 수 있다. 조선을 '동주'로 만드는 일을 포기할 수 없다면 중요한 것은 무엇인가? 순임금과 기자의 가르침을 따르는 일, 그리고 기자의 후손이 하려 했던 '존주'의 의지를 되새기는 일이다. 송시열이 그랬던 것처럼, 이익도 '존주'의 의리를 중요하게 여긴 중화주의자였으며, 조선을 중화 문화의 유일한 계승자로 여겼다. 그러나 그는 임금과 신하의 역할을 다르게 보고, 존주 의리를 실천하는 과정에서 일의 성패를 염두에 두려고 했다는 점에서 송시열과 달랐다.

'존주'에 관한 이익의 입장은 고려가 북원과 단절한 것을 평가하는 장면에서도 잘 드러난다. 1368년(공민왕 17) 왕이 백관을 불러 놓고 명나라와 사신 교류를 할 것인지를 의논했다. 원 순제가 상도上都로 달아났다는 소식을 들었기 때문이다. 이익은 〈절북원絕北元〉이라는 글을 지어 그 문제를 검토했다. 〈절북원〉은 《성호사설》에 남아 전한다.

《성호사설》에 따르면, 고려는 충렬왕이 쿠빌라이의 사위가 되면서 "비할 데 없는 은혜를 입었다." 몽골은 대대로 공주를 보내 고려왕을 사위로 삼았으며, '내복內服'과 같이 여겼다. 동진과 남왜가 고려를 침략할 수 없었던 것도 원나라 때문이다. 1368년(공민왕 17, 명 태조 원년)에 원 순제가 도읍을 북쪽 상도로 옮겼다. 이 소식을 들은 고려는 '중국'에 사신을 보내서 북원과 단절할 계획을 밝혔으며, 서둘러 동녕부를 쳐서 명나라에 귀부하겠다는 뜻을 드러내 보였다.[144]

고려가 사신을 보냈다고 한 '중국'이 명나라인 것은 의심의 여지가 없다. 그러나 이익이 보기에 이 결정은 "결코 옳다 할 수 없다." 원론적으로는 의리의 문제가 있다. 물론 원나라를 '중국'이라 할 수는 없다. 그러나 고려가 그들과 군신관계를 가진 것이 100년이 넘었는데,

하루아침에 그들이 세력을 잃었다 하여 먼저 배반하는 것은 옳지 못하다. 현실적으로는 시세의 문제도 있다. 원나라는 요동에 있고, 요동은 고려와 국경이 맞닿아 있는데, 만일 그들이 고려를 향해 쳐들어왔다면 고려는 대적하지 못했을 것이다. 다행스럽게도 그런 일이 일어나지 않았을 뿐이다. 당시 신생 명나라가 고려를 꼭 제후국으로 삼으려 했다고 단정할 수 없다. 명나라 태조는 애초에 고려 국왕을 번신藩臣으로 여기지 않았다. 그 뒤 보낸 조서에서는 "짐은 원나라 백성"이라고도 하였다. 만일 고려가 먼저 명나라에 사신을 보내 귀부할 뜻을 보이지 않았다면 명나라 황제가 굳이 이런 조서를 반포했을 리도 없다. 조서의 내용이 이런 것은 우리의 사정을 헤아린 명나라 황제가 고려에게 "억지로 명나라에 조공하게 하지는 않겠다"는 뜻을 보인 것이다.[145]

명나라에 사신을 보내지 않을 수 없는 상황이 온다고 하더라도 논지의 수위를 현명하게 조절하면 그만이었을 것이다. 예를 들면 이런 식이다.

신은 바다 밖 귀퉁이에 치우친 곳에 있으면서 원나라에 정성스럽게 사대해 왔습니다. 저 원나라 사람이 비록 중화의 풍속[華俗]과 다른 점이 있으나, 저희가 이미 100년간 신복臣服하였으니 군신 간의 의리가 정해졌고 은혜도 두루 미쳤습니다. 지금 저들이 천명이 끊어지자 인심에 따라 북쪽으로 천도하였지만, 저희와 국경을 마주하고 있고 사신도 주고받고 있으니, 신은 차마 저들이 힘이 약해졌다 하여 하루아침에 관계를 단절할 수는 없습니다. 만일 저희가 화하를 연모하는 마음만 가지고 옛 은혜를 돌아보지 않는다면 폐하께서는 이런 배은망덕하고 후안무치한

더러운 나라를 어디에 쓰시겠습니까. 만일 화이가 일통이 되고 사예四
裔가 모두 명나라에 복종한다면, 신도 원나라를 섬기던 태도로 폐하를
섬기겠습니다." 이렇게 한다면, 명나라도 우리에 대해 의리를 아는 나
라로 여길 것이며 우리를 공격하지도 않았을 것이다. 다른 사람은 말할
것도 없지만 정몽주 같은 어진 이가 오로지 공리功利만을 위해 북원과
단절하자고 했으니, 애석하다 하지 않을 수 없다.[146]

몽골이 고려를 대한 것이 "내복과 같았다"고 말하거나, "원나라에
힘입어 동진과 남왜의 침입을 피할 수 있었다"고 주장하는 장면이 인
상적이다. 송시열이 존화양이론자로 여겼던 정몽주를 '공리주의자'로
여긴 대목도 눈에 띈다. 이익은 몽골이 이적이라는 사실을 부정하지
않았지만, 고려가 몽골과 군신의 분의分義가 있다는 사실을 중시했다.
고려가 몽골로 인해 종사를 지켰을 뿐만 아니라 여러 가지 은혜를 입
었다고 판단했기 때문이다. 그는 고려가 '화이'를 변별하는 일보다 천
하 후세에 신의를 보이는 일을 해야 했다고 주장했다. 이런 입장에서
는 힘의 강약만을 따져서 의리를 함부로 변경하는 것은 은혜를 알고
부끄러움을 아는 자의 행동양식이 아니다. '의리'를 함부로 변경하지
않는 것이야말로 중화 문화를 내면화하는 데 필요한 덕목이다. 그 덕
목에 충실하겠다는 뜻을 담아 명나라 황제에게 알린다면 충분히 명나
라의 양해를 받을 수 있는 문제인 것이다.

이익의 방식으로 말한다면, 몽골에 대해 군신의 분의를 인정하는
일은 '화'와 '이'를 변별하는 일과 층위가 다르다. 그는 '화'와 '이'가
구분되어야 할 존재라는 대원칙 안에서 '군君'이 된 '이夷'에 대해 '신
臣'의 분의를 인정했을 뿐이다. 그런데 '화'는 '화'라는 이유로 언제나

따라야 하고 '이'는 '이'라는 사실 때문에 언제나 부정해야 하는가? 이익은 그렇게 생각하지는 않았다. '화'의 '문文'이 지나친 것은 문제 삼았으며, '이'가 '문'을 추구하려는 노력은 긍정하기도 했다. 일찍이 '문'의 지나침을 경계한 것은 공자였다. 공자가 이렇게 말했다. "질박함[質]이 세련됨[文]보다 과하면 어리숙해지고, 세련됨[文]이 질박함[質]보다 과하면 번지르르해지니, 질박함과 세련됨이 잘 어우러진 뒤라야 군자인 것이다."[147] 공자가 군자의 덕목으로 '문'과 '질'의 조화를 제시했다면, 이익은 세련됨이 질박함을 압도했을 때 생기는 '문승文勝'의 폐단을 비판했으며, '문'의 문제를 '화'와 '이'라는 의제에 적용했다.

1760년(영조 36), 이익은 제자인 권철신權哲身(1736~1801)에게 보낸 편지에서 이 문제들을 거론했다. 이익에 따르면, 일찍이 이황李滉(1501~1570)은 시를 지어 송나라와 몽골을 비교했다. 송나라가 소인이 권력을 쥐어 천하의 공의公義와 싸우고 군자를 배격했다면 원나라는 그렇게 하지 않았으므로 선비들이 도학을 하는 것을 감출 필요가 없었다는 것이다. 이황의 생각을 일반화해 본다면, 이적들이 악덕을 저지른 것이 사실이라 하지만, 그들에게 한 줄기 순후한 기풍이 남아 있다고 하지 않을 수 없다. 거란(요나라)은 현량과를 실시했고, 야율대석耶律大石(1087~1143)은 그 현량과 출신이었다. 요나라가 망하자 야율대석은 도망하여 서요를 세우고, 수십 년간 주례周禮의 정치를 실천했다. 서방 사람들이 그를 성인이라 했으니, '중화'에 비하여 결코 못하다고 할 수 없다.[148]

이익이 고려가 몽골에 대해 계속 사대해야 한다고 주장한 근거는 군신의 '분의'였다. 몽골에 대한 사대를 주장하면서 그들이 '화'인지 '이'인지를 고려하지는 않았다. 다만 몽골이 '군君'이라는 사실만을 강조한 것이다. 반면, 고려에 대해서는 '예의'의 일관성을 강조했다. 그것이야말로 '화'의 근본 덕목이었기 때문이다. 그런 이익이 '화'인 송나라가 노출한 문제들을 '이'인 요나라가 성취한 '문'과 대비시키는 장면은 주목할 만하다. 그는 '화'가 '문'을 독점해야 한다고 생각하지 않았다. '이'의 문화가 '이'라는 숙명적인 이유 때문에 '질'할 수밖에 없다고 주장하지도 않았다. 요나라나 몽골을 이적이 아니라고 하지는 않았지만, 그들 같은 이적이 '문'을 가질 수 있음을 인정했던 것이다. '존주'를 주장했던 송시열처럼 이익도 '존주'의 대의에 동의했지만, '이'에 대한 사대를 백안시하지 않았으며 '이'의 '문'을 긍정했다는 점에서 그는 송시열과 생각이 달랐다.

자강自彊과 무비武備

이익이 그런 사람이었다면, 이익에게 배운 안정복安鼎福(1712~1791)이 '존주'의 의리를 중요하게 여기지 않았을 리는 없다. '존주'에 관한 그의 문제의식은 가상의 적으로부터 '동국'의 강역을 지켜 내는 문제와 연동되어 있었다는 점에서 특별하다. 〈동국지계설東國地界說〉은 안정복이 1758년(영조 34)에 쓴 글이다. 힘의 균형이 깨진 상황에서 경험한 군사적 위기를 열거하고 새로운 위험에 대비해야 한다는 내용이다.[149]

첫 번째 문단은 가상의 적에 관한 이야기이다. 그에 따르면, 아동我東은 사실상 4면에서 적의 침입을 받을 수 있는 지리적 조건을 가진 나라다. 동남쪽 바닷길 방향으로는 왜환倭患을 근심해야 한다. 서쪽 바닷길에는 가상의 적이 많다. 왜나 해랑海浪도 근심거리지만, '중국'에 문제가 생기는 경우에 몰려오는 배들도 문제다. 한나라·위나라·수나라·당나라의 역사가 그 사실을 잘 보여 준다. 3면으로부터 오는 적은 강역疆域을 위협하지는 않았다. 그러나 지리적으로 '산융山戎'과 이어진 데다가 '중국'과도 통하는 서북쪽은 상황이 다르다. 서북쪽으로부터 오는 적을 막아 내지 못한다는 것은 곧 강역을 빼앗긴다는 것을 의미했다.

어떻게 강역을 잃게 되었는가? 강역 회복을 위한 노력은 있었는가? 강역 회복은 가장 시급한 현안으로 삼아야 하는가? 안정복이 두 번째 문단에서 논의한 문제들이다. 그에 따르면, 원래 요지遼地의 절반과 오라烏喇 이남은 모두 우리 땅[我地]이었다. 수나라·당나라·송나라 때 발해·거란·완안씨(금나라)가 연달아 일어나서 우리 땅을 잠식해 들어왔다. 신라는 삼국을 통일했지만, 고구려의 옛 강역을 회복할 의지를 보여 주지는 못했다. 발해가 팽창하도록 방관한 셈이다. 고려 태조가 요나라와 단절한 것에는 깊은 뜻이 있었으나, 후대의 왕들이 그 뜻을 온전히 계승하지 못하여 요동 땅을 한 번도 넘보지 못했다. 그 뒤 새 왕조는 명나라에 영흥의 별칭인 화령和寧을 국호로 청했다. 거기에는 북토北土를 회복하고자 하는 의지가 담겨 있었다. 그러나 이로夷虜가 점차 강성해지면서 우리는 선춘령의 '구강舊疆'을 보존하지 못했다. 목조의 덕릉과 효공왕후의 안릉도 이역異域이 되고 말았다. 지금의 병력으로는 기자와 고구려의 강역이나 목조와 익조의 옛 땅을 회복할 수 없으니, 옛 일들을 잘 알고 계한界限을 밝혀 '자강自疆'의 도로 삼을 뿐이다. 목극등穆克登이 경계를 정할 때 우리가 수백 리의 땅을 잃었다는 주장도 있다. 그러나 왕자王者는 덕을 힘쓸 뿐이니, 잃어

버린 땅을 되찾는 것은 덕을 힘쓰는 것에 비하면 작은 일이다.

동북아시아 정세가 요동치는 상황에서 '아동'은 어떻게 스스로를 지켜 낼 수 있는가? 다음 문단의 논점이다. 그에 따르면, 만일 '중국'에 변란이 있어 완안完顔 같은 자들이 남쪽으로 내려오면 요심遼瀋 일대에는 자립하여 세력을 확장하는 자가 나타날 것이다. 역사상으로는 공손·모용·대씨·동진이 그런 경우다. 우리가 항상 극심한 피해를 입었다고 할 수는 없다. 고구려는 공손씨나 모용씨로부터 피해를 입지는 않았다. 당시 고구려가 강성했기 때문이다. 신라는 패북浿北의 땅을 잃었으나 피해를 최소화할 수 있었다. '대씨(발해)'가 신라와 멀리 떨어져 있었던 데다가 국내 문제에 치중했기 때문이다. 고려도 동진에게 큰 피해를 입지는 않았다. '몽골'의 지원을 받았기 때문이다.

안정복이 보기에, 원 순제 같은 자가 북쪽 본거지로 달아난다면 그는 흥경과 오라 이동의 넓은 지역에서 스스로 왕이 되어 우리와 경계를 맞대게 될 수도 있었을 것이다. 이 경우 우리가 그들에게 예전의 예로 조공하게 되면 피해는 더욱 심해질 것이고, 이로부터 강계疆界를 둘러싼 다툼이 일고 내란의 조짐이 생기게 될 것이다. 소손녕이 와서 고구려의 옛 땅을 요구했을 때 서희가 잘 대처하지 못했더라면, 또 명나라 태조가 철령위를 설치하려 했을 때 박의중朴宜中(1337~1403)이 현명하게 처리하지 못했더라면 거의 나라를 보존하지 못했을 것이다. 그것이 강계를 둘러싼 다툼이다. 조휘가 쌍성에서 반란을 일으키고 한순이 의주에서 반란을 일으켰을 때 만일 우리가 대국에 의탁하면서 내복內服의 의리를 가지지 못했다면, 우리는 끝내 땅을 잃어버렸을 것이다. 그것이 내란의 조짐이다.

그에 따르면, 해동이 늘 도명逃命하는 장소가 되어 왔던 것도 기억해야 한다. 전국시대 말에는 '한인韓人'이 바다를 건너 '삼한'을 세웠다. 연 땅이 혼란스러워지자 위만이 동쪽으로 왔으니, 그로 인해 기자가 망했다. '대씨'가 멸망한 뒤 남은 무리 수만 명이 우리에게 왔으나, 그들은 위만이 쓰던 꾀를 답습하지는 못했다. 당시 저들은 약하고 우리는 강했기 때문이다. 거란이 망했을 때 김시와 김산 등이 또한 우리에게 와서는 예전에 신사臣事하던 의례를 요구하면서 노략질을 했다. 그들의 기세가 예전의 발해 잔당보다 강했으나 몽골과 동진이 그 근처에서 일어났으므로 우리가 그들의 힘을 빌려 소탕할 수 있었다. 내안乃顏이 원나라에 반란을 일으켰다가 사로잡힌 뒤 그 잔당인 합단이 또 동쪽으로 와서 노략질을 했을 때 우리는 또 원나라의 힘을 빌려 그들을 평정했다. 원나라가 망하고 나하추가 북계北界로 들어가자 홍건적이 나하추를 피해 동쪽으로 도망해 왔는데, 동국은 이때 대국의 지원을 얻지 못해 형세가 급박했다. 다행히 우리 태조 이성계와 세 원수의 활약으로 마침내 그들을 평정할 수 있었다. 대명이 망하자 아국이 또 먼저 침략을 받았다. 예로부터 천하의 전쟁이 늘 동북쪽에서 있었으니 아동이 피해를 당한 연유는 역사를 보면 잘 알 수 있다. 그러니 대비가 필요하다.

고구려와 고려가 큰 피해를 입지 않았던 이유는 무엇인가? 그에 따르면, 고구려가 강성했으므로 스스로 문제를 해결할 수 있었고, 고려는 몽골의 지원을 받을 수 있었으므로 피해를 최소화할 수 있었다. 결국 그는 요심遼瀋으로부터 오는 위협에 맞서기 위해서 고구려처럼 자강自彊하거나 고려처럼 몽골 같은 '중국'의 패자에게 의지해야 한다고 말한 것이다. 글의 말미에서 그가 주목한 것은 대륙의 정세가 변동하던 시기에 해동을 위협하던 세력들이다. 그가 보기에 저들이 약하고 동국이 강했을 때 저들은 동국에 크게 피해를 입히지는 못했다. 고려에 합류한 발해 유민들이 그런 경우다. 힘이 충분치 않은 경우 동국은 대국의 힘을 빌려 문제를 해결했다. 고려가 몽골의 힘을 빌린 것이 그런 경우다. 홍건적을 진압해야 했던 고려가 일시적인 어려움에 처했던 것은 대국의 지원을 얻지 못했기 때문이다. "자강할 수 있는 길을 찾되, 현실적으로 그것이 어렵다면 대국의 지원을 얻어야 한다." 마지막 문단의 논점은 그런 것이었다. 두 번째 문단과 비교해 보면, 가상 적의 종류는 다르지만 해법은 같다. 대국이 이적 왕조인지 아닌지를 물을 필요가 없다고 여기는 점도 같다.

'자강'의 필요성을 인정한다는 것은 무비武備의 중요성을 강조한다는 뜻과 같다. 안정복이 의종 이야기에 붙인 논평에 따르면, 옛날에는 문과 무가 둘이 아니었다. 후세에 이르러 문과 무가 나뉘어 평시에는 문을 숭상하고 난리 때에는 무를 중시하니 문과 무가 서로 경중을 다투게 되었다. 알력이 시작된 것이다. 임금이 균형을 잡지 못하고 한쪽만 소중하게 여기는 것이 곧 난리를 부른다. 그렇게 해서 의종이 실패한 것이니, 후대의 왕이 교훈으로 삼아야 한다.[150]

1162년(고려 원종 3) 몽골이 고려에 놋쇠[鍮鉐] 2만 근을 요구해 왔다. 고려는 612근을 모아 몽골에 보냈다. 자기 땅에서 나지 않는 광물이었으므로 그나마 어렵사리 구해서 보낸 것이었다. 몽골은 고려가 복속된 자의 의무를 충실히 수행하지 않는다며 질책했다. 안정복은 이 에피소드 아래에 《성호사설》에서 관련 기사를 따왔다. 거기에 이런 대목이 포함되어 있다. "아국은 천하에서 가장 약한 나라다. 땅이 좁고 백성이 가난해서만은 아니다. 기자가 봉해진 이래로 문교文敎가 끊이지 않아, 모두 예의지방禮義之邦이라 하였는데, 문교가 행해지면 무비가 소홀하게 됨은 당연한 이치다. 결국 수성守成을 즐기고 정토征討는 싫어하며, 사대를 정성스럽게 하고 천명을 두려워했다. 3,000년의 역사에서 보면 이런 규모規模를 어겼을 경우 잔훼殘毁 딩하지 않은 적이 없었으니, 교훈으로 삼을 만하다.”

안정복이 《성호사설》에서 인용한 것은 〈동국내지東國內地〉라는 글이다.[151] 이익이 〈동국내지〉의 첫 단락에서 말한 것은 ‘본국’의 ‘복제’에 관한 이야기다. 이익에 따르면, 몽고제蒙古帝는 1260년(원종 원년) 새로이 복속한 고려에 대해 6사를 윤허하고 조서를 내려 “의관은 본국의 풍속을 따르라” 했다. 1262년(원종 3)에는 조서를 내려서 “고려가 아뢴 것들은 모두 들어 주지 않은 것이 없었으며, 의관을 바꾸지 않도록” 했다. 뒷날 원나라는 ‘중국’에 들어가 주인이 되었으나 ‘화인’의 상복常服을 금하지 않았다. 그런데 지금은 천하 사람들이 모두 머리를 깎은 가운데 오직 한 조각 동한東韓에서만 옛 제도를 보존하고 있으니, 이것은 결코 힘으로 스스로를 보존한 것이라 할 수 없다. 천의天意가 작용한 결과인 것이다.

〈동국내지〉의 다음 단락은 ‘문교’에 치우친 채 ‘무비’를 소홀히 한 역사 이야기다. 안정복이 인용한 대목이다. 이익이 천의의 작용으로 의관을 보존한 역사를 거론하고, 무비를 소홀히 해서 피해를 입은 역사를 회고한 것은 자기 역량으로 자신을 지켜야 한다는 것을 강조하기 위해서였다. 〈동국내지〉 마지막 단락에 따르면, 몽골이 고려의 청원을 들어 주었던 것은 그들 나름의 실리적인 판단이 있었을 것이다. 그들은 고려가 북속北俗을 따라 내복하여 요나라나 금나라처럼 무비를 갖춘 나라가 되는 것은 막아야 했다. 몽골의 의복과 제도를 강요하는 것보다는 붓을 쥐고 책을 읽게 하며 ‘직공職貢’을 성실하게 하도록 내버려 두는 편이 그들에게는 훨씬 좋은 선택이었기 때문이다.

이익은 충숙왕 때 이제현이 입성론立省論을 잠재운 사례를 거론하기도 했다. 이제현이 몽골을 설득하면서 왜라는 변수를 거론했던 사실을 상기시키고 싶었기 때문이다. 이익은 상국이 왜를 직접 상대하게 될 경우 동방은 물론 중원에도 군사적 위기가 닥치게 될 것이라고 주장했다. "지나간 일은 차치하더라도 장래는 예측할 수 없는 것이니 나라를 꾀하는 자는 그 점을 마땅히 알아야 할 것이다." 그렇게 끝나는 마지막 문장은 〈동국내지〉라는 글에 담긴 발화자의 의도를 이해하게 해준다. 자신을 지켜 내기 위해서는 무비와 전략적 사고가 중요하다는 것. 그것이 이익의 메시지다.

안정복은 〈동국내지〉 가운데 '무비'의 중요성을 강조한 대목과 원나라 황제의 의도에 관한 부분을 인용했다. 이익의 말 중에 이런 대목이 있다. "수성과 사대의 규모를 잘 지키지 못할 경우 잔훼당하지 않은 적이 없었으니, 교훈으로 삼을 만하다." 규모란 제도이며, 잔훼는 외교적 압박이나 군사적 침략을 뜻한다. 이 문장은 얼핏 보기에 중의적이다. "수성과 사대를 빈틈없이 행하여 외침을 막아야 한다"는 말일 수도 있지만, "수성과 사대에만 치중하다가 외침을 피하지 못했으니 무비를 소홀히 하지 말아야 한다"는 의미일 수도 있다. 논설의 전체 흐름을 따라가면서 읽으면 이 말이 후자의 의미인 것을 이해할 수 있다.

안정복이 이익의 말을 그렇게 읽었다는 것은 안정복 자신의 논평에서도 잘 드러난다. 안정복은 이렇게 말했다.

아국我國이 약하다는 사실을 부정할 수는 없다. 그러나 언제나 그랬던 것은 아니다. 삼국시대에는 무를 중시한 역사가 있었다. 중국은 선비와 말갈, 부여를 복속시킨 고구려를 항상 근심으로 여겼으며, 수나라와 당나라는 천하의 군사를 동원하여 고구려에 쳐들어왔지만 뜻을 이루지 못했다. 백제는 일개 소국이었지만, 신라·당나라 연합군의 공격에 끈질기게 버텼으며, 신라는 영남의 한 구역에서 시작한 나라였지만 일본을 치고 고구려와 백제를 병탄했다. 당나라의 백전노장들은 동토東土를 평정하기까지 여러 번의 패전을 겪었다. 이 나라는 사람도, 지기地氣와 인품人稟도 일찍이 약한 적이 없었던 것이다. 그런 나라가 약해지게 된 것은 오로지 법제 때문이다. 신라가 혼일混一한 이후로 대당에 사대하고 화풍을 추종했으며, 문화文華를 중시하고 무력을 경시했다. 고려 광종 때 과거제를 실시한 이래로 온 나라 사람들이 그것에 매달리게 되었다. 결국 적군이 국경에 이르면 오직 표문을 올려 애걸하는 것을 상책으로 여겨 왔으니 슬픈 일이다.

1783년(정조 7) 안정복이 강화유수 정지검鄭志儉(1737~1784)으로부터 강화도 수비책을 묻는 편지를 받았다. 안정복은 답신의 도입부에서 이런 요지로 말했다. "아국은 3면은 바다로 둘러싸여 있고 한 면은 대륙과 이어져 있으니, 적임자를 얻기만 한다면 충분히 바다를 막고 싸워 지킬 수 있는 조건을 가졌다. 천하를 가진 나라들이 신라와 고려를 굴복시키지 못했던 것도 그런 이유 때문이다. 그런데 고려 중엽 이후로 문제가 생겼다. 몽골이 위협해 왔을 당시 고려는 권신들이 집권하였으므로 나라 안 시세가 모두 적인敵人들에게 노출되는 바람에 천하의 약국이 되고 말았던 것이다. 한쪽 귀퉁이를 가진 고구려가 수나라 양제와 당나라 태종의 침략을 능히 물리쳤던 역사를 생각해 보면 아쉬움이 없을 수 없다. 강력한 몽골의 군대가 강화도를 함락시키지 못한 것은 지리가 험해서라기보다는 그때 고려의 방어책이 좋았기 때문이며, 병자호란 때 조선이 청나라에게 무너진 것은 지리가 험하지 않아서가 아니라 적임자를 얻지 못했기 때문이다. 결국 중요한 것은 적절한 방어전략을 구사하고 자리에 합당한 사람을 임명하는 일이다."[152]

'적인'이라는 단어가 눈에 띈다. 그가 보기에 수나라 양제와 당나라 태종, 몽골과 청나라는 모두 '아국'을 침략해 온 '적인'이다. 그러니 그들의 군대가 "문죄의 사師"인지도 물을 필요가 없었다. 그들은 '아국'의 안전을 위협했던 역사상의 '적인'이라는 점에서 아무런 차이가 없었던 것이다. 〈동국지계설〉을 관통하던 문제의식은 이 편지에서도 그대로다.

이적과 사대

안정복의 방식으로 말한다면, 자국을 지켜 내기 위해서는 경우에 따라서 대국의 힘에 의지할 수도 있다. 그러나 그 대국이 정복 왕조일 때는 문제가 간단하지 않다. 한족 왕조와 정복 왕조를 각각 '화'와 '이'로 여기는 정서가 문제였다. 이 경우 망한 명나라는 '화'를, 역사상의 원나라와 현실의 청나라는 '이'를 상징한다. 조선은 자신을 유일하게 중화를 계승한 나라라고 자부한다. 그렇다면 원나라에 사대한 역사와 청나라에 사대하는 현실은 정당화될 수 있는가? 고려가 원나라에 대해, 조선이 청나라에 대해 사대한 시간이 길었으니, 이제 고려와 조선은 원나라와 청나라에 대해 분의分義가 있다고 해도 좋을 것인가? 맹자가 말한 '이소사대', 주자가 말한 '시세'와 '의리'의 문제는 그 역사와 그 현실에 또 어떻게 적용될 수 있는 것인가? 그것이 문제다.

그가 보기에 병자호란은 두고두고 곱씹어 보아야 할 경험이었다. 〈동국지계설〉의 연장선상에서 본다면, 병자호란 시점의 청나라는 중원을 완벽하게 통제하고 있는 것도 아니고, 보기에 따라서는 대국도 아니다. 청나라는 '요심'의 새로운 강자였을 뿐이다. 조선은 그런 청나라에게 패했고, 인조는 남한산성을 내려와 청나라 태종에게 머리를 조아려야 했다.

1753년(영조 29) 안정복이 광주부의 읍지를 편찬하다가 붓을 멈추고 눈물을 글썽이며 시를 지었다.[153] 이 시에 담긴 정서를 안정복 자신을 '나'로 해서 재구성해 보면 이렇게 될 것이다. "되놈[胡]들은 전쟁으로 화의를 끌어 내는 성과를 거두었지만, 조선은 화의 때문에 싸움을 망쳤다. 특히 신경진申景禛(1575~1643)과 구굉具宏(1577~1642), 그리고 최명길이 문제다. 신경진 등은 휘하의 장수와 군졸을 사주하여 척화신을 압송하자고 주장했으며, 최명길은 인조가 항복할 때 곤룡포를 입어서는 안 된다는 용골대의 주장에 밀려 남색 옷[藍衣]을 만들었다. 전란에서 화의로 이어지는 일련의 과정은 사람의 노력으로 피할 수 있는 것은 아니었다. 천운이 그랬기 때문이다. 인력으로 안 되는 문제가 다시 일어난다면 '나'는 어떻게 할까? 화의를 주도했던 최명길 같은 간사한 자들을 교훈으로 삼아 유초遺草라도 써 두어야 할지도 모르겠다."

안정복은 7연짜리 연작시를 따로 지어 병자호란 당시 최명길의 처신을 맹비난했다.[154] 1연에서 묘사한 것은 최명길과 홍서봉이 청나라 태종에게 다녀간 장면이다. "생각하면 그 옛날 최명길은/ 노추虜酋를 자주 가 만났는데/ 초구貂裘 내려준 황은이 중하다고/ 세 번 절하고 아홉 번 머리 조아렸네." 시에 붙은 설명에 따르면, 두 사람은 청나라 태종에게 담비가죽 옷을 받아 입은 뒤 춤을 추더니 황은에 감사하다면서 세 번 절하고 아홉 번 머리를 조아렸다 한다. '노추'와 '황은'이라는 단어가 안정복의 문제의식을 잘 보여 준다.

안정복의 주장이 사실관계와 완전히 부합하는 것은 아니다. 인조가 홍서봉洪瑞鳳(1572~1645)과 최명길을 청나라 태종에게 보내 조선의 국서를 전하고 강화의 가능성을 타진하게 한 것은 1637년(인조 15) 1월 13일의 일이었다.[155] 1월 29일, 왕은 척화파인 윤집尹集(1606~1637)과 오달제吳達濟(1609~1637)를 청나라 진영으로 보내게 하고, 그 일을 최명길에게 맡겼다. 마침내 최명길이 두 사람을 이끌고 청나라 진영에 도착했다. 청나라 태종은 두 사람의 결박을 풀어 주고, 최명길 등을 불러 담비가죽 옷을 내려 주었다. 최명길은 그 옷을 입고 네 번 절했다.[156]

세간에는 최명길이 청나라의 공세를 늦추었다는 평가가 있었지만, 안정복은 그런 평가에 동의할 수 없었다. 2연의 내용은 이렇다. "사람들은 최명길이 쉽지 않은 일을 해내서/ 금사金使의 진격을 늦추었다 하지만/ 그가 죽지 않을 방도를 미리 마련해 두었으니/ 그런 말들이 얼마나 어리석은가." 2연에 붙어 있는 설명에 따르면, 사람들은 청나라 선봉대가 외곽에 이르자 최명길이 나가서 그들의 진격을 늦추었고 그사이 인조가 남한산성으로 들어갈 수 있었다고 믿어 의심치 않았다. 그러나 안정복은 그런 평가를 "자기 살 자리를 미리 마련한 자"의 처세술로 치부했다.

마침내 인조가 항복을 결정했다. 그 과정에서 최명길은 온당하게 처신했는가. 3연에서 안정복은 그렇게 물었다. "어쩔 수 없어 성을 내려가게 되었으나/ 오랑캐가 남의藍衣를 강요하지는 않았는데/ 어쩌자고 하룻밤 사이에/ 몰래 만들어 상자에 넣어 두었던가." 3연에 붙어 있는 설명에 따르면, 인조가 항복하기로 했을 때 청나라로부터 남색 옷을 널에 싣고 수항단受降壇으로 오라는 말이 없었는데 최명길이 밤중에 남의를 만들게 했다. 안정복이 이렇게 말한 데에는 그 나름의 근거가 있다. 이긍익은 《연려실기술》에서 최명길과 홍서봉 등이 청나라 측과 주고받은 대화를 기록했다. 홍서봉이 말했다. "국왕은 늘 곤룡포를 입는데, 이 옷을 입어도 되겠습니까?" 청나라 측이 답했다. "그대들과 같이 남색 복장을 하는 것이 좋겠다." 이긍익은 청나라가 붉은색 곤룡포를 입어서는 안 된다고 한 적이 없는데도 최명길이 청나라의 요구를 자의적으로 해석하여 사태를 그렇게 만들었다고 논평했다.[157]

4~5연은 윤집과 오달제를 청 진영에 보내는 장면이다. "이왕 화의가 성립되었으니/ 우리 백성이 곧 너희 백성 아니냐고/ 구원의 말 한마디 하지 않은 채/ 노루 쫓듯 몰아 보내니/ 세 신하가 그때 붙잡혀/ 묶인 채로 저들의 군영에 갈 때/ 그날 최명길이 양파陽坡에서 했다는 말은/ 지금도 사람을 껄껄 웃게 만드네." 안정복의 설명에 따르면, 최명길이 윤집과 오달제를 압송해 가다가 "죽어서는 안 된다"며 두 사람을 회유했다. 안정복은 최명길이 두 사람에게 "청나라에 목숨을 구걸하라"는 투로 말한 것처럼 해석했다.

최명길이 윤집과 오달제를 회유하려 했다는 이야기는 송시열이 지은 《삼학사전》에 등장한다. 송시열이 이 책을 처음 지은 것은 1671년(현종 12)의 일이었다. 그는 뒷날 이 책을 수정했다. 부정확한 내용이 있을 수도 있다는 점을 인정했기 때문이다. 최명길이 윤집과 오달제를 회유하는 이야기는 수정본에서 사라졌다. 《송자대전》에는 수정본이 실려 있다. 그런데 원본에서 빠진 내용이 수정본과 별개로 수록되어 있다.[158] 문집 편찬자들이 독자들에게 수정본과 원본 사이의 차이를 추측할 수 있도록 하게 한 것이다.

《송자대전》에 따르면, 이야기는 최명길이 윤집과 오달제를 압송해 가다가 한 양지바른 곳에서 휴식을 취하는 장면에서 시작된다. 최명길이 말했다. "공들이 죽음을 면할 방도가 있습니다. 그곳에 가서 저들이 힐문하거든, 공들이 우리만 척화를 주장한 것은 아니라고 대답한 뒤 당시 척화를 주장했던 언관들의 이름을 모두 거론하면, 저들도 척화를 주장한 모든 사람을 죽일 수는 없을 것입니다. 이것이 어찌 좋은 계책이 아니겠습니까." 윤집과 오달제가 답하지 않고는 곧 자리를 털고 일어서며 서로에게 말했다. "저자가 우리를 이용해 한 시대의 명류名流들을 다 죽이려 하니, 저 간사한 자의 계책이 너무도 교활합니다."[159]

《송자대전》에 실려 있는 《삼학사전》 수정본의 말미에는 송시열 자신이 1683년(숙종 9)에 추가한 내용이 붙어 있다. 그 설명에 따르면, 송시열이 양지바른 언덕의 일화를 원본 《삼학사전》에 실었던 것은 남일성南一星이 지은 오달제의 행장에서 그 이야기를 읽었기 때문이라 한다.[160] 얼마 후 송시열이 《승정원일기》의 기록과 이기남의 서찰을 보고 이 일화가 실상에 부합하지 않는다는 점을 알게 되었다. 남구만과 이민서도 문제점을 지적했다. 송시열은 수정본에서 이 일화를 삭제하기로 결정했다. 그런데 추가된 기록의 마지막 문장이 압권이다. "옛날에는 있었지만 지금은 없어졌다는 실상을 아주 없애서 후인들에게 의문점을 남길 수는 없기 때문에 대략 이와 같이 기록하였다."

송시열은 양지바른 언덕의 일화를 수정본에서 삭제했지만 최명길을 바라보는 자신의 시야가 《삼학사전》의 원본에서 전혀 달라지지 않았음을 이런 방식으로 표현했던 것이다.

《송자대전》 부록에는 송시열이 그 에피소드를 수정본 《삼학사전》에서 삭제하게 된 경위가 좀 더 자세하다. 권상하에 따르면, 최명길의 아들 최후량崔後亮(1616~1693)이 원본 《삼학사전》을 보았다. 최후량의 입장에서 보면, 최명길이 병자호란 때 화의를 주장했던 일에 대해서는 뒷사람들이 아무리 도가 넘게 비판한다 해도 달게 받아들여야 할 일이지만, 그때 최명길이 하지 않았던 일까지 했다고 한다면 그것은 인정하기 어렵다. 최후량은 이기남의 증언을 근거로 하여 최명길이 윤집·오달제와 동행하지 않았다고 주장했다. 최명길이 윤집과 오달제를 회유했다는 《삼학사전》의 일화 자체가 성립할 수 없다는 의미다. 최후량의 주장을 들은 송시열이 이기남을 만나 사실관계를 직접 확인한 후 그 이야기를 《삼학사전》에서 삭제했다. 권상하가 이 소식을 최후량에게 전했다. 최후량은 송시열을 찾아 감사의 인사를 전했다.[161]

1719년(숙종 45) 송시열의 문집이 《우암선생문집》이라는 이름으로 간행되었다. 권상하와 이희조李喜朝(1655~1724)가 주도해서 정리한 것을 교서관에서 간행한 것이다. 정조가 《송자대전》이라는 이름으로 송시열의 문집을 다시 간행한 것은 1787년(정조 11)의 일이었다.[162] 그런 저간의 사정을 보면, 권상하나 그의 제자 한홍조韓弘祚(1681~1712) 같은 노론계 후예들은 물론 정조조차도 최명길의 논리에 전혀 동의하지 않았음을 알 수 있다. 안정복이 묘사한 최명길은 윤집과 오달제를 꾀어 척화파를 소탕하려 했던 인물이다. 간웅이라고 불러도 좋을 정도다. 그들이 보기에 최명길의 주관적인 의도가 어떤 것이었든 주화主和

는 용납하기 힘든 주장이었다. 백 번 양보하더라도, 부드럽게 설명해 내거나 합리적으로 정당화하기 까다로운 논리였다. 송시열을 비롯한 노론들이 최명길을 백안시한 것은 그런 이유 때문이다. 안정복도 그 점에서는 다를 바 없었다.[163]

6~7연은 안정복이 '존주'의식의 소유자이자 중화주의자임을 여실히 보여 준다. "오랑캐의 기세가 두렵다 해도/ 황은은 잊을 수 없으니/ 마땅히 징병하여/ 힘껏 싸워 막아 냈어야 하지 않았는가/ 성조聖朝가 삼백 년간에/ 선비를 키워 현신을 배출했는데/ 이제 와 최명길은/ 끝내 나라를 팔아먹으려는가." 안정복에 따르면, 전쟁이 예상되는 상황이라고 해도 황은을 잊을 수는 없다. '황은'이란 임진왜란으로부터 조선을 구해 준 명나라의 은혜다. 그 은혜를 갚으려는 자라면 오랑캐에 맞서 군대를 모집하여 힘으로 맞서 싸웠어야 한다. 그러나 최명길은 그렇게 하지 않았다. 그는 결국 매국인일 뿐이다.

안정복이 말한 '징병'은 항전의 방법에 관한 문제다. 〈동국지계설〉의 방식으로 말한다면, 조선은 요심遼瀋의 패자에게 조공해서는 안 되고, 조공하지 않기 위해서는 싸워야 한다. 그러나 최명길은 항전을 위한 구체적인 방법을 제시하지도 않았으며, 오랑캐에 대해 힘으로 맞서 보려 하지도 않았다. 그런데 언제까지 싸워야 하는가? 싸우다가 나라가 망해도 좋은가? 소국은 대국에게 사대해야 하는가? 약국은 강국에게 신복해야 하는가? 이적은 중국에게 귀부해야 하는가? 그렇다면, 언제나 그런가? 안정복은 역사를 읽으면서 이 문제들을 더 깊게 탐색해 들어갔다.

1758년(영조 34) 즈음 안정복은 《동사강목》의 초고를 준비 중이었다. 1778년(정조 2) 그는 강목체로 자국의 역사를 체계화하는 작업을 마무리했다. '소국'과 '대국', 그리고 '중화'와 '사대'의 문제는 상고사의 첫 대목, 특히 위만이 망명해 온 사실을 서술하면서부터 문제가 되었다. "연나라 사람 위만이 항복해 오니 박사博士를 제배除拜하고 서쪽 변방을 지키게 했다."[164] 안정복은 이 기사 아래 인상적인 논평을 붙여 두었다.

그 글에 따르면, 소로 대를 섬기고[以小事大], 약으로 강에 복속하며, '이적'으로 '중국'에 귀부하는 것은 바꿀 수 없는 정리正理다. '아동'은 땅은 치우쳐 있고 나라는 작으며 '중화'와 친근하니, 대국의 도움을 잃지 않아야 자존自存할 수 있다. 위만은 수천 명의 무리를 모아 도망했으니, 이는 '중국'의 반민叛民이다. 그런데도 준왕이 그들을 받아들여 서쪽 변경을 지키게 함으로써 대방大邦과 원수를 지려 했다. 다행히도 이때 천하가 새로 정해져서 한나라 여후呂后가 백성을 휴양하는 데 뜻을 두었으므로 용병하지는 않았다. 만일 한나라 무제 같은 이를 만났다면 위만의 반란이 있기 전에 '문죄의 군대'를 동쪽으로 보냈을 것이다.[165]

맹자와 주자는 이소사대를 말했지만, 안정복은 그것을 '약국'과 '강국', '이적'과 '중국'의 문제로 확장시켰다. 이것들은 각각 국가의 크기, 힘, '화이' 여부를 기준으로 한 것이다. 그런데 이것들이 가리키는 경우의 수는 셋인가 하나인가? 전자라면 '소국'이 '대국'을 섬기는 것, '약국'이 '강국'에 복속하는 것, '이적'이 '중국'에 귀부하는 것은 모두 다른 경우가 된다. 그러나 후자라면 '소국'이자 '약국'인 '이적'이 '대국'이자 '강국'인 '중국'을 섬겨야 한다는 뜻이 된다. "아동이 중화와 친근하니 대국의 도움을 얻어야 자존할 수 있다"고 말하는 장면으로 제한해서 본다면, 위만 이야기에서 안정복이 말하려 한 것은 후자일 가능성이 크다.

물론 '소국'이나 '약국'이 '중국'이고, '대국'이나 '강국'이 '이적'일 경우가 생기지 말라는 법은 없다. 그러나 위만의 사례에 관한 한, '소국'이며 '약국'이자 '이적'의 나라인 고조선이 '대국'이자 '강국'이며 '중화'인 '중국'을 섬기는 것은 정리이니, 고조선은 '중국'의 반민인 위만을 받아들이지 말았어야 한다는 의미가 된다. 〈동국지계설〉에서 '자강'의 도와 '대국'의 도움을 말했던 그가 이 논설에서는 '대국'이자 '강국'이며 '중화'인 '중국'을 말한 것이다. 〈동국지계설〉에서 '대국'은 중원의 패권을 쥔 나라다. 그러나 이 글에서 '대국'은 '강국'이면서 '중화'이며, '문죄의 군대'를 보낼 수 있는 존재다. 이제 그는 '대국'이라 말하면서 그 나라가 '중화'인지 아닌지, 한족 왕조인지 아닌지를 묻기 시작했다.

한나라를 '중화'이자 '중국'이라고 보는 안정복이라면, 수나라나 당나라를 고구려가 사대해야 할 상국이나 강국으로 여기는 것은 자연스러운 일이었다. 그가 보기에 고구려 영양왕이 말갈과 한패가 되어 상국을 침략한 것은 그들이 외천사대畏天事大의 의리를 알지 못했기 때문이다. 그 결과 수나라 문제가 토벌을 명하자 온 나라가 두려움에 떨었다. 영양왕은 순리를 따르고 죄를 뉘우쳤어야 했지만, 도리어 백제와 신라를 공격하여 병화兵禍를 일으켰다. 그 결과 수나라 양제가 토죄討罪의 군대를 보내지 않을 수 없었다. 마침내 백만대군이 강을 건너오자 고구려는 위기 상황에 빠졌다. 그때 을지문덕이 활약하지 않았다면, 수나라 내부에서 양현감이 반란을 일으키지 않았다면 고구려의 운명이 어떻게 되었을지 알 수 없다. 외천사대의 의리를 이해하지 못한 것은 영류왕도 마찬가지였다. 연개소문이 약한 나라가 강한 나라에 맞서려 하는 것을 알아채지 못했던 것이다. 결국 그는 연개소문에게 죽임을 당하고 말았다.[166] 여기에서 "약한 나라"는 고구려, "강한 나라"는 당나라다.

안정복의 논리에 따르면, 수나라 문제와 수나라 양제의 고구려 공격, 당나라 태종의 고구려 정벌은 고구려가 자초한 일이다. 수나라와 당나라는 고구려를 침략한 것이라기보다 고구려의 죄를 물은 것이다. 고구려가 '상국' 수나라를 공격하거나 '대국' 당나라와 맞섰기 때문이다. 고구려가 그런 무모한 행위를 했던 것은 '외천사대'의 의리를 몰랐기 때문이다. 결국 수나라가 '상국'이 되고 당나라가 '대국'이 되는 것은 그 나라가 '중국'이며, 그 나라의 임금이 천명을 받은 '천자'이기 때문이다. 그러니 그런 '천자'에 맞서는 일은 '문죄'의 군대를 부르는 행위일 뿐인 것이다.

고려가 몽골을 처음으로 대면한 것은 1218년(고려 고종 5)의 일이었다. 그해 몽골군이 거란의 잔당을 토벌한다는 명분을 내세우며 고려 땅으로 들어왔다. 이듬해 몽골이 고려와 형제의 맹약을 맺었다. 한동안 교류가 빈번했다. 그러나 두 나라 사이의 맹약은 테무게 옷치긴(칭기즈 칸의 막냇동생)이 고려에 과도한 공물을 요구하면서 금이 가기 시작했다.[167] 《고려사절요》에 따르면, 1221년(고종 8) 몽골 사신들이 연달아 고려에 와서 공물을 요구했다. 그들은 고압적인 자세는 물론 횡포도 일삼았다. 고종이 대처 방안을 묻자 신하들이 말했다. "우리가 영접하지 않으면 저들은 반드시 침략해 올 것이니, 어찌 적은 숫자로 많은 숫자를 당할 것이며, 약함으로 강함을 대적할 수 있겠습니까." 고종은 기뻐하지 않는 기색이 역력했다. 다른 선택지가 없다고 생각한 고종은 김희제金希磾(?~1227)에게 사신을 영접하게 했다. 그가 시와 예를 알고 담략이 있고 언변에 능했기 때문이다. 김희제는 몽골 사신들을 능수능란하게 응대했다. 사신들은 활로 사람을 쏘아 사경에 빠뜨린 잘못을 인정하는가 하면, 융복戎服 대신 예복을 입고 연회에 참석했다. 그는 또 탁월한 문학적 역량으로 사신들의 탄성을 자아내기도 했다.[168]

안정복은 이 일화를 《동사강목》에 기록했다.[169] 대부분은 《고려사》나 《고려사절요》에 실려 있는 내용과 일치한다. 그러나 의미 있는 차이점도 확인된다. 《고려사절요》에 따르면, 고종은 몽골 사신을 영접할지를 두고 신하들에게 의견을 물으면서도 내심 군사적인 대비 태세를 강화하고 사신을 영접하지 않으려고도 했다.[170] 그런데 안정복은 그렇게 적지 않았다. 고종이 신하들의 의견을 듣고 "기뻐하지 않았다"고만 썼을 뿐이다. "김희제는 일에 맞게 응대하고 사령辭令을 잃지 않아 저들의 환심을 얻었다"[171]는 문장은 안정복이 덧붙인 것이다.

이 기사 아래 달린 논평[按說]은 안정복이 왜 고종의 내심에 관한 부분은 생략하고 김희제를 그렇듯 높게 평가했는지 짐작하게 해준다. 그 글에 따르면, 소가 대의 적수가 되지 못한 것이 어제오늘의 일은 아니다. 몽골은 막북漠北에서 일어나 여러 나라를 통합하고, 금나라를 몰아내 '중국'의 반을 차지했을 뿐만 아니라 동진東眞을 항복시켜 요심遼瀋 일대까지 차지한 상황이었다. 고려가 그들을 처음부터 공손하게 대하고 그 뜻을 얻었다면 근심도 없었을 것이다. 인종仁宗은 가장 먼저 금나라를 섬겨서 100년 동안 전쟁이 없었으나, 고종高宗은 응대함이 마땅함을 잃어 거의 나라가 망할 뻔했으니, 어떤 쪽이 옳은지는 분명하다. 고종이 만일 합진哈眞이 돌아간 뒤에 즉시 신하를 뽑아 몽주蒙主에게 보내 감사함을 표하고 약조를 정해 해마다 빙문을 했더라면 지금의 몽골 또한 전날 금나라가 고려를 대한 것처럼 했을 것이다. 그렇게 했다면 강화도로 들어갔다가 나올 일도 없었을 것이며, 성을 쌓았다가 부술 필요도 없었을 것이다. 백성들을 도탄에 빠뜨리지 않았을 것이며, 사직이 폐허가 되는 치욕을 당하지도 않았을 것이다. 그러나 슬프게도 고려는 그렇게 하지 않았다. 힘이 약한데도 허세만 부렸고, 예를 간소화하여 저들의 노여움을 샀으며, 자기 역량을 헤아리지 않은 채 화를 자초했다. '사대'와 '교린'에는 사명辭命이 중요하니, 예로써 교제하고 성실함을 보여서 미연에 화를 방지하고 친절하게 대하여 환심을 얻는 데 언어를 빼고 무엇을 할 것인가. 이런 까닭에 춘추에서도 사령을 중요하게 여긴 것이니, 김희제 같은 이는 그런 뜻을 아는 사람이다.[172]

안정복이 보기에 몽골은 '중국' 땅의 반은 물론 '요심'까지 차지한 신흥 강국이며 '대국'이다.[173] 이적 왕조이자 대국이라는 점에서 이전의 금나라와 다를 바 없다. 이 이적 왕조들에 대해서는 이소사대의 원칙을 적용해서 적극적으로 사대에 나서야 한다. 인종은 금나라에 사대했기 때문에 나라를 보존했고, 고종은 그렇게 하지 않아서 나라를 잃을 뻔했다. 금나라나 몽골에 대해 사대해야 하는 이유는 분명하다. 고려가 소국이기 때문이다. 고려는 그들을 공손하게 대하고 해마다 빙문聘問하며, 예로써 교제하고 성실함을 보였어야 하는 것이다. 그들을 마음속으로 받아들여야 하기 때문이 아니다. 그들의 환심을 사서 국가적 위기를 미연에 방지하기 위해서이다. 그렇다면 고종을 비판하고 김희제를 높게 평가하는 것이 무엇보다 중요하다. 안정복이 《고려사절요》를 거의 그대로 옮겨 오면서도 고종에 관한 내용은 생략하고 김희제에 관한 기사를 첨가한 것은 그런 이유 때문이었다.

《고려사절요》에 의하면, 1221년(고종 8) 최우崔瑀(?~1249)가 과도한 공물을 요구하는 몽골 사신들을 맞아들이지 않으려 했을 때, 사람들은 그가 몽골에게 뒷날 침략하는 빌미를 주었다고 수군댔다. 1231년(고종 18) 몽골과 고려의 전쟁이 시작되었다. 이듬해 최우는 고위 관료들을 자기 집에 불러 강화도로 천도하는 문제를 논의했다. 모두 오랜 도읍을 편히 여기고 천도를 곤란하게 생각했지만, 감히 그렇게 말하지 못했다. 최우를 두려워했기 때문이다. 이때 유승단이 "소로 대를 섬기는 것이 옳다"고 주장했다. 밤이 되자 김세충이 최우를 찾아왔다. 김세충은 천도는 안 될 일이라며 목소리를 높였지만, 성을 지킬 계책을 제시하지는 못했다. 최우는 김세충을 참하고 결국 강화도 천도를 밀어붙였다.[175]

안정복은 《고려사절요》의 기사를 거의 그대로 《동사강목》에 옮겨온 뒤 논평을 붙였다. 그에 따르면, 요나라와 금나라가 흥성할 때 고려는 그들과 대대로 우호관계를 맺어 변경에 근심이 없었다. 몽골은 그 두 나라에 비하면 훨씬 강성한 나라인데도 고려는 몽골 사신을 예로써 대우하지 않았다. 이번에는 최우가 임금을 협박해 천도를 강행하고, 몽골에 사대하자는 유승단의 주장을 묵살하고 말았다. 요나라, 금나라를 지나 몽골에 이르도록 세상은 세 번 변했는데도 고려가 이전의 잘못을 교훈으로 삼지 못하고 결국 천도를 택해 몰락을 재촉했으니 슬픈 일이다.[176]

《동사강목》에 따르면, 1258년(고종 45) 고려가 파견한 사신이 몽골에 가서 이렇게 말했다. "본국이 사대의 정성을 다하지 못한 것은 권신이 내속內屬하려 하지 않았기 때문이었으나, 지금은 그가 죽었으니 곧 뭍으로 나아가 상국의 명을 듣고자 합니다만, 천병天兵이 막고 있어서 감히 나가지 못하고 있습니다."[177] '상국'이나 '천병' 같은 단어가 눈에 띈다. 안정복은 고려 사신이 사용했을 그 단어들을 그대로 노출시켰다. 그러나 그것은 안정복 자신의 문제의식과는 무관하다. 그는 그 기사에 제목을 붙이면서 "사신을 보내 몽고에 가게 했다[遣使如蒙古]"고 적었다. (고려 사신들은 몽골에 대해 '상국'이라 했지만, 역사의 눈으로 보면 고려 사신이 간 곳은 '몽고'다. 결코 '상국'이라 할 수 없다.) 안정복은 행간에서 그렇게 말한 셈이다. 그는 다른 기사에서 몽골 황제를 '몽주蒙主'라 불렀다.[178]

안정복은 또 세자 시절의 원종이 쿠빌라이를 찾아간 것을 기록하고, 그 뒤에 논평을 붙였다. 그에 따르면, 고려는 간신들이 권력을 휘두르고 심지어 왕을 세우기도 하고 폐하기도 하던 그런 나라였다. 그런데도 고려가 475년간 망하지 않은 것은 왜인가? '사대의 힘[事大之力]' 때문이다. 고려는 인종 때부터 금나라를 섬겨 변경의 안정을 이룰 수 있었다. 몽골 때는 원종이 쿠빌라이를 만나 항복을 청했고, 충렬왕이 세조의 사위가 되었으므로 간신들이 방자하게 발호하지 않았다. 충선왕과 충혜왕이 연달아 몽골에 억류되었는데도 왕위를 찬탈당하지 않았던 것은 간신들이 원나라를 두려워했기 때문이다. 그때 동진東眞과 일본이 호시탐탐 고려를 엿보았으나 쳐들어오지 못한 것도 몽골의 후광 때문이다.[179]

이 논평은 《성호사설》 경사문經史門의 〈고려사대高麗事大〉 항목을 요약 정리한 것이지만, 안정복은 이익의 목소리 중 일부를 생략했다. 이익에 따르면, 고려는 몽골이 득세하자 군대를 보내고 그들을 돕기도 했다. 특히 충렬왕은 세조의 사위가 되어 그의 말이라면 따르지 않는 것이 없었다.[180] 이익이 그런 것처럼 안정복도 이적 왕조에 대해서도

'사대'라는 말을 구사했으며, '사대'의 효과를 높게 평가했다. 그에 따르면, 금나라는 송나라를 위협했지만 지배하지 못했고 몽골도 쿠빌라이 이전까지 원나라를 칭하지 않았지만, 고려는 자신의 안위에 영향을 줄 수 있는 그 이적 왕조들에 사대했고, 그 결과로 군사적·정치적 안정이라는 반대급부를 얻었다.

안정복이 "싸워 보려고 하지 않은 채로 화의를 주도했다"는 이유로 최명길을 '매국인' 운운했던 것을 고려한다면, 그가 실리 추구의 사대 노선을 일관되게 주장했다고 말하기는 어렵다. 만일 이적 왕조의 침략을 받은 '동국' 왕조가 그들과 맞서서 싸운 뒤에 강화하려 했다면 그 경우는 어떻게 평가해야 할까. 993년(고려 성종 12) 소손녕이 이끄는 거란 군대가 고려에 쳐들어온 뒤 항복을 요구했다. 고려 조정에서 서경 이북의 땅을 떼어 주자는 주장이 일었지만, 서희徐熙(942~998)가 반대하며 이렇게 말했다. "땅을 떼어 적군에게 주는 것은 진실로 만세의 수치가 되니, 신 등으로 하여금 한 번 싸움을 해보게 하신 뒤에 이를 의논해도 늦지 않을 것입니다." 임금이 서희의 주장을 따랐다. 그사이 대도수大道秀가 이끄는 고려 군대가 안주 서쪽에서 소손녕의 군대를 격파했다. 더는 진격하지 못하게 된 소손녕은 재차 사람을 보내 고려의 항복을 재촉했다. "한 번 싸우는 것이 먼저"라고 주장했던 서희가 거란 진영에 가서 담판을 벌인 끝에 마침내 그들을 철수시켰다.[181]

안정복이 이 기사 뒤에 붙여 둔 논평에 따르면, 일단 싸워 보고 화친을 추진해야 화친을 성사시킬 수 있다. 만일 고려가 거란이 쳐들어온다는 소문만 듣고 두려워하여 싸워 보지도 않은 채 화친을 추진했다면, '적인'은 고려를 농락하고 능멸했을 것이다. 대도수의 승리와 서희의 기개가 아니었더라면 화친이 성사되었으리라 장담할 수 없고

저들의 탐욕에 시달리는 근심이 있었을 것이니, 후세의 귀감으로 삼을 만하다.[182]

"싸워 보고 화친을 추구해야 화친을 성사시킬 수 있다"는 말은 화친의 불가피성을 전제로 한 것이다. 침략을 받았을 때 싸움으로 일관하거나 싸우지도 않고 화친을 시도하는 것은 좋은 선택이 아니라고 말한 것이다. 대도수와 서희의 경우에 빗대어 말한다면, 최명길이 비난받아야 하는 것은 그가 화친을 주도했기 때문이 아니다. '적인'과 싸워 보지도 않고 화친하려 했기 때문이다. 안정복이 보기에, 요나라에 대해 싸운 뒤에 강화해야 한다는 것은 금나라나 몽골에 '사대'하는 것이 옳다고 보는 것과 충돌하지 않는다. 요나라와 싸워야 하는 궁극적인 이유가 강화에 있기 때문이다. 싸우지 않고 강화했을 때 예상되는 '적인'의 횡포와 간섭을 줄여야 하기 때문이다.

송나라는 고려가 사대한 한족 왕조였다. 1128년(고려 인종 6) 6월 송나라의 국신사國信使 양응성楊應誠이 송나라 고종의 조서를 지참하고 고려를 찾았다. 양응성은 조서를 전한 뒤, 오국성五國城에 유폐된 휘종과 흠종을 찾을 수 있도록 길을 빌려 달라고 고려에 요구했다. 그는 고려가 예의를 중시해 온 나라로 송나라에 충순함을 보여 왔고, 송나라는 그런 고려에게 은혜를 베풀어 왔다는 수사로 글을 시작했다. 그러나 금나라가 새로운 강자로 부상하는 국제적인 상황 속에서 그런 미사여구만으로 고려에게 금나라의 비위를 건드릴 수도 있는 선택을 요구하기는 쉽지 않았다. 양응성은 고려가 송나라에 길을 빌려준다고 해서 반드시 금나라와 갈등관계에 놓이는 것은 아니라는 점을 말해야 했다. 그에 따르면, 금나라로 향하게 될 송나라 사신은 비무장 상태의 소수 인원이다. 그들은 국서와 예물을 지참하여 금나라와 강화하게 될 것이다. 고려가 길을 빌려준 것으로 인해 송나라와 금나라가 전쟁 상태로 돌입할 염려는 없다는 의미다. 고려는 다만 송나라 사신들을 금나라와의 국경지대에 이르게 한 뒤, 먼저 금나라에 알려서 송나라 사신의 방문을 받아들일 것인지를 확인해 주면 그만이다. 혹 저들이 사신단의 인원수를 줄이라 하면 송나라는 금나라의 요구를 따를 것이다. 이렇게 된다면 고려에 아무런 문제도 생기지 않을 것이다.[183] 그 럴듯한 논리였지만 결국 양응성은 고려를 설득하는 데 실패했다. 양 응성이 소득 없이 귀국하자 남송 조정에서는 고려에 대한 감정이 악화되었다. 심지어 고려 정벌론이 일 정도였다.[184]

주목해 보아야 할 것은 고려 인종이 남송의 요구를 거절하는 방식이다. 인종의 답서에 따르면, 고려는 여러 대에 걸쳐 송나라에 사대를 지극히 해온 나라이고 송나라의 특별한 은혜를 받은 나라이니, 원론적으로 본다면 길을 빌려 달라는 요구를 받아들이지 않으면 안 된다. 그러나 금나라의 존재가 변수가 된다. 이 나라는 대요大遼를 무너뜨리고 상국을 침범하는 것은 물론 소국인 고려를 압박하여 칭신稱臣하게 했다. 고려가 상국과 가까이 지내는 것을 질시하여 호시탐탐 고려를 침략할 기회를 엿보고 있는 그런 나라다. 만일 송나라가 고려에게 길을 빌려서 오국성으로 향한다면, 금나라는 반드시 시기하고 또 의심하여 사단을 일으킬 것이다. 더구나 금나라가 답례하겠다는 것을 명분으로 삼아 고려에 길을 빌려 송나라에 입조하려고 하면 고려는 그 요구를 거절할 명분이 없게 된다. 그 경우 고려를 보존하기 어려워지는 것은 물론 송나라 연해 지방도 그들로부터 피해를 보지 않는다고 보장할 수 없다. 그러니 황제의 요구를 그대로 받아들일 수 없는 것이다.[185]

인종이 귀국길에 오르는 양응성을 다시 만났다. 양응성이 고려가 송나라의 요구를 받아들이지 않은 것에 대해 아쉬워하자, 인종이 말했다. "소국의 생각으로는 여진(금나라)으로 하여금 중국의 부성富盛함을 엿보지 못하게 해야 하겠으므로 감히 조詔를 받들지 않았던 것입니다." 인종은 이어서 고려가 닥칠 어려움보다는 '중국'이 입을 피해를 거론했다.[186]

고려가 남송의 요구를 받아들이지 않은 것은 그런 방식으로라도 금나라와 송나라 사이에서 균형을 유지하는 것이 중요했기 때문이다.[187] 급부상하는 금나라로 인해 국제질서가 급변하던 상황이었으니, 인종으로서는 그런 금나라를 의식하지 않을 수 없었던 것이다. 그러나 그 사실은 인종이 양응성을 설득하면서 고려가 길을 빌려주었을 경우 생길지도 모르는 '중국의 피해'를 거론했다는 사실과 함께 음미되어야 한다. 인종은 자신의 선택이 근본적으로 송나라를 위한 것이라는 점을 강조함으로써 송나라의 요구를 피해 가려 했던 것이다.

안정복은 인종과 양응성 사이에 오고 간 서신을 《동사강목》에 기록했다. 《고려사》의 기록과 크게 다르지 않다. 안정복은 이 일화에 대한 자신의 논평과 《문헌통고》에서 따온 관련 기사를 덧붙였다. 그 논평에 따르면, 송인宋人이 급부상하는 금나라에 잘 대처하지 못하고 고려 같은 소국을 이용해 보려 했으니 그 계책은 처음부터 정당하지 못한 것이었다. 만일 우리가 자기 역량과 위치를 잘 헤아리지 못하고 강린彊隣에게 의구심을 샀다면, 일이 성사되지 않았을 뿐만 아니라 우리가 먼저 큰 피해를 입었을 것이다.[188] '강린'은 강한 이웃을 뜻하는 말인데, 금나라를 가리킨다. 안정복은 송인의 옹졸한 계책을 비판했으며, 고려가 송인의 요구를 거절함으로써 금나라의 의구심을 사지 않은 것을 높이 평가했던 것이다. 그러나 안정복의 시야에서 본다면, 만일 고려의 결정이 상국 혹은 중국으로부터 받은 은혜를 배신한 것으로 독해된다면 그것은 문제다.

안정복이《문헌통고》에 실려 있는 기사를 인용한 것은 그런 이유 때문이었다. 그가 내용상《고려사》와 다를 바 없는 기사를 인용한 것은 마단림馬端臨이《문헌통고》에서 보여 준 관점 때문이다. 마단림에 따르면, 고려가 '중국'을 섬기는 것은 대개 화풍을 사모하여 세사歲賜를 이롭게 여겼기 때문이고, '중국'이 고려를 불러들인 것은 대개 원인遠人을 회유하여 태평함을 보이려 하기 때문이다. 국운이 중간에 막혀서 강한 오랑캐가 침범해 오는 경우 빙문聘問하는 일은 중지해도 될 것이다. 만약 고려에서 송나라의 요구를 따랐다면 인종이 양응성에게 말한 것처럼 결국 금나라가 송나라를 치는 단서를 열게 되었을 것이다. 그렇다면 고려가 남송 고종의 조서를 따르지 않은 것은 송나라의 은혜를 저버린 것이 아니라 그것에 보답한 것이다.[189] "고려의 선택은 고려 자신을 위한 것이었을 뿐만 아니라 송나라로부터 받은 은혜에 보답하는 것이기도 했다." 안정복이 마단림의 입을 빌려 그런 식으로 말한 셈이다.

이 일화는 안정복이 한나라·당나라·송나라·명나라에 대한 사대와 '이적' 왕조에 대한 사대를 다르게 보고 있었음을 잘 보여 준다. 그가 보기에 이적 왕조에 대한 사대라면 동국의 실리적인 선택은 높게 평가받아 마땅하다. 그들 이적 왕조는 처음부터 '중화'가 아니었으며, 원나라처럼 중원의 주인이 된다 해도 결코 '중화'가 될 수는 없기 때문이다. '외천사대'라는 말은 한나라·당나라·송나라·명나라처럼 '중화'를 정당하게 계승한 왕조에 사대했을 때만 쓸 수 있는 말이다. 그는 실리와 자존을 추구하는 외교 노선을 중시했지만, 그것을 절대적인 것으로 여기지는 않았다. 그것은 누구에게 사대하느냐에 따라 의미가 제한되는 가변적인 기준이었을 뿐이다. "거란과 싸운 뒤에 화친을 모색해야 한다"고 주장했던 그가 송나라의 요구를 거절한 고려의 결정을 높이 평가할 수 있었던 것은 그런 이유 때문이다. 이 이야기는 자존과 실리의 외교 노선을 높게 평가하는 한 중화주의자의 시야를 잘 보여 준다.

안정복이 보기에 동국이 사대하는 대상은 대국이거나 강국이거나 상국이다. '상국'은 수나라나 한나라·당나라·송나라·명나라처럼 '중화'를 계승한 나라들이다. 물론 이 나라들이 '대국'이거나 '강국'일 수도 있지만, 송나라의 경우를 보면 반드시 그런 것도 아니다. 그러나 고려는 송나라에 사대하지 않으면 안 된다. 고려는 경우에 따라 '강국'인 금나라와 '상국'인 송나라 사이에서 실리를 위한 줄타기를 할 수도 있지만, 혹시라도 고려가 송나라의 요구를 그대로 따르지 않는 경우가 있다 하더라도 그 선택은 언제나 천명에 의해 합리화되거나 정당화될 수 있는 범주 안에 놓여 있어야 한다. 안정복은 그것을 "바꿀 수 없는 정리正理"라고 말했다. 그것은 고구려 영양왕이 이해하지 못해서 따르지 못했던 '외천사대'의 원리이기도 하다. 반면, 사대의 대상이 '강국'인 이적 왕조라면 고려는 거란에 대해서 대응했던 것처럼 싸운 뒤에 화친할 수도 있고, 혹은 상황에 따라 이적 왕조의 심사를 건드리지 않는 선택을 하는 것도 무방하다. 이적 왕조에 대한 사대는 결코 "바꿀 수 없는 정리" 혹은 '외천사대'의 원리로 정당화될 필요가 없기 때문이다.

고려는 몽골(북원)과 명나라 중 누구에게 사대했어야 했는가? 이익이 그랬던 것처럼, 안정복도 이 문제를 두고 고민했다. 안정복은 《동사강목》을 지으면서 이익의 주장을 《성호사설》에서 인용했다.[190] 《동사강목》과 《성호사설류선》에 실린 이익의 글은 대동소이하지만, 미세한 차이가 있다.

《동사강목》에 따르면, "권간權奸들이 권력을 잡았어도 끝내 고려의 종사를 바꾸지 못했던 것은 모두 원나라의 힘"이었다. 원나라가 처음 번창할 즈음 고려는 가장 먼저 원나라를 섬겼으니, 원나라와 단절할 수 없는 이유를 명나라에 밝히면서 이렇게 말했어야 했다. "천명과 인심이 돌아감에는 역수曆數가 있으니 사해 밖에서 누군들 명나라를 흠앙하지 않겠습니까. 다만 원씨元氏와는 이미 군신의 의를 정하였으므로 대대로 은혜를 받았으며 사신의 왕래가 서로 잇달아 차마 하루아침에 그들이 곤궁하게 되었다 하여 단절할 수 없으니 이런 마음 또한 영원히 없어지지 않을 천리와 인심일 것입니다."[191]

이익에 의하면, 고려가 명나라에 그렇게 써서 알릴 경우 명나라 천자는 고려의 그런 마음을 높이 평가했을 것이다. 북원과 단절하고 명나라에 사대할 것을 강요하지도 않았을 것이다. 그러나 고려는 그렇게 하지 않았다. 이름 세우기를 좋아하고 약자를 모멸하여 북원과 단절하려 했다. 그 뒤 명나라 사신이 고려에 와서 횡포를 부리다 죽임을 당한 일이 있었다. 명나라 조정의 노여움을 사게 된 고려는 처지가 난처해졌다. 얼마 지나지 않아 고려는 다시 북원으로부터 책봉을 받고 그들의 연호를 썼다가 다시 폐지해 버렸다. 결국 고려가 무원칙하게 이쪽저쪽으로 기우는 사이 동방의 예의는 남김없이 없어지고 말았다.[192]

이익은 정몽주가 '공리功利'에 흔들렸다며 박하게 평가했다. 안정복은 이익의 논설을 참고했지만, 그 대목을 수록하지는 않았다. 그러나 이익이 그랬던 것처럼, 안정복도 고려와 몽골이 가진 군신의 분의를 인정했으며, 몽골이 고려의 존립에 큰 힘이 되었다고 생각했다. 그들이 보기에, 이적 왕조 몽골에 대해 군신의 분의를 지키는 것은 예의를 지키는 일일 뿐만 아니라, 예의가 상징하는 '화'를 내면화하고 실천하는 일이기도 했다. 그들은 또 경직된 방식으로 '화이'를 변별하려 하다가 더 중요한 문제를 놓쳐서는 안 된다고 주장했다.

안정복과 이익은 북원 문제를 놓고 편지로 소통하기도 했다. 안정복이 물었다.

홍무제 초기에 조서가 동방에 왔지만, 이때는 천하가 새로이 평정된 상태라 참람되게도 황제의 권위를 훔치는 자들이 있었을 것이니 그 조서가 그런 자들이 외국에 과시하거나 외국을 농락하려 한 것이 아님을 고려가 어떻게 알 수 있었겠습니까. 만일 진우량이나 장사성 같은 자들이 이런 조서를 보냈다면 고려가 그들에게 사대해야 했겠습니까. 원나라가 비록 쇠락했지만 고려가 예전에 신사臣事 하던 나라인 데다가 그들의 병력 또한 족히 고려를 쳐들어올 정도는 되었으니, 고려 말의 상황은 실로 난처한 점이 있습니다.

안정복이 보기에 홍무제의 조서는 고려로서는 풀기 어려운 숙제였다. 조서의 진정성이 의심되는 상황이었지만, 그렇다고 따르지 않는 것도 부담이다. 조서를 따른다는 것은 몽골과 단절한다는 의미이니, 그렇게 해도 문제가 생긴다. 고려가 몽골을 섬겨 온 역사가 있고, 몽골은 여전히 고려를 침략할 만한 힘을 가지고 있기 때문이다.

이익이 답했다. "하夏를 귀하게 여기고 이夷를 천하게 여기는 것은 의미가 없습니다. 우리가 스스로 갈팡질팡하였으니, 저들을 어찌 천하게 여기겠습니까." 하는 명나라, 이는 몽골이다. 이익에 따르면, 몽골에 사대하느냐 명나라에 사대하느냐를 결정해야 하는 상황에서 '화'와 '이'를 변별하려 했던 것은 의미가 없다. 고려 자신이 '화'의 덕목인 '의'를 보여 주지 못하고 몽골과 명나라 사이에서 갈팡질팡했기 때문이다.[193]

의리와 현실

'존주'의 대의에 동의했던 이익과 안정복은 몽골을 '화'로 여기지 않으면서도, 고려가 몽골에 대해서 가지는 군신의 분의를 인정했다. 그러나 그들이 같은 문제의식을 청나라에 적용했다는 근거는 없다. 그들은 결코 청나라에 대한 조선의 '분의'를 인정하지 않았다. 청나라를 '문'을 추구하는 '이'로 간주하지도 않았다. 선을 넘지는 않으려 했던 것이다.

그러나 이익이나 안정복의 사례는 18세기 조선이 청을 바라보는 시야가 병자호란 직후와 같지는 않을 것임을 말해 주는 것이라고 해도 과언은 아니다. 그 조짐은 이미 17세기부터 나타나기 시작했다. 북벌과 대보단에 관한 의제에 동의했던 사람들 가운데에서도 현실의 청나라를 직시하지 않으면 안 된다고 생각하는 사람들이 있었다.

1667년(현종 8) 5월, 임인관林寅觀 등이 나가사키로 향하던 중에 풍랑을 만나 표류하다가 제주도에 닿았다. 제주목사는 판관을 파견해 그들을 신문했다. 복건성의 관상官商이라고 주장한 임인관 등은 자신들을 나가사키로 보내 주도록 조선 측에 요청했다. 다음 달, 보고를 받은 임금이 신하들과 대책을 논의했다.

정치화鄭致和(1609~1677)는 청나라로 압송하지 않았다가 질책을 받게 될 상황을 걱정했다. "끝까지 비밀로 하기 어려울 것이니, 북경에 압송하는 것이 좋겠습니다. 청나라는 아무리 작은 일도 반드시 질책하니 지금 마땅히 재자관賫咨官을 정해 압송해야 합니다." 물론 송환하지 않고도 청의 질책을 피해 갈 방법이 있다면 그것이야말로 최선의 해법이기는 했다.

민유중閔維重(1630~1687)이 말했다. "청인들은 반드시 문서를 근거로 우리를 질책하니, 지방관이 주도하여 일본으로 보내고 조정에서 간여하지 않는다면 뒷날 청나라가 그 사안에 대해 물어 온다 해도 무슨 걱정이 있겠습니까."

정치화는 여전히 후환을 걱정했다. 현종도 정치화와 생각이 같았다. 유혁연柳赫然(1616~1680)은 질책받을 빌미를 만들지 않는 편이 좋다며 이렇게 말했다. "아국이 힘이 약하여 저들을 섬기고 있으니, 저들을 곡진히 잘 받들어 저들이 우리를 질책할 수 없게 해야 합니다." 그들을 북경으로 압송할 경우 죽음을 면치 못할 것이라는 오정일吳挺一(1610~1670)의 주장은 질책의 빌미를 주지 말아야 한다는 목소리에 묻혔다. 현종은 그들을 북경으로 압송하기로 결정했다.[194] 17세기 조선의 현실에서 청나라는 이미 그런 존재였다.

임인관 일행의 압송 방침이 알려지자, 성지선成至善(1636~1693) 등이 상소를 올려 반대했다. 성지선은 성혼成渾의 5대손이기도 했다. 그들은 임인관 등이 남명의 백성이라는 점을 강조했다. 현종이나 신하들은 청나라로부터 질책받을 가능성을 없애기 위해 압송을 결정했지만, 성지선 등은 임인관 등이 남명의 백성일 것이라는 전제를 두고 압송에 반대했다. 그들은 "영력제가 남쪽에서 나라를 세웠다"는 풍문을 인용한 뒤 이런 말을 덧붙였다.

만일 그 설이 사실이라면 주 씨의 자손이 아직 남아 있는 것이며, 임인 관 등은 우리 부모국의 사람입니다. 대명이 이미 망했다고 생각했으나 이제 망하지 않았음을 알게 되었습니다. 그러니 남명에 사신을 파견하 여 한 귀퉁이에서 왕업을 계승하고 있는 남명제를 위문하는 것도 좋을 것입니다. 그것이 어렵다면 임인관 일행을 잘 보살펴 주고 몰래 배에 태워 남명으로 보내 주는 것도 좋습니다. 그것조차 여의치 않다면 그들 이 원하는 대로 일본 같은 타국에 보내 주는 것도 무방합니다.

성지선 등은 남명의 존재를 알게 된 조선의 처지를 헤어진 부모의 생사를 알게 된 자식에 비유했다. 부모가 살아 있다는 소식을 전해 준 사람을 후하게 대우할 것인가, 호랑이 굴에 던져 넣을 것인가? 그들 의 주장에 따르면, "조선이 강희제를 섬기고 있으므로 주 씨가 다시 나라를 세웠다 해도 부모로 대우할 수 없다"는 식의 주장은 사람이라 면 입 밖으로 꺼내서는 안 된다. 사람이 사람다운 것은 인의의 마음이 있기 때문이며, 그 마음이 없다면 오랑캐나 짐승과 다를 바 없다. 조 선이 명나라에 대해 군신의 의리가 있고 부모의 은혜가 있는데도 배 은망덕한다면 누가 오랑캐나 짐승이라 비난해 온다 해도 답이 궁하지 않겠는가. 그나마 지난일은 나라의 시세가 약해서 그랬다고 핑계를 댈 수 있을지 모르지만, 지금은 당장 눈앞에 부득이한 시세가 있는 것 이 아닌데도 차마 하지 못할 일을 달갑게 여길 수가 있단 말인가.

송환하기로 한 결정이 진정으로 나라에 '이利'가 되는가? 성지선 등은 그 점에 대해서도 의심했다. 진정한 '이'란 무엇인가? 그에 따르면, 신하들은 이해利害관계를 따져서 압송 결정을 내리면서도 '의리義理' 두 글자는 처사들이 치는 큰소리쯤으로 치부한다. 물론 압송을 결정한 것이 눈앞의 문제를 해결하려는 고식책이 될 수도 있을 것이다. 그러나 의리가 막히고 민이民彝가 무너지는데도 끝내 나라에 '이利'가 되는 경우가 있기나 한 것인가?

치욕을 무릅쓰더라도 미래에 펼쳐질지도 모르는 남명과의 관계까지를 고려하여 결단을 내려야 하지 않겠는가? 그것이 다음 문단의 논점이다. 그들에 따르면, 대신들이 임인관 일행의 압송을 추진한 것이 혹시라도 압송하지 않았다가 화가 자신들에게 미칠까 두려워했기 때문일지도 모른다. 만일 그런 경우라면, 임금은 모든 책임을 스스로 감당하겠다는 자세로 그 제안을 거부했어야 한다. 그럴 경우 임금은 전에 안추원安秋元 문제 때문에 당했던 치욕을 다시 당하게 될 수도 있다. 그러나 설사 그런 일이 벌어진다 해도 내 마음에 부끄럽지 않을 뿐만 아니라 천하 후세에 할 말이 있는 결정이 아닌가. 그렇다면 그렇게 하지 않을 이유가 없다.

청나라에서 도망쳐 나온 안추원을 받아 준 일로 질책받았을 때 신하의 죄를 감당하려 했던 임금의 태도는 옳은 것이었다. 그러나 그것은 다만 한 사람을 위한 일이었다. 지금 임인관 일행의 압송 문제를 두고 임금이 모든 책임을 감당하겠다는 결기를 보여 준다면, 그것은 훨씬 더 많은 사람을 위하는 일이 아닌가. 조선이 임인관 일행을 압송한 뒤에, 영력제가 사신을 보내 조선에 조서를 내린다고 하자. 임인관을 압송한 조선은 그때 남명의 사신을 잡아 가두고 원수인 청나라를 섬기는 데 겨를이 없어 할 것이 아닌가?

성지선 등은 역사적 전례를 끌어오는 일도 잊지 않았다. 그에 따르면, 고려가 금나라 오랑캐를 섬긴 지 얼마 되지 않아 북송이 무너지고 휘종과 흠종이 포로로 잡혀 갔다. 남송의 고종이 고려에 길을 빌려 휘종과 흠종을 찾으려 했을 때, 고려는 사신을 보내 고종에게 문안하면서도 금나라의 눈치를 보거나 두려워하지는 않았다. 당시 고려가 금나라로부터 받은 외압은 조선이 청나라에게서 받는 간섭에 비할 바 아니며, 고려의 내정은 조선의 상황보다 훨씬 혼란스러웠다. 그런데도 고려는 이렇듯 예의를 지키고 자강自强할 수 있었다. 그렇다면 당당한 조선이 고려보다 못한 결정을 내려야 하겠는가.

어떻게 하는 것이 예의를 지키고 자강하는 것인가? 그들에 따르면, 우선 임인관 일행에게 배를 마련해 주고 양식을 넉넉하게 준 다음 담당 관리에게 그들을 호송하여 국경 밖으로 나가게 해야 한다. 그리고 청나라에 올리는 보고서에서 이렇게 말해야 한다. "지난날 조선이 명나라를 신하로 섬기던[臣事] 의리를 생각하니 저들을 차마 잡아 보낼 수 없었습니다. 중한 처벌을 내린다 해도 감히 그렇게 할 수는 없었습니다." 저들이 비록 이로夷虜라고는 하지만 그들도 아는 것은 있을 테니, 조선에게 벌금罰金을 부과하는 것 이외에 달리 벌을 더 내리지는 못할 것이다. 그렇게 된다면 우리가 가지게 될 의롭다는 명성[義聲]은 사린四隣을 감복시킬 것이며, 선왕의 영령들도 또한 기뻐하시지 않겠는가?

"압송 결정은 의리를 도외시하고 이해만 고려한 고식책이지만, 의리가 막히고 민이民彝가 무너지는데도 끝내 나라에 이利가 되는 그런 경우는 없다." 성지선의 이 말은 음미할 만하다. '의리'를 외면하고 '이해'만을 따진 것이 문제라면, 맹자가 양 혜왕에게 말했던 것처럼 이해는 염두에 두어서는 안 된다는 뜻인가? "나라에 이가 되는 경우"를 배제하지 않는 것을 보면 반드시 그렇다고 할 수 없다. '의리'를 밝히고 '민이'를 바로 세운다는 선결 조건만 해결된다면, 어떤 결정이 나라에 이利가 되지 말라는 법은 없다.

성혼成渾도 일찍이 이렇게 말했다. "오늘의 일로는 나라를 보존하고 백성을 편안하게 하는 것이 가장 시급하니, 이해利害를 깊이 생각하시어 그 큰 것을 성취하셔야 합니다."[195] 성지선의 방식으로 말한다면 필요한 것은 "의리를 밝히고 민이를 바로 세우면서 이해를 고려하는 일"이다. 달리 말한다면 그것이야말로 '예의'를 지키면서 '자강'을 이루는 길이기도 하다.

임인관을 청나라 아닌 곳으로 보낸 뒤 명나라와의 '의리' 때문에 압송할 수 없었다고 청나라에 선제적으로 통보하는 것. 성지선의 눈높이에서 말한다면, 그것이야말로 관계 속에서 '예의'를 지키면서 '자강'을 이루어 내는 길이다. 송시열은 청나라에 대해 사대의 현실을 어쩔 수 없이 받아들이면서도 마음속으로 복수를 생각하거나 존주 의리를 강화해야 한다고 주장했다. 불가피하게 '시세'를 받아들이면서 '의리'를 잊지 않는 주자의 방식과 같다. 그런데 이 경우, '시세'는 '의리'와 겹도는 관계에 있다. 성지선은 조선과 청나라의 관계를 염두에 두고 그 속에서 예의를 지키면서 자강을 이루는 방안을 찾으려 했다. 그에게 청나라에 대한 사대는 어쩔 수 없이 받아들여야만 하는 현실만은 아니었다. 예의를 지키면서 자강을 이루기 위해서는 반드시 적극적으로 고려하지 않으면 안 되는 조건이기도 했던 것이다. 그 점에서도 성지선의 방식은 송시열의 해법과는 달랐다.

북벌론이나 대보단에 공감하면서도 사대의 현실을 대면하는 데 성지선보다 더 적극적인 사람들도 있었다. 그들은 예의를 지키면서 자강을 이룰 수 있는 실마리를 일상의 사대관계 속에서 찾았다. 정조가 그런 사람이었다. 영조가 그랬듯, 정조도 존주론의 정당성을 믿어 의심치 않았다. 명나라에 대한 의리를 지키려다 순절한 사람들의 후손은 물론 명나라 유민의 후손을 찾아내 우대하고, 그들을 대보단 제사에 참여시켰다. 충신과 열사에게 증직贈職하는 교지에는 숭정崇禎이라는 명나라 연호를 사용하기도 했다.[196] 그런 문제의식의 연장선상에서 《존주휘편》과 《황단제신배향목록》을 편찬하게 했다. 정조는 숙종이 시작하고 영조가 확장한 대보단 제사를 무엇보다 중요하게 여겼다. 재위하는 동안 매해 직접 행차했으며 홍무제·만력제·숭정제의 기일에도 직접 제사를 지냈다.[197]

정조는 자신이 존명 의리의 수호자가 되어야 한다는 사실을 잊은 적이 없었지만, 청나라를 상대로 한 외교에 누구보다도 적극적이었다. 1780년(정조 4) 건륭제가 칠순을 맞았다. 정조는 진하 표문을 올렸으며, 박명원朴明源(1725~1790)을 진하 겸 사은사로 하는 사신단을 열하에서 열린 축하연에 참석하게 했다. 이것들은 모두 전례에 따른 의무가 아니었다. 조선이 자발적으로 기획하고 실행에 옮긴 것이다. 건륭제는 조선의 성의에 대해 파격적인 우대조치로 화답했으며, 정조는 다시 사은사를 보내 그것에 대해 사례했다. 이때뿐만이 아니었다. 정조는 그 밖에도 여러 차례에 걸쳐 전례에 없던 특사를 파견했다. 자발적으로 일종의 성의 표시를 계속했던 것이다.[198]

이 시점을 전후하여 조선 사신들은 황제의 영송迎送, 황제가 주관하는 궁중 연회에 참여할 수 있게 되었다. 조선 사신은 청나라 측 고관과 자연스럽게 만났으며 또 의례 이후에도 계속 그들과 교류했다.[199]

정조는 조선에 온 청나라 사신을 청나라와의 의사소통 창구로 활용하는 일에도 적극적이었다. 정조는 그들에게 황제가 하사한 어필을 잘 보관하고 있음을 넌지시 드러내기도 했으며, 북경에 파견된 조선 사신에게 조선에 파견되었던 청나라 사신들을 찾아보게 하기도 했다. 청나라 사신과의 인연을 유지하고, 그 인연을 활용하여 현안을 해결하려 한 것이다.[200]

정조가 청나라 사신과의 접촉면을 넓히고 그들을 활용하려 했던 장면은 '사대' 속에 외교의 공간이 있었음을 잘 보여 준다. 정조가 보기에 적극적인 외교행위는 조선과 청나라 사이의 현안을 풀 수 있는 효과적인 방법이기도 하지만, 동시에 존주론의 중요성을 각성시킨다. 《존주휘편》 편찬을 위한 기초 작업을 앞두고 있던 1796년(정조 20) 3월, 정조가 대보단 제사에 관해 세부적인 사항을 점검한 뒤 이렇게 말했다. "대보단에 제사 지내는 의례는 천하 후세에 내세울 만한 일인데도 세월이 지나면서 인심이 그것을 절실한 문제로 여기지 않게 되니, 춘추에 있는 존왕의 의리를 밝히기 어렵게 되고 말았다. 사대하고 교린하는 즈음에 더욱 이 존주의 마음을 일으켜서 한 줄기 양춘陽春이 떨어지지 않도록 하고자 한다."[201]

정조가 "사대하고 교린하는 즈음"라고 말한 것에는 배경이 있다. 정조가 건륭제가 퇴위하고 다음 황제(가경제)가 즉위할 것이라는 소식을 들은 것은 1795년(정조 19) 9월의 일이었다. 정조는 다시 한번 자발적인 성의 표시를 계획하면서 이렇게 말했다. "대국에 전에 없는 경사이니, 별사別使를 보내어 경하하는 뜻을 보이되, 전례가 없는 만큼 이번에 보내는 사신단을 정해진 기일보다 먼저 들여보내서 특별하게 생각하는 우리 뜻을 보이는 것이 좋겠다. 대국이 외국에 대해서 특별히 우대하는 은혜를 베풀지 않았다 하더라도 사대에 정성을 다하는 것이 본래 당연한 일인데 더구나 지금의 황제가 우리나라를 대하는 것을 생각하면 더 말해 무엇하겠는가.” 청나라와 조선을 '대국'과 '외국'의 관계로 정의하는 대목이 인상적이다. 정조는 그렇듯 사대하는 데 최선을 다해야 한다고 말한 지 6개월이 채 못 되어서 존주의 중요성을 강조한 것이다.

〔사대하는 즈음에 존주의 마음을 다잡는 일이 중요하다.〕 정조는 행간에서 이렇게 말했다. 이 말은 정조의 생각을 압축적으로 보여 준다. 정조의 문제의식을 주자의 방식으로 말한다면 사대는 '시세'이며, '존주'는 '의리'다. '시세'가 조선과 청나라의 관계를 정면으로 직시하고 그 속에서 외교적으로 활용 가능한 것들을 찾아 나가는 것이라면, '의리'는 존주의 정당함을 재확인하고 강화하는 일이다. '시세'와 '의리'가 그런 것인 한, 인심이 '존주'를 절실하게 여기지 않는 상황은 정조에게도 문제가 아닐 수 없었다.

안석경이나 성해응이 여전히 북벌을 주장한 데는 그들 나름의 절박함이 있었다. 일종의 위기감이었다. 안석경이 보기에 대보단은 북벌의 뜻을 되새기는 매개가 되어야 했지만, 현실은 그의 기대와 달랐다. 북벌이 이미 불가능해졌으며 조선은 대보단으로 명나라의 은혜를 갚았다고 자족하는 사람들이 있었다. 대보단으로 조선이 중화의 유일한 계승자가 되었다며 자부하는 사람들도 있었다. 그러나 정작 더 큰 위기는 그런 자존감과 자부심조차 무의미하게 보는 사람들이 생겨나고 있었다는 데 있었다. 안석경은 그것을 '사론邪論'이라고 불렀다.

안석경에 따르면 사론은 청나라가 천자임을 인정하는 것에서 출발한다. 사론의 논리에 따르면, 천하를 가진 자라면 모두 천자이며, 천하의 주인이다. 그들은 '화하'의 땅에서 일어나기도 하고 이적의 땅에서 세력을 키우기도 하지만, 하늘은 그들 모두에게 천하를 주었다. 사람들이 서로 앞다투어 신하가 되겠다며 귀부하는 인물이 있다면, 하늘이 누구는 천자라 하며 누구는 천자가 아니라 할 수는 없다. 대명이 진실로 하늘이 천자로 인정한 나라라면, 하늘이 지금 청나라만 인정하지 않을 수 있는가. 만일 하늘이 인정해 주지 않았다면 저 청나라가 중원에서 100년 동안 나라를 유지했는데도 왜 아직 몰락의 기미조차 보이지 않는단 말인가.[202]

북벌을 주장하는 사람들도, 대보단으로 조선이 중화의 유일한 계승자가 되었다고 생각하던 사람들도 청나라가 오랑캐라는 숙명적인 이유로 중원에서 100년을 버티지 못할 것이라고 믿어 의심치 않았다. 북벌이 정당하다고 주장할 때, 자기 힘으로 오랑캐를 중원에서 몰아내지는 못하더라도 미래의 중화세계에 전해 줄 중화 문화를 더 잘 보존해야 한다고 말할 때조차, 조선 사람의 내면에는 언제나 청나라의 운명적인 몰락에 관한 기대가 자리 잡고 있었다. 그러나 상황이 달라졌다. 청나라가 100년이 넘도록 몰락할 기미조차 보이지 않았고, 그 달라진 상황 때문에 청나라를 이전과는 완전히 다른 시선에서 보는 사람들이 생겨나고 있었다.

'사론'에 따르면, 청나라가 100년 넘게 망하지 않는 것은 하늘이 천자로 인정해 주었기 때문이며, 하늘이 천자로 인정해 준 것은 사람들이 청나라에 스스로 귀부했기 때문이다. 청나라는 이적의 땅에서 나와 중원을 차지했지만, 인심을 얻고 천하를 가졌으니 천자다. 명나라가 천자였다면 청나라도 천자라 하지 않을 수 없다. 안석경이 느낀 위기의식의 본질이 여기에 있다. 만일 이 논리를 인정하게 된다면 이제

사람들은 더는 '중화'와 '이적'을 구분하려 하지 않게 될 것이기 때문이다. 더는 북벌이 추구했던 치열함을, 대보단을 통해 가지게 되었던 자존감과 자부심을 계승하려 하지도 않을 것이기 때문이다. 결국 명청 교체 이후 조선이 '중화'의 이름으로 추구해 왔던 모든 것들이 흔적 없이 사라지고 말 것이기 때문이다.

'조선은 중화인가 이적인가?' '사론'의 두 번째 논점이다. 조선이 '용하변이' 되었음을 믿어 의심치 않는 안석경의 입장에서 보면 성립할 수 없는 질문이다. 그런데 '사론'은 이 점을 문제 삼는다.

"조선이 그간 소중화라고 불리어 오기는 했지만 여전히 오랑캐의 음音을 쓰고 있는 것을 보면 오랑캐라 하지 않을 수 없다. 그렇다면 '이적'으로 '이적'의 황제를 받드는 것이 무슨 문제가 있겠는가. 조선이 대명을 정성껏 받들어 왔으면서도 지금 청나라에 대해서는 그렇게 하지 못한다는 것인가. 300년 전의 옛 임금은 임금으로 여기면서 100년간의 새 임금은 임금으로 여길 수 없단 말인가."[203]

'사론'의 논리를 인정하게 되면, 결국 조선이 청나라를 마음으로부터 섬길 수 없다고 주장하는 것은 이적의 언어를 쓰는 나라가 이적의 황제를 받들지 않으려 하는 것이어서 자가당착이 될 수밖에 없다.

'은혜에 보답하고 원수에게 복수하기에는 이미 긴 시간이 흘렀으니, 이제는 좀 자유로워져야 한다.' '사론'의 마지막 논점이다.

명나라 말이나 청나라 초기라면 몰라도 이렇듯 오랜 시간이 지난 뒤에 북벌하겠다는 것은 어불성설이다. 이제 은혜는 갚을 길이 없고, 원망도 잊을 만해졌다. 더구나 공물을 과도하게 수탈하여 조선을 위기에 빠뜨린 것이 명나라라면 그 부담을 덜어 주어 조선을 소생시킨 것이 청나라이니, 정묘호란과 병자호란으로 청나라가 조선에 입힌 피해는 조선을 소생시켜 준 그 은혜와 견주어 잊을 만하다. 더구나 대명이 임진왜란 때 조선을 도운 것은 사실이지만, 그것은 순수하게 조선을 도우려 했던 것이 아니었다는 점도 고려해야 한다. 그들은 순망치한의 위치에 있는 조선을 도움으로써 자신을 지키려 한 것일 뿐이다. 대명의 은혜가 크지 않다고 할 수는 없으나 그 이유를 생각해 본다면, 조선이 지금 그 은혜를 갚을 수 없게 된다 해도 그리 안타까워할 것은 없다.[204]

안석경이 보기에, "시간적으로 부적절하기도 하지만, 은혜나 원한도 크지는 않다"는 식의 논리를 인정한다면, 조선은 더는 '중화'를 주장할 수 없게 될 것이다.

최석정과 오도일은 현실의 조·청 관계를 존중해야 한다고 말했으며, 이익은 고려 말에 북원과 관계를 끊자던 정몽주를 비판했다.[205] 그뿐만이 아니다. 뒤에서 보듯이 홍대용·박제가·박지원 등은 조선이 가져온 중화 계승자로서의 자부심에 더는 의존하려 하지 않았으며, 홍희준은 청나라를 청나라 내부자의 시점에서 바라보기도 했다. 물론 그들 가운데 어떤 사람도 존주 의리를 부정한 적이 없다는 사실을 고려해 본다면, 안석경이 말하는 '사론'과 그 사론으로 인한 위기는 다소간 과장되었을 수도 있다. 그러나 안석경의 눈으로 본다면, 그중 하나라도 위험하지 않은 것은 없었다. 그는 이 '사론'이 "세간에 횡행하고 있다"고 말했다.[206]

동국

———
東國

1장

'동국'은 중화인가

대중화大中華

'사대'와 '분의'를 둘러싼 논쟁은 '중화'가 매우 정치적인 의제이기도 했음을 잘 보여 준다. 누구에게 사대할 것인가? 몽골과 청에 대한 사대는 명분과 의리에 부합하는가? 표층에서는 이런 문제들을 둘러싸고 논쟁이 치열하게 진행되었다. 그러나 논쟁의 심연에는 논쟁의 참여자들이 함께 고민했던 주제들이 있었다. 조선은 어떤 나라인가? '사대'와 '분의'의 가치가 그 자체로 정당한 이유는 무엇인가? '중화'가 '도통', '벽이단闢異端', '사도斯道'는 물론 '천리'와 '천명'과 '공公', 더 나아가 '인륜'과 함께 쓰일 수 있는 이유는 무엇인가?

이익의 제자 가운데 윤기尹愭(1741~1826)라는 인물이 있다. 그는 널리 알려진 가문 출신이 아니었던 데다가 늦은 나이에 들어서야 벼슬길에 나섰다. 정치적으로는 소수파인 남인 벽파 목만중睦萬中(1727~?)

계의 일원이었다.[1] 지배 엘리트의 일원이 아니라고 할 수는 없지만, 결코 주류라 할 수는 없는 그런 인물이었다. 20세의 청년 윤기가 노학자 이익을 찾아 가르침을 청한 것은 1760년(영조 36)의 일이었다. 그는 이익을 세 차례 만났을 뿐이지만, 이익의 가르침에 적지 않은 자극을 받았다. 윤기는 〈천원지방설〉을 지어 둥글고 네모난 것은 천지의 모양이 아니라 천지의 도라고 주장했다. 일찍이 이익도 지구가 둥글다고 주장했다. 윤기가 이익에게 물었던 문목問目이 이익의 문집에 포함되어 있는 것도 두 사람의 관계를 짐작하게 해준다.[2] 그의 문학작품 중에는 이만부의 영향을 받은 것도 있다.[3]

윤기는 조선을 더는 '소중화'라고 해야 할 이유가 없다고 주장한 인물이기도 하다.[4] "의리와 예의로 본다면 동방보다 큰 나라는 없다." 〈동방강역〉이라는 글 첫 번째 문단에서 그는 이렇게 주장했다. 그에 따르면, '동방' 사람들은 강역이 작은 것을 한스러워하지만, 지금 천하에서 오직 '동방'만이 강역이 가장 크다는 사실을 모른다. 강역에는 실제의 강역이 있고, 진정한 강역이 있다. 실제의 강역이란 폭원幅員과 도리道里로 그 크기를 비교하는 것이니, 그 기준에 비추어 보면 '동방'은 천하에서 작고 작은 나라다. 그러나 의리와 예의를 기준으로 한 진정한 강역으로 본다면, '동방'보다 큰 나라가 있는가? 오늘날의 천하는 어떠한가? 원래 헌원씨軒轅氏가 구획하고 우 임금이 다스리던 곳이 이제 누린내 나는 오랑캐들의 땅으로 전락하고 말았다. 당당하던 '신주神州'의 예악과 문물을 다시 볼 수 없게 되었으니 '중국'의 강역은 작은 불교 국가에 비견된다 해도 좋을 정도다. 그에 비한다면 '동토'는 홀로 '숭정'의 '일월'을 보존하고 있으며 산천의 수려함과 풍속의 아름다움이 거의 흠결이 없어서 완연히 대명천지大明天地의 기상을 가지고 있다. 그렇다면 '동방'을 우주 사이의 '대강역'이라고 하지 않을 수 없다.

크면서도 크지 않은 나라가 있고 작으면서도 작지 않은 나라가 있으니, 모두 지계地界의 크기를 기준으로 말한 것이 아니다. 예전에 '동방'을 '소중화'라 했던 것은 '대중화大中華'가 있었기 때문이다. 그러나 지금 그 '대'는 그 옛날의 강역이 아니다. 땅은 오랑캐에게 점거당하고 산천은 달라져 이제 《춘추》의 의리를 지키는 땅이 한 조각도 남아 있지 않게 되었다. 그에 비한다면 우리 '동방'은 온 나라의 강역이 '중화'의 '의관'과 요속謠俗을 따르지 않는 곳이 없다. 그렇다면 우리 동방은 대大가 되기에 충분하니, 더는 소小라 할 수 없는 일이다.[5]

윤기의 논리에 따르면, 폭원과 도리의 크기는 '동방'이 '대'가 되는 데 전혀 영향을 미치지 못한다. '동방'의 편재성偏在性을 폭원과 도리의 문제와는 다른 방식으로 설명했던 것이다. "동방이 편방偏邦이라는 사실은 대大가 되는 데 결코 불리한 조건이 아니다." 두 번째 문단의 논점이다.

만일 동방이 압록강 같은 자연적인 경계 없이 청주青州 · 서주徐州 · 형주荊州 · 양주楊州 사이에 끼어 있었다면 어떻게 되었을 것인가? 누린내 진동하는 오랑캐 땅이 되고 말지 않았겠는가? 그렇다면 그런 상태에서 지금 같은 천하의 별건곤別乾坤이자 대강역이 될 수는 없었을 것이다. 옛날 사람들은 동방의 강역이 외지고 작고 좁은 데다가 중국과 떨어진 것을 불행으로 여겼지만, 지금 생각해 보면 그것은 불행이라 할 수 없다. 공자가 이곳에 살고자 했던 것은 중국의 예악과 문물이 중국이 아니라 동방의 강역 가운데 있으리라는 것을 알았기 때문일 것이다.

그가 지리적 편재성이라는 부정할 수 없는 사실을 전유하는 방식이 눈에 띈다. 그는 그런 문제의식의 연장선상에서 지리와 유풍遺風의 관련성을 강조했다.

아동의 강역은 중국의 입장에서 볼 경우 연·제 땅 밖 동남쪽의 작은 나라일 뿐이며, 조선의 입장에서 볼 경우 구이九夷가 사는 곳일 뿐이다. 그런데도 아동이 예의와 문명을 가진 나라, 중화라는 칭호가 부끄럽지 않은 나라가 될 수 있었던 것은 기자가 와서 교화를 펼치고 제도를 마련했기 때문이며, 그 유풍과 유속이 오늘날까지 남아 있기 때문이다. 한쪽 귀퉁이에 있는 작은 나라가 좌임하는 소강역을 면할 수 있었던 것에는 그런 역사가 있다. 아! 천하에 가장 큰 강역이 좌해左海의 동쪽에 있으며, 그 나라가 대국인 이유가 땅의 크기에 있지 않다는 것을 누가 알겠는가.[6]

"대중화가 없는 상황이니 의리와 예의를 기준으로 한다면 동방을 더는 소중화의 소小라 할 수 없다. 대大라 하기에 충분하다. 동방은 우주 사이의 대강역이다." 윤기는 분명히 그렇게 말했다. 그러나 그가 "이제 중국은 의식할 필요가 없다"는 식으로 말하지 않았다는 사실을 간과해서는 안 된다. 그는 '중국'과 '동방'이라는 구분법을 일관되게 구사했다. 그에 따르면 '중국'은 헌원씨가 구획하고 우 임금이 다스리던 '신주'였으며, 예악과 문물의 고장이었다. 오랑캐에게 오염된 '중국'에서 '대중화'는 사라졌으며 이제 그곳에서는 어떤 희망조차 읽을 수 없게 되어 버리고 말았다. 그러나 그가 보기에 현실이 그렇다고 해서 '중국'이 '중국'이 아닌 것은 아니다. '동방'은 '숭정'의 '일월'과 '대명천지'의 기상을 모두 가진 곳이자 '중화'의 의관과 요속을 따르는 나라다. '중국'에서 사라져 버린 예악과 문물을 가진 곳이자, '중화'라는 칭호가 부끄럽지 않은 나라이기도 하다. 그러니 동방은 '우주 사이의 대강역'이라 할 수 있다.

〈동방강역〉은 윤기에게 '동방'이 '중화'의 계승자이지만 결코 '중국'이 아니었다는 사실을 잘 보여 준다. 그가 '중국'과 '동방'을 읽는 방식은 역사에 대한 논평에서 잘 드러난다. 〈영동사詠東史〉라는 제목의 장편 시는 그가 어떤 역사의식의 소유자인지를 짐작하게 해준다. 그 글에 따르면, 단군이 아들 부루를 사신으로 보내 하나라에 조회하게 한 것은 영원히 지켜 나가야 할 '사대'의 길을 처음 열었다는 점에서 특별하다.[7] 동국의 역사에서 단군이 사대라는 정치적 행위를 상징한다면, 기자는 '소중화'라는 문화적 의미를 표상한다.

무왕 기묘년에 기자가 동방으로 왔을 때/ 예악과 시서에 백공百工까지 대동하였네/ 하늘이 오방吾邦 보살펴 억만 년 기틀을 다지니/ 소중화가 홀로 성인의 풍모 지녔다네.[8]

그렇다면 신라 때 김춘추가 당나라의 연호를 사용하고 '중화'의 복제를 따른 것은 단군에서 시작된 '사대', 기자로부터 비롯된 '소중화'의 연장선상에 있다.

영휘永徽 연호를 써서 동문동궤同文同軌 이루고/ 장복章服도 화華를 따르겠다 청하였네/ 의관을 정비하고 제도를 일신하여/ 첨성대 아래에서 황제를 공손히 받드네.[9]

윤기에 따르면, '소중화'가 심하게 오염된 것은 고려가 몽골에 복속하던 때였다.

원종이 조서 받고 처음 몽골로 향하니[如蒙]/ 한번 열린 그 길 따라 해마다 상국과 통하였네/ 이때부터 전장戰場 먼지 사라졌다 말하지 말라/ '소화小華'가 점차 오랑캐 되어 간 것을 어찌하리.[10]

'여몽如蒙'은 몽골에 "갔다"는 뜻이다. 1264년(원종 5) 임금이 쿠빌라이의 요구에 따라 친조한 일을 가리킨다. "갔다"고만 하고 "조회하였다"고 하지 않은 것은 그가 몽골을 '중화'와 무관한 존재로 보고 있었음을 잘 보여 준다. 그 점에서 안정복이 보여 준 시야와 겹치는 면이 있다. 이 시에서 '상국'은 '중화'가 아니라 다만 고려가 어쩔 수 없이 사대해야 하는 '대국'이며 오랑캐다. 〔고려가 몽골에 복속하여 평화를 얻은 것처럼 보이지만 실상은 그로 인해 소중화가 오랑캐가 되어 갔을 뿐이다.〕 윤기는 시의 행간에서 그렇게 말했다. 물론 그가 '소중화'에 아무런 희망이 없다고 생각한 것은 아니다.

시간이 흘렀다. 조선은 중화의 유일한 계승자가 되었지만, '중국'은 새로운 오랑캐 청나라에 의해 오염되었다. 이제 조선이 '대중화'가 되었다고 주장할 수 있다면, 조선은 그 오염된 '중국'을 외면해도 좋을 것인가? 1797년(정조 21) 남포 현감으로 있던 윤기가 주자 사당에 쓴 상량문에서 이렇게 말했다.

아동이 벽원僻遠한 곳에 있어도 예악과 문물이 소화小華라 칭해지는 나라이지만, 산천과 봉강封疆이 중국中國과 막혀 있어 주자의 사당을 참

배하거나 그곳 학자들과 토론할 수 없는 것은 아쉽다.[11]

　'중국'이 오염된 현실 속에서도 윤기는 여전히 '중국'을 의식했던 것이다. 윤기에게 '중국'이 중원 대륙을 뜻하는 단어였다면, '중화'는 '의리'와 '예의', '숭정'의 '일월'과 '대명천지', 예악과 문물 등을 상징하는 말이었다. 그의 논리로 말한다면 원래의 '중국'은 '중화'를 가진 존재이며 '대중화'였다. '중화'는 오랑캐에게 오염된 '중국'에서는 사라졌지만, '동방'으로 계승되었다. 그러나 '동방'이 '대중화'라고 주장한다고 해서 '동방'이 '중국'이 되는 것은 아니다. 동방은 '천하'의 '별건곤'이며, 오염된 상태로나마 '중국'은 '중국'이다. 그런 눈으로 역사를 보면 동방이 오염되지 않은 '중국'에 '사대'한 역사를 자랑스러워하고 오염된 중국에 '사대'했던 역사를 비판할 수밖에 없다. 그가 "조선이 대중화가 되는 데 부족함이 없다"고 말한 것은 분명하다. 그러나 "대중화가 되기에 부족함이 없다"는 것은 동방이 중국에서 사라진 대중화의 대체재라는 의미가 다르다. 그는 정조 때 간행된 《규장전운》을 보고 지은 시에서 '화동華東'이라는 단어를 구사했다.[12] 이 경우 '화'와 '동'은 각각 '중국'과 '동방'의 음운을 의미한다. 그런 그라면, 〔이제 조선이 대중화가 되었으니 오염되지 않은 중국과 지속해 왔던 사대의 역사, 그런 중국을 향하는 사대의 미래를 더는 생각할 필요가 없다.〕는 식으로 발화해야 할 이유는 없다.

천자의 의례

윤기는 '대중화'를 상상했을 뿐이지만, 김약행金若行(1718~?)은 조선이 천자의 의례를 시행할 수 있다고 주장함으로써 더 큰 논쟁을 불러일으켰다. 15세기에 변계량이 역사적 전례와 예제를 끌어와 제천을 정당화하려 했던 것과 겹치는 지점이 있다. 그러나 고려적 관성을 계승하려던 변계량과 달리, 김약행은 조선이 '중화'의 유일한 계승자라는 정서를 끌어와 조선이 천자의 의례를 시행할 수 있다는 근거로 삼으려 했다. 물론 그의 주장은 참례僭禮의 혐의를 피하지 못했다. 김약행의 상소가 올라온 것은 1768년(영조 44) 5월 10일이었다. 영조는 크게 당황했다. 김상용金尙容(1561~1637)의 직계 후손이 올린 상소라고는 믿기 어려울 정도로 파격적이었기 때문이다.[13]

영조가 말했다.

그가 막중한 일을 청하였으니, 불경不敬에 가깝다. 내가 비록 불초하지만 어찌 김약행이 청하기를 기다려서 하겠는가? 하나는 옛날에 시골 선비들에게 엄히 처분을 내린 것을 소급해 말하였고, 하나는 감히 신이진愼爾晉의 터무니없는 요청을 답습하였다. 한 번 붓을 들어 이처럼 열성조를 거론하였으니 어찌 한심스러울 뿐이겠는가? 무엄하기 그지없다. 선정신先正臣 박세채에 대해서도 박상朴相이라 일컬었으니 말이 버릇이 없다. 그리고 기타의 말들도 이랬다저랬다 하여 종이 가득히 황당하고 잡스러우니, 더더욱 말할 것이 있겠는가? 국시國是를 정하고 사설邪說을 배척하는 도리를 감안한다면 예사로 처리할 수 없다. 김약행을 특별히 사판仕版에서 지우고 서인으로 만들어 전리田里로 돌려보냄으로써 이러

한 자들과 조정에 같이 있지 않겠다는 나의 뜻을 보이도록 하라.[14]

다음 날, 영조가 다시 말했다.

성인께서 '태산이 임방林放만 못하단 말인가'라고 하셨으니, 성왕成王이 준 것도, 백금伯禽이 받은 것도 모두 잘못된 것이다. 이로써 보건대, 팔일八佾에 관한 주장은 독서인이라면 입에 담을 수 없는 말이다. 교체郊禘에 관한 설은 진실로 잘못된 주장이다. '고려시대에는 황제의 조칙 형식을 써서 〈가하다〉라고 했다'는 주장도 또한 참람한 것이니, 피인彼人들을 본받은 것이 아닌가. 내가 24자의 존호를 받지만 않았더라도 김약행이 이렇게 하지는 않았을 것이다. 늘그막에 이런 자를 보게 되니 그 또한 불효이다.

구윤옥具允鈺(1720~1792)이 말했다. "김약행이 '후방侯邦에서 천자의 예악을 쓸 수 있다'고 한 말은 지극히 부당한 주장입니다." 영조는 한마디 덧붙였다. "앞으로 김약행을 풀어 주자고 하는 자는 난신적자이며 조선 사람이 아니다."[15]

성인이 했다는 "태산이 임방만 못하단 말인가"라는 말은 《논어》 〈팔일八佾〉 편에 근거를 둔 것이다. 노나라 대부인 계씨가 태산에 여제旅祭를 지내려 하는데도 그의 가신인 염유冉有가 그것을 막지 못하자, 공자가 자기 제자이기도 한 염유를 나무라며 이렇게 말했다. "오호라, 일찍이 태산의 신령이 임방만도 못하다 생각하는가?"[16] 임방은 공자의 제자로 예의 근본을 물었던 인물이었다. 〔대부인 계씨가 제후가 해야 할 여제를 올리는 것은 예의 근본을 어그러뜨리는 일이다. 아무리 계씨가 그런 참람한 제사를 올린다 해도 임방보다 더 예의 근본을 잘 알고 있을 태산의 신령이 그것을 흠향하지 않을 것이다.) 공자는 행간에서 이렇게 말했다.

"성왕이 주고 백금이 받은 것"은 노나라에서 쓴 천자의 예악이다. 《예기》〈명당위明堂位〉 편에 "주공이 큰 공이 있었으므로 성왕이 노나라에 대대로 천자의 예악으로 제사하게 했다"는 말이 있다. 주나라 임금인 성왕이 주공이 세운 공을 인정하여 주공의 아들 백금이 다스리는 노나라에 천자의 예악을 쓰게 했다는 뜻이다. 그러나 이 결정은 뒷날 두고두고 논란을 빚었다. 비판자들에 따르면, 주공은 신하로서 당연히 해야 할 일을 한 것일 뿐이니 그것을 이유로 노나라에 천자의 예악을 쓰게 할 일은 아니었다. 따라서 성왕이 노나라 백금에게 천자의 예악을 내린 것이나 백금이 그것을 받은 것은 모두 다 잘못이다.[17]

"제후국이지만 천자의 예를 쓸 수 있다"는 김약행의 주장에 대해 영조가 "내가 24자의 존호를 받지만 않았더라도 김약행이 이러지는 않았을 것"이라며 자책하는 장면은 주목할 만하다. '24자의 존호'란 이미 1740년(영조 16)과 1752년(영조 28)에 각각 8자의 존호를 받았던 영조가 새로 8자의 존호를 받은 것을 가리킨다. 이 세 개의 존호는 모두 정치적으로 적지 않은 의미가 있었다. 첫 번째 존호는 경종 대의 임인옥사를 무고로 확정하는 이른바 경신처분을 내린 뒤에, 두 번째 존호는 대보단에 명 태조와 숭정제(의종)를 함께 제사 지낸 뒤에, 그리고 세 번째 존호는 을해역옥(1755, 영조 31)을 다스린 뒤에 받은 것이다. 영조는 존호를 받는 정치행위를 통해 당론을 무력화시키고 존주의리론과 탕평정치 운영론의 주재자로서 자기 위상을 분명히했다.

5월 12일, 영조는 '24자'의 존호를 지우게 했다. 이미 받은 존호 일체를 사용하지 말라고 한 것이다. 영조의 조치가 김약행의 상소 때문임을 직감한 한필수가 말했다. "이제는 당파 문제가 일소되어 온 조정이 혼일되어 있는데 이번에 김약행이 그런 상소를 올렸으니 사람들이 그를 광망狂忘하여 거리낌이 없는 자로 여깁니다."[18] 영조가 다시 성균관 유생을 불러들인 뒤 물었다. "김약행이 주장한 팔일八佾 교체郊禘설은 어떻게 생각하느냐?" 유생 오조광이 답했다. "대보단은 분의를 존숭함이 해와 달처럼 밝은데, 김약행의 말이 어찌 잘못되지 않았다 하겠습니까?" 다시 영조가 물었다. "김약행이 이미 선정신 박세채를 모욕했는데, 너희들은 마음이 편안하더냐?" 오조광이 답했다. "어찌 편안할 리가 있었겠습니까?"[19]

이날의 대화는 김약행의 상소를 좀 더 구체적으로 이해할 수 있게 해준다. 김약행은 대보단에서 천자례를 쓸 것, 노론과 소론 사이에 시비를 가릴 것을 주장했으며, 황극탕평론皇極蕩平論을 제기한 박세채朴世采(1631~1695)를 비판했다. 조선이 천자례를 쓸 수 있다고 주장한 것, 그리고 박세채를 비판한 것이 특히 문제였다. 박세채를 문묘에 배향하자는 논의는 1718년(숙종 44)에 시작된 뒤 한동안 잠복해 있다가 1763년(영조 39)에 다시 수면 위로 떠올랐다. 영조는 탕평 정책을 추진하는 과정에서 박세채의 황극탕평론에 크게 공감했으며, 1756년(영조 32)에 존호를 받게 된 것을 박세채의 공으로 돌리기도 했다.[20] 그런 영조가 박세채를 문묘에 배향하지 않을 이유가 없었다.

1764년(영조 40) 5월, 마침내 박세채가 문묘에 배향되었다. 기다렸다는 듯 노론계 언관들이 반발했다. 영조는 '건극建極이라는 존호를 못 받겠다'며 버텼다.[21] 영조는 언관들의 비판을 임금이 가진 탕평 주재자로서의 역할에 대한 도전으로 받아들였다. 그해 11월, 신경이 상소를 올려 박세채의 탕평론은 노론과 소론 간의 시비 분별을 전제로 하고 있다고 주장했다. 영조는 신경이 탕평의 기반을 흔들려는 의도를 갖고 있었던 것이 아닐까 의심했다. 평정심을 잃은 영조가 어필로 존호 8글자를 지워 버리고는 "차마 듣지 못할 분부"를 내렸다.[22] 물론 그것이 영조의 진의라고 할 수 없다. 영조는 탕평을 위협하는 도전들 앞에서 한걸음도 물러서려 하지 않겠다는 결기를 그런 방식으로 보여 주려 했을 뿐이다.

1764년(영조 40)은 대보단 의례와 관련해서도 중요한 해였다. 1644년(인조 22) 이자성의 난으로 북경이 함락되자 명 숭정제(의종)는 만수산에서 자결했고, 그로부터 60년이 되는 1704년(숙종 30) 숙종은 창덕궁 후원에 대보단을 세웠다. 임진왜란 때 조선을 도운 만력제(신종)를 제사 지내기 위해서였다. 1749년(영조 25)에는 명나라 태조와 숭정제(의종)를 대보단에서 함께 제사 지내게 했다. 1704년(숙종 30)으로부터 60년이 지나 1764년(영조 40)이 되었다. 숭정제가 죽은 갑신년을 다시 맞은 영조는 이제 숭정제의 기일에 세 황제를 합사한 대보단에서 제사를 거행하는 전례 없던 일을 하게 되었다.

숭정제가 자결한 날은 갑신년 3월 19일이었다. 처음 영조는 제날짜에 대보단에서 제사를 지내는 것을 전제로 하여 풍악을 거두도록 했다. 그러나 영조는 확신할 수 없었다. 옛날에 대부大夫의 사당에 제사를 올릴 때도 썼던 풍악을 천자에게 제를 올리면서 쓰지 않는 것이 예에 근본적으로 옳은 일일까? 그나마 전처럼 만력제만 제사했을 때라면 큰 문제는 아닐지도 모른다. 그러나 이제 대보단에는 세 황제가 함께 합사되어 있지 않은가? 그렇다면 이제 의종의 혼령이 "나 때문에 태조와 만력제 두 황제의 풍악까지 거두게 되었구나"라고 여기지 않겠는가? 제사를 기일인 19일이 아니라 다음 날인 20일로 물려서 하면 어떨까?

영조는 자신의 복안을 먼저 말한 뒤, 신하들의 의견을 물었다. 이최중과 조준이 "19일에 풍악을 쓰지 않고 세 황제를 함께 제사 지낸다고 해서 안 될 것은 없다"고 주장했지만, 영조는 20일 안에 대해 다른 신하들의 동의를 얻는 데 성공했다. 영조는 자신의 구상을 관철시킨 뒤 세손(뒷날의 정조)을 돌아보며 말했다. "우리나라가 오늘이 있게 된 것은 황조皇朝의 은혜 아닌 것이 없다. 너를 불러와서 보게 한 것도 존주의 뜻을 알게 하려 함이다."[23]

날짜를 하루 미루기로 하자, 부교리 이명환李明煥(1718~1764)이 상소를 올렸다. "예에 명분을 붙이기 어려운데도 풍악을 갖추는 것보다는 차라리 풍악은 갖추어지지 않았으나 예에 명분이 있는 것이 낫기 때문에 옛날에도 옥백玉帛과 종고鍾鼓를 말한 일이 있었던 것입니다. 이 일은 지난 1704년(숙종 30, 갑신년)에 이미 행했던 예가 있습니다. 지금 처음에 정했던 19일에 풍악을 거두고 예를 행한다면 비록 구성九成의 절차에는 부족함이 있다 하겠으나 소지掃地의 뜻에는 어긋남이 없을 것입니다."[24]

《논어》〈양화陽貨〉 편에 이런 말이 있다. "예, 예 하는데, 그것이 옥이나 폐백을 이르는 것이겠는가. 악, 악 하는데, 그것이 종소리와 북소리를 이르는 것이겠는가."[25] 이명환에 따르면, 근본과 말단의 관계로 볼 때 경敬과 화和가 예악의 근본이라면, 옥백과 종고는 그 말단이다. 결국 중요한 것은 예악의 근본을 생각하는 마음이다. 그러니 지금 제날짜인 19일에 제사 지내는 것이 풍악을 갖추어 다음 날 제사 지내는 것보다는 더 예악의 본질에 가깝다.

영조가 신하들에게 다시 찬반을 물었다. 영조가 보기에도 이명환의 주장에 일리가 없지 않기 때문이었다. 신하들은 대부분 영조와 이명환 사이 어디쯤 해당하는 주장을 폈다. 서명응徐命膺(1716~1787)은 20일로 미루어도 좋다고 주장했다. 그런데 그 결론에 도달하는 과정이 특별하다.

신이 날짜를 물려 정한다는 소식을 듣고서 역서를 참고해 보았더니, 20일은 곧 신일辛日입니다. 옛날에는 신일에 제천祭天하였는데, 지금 이 대보단 제사는 곧 전에 없던 제사이므로 제천의 의례로서 땅을 쓸기만 하고 제사 지내는 것입니다. 19일에 희생과 제기를 살피고 20일에 제를 올리면 기일 날 아무것도 하지 않았다고 할 수 없고 제사 역시 교체郊禘의 예에 부합할 것입니다. 이렇듯 큰 제사에 임하여 대악大樂을 쓰지 않는다면 이것이 어떻게 정성을 다하는 도리이겠습니까?[26]

《예기》〈교특생郊特牲〉 편에, "하늘에 제사하되 땅을 쓸기만 하여 제사함은 그 질박함을 취할 뿐"이라는 말이 있다. 서명응에 따르면, 명나라 태조와 만력제가 합사된 대보단에서 숭정제를 위해 지내는 이 제사는 전례가 없는 일이니, 《예기》의 말처럼 "제천의 의례를 따르되만 소박하게" 하지 않으면 안 된다. 19일에 준비하고 20일에 제사를 지낸다면, 희생과 제기만 살피는 19일은 소박한 것이고 풍악을 갖추어 제사를 지내는 20일은 제천의 의례적 위상에 부합한다.

영조는 신하들의 의견을 묻기 전에 이렇게 말했다. "우리 황제(의종 숭정제)가 만수산에서 자결한 것은 만고에 없던 일이었고, 내가 망팔望八(71세)이 되어 장차 이 제사를 행하려 하는 것 또한 전에 없는 일이니, 충과 효가 어찌 둘이 되겠는가. 하물며 소방小邦은 황조皇朝에 대해 범상한 군신과는 다른 관계이니, 내가 노췌勞瘁한 뒤라야 우리 숭정제의 은혜에 보답할 수 있을 것이다. 내가 이날 어찌 육선肉膳을 들이겠는가?"[27]

어떻게 하면 명나라에 대해 신하로서의 예에 소홀함이 없게 할 것인가? 영조의 고민은 그런 것이었다. 그런 점에서 보면, 서명응의 답변은 영조의 문제의식과 같다고 할 수 없다. 영조는 '풍악을 씀으로써 신하의 도리를 다해야 한다'는 취지로 20일을 거론한 것인데, 서명응은 《예기》〈교특생〉 편이 말하는 제천례를 거론하며 20일을 정당화했기 때문이다.

《예기》〈예운禮運〉 편에 따르면, 공자는 이렇게 한탄했다. "노나라에서 교사郊祀를 거행하는 것은 예가 아니다. 주공의 법도가 쇠미해졌구나."[28] 만일 조선에서 시행한 어떤 의례가 주공의 가르침을 그 자손의 참례僭禮로 무너지게 했다는 비난을 불러일으키게 된다면 그것은 큰 문제다. 그러나 대보단의 경우에는 다른 면이 있었다. 제사를 올리는 주체는 제후국이지만 제사를 받는 것은 명나라 황제이기 때문이다. 대보단을 처음 세울 때 권상하는 "낮추어 제후의 예를 따르게 해서는 안 된다"고 주장했다.[29] 그런 점들을 고려해 본다면, 대보단 제례 날짜를 하루 미루는 일은 《예기》〈예운〉 편을 상기시킬 만큼 심각한 사안은 아니었다. 대보단에 관한 한 제후국에서 천자의 의례를 행한다고 해서 그것이 제후국의 '분의'를 벗어나는 일이라고 단정하기 어려웠던 것이다. 서명응의 말 끝에 영조가 웃으며 답했다. "잡스럽고 황당한 이야기이기는 하지만, 말은 맞구나."[30]

3월 19일, 영조가 대보단에 나아가 망배례를 행한 뒤, 황조일월아동

대명皇朝日月我東大明이라는 8자를 써서 신하에게 내렸다. 영조는 희생으로 준비된 돼지가 살찌지 않았다는 이유로 담당자를 파직했다.[31] 다음 날인 3월 20일, 영조가 친히 대보단에 나아가 대향大享을 행했다.[32] 1768년(영조 44) 5월 김약행이 상소를 올려 박세채를 비판하고 대보단에 천자례를 써야 한다고 주장한 데에는 이런 배경이 있었다.

그가 문제 삼은 사안들은 모두 영조가 받은 24자의 존호와 무관하지 않았다. 영조가 존호를 받지 않은 것으로 하겠다며 자책한 것은 그런 이유 때문이다. 결국 김약행이 이 세 가지 사안에 문제를 제기함으로써 영조가 주도하는 탕평 정국에 제동을 걸려 했음을 추측할 수 있다. 그런 각도에서 보면, 영조가 24자의 존호를 쓰지 않겠다고 한 것은, 존호가 상징하는 정국 주도권을 놓지 않겠다는 것을 반어적으로 표현한 데 불과한 것이었다.

김약행의 상소가 있은 뒤 영조는 24자의 존호를 보고 싶지 않다며 신하들의 상소를 들여다보지 않았다. 한 달이 다 되도록 영조는 고집을 꺾지 않았다. 6월 11일, 승정원에서 24자의 존호는 이미 종묘에 고하고 아래로는 백성들에게 반포한 것이어서 물릴 수 없다고 주장했다. 승정원에 이어서 홍문관 관원들이 연달아 청원했지만, 영조는 요지부동이었다. 이날 자《영조실록》에는 원래 김약행이 상소에서 말한 내용이 인용되어 있다. 이 기사에 따르면 김약행은 이렇게 말했다. "숭정 갑신년 이후로 천하에 진주眞主가 없어지고 예악과 문물은 모두 아동我東에 있으니 청컨대 교체郊禘의 예를 행하시고, 태묘太廟에는 구헌팔일九獻八佾의 의례를 시행하시며, 인조 이후 다섯 왕에 대해서는 모두 휘호를 추상追上하소서."[33]

숭정 갑신년은 숭정제가 자결한 1644년을 가리킨다. "숭정 갑신년 이후 천하에 진정한 주인이 없어지고 예악과 문물은 모두 우리나라에 있다"는 주장이야말로 조선이 중화의 유일한 계승자라는 의식의 산물이다. 영조에서 김약행에 이르기까지 모두가 동의하고 있었던 사안이다. 그런데 그다음부터가 문제였다. 영조의 시야에서 보면 천하에 '진주'가 없고 예악과 문물이 '아동'에 있으니 '아동'은 '존주'를 실천하는 주체이자 '중화'의 유일한 계승자다. 대보단은 그런 문제의식이 집약된 곳이다. 영조가 대보단과 그 의례를 통해 그런 생각을 드러내려 했음은 의심의 여지가 없다. 그러나 숙종도 영조도, 조선의 누구도 대보단 의례가 제후국의 분의를 벗어난 것으로 여기지 않았다는 사실이 중요하다. 그들의 시야에서 볼 때 노나라에서 천자의 예악을 쓴 것은 명백히 잘못된 일이다. 영조는 1768년(영조 44) 숭정제의 기일에 대보단에서 제사를 지내면서 풍악을 갖추기 위해 날짜를 하루 미뤘다. 그것이야말로 제후국의 분의를 지킬 수 있는 방법이었다.

김약행이 건드린 것이 바로 그 지점이었다. 교郊는 하늘과 천신에게 지내는 제사를 말한다. 구헌九獻은 술잔을 아홉 번 올리는 것이고, 팔일八佾은 8줄로 춤추는 것이다. 모두 천자에게만 허락된 의례다. 김약행의 논리대로라면 이런 주장이 가능해지는 셈이다.

〔숭정 갑신년 이후 천하에 진정한 주인이 없어지고 예악과 문물은 모두 우리나라에 있다. 조선은 이제 천자가 그랬던 것처럼 남쪽 교외에 나아가 하늘에 제사를 올릴 수 있고, 종묘에서 천자가 했던 것처럼 아홉 번 술잔을 바치고 여덟 줄로 춤추게 할 수 있다. 천자의 의례를 전면적으로 시행할 수 있다면 인조에서 경종까지 숭정 갑신년 이후에 죽은 역대 조선 왕들에 대해서도 거기에 어울리는 존호를 올려야 한다.〕

김약행은 대보단에서만 제한적으로 적용되어 오던 천자의 의례를 대보단 밖에서 상상했다. 영조는 제후로서 존주의 정성을 다하기 위해 대보단의 제사 날짜를 하루 늦추었지만, 김약행이 보기에 제후의 분의를 지킨다고 해서 교외나 종묘에서 천자의 의례를 전유할 수 없는 것은 아니었다.

김약행은 '제왈가制曰可'로 상징되는 고려의 외왕내제外王內帝 시스템을 생각했다. 그가 보기에 그렇게 한다 해도 조선이 제후국이라는 사실을 부정한 것은 아니기 때문에 거리낄 것이 없었다. 그러나 제후국이 대보단 밖에서 천자례를 시행한다는 것은 그 시대의 상식과는 동떨어진 것이었다. 영조의 눈으로 보면 김약행이 말한 '제왈가'란 곧 이적인 청나라의 예법일 뿐이다. 영조가 끼니와 탕제를 거른 채 김약행을 '난신적자'라고 비난한 이유가 여기에 있다. 그러나 김약행의 시야에서 보면, 조선이 제후국이라는 사실을 의심한 적 없던 자신이 '난신적자'로 비난받는 상황을 받아들이기는 어려운 일이었다.

정조 때에도 비슷한 일이 있었다. 1798년(정조 22) 8월 8일, 사간원 정언 신약추가 상소를 올려서 명산을 친히 봉하고 제사해야 한다고[封禪] 주장했으며, 심지어 청나라를 칭찬하기까지 했다.[34] 아마도 신약추는 조선이 천자의 예악을 쓸 수 있다고 주장한 듯하다. 김약행이나 신약추가 살던 18세기 조선은 변계량이 제천례를 정당화하던 15세기 조선과는 달랐다. 대보단에서 행하는 예외적인 의례를 제외한다면, 천자의 의례를 말한다는 것은 결코 지지받기 어려운 상황이었던 것이다. 우의정 이병모가 보기에 신약추의 주장은 "허황된" 것이었다.[35] 정조는 신약추를 "황괴慌怪한 사람"이라 했다.[36]

청나라를 칭찬한 대목도 문제였다. 승정원은 신약추의 상소에 "인통忍痛하는 뜻이 없다"고 비판했다. 주자는 "인통함원 박부득이忍痛含

怨 迫不得已"라 했다. 금나라에 사대하는 남송이 그 부득이한 현실에 대해 가졌어야 하는 마음을 그렇게 표현한 것이다. 이병모는 신약추가 청나라를 칭찬한 것을 두고 "세도世道의 일대 변괴"라고 했다. 정조는 상소가 올라온 그날 신약추를 대간에서 해임하고 원래의 상소는 되돌려주었다가, 다시 그를 벽동군에 유배시켰다.

정조에 따르면 신약추의 주장 가운데 가장 문제가 되는 것은 '반사班師'의 설이다. '반사'는 군대를 되돌린다는 뜻이다. 신약추는 '반사'라는 단어로 청나라가 이상적인 정치를 하고 있다는 투로 말했던 것 같다. 정조는 이렇게 말했다. "우리 동토가 본래 예의의 나라로 칭해졌던 것은 존양尊攘의 대의를 굳게 지켜 왔기 때문이다. 근래에 윤강倫綱이 무너지고 의리가 퇴색하여, 춘추의 의리를 기억하는 사람은 드물고 풍천風泉의 느낌에는 한스러움만 더해 간다. 그런데도 지금 조정에 있는 자가 이런 말을 입에 담을 수 있단 말인가."[37]

'풍천'은 명나라를 그리워하는 마음이다. 신약추는 아마도 전성기를 구가하던 청나라를 높게 평가하고, 조선이 이제는 북벌의 미몽에서 깨어나야 한다는 투로 말했던 것 같다. 정조는 청나라를 상대로 의욕적인 외교를 펼쳤지만, 신약추의 주장에 동의할 수는 없었다. 그것은 차원이 다른 문제였기 때문이다. "이제 의리를 부식시키는 일을 힘써야 할 것이니, 존주록尊周錄을 편집하게 한 것에도 본래 은미한 뜻이 들어 있었다."[38] 정조는 '반사'설을 비판하던 끝에 편집 중인 《존주휘편》을 서둘러 완성시킬 것을 주문했다. 정조에게 《존주휘편》은 '반사'설을 무력화시킬 수 있는 효과적인 도구이기도 했다.

유천하有天下

명나라가 멸망하면서 조선이 자신을 문명 세계의 유일한 희망으로 여겼던 것은 의심의 여지가 없다. 송시열의 학문적 후예 중 한 사람인 한원진韓元震(1682~1751)은 그 자부심을 가장 선명하게 드러냈다. 가상의 혹자가 한원진에게 물었다. "그대는 중국·이적·금수는 기질이 나뉘고 성정이 달라서 금수가 이적이 될 수 없는 것처럼 이적은 중국이 될 수 없다 하십니다. 그렇다면 오동吳東 역시 이적이니 요순의 다스림과 주공의 도로 나아가는 것은 불가하지 않겠습니까?"[39]

한원진은 〈졸수재설변拙修齋說辨〉에서 이 질문에 답했다. 첫째, "이적이 중국이 될 수 없다"는 것이 아니라 "이적을 중국의 도로 이끌 수 없다"라고 한 것이다. 무슨 뜻인가? '이적'이 '이적'의 도를 변화시키지 않은 채 자기가 가진 힘만 믿고 '중국'을 침릉侵陵하는 경우를 가리켜 말한 것이다. 쿠빌라이 같은 자가 거기에 해당한다. 물론 '이적'이라고 하여 모두 쿠빌라이 같은 자만 있는 것은 아니다. '이적'의 행실을 버리고 '중국'의 도를 사모하고 '중국'의 의복을 입으며 '중국'의 말을 하고 '중국'의 행동을 실천한다면, 이 또한 '중국'일 뿐이어서 사람들도 그들을 '중국'으로 대우할 것이니, 어찌 그들이 옛날에 '이적'이었던 것을 문제 삼겠는가? 공자가 "가르치면 누구나 착한 본성을 회복하여 차이가 없어진다"고 했으니, 이런 부류를 두고 하신 말씀이다.[40]

둘째, 민閩·월越 땅은 옛날 오랑캐의 터전이었으나 태백泰伯 때 '중국'과 통하면서 점차 그 '이적'의 풍속을 변화시켰다. 송나라가 남쪽으로 도읍을 옮기자 '중국'의 예악과 문물이 민·월로 옮겨 가게 되었으며, 주자 같은 현인이 그곳에서 태어나자 요 임금과 순 임금 이후로

서로 전해 오던 '도통'이 민·월에 있게 되었다. 명나라가 일어설 때 의병을 일으켜 원나라 오랑캐를 소탕한 것도 민·월이다. '중국'의 도가 무너지려 할 때 그것을 보존한 것도, '중국'의 도가 장차 흥하려 할 때 그것을 선도한 것도 모두 민·월인 것이다. 옛날에 '중국'이라 하던 곳이 도리어 '이적'의 소굴이 되고, 오랑캐의 땅이라 하던 곳이 도리어 '화하'의 구역이 되니, 이 사례를 보더라도 "땅을 기준으로 내외를 가를 수 없고, 사람을 기준으로 화이를 가릴 수 없음을 알 수 있다."[41]

셋째, 민·월만 그런 것은 아니다. 조선의 역사 자체가 그 사실을 웅변해 준다. '동방'은 기자가 동쪽으로 와서 8조의 가르침을 베푼 이후로 풍속이 크게 변하여 일찍이 '소중화'로 불리기 시작했다. 그 역사는 조선으로 이어졌다. 수기치인은 요 임금·순 임금·문왕·무왕의 도를 기준으로 하였고 예악·형정·의관·문물은 모두 '중국'의 제도를 본받아 부녀자는 재가하지 않고 상을 치를 때는 3년을 지켰다. 조선이 가진 그런 풍속과 예의는 삼대 이래의 '중국'이 미치지 못하는 경우가 있을 정도였다. 그뿐만이 아니다. 조선에서 배출된 진유眞儒들은 공자·맹자·정자·주자가 전해 온 '도학'의 정통을 이어받았다. 명나라가 멸망하고 중원이 오랑캐의 비린내로 가득하게 되었을 때 조선은 한쪽 귀퉁이의 구석진 나라로서 홀로 '중화'의 다스림을 보존할 수 있었으며 전성前聖의 정통을 계승할 수 있었으니, 그 점에서는 옛날의 민·월보다 못할 바 없다. 그렇다면 '진어중국進於中國'하여 왕도를 행하고 천하를 가지는 것도 불가할 것은 없을 것이니, '중국'을 행하면 '중국'이며, 다른 것은 무관하다는 것을 믿을 만하다.[42]

넷째, 민·월의 경우를 보면, "땅을 기준으로 내외를 가를 수 없고, 사람을 기준으로 화이를 가릴 수 없다"고 말할 수 있고, 조선의 경우를 보면 "중국을 행하면 중국"이라 말할 수 있지만, 그런 기준을 다른 곳에도 적용할 수 있는가? 그렇지는 않다. 하늘에는 사시四時가 있어서 봄·여름이 양, 가을·겨울이 음이 되듯이 땅에는 사방이 있어서 동방·남방이 양이 되고 서방·북방이 음이 된다. 따라서 '중국 문명'의 기운은 늘 서북에서 위축되고 동남에서 펼쳐질 수밖에 없어서, 동방과 남방에서는 민·월과 조선이 모두 '이적'의 기풍을 변화시켜 예악 문물의 나라가 된 반면, 서방과 북방에서는 '이적'이 자신을 변화시켜서 '하夏'를 따르기는커녕 '중국'의 땅을 물들이기까지 한다. 동방과 남방은 모든 것을 낳는 방위로 풍기가 밝아서 그 땅에 사는 사람은 가히 변화시켜 도를 따르게 할 수 있지만, 서방과 북방은 모든 것을 죽이는 방위라 풍기가 사나워서 그 땅에 사는 사람은 도에 들어가게 하기 어렵다. 음양과 숙특淑慝은 천지의 운기에 따라 나뉘기 때문에 인력으로 어떻게 해볼 수 있는 문제가 아니다. 성인은 지혜가 하늘의 운행과 함께하여 사람들이 미처 보지 못한 것들을 예견하였으므로, 태백泰伯은 남쪽으로 가서 끝내 송나라의 문명을 열었고, 기자는 동쪽으로 와서 조선의 치화治化를 열었다. '중국'의 쇠락을 한탄하고 '구이'의 땅에서 살고 싶어 한 공자가 서북쪽에 연연했다는 이야기는 듣지 못했으니, 이 사례도 천지의 기운에 따라 동·남과 서·북이 갈리는 뜻을 잘 보여 준다.[43]

다섯째, 쿠빌라이는 북방의 종족으로, '신기神器'라 해야 할 중원 대륙을 훔쳐 가졌으나 그가 '중국'에서 행한 것은 '이적'의 도였을 뿐이니, 그에게 벼슬한 허형은 결코 태백이나 기자에 비할 수 없다. '아국'은 지금까지 이룬 성취로 말하더라도 한나라·당나라 이후의 '중국'에 견주어 부끄러워해야 할 것이 없다. 계속 이렇게 정진하다 보면 요순 시대의 군신관계와 주공의 도학도 장차 성취하지 못하리라는 법은 없다. 어찌 옛날에 '이적'이었다는 이유로 오늘날의 '중화'됨으로 나아가기를 주저할 것인가?[44]

한원진은 송시열이 제기한 논점을 그 나름의 방식으로 발전시켰다. 그들 두 사람은 명청 교체 이후 조선만이 중화의 계승자가 되었다는 것에 대해 자부심을 감추지 않았다. 그들이 보기에 그것은 오랑캐에게 오염된 중원 대륙에서 더는 '중화'를 찾기 어렵게 된 것과 짝하는 현상이다. 그렇다면 그들은 그 자부심을 근거로 조선이 영원히 대체할 수 없는 중화가 되었다고 주장했던 것일까? 그들에게서 이제부터 영원히 문명 세계의 중심에 서지 않으면 안 된다는 욕망을 읽을 수도 있을까?

한원진의 방식으로 말한다면, 땅을 기준으로 '내외'를 가를 수 없고, 사람을 기준으로 '화이'를 가릴 수 없으니 '중국'의 예법을 행하면 '중국'이라 말할 수 있다. 그런데 그것은 다만 동·남방에 속한 민·월과 조선에만 해당되는 원칙이다. 북방의 종자인 쿠빌라이는 그런 원칙을 적용할 수 없는 존재다. 한원진이 역사상의 쿠빌라이로부터 만주족의 청나라를 연상했을 개연성을 배제할 수 없다. 그의 시야에서 보면, 조선이 문명 세계에 진입하는 것은 물론, 청나라가 끝내 '이적'의 문화를 벗어던지지 못하는 것도 이미 방위의 특성에 의해 결정되었다고 해도 과언은 아니다. 사람의 힘으로 개입할 수 없는 영역인 것이다.

송시열은 '아동'이 '편방'이라는 사실을 의식했지만, 조선이 그런 불리한 조건을 이겨 내고 '소중화'를 성취했음을 강조했다. 그에 따르면, 조선은 비록 '편방'이었지만, 명나라가 멸망한 상황에서 조선이 유일하게 문명을 보존할 수 있었다.[45] 한원진도 같은 방식으로 말했다.[46] '편방'에 관한 언술은 명청 교체 이전부터 시작되었다.[47] 뒷날 청나라에서 배우려 했던 박지원은 '편방'이라는 조건을 조선 선비들이 편벽된 기운을 타고 나게 된 원인으로 여겼다. '편방'을 인정했지만, 그들이 편방이라는 말을 써서 호명해 낸 것들은 같지 않았다.

조선을 '편방'으로 여긴다는 뜻은 중원 대륙을 중심으로 가정하고 있다는 의미이기도 할 것이다. 송시열은 오랑캐 청나라에 의해 "더럽혀진" 중원, "비린내 나는" 중원에는 무심했지만, "숭정제의 땅 중원"에는 여전히 지대한 관심을 가졌다. 그가 보기에 과거와 미래 시점에서 중원이라는 장소는 여전히 중요했다. 그런 그가 청나라에 의해 "오염"된 중원을 "은하수를 끌어다가 한번 깨끗이 씻어 내야 할" 땅으로 여긴다 해서 전혀 이상할 일은 아니다. 청나라에 의해 강탈된 한나라·당나라·송나라·명나라의 유제遺制를 청나라를 통해서 배우려 했던 박지원이 현실의 중원 대륙을 중시했다면,[48] 송시열은 과거와 미래의 중원 대륙을 주목했다는 점에서 다르다. 그러나 중원 대륙에 관심을 두고 있었다는 점에서 송시열과 박지원은 다를 바 없었다.

송시열과 한원진의 시야로 본다면, 조선에 궁극적으로 중요한 일은 영원히 유일한 희망으로 남아 있는 것이 아니다. 희망의 불씨를 잘 보존하여 언젠가 문명 세계를 재건할 기회가 생겼을 때 자기 몫을 다하는 것이다. 그들에게 문명의 불씨는 충분히 자부심을 가져도 좋을 만큼 소중한 것이었다. 그러나 그 상황 자체는 조선이 세계의 중심이 되기 위해서 만들어 낸 것이 아니라 명나라의 멸망으로 인해 우연히 조선에 주어진 것일 뿐이다. 그들도 그것이 그만큼 임시적이고 유동적인 조건이었던 것임을 잘 알고 있었다.

한원진의 생각이 그런 것이었음을 고려한다면, "진어중국進於中國하여 왕도를 행하고 천하를 가지는[有天下] 것도 가능한 일이다"고 말하는 장면도 주의 깊게 독해할 필요가 있다. 보기에 따라서는 조선이 중원으로 진출해 중원의 패권을 잡는다고 해도 안 될 것은 없다는 식으로 읽힐 수도 있기 때문이다.[49] 한원진에 따르면, '유천하有天下'는 가정적인 상황인 데다가 그나마 조선이 '진어중국'하고 난 뒤의 일이다. 이 경우 '진어중국'이란 '중원으로 진출한다'는 것이 아니라, '중화적 정체성을 내면화한다'는 뜻이다. 그의 방식으로 말한다면, 대보단을 세워 중화의 유일한 계승자를 자부하게 된 조선은 "진어중국한 옛 이적"이다. 이미 '진어중국'하였으므로 '중국'으로 대접받을 만한 자격을 갖춘 존재인 것이다. '유천하'는 그 연장선에 있는 말이다.

공자가 이렇게 말했다. "숭고하시도다. 요 임금과 순 임금은 유천하 하고도 전혀 그것에 간여하려 하지 않으셨구나."[50] 전라도 선비 위백규魏伯珪(1727~1798)도 《논어》를 읽다가 이 대목을 보았다. 그는 '유천하' 뒤에 붙은 야也라는 글자에 주목했다. 그에 따르면, '야' 자는 군더더기처럼 보이기도 하지만, 만일 이 글자가 없다면 공자의 말은 "천하를 소유한다"는 식으로 읽힐 우려가 있다. 물론 공자는 결코 그런 뜻으로 말하지 않았다. 공자는 천하가 공평무사하게 스스로 있음을 말하려 했을 뿐이다. 공자는 '야也'를 붙임으로써 유有의 의미가 잘못 읽히지 않도록 한 것이다.[51] 위백규의 사례에 비추어 보면 한원진이 말한 '유천하'는 공자의 말에서 온 것일 가능성이 크다. 그렇다면 한원진의 말은 이런 의미가 된다. 〔조선은 이미 중화의 유일한 계승자가 되었으니, 온 천하에 그런 가치를 공유하는 역할을 하지 말라는 법은 없지 않은가.〕 물론 그런 역할은 조선이 중원 대륙의 패권을 쥐는 상황과는 아무런 관련이 없다.

진어중국進於中國과 석과碩果

'동국'의 편재성을 불리한 조건으로 여기지 않은 윤기와는 달리, 더 많은 조선 문인들은 '동국'의 편재성을 인정하면서도 '동국'이 그런 불리한 조건 속에서도 소중화라는 문화적 성취를 이루었다는 점을 강조하곤 했다. 성혼의 아들 성문준成文濬(1559~1626)은 이렇게 말했다. "아동은 기자가 동쪽으로 봉함을 받아 용하변이하고 백성의 법칙을 세워 주었다. 공자가 아동에 살고 싶어 한 것을 보면, 아동이 진어중국한 것이 오래되었다. 선비가 불행히 추로지향鄒魯之鄕에 태어나지 못했다면, 아동에서 태어나는 것도 크게 아쉬운 일은 아닐 것이다."[52]

그의 논리에 따르면, 조선이 기자 이래로 '진어중국'한 오랜 역사가 있기는 하지만, 선비가 '날 자리'를 가려 태어날 수 있다면 '중국'이 최선책이며, 조선은 차선책이다. 그가 '진어중국'이라는 말을 구사했을 때, 그 말의 주어는 문화를 가짐으로써 중화 세계의 구성원이 된 '이적', 중화 문화의 유일한 계승자가 된 '소중화' 조선이었다.

장현광張顯光(1554~1637)은 '편방'이라는 조건이 주는 불리함을 규모의 문제로 해소했다. "규모의 차이가 있기는 하지만, 조선은 지리와 풍토상 처음부터 중원 대륙과 쌍생아 같은 존재"라고 주장한 것이다. 이런 논리라면 굳이 조선이 '편방'이라거나 원래는 '오랑캐'였다는 식으로 말할 필요가 없다. 조선 지도를 보던 장현광이 연상한 것은 '소중원'이었다. 그의 눈에는 조선과 중원이 서로 잘 부합되는 것처럼 보였다. 물론 그도 조선과 중원이 구역이 다르다는 점을 인정했다. 그러나 그는 물리적 거리감을 뛰어넘어 서로 통하는 무엇인가를 발견했다. 토지의 기맥과 산수의 정영精英이 그것이다. 그는 이제 "편방이어서 풍토가 다르다"는 식으로 말하거나, 조선이 "그런 약점을 극복하고 용하변이했다"고 주장할 필요가 없었다.[53]

그도 "중국에서 태어날 수 없다면 아동에서 태어나는 것도 다행"이라고 말했다. 그러나 그는 '아동'에 대해 성문준보다 더 적극적으로 의미를 부여했다. 그에 따르면, '아동'은 '화'의 땅은 아니지만, 똑같이 천지의 이치를 받은 곳이다. '대국'이라 할 수는 없지만, '중국'과 같이 통용되는 도리가 있고, 땅은 비록 '해외'에 있다 하지만 '중국'과 같은 하늘 아래에 있다. '중국' 사람들이 가진 인·의·예·지·신을 조선 사람들도 가지고 있으며, '중국' 사람들이 가진 오륜의 도리를 조선 사람들도 가지고 있으니, 어찌 '해외'라 하여 자부심을 가지지 못할 것이며, 어찌 나라가 작다 하여 자신을 작게 여길 것인가.[54]

영조 때의 학자 유숙기兪肅基(1696~1752)도 "중국에서 태어나지 못한다면 아동에서 태어나는 것이 다행"이라는 말을 낯설어하지는 않았다.[55] 청나라의 정세를 유동적으로 보던 유숙기임을 고려한다면, 그가 말한 '중국'은 명나라 때의 중원 대륙이라고 해야 한다.

북벌과 대보단의 대의를 믿어 의심치 않던 심정진沈定鎭(1725~1786)은 이 점을 좀 더 분명하게 말했다. "내가 황명皇明의 시대에 태어날 수 없었으니, 지금 아동에서 태어난 것을 다행스럽게 여긴다."[56] 그의 눈으로 보면, 명나라에 태어나는 것이 최선이며, 18세기 조선에서 태어나는 것은 차선이다. 날 자리에 관한 한, 명나라 때의 중원 대륙을 최선책으로, 조선을 차선책으로 여겼던 것이다. 그는 결코 문화만 가지면 어디든 중화이니, 문화를 가진 곳이라면 어디에서 태어나든 상관없다는 식으로 말하지는 않았다.

'중화'의 정체성을 내면화하는 것은 조선에서 태어나 조선의 문인으로 살아가는 사람들이 대면해야 하는 가장 중요한 문제들 가운데 하나였다. 그들은 다양한 수사를 필요로 했다. '용하변이'와 '진어중국', 그리고 '예실구야禮失求野'와 '학재사이學在四夷' 같은 표현들이 그런 것들이다. 한유에 따르면, 공자는 《춘추》를 지으면서 "제후가 이적의 예를 쓰면 이적으로 대우했고[夷之], 중국의 예로 나오면 중국으로 대우했다[中國之]."[57] 이 문장에서 '중국'과 '이'(적)는 각각 문명과 비문명을 상징하는 단어이다. 따라서 '중국지中國之'는 "문명 세계의 구성원으로 대우한다"는 뜻을, '이지夷之'는 "비문명 혹은 야만 세계의 구성원으로 대우한다"는 것을 뜻한다. '진어중국'과 '용이례用夷禮'도 반대되는 말이다. '진어중국'은 문명 세계의 구성원으로 대우받는 이유이며 '용이례'는 비문명 세계의 구성원으로 폄하되는 까닭이다. '진어중국'과 '용이례'라는 말의 관계로부터 유추해 본다면, '진어중국'은 곧 '중국'의 의례, 즉 문명 세계의 의례를 쓴다는 말과 동의어가 된다.

한유의 주장을 문자 그대로 읽어 보면, 문화와 예의를 가진 오랑캐는 '중국'으로 대우받을 뿐 '중국'은 아니다. '문화와 예의를 잃은 중국의 제후'는 '오랑캐'로 대우받을 뿐, 중국의 제후가 아닌 것은 아니다. 차별의 논리가 완전히 불식되었다고 말하기는 어렵다. 이런 식으로 문제를 본다면, 중국을 오랑캐로 폄하하고 오랑캐를 중국으로 대우하는 것은 문화의 유무에 따라 결정해야 할 사안이다. 문화의 유무에 어떤 변동이 생기면 언제든 변할 수 있는 매우 유동적이고 임시적인 상태다. 조선이 중화 문화의 유일한 계승자가 된 것은 '매우 유동적이고 임시적인' 상태의 '권도'이지만 그렇기 때문에 더 중요하다.

최립崔岦(1539~1612)이 종계宗系 변무辨誣를 위해 명나라에 갔다가 예부상서에게 글을 올렸다. 거기에 이런 이야기가 있다.

공자가 《춘추》를 지을 때 비록 이적이라도 진어중국하면 중국으로 대우해 주었습니다. 소방小邦은 이적이지만 중화를 사모하여 거의 변화한 나라이니, 지금 소방의 신하들이 자기 임금에게 충성을 다 바칠 수 있고 소방의 임금이 선왕에 대해서 효성을 다 바칠 수 있다면, 진어중국이라는 말에 부끄러움이 없을 것이지만, 그렇게 되지 않는다면 '소방'은 이적이 되고 말 것입니다.[58]

최립은 사신이 되어 길을 떠나는 박동량에게 준 글에서 이렇게 말하기도 했다. "우리나라는 외복제후국外服諸侯國으로 소중화라 불려왔으니, 옛 인현仁賢의 유풍이 남아 있고, 예법과 시서가 있으며 열성의 은택이 있고 선생先生·장자長者와 어진 사대부가 있기 때문이다."[59] 누군가 최립에게 조선이 중국이냐고 물었다면 그는 그렇다고 답하지는 않았을 것이다. 그의 눈높이에서 보면, 조선은 '외복제후'의 나라이며, '중국'에 비해서 말한다면 '이적'이 아니라 할 수 없다. 그러나 '진어중국'한 이적'이므로, '중국으로 대우받을 만한' 존재다. 그것이 바로 조선이 '소중화'라 불려 온 이유다. '소중화'는 '중화'의 문화를 가진 조선을 다른 '이적'들과 동일시할 수 없다는 의미이기도 하지만, 동시에 조선이 '중화로서의 중국'이 아니라는 뜻이기도 했다.

조선 문인들에게 '진어중국'한다는 것은 문명 세계로 진입하는 것을 의미했다. 그들은 그것을 결코 포기할 수 없는 가치로 여겼다. 그러나 그 사실은 그들이 진어중국하면 누구나 중국이며 누구나 중화라는 식으로 주장하지는 않았다는 또 다른 사실과 함께 음미되어야 한다. '중원'의 주인이 바뀌었지만 그들은 청나라를 결코 '진어중국'할 수 있는 주체로 여기지 않았다. 그들은 조선 자신만이 '중화의 유제를 간직했다'고 생각했다. 그러나 그런 그들조차 조선이 중화로서의 중국이라 말하지는 않았다.

명나라가 멸망하고 '중원'의 주인이 바뀌자 조선에서는 조선 자신을 중화의 유일한 계승자로 여기는 정서가 팽배했다. 조선중화는 그런 심성을 잘 반영하는 학술 용어다. 그러나 조선의 문인 누구도 결코 조선중화라고 말한 적이 없다는 사실을 가벼이 볼 수는 없다. 조선 문인들이 조선 자신을 중화의 유일한 계승자로 여기면서도 결코 조선중화라고 말하지 않았던 데는 이유가 있다. 그들이 보기에 '진어중국'은 '중화'의 충분조건이 될 수는 있으나, '진어중국'한다고 해서 누구나 '중국'인 것은 아니다.

송시열에 따르면 "동인이 황극皇極의 도를 듣게 된 것은 기자가 동쪽으로 오면서부터였다. 고려 말에 정몽주는 이 나라를 용하변이시켜 대의를 밝게 내걸었으며 조선 태조는 존주의 뜻을 더욱 드높였으므로 동인이 오랑캐 풍속을 면하게 되었다. 이때 이후로 조선은 대대로 명나라에 대해 충정忠貞을 다했다."[60] 기자가 전해 준 것이 '황극의 도'이며, '용하변이'가 시작된 것을 정몽주부터라고 보는 점이 이채롭다. 기자가 전한 '황극의 도'는 도덕 정치와 예적 질서일 것이다. 그러나 송시열은 정몽주에 의해 존명 의리가 가지는 비교 불가능한 가치가 현창되었다는 점을 가장 강조하고 싶었던 것 같다. 그가 조선을 여러 차례에 걸쳐 '동인'이라 칭하는 장면도 눈여겨보아야 한다. 송시열의 논리를 확장하면, 조선은 정몽주 이래로 '용하변이'한 '동인'이다.

송시열이 정몽주를 위해 지은 비문에 따르면, "아동은 이복夷服의 땅에 치우쳐 있는데, 주나라 무왕 때 기자가 임금이 되어 8조의 교화를 펼쳤으나 그 뒤 2,000년을 지나 오는 동안 그 교화가 잊히고 말았다. 오랑캐 원나라[胡元]의 시대가 되자 천하에 진동하던 비린내가 동토에까지 밀려와 인륜이 더욱 흐려졌다. 어지러움이 극에 달한 시대였다. 역으로 말한다면 다스려짐을 생각하게 되는 시대였다. 이때 정몽주가 태어났다. 그는 어린 시절부터 성현의 학문을 사모했으며, 의관과 문물은 중화의 제도를 준행했으니, 용하변이의 조짐은 이미 이때부터 나타났다."[61]

송시열이 보기에 정몽주는 고려에 마음을 다했으니 그 충성이 대단하고, 부모의 상에 누추한 풍속을 바꾸었으니 그 효가 대단하다. 그뿐만이 아니다. 그는 "호원胡元을 배척하고 황조皇朝에 귀부하였고, 중화의 제도로써 오랑캐의 풍속[胡俗]을 개혁시켜 우리나라를 중국의 속국으로 만들어 어엿한 예의의 나라가 되게 하였다." 그는 또 주자학을 학문의 표준으로 삼아 후세의 배우는 이에게 성학聖學의 요체를 알게 했다는 점에서도 특별하다.[62] 송시열이 정몽주를 높이 평가했던 것은 그가 '용하변이'의 기준에 비추어 중요한 성취를 이루었다고 여겼기 때문이다.

충절의 상징으로 여겨지던 정몽주를 성리학의 시조로 기억되게 만든 것은 조광조趙光祖(1482~1519)를 비롯한 16세기 사림들이었다. 송시열은 거기에 다시 '용하변이'와 '존화양이'라는 상징을 추가했다.[63] 송시열에 따르면 허형은 중원에서 태어났으면서도 '이적'에 의해 변화된 인물이지만, 정몽주는 조선을 '용하변이'하게 한 존재다.[64] '호원胡元'의 '비린내'가 풍겨 오던 시대였으므로 '용하변이'한 조선이 '존화양이'를 추구했던 것은 당연하다. 그런데 송시열이 보기에 '존화양이'는 주자의 문제이기도 했다. 정몽주의 나라(고려)가 '오랑캐 원나라'[胡元]의 압도적 영향력 아래 신음하고 있었던 것처럼 주자의 나라(남송)

도 '오랑캐 금나라'에 밀려 남쪽으로 근거지를 옮겼기 때문이다. 그런 시야에서 보면 성리학이 존화양이의 가치를 담는 그릇이 되어야 했던 것은 주자에게나 정몽주에게나 마찬가지였던 것이다.

송시열은 다른 글에서 이렇게 말하기도 했다. "정몽주는 우리 동방 이학理學의 시조다. 처음으로 성리학 서적을 중국에서 들여와 가르쳤을 뿐만 아니라 주나라를 높이고 오랑캐를 배척하여, 기자가 봉함을 받은 이 땅을 예의의 나라로 만들었으니, 그 공은 다른 누구와 비교할 수 없다."[65] 송시열이 정몽주를 통해 말했던 '용하변이', 성리학, '존화양이' (존주론) 이 세 가지는 그 자신의 문제이기도 했다. 중원 대륙의 주인이 바뀐 상황에서 송시열에게 그것들은 곧 '중화'의 조건을 뜻했다.

'용하변이'의 가능성을 인정한다는 것은 곧 중원의 한족 왕조라도 '중화'를 따르지 않으면 오랑캐로 대할 수밖에 없다는 의미이기도 했다. 송시열은 고구려의 을지문덕을 춘추 의리의 실천자로, 수나라 양제를 인륜의 파괴자로 묘사했다. 송시열에게 존주의 주周는 한족 왕조냐 아니냐의 문제가 아니다. 예의를 가졌는가 그렇지 않은가에 따라 결정될 뿐이다. 이런 문제의식은 곧 조선 자신을 중화 문화의 유일한 계승자로 정의하는 것으로 이어졌다. 그가 숭정제의 어필을 봉안하려 한 것은 숭정제의 의리론이 조선 효종으로 이어졌음을 강조하기 위해서였다. 조선의 독자 기준으로 유학의 도통론을 재정립하고 문묘에 배향되는 인물을 그 기준에 맞추어 재배치하려 했던 것도 같은 이유 때문이다.[66]

송시열에 따르면, 조선은 의관으로 상징되는 '중화'를 계승하여 이미 '용하변이'되었다. 중화 문화의 유일한 계승자가 되었다는 것은 자신감 혹은 자부심의 원천이 된다. 조선이 '용하변이'되었다면 한족과 중원 대륙은 그 반대다. 한족은 만주족 밑에서 신하 노릇 하게 되었으며 중원은 오랑캐에 의해 오염되었다. 그러나 이것은 어디까지나 비정상적인 상황일 뿐이다. 중화 문화의 계승자 조선이 힘으로 오랑캐를 중원에서 몰아낸다면 가장 좋다. 역량이 부족하여 그렇게 할 수 없을지도 모른다. 그러나 그렇다고 해도 희망이 전혀 없는 것은 아니다. 오랑캐는 오랑캐라는 숙명적인 이유로 결코 100년을 가지 못할 것이기 때문이다. 중원 대륙을 무력으로 점거한 종족치고 100년을 버틴 경우가 없었음은 이미 역사가 말해 주고 있다.

대보단은 송시열이 죽은 후 건립되었지만, 국가가 그의 문제의식을 공인했거나, 혹은 전유한 결과물이기도 했다. 조선은 이제 대보단이라는 상징물을 통해 자신이 중화 문화의 유일한 계승자임을 자부하게 된 것이다. 그러나 그렇게 생각하는 사람들 중에 조선이 중화의 영원한 주인이라고 말한 경우를 찾기는 어렵다. 누구도 조선이 중국을 대체할 수 있다거나, 조선이 중국의 주인이라는 식으로 말하지 않았다.

송시열이 명나라의 '유민'을 자처했다면, 이익은 자신을 은나라의 '유민'이라 했다.[67] 그렇다면 조선에서 은나라의 상징으로 여겨지던 기자는 주나라 무왕에 대해 신하를 자처했는가 아닌가? 이익은 기자가 주 무왕에게 홍범을 전하고 신하가 되었으며, 주 무왕은 기자를 스승으로 대우했다고 주장했다. 그는 또 기자의 유풍이 기준箕準이 건설한 마한으로 이어진다는 이른바 삼한정통론을 주장했다. 심화된 존주의식과 그것이 강화시킨 '중화'의식이 정통론을 자국사에 적용하려는 시도를 낳은 것이다.[68]

이익에게 기자는 조선이 '용하변이'한 근거이기도 했다. 그에 따르면, "기箕는 '동방'의 별자리 가운데 조선 땅에 해당하는 자리다. 기자가 동방에 전해 준 가르침은 시대가 지나서도 여전히 찬란하게 빛나니, 이것이 이른바 "사이에게 가서 배운다"는 것이다. 기자의 도가 '중화'에서는 사라졌지만 다행스럽게 동인에게 전해졌으니, 어찌 천의가 깃들었기 때문이 아니겠는가. 그 도가 동쪽으로만 전래되어 우리 백성들로 하여금 능히 '용하변이'하게 하였다."[69]

〈홍범설〉이라는 제목의 글에도 비슷한 시야가 엿보인다. 이익에 따르면, 홍수가 범람하던 시대에 요순이 왕으로 있었고, 대우大禹가 명을 받아 홍수를 다스리자 하늘이 가상히 여겨 홍범구주洪範九疇를 내려 주었다. 홍범이 천하에서 끊어지고 '동국'에서 행해진 것은 은나라 기자로부터 시작되었다. '동속東俗'에 전해 내려오는 것 중에 기자에게서 비롯된 것들이 있다. 평양의 기자정전箕子井田이 그 좋은 예다. 그러니 천자의 관제官制가 제대로 시행되지 않으면 "사이四夷에게 가서 배운다"는 말이 빈말이 아니다. 혼례가 생긴 것은 은나라 때인데, 은나라에서 강조한 흰색이 조선의 혼례에서 중시하는 것도 기자가 남긴 유풍이다. 이것 또한 "사라진 예제禮制를 들에서 찾는다禮失求野"는 말의 증거가 된다.[70]

'학재사이學在四夷'라는 말은 《춘추좌씨전》에 근거가 있다. 노나라 소공昭公 때였다. 담자郯子의 알현을 받은 소공이 잔치를 베풀고 그와 술을 마셨다. 이윽고 소공이 옛 관제의 유래에 대해 묻자 담자가 상세하게 답했다. 이 말을 들은 공자가 담자를 찾아가서 그에게 옛 관제를 배웠다. 뒷날 공자가 말했다. "내 듣건대 천자의 관제가 제대로 시행되지 않으면 사이四夷에게 가서 배운다고 하였으니, 이 말을 믿을 만하다."[71]

'예실구야禮失求野'라는 말은 《한서예문지》에서 따온 것이다. 반고班

固가 말했다. "공자께서 사라진 예를 들에서 찾는다고 하셨는데, 지금은 성인이 떠나신 지 오래고 도술道術은 사라져 다시는 찾을 길이 없어졌으니 저 구가九家들이 민간에서 찾는 것보다는 낫지 않겠는가?"[72] '들[野]'은 다양한 방식으로 해석될 여지가 있는 말이다. 그 '예'는 중앙에서 사라졌을 수도 있지만, '중국'에서 없어졌을 수도 있다. '들'은 '시골'일 수도 있지만, '사이'일 수도 있는 것이다. 이익은 물론 '사이'의 의미로 사용했다. 이 경우 '예실구야'는 '학재사이'와 같은 의미가 된다. "동인이 기자로 인해 용하변이되었다"는 주장을 "사이에게 가서 배운다"는 언술과 함께 구사한다는 것은 조선이 '중화'의 유일한 계승자가 되었다고 말하는 것과 크게 다르지 않다. '중화'에서 사라진 기자의 도가 '동인'에게 전해진 것을 인정하고, 또 기자의 후손이 추구했던 '존주'의 가치를 옹호하는 장면이야말로 이익의 생각이 어떤 것이었는지를 잘 보여 준다.

화서학파의 일원인 유중교柳重敎(1832~1893)는 '용하변이'의 의미를 좀 더 적극적으로 해석했다. 그는 이런 요지로 말했다. "조선은 이夷로 중국의 문물을 사용했으므로 이미 용하변이했다고 할 수 있고, 또 능히 춘추의 대의를 밝힐 수 있었다. 세상에 정도正道가 없어지고 의관과 문물을 지켜 오던 나라들이 모두 나락으로 떨어진 상황에서 조선만은 의연히 변치 않고 석과碩果의 상징을 감당하여 태泰 괘로 돌아가는 기반이 되고 있으니, 그 공 또한 크다고 해야 한다. 조선이 용하변이의 표준이 되어야 하는 것은 그런 이유 때문이다."[73]

유중교의 시선에서 자부심이 느껴진다. 그런데 '용하변이'한 조선은 현실에서 어떤 의미인가? "석과의 상징을 감당한다"는 것은 "유일한 희망이 된다"는 뜻이다. 중화 문화의 유일한 계승자라는 의미다.

그런데 조선의 역할은 거기에서 그치지 않는다. "태 괘로 돌아가는 기반이 된다"는 것은 태평한 시대로 돌아가는 밑거름이 된다는 뜻이다. 태평한 시대란 곧 정도가 회복되는 세상이다. 그렇다면 중화 문화의 유일한 계승자는 정도가 회복될 그 미래 세계를 위해 어떻게 기여할 수 있는가? 그렇게 질문하는 것은 조선에서 대보단이 어떤 의미인지를 묻는 것과 같다.

유중교는 같은 글에서 조선이 대보단을 두어 명나라 황제들을 제사지내는 이유를 세 가지로 정리했다. 첫째, '분分', 즉 명분이다. 조선은 '이적'인 "청나라를 임금으로 삼을 수도 없지만 하루라도 임금이 없을 수도 없는" 진퇴양난의 상황에 처해 있다. 이런 상황이라면 "옛 임금을 우리 임금으로 삼아 천하의 의주義主가 나타나기를 기다려야" 한다. 하물며 조선은 '중화'의 의관과 문물을 그대로 보존하고 있으니 그렇게 하지 않을 이유가 없다.[74]

둘째, '은恩', 즉 은혜이다. 우리 동방은 원래 "해외의 황복荒服"이었다. 기자의 가르침을 입었으나 그 후로 1,000여 년 동안 여전히 "아무것도 모르는 오랑캐"였다. 명나라 태조가 조선을 '내복內服'처럼 여겨 주고 '예교'를 베풀어 주어 비로소 예전의 비루함을 씻고 '화하'의 나라가 될 수 있었다. 임진왜란 때에는 만력제(신종)가 도움을 주어 종사를 다시 보존하게 하였다. 병자호란 때에는 숭정제(의종)가 조선을 도우려 했다가 조선이 항복하는 바람에 뜻을 이루지 못했으나 그 은혜는 임진왜란 때와 다를 바 없었다. 이 세 가지 은혜에 대해서는 "언젠가 오동吾東이 중국의 의주義主를 만나 신복臣服하여 섬기게 되면 반드시 그 고마움을 잊지 않고 보답해야 한다."[75] 유중교는 은혜의 관점에서 대보단 제례를 설명하면서 다시 "중국의 의주"를 상상했다.

셋째, '의義', 즉 의리다. 창업한 역대의 군주들 가운데 명나라 태조는 탕이나 무왕도 하지 못했던 '용하변이'의 공을 이루어 냈다. 만력제는 천자로서 제후의 나라에 인을 다했고, 숭정제는 임금으로서 사직을 위해서 순절한 유일한 존재다. 그들은 모두 "만세의 표준"인 것이다. 그러니 그들에 대해서는 '오동吾東'만이 아니라 천하 사람들과 함께 제사를 지내는 것이 옳다. 이것이 세 번째 이유다.[76]

유중교에게 조선은 "용하변이의 표준"이며, 명나라의 세 황제는 "만세의 표준"이다. 조선은 '중화'의 유일한 계승자이지만, 동시에 그 계승한 '중화'에 기대어 천하의 의로운 군주를 기다리는 존재다. 정도가 사라진 어두운 세상에서 유일한 희망이지만, 동시에 태평한 시대로 돌아가는 데 밑거름이 되어야 할 의무가 있다. 그뿐만이 아니다. 언젠가 온 세상 사람들이 대보단 제사를 함께 지낼 수 있도록 그 불씨를 잘 간직하고 있다가 전해 주어야 한다. 유중교는 조선이 '중화'의 유일한 계승자라고 자부했지만, 그 자부심이란 언제나 "만세의 표준"인 명나라 황제들을 매개로 하여 중원 대륙에 "중국의 진주眞主"가 출현하는 데 기여하는 선에서 의미가 있었던 것이다. '용하변이'와 '석과'를 함께 말했던 것은 그런 이유 때문이었다.

2장

'중화'를
계승한다는 것

중국中國

조선의 문인들이 자국을 '중화' 문명의 유일한 계승자로 여기면서도 결코 '중국'이라 하지 않으려 했던 지점으로 되돌아가 보자. '진어중국'이라는 말은 조선에서 '중국'이라는 단어가 문명의 지경으로 여겨졌음을 잘 보여 준다. 그러나 그 사실이 '중국'에 대한 그들의 생각을 온전히 다 말해 주지는 않는다. 그들에게 '중국'은 무엇이었는가? 조선에서 '중국'은 여전히 모호하고 불투명하며, 더 많은 해석 가능성이 열려 있는 그런 단어였다.

'중국'이 '중원'이라는 지리적 영역 안쪽으로 제한될 수 있는가? 충분히 물을 수 있는 질문이다. 안정복은 스승 이익에게 보낸 편지에서 이렇게 말했다.

서요西遼의 대석大石 이야기는 과연 기이하다 하겠습니다. 화하의 밖이나 오경五經을 벗어난 곳에도 사람이 있다고 한 말이 결코 빈말이 아닙니다. 옛날부터 유자들은 언제나 화이를 엄하게 변별하여 중토에서 태어나지 않으면 모두 오랑캐로 간주하는데, 그것은 잘못된 주장입니다. 하늘이 무슨 한계를 두었겠습니까?[77]

"하늘이 한계를 두지 않았다"는 안정복의 주장은 "땅을 기준으로 내외를 가를 수 없고, 사람을 기준으로 화이를 가릴 수 없다"는 한원진의 말을 연상시킨다. 그러나 그런 한원진이 쿠빌라이를 숙명적인 오랑캐로 간주했던 것을 고려해 본다면, 안정복이 이렇게 말한 맥락을 좀 더 찬찬히 들여다보아야 한다. 1757년(영조 33) 이익이 안정복에게 보낸 편지에 따르면, 야율대석은 요나라가 망하자 서역으로 가서 만 리나 되는 땅을 개척하여 서요西遼라는 나라를 열었는데, 서역 사람들로부터 성인으로 칭송받았다 한다. 덕종이라는 묘호는 그가 베푼 선정을 상징한다.[78] 안정복은 답장에서 중원 밖의 야율대석을 중원의 명나라 황제 의종(숭정제)과 대비시켰다. 그에 따르면, 숭정제가 소인을 기용하고 최악의 정책을 편 결과 오랑캐가 날뛰게 되었고 결국 나라를 지키지 못했다. 숭정제는 "짐이 나라를 망해 먹은 임금이 아니라 신하들 모두가 다 나라를 망친 신하들이다"라고 말했다. 그러나 안정복이 보기에 숭정제는 그 '나라 망칠 신하'를 등용한 사람이 바로 자기 자신이라는 사실조차 되돌아보지 못하는 못난 제왕이었던 것이다.[79]

'중토'에서 태어나지 않았다 하여 모두 오랑캐로 간주해서는 안 된다는 것은 또 무슨 뜻인가? 안정복은 '화하'의 밖, '오경'의 밖에서 선정을 편 야율대석에 대해 오랑캐가 아니라고 말한 것인가? 그렇다면

'화하'의 주인이자 '오경'의 중심이면서도 나라를 망친 숭정제는 더는 '화'가 아니라는 뜻인가? 그런 식으로 읽어 내려면 안정복이 중원이 가진 특별한 의미를 인정하지 않았다는 전제가 필요하다. 그러나 안정복은 다른 글에서 "하늘은 이적을 인정하지 않았다"고 말했다. 중원 대륙을 하늘이 성인에게 명해 지키도록 한 '신기神器'라고 부르기도 했다.[80] 전제는 충족되지 않을 가능성이 농후하다.

안정복이 말하고 싶었던 것은 중원 안쪽의 화하 황제라 해서 항상 문명적인 가치를 추구했다 할 수 없고 중원 밖의 이적이라 해서 항상 야만스러웠다고 할 수도 없다는 것이다. 그의 눈높이에서 말한다면, 하늘이 한계를 두지 않았기 때문에 야율대석은 '진어중국', 즉 문명적 지경에 도달할 수 있었다. 그러니 그를 '중국'이라는 문명적 가치를 성취한 '이적'으로 대우할 수 있고 또 그렇게 평가해야 한다. 그러나 중원이 '신기'인 한, 그 '신기'와 무관한 야율대석을 '중국'이라 부를 수는 없는 일이다. 야율대석이 중원 대륙을 욕심낸 적이 없으니 그의 나라를 원나라나 청나라와 같다 할 수 없지만, 그렇더라도 그를 '중국'이라고 부를 수 없다는 사실이 달라지지는 않는다.

'화하'와 '오경'의 밖에 있는 이적이 '진어중국'해야 하는 이유는 그 안쪽에 있는 '중국'이 '중국이 되는 이유'[中國之所以爲中國]와 다르지 않다. 장현광은 정묘호란의 와중에 올린 상소에서 본론을 이렇게 시작했다. "신은 듣건대 중국에 중국의 도[中國之道]가 없어진 뒤에서야 오랑캐들이 쳐들어온다고 하였습니다." '중국'을 '중국'이게 하는 속성을 잃어버리는 순간 '중국'은 외침을 받게 된다는 것이다.

그에 따르면, '중국'을 '중국'이게 하는 '중국의 도'란 인의를 행하고 중정中正을 따르는 것이다. 인의가 사람이 사람이 되는 이유라면, 중정은 나라가 나라가 되는 까닭이기 때문이다. 인의와 중정이 있어야 상하의 질서가 바로잡히고 풍속이 아름다워져서 천지가 돕고 귀신이 복을 내릴 것이니, 오랑캐가 아무리 거칠고 사납다 해도 그런 나라를 두려워하지 않을 수 없다. '중국'을 '중국'이게 하는 것이 바로 이 도인 것이다. 그 '중국의 도'가 없어지면, 중국은 '중국이면서도 오랑캐'가 되는 꼴이니 그렇게 되면 바깥의 융적들조차 두려워하지 않게 된다.[81]

장현광이 보기에 '중국의 도'란 '중국'을 '중국'이게 하는 근거이기도 하지만, 조선을 '소중화'이게 하는 이유이기도 하다. 그는 조선도 그런 '중국의 도'를 갖추어야 외침으로부터 자유로워질 것이라고 주장했다. "중국에 중국의 도가 없어지면, 중국은 중국이면서도 오랑캐가 되는 꼴"이라는 말은 주목할 만하다. "중국이면서 오랑캐가 된다"는 것은 일종의 형용모순이다. '중국'의 '도'를 잃어버린 '중국'을 더는 '중국'이 아니라 오랑캐로 대우한다면, 그런 처지로 떨어진 '중국'은 오랑캐인가, 오랑캐로 대우받게 된 '중국'인가? 후자에 가까울 것이다. 그가 '중국을 중국이게 하는 이유'를 잃어버린 그 나라를 여전히 '중국'으로 불렀던 것이야말로 그런 지점을 잘 보여 준다.

그것은 장현광만의 생각은 아니다. 한유가 처음 그런 주장을 펼쳤을 때부터 '중국'은 '중국'을 중국이게 하는 속성 혹은 '도'이면서, 동시에 그 속성을 때로 잃어버릴 수도 있으나 여전히 그렇게 불릴 수 있는 어떤 실체였기 때문이다. 장현광이 "중국이 중국이 되는 이유"라고 말했을 때, 앞에 등장하는 '중국'이 실체라면, 나중에 나오는 '소이위중국所以爲中國'은 '중국'이 갖추어야 할 속성이다.

송시열이나 한원진은 '중국'과 '소이위중국'의 문제를 직접적으로 거론하지는 않았다. 그러나 그들의 눈으로 보면, 실체로서의 '중국'이라 해야 할 명나라가 망하면서 중원 대륙에서 계승되어 온 속성으로서의 '중국'도 오랑캐 청나라에 오염되지 않을 수 없었다. 자연스럽게 속성으로서의 '중국'을 가진 나라는 조선밖에 남지 않게 된 것이다. 한유의 방식으로 말한다면 조선은 '진어중국'한 이적이다. '용하변이'는 진어중국한 이적을 부르는 다른 말이다. 그렇다면 송시열도, 한원진도 장현광이 부딪쳤던 같은 문제에 직면할 수밖에 없다. '진어중국'한 이적, '용하변이'한 자라면 '중국'을 '중국'이게 하는 속성, 즉 '문명의 지경'에 들어선 것은 분명하다. 그러나 그를 '중국'이라고 부를 수 있는가?

송시열에 따르면, '동인'은 '용하변이'한 존재다.[82] 문명의 지경을 지향한다는 점에서 보면, 기자·정몽주·이성계는 다를 바가 없지만, 송시열은 특히 정몽주를 중시했다.[83] 송시열에 따르면, 정몽주는 일찍부터 성현의 학문을 추구했을 뿐만 아니라 의관과 문물 역시 중화의 제도를 따랐다.[84] '동방'의 '이학'을 창시했을 뿐만 아니라, '주실周室'을 높이고 오랑캐를 배척하는 방식으로 '용하변이'하여 기자의 나라를 예의의 나라가 될 수 있게 했다.[85] 송시열이 정몽주가 보여 준 '용하변이'의 노력 중에 특별히 특별히 주목했던 것은 주실을 높이고 이적을 배척하는 태도였다. 송시열은 주자의 화이론이 공자의 《춘추》로부터 비롯되었다고 여겼는데,[86] 그런 태도를 정몽주에게서 보았던 것이다.

송시열의 눈높이에서 말한다면, '용하변이'의 역사에는 결정적인 두 번의 계기가 있었다. 몽골의 압박에 시달리던 고려 말이 첫 번째라면, 명나라가 망하고 중원이 오랑캐의 '비린내'로 가득 차게 된 시점이 두 번째다. 정몽주는 몽골을 배척했고, 조선은 중화 문화의 유일한 계승자가 되었다. 송시열은 또 이렇게 말했다. "중원 사람들이 아동我東을 동이라고 하는데, 그 명칭이 고상하다 할 수는 없지만, 문제는 어떻게 진작하고 흥기하느냐에 달려 있을 뿐이다. 맹자가 순 임금은 동이 사람이고 문왕은 서이 사람이라 했으니, 진실로 성인이 되고 현인이 된다면 우리 동방이 공자·맹자의 고향 같은 곳이 되지 못할까 걱정할 것이 없다. 옛날 칠민七閩 땅은 남이의 구역이었지만 주자가 이 지역에서 난 뒤로는, 중화의 예악과 문물을 가졌던 곳들이 도리어 칠민 땅에 미치지 못하게 되었다. 옛날의 오랑캐 땅이 지금 하夏가 되는 것은 오직 자신을 변화시키는 데 달려 있을 뿐이다."[87]

"옛날의 오랑캐 땅이 지금 중하가 되는 것[土地之昔夷而今夏]"이라는 표현은 치밀한 독해가 필요하다. 이 문장을 송시열이 조선은 용하변이하였으므로 이제 중하의 땅, 즉 중국이 되었다고 말한 것으로 읽어도 좋을까? 그러나 그가 다른 어느 곳에서도 조선 자신을 결코 '중국'이라 부르지 않았던 사실을 고려한다면, 이 사료를 그렇게 읽는 것에는 신중해야 한다. 송시열이 조선은 용하변이를 통해 중국을 중국이게 했던 속성[所以爲中國]을 내면화하는 데 성공했다고 말한 것은 의심의 여지가 없다. 조선을 중화 문화의 유일한 계승자라 자부했던 것도 사실이다. 그러나 엄밀하게 말한다면, 송시열에게 '용하변이'한 땅 조선은 중국으로 대우받을 만한 땅이지만, '중국'은 아니었다.

소론계 지식인 이종휘李種徽(1731~1797)도 '중화'가 청나라에 오염된 중원이 아니라 조선에 있다고 믿어 의심치 않던 사람 중 하나였다. 그는 "지금 중국을 구한다면 마땅히 이곳에 있지 저곳에 있지 않을 것이다"라고 말했으며, "중국이 중국이 되는 이유는 사람에 있지 땅에 있지 않다"고 주장하기도 했다. 드러나는 것으로만 보면 '중화' 문화를 유일하게 간직한 조선이 바로 '중국'이라고 주장한 것 같기도 하지만,[88] 역시 좀 더 맥락적으로 독해해 볼 필요가 있다.

《동국여지승람》에 붙인 글의 도입부에서 그는 이렇게 말했다. "세상에는 오악五嶽·사독四瀆보다 큰 곳도 많고 공자·맹자가 난 추로鄒魯보다 큰 도읍도 많지만 오악과 사독을 천하의 명산대천이라 하고 공자·맹자가 난 추로를 인리仁里의 고장이라 하는 것은 성명聲名·문물·예악·도수度數가 그곳에서 나왔기 때문이며 유현이 그곳에서 대대로 배출되었기 때문이다. 이런 사실을 잘 아는 자여야 명名과 실實의 소재를 잘 가려 낼 수 있다. 그런데 그 중원 대륙이 만주족의 오랑캐 문화에 오염되면서 중국의 교敎가 사라져 버렸으니, 그 이른바 중국이라는 것을 중원에서 구하려 해도 할 수 없게 되어 버렸다. 중원은 이제 화로가 없어져 버린 채 이름만 남은 대장간과 다를 바 없다. 빈껍데기가 되어 버린 것이다. 상황이 이런데도 그곳에서 그 문물을 구하려 한다면, 그것은 명과 실의 소재를 알지 못하는 어리석은 행위일 뿐이다."[89]

그렇다면 그 '중국'을 어디서 구해야 한단 말인가? 그가 보기에 그런 '중국'을 구할 장소는 이 세상에 오직 한 군데밖에 없다. 기자가 봉함을 받은 나라, 기자의 후예가 사는 나라, 오래전부터 군자국으로 불리며 문명의 의관과 예의를 갖춘 나라, 산천이 중원의 오악·사독에 비해 결코 손색이 없는 나라, 바로 조선이다. 그러니 "지금 중국을 구한다면 마땅히 이곳에 있지 저곳에 있지 않을 것"이다. 천하의 중앙이라는 관념 자체가 사람이 정의하기 나름이며, 그런 의미에서 상대적이라는 것을 고려한다면 이렇게 말할 수도 있다. "중국이 중국이 되는 이유는 사람에 있지 땅에 있지 않다."[90] 오악·사독이 천하의 명산대

천이 되고 추로가 인리의 고장이 되는 것과 같은 이유이다.

이종휘의 글에서 특별히 주목해야 하는 것은 중원 대륙과 그 위에서 계승되어 온 문물을 명과 실의 관계로 정의하는 대목이다. 대륙의 주인이 청나라로 바뀌기 이전에는 명과 실이 서로 부합했으나, 이제 명과 실이 따로 놀게 되었다는 것이다. 그러나 추구해야 하는 목표는 여전히 '중국의 가르침[中國之敎]'이고 "이른바 중국[所謂中國]"이며, "그 문물"이다. 이 대목에서 이종휘가 말하는 실實로서의 '중국'은 '가르침'이며 '문물'이다. 결코 중원 대륙이 아니다.

그런 맥락에서 본다면, "지금 중국을 구한다면 마땅히 이곳에 있을 뿐 저곳에 있지는 않을 것"이라는 문장에서 '중국'은 '가르침'이고 '문물'이며 '중국'을 '중국'이게 하는 이유다. 이 문장에서 '이곳'은 조선이며 '저곳'은 청나라에 오염된 중원 대륙이다. 전후의 문맥이 그런 것임을 고려한다면, "지금 중국을 구한다면 마땅히 이곳에 있지 저곳에 있지 않을 것이다"라는 말을 조선이 바로 중국이라는 식으로 독해할 수는 없다. 그가 《동국여지승람》을 《동주직방지東周職方志》 혹은 《소중화광여기小中華廣興記》라고 불러야 한다는 결론에 도달한 이유가 거기에 있다.[91] 그에게 조선은 '중국'을 '중국'이게 하는 이유를 가진 나라이며, '중국'으로 대우받을 수 있는 가르침과 문물을 유일하게 보존하고 있는 나라이지만, 결코 '중국'은 아니었던 것이다. 그는 조선이 중국이라 주장하지도 않았으며, 결코 조선중화라 하지도 않았다. 그에게 조선은 여전히 '동주東周'이며 '소중화'였던 것이다.

안정복은 '중국'의 문명적 중심성을 옹호하기 위해 중원의 지리적 편재성을 인정했다는 점에서 특별하다. 안정복이 《천학문답》에서 이렇게 말했다. "천지의 대세를 가지고 말한다면, 서역은 곤륜산 아래에

터를 잡고 있어서 천하의 중앙이다." 이 경우 '중국'은 천하의 동남쪽
에 있을 수밖에 없다. 그는 '천지의 대세'를 기준으로 한 천하에서 '중
국'이 편재성을 가진다고 말한 것이다. 그가 '천지의 대세'를 그렇게
가정하고, 곤륜과 서역을 중심으로, '중국'을 주변으로 설정했던 것에
는 그럴 만한 근거와 이유가 있었다.

그는 서구식 세계지도의 독자였으며, 그 지도를 통해 지구적 규모
의 세계를 보았다.[92] 그러나 그것들은 독자가 서역과 곤륜이 천하의
중앙에 해당한다고 여길 만한 이미지를 보여 주지는 않았다. 18세기
조선에서 독자에게 그런 세계상을 연상시킬 만한 유일한 도면은 〈천
하도〉였다. 그런 점을 고려한다면, 안정복이 〈천하도〉의 독자였을 가
능성을 배제할 수 없다. 어느 경우든 '중국'이 천하의 중심이라 믿어
왔을 안정복에게는 문제적인 도면이 아닐 수 없었다. 둘 다 안정복이
상상해 본 적 없는 넓은 영역을 보여 주기 때문이다. 그렇다면 이 이
질적인 도면들을 무시할 것인가 인정할 것인가? 인정한다면 어느 층
위에서, 어디까지 인정할 것인가?

안정복은 '천지의 대세'를 기준으로 '중국'의 편재성을 인정하는 선
에서 멈추었다. 지구적 규모의 세계에서 중심과 주변을 논의하는 것
은 어색하기 짝이 없는 일이지만, 그것이 그로서는 양보할 수 있는 최
대치였을 것이다. 안정복이 치우친 자리의 '중국'을 인정했다는 사실
은 그가 '서학西學'을 부정하기 위해 이 논설을 썼다는 사실과 함께 독
해되어야 한다. 그에 따르면 '중국'은 천하의 동남쪽에 있지만 양명함
이 모여드는 곳이다. 그 기운이 여러 신성한 인물들을 낳았다. 그 기
운이 '중국'의 성학聖學을 올바른 것으로 만든다. '천학天學'은 그런 기
운이 없는 곳에서 온 것이므로 결코 올바르다고 할 수 없다.[93]

조선 후기 문인들이 조선을 '중국'이라 한 적 없으며, 자신에 대해 조선중화라는 식으로 말하지 않았다는 사실은 조선이 자신을 '유명조선국'이라 하면서도 현실의 청나라를 '황청'이라 부르지 않았던 이유를 이해하는 데 도움이 된다. 고려 말의 성리학자들은 원나라를 "천명을 받은 성원聖元"이라 말했다. 그러나 청나라에 대해 열린 시야를 보여 준 북학파들조차 청나라를 그런 식으로 여기지는 않았다. 뒤에서 살펴보는 것처럼 누구도 청나라를 '대청大淸'이나 '성청聖淸'이라는 식으로 미화하지는 않았다. 조선 후기 문인 가운데 누구도 묘비 앞에 유청조선국有淸朝鮮國이라 쓰지는 않았다. '유명조선국有明朝鮮國'이라는 표현을 즐겨 썼을 뿐이다.

최치원이 쓴 진감화상비문 제목의 첫머리에 '유당신라국有唐新羅國'이라는 표현이 보인다. 이제현과 이색은 '유원고려국有元高麗國'이라는 명칭을 구사했다.[94] '유당신라국'과 '유원고려국'을 사용해 온 전통은 '유명조선국'으로 이어진다. 권근은 이색을 위해 '유명조선국'으로 시작되는 신도비 비명을 지었다.[95] 왕릉에도 '유명조선국'으로 시작되는 묘지석이 묻히기 시작했다.[96] 관료의 비문에도, 왕릉의 묘지석에도 같은 명칭이 폭넓게 사용되었던 것이다.

왜 이런 표현을 쓰게 되었던 것일까? 1600년(선조 33) 12월, 사헌부가 국장도감 관리의 파직을 건의하면서 이렇게 말했다. "국장도감이 만든 초안에서 지석誌石 첫머리에 유명조선국有明朝鮮國이라는 다섯 자를 쓰지 않았고 또 성씨 두 글자까지 빠뜨렸으니, 후세 사람들이 보면 어느 시대의 지석인지도 모르게 될 것입니다."[97]

1632년(인조 10) 대사헌으로 있던 김상헌이 종묘에 '유명증시有明贈諡'라고 쓰는 관행의 문제점을 거론하면서 이렇게 말했다. "무릇 비명이나 묘지문은 본래 후대에 전하기 위해 쓰는 것으로, 비록 세상이 변한 뒤라 하더라도 사람들로 하여금 어느 대, 어느 국 사람이라는 것을 알게 하기 위한 것입니다. 그러므로 제수題首에는 반드시 '유명조선有明朝鮮'이라고 칭합니다."[98]

중국의 의례서에 그런 형식이 쓰여 있던 것은 아니었다. 신열도申悅道가 장현광에게 부모의 상례 때 써야 할 함중陷中의 서식에 관해 물었다. 의절儀節에 따르면 마땅히 "명고모明故某"라고 써야 하는데도 사람들이 "유명조선고모有明朝鮮故某"라고 쓰기도 하기 때문이었다. 장현광이 답했다. "우리나라 사람들이 '유명조선고모'라고 쓰는 것은 중국과 변별하기 위한 것인데, 혹은 조선 아래에 국國 자를 쓰기도 합니다." 명나라 의례에서 쓰는 '명고모明故某'라는 표현을 조선에서 그대로 쓰게 되면 후대에 망자가 조선 사람이라는 것을 구별하기 어려워진다는 뜻이다.[99] 김상헌과 장현광의 논점은 유당신라국, 유원고려국, 유명조선국 모두에 적용될 수 있다. 이것들은 신라, 고려, 조선의 망자가 당나라, 원나라, 명나라 시대 사람임을 표시하는 동시에 그 나라 사람과 구별하기 위해 고안되었던 것이다. 이것을 중원의 지배자에 대한 정치적 종속의식의 징표로 해석할 수는 없는 일이다.

《대전통편》 편찬을 논의하던 때의 일이다. 정조가 처음 새 법전의 이름으로 떠올린 것은 '조선회전'이었다. 그러나 걱정이 있었다. 기자조선과 위만조선의 '조선'과 혼돈이 생길 수 있지 않을까? 정조가 입시한 서명응에게 물었다. "소대회전昭代會典이라는 이름은 어떻겠는가?" '소대昭代'로는 국대國代를 구별할 길이 없다고 생각한 서명응이 말했다. "유명조선으로 이름을 짓게 되면 《춘추》를 높이는 뜻을 붙일 수 있고 명분을 드러낼 수 있을 것입니다." 정조가 말했다. "이 또한 세世가

멀고 대代가 다르다."[100] 《춘추》의 대의가 아무리 소중한 것이라 해도 '유명有明'이라는 표현으로 '국대國代'를 표시하기에는 적합지 않다는 의미다.

'유명조선'의 '유명'은 춘추 대의를 상징하는 단어라기보다는 '국대', 즉 그 나라가 해당하는 시대를 표시하는 단어로서 의미가 있었던 것이다. 그러나 아무리 그 형식이 그렇듯 가치중립적이었다 해도, 정조나 서명응은 《대전통편》의 제목에 포함되는 국대 표시로 유청有淸 같은 것을 고려하지는 않았다. 정조는 청나라와의 외교에 적극적이었지만,[101] 그런 그조차 결코 유청을 입에 담지는 않았다.

'황청'을 말한 조선 사람이 아예 없었다고 할 수는 없다. 1726년(영조 2) 민진원이 효종의 어찰을 찾아 영조에게 올렸다. 영조가 사대부들이 남한산성의 치욕도, 복수설치와 내수외양의 의리도 잊어 가고 있다며 탄식하자, 민진원이 말했다. "선정신先正臣 송시열을 시기하는 자들이 만동묘의 창건까지도 비난하고 있고, 민간 문서에 청나라 연호를 쓰지 않은 일도 비난하고 있다고 합니다."

영조는 청나라 연호를 쓰지 않으면서 복수설치와 내수외양의 의지가 없는 것은 청나라 연호를 쓰면서 효종의 유지를 계승하는 것만 못하다고 여겼다. 그러나 민진원은 "청나라 연호를 쓰면서 효종의 뜻을 잊지 않는 자는 드물기 때문에 그 연호를 쓰지 않으면서 효종의 뜻을 계승하는 것이 최선"이라고 주장했다. 이보다 앞서 상의원 직장으로 있던 한덕사韓德師가 선조의 능인 목릉지穆陵誌를 펴내면서 "황청皇淸 성조聖祖 몇 년 몇 월에 세우다"라고 쓴 일이 있었다. 민진원이 그가 '호황胡皇'을 존칭했다며 문제 삼았다. 영조가 답했다. "우리나라 300년의 예의를 그가 다 쓸어 버렸으니, 사판仕版에서 삭거한 벌도 가볍다."[102] 청나라의 연호 사용 여부보다는 효종의 유지를 잊지 않는 것이 중요하다던 영조도 결국 민진원의 주장에 동의했던 것이다.[103] 이 일화는 '황청'이라 하거나 청나라의 연호를 쓰자는 주장이 그 원래의 취지가 어떤 것이었든 다른 사람의 지지를 받기 어려운 상황이었음을 잘 보여 준다. 박지원은 《열하일기》에서 '황청皇淸'이라는 단어를 구사했지만, 뒤에서 보듯이 그것은 박지원 자신의 문제의식과는 무관하다.[104]

중국과 동국東國

'중국'과 '조선'의 의미를 분명히 하는 일은 정조 때 낙론계 지식인 김이안金履安(1722~1791)에게도 중요한 과제였다. 송시열이나 한원진도 같은 문제를 고민했다. 그들은 "오랑캐에게는 100년의 운세가 없다"는 말을 크게 의심할 필요는 없었다. 그러나 김이안은 아버지 김원행金元行(1702~1772)이 낙론계를 이끌 때만 해도 그리 고심하지 않았던 문제에 맞닥뜨려야 했다. 100년을 못 가서 무너져 내릴 것이라던 청나라가 도리어 최대의 전성기를 맞았던 것이다. 김이안의 6촌 동생인 홍대용도, 홍대용과 친한 박지원도 "청나라에서 배워야 한다"고 주장했다. 압록강을 넘어 본 적이 없는 김이안이 그들과 생각이 같을 수는 없었다. 그가 좀 더 집중했던 것은 화와 이, 중화와 조선, 중국과 조선을 정의하는 일이었다. 그가 보기에 그것들은 '북학'보다 훨씬 중요하고 근본적인 의제였다. 변화된 현실에 능동적으로 대처하기 위해서라도 정리가 필요했던 것이다.

1749년(영조 25) 3월 14일, 영조는 명나라 신종과 의종 두 황제를 대보단에 함께 제사 지내면서,[105] 강화도의 충렬사忠烈祠와 남한산성의 현절사顯節祠로 예조의 관원을 보냈다.[106] 충렬사는 병자호란 때 강화도에서 순절한 인물들을 제사 지내던 곳이며, 현절사는 척화파 홍익한·윤집·오달제·김상헌·정온의 신위를 모신 사당이다. 이 결정이 대보단에 명나라 태조와 의종(숭정제)을 함께 배향하게 한 조치와 동시에 이루어졌다는 것도 기억할 만하다. 이 모든 일은 '존주'의 의리를 밝히는 차원에서 이루어졌다.

정조도 대보단과 함께 현절사를 기억했다. 1779년(정조 3) 1월, 정조가 대보단에 나아가 무릎을 꿇고 절을 올린 뒤, 무너진 데가 없는지 주변을 살폈다. 정조의 눈으로 보면, 임금이 친히 대보단에 제사 지낸다는 것은 조선이 명나라 황제들을 기억한다는 의미다. 온 세상에서 유일하게 명나라 황제를 제사 지내는 조선은 의심의 여지 없이 중화 문화의 유일한 계승자가 되는 것이다. 그때 정조의 뒤를 따르던 노론계 산림 송덕상이 선무사宣武祠·현절사·충렬사에도 제사를 올리자고 청했다.[107] 선무사는 명나라의 형개邢玠와 양호楊鎬를 제사 지내던 사당이다.[108] 선무사·현절사·충렬사는 모두 대보단에 비해 위계가 낮은 곳들이지만, 대보단이 상징하는 '재조지은'과 존명의 의리를 떠올리게 하는 장소들이라는 점에서는 차이가 없었다. 정조는 송덕상의 청을 받아들였다. 그해 8월, 마침내 정조는 현절사에 제사 지냈다.[109]

김이안이 1749년(영조 25)의 현절사 제사 때 동행했다가, 이런 시를 지었다.

산하에는 의열함이 남아 있고/ 성곽은 위난의 시절을 기억하네/ 오랑캐의 운세가 여전히 왕성하니/ 인륜의 기강을 다시 누가 붙들까.[110]

"오랑캐의 운세가 100년이 지나도록 왕성하여 인륜의 기강을 붙들 자가 없다"는 김이안의 말은 조선이야말로 인륜의 기강을 붙들 수 있는 유일한 존재라고 말하는 것과 다르지 않다.

청나라에 대해서 "오랑캐의 운세가 왕성하다"는 식으로 말하는 장면으로 보면, 김이안은 청나라, 그리고 청나라가 지배하는 중원에 대해 좀 더 닫혀 있었다고 해야 한다. 대보단으로 상징되는 자부심을 지키면서 청나라를 통해 배우려 했던 정조를 가운데 두었을 때, 자부심을 버리고 청나라를 통해 배우려 했던 박지원이나 홍대용을 그 왼편에 둘 수 있다면, 김이안의 자리는 사실상 그 오른편이었다고 해야 한다.[111] 그에게 기자는 '동토東土'가 오랑캐 됨을 면하게 한 존재이며, 정몽주는 고려의 옷을 입은 삼대三代 사람이다.[112]

'화'와 '이', '중국'과 '조선'에 관한 김이안의 생각은 〈화이변〉이라는 논설에서 잘 드러난다. 그가 이 글을 쓰게 된 데는 그럴 만한 사정이 있었다. 뒤에서 보는 것처럼 청나라에서 벼슬하는 한족 문인들과 교류한 문제를 놓고 홍대용과 김종후가 치열한 논쟁을 주고받았다. 김종후가 편지에서 홍대용을 비판하고는 이렇게 말했다. "김원행 선생님에게 질의를 드릴 수 있다면 선생님께서 바로잡아 주시는 대로 받들겠습니다."[113] 자신이 제기한 비판에 대해 스승인 김원행의 유권해석을 받아 보고 싶다는 뜻이다. 홍대용이 김원행에게 김종후의 편지를 보여 주었는지는 분명치 않다. 그러나 김원행의 아들 김이안이 〈화이변〉이라는 글을 통해 이 논쟁에 대해 논평을 남긴 것을 결코 우연한 일이라 하기는 어렵다.

이 문답형 논설의 두 화자는 객客과 여余다. 객은 홍자洪子의 문제의식을 추종하는 사람이며, 여는 그것을 비판하는 김이안 자신이다. 홍자는 김종후와 논쟁을 벌였던 홍대용일 것이다.[114] 객이 홍자의 생각이라며 이렇게 말했다. "여기 이夷가 있어, 월나라의 상투를 버리고 우리 관대를 쓰며, 예의를 따르고 인륜을 숭상하며 신왕의 가르침을 따른다고 하자. 그런 그가 중국으로 나아가 주인이 된다면, 군자는 그를 인정할 것이다." 여가 답했다. "홍자의 견해에 동의하기 어렵다. 무릇 이夷가 이夷의 행실을 하지 않는다면 어질다고 할 수 있으나, 어진 자라면 감히 중국을 범하는 일은 절대 하지 않을 것이다. 만일 중국을 범했다면 그 어짊은 이미 없어진 것이니 군자가 어찌 그런 자를 인정했을 것인가?"[115]

이 대목에서 핵심적으로 중요한 것은 '중국으로 나아가 주인이 되다 [進主乎中國]'라는 표현이다. 한유는 '진어중국'이라고 말했는데, 객은 그 사이에 '주主'라는 한 글자를 넣으면서 그 의미를 전유했다. '진어중국'에서 '중국'은 문명의 지경이므로, 전체적으로는 "오랑캐가 문명화되다"라는 의미가 된다. 그러나 '중국으로 나아가 주인이 되다'라는 말에서 '중국'은 중원 대륙이다. "이적이 중화 문명의 세례를 받으려 한다면 그것은 현명한 선택이지만, 중원 대륙을 욕심내는 순간 그 현명함이란 아무 의미가 없다." 김이안의 답에는 그런 뜻이 들어 있다.

이번에는 객이 논점을 약간 비틀어 다시 홍자의 견해를 옹호했다. "이夷가 문제인 것은 이의 습속에 젖어 있기 때문이지만, 진실로 자신의 행동을 되돌아보고 예전 습속을 완전히 벗어 버린 경우라면 그와 함께 선을 추구해야 하지 않겠는가. 홍자도 순 임금과 문왕을 인용하여 그렇게 말했다." 맹자에 따르면 순 임금은 동이 사람이고 문왕은 서이 사람이라 했다. 홍자나 객의 방식으로 읽는다면, 순 임금이나 문왕은 맹자가 말한 이夷이지만 중국에서 도를 행한 성인이기도 하다.

맹자의 권위는 여에게도 절대적이다. 그러나 여가 맹자의 언술을 읽는 방식은 객이나 홍자의 방식과 같지 않다. 여는 순 임금이나 문왕을 이夷로 여기지 않기 때문이다. 여가 보기에, 순 임금은 황제黃帝의 후손이며 문왕은 직稷의 후예이니, 그런 신화시대 인물들을 오랑캐라 할 수 없다. 김이안은 순 임금이나 문왕을 '화이'를 따질 수 없는 인물의 후예로 설정함으로써 맹자의 권위에 도전하지 않고 문제를 피해 간 것이다.[116]

 '화이'를 분별할 수 있는 시대에는 어떻게 해야 하는가? 김이안의 문맥에서는 이 점이 더 중요하다. 마침내 '화이'의 분별이 가능한 시대가 되자, 공자가 《춘추》를 지었다. 그에 따르면, 공자가 《춘추》에서 말한 것은 '양이攘夷'다. 공자는 이적의 행실이 추하냐 그렇지 않으냐만을 문제 삼은 것이 아니라, 족族과 류類를 변별했던 것이다. 혈기를 가지고 태어나 사람과 비슷한 것 중에 류類가 둘인데, 하나는 '이적'이고, 하나는 '금수'다. 이적은 비록 사람과 가깝다고는 하지만, 북방의 이적도 남방의 이적도 그 생김새·성품·음식·기호가 금수와 다를 바 없으니, 족族이라 할 수 없다. 그렇기 때문에 성왕聖王이 하늘의 뜻을 따라 정치를 펼 때에 금수를 수택藪澤에 두어 사람과 섞이지 않게 하고, 이적은 사예四裔의 땅에 두어 '중국'을 어지럽히지 못하게 한 것이다. 성인은 이적을 금수보다는 우대했지만, 끝내 이적에게 군장君長을 세워 다스리게 하지는 않았다. 이적이 중원 대륙을 침범하면 쫓아내고, 물러나면 더 뒤쫓지 않았으니, 그 이적을 변별함이 엄했다고 하지 않을 수 없다.[117] 김이안이 보기에 이적에게는 이적됨을 면할 수 있는 길은 없다.[118]

 공자와 맹자를 그렇게 읽을 수 있다면, 객이나 홍자처럼 "이夷가 현명하여 중국에 나아가게 되었다"고 말할 수는 없다. 이夷가 '중국'에서 주인 노릇을 하게 되었다면, 여는 그것에서 이적이 금수에 가까워졌음을, 이적과 금수가 제멋대로 굴어 "인人의 류類"가 어지러워졌음을 볼 뿐이다. 그것은 '인류人類'를 어지럽히고 천의天意를 거스르며, 선왕의 정치를 어그러뜨리고 춘추의 뜻에 해가 되는 행동일 뿐이니, 결코 옳다고 할 수 없다. 홍자는 장차 오징吳澄을 변호하려 하는가? 홍자는 그를 현명하다 하겠지만, 군자는 그가 실신失身한 것을 문제 삼았을 뿐 어진지 그렇지 않은지를 따지지는 않았던 것이다.[119]

여의 답변에 대해 객이 다시 반박했다. "지금 중국에서 주인 노릇하는 자가 스스로 주인이 되려 했던 것은 아니지 않은가?" 청나라가 의도를 가지고 명나라를 멸망시키려 했던 것은 아니라는 항변이다. 청나라를 몽골과 동일하게 여길 수는 없으며, 홍자를 오징에 비유하는 것이 적절치 않다는 뜻이기도 하다. 여가 말했다. "여기 남을 죽이고 그 재물을 빼앗은 도둑이 있다. 청나라는 비유하자면 그 도둑의 자식으로 그 땅에 그대로 살고 있는 자이니, 그가 훔친 재물을 거두어 인근 마을에 나누어 주고 살던 집을 비우고 떠나간다면 유사有司가 그를 죽이지 않더라도 탓할 일은 아니다."[120]

화이를 이런 방식으로 구별할 경우 '동국'을 어떻게 정당화한다는 말인가? 김이안은 〈화이변〉 하편에서 이 문제를 집중적으로 논의했다. 그에 따르면, 옛날에 '동국'을 '이'라 여긴 것은 사실이다. 그러나 '동'은 만물을 낳는 방위여서 풍기風氣가 서남북 방위와 다르다. 더구나 '동국'은 '중국'에 가까워 사람들이 '동국'과 연燕이 석목析木의 별자리에 해당한다고 말하기도 한다. 그런 이유들 때문에 '동국'의 운기運氣가 항상 '중국'과 연관되고 '동국'의 산천과 절후와 토물土物도 '중국'

의 그것과 같으니, '동국'이 '인ㅅ'을 낳는 땅이라는 것은 의심의 여지가 없다. '동국'은 기자가 가르침을 베풀면서 예악과 문물이 찬란해졌으며 역대로 그것을 계승하여 '예의의 나라禮義之邦'라 불렸다. 무릇 별자리, 산천, 절후, 토물, 예악, 문물 그 모든 것에 비추어 보더라도 '중국'과 같으므로 '이'와는 다른 존재인데도 끝내 '이'라는 이름을 그대로 쓴 것은 왜인가? 선왕께서 신중하셨기 때문이다.[121] '화이'를 변별하는 기준이 땅이어서 '동국'이 '이'로 불릴 수밖에 없었지만, 방위의 특성, 중원 대륙과의 근접성으로 인해 내용상으로는 이미 오랑캐의 속성을 뛰어넘었다는 것이다.

'화이'를 변별하는 새로운 기준은 사람이다. 그에 따르면, 옛날에는 땅으로 '화이'를 구별했으므로 동서남북에 따라 동이·서이·남이·북이라 하고, 그 가운데를 '중국'이라 했다. 각기 경계가 분명해서 서로 뛰어넘을 수 없었으므로, 사실상 오랑캐라 할 수 없는 '동국'은 여전히 '동이'로 불렸다. 지금은 어떤가. 융적이 '중국'으로 들어가 '중국'의 백성들이 그 오랑캐를 임금으로 삼고 그들의 풍속을 따르며 만주족과 한족이 서로 혼인하면서 종족도 서로 뒤섞이게 되었다. 상황이 이렇게 되면서 '화이'를 변별하는 기준은 땅에서 사람으로 바뀌었다. 이제 사람으로 '화이'를 변별할 수밖에 없게 되었으니 우리를 '중화'라 하지 않고 누구를 '중화'라 할 것인가.[122]

〈화이변〉이라는 논설에 등장하는 사료의 언어들은 주의깊은 독해가 필요하다. 김이안의 방식으로 말한다면, '화'와 '이'를 변별하는 행위는 '인'과 '이적'과 '금수' 간의 족류를 구분하는 일로부터 시작하지 않으면 안 된다. 족류를 구분하는 것은 각각 마땅히 있어야 할 자리가 정해져 있기 때문이기도 하다. 그것은 성왕이 천의를 따라 설정해 둔

질서다. 무슨 일이 있어도 그 경계를 넘어서서는 안 된다. 물론 이적이라고 해서 예의와 인륜과 선왕의 가르침을 따를 수 없는 것은 아니다. 그들도 그렇게 한다면 현명해질 수는 있다. 그러나 아무리 그렇다고 해도 이적이 '중국'에 들어가 임금 노릇을 하는 행위는 결코 정당화될 수는 없다. 이적이 '중국'의 경계 안으로 발을 들여놓는 순간 천의가 구현된 질서를 어기게 되는 것이기 때문이다.

'고'와 '금'이라는 시간을 기준으로 하여 화와 이를 다른 방식으로 구분하거나, '동국'을 '중화'라고 말하는 장면도 이채롭다. 김이안이 보기에 이적인 청나라가 '중국'에 들어가 주인 노릇 하는 '지금', 지역과 족류를 기준으로 하여 '인'과 '이적'과 '금수'를 구분하는 것은 무의미하다. 상황이 그렇다면 별자리, 산천, 절후, 토물, 예악, 문물 등 나머지 여러 조건들을 오염되기 이전의 '중국'과 공유해 온 '동국'을 '중화'라 여기지 않을 수 없다. '동국'을 스스로 '이'라 할 필요도 없고, 청나라를 '중국'이라 부를 필요도 없다.

"사람으로 화이를 변별한다면 우리를 중화라 하지 않고 누구를 중화라 할 것인가?" 매우 인상적인 장면이라 하지 않을 수 없다. 변별의 기준이 사람이라는 것은 그들이 가진 문화를 의미한다. 그는 문화를 기준으로 했을 때 조선을 중화라 해야 한다고 주장한 것이다. 그런데 김이안은 미래의 시간에도 대륙의 상황이 불변할 것으로 보았던 것일까? 대륙에서 더는 아무런 희망을 찾을 길이 없다고 본 것일까? 그의 주장에 따르면, '지금' '동국'이 '중화'가 되는 상황은 대륙에서 '인'과 '이적'이 구분되지 않는 현실과 짝한다. 그런데 그런 대륙의 현실은 '옛날'에 성인이 천의를 따라 조성한 질서와는 무관하다. '천의'를 따르는 것이 순리라면, '옛날'에 성인이 만든 그 질서는 미래 어느 시점에 재현되지 않으면 안 된다. '지금' '동국'의 '중화'는 미래에 회복될 '중국'의 '중화'와 동전의 양면을 이룬다. 그것을 가능하게 만드는 것은 물론 '천의'다. 김이안의 방식으로 말한다면, "중화가 된 우리"는 여전히 '동국'이다.[123]

〈화이변〉 상편에서 김이안이 말했던 '중국'은 중원 대륙, 엄밀하게 말하면 '오랑캐에게 강탈당하지 않은 중원 대륙'을 가리킨다. 하편에서도 '중국'이라는 표현이 등장한다. 땅으로 '화이'를 변별할 때는 동서남북의 중앙이 '중국'이지만, '화이'를 변별하는 기준이 땅에서 사람으로 바뀐 지금 "저들을 중국이라 이름한다면, 그것은 잘못된 일이다."[124] 그의 눈높이에서 본다면, '중국'은 땅을 기준으로 했을 때는 오랑캐에게 강탈당하지 않은 중원 대륙을, 사람을 기준으로 한다면 명나라를 가리킨다. 청나라는 도둑 아비가 훔친 물건을 그대로 가지고 있는 자식 꼴이며, 청나라의 문화는 오랑캐의 것일 뿐이다. 땅으로보더라도 사람으로 보더라도 청나라는 결코 '중국'이 될 수가 없는 것이다. 그러니 청나라가 지배하고 있는 중원 대륙을 '중국'이라 부를수는 없는 일이다. 그런데 사람의 기준을 적용하다면 조선을 '중국'이라 불러도 좋을까? 그는 결코 그렇게 하지 않았다. 그는 조선을 '중화'라 여겼을 뿐이다. 조선중화라 말하지도 않았다. 김이안의 현실에서 '중국'은 없었다. '중국'은 언젠가 오랑캐가 물러간 상태가 되었을 때의 중원 대륙에만 다시 붙일 수 있는 명칭인 것이다. 박지원이 〈호질〉에서 "중국을 잊지 않는" 마음으로 "중주中州가 맑아지기 기다린다"고 말했을 때 '중국'은 '맑아진 중주'다. 김이안이 여기에서 말하는 '중국'이 그것이다.

3장

'정통'을 바로잡기

정통正統

한원진은 "땅을 기준으로 내외를 가를 수 없고, 사람을 기준으로 화이를 가릴 수 없다"고 말했다. 안정복은 "하늘이 한계를 두지 않았다"고 했으며, 이종휘는 "지금 중국을 구한다면 마땅히 이곳에 있지 저곳에 있지 않을 것"이라고 주장했다. 그러나 겉으로 드러나는 의미보다 발화의 의도를 이해하기 위해서라면 그 말의 맥락을 그 시대의 문맥에서 읽어 내지 않으면 안 된다.

안정복이 중원 대륙을 세계의 정중앙이라고 강변하기 어려운 시대를 살면서도 '신기神器'와 같은 수사를 동원하여 중원이 가지는 특별함을 강조했던 이유가 거기에 있다. 이종휘에게 '중국'은 '중원'이 아니라 추구해야 할 가치였다. 그러나 어느 경우든 그들은 조선이 '중국'을 대체한다고 생각하지 않았으며, '동'을 '중'과 동일시하지도 않았다. 그런 조선이 '중화'와 관련해 자신을 의미화하기 위해서는 다른 방식이 필요했다. '정통'을 '동'에 적용하여 '화'의 기준에서 '동'을 정당화하거나, '화'와 '동'이 함께 구성하는 역사를 보여 주는 일이 그것이다.

자국사상의 '정통'을 의식하는 시야는 고려 후기의 《삼국유사》, 그리고 조선 초기의 《동국통감》에서도 읽을 수 있다. 그러나 그런 인식이 화이론과 도덕적 평가를 중시하는 강목체 역사서의 형태로 구현되었던 것은 조선 후기였다.[125] 안정복은 《동사강목》을 지어 이런 흐름을 계승했다. 그가 그렇게 할 수 있었던 데는 그의 스승 이익의 영향이 컸다. 정통론에 관한 이익의 견해는 〈삼한정통론〉이라는 글에서 확인된다.

"동국의 역대 흥망성쇠는 대략 중화와 시작과 끝을 같이한다." 이익은 글의 도입부에서 그렇게 말했다. '정통'의 내용과 흐름에 관한 자국사는 언제나 중국사와 한 세트임을 선언한 것이다. 그 뒤로 '동국'의 역사가 어떻게 '중화'의 역사와 짝하는지에 대한 설명이 이어진다. 그에 따르면, 단군은 요 임금과 같은 때 일어났으며, 주나라 무왕이 천명을 받게 되자 기자가 조선에 봉해졌다. 기자의 팔조법금은 한나라 고조의 약법삼장約法三章과 같으며, 기준箕準이 마한을 건국한 시점은 한나라가 일어난 시점과 크게 다르지 않다. 또 백제가 마한을 멸망시킨 때는 왕망이 전한을 찬탈한 때와 같다.[126] 〈삼한정통론〉에서 '동국'은 언제나 '중화'와 짝하는 단어였다.

마한이 자국사에서 정통이 되는 것은 왜인가? 그것은 기준이 기자를 계승한 존재이기 때문이다. 이익에 따르면, 단군과 기자의 시대에는 요하 동쪽과 임진강 서쪽이 '동방'의 '중토'였으며 삼한 땅은 남쪽에 있는 변방일 뿐이었는데, 기준이 그곳으로 남하하여 마한을 세웠다. 이 사실은 특히 중요하다. 기자로부터 비롯된 인현仁賢의 교화가 기준의 마한을 통해 계승되었기 때문이다. 마한으로 인해 '동방'의 정통이 끊어지지 않게 된 것이다. 기준의 마한이 정통이라면 그를 쫓아낸 위만은 결코 정통이 될 수 없다. 위만이 기준을 몰아낸 것이 강약의 세勢에 따른 결과라면, 기준이 마한을 세워 정통을 잇고 대의를 세운 것은 '천天'이다. 결국 중요한 것은 하늘의 뜻이며 존왕양이의 의리다.[127]

이익이 단군의 존재를 부정한 것은 아니다. 안정복이 단군을 정통의 출발로 삼자 이익은 그 견해에 동의했다.[128] 그러나 이익에게 중요한 것은 기자가 시작한 인현의 교화이며, 정통은 누가 그것을 계승했느냐에 따라 결정된다. 그런 의미에서 본다면, 기준은 기자의 교화를 충실히 계승했다. 기준이 위만에 쫓겨 남쪽으로 달아날 때 백성들이 그를 따른 것도, 그가 남쪽에서 50여 개의 '속국'을 거느릴 수 있었던 것도 기자로부터 이어져 온 정통이 위만이 아니라 기준에게 계승되었음을 잘 보여 준다. 이익이 〈삼한정통론〉에서 '정통'의 소재를 물은 것은 《춘추》에서 말하는 존왕양이의 뜻을 밝히기 위해서였다.

"강약은 세勢이고 대의는 천"이라는 말은 인상적이라고 하지 않을 수 없다. '세'는 시세를, '천'은 '천명'을 가리킨다. '정통'은 큰 힘을 가지거나 패권을 쥔 자가 아니라 대의를 따르는 자에게 있다는 의미다. 그런데 천명이 대의에 있고, 대의를 따르는 자가 '정통'을 가진다고 해도 설명이 곤란한 문제가 여전히 있다. '천명'과 '대의'를 따르고 정통을 소유한 자가 역사에서는 곤경을 당하는 경우가 적지 않기 때문이다. 위만에게 쫓겨난 기준만 그런 것은 아니다. 마한은 백제에 땅을 빌려주었다가 결국 멸망했다. 기준이 위만에게 쫓겨난 일도, 마한이 백제에게 속아 망한 일도 모두 '정통'을 가진 자에게 닥친 고난이다. 하늘이 대의를 따르는 자에게 천명을 부여했다고 보는 이익이었으므로, 그들에게 닥친 고난이 하늘의 뜻이었다고 할 수는 없다. 천명은 결코 정통을 가지지 않은 자에게 있지는 않은 것이다. 이익에 따르면 이 두 번의 실패는 모두 '인'한 자들이 '인'을 지나치게 베풀어서 생긴 문제다. 물론 슬픈 일이라고 해야 한다. 하늘의 뜻에 부합하지 않음은 물론 인간의 일로서도 소망스러운 결과가 아니기 때문이다.

이익은 백제가 마한을 멸망시킨 해가 왕망이 전한을 멸망시킨 해와 같다는 사실에 의미를 부여했다. 이 우연한 일치에서 중국사와 동국사의 유사성을 포착하고 싶었기 때문이다. "대소가 비록 다르지만 기수氣數가 이렇듯 공교하게 서로 들어맞으니, 그 까닭은 무엇인가? 동토가 예의와 인현으로 칭송받은 지 오래되었다. 논하는 자들은 반드시 소중화라고 부르니, 이것은 열국이 쫓아올 수 없는 점이다. 그렇다면 길흉과 성쇠가 비슷하게 나타나는 것은 또 그럴 만한 이치가 있어서일 것이다. 그러므로 나는 마한이 바로 동국의 정통이라고 하는 것이다"[129]

이익은 정통의 담지자가 곤경에 처한 역사를 기수氣數의 문제로 설명했을 뿐만 아니라, 중국사와 동국사에서 확인되는 기수의 유사성을 근거로 하여 '소중화'의 특별함, 마한 정통론의 정당성을 주장했던 것이다. 이익이 보기에, 그렇게 '동토'는 '소중화'가 되었으며, 마한은 '정통'이 되었다. '소중화'의 나라라는 그 사실이 바로 백제가 마한을 멸망시킨 것을 "백제가 침입하여 노략질했다"고 써야 할 이유이며, 삼국시대를 무통無統으로 처리해야 하는 이유이기도 하다. 그것들을 그렇

게 서술하는 기준은 주자가 이미 《자치통감강목》에서 보여 주었다.[130]

이익에게 마한정통론이란 "기자가 인현의 교화를 펼친 역사"의 계승관계를 따지는 것이었다. 그러나 그의 시야에서 본다면, 정통을 따지는 문제는 언제나 주자가 보여 준 틀에 맞추어 자국사를 정리해 나간다는 맥락 위에 있어야 했다. 자국사는 '소중화'의 역사이며 그런 차원에서 중국사와 한 세트였기 때문이다. 이익이 기자에 주목하고 마한 정통론을 주장한 배경에는 17세기 이래 조선에서 자신을 중화문화의 유일한 계승자로 여기는 사회적 분위기가 있었다.[131] 그런 점을 고려한다면, 이익에게 삼한정통론이란 '중화' 문화의 유일한 계승자가 된 '소중화'가 자신의 역사문화적 표상으로 기자를 재발견해 가는 과정이었다고 해도 과언은 아니다. 그것은 이익의 방식이었지만, 그의 제자인 안정복의 방식이기도 했다.

《동사강목》 범례에는 역사와 정통론, 정통과 '중화'에 관한 안정복의 문제의식이 잘 드러난다. "주자가 《자치통감》을 필삭筆削하여 강목을 만들고 범례 한 권을 지으니, 한 번 책을 펴면 경중과 상벌이 환하게 들어온다. 지금 이 범례는 일체 주자의 정법을 따랐다." 안정복은 범례에서 《자치통감강목》의 기준을 따르겠다고 선언했다.[132] 〈통계統系〉는 계통에 관한 원칙이다. 그는 '정통'의 시작을 기자로 하고 단군을 기자가 동방으로 온 사적 아래 붙였다. 또 기준이 "나라를 세워 기자의 제사를 끊이지 않게 하였다"는 이유로 마한을 정통의 위치에 두었다. 기준을 몰아낸 위만은 찬적簒賊으로 쓰고, 한사군과 2부二府는 마한의 기년 아래에 붙였다. 단군과 기자를 거쳐 온 정통의 계보는 마한을 지나 정통이 없는 삼국시대를 거쳐서 신라(문무왕 9년 이후), 고려(태조 19년 이후)로 이어진다.[133]

범례의 내용 중에는 '중화'에 관한 문제의식이 엿보이는 대목들도 있다. 〈명호名號〉는 임금의 호칭에 관한 것이다. 신라와 고구려 초창기 군주에 대해서는 '군君'이라 했으니, 그때까지 '정통'인 마한이 남아 있었기 때문이다. 명나라가 일어난 뒤 '대명태조고황제'라 쓴 것은 특례다. 명나라가 '중화'의 '정통'이고 조선이 내복內服과 다름없는 자세로 섬기고 있는 대상이기 때문이다.[134] 〈조회朝會〉 항목에서는 이런 내용이 있다. "무릇 조회의 예는, 중국의 정통인 한나라·당나라·송나라·명나라 같은 경우에는 '입조入朝했다', '입공入貢했다', '모某에게 입하入賀했다'라고 썼고, 이적인 요나라·금나라·원나라 같은 경우에는 높여 섬기더라도 그 말을 생략하고 다만 '사신을 보내어 모某에게 가게 했다'라고 썼다."[135]

이는 그 시대의 상식과 다르지 않다. 그런데 〈조회〉 항목에 붙어 있는 설명은 음미해 볼 만한 가치가 있다. 그에 따르면, "원나라는 정통을 이었으니 고려가 그들에게 신하 됨이 특별하지만 요나라·금나라의 예로 처리한 것은 중화의 정통과 구별하기 위해서이다."[136] '이적'인 원나라가 정통을 이었지만, 그 정통은 '중화의 정통'과는 구별된다는 것이다. 안정복이 말하고 싶었던 것은 무엇인가?

1784년(정조 8) 안정복이 홍석윤洪錫胤에게 편지를 보냈다. 그가 집필한 기전체 《고려사》에 대해 논평하기 위해서였다. 홍석윤은 사마천의 《사기》를 모델로 하여, 고려 역대 왕의 역사는 세가世家의 이름으로 정리하고, 고려와 관련된 중국 제왕들의 역사는 별도의 본기本紀를 만들었다. 안정복은 고려의 역사에 대해 세가 대신 본기를 써야 한다고 주장했다. 고려가 천자국임을 주장하기 위해 그렇게 말한 것은 아니다. 안정복에 따르면, 고려는 '중국'과는 떨어진 곳에서 스스로 다스려 왔기 때문에 그 처지가 '내복 제후'와 다를 뿐만 아니라, 천자만 본기라 할 수 있는 것도 아니다. 그러니 본기의 이름 아래 고려의 역사를 편찬하는 것이 효율적일 뿐만 아니라 자연스럽다.[137]

송나라·요나라·금나라·원나라의 역사를 적는 원칙도 문제다. 안정복은 두 갈래의 기준을 제시했다. 첫째, 중원에 "중하中夏의 정통"이 있는 상태에서 고려가 어느 대국을 섬긴 사례가 있다. 송나라가 있는 상태라면, 송나라가 '중하의 정통'이고 요나라·금나라·원나라는 '대국'에 해당한다. 이 경우라면 "중하의 정통"인 송나라는 본기라 적고, 요나라·금나라·원나라에 대해서는 전傳의 이름으로 정리할 수 있다. 둘째, '중하의 정통'이 사라진 상태에서 이적이 중원의 주인이 되는 경우가 있다. 원나라 세조(쿠빌라이)가 "화하를 통일하여 중국의 정통을 계승"한 상황이 여기에 해당한다. 고려는 그런 원나라에 대해 정성스럽게 사대했다. 쿠빌라이 이후 고려−원나라 관계는 고려−요나라 관계, 혹은 고려−금나라 관계를 훨씬 뛰어넘는 것이었다. 이런 경우라면 원나라 세조 이후의 역사에 대해서는 본기本紀라고 적어야 한다.[138]

쿠빌라이 이전의 원나라가 "중하의 정통이 있는 상태의 대국"이라면, 쿠빌라이 이후의 원나라는 "화하를 통일하여 중국의 정통을 계승한 나라"라는 것이 안정복의 결론이었다. 이적인 원나라가 이은 정통은 중화의 정통과는 구별된다는 《동사강목》〈조회〉의 메시지는 쿠빌라이 이후의 몽골에 관한 이야기였던 것이다. 그 의미는 중의적이다. 안정복의 논리에 따르면, 한나라·당나라·송나라·명나라로 이어 온 것은 '중화의 정통'이니, 이적인 원나라가 쿠빌라이 이후라 해서 결코 '중화의 정통'이 될 수 있었던 것은 아니다. 그러나 원나라가 "화하를 통일하여 중국의 정통을 계승"했고, 고려가 원나라에 대해서 정성스럽게 '사대'했다면 그것은 그것대로 존중되어야 하는 것이다.

안정복에게 정통이 중요했던 것은 그것으로 역사상의 '중화'와 '이적'을 구분할 수 있기 때문이다. 〈화이정통華夷正統〉이라는 논설에서 그런 그의 입장이 잘 드러난다. 그에 따르면, '천하'를 얻었다 하여 모두 '정통'이라 부르는 것은 옳지 않다. '중하'는 성명聲名과 문물의 고장이다. 하늘은 성인에게 명하여 '중하'를 보호하고 지키게 하였으니, 이것이 이른바 '신기神器'인 것이다. 복희씨-신농씨-요堯-순舜-우禹-탕湯-문文-무武로 이어지던 이 '신기'는 진秦나라·진晉나라·수나라·남북조·오대 때 흔들리고 한나라·당나라·송나라·명나라에서 바로잡혔다. 명나라 이전에 원나라가, 그리고 명나라 이후 청나라가 그것을 더럽히고 어지럽혔다. '중화'의 주인은 하늘의 아들이며 그것을 빼앗은 이적은 강도다. 하늘이 만물을 낼 때 '중하'의 인물을 가장 먼저 내고 이적을 나중에 냈으니, 그것이 천리다. 원나라와 청나라가 중원의 주인 행세를 하는 것은 하늘의 뜻이 아니라 기의 운행 때문이다. 하늘의 뜻은 언제나 '중국'의 임금에게 있었던 것이다.[139]

그렇다면 이적이 '중국'에 들어와 주인 행세하는 것이 하늘의 뜻이 아니라는 것을 무엇으로 알 수 있을까? 안정복이 말했다. "성인은 곧 하늘이시니, 나는 성인을 통해 그 이치를 알게 되었다. 《서경》에서는 오랑캐가 중국을 어지럽히는 것을 경계하였고, 《춘추》에서는 중화와 이적의 구분을 엄격히 하였다. 이것들로 미루어 본다면, 하늘이 원래 이적을 인정하지 않았음을 알 수 있다."[140]

안정복이 정통론으로 자국사를 체계화하려 했을 때 기준으로 삼은 것은 주자가 《자치통감강목》에서 제시한 원칙이었다.[141] 송시열과 그의 후예들이 '화이' 변별과 '복수설치'를 주장했을 때 기댄 것도 주자였다. 안정복은 원나라와 청나라를 '이적'으로 여기는 화이론자였으며, "숭정 기원 후"로 시간을 세고, 영력제의 생존 여부에 관심을 가지는 존명주의자이기도 했다.[142] 그는 원나라가 "화하를 통일하여 중국의 통統을 계승했다"는 것을 인정했다. 그러나 그가 보기에 그것을 결코 '중화의 정통'으로 여길 수는 없는 일이다.

기자와 정통론을 통해 조선의 역사와 문화를 정당화하는 것이 안정복의 방식이라면, 명나라와 숭정제의 은혜를 기억한 위에서 도통道統을 수호하고 이단을 배척하는 것은 송시열의 방식이었다. 송시열이 생각한 이단은 몽골이었으며, 몽골에서 벼슬한 허형 같은 학자였다. 물론 조선 문인들이 누구나, 언제나 몽골에 대해 송시열과 같은 방식으로 생각했던 것은 아니다. 최립崔岦(1539~1612)에 따르면, 신라와 고려 때 문학하는 선비들이 왕왕 당조唐朝와 원조元朝에서 벼슬하면서 그곳 이름난 학자들과 친분을 쌓았는데, 문장으로 높은 평가를 받았을 뿐만 아니라 그들에게 얻은 것들을 많이 싣고 들어오기도 했다. 조선에서는 칙사가 들어올 때 문인들이 그들을 맞았으니, 그들과 글을 주고받은 전말이 《황화집》에 자세하다. 이것들은 '문사文辭'에 관한 한 '오동吾東'이 '중화'와 큰 차이가 나지 않는다는 것을 말해 준다. 물론 말[語言]이 통하지 않아 통역을 두지 않을 수 없었으니 아쉽지 않은 것은 아니다. 그러나 문사文辭와 말을 비교해 보면, 문사는 정밀한 것이고 말은 거친 것인데, 정밀한 것이 통했으므로 거친 것이 통하지 않았다 해서 크게 아쉬운 것은 없다.[143]

최립과 비슷한 시기를 살았던 노인魯認(1566~1622)에게서도 최립과 비슷한 생각을 읽을 수 있다. 명나라의 지방 문인들로부터 조선의 예법에 대해 질문을 받은 그가 고려시대 이야기를 꺼냈다. "고려 때부터는 세자가 10세만 되면 중국에 유학하여 대학관大學館에 들어가 강연에 참여했으며, 배신陪臣 10명도 함께 참여했습니다. 때로는 제실과 통혼도 했으니, 노국대장공주도 고려로 시집을 왔습니다. 대개 명군과 성주聖主가 대대로 일어나 유교를 높이고 도를 중시하였으며 서로 문치를 숭상하였으니 명유名儒와 석사碩士가 없을 때가 없었습니다."[144]

최립은 몽골의 한족 학사들과 사귄 고려 문인들을 높게 평가했으며, 몽골이 오랑캐인지 아닌지 결코 묻지 않았다. 노인은 몽골과의 관계, 유교와 문치의 역사를 강조하면서도 몽골이 이적 왕조였다는 사실에 대해서는 전혀 개의치 않았다. 몽골을 이적시하기 시작한 것은 이미 고려 말부터였지만, 임진왜란을 전후한 시기까지도 그런 관념을 온전히 내면화하지는 않은 문인들의 존재가 확인되는 것이다. 그리고 시간이 흘렀다. 바야흐로 몽골을 배척해야 할 이단으로 여기고, '동'의 정체성을 확립해야 한다고 주장하는 사람들이 나타나기 시작했다. 송시열은 그런 문제의식을 대표하는 존재였다.

송시열에 따르면, 기전체로 편찬된 《고려사》는 그 편찬 방식이 가지는 고유한 특성 때문에 역사를 관통하는 도덕적인 원리를 온전히 드러낼 수 없다. 송시열은 유계俞棨(1607~1664)의 《여사제강》을 중요한 성취로 여겼다. 《자치통감강목》의 역사 서술 원칙에 따라 고려사를 정리했다는 이유에서였다. 이 책은 1637년(인조 15)~1640년(인조 18) 사이에 편찬되었으며, 1677년(현종 8) 즈음에 간행되었다. 송시열은 그 책의 간행에 깊이 간여했을 뿐만 아니라, 서문을 작성했고 별록別錄을 추가해 붙이기도 했다.[145]

송시열이 서문에서 이렇게 말했다. "고려의 전체 역사 가운데 잘 다스려졌던 때는 드물었고 어지러웠던 때는 많았다. 특히 고려 중엽 이후로는 문제가 더 많았다. 고려는 거칠고 게으른 자세와 음란하고 방자한 태도로 인해 수신제가에 실패해서 끝내는 이적과 금수가 되고 말았다. 충선왕과 충혜왕 이후로는 '오랑캐 원나라[胡元]'에 의지하였으며 자치에는 뜻이 없었으므로, 끝내 부자간에 임금 자리를 서로 노리고 군신들이 서로 비난했으며, 비필妃匹까지도 자기 임금을 원망하며 다투었다. 충혜왕이 몽골의 땅 남해로 귀양 가다 죽었고, 충선왕이 토번으로 귀양 간 일은 차마 말하기 어려울 정도다. 오랑캐의 사랑은 처음부터 믿을 것이 못 된다." 고려 말의 혼란상을 거론한 뒤에 송시열이 말했다. "그러므로 고려가 오랜 세월 나라를 유지한 것은 빨리 망해 버리는 것만 못하다."[146]

고려가 "빨리 망하는 것이 차라리 나을 뻔했던" 나라라면 남송은 왜 고려를 좋은 풍속을 가진 나라라고 칭찬했는가? 송시열에 따르면, 그것은 고려가 이로夷虜가 가득 찬 세상에서 변함없이 송나라에 신복臣服했기 때문이다. "고려는 정성스럽게 천자국에 조회하였으며, 송나라에 의원을 보내 달라고 한 뒤 그를 통해 은밀히 충성을 다했다. 천리가 없어지지 않았기 때문에 가능했던 일인 것이다. 당시 고려에 그런 예의의 풍속이 있었던 것이고, 그래서 남송으로부터 칭찬받았던 것이다. 이제현이나 정몽주 같은 신하들이 충의를 바친 사적도 분명하게 남아 있다. 이것이 이른바 '음陰이 가득 찬 세상에서도 양陽은 없었던 적이 없다'는 것이 아니겠는가."[147]

송시열의 시야에서 보면, 고려가 아무리 이적과 금수의 나라라고 해도 한 줄기 '양陽'에 주목하지 않을 수 없다. 더구나 주자가 고려에 대해 긍정적으로 평가한 대목을 그냥 지나칠 수 없다. 그러나 아쉽게도 《고려사》에는 고려에 대한 주자의 평가가 반영되어 있지는 않았다. 이해되지 않는 것은 아니다. 당시만 해도 구해 볼 수 있는 문헌이 많지 않았을 것이기 때문이다. 조선은 정자와 주자의 학문을 숭상하여 고려의 풍속을 일변시킨 나라이니, 주자가 그런 조선을 보았다면 칭찬을 그치지 않았을 것이다. 주나라를 높이고 청나라를 배척하는 조선을 보았다면 더 말할 나위도 없을 것이다. 그렇다면 고려의 역사를 정리하면서 주자가 고려를 칭찬한 대목들을 결코 그냥 지나칠 수 없다. 송시열은 서문의 후반부 말미에서 그렇게 주장했다. 고려가 이적과 금수의 나라일 수밖에 없는 이유를 설명하면서도 고려에 대해 주자가 칭송했던 장면들을 놓치지 않는 것, 그것이야말로 송시열이 《여사제강》에 서문을 쓰고 별록을 붙이는 과정에서 유의했던 점들이었다. 송시열에게 고려는 애증의 대상이었던 것이다.

홍문관 부교리 조운규趙雲逵(1714~1774)가 《여사제강》을 다시 간행하자고 제안한 것은 1745년(영조 21)의 일이었다. 《자치통감》을 읽는 자리였다. 그는 《여사제강》이 주자의 《자치통감강목》에 따라 편찬된 역사서로 고려의 역사에 관해 상세한 정보를 담고 있다고 주장했다. 다시 간행하여 홍문관에 소장해 둘 만한 충분한 가치가 있다는 뜻이다. 영조는 강목체 역사서로서 《여사제강》이 가진 의의를 인정하면서, 이 책이 《동국통감》에 비해 어떤 특징을 가지고 있는지 알고 싶어했다. 유계에게 외손이 되는 한익모韓翼謩(1703~1781)는 《여사제강》이 주자의 강목체를 편찬 원칙으로 하고, 《동국통감》과 《자치통감》을 절충하여 완성한 책이라고 주장했다. 영조가 묻고 조운규가 답했다. "권수는 얼마나 되는가?" "20권 가까이 됩니다."[149] 영조는 경상감영에서 보관 중인 《여사제강》 목판을 찍어 올려 보내게 하자는 조운규의 건

의를 받아들였다.[150]

영조는 《여사제강》을 검토할 만한 교재 중 하나로 여겼다.[151] 1746년(영조 22) 12월, 경연이 끝나자 교리 윤봉오尹鳳五(1688~1769)가 이렇게 물었다. "전 홍문관원의 말을 들으니, 《자치통감》을 마친 다음 《여사제강》을 진강할 것이라 들었습니다만……." 영조가 말했다. "그렇지 않다. 《송원강목》, 《송감》, 《동현주》 가운데 하나로 하게 될 것이니, 주서는 가서 진강할 책의 이름을 확인해 오라."[152]

윤봉오에 따르면, 홍문관이 임금의 재가를 받아 경상감영에서 《여사제강》을 인쇄해 올리게 한 것은 다음 교재로 《여사제강》을 채택할 가능성을 염두에 두었기 때문이었다. 그런데 문제가 있었다. 경상감영에서 올려 보낸 인쇄본 곳곳이 식별할 수 없거나 떨어져 나간 상태였기 때문이다. "경상감영으로 하여금 완결刓缺된 곳은 개각改刻하고 떨어져 나간 곳은 새 판을 보충해 넣어서 다시 올려 보내도록 하는 것이 어떻겠습니까?" 윤봉오가 그렇게 다시 건의하자, 영조는 바로 그 제안을 따랐다.[153] 영조는 여전히 《여사제강》을 예비 교재 중 하나로 생각하고 있었다.

경상감영에서 새로 간행한 《여사제강》을 올려 보낸 것은 1747년(영조 23) 7월의 일이었다. 영조가 묻고 홍문관 교리 오언유吳彦儒가 답했다. "《여사제강》이 인쇄되어 왔는가? 판이 떨어져 나간 부분은 모두 보간補刊되었는가?" "떨어져 나갔던 부분을 보완한 것은 물론 식별이 어려웠던 부분도 모두 새로 판각했으니, 마치 신간과 다를 바 없습니다."[154] 그해 11월, 《여사제강》이 마침내 교재로 확정되었다.[155]

1748년(영조 24) 6월, 영조는 마침내 새로 간행된 《여사제강》의 제1권을 직접 보았다. 책을 훑어 본 영조가 말했다. "선정先正(송시열: 저자)이 지은 것이로구나." 시독관 조명정趙明鼎(1709~1779)이 답했다.
"유계가 지었습니다."[156]

1749년(영조 25) 4월 18일, 영조는《여사제강》을 들인 후, 시독관 윤
동도尹東度(1707~1768)에게 서문을 읽게 했다. "《여사제강》이 진강할
만한 책은 아니지만, 고려 태조가 창업한 것은 훌륭한 일이었다." 영
조는 이렇게 말하고《여사제강》목록을 다시 들여오게 했다.[157] 사흘
뒤, 본격적인 진강이 시작되었다. 영조는《여사제강》을 1판부터 쭉 읽
게 했다.[158] 읽기가 끝나자, 부응교 김상철이 말했다. "고려는 역사가
짧지 않은데도 풍속과 정교政教는 본받을 만한 것이 없으나, 고려 말
에 정몽주가 나와 우리 문명文明의 정치를 열었으니, 천심은 결코 우
연하다고 할 수 없습니다. 주나라 말기에 문승文勝의 폐단이 있었으
나, 신이 생각하기에는 그 폐단이 생겨나던 시기에 더욱 다스림에 힘
썼더라면 문제를 해결할 수도 있었을 것입니다."[159] 영조가 고개를 끄
덕였다.

며칠 뒤에도 진강과 토론이 이어졌다. 읽기를 마치자, 영조가 강관
講官들에게 글의 뜻을 말하게 했다. 가장 먼저 김상철金尚喆(1712~
1791)이 말문을 열었다. "고려의 역사에는 실로 볼 만한 것이 없으니,
가법家法으로 본다면 짐승의 행실만 있었으며, 치법治法으로 본다면
숭불의 정사만 있었다 할 것입니다. 그러나 태조 이후 성종에서 현종
에 이르는 시기는 가히 소강少康의 다스림에 이르렀다 할 만합니다.
최승로의 상소로 보건대, 신하는 임금을 믿었으므로 이런 상소를 올
릴 수 있었던 것이고, 임금은 신하를 믿었기 때문에 열조列朝의 득실
을 논열論列한 내용을 채납하였던 것이니, 임금과 신하가 믿음이 돈독
했음을 알 수 있습니다."

영조가 답했다. "진달한 말은 옳다. 그러나 성종이 최승로의 말을 가납하기만 했을 뿐 진정으로 그 의미를 실천한 것은 아니었다." 수찬 이응협李應協(1709~1772)이 아뢰었다. "고려는 다스림의 시간은 적고 난리의 시간은 많았으니 성조께서 경계할 바일 뿐 족히 거울로 삼을 만한 일은 아닙니다만, 성종과 현종은 고려의 현주賢主이며 강감찬과 최승로는 식견이 있는 인물이었습니다." 김상철이 또 이렇게 말했다. "현종은 한마디 말로 천심을 감동시켜 한재 중에 비를 얻었으니, 하늘과 인간이 상감相感하는 이치가 이와 같은 것입니다." 홍계희洪啓禧(1703~1771)는 재정적 측면에 주목하며 이렇게 말했다. "고려의 역사에서 볼 만한 것은 없으나, 재정은 여유가 있었습니다. 당시 연등회와 팔관회를 한 번 치르는 데 수만 석의 비용을 지출했었으나, 지금 아국我國의 재력은 그렇지 못합니다."[160]

5월 13일, 동궁(사도세자)이 사사로이 《여사제강》을 읽는다는 소식이 영조의 귀에 흘러들었다. 임금이 소대에서 《여사제강》을 읽은 것이 세자에게 명분을 주지는 않았을까? 세자가 《여사제강》을 사적으로 열람하는 것은 임금이 그 책을 진강하여 토론하는 것과는 다르다. 만일 세자가 고려 왕들이 이단을 숭상하고 비례를 행한 사실을 보고서도 경계할 줄을 모른다면 그것은 큰 문제가 아닌가? 세자에게 그런 빌미를 주지 않으려면, 임금이 당장 소대에서 《여사제강》 강독을 중단하고 《성학집요》나 《주자어류》 같은 규범적인 책을 읽어야 하지 않을까? 의구심을 거둘 수 없었던 영조가 이렇게 말했다. "오늘부로 규례規例를 정한다. 진독盡讀하지 말고 장주章奏와 본받을 만한 사례만을 뽑아서 읽도록 하라."[161]

다음 날, 영조는 강관들에게 《여사제강》에 수록된 기사를 그 기준에 맞추어 골라 읽게 했다. 전날의 결정을 곧바로 적용한 것이다. 강관들이 맨 뒤의 별록別錄까지 읽기를 마치자, 영조가 말했다.

"내가 오늘 《여사제강》 강독을 마치려 했으나, 지금 이 별록 내용은 정말이지 의아하다. '주자 왈朱子曰'이라고 한 대목 이하 내용은 오류가 있었을 것이다. 하물며 조선 사람이 《여사제강》을 편찬하면서 어찌 그런 말을 채록할 수 있단 말인가?" 우승지 정필녕鄭必寧과 수찬 이응협이 답했다. "별록에 실려 있는 '주자 왈' 이하의 말은 진실로 의미가 명확하지 않습니다. 이 점에 대해서는 선정신先正臣이 이미 의심하였으나 그대로 남겨 두어 후대인의 판단을 기다린 것입니다." 가주서 이현급李賢汲과 기사관 이제현李齊顯은 이렇게 말했다. "주자가 어찌 고려가 망할 것을 미리 알고 이렇게 말했겠습니까? 고려 두 글자는 아마 '고구려'일 듯하니, 중화 사람들은 고구려를 고려라 통칭합니다." 영조가 말했다. "선정신이 이 구절을 의심스러워하면서도 삭제하지 않은 것은 주자를 존신尊信했기 때문이다."[162]

영조가 이번에는 김상로金尚魯(1702~?)를 불러들여 물었다. "《자치통감》은 후주後周의 현덕顯德 6년에서 그치는데, 《여사제강》은 위화도 회군을 기록했으니 어떠한가?" 현덕은 오대십국 시기 후주의 공제恭帝가 사용한 연호이며, 현덕 6년(960)은 후주가 멸망한 해이자 송나라가 세워진 해다. 《여사제강》에서 공양왕의 폐위와 이성계의 즉위 등 신왕조의 탄생 과정을 기록한 것은 구 왕조가 끝날 때까지 구 왕조에 관한 사실만을 기록한 다른 전례들에 비추어 적절한가? 영조가 김상로에게 그런 취지로 물은 것이다.

영조가 또 물었다. "《여사제강》 말미에 있는 '주자 왈' 이하의 내용은 알 수 없는 말이니 어떻게 생각하는가?" 김상로가 별록을 살펴보던 끝에 입을 열었다. "별록에 기록된 세대 수는 고려의 왕대 수와 부합하지 않습니다. 또 주자가 어찌 고려가 망할 것을 알았겠습니까. 아마도 고구려를 말한 것 같습니다." 다시 영조가 묻고 김상로가 답했다. "유계가 이것을 기록한 것은 한때의 착오였으니, 별록을 덜어 내도 좋지 않겠는가?" "그렇게 하셔도 무방할 듯합니다." 영조가 승지에게 받아 적게 했다. "《여사제강》말편에 있는 이른바 별록은 선정신도 의심한 바 있고, 하단의 내용에 크게 관계되어 있지도 않으니, 도신道臣으로 하여금 판본에서 삭제하게 하고, 경중京中의 인본에서도 삭제하라."[163]

《여사제강》 초간본에 들어 있는 별록에 따르면, 주자가 이렇게 말했다 한다. "고려가 50여 주를 거쳤으나, 지금은 권신에게 찬탈되었다가 왕조가 바뀌었다." "고려가 40주를 이어 왔으나 이제는 왕조가 바뀌었다. 성씨는 왕씨였다." 김장생金長生(1548~1631)은 주자의 이름으로 기록된 말에 대해서 이렇게 논평했다. "이 대목은 사실과 부합하지 않는다. 아마도 전문傳聞하는 과정에서 오류가 있었거나 기록하는 과정에서 착오가 있었을 것이니, 다시 살펴보아야 한다."[164] 별록은 5월 13일의 대화에서 거론된 선정신이 김장생임을 알려 준다.

주자가 고려 멸망 이전의 시간대를 살았으니, 별록을 본 사람이라면 '주자 왈' 이하에 오류가 있다고 판단할 만했다. 이현급이 그랬고 영조가 그랬다. 그러나 주자를 존중하는 사람이라면 그 내용에 오류가 있다고 해서 '주자의 말'로 전해져 온 내용을 삭제하기는 어렵다. 남겨 두어 후대의 판단을 기다리는 편이 좀 더 현명한 태도인 것이다. 김장생이 그렇게 생각했다. 《여사제강》에 별록을 붙인 송시열도 그 점에서는 예외가 아니었다. 그러나 영조는 선정신 김장생의 논평에 기대고 김상로의 동의를 얻어 그 별록을 덜어 내기로 결정한 것이다.

영조는 그것으로 만족하지 않았다. 《여사제강》이 조선의 개국 이야기로 마무리되어도 좋은가? 그런 체제는 다른 전례에 비추어 타당한가? 영조는 여전히 의구심을 가지고 있었다. 5월 19일, 영조는 이 문제에 대해 입장을 밝히면서 승지에게 받아 적게 했다. 토론에 붙인 뒤 판단하는 것이 아니라, 임금이 입장과 논리를 밝힌 것이다. 그에 따르면, 역사 기록은 제왕 같은 존엄한 자라도 결코 열람할 수 없었으니, 그런 관행에는 정치 권력이 역사 서술에 영향을 미치지 않아야 한다는 정신이 서려 있었다. 공자가 《춘추》를 지으면서 노나라 애공까지, 주자가 《자치통감강목》을 저술하면서 후주의 공제恭帝(柴宗訓)까지만 기록의 대상으로 삼았던 것도 모두 그런 이유 때문이었다. 사마광의 《자치통감》도 예외는 아니다. 그는 공제까지만을 기록했을 뿐, 조광윤이 북송의 황제로 즉위하는 과정에서 한통韓通을 제압한 이야기는 다루지 않았다.[165]

영조가 《자치통감》을 거론한 의도는 다음 단락에서 드러난다. 영조에 따르면, 유계는 《여사제강》에서 《동국통감》을 강목체의 형식으로 재정리했지만, 사실을 기록하는 데 중심을 두느라 강綱의 의미를 충분히 드러내지는 못했다. 강綱의 형식 없이 '강'의 뜻을 살린 《자치통감》과는 같지 않은 것이다. 유계는 〈공양왕기〉를 포함하고 있는 《동국통감》 내용을 존중한 상태에서 강목체로 재구성하려다 보니 결국 하나의 강綱을 더 두는 수밖에 없었다.

문제는 그 형식이 강목체의 정신에 부합하지는 않는다는 데 있다. 《춘추》 이후로 《자치통감강목》과 《속강목》이 나왔고, 이제 《여사제강》이 나오게 되었다. 《속강목》은 황명皇明 때 나온 것이니 송나라와 원나라의 역사에 대해 그 시말을 직서直書하지 않을 수 없었을 것이다. 그러나 《여사제강》은 《속강목》보다는 《자치통감강목》에 가까운 책이니, 주자의 필법을 준수하는 것이 옳다. 《여사제강》이 개인 유계가 편찬한 강목체 역사서이니 왕명으로 편찬된 《동국통감》과 같을 필요는 없다. 진강하는 과정에서 문제가 발견되었는데도 정리를 하지 않는다면 뒷날의 임금들이 《여사제강》을 읽다가 마음이 불편해지지 않겠는가. 그렇다면 이제 《여사제강》 말미의 군더더기를 덜어 내지 않을 수 없다.[166] 《여사제강》에 들어 있는 〈공양왕기〉를 덜어 내겠다는 의사를 분명하게 밝힌 것이다. 영조는 또 서문에 적혀 있던 '이적금수'를 '윤강부정倫綱不正'으로 바꾸게 함으로써[167] 고려에 덧칠된 '이적'의 이미지를 순화시키려 했다. 절의파를 높이고 혁명파를 폄하한 〈공양왕기〉는[168] 그런 논리에 따라 재간본에서 삭제되었다.

정통과 화동華東

《여사제강》에 대한 영조의 문제의식을 확장해 나가다 보면 더 많은 질문과 마주친다. 강목체의 의미를 살리는 일은 정통의 문제를 선명히 하는 일과 동전의 양면을 이루지 않는가? 그렇다면 《속강목》은 정통론과 관련하여 원나라를 어떻게 다루었는가? 문제가 있었다면 바로잡아야 하지 않을까? 대륙의 주인이 청나라로 바뀐 이후 조선이 '중화' 문화의 유일한 계승자가 된 상황이니 이제 강목체와 정통론을 동국사에 적용해서 설명할 수 있지 않을까? 그렇다면 동국사는 중국사와 어떤 관계에서 서술되어야 하는가? 화서학파의 저작인 《송원화동사합편강목》(이하 《합편강목》으로 약칭)은 그런 모든 질문에 대한 답을 담고 있다는 점에서 특별하다.

이 책은 송나라와 원나라의 역사에 고려의 역사를 함께 붙인 것이다. 유중교柳重敎(1832~1893)와 김평묵金平默(1819~1891)이 스승 이항로李恒老(1792~1868)의 유지를 받들어 편찬했다. 최익현이 《합편강목》의 발문에서 이렇게 말했다. "공자는 《춘추》를 지었고, 주자는 《자치통감강목》을 지었는데, 그 뜻은 모두 이적을 물리치고 난적亂賊을 토벌하는 데 있었다. 그러나 주자 이후에 중원을 어지럽힌 난적들이 문제다. 그것을 처음으로 바로잡으려 했던 사람이 이항로다. 이항로는 동쪽 변방 사람이지만, 오랑캐 원나라[胡元]가 송나라의 정통을 범하지 않았다면, 그가 굳이 오랑캐 원나라를 정통으로 여기지 않는 역사책을 펴내려 할 필요는 없었을 것이다."[169]

"오랑캐 원나라가 송나라의 정통을 침범했다"는 주장을 보자. 고려 말 이색에 따르면, 원나라는 "천명을 받아 건국한 성원聖元"이며, 주자가 밝힌 '도통'은 원나라에서 벼슬한 허형에게 이어졌다. 원나라가 이적임을 의심치 않았던 조선 초기 정도전도 원나라가 중국의 정통 왕조였다는 사실을 인정했다. 조선 후기 안정복도 최소한 "쿠빌라이 이후의 원나라가 중국통中國統을 계승했다"고 말했다. 화서학파가 도저히 인정할 수 없다고 여긴 것은 바로 그 대목이다. 그들이 보기에, 원나라는 태생적으로 오랑캐이며 그들이 중원의 주인 노릇을 한 것은 송나라의 정통을 계승한 것이 아니라 침범한 것이기 때문이다.

이런 질문이 있을 수 있다. "오동吾東도 오랑캐인데, 오랑캐의 일을 중국의 정사에 합쳐서 편찬한 전례가 있는가?" 최익현이 답했다. "오랑캐라도 중국에 나아가면 중국으로 대우하는 것이 《춘추》의 뜻이다. 더구나 오동은 기자가 나라를 세워 오랑캐의 누습陋習을 고쳐서 소중화가 되었다. 그 뒤에 비록 쇠퇴하여 얼마쯤 혼미하였지만, 고려 때부터 점점 중화의 문물제도를 썼으므로 주자가 풍속이 아름답다고 칭찬했다. 조선에 이르러서는 다시 소중화가 되었으며 숭정제가 순절한 이후에는 천하에 중국 문물을 찾으려는 자는 오동을 제외하고는 갈 곳이 없게 되었으니, 참으로 이른바 주周나라 예가 노魯나라에 있다는 격이다. 어찌 먼저 그 비롯된 바를 표창하여 백세에 펴고 사예四裔에게 본보기를 보이지 않을 수 있겠는가? 이것이 또한 공자의 《춘추》가 노나라 역사에서 비롯하여 천하에 미쳤던 뜻이다."[170]

최익현은 이항로가 《춘추》와 《자치통감강목》이 보여 준 존왕양이의 뜻을 계승하여 송나라를 '정통'으로 하고 '오랑캐 원나라'를 이적으로 하는 역사를 서술하려 했다고 말했다. 《합편강목》의 편찬자들이 송나라가 '정통'이 되는 이유는 최대한 밝히면서 오랑캐인 요나라나 금나라에 몸을 굽힌 장면에 비교적 무심했던 이유도 거기에 있었다. 그런데 그런 송나라의 역사에 고려의 역사를 함께 붙일 수 있다고 생각하는 대목이 의미심장하다. 그들의 시야로 보면 청나라가 중원의 주인이 된 이후 '오동'은 명실상부하게 '중국 문물'의 유일한 계승자가 되었다. 그런 지위에서 '호원'을 끌어내리고 송나라를 올리는 일, 그런 송나라의 역사에 고려의 역사를 덧붙이는 일은 공자가 노나라 역사를 써서 천하를 걱정했던 것과 같은 의미인 것이다. 그것이야말로 언제까지나 '소중화'여야 할 '오동'의 역할이다.

소중화의 역사에 관한 언급도 음미할 만하다. 최익현에 따르면, 기자로부터 시작되는 소중화적 정체성은 삼국시대를 거치며 약화된 후 고려시대에 차츰 회복되었다가 조선에 이르러 온전히 복구되었다. 그런 시야가 최익현만의 것이었다고 할 수는 없다. 이항로 이후 《합편강목》 편찬자들을 거쳐 최익현 자신에게까지 계승되었던 화서학파 모두의 문제의식이라고 해야 한다. 그런데 이런 관점에서 보면 고려가 문제다. 정통인 송나라와 짝해야 할 고려라면 기본적으로 '소중화'의 나라이지 않으면 안 되지만, 유계와 송시열이 《여사제강》에 묘사한 고려가 늘 그런 이미지에 부합한 것은 아니었기 때문이다. 그들의 눈으로 본다면, 고려는 더 소중화적으로 기억되어야 할 필요가 있었다. 《합편강목》 편찬자들이 《여사제강》에 들어 있는 송시열의 사론史論 중 일부에 눈감았던 이유가 거기에 있다.

《합편강목》의 사론은 송시열의 글에서 인용된 것이 여럿이다. 송나라와 원나라의 역사에 대한 것이 12건, 고려에 대한 것이 5건이다. 송나라와 원나라에 대해 평한 내용 중에는 고려가 송나라에 사대함으로써 고려 왕업이 유지될 수 있었다는 것, 주자가 금나라에 대해 치욕을 씻어야 한다고 주장했던 것, 허형이 몽골에 벼슬한 것은 수치라는 내용 등이 눈에 띈다. 고려에 대한 사론 중에는 《여사제강》의 서문에서 따온 것들이 들어 있다. 《합편강목》 편찬자들이 송시열과 유계의 고려 인식을 따르고 있다는 평가를 받고 있는 것도[171] 그런 이유 때문일 것이다. 그러나 그렇다 해도 송시열이 《여사제강》에 붙여 놓은 별록을 《합편강목》 편찬자들이 어떻게 다루었는지 확인해 둘 필요는 있을 것이다. 고려 인식에 관한 한 유계와 송시열, 송시열과 화서학파 사이에 미세한 차이가 있을지도 모르기 때문이다.

고려 문종 때 북송의 사신 안도가 고려에 왔다가 돌아간 일이 있었다.[172] 유계는 《여사제강》에서 이렇게 말했다. "안도가 돌아갈 적에 배에 다 싣지 못할까 하여 받은 물건들을 은으로 바꾼 것이 많았다.……그가 하는 짓이 이와 같으니 사람들이 더럽다고 침을 뱉었다.

왕이 그에게 표문을 부쳐 보내어 송나라에 사례하였는데, 이 뒤로부터는 양국의 사신이 해마다 연달아 왕래하였다."

송시열이 여기에 병을 덧붙였다. "주자가 말하기를 '송나라 신종이 고려와 결탁하여 함께 거란을 공격하려고 하였으나 고려에서 어떻게 그렇게 할 수 있었겠는가? 거란은 이때부터 대국이었으므로 고려에서 거란에 조공하고 있었는데, 어떻게 감히 그들을 침범할 수가 있었겠는가?' 하였다. 주자가 또 말하기를 '고려에서 사신을 보내 오면 송나라 조정에서는 단지 다른 나라 사신의 예에 따라서 예우로 보답하여 보냈을 뿐이었다. 고려에서는 이때부터 송나라에 신속하는 나라가 되었으니, 고려를 어떻게 거란과 비교할 수 있겠는가?' 하였다."

송시열은 고려가 송나라에 조공했다는 사실을 강조하는 한편, 주자의 말을 인용하는 방식으로 고려와 거란의 관계를 합리화했다. 소국 고려가 '대국' 거란에 대해서 그렇게 할 수밖에 없었다는 것이다. 화서학파는 송시열의 글을 인용하면서도, 고려와 거란의 관계를 전혀 언급하지 않았다. 고려와 거란의 관계를 주자의 이름을 들어 합리화하지 않고 아예 그 사실을 무시하는 쪽을 택했던 것이다.[173] 고려가 오랑캐 국가에 조공한 사실 자체에 대해서 비중을 두지 않겠다는 의미다.

송시열은 고려가 "송나라에 의사를 보내 달라 한 뒤 그를 통해 은밀히 충성을 다한" 장면에 대해서도 자세한 설명을 덧붙였다. 송나라가 여진과 합세하여 거란을 치려 한다는 소식을 들은 고려가 송나라 황제의 신임을 받는 의사 두 사람을 불러들인 뒤 은밀히 여진을 칠 수 있는 방안을 협의했다는 것이다. 이 모든 서술의 근거는 주자의 말이다. 송시열은 이 일화의 말미에서 다시 주자의 평가를 빌려 왔다. "주자가 또 말하기를 '고려가 여진과 더불어 땅이 서로 맞닿아 있지만 여진에게 멸망당하지 않았던 것은 전술로써 그들을 제압한 적이 많이 있었기 때문이었다'고 하였다."[174] 북벌을 주창했던 송시열의 시야로 보면, 고려가 효과적인 전술로 오랑캐를 제압한 경험이 많았다는 사실은 중시할 만한 가치가 있다. 그러나 그에게 더 중요했던 것은 고려가 이런 방식으로나마 송나라에 은밀히 충성을 바치려 했다는 사실이었다.

화서학파는 이 일화에 대해서도 전혀 말하지 않았다. 그들은 송나라가 오랑캐인 여진과 강화했다는 사실, 고려가 오랑캐 여진의 전술을 배워 거란을 공격하려 했던 사실에 눈감았던 것이다. 《합편강목》은 강목체 역사서였으므로, 그들이 하려고만 했다면 얼마든지 이 사실을 도덕적인 잣대로 평가할 수도 있었을 것이다. 그러나 그들은 주자의 언급을 빌려 와 고려의 결정을 정당화한 송시열의 방식을 따르지 않고, 그 사실 자체를 무시하는 쪽을 택했다. 그것이 '중화의 정통 국가' 송나라와 '소중화'의 후예 고려를 설명하는 데 더 유리했기 때문일 것이다.

호원胡元을 정통의 지위에서 끌어내린다는 것은 몽골이 중원의 주인이었던 시대를 '무통無統'으로 처리한다는 의미이기도 하다. 일찍이 안정복은 원나라를 "중화의 정통"과 구별하면서도 그들이 "정통을 계승했다"고 말했지만, 《합편강목》 편찬자들은 결코 원나라가 정통을 계승했다고 말하지 않았다. 중원 대륙의 주인이 되었다고 해서 정통을 계승했다고 여길 수는 없다는 뜻이다. 유중교는 《합편강목》에 붙인 서법書法에서 그 점을 분명히 했다. 그에 따르면, 주자가 《자치통감강목》을 편찬한 것은 공자가 《춘추》를 지은 뜻을 계승한 것이었다. 그 뒤 '황조'의 상로商輅와 만사동萬斯同 등이 천자의 명에 따라 《속강목》을 편찬했다. 그들이 주자가 제시한 범례를 따르지 않은 것은 아니었다. 그러나 치명적인 문제가 있었다. '호원'이 정통을 침범한 것은 전에 없던 변고였는데도 원나라를 정통에서 끌어내리지 못하고 이전 역사서의 잘못을 반복한 것이다. 세세한 오류 또한 적지 않았다.

이항로가 송시열의 유지를 받들어 이 문제를 바로잡고 싶어 했다. 이항로는 또 이렇게 말했다. "우리 동인이 역사서를 짓는다면 동사東史를 채록하고 덧붙여 본국인에게 귀감으로 삼게 해야 한다."[175] '간통干統'이라는 단어는 '정통'을 가질 자격이 없는 자가 힘으로 '정통'을 침범했다는 뜻이다. 그의 방식으로 말한다면, '정통'은 힘으로 침해할 수 없다. 중원 대륙의 패권을 누가 쥐느냐로 판단할 문제도 아니다. 정당한 자격이 있는 자가 중원을 통일하고 그 주인이 되었을 때라야 '정통'의 이름으로 불릴 수 있는 것이다.

《합편강목》 서법의 〈통계統系〉에 수록된 소항목은 정통·열국·찬적纂賊·건국·참국僭國·무통無統·불성군不成君·원방소국遠方小國 등이다. '정통' 항목에 따르면, 그렇게 불려야 할 나라는 975~1279년 사이의 송나라다. 반면 '호원'의 시대는 '무통'이다. 그런 방식은 명나라의 방효유方孝孺와 구준丘濬, 그리고 조선의 송시열이 제시한 기준을 따른 것이다. '열국' 항목에 따르면, 송나라는 책봉해 준 나라가 없지만 고려를 열국列國의 예로 기록할 수 있다. 오직 고려만이 '외국'이면서도 "진어중국"한 데다가 《합편강목》은 고려의 역사적 계승자인 조선에서 편찬했기 때문이다. '참국'으로 분류되는 나라들은 '중국'에 입거入據하여 황제를 자칭한 경우다. 이 항목에 따르면, 가장 늦게 내지로 들어와 도읍한 금나라와 원나라가 거기에 해당한다. 들어와 도읍하기 전에는 '만이군장蠻夷君長'으로 취급할 수 있지만, '중국'의 내지까지 들어와 지배하면 비로소 '참국'으로 쓴다.

유중교가 975~1279년 사이의 송나라를 정통으로 간주한 장면을 보자. 그가 보기에 조광윤이 송나라를 건국한 것이 960년이었다는 사실을 고려한다면, 960~974년까지는 송나라를 정통으로 부를 수 없다. '무통' 항목에는 그 이유를 이해할 수 있는 실마리가 있다. 이 항목에 따르면, 960~974년까지 양자강 이북 쪽으로는 후주(951~960)와 송(960~1279)이 잇따라 주인이 되었고, 그 아래로는 촉蜀(後蜀)·남한南漢·북한北漢·남당南唐 등 네 '소국'이 있었다. 후주와 송은 '대국'이며, 나머지 네 나라는 '소국'이다.[176] 그러니 오대십국의 분열기를 수습하고 통일을 이루기 전까지는 송나라를 정통이라 할 수는 없는 일이다. 송나라가 통일을 달성한 것은 979년이었다. 그러나 《합편강목》에 따르면 무통의 시대는 송나라가 건국한 지 7년째인 974년에 끝난다. 이 책의 편찬자들이 송나라가 975년에 통일을 이룩했다고 생각했음을 잘 보여 준다.

역사는 송나라가 후촉·남한·남당·북한을 멸망시킨 해가 각각 965년·971년·975년·979년이었음을 알려 준다. 그렇다면 《합편강목》 편찬자들은 송나라의 '통일' 과업이 남당을 병합하는 것으로 마무리되었다고 본 셈이다. 거기에도 그럴 만한 이유가 있었다. 유중교는 그 나라를 '남당'이라 했지만, 그 나라를 세운 서지고徐知誥가 내세운 이름은 다만 '당'이었다. '남당'은 제국 '당'의 계승자를 자처한 나라였던 것이다. 《합편강목》 편찬자의 눈으로 보면, 당나라의 계승자를 자처하는 나라가 있는 상황에서 송나라를 정통으로 간주할 수는 없는 일이다. 반대로 말한다면 그런 남당을 병합한 975년부터 송은 '정통'의 자격을 가지게 된 것이다.

편찬자들이 또 한 번의 무통의 시대로 정의한 것은 "원이 정통을 침범한 85년" 가운데 그 앞쪽 75년이다. 그들에 따르면 원나라는 그 75년 동안 '중국'을 전거專據했다. 명나라가 대륙의 주인이 되기 전까지의 시간이다. 그러나 '중국'을 전거했던 그때조차 원나라를 "정통의 진주眞主"라 할 수는 없는 일이다.[177] 송나라는 '통일'했지만, 원나라는 다만 '전거'했을 뿐이다.

《합편강목》 편찬자들이 송시열이 말한 모든 내용을 책에 담으려 했던 것이 아니라고 해서, 그들이 송시열의 문제의식을 계승하지 않았다고 할 수는 없다. 유인석柳麟錫(1842~1915)이 《합편강목》에 붙인 서문에 따르면, 《속강목》에서 원나라를 정통의 지위에 둔 것은 '이적'이 간통干統한 것을 바로잡지 않은 것이며, 중화를 높이고 이적을 물리친다는 뜻을 존중하지 않은 것이다. 그러니 이항로가 송시열이 제시한 '의리'를 받들어 원나라를 '무통'으로 처리함으로써 '화'와 '이'의 구분을 명확히 해야 했던 것이다. 화동華東의 역사를 합하여 한 권의 책 안에 담은 것에도 이유가 있다. 공자가 노나라의 역사를 통해 천하의 일에 미쳤다면, 이항로는 만물이 근본은 하나이니 '본국本國'으로부터 미루어 나가려 한 것이다.[178] 이 경우 '화동'은 중화가 된 조선이 아니라 '화'와 '동'을 뜻한다.

《화서집》에는 이항로의 문제의식을 좀 더 분명하게 말해 주는 일화가 실려 있다. 이항로가 문인 유중교에게 《합편강목》을 편찬하게 한 것은 61세가 되던 1852년(철종 3)의 일이었다.[179] 그 소식을 들은 이준李埈(1812~1853)이 이렇게 물었다. "중화는 대조大朝이고 오동은 후방侯邦이니, 이 책은 이름을 화사華史라 하고 동사東史는 거기에 덧붙이는 것이 옳을 듯한데, 지금 이름을 합편이라 했으니, 존비尊卑 사이에 등급을 두지 않은 것이 아닐까요? 또 오동이 진어중국한 것은 진실로 칭찬할 만하지만, 강목체 역사서에서 '정통'의 해[年] 아래에 '후방侯邦'의 해를 별도로 기년紀年하는 예는 없었습니다."

이항로가 답했다. "하늘이 만물을 낳을 때 그 근본을 하나로 하였으니, 군신의 의리도 본국으로부터 미루어 천하에 달할 수 있는 것이다. 공자는 노나라 사람으로 노나라의 역사를 편찬하여 천하의 일에 미쳤으니, 역시 같은 뜻이다. 지금 이 책이 비록 중화 정통을 주로 하고 있으나 그 근본이 또한 오동에 있음도 부정할 수는 없는 일이니, 책의 이름과 기년의 방식도 그렇게 하지 않을 수 없다. 합편의 뜻은 《장암사략丈巖史略》에서 따온 것이다."[180]

이 이야기에서 '화동'은 '중화'와 '오동', '대조'와 '후방', 혹은 '중국'과 '후방'을 함께 부르는 이름이다. 이항로의 시야로 말한다면, '동국'은 '진어중국'한 '후방'이며, '중화' 문화의 유일한 계승자이니, 송나라와 원나라의 역사를 두고 '중화 정통'을 바로잡을 수도 있고, 고려의 역사를 그 역사에 덧붙일 수도 있다. 공자가 노나라의 역사를 지어 천하의 일을 논했던 것과 같은 경우라 할 수 있다. 그러나 결코 '동국'을 '화동'이라 할 수는 없는 일이다.

《장암사략》은 정호鄭澔(1648~1736)가 지은 역사서 《사략보요史略補要》를 가리킨다. 정호는 송시열을 따르던 제자 가운데 한 사람이었다. 송시열의 문인門人들을 기록한 《화양연원록》에 권상하權尙夏(1641~1721) 다음으로 기록되어 있다는 사실 자체가 그의 위치를 말해 준다고 해도 과언은 아니다. 그는 "세간에서 송시열의 도덕과 학문을 주자에 빗대는 것도 과한 평가는 아니다"고 말할 정도로 송시열을 학문적·정치적으로 추종했다.[181] 그런 점에서 보면, 《사략보요》는 송시열−권상하의 학맥에 속한 인물군들의 문제의식과 무관하다고 할 수 없다.

〈사략보요서〉는 정호가 자기 책에 붙인 서문이다. 그 글에 따르면, 역대의 역사서 가운데 세상에 전해지는 것이 적지는 않지만, 그 가운데에서도 가장 두드러지는 것은 증씨曾氏의 《십구사략十九史略》이라고 해야 한다. 증선지曾先之는 주자의 역사의식을 깊이 이해했으므로, '동속東俗'에서도 그를 높게 평가했다. 그런데 그 책은 '중국'의 사적은 자세하지만 '동국'의 사실을 수록하지는 않았다. 성교聲教가 먼 곳과 가까운 곳에 고르게 미친다고 할 수 없으니, 불가피한 면이 없었던 것은 아니다. 그러나 결국 '동국' 사람들은 '중하中夏'의 연혁과 치란과 지리와 인물에 대해서는 눈앞에서 보듯 훤하게 알지만, '오동'의 일에 대해서는 거의 알지 못한다. 몸이 이 산에 있으면서도 이 산의 진정한 면목을 알지 못하는 꼴이다. 동국사東國史에서 연혁과 치란治亂에 관한 기사를 뽑은 뒤, 증선지가 저술한 중국사 아래 덧붙인 것은 그런 문제를 해결하기 위해서였다.[182]

동국사를 알아야 한다는 정호의 문제의식은 남인계 이익이나 안정복 같은 인물들의 생각과 다를 바 없다. 중국사 아래 동국사를 덧붙이는 역사 편찬 방식도 이항로가 말한 그대로다. 그런데 정호가 "증씨의 십구사략'이라고 말한 대목은 오해의 소지가 있다. 증씨는 증선지이며, 증선지가 편찬한 것은 《십팔사략》이다. 송나라 말까지의 중국사를 정리한 책이다. 정호는 《십구사략》을 보았다. 증선지의 책에 원나라 때의 역사를 추가해 《십구사략》을 펴낸 사람은 명나라 때의 인물 여진余進이었다. 정호는 여진의 《십구사략》에서 증선지의 《십팔사략》, 그리고 여진이 그 말미에 보탠 원사元史를 보았던 것이다. 그런데 그 원사가 문제였다.

정호에 따르면, 이적이 화하를 어지럽히고 중토를 점유한 것은 천지간의 일대 변고다. 그렇다면 역사 편찬자는 마땅히 '변례變例'를 사용하여 '춘추 대일통'의 의리를 밝혔어야 했다. 그러나 여진은 그렇게 하지 않았다. '호원胡元'의 통統으로 '조송趙宋'의 통을 이은 것이다. 누군가 이렇게 물어올지도 모른다. "원나라는 비록 이적이지만, 이미 천하를 통합했으니 정통을 원나라에 돌리지 않는다면 누구에게 돌린단 말인가?" 그렇다면 이렇게 답해야 한다. "이른바 정통이라고 하는 것은 역대 제왕의 통을 의미하는 것이다. 결코 천하를 통합한 통을 뜻하지 않는다. 만일 천하를 통합한 것으로 정통을 삼아야 한다면, 주나라의 동주, 한나라의 익주, 송나라의 항주는 구주의 한 대현에 불과한 땅이지만, 제왕의 통을 잇기에 부족하지 않았다. 이 나라들은 그나마 선대의 정통을 계승한 경우였으니 큰 문제는 아니다. 그런데 송나라의 경우는 사정이 다르다. 송나라가 처음 천하를 차지했을 때도 태원 이북은 모두 거란의 땅이었을 뿐만 아니라, 송나라는 뒷날 몰락할 시점까지도 그 땅을 통합하지 못했으니, 그렇다면 그 사실을 근거로 하여 송나라에게 제왕의 정통을 허락하지 않을 수 있단 말인가?"[183]

'정통'은 "역대 제왕의 통"일 뿐 결코 "천하를 통합한 통"이 아니라고 주장하는 장면이 인상적이다. 그러나 정호는 '정통'에 관한 그런 총론적인 정의가 다른 질문을 불러일으킬 수 있음을 잘 알고 있었다. 그는 다시 누군가의 질문에 답하는 방식을 빌려 자기 주장을 정당화했다. 그가 예측한 질문은 이런 것이었다. "여러 나라가 대치하고 있을 때에는 통서統緒의 진위를 논할 수 있겠지만, 호원의 시대에는 정통을 다툴 만한 다른 나라가 있는 것도 아니니, 그들에게 정통을 인정하지 않고 다른 어떤 기준을 적용한다는 말인가?" 정호는 이렇게 답했다. "내가 앞서 말한 변례가 바로 이런 경우에 해당한다. 선유들은 이런 경우 절통絶統과 윤위閏位를 말했다. 송나라가 망하고 호원이 스스로 황제가 되었으니, 통은 이미 끊어진 것이며, 그 위位는 정통의 위가 아니게 된 것이다. 그러니 정통이라 할 수 없는 위로 이미 끊어져 버린 통을 억지로 계승하게 할 수는 없는 일이다."[184]

제왕의 통은 누구의 것인가? 원래의 주인이 있는가? 주인이 아니었던 자는 절대 그것을 가질 수 없는가? 정호가 이 논설의 마지막에서 문제 삼은 논점이다. 그에 따르면, 제왕의 통이란 항상 누군가 독점할 수 있는 것은 아니다. 덕이 있는 자라면 누구나 그것을 계승할 자격이 있다. 만일 호원이 북위의 효문제처럼 하려 했다면, 천하를 통일한 뒤에 피발被髮과 성전腥膻의 풍속을 버리고 의관과 문물의 다스림을 행했을 것이다. 만일 호원이 그렇게 할 수 있었다면 역사는 그들을 어떻게 평가할 것인가? 오랑캐였으나 진어중국한 전례에 비추어 호원에게 '정통'을 허락할 수도 있을 것이다. 그러나 지금의 상황은 그렇게 볼 수 없다. 그런데도 여진은 호원이 송나라의 정통을 계승했다고 주장했다. 그뿐만이 아니다. 쿠빌라이에 대해서는 "용하변이했다"고 적었다. 그런데 쿠빌라이가 '변이'했다고 주장할 만한 근거가 있는가? 그렇게 말하기는 어렵다. 물론 냉정히 생각해 보면 그것은 여진만의 잘못이라 하기 어렵다. 송나라가 망한 뒤 허형, 유인劉因, 오징吳澄 등이 호원에 벼슬하지 않았다면 중원의 적자赤子들이 느낀 바가 있었을 것이며 송나라를 잊지도 않았을 것이다. 허형 등이 그렇게만 할 수 있었다면 사람들이 어찌 송나라를 생각하기만 했겠는가? 《춘추》에 담겨 있는 '내하외이內夏外夷'와 '부양억음扶陽抑陰'의 뜻을 되새겼을 것이며, 뒷날 '중국'에서 태어날 사람들로 하여금 호로胡虜를 섬기는 것이 부끄러운 일이라는 것을 알게 했을 것이다. 그렇게 되었다면 호원에게 '정통'을 허락할 것인지 말 것인지는 굳이 지금처럼 애써 설명하지 않아도 자연히 알게 될 수 있지 않았겠는가.[185]

정호가 중국사와 동국사를 함께 적으려 한 것은 그렇게 함으로써 동국사에 대한 관심을 환기시킬 수 있다고 생각했기 때문이다. 이항로가 같은 생각을 했는지는 분명치 않다. 그러나 중국사 아래 동국사를 적는 형식만을 놓고 본다면, 이항로가 정호를 참조한 것은 의심의 여지가 없다. 정호는 원나라의 '정통'을 인정할 수 없었으며, 쿠빌라이가 '변이'했다는 주장도 납득할 수 없었다. 원나라에서 벼슬한 허형 등도 인정할 수 없었다. 송시열의 제자다운 면모라 해야 하겠다. 그러나 그런 정호가 "진어중국한 이적은 정통을 허락할 수도 있다"라고 말하는 장면은 주목할 만하다. 송시열은 결코 그런 식으로 말하지는 않았다. 정호의 방식으로 말한다면, 원나라는 송나라의 '정통'을 계승할 기회가 있었지만 그 기회를 살리지 못했으니 '정통'이라 할 수 없다. 그러나 이항로의 시야에서 보면 '이적'에게는 처음부터 '중화'의 '정통'이 될 그 어떤 가능성도 없다. '진어중국'한다 해도 결과가 달라지지는 않는다. 역사 속의 원나라가 늘 현실의 청나라를 상상하게 하는 상황이었으므로, 송시열의 충실한 계승자를 표방하는 인물들이 원나라에 대해 그런 가능성을 열어 두기는 쉽지 않은 일이었다. 이항로가 정호가 보여 준 합편合編의 형식은 채택하면서도 '덕을 가진 자는 정통이 될 수도 있다'는 관점을 받아들이지 않은 것은 그런 이유 때문이었다.

원나라를 중국사의 정통에서 배제해야 한다는 화서학파의 주장이 결코 파격적인 것이라 할 수는 없다. 송시열이 허형을 문묘에서 출향하려 했을 때, 안정복이 원나라가 이은 정통을 '중화'의 정통으로 인정할 수 없다고 주장했을 때, 이미 방향은 정해져 있었다고 해도 과언은 아니다. 《합편강목》 편찬자들이 원나라를 정통의 지위에서 배제한 것은 고려를 송나라의 계승자로 정의하기 위한 것이기도 했다. 그것은 결국 현실의 청나라를 부정하고, 조선이 명나라의 계승자임을 암시하는 것과 다를 바 없었다.[186]

《합편강목》 편찬자들이 조선을 '중화' 문화의 유일한 계승자로 여겼던 것은 분명하다. 그러나 그들은 '중국' 역사의 '정통'이 동국 역사의 '정통'으로 이어진다는 논리를 구사한 적이 없으며, '화동사華東史'를 "우리나라의 역사", 즉 '동국' 역사로 간주한 적도 없다. 규장각 소장본 《합편강목》의 경우 표지에는 화동사합편, 판심版心에는 화동강목서華東綱目序라 되어 있다. '화동', '합편', 그리고 '강목'이라는 세 키워드는 편찬자들이 원나라의 정통적 지위를 부정한 뒤, 고려를 송나라가 가진 중화 문화의 유일한 계승자(소중화)로 정당화하려 했음을 시사한다.

그 심성의 단초가 확인되는 곳은 대보단이다. 일찍이 숙종은 제후국의 군주로 황제를 제사 지내는 일종의 파격을 선택함으로써 조선이 '중화' 문화의 유일한 계승자임을 선언했다.[187] 그러나 그 파격을 두고 조선이 명의 후계자이며 천하의 주인임을 자부했다고 말할 수는 없다.[188] 숭정제에게 올린 제문에서 화이華夷의 주인으로 묘사된 사람은 제사를 올리는 숙종이 아니라 제사를 받는 숭정제이기 때문이다. 조선이 중화의 유일한 계승자가 되었다고 주장한다는 것은 자신을 천하의 주인으로 여긴다는 것과는 전혀 차원이 다른 일이었다. 만력제에게 올린 제문에서 조선 자신을 '제후諸侯' 혹은 '속국屬國'이라 한 것도 결코 우연한 일은 아니다. 숙종의 시야에서 말한다면, 조선은 중화의 유일한 계승자가 된 제후국이었던 것이다.

4부

북학

北學

1장

'중국' 다시 보기

사도斯道와 도통의 땅

정호는 송시열의 제자들이 모두 같은 결을 가지고 있지는 않았음을 잘 보여 준다. 김창협金昌協(1651~1708)도 그런 경우라고 해야 한다. 1705년(숙종 31), 대보단이 세워진 이듬해에 황흠黃欽이 북경에 사신으로 가게 되었다. 〈증황경지흠부연서贈黃敬之欽赴燕序〉는 김창협이 그에게 써 준 글이다. "천지간에 양기가 완전히 소멸되는 이치는 없다." 글의 첫머리가 그렇게 시작된다. 결론이 먼저 나온 느낌이다.

그에 따르면, 이적이 '중국'에서 주인 노릇을 하고 있는 것은 음기가 극도로 성하기 때문이다. 그러나 "오랑캐 원나라[胡元]" 때에도 북방에서 허형이 나와 처음으로 성리의 학문으로 그 임금을 깨우치고 선비들을 이끌었다. 남방의 선비 중에 오징, 황택黃澤, 조복趙復 등도 각기 자신의 학문으로 세상에 이름을 떨쳤으니, 이는 실로 송나라의 유풍이라 해야 한다. 그 후에도 김이상金履祥과 허겸許謙처럼 산림에 은거하여 주자의 학문을 이은 사람이 많았다. 천지가 닫히고 막힌 지 80년이 흐른 뒤에도 '사문斯文'의 한 가닥 명맥이 면면히 이어져 끊기지 않았다. 양기는 완전히 소멸되는 이치가 없으며, 하늘이 밝은 운을 크게 열기 위해 그들을 먼저 냈던 것이다.[1]

조선은 어떤 나라이며, 이런 때 사신으로 가서 무엇을 해야 하는가? 다음 논점이다. 김창협에 따르면, 천하가 오랑캐의 풍속을 따른 지 오래되었지만, '아동我東'만은 궁벽한 모퉁이에서 의관과 예악을 바꾸지 않고 소중화로 자처하고 있다. 그러나 요순과 삼왕三王이 다스렸고 공자·맹자·정자·주자가 가르쳤던 옛 적현신주赤縣神州의 땅과 백성을 오랑캐로 여기고 더는 문헌을 찾아볼 수 없는 곳으로 본다면 그것은 지나친 것이다. "드넓은 천하에 어찌 김이상과 허형처럼 사도斯道를 자임하는 호걸이 없겠는가."[2] 김창협이 그렇게 말했다. 일찍이 이단상李端相(1628~1669)은 허형을 화이론이 아니라 그 학문적 성취를 기준으로 평가했다. 허형에 대해 날을 세운 송시열과는 구별되는 면모라고 하지 않을 수 없다. 김창협은 그런 이단상에게 영향을 받았다.[3] 허형에 대한 김창협의 관점은 '진어중국'으로 '정통'을 판단할 수 있다는 정호의 논리와 겹치는 지점이 있다.

김창협이 황흠에게 준 글은 청나라 지배하의 중원을 어떻게 볼 것인가에 초점이 맞추어져 있다. 오랑캐가 중원을 다스리는 것을 음기의 탓으로 돌리는 장면이야말로 송시열의 제자다운 면모라 해야 한다. 그런데 그 오랑캐 치하의 중원에서 아무것도 기대하지 않은 송시열과는 달리, 김창협은 음기가 성한 그 땅에서 소멸되지 않은 양기를 찾으려 했다. 그곳은 "요순과 삼왕이 다스렸고 공자, 맹자, 정자, 주자가 가르쳤던" 땅이었기 때문이다. 이 논리를 연장하면, 몽골에 송나라의 유풍이 남아 있었듯이 청나라에 명나라의 유풍이 남아 있다고 말할 수도 있게 된다.

김창협이 중원에서 찾으려 한 것은 "사문斯文의 유풍"과 "사도斯道를 자임하는 호걸"이다. '사문'과 '사도'는 성리학을 의미한다. 그의 시야에서 볼 때, 오염된 중원에서 '사문'과 '사도'를 찾을 수 있는 것은 양기가 결코 완전히 없어지지는 않았기 때문이다. 음기가 극성할 때조차 양기가 남아 있는 것에서 "밝은 운을 크게 열기 위한" 하늘의 뜻을 볼 수 있다. "하늘이 열려고 하는 밝은 운"이란 중원 대륙에 중화국가를 다시 열려는 것이다. 숙종이 대보단을 세워 자신을 중화의 유일한 계승자임을 자부했다면, 그것은 청나라 지배하의 중원에서 아무것도 기대할 것이 없다는 뜻이기도 할 것이다. 중원 대륙의 회복 가능성을 믿어 의심치 않는 김창협에게도 조선은 여전히 '소중화'였다. 그러나 그는 요순·삼왕과 공·맹·정·주의 땅이 회복되리라는 믿음 위에서 중원의 학술 지형에 대해 부단히 관심을 쏟을 수 있었던 것이다.[4]

김창협에게 배운 안석경도 대보단의 중요성을 인정했지만, "대보단으로 조선이 신하의 직분을 다했다"고 여기지도 않았으며, "조선이 중화 문화의 유일한 계승자가 되었다는 자부심"에 만족하려 하지도 않았다. 그런 의미에서, 그가 도를 정덕正德, 이용利用, 후생厚生의 범주로 구분해 보았다는 점이 색다르다. '정덕'과 '이용'이 '후생'으로 수렴된다는 점에서 보면, 도를 후생, 즉 현실 생활의 관점에서 바라보았던 셈이다.[5] 중요한 것은 그런 그가 중원 대륙의 회복 가능성을 믿어 의심치 않았다는 사실이다. 그는 대보단을 근거로 조선을 '중화' 문화의 유일한 계승자로 자부하는 일종의 면책행위 대신, 북벌을 통해 명나라의 신하 역할을 충실히 수행해야 한다고 주장했다. 중원 대륙의 회복 가능성에 관한 한 같은 생각을 가졌던 그의 스승 김창협이 "중원을 좋아하고 견문을 넓히려" 했던 것을 감안해 본다면, '후생'을 중시한 안석경의 문제의식은 "오랑캐 치하의 청나라"에서 무언가 배워 올 수 있다는 자세로 확장될 수 있는 여지를 내포한 것이었다.

　김창협의 문제의식을 안석경보다 충실히 소화한 인물은 이덕무李德懋(1741~1793)였다. 그는 안석경의 지인이었으며, 성대중과도 친분이 두터웠다. 성대중의 아들인 성해응도 이덕무의 동생 이공무, 아들 이광규와 자연스럽게 친해졌다.[6] 이덕무는 명나라 말 유민들의 역사를 정리한 《뇌뢰낙락서》를 짓는가 하면, 스스로 명나라의 유민을 자처하기도 했으며, 송나라의 역사를 재정리하는 《송사전》 편찬 작업에도 참여했다. 그는 송나라와 명나라를 중국사에서 정통성을 가진 나라로 여겼지만, 그 두 나라를 거쳐 온 문화가 조선으로 계승되어 학문과 의리론으로 이어질 수 있었다는 데 더 큰 의미를 두었다.[7] 그는 또 청나라 고증학자 모기령에 대해 그 학술적 성취를 높게 평가하면서도 존명 의리에 흠결이 있다는 점을 들어 비판하기도 했다.[8]

　18세기 조선의 사상적 지형을 고려한다면 이덕무가 존명 의리를 주창했던 것을 특별하다고 할 수는 없다. 문제는 그가 주창한 의리론의 맥락이다. 그는 북벌의 연장선상에서 대보단을 정의하지도 않았지만, 반대로 조선의 낙후함을 전제하고 청나라에 의해 '강탈'된 중화의 유제들을 배워 오자고 주장하지도 않았다. 이덕무는 그사이 어딘가로 가려 한 것이다. 이덕무가 바라보았던 곳은 중원의 학술 지형이었다.

　어느 날 이덕무에게 손님이 찾아왔다. 김희문金希文이었다. 이덕무가 공부와 책을 화제로 올렸다. 이덕무에 따르면, "천하에 읽을 것은 경서뿐"이다. 그러나 지금 선비들은 과거 공부에 목숨을 거느라 아무도 경서를 읽으려 하지 않는다. 지금 세상에서 과거 공부를 하지 않을 수는 없지만 중요한 것을 먼저 해야 한다는 사실이 더 중요하다. 김희문이 이렇게 말했다. "넓게 보면 천자의 대신大臣 자리도 매우 보잘것 없는 것이니, 지금 과거에 합격하여 종이 한 조각에 자기 이름을 올려서 몇천 리 되는 한구석에 반포하여 보여 준다 해도 그 소득이 얼마나 되겠는가." 김희문이 말끝을 흐렸다. "과거는 이처럼 지극히 잗다란 것이기 하지만, 그러나 어찌하랴."⁹ 김희문의 입장에서는 조선의 선비로 태어나 과거 공부를 하지 않을 수는 없는 일이었다. 주변의 기대를 저버릴 수 없었기 때문이다.

이덕무가 김희문의 솔직한 얘기에 고개를 끄덕였다. 김희문의 말이 조선 선비의 현실을 잘 보여 주기 때문이다. 이덕무가 이윽고 말을 이어 갔다. "대저 우리들은 조선국 사람이다. 말소리·의복·풍속·법제를 한결같이 우리나라를 따라야지 만일 초탈하여 시속時俗을 어기려고 하면 망령되거나 미친 사람이다. 그러나 그 생각과 도량은 중원을 버릴 수 없다. 어찌 몸소 중원에 가서 배워야만 되겠는가. 지금 경적經籍은 중원 사람이 만들지 않은 것이 없으니 만일 잘 읽는다면 나의 생각과 도량이 비로소 국촉局促하고 속박되지 않을 것이다."¹⁰ [조선 사람이니 조선의 풍속과 제도를 따라 과거 준비를 하지 않을 수 없지만, 생각과 도량은 중원을 기준으로 해야 한다.] 이덕무의 요점은 이런 것이었다.

1778년(정조 2) 이덕무가 박제가와 함께 사신단의 일원이 되어 북경으로 향했다. 연행길에서 이덕무의 눈길을 사로잡은 것은 벽돌이나 수레처럼 "도입하면 유용한" 물건들이 아니었다. 그가 집중적으로 탐색한 것은 서적이었다. 청나라에서 금서가 된 고염무顧炎武의 《일지록》이 조선에 전파될 수 있었던 것도, 조선 사신들이 중국 서적 관련 정보를 가질 수 있었던 것도 모두 이덕무 덕분이었다.[11] 이덕무는 왜 그렇듯 유리창의 책에서 눈을 떼지 못했던 것일까. 물론 '책만 보는 바보'였기 때문이었을 것이다. 그러나 그의 시야에서 본다면, 중원의 학술 동향과 서적 사정에 무심해서는 사고의 지평을 넓혀 갈 수 없다고 생각했기 때문이다.

존명 의리에 충실했던 이덕무가 중원의 서적 동향에 민감하게 반응하는 것은 송시열의 의리론을 따랐던 김창협이 "중원을 좋아하고 견문을 넓히려" 했던 것과 크게 다르지 않은 태도다. 이덕무는 김창협을 "시와 문을 겸한 인물"로 높이 평가했다.[12] 그는 또 김창협과 김창흡이 "중국을 사모하며" 지은 시를 인용한 뒤에 이렇게 말하기도 했다. "두 선생의 도학과 문장은 우리나라의 표준이 될 뿐 아니라 형제 두 분이 다 이름난 문장으로 밖에서 구할 것이 없었는데도 중국을 끊임없이 사모하였으니, 예로부터 많은 책을 읽고 뜻이 넓어진 분들은 반드시 이런 생각을 갖는 모양이다."

이덕무는 김창협 형제의 "중국을 사모하는 정서"가 "중원을 좋아하고 견문을 넓히려는" 안동 김씨 가문의 가풍에 연유한 것이라고 여기기도 했다.[13] 이덕무가 중원의 학술계로 눈을 돌렸을 때, 그 중원이 청나라의 치하에 있느냐 그렇지 않느냐는 그리 중요한 문제는 아니었다. 그곳에서 얼마든지 "사도斯道를 자임하는 호걸"을 만날 수도 있었기 때문이다.

대국과 시의時義

조선의 문인들이 청 치하의 중원에서 '사도'만을 찾으려 한 것은 아니다. 홍양호洪良浩(1724~1802)는 "황명 사대부"의 후예들, 특히 청나라 예부상서 기윤紀昀과 시문을 주고받으며 친분을 쌓았으며, 그를 통해 서구 문물과 천주학에 관한 정보들을 전해 들을 수 있었다.[14] 그는 북경을 왕래하면서 청 문물 도입의 필요성에도 눈떴다.[15] 그런데 그가 말한 청 문물 도입론을 이해하기 위해서는 그가 존명의리론자라는 사실에서 출발하지 않으면 안 된다. 그가 도입하자고 주장한 청 문물 중 일부는 유사시의 군사적 긴장에 대비하기 위한 목적도 있었다. 그는 조선이 명나라에 '신하'의 의리가 있을 뿐만 아니라, '재조再造'의 은혜까지 입었다는 사실을 인정했다.[16]

1798년(정조 22) 정조가 이의준李義駿(1738~1798)에게 《존주휘편》을 편찬하게 했다. 정조에게는 그 나름의 절박한 이유가 있었다. 사람들이 "시간이 갈수록 명나라 황제 은혜를 아무렇지도 않게 여기는가 하면 대의는 날이 갈수록 어두워져 드러나지 않게" 되었기 때문이다. 심지어 원통함을 머금으며 부득이하게 한다는 주자의 말조차 거의 잊혀져 이제는 "임금은 임금의 도리를 다하고 신하는 신하의 도리를 다해야 한다는 당연한 의리가 거의 사라지게" 되었기 때문이다.[17]

《존주휘편》에 관한 한 홍양호는 정조와 생각이 같았다. 그에 따르면, 공자는 《춘추》를 지어 소국이 천조天朝를 섬길 때에 충과 의를 다해야 한다는 사실을 밝혀 주었으니, 황명에게 은혜를 입은 우리 동국은 명나라에 대해 군신관계이면서 동시에 부자관계에 있다고 해야 한다. 정조가 임금이 된 뒤로 이 의리를 천명했다. 매해 대보단에서 제사를 지낼 때 친히 술을 올리고, 명나라 세 황제의 기일이 되면 향을 피우고 절을 올리며, 대보단의 남문인 공북문을 돌아보며 명나라의 멸망을 슬퍼했다. 임금은 또 신하들 가운데 명나라를 위해 절의를 지킨 사람들을 중시하여 그 후손들을 찾아 우대한 뒤 《존주휘편》을 편찬하여 그 이름을 기록하게 했다. 정조가 대보단 제사를 받들고 《존주휘편》을 편찬하게 한 뜻은 별만큼 밝게 빛나고 숭산이나 화산만큼 높은 것이었으니 조선은 이제 천하 만세에 할 말이 있게 되었다.[18] 제후국 조선이 대보단에서 명나라 황제를 제사 지낸다는 것은 신하의 의리를 다하고 은혜를 갚는 일이었다. 정조나 홍양호가 보기에 대보단 의례는 바꿀 수 없는 이치이며 당연히 해야 할 의무였다.

홍양호가 1784년(정조 8) 사신이 되어 북경으로 향하는 이정운李鼎運(1743~1800)에게 글을 보냈다. 이 글에는 '중국'에 대한 그의 생각이 묻어 있다. 그에 따르면, '동방'은 크기가 작고 구석진 곳에 있지만, 예의를 지키고 문교를 숭상하기 때문에 중국의 사람들이 동방을 중히 여겨 왔다. 지금 천하에서 '중화'의 의관을 입는 곳, 읍揖하고 사양하는 '중화'의 예를 지키는 곳은 우리 '동방'뿐이다. 그런데 상황이 이렇게 되자 '동인'이 그것을 너무 기뻐한 나머지 '중국'을 가볍게 보는 경향이 생겼다.'[19]

홍양호도 그런 자부심의 소유자였지만, 그는 그런 자부심만으로 설명되지 않는 현실이 있을 수 있다는 점을 말하고 싶었다. "나도 지난해 사신이 되어 국경을 넘은 뒤, 달라져 버린 그곳 풍속과 이상해진 그들의 복식을 보고 가슴 아파하고 또 개탄스럽게도 여겼다네. 하지만 그들의 방대한 규모를 서서히 살펴보았더니, 법도의 엄격함과 이용후생의 도구들에 여전히 선왕의 유제遺制가 있었으니, 그제야 비로소 대국을 가벼이 여길 수 없음을 알았네."[20]

홍양호는 대보단이 상징하는 자부심을 존중하면서도 그것이 가져올 부작용을 경계했다. 부작용의 핵심은 '중국'을 가볍게 여기는 풍조였다. 그의 논리를 넓혀서 말한다면, 청나라는 '중국'이라 할 수는 없지만, 대국인 것은 사실이다. 조선이 대국을 함부로 가벼이 여길 수 없는 것은 대국이 '중국'이어서가 아니다. 그 대국의 시스템 안에 한나라·당나라·송나라·명나라를 이어 온 '중화'의 유제가 남아 있기 때문이다. 그러니 그것에 주목해야 한다. 그는 1783년(정조 7)에 올린 상소문에서 청나라에 남아 있는 '중화'적인 것들에 대해 좀 더 구체적으로 말했다.

그에 따르면, 땅은 곧 옛 '중화'의 것이고 사람은 곧 '선왕'의 백성이다. 풍속은 변했지만 거기에도 옛 흔적이 없다 할 수는 없다. 더구나 이용후생의 도구에는 모두 법도가 있다. 그것은 '주관周官'의 옛 제도가 100대를 이어 전해져 온 것이다. 비록 중원이 여러 차례 전쟁터가 되고 중화와 이적이 번갈아 중원의 주인이 되었다고 해도, '민국民國'에 크게 쓰이는 것들은 예나 지금이나 변함이 없으니 '외국'에서 흉내 낼 수 있는 것이 아니다.[21] 이 글에 따르면 '중원'이 '중원'이고 '외국'이 '외국'인 것은 정치적 지형과는 무관한 문제다.

김창협·이덕무·홍양호 등이 중원 대륙에 남아 있는 '중화'의 유제를 찾으려 했다면, 성대중成大中(1732~1812)은 '이적'을 대하던 '중국'의 태도를 비판하고 오랑캐에게 배워야 한다고 주장했다. 중원 땅과 중원의 한족 선비들에 주목한 김창협 등과 달리, 성대중은 '이적'을 통해 배우려 했다. 성대중에 따르면, 조선이 명나라를 생각하는 것은 '은혜'의 문제이며 동시에 '의리'의 문제다. '은혜'가 임진왜란 때 조선을 구해 준 것을 가리킨다면, '의리'는 양심을 가진 자가 마땅히 가져야 할 '존화양이'의 가치를 말하는 것이다. 그런데 시대가 흘러가면서 '존화양이'의 치열함이 약해졌다. '우리가 은혜를 갚아야 하기는 하겠지만, 존양의 의리가 어떻게 우리 같은 외국에 있겠는가?' 급기야 그렇게 생각하는 사람들이 생겼다. 그러나 조선 같은 '외국'에 '존화양이'의 의리가 없다면 《춘추》라는 책은 어떻게 노나라에서 편찬될 수 있었겠는가? '존화양이'의 대의를 속국인 노나라에서 주관하였으니, 만일 주나라에서 《춘추》를 펴냈다면 '존왕'의 뜻을 자신에게 적용하기는 어려웠을 것이 아닌가? 그러니 《춘추》가 노나라에서 편찬된 것이야말로 다행스러운 일이다.'[22]

'은혜'와 '의리'가 별개가 아니라는 주장은 무엇을 근거로 하는가? 성대중에 따르면, 조선이 명나라에 대해 가지는 관계는 노나라가 주나라에 대해 가지는 관계와 같다. 하물며 명나라는 임진왜란 때 은혜를 베풀어 주기까지 하지 않았는가? 은혜와 의리는 분리될 수 없는 하나의 이치여서 의리 없이 은혜를 베푸는 경우는 없다. 그러므로 은혜는 군부君父에게 받은 것보다 큰 것이 없고 의리는 바로 그 은혜의 법도가 되는 것이니, 조선이 명나라를 생각하는 것은 곧 조선의 의리인 것이다. 만일 은혜와 의리가 그런 것이 아니라면 이렇듯 오랫동안 사람의 마음을 감동시키고 인륜의 기강을 세우게 할 수는 없었을 것이다. 위에서는 대보단을 세워 은혜를 갚을 길을 찾고, 아래에서는 화양동에 만동묘를 세워 그 의리를 천명했으니, '아동'은 비로소 오랑캐가 되지 않을 수 있었으며 관면冠冕이 해와 달처럼 빛날 수 있게 되었다. 언젠가 청나라가 무너지고 황하가 다시 맑아지는 날, '중하'에 '진주眞主'가 나타나 반드시 조선에서 그 법을 본받게 될 테니, 이것이야말로 예에서 말하는 "노나라가 가진 것으로 천하에 넓힌다"는 것이 아닌가. "명나라는 비록 망했으나 우리로 인해 아직 망하지 않은 것이다."[23] 논지를 정리하면서 성대중이 그렇게 말했다.

성대중은 전형적인 존명의리론자였지만, "오랑캐에게 100년의 운세가 없다"는 말이 무색해지는 시대를 살았다. '중화'의 몰락에 관한 합리적인 설명이 필요한 시대였다. 그는 중국이 오랑캐를 대하는 태도에 문제가 있었던 역사적인 사례에서 그 실마리를 찾았다. 금나라 태종이 송나라 수도 개봉을 공격하여 북송을 멸망시키고 휘종과 흠종을 잡아갔다(정강의 변, 1126~1127). 오랑캐인 금나라는 왜 그런 선택을 하게 되었는가? 그에 따르면, '중국'이 '이적'을 잘못 대했기 때문에 스스로 보복을 초래한 것이다. '이적'은 어떤 존재인가? 물론 '우리'와 같은 부류는 아니지만 그들도 사람이다. 하늘은 '중국'과 '이적'을 차별한 적이 없다. 성인도 '중국'과 '이적'을 함께 기르려 했지만 그들이 너무 멀리 살아서 미처 '상도常道'를 베풀지 못했을 뿐이다. 주나라는 그나마 '명의名義'를 들어 '이적'을 배척했지만, 한나라는 오로지 무력에만 기대어 그들을 오랑캐로 대하고 짐승처럼 보아서 섬멸하려고만 들었을 뿐이다. 그러니 그들 역시 '중국'을 원수로 보고 대대로 이를 갈면서 반드시 보복하려고 한 것인데, '중국'은 그런 자신을 스스로 돌아보지 못했다. "하늘이 그것을 싫어한 지 오래이니, 어찌 이런 보복이 없었겠는가. 다만 그것에 맞선 자들이 불행해졌을 뿐이다."[24] 글의 마지막 대목에서 그가 그렇게 말했다. 압권이다. 성대중이 이 글에서 명나라와 청나라를 거론한 것은 아니다. 그러나 청나라가 금나라의 후예라는 점을 놓고 보면, 결코 우연한 예시라 하기는 어렵다. 그의 논리는 청나라가 중원의 패권을 쥔 상황을 오로지 하늘의 '기수氣數' 탓으로 돌리는 것과는 결이 달랐다.

성대중이 '이적'을 정의하는 방식은 주목할 만하다. 그의 논의대로라면 이적은 "우리와 같은 부류는 아니지만" 사람이 아닌 것은 아니므로, 명분과 의리를 가지고 배척할 수는 있지만 무력으로 섬멸하려고 해서는 안 된다. 그는 그런 토대 위에서 논의의 범위를 넓혀 갔다. 지역과 사람, 그리고 '시의時義'의 차이에 대한 그의 설명을 보자.

그에 따르면, 인간에게는 세 가지 "같으면서 다른" 점이 있다. 첫째 하늘은 '중외'를 차별 없이 감싸고 모든 인간은 그 같은 하늘 아래 있다. 그러나 사는 땅이 다르다. '외국'은 외모와 언어, 복식과 습성이 다르니, '중국'이 가진 오행, 오성五性, 오례五禮, 오륜五倫으로 '중국'과 다른 그들을 바르게 인도할 수는 없다. 그런 차이를 만든 것은 하늘이 아니라 지기地氣다. 둘째, 인간은 같은 땅에 살지만 사람이 다르다. 땅은 만물에 대해 아무런 차이를 두지 않고 생성할 뿐이니, '중화'와 '이적'을 가른 것은 사람이지 땅이 아니다. 셋째, 인간은 같은 존재이지만 사는 시대가 다르다. 《장자》에 의하면, "제왕들이 다 같은 방식으로 선위한 것은 아니며, 삼대에도 왕위를 계승하는 방법이 달랐으니, 그 시대와 불화하거나 그 풍속과 어긋나는 자는 찬탈한 자라 하고 그 시대에 합당하게 행동하고 그 풍속을 따른 자는 의로운 무리라고 일컫는다. 사람의 도리[人道]는 같지만 시대의 마땅함[時義]이 다르기 때문이다."[25]

"하늘이 중외를 차별 없이 감싼다"거나, "땅은 만물을 차별 없이 생성한다"는 수사는 독자에게 성대중이 '중화'와 '이적'의 구분 자체를 부정하려 했을지도 모른다는 상상을 하게 한다. 그러나 '중외'를 구분한 '지기'의 작용이나 '화이'를 나눈 인간의 판단을 말하는 장면에서 부정적인 뉘앙스가 느껴지지는 않는다. 성대중의 문맥에서 보면, 현재를 사는 인간에게 '중외'와 '화이'는 받아들이지 않으면 안 되는, 이미 주어진 조건이다. 이제 그에게는 한 가지 자율적인 선택지가 남아 있다. 도리는 통시적인 가치이지만, 그것을 구현하는 방식은 시대에 따라 얼마든지 달라질 수 있기 때문이다. 그것이 '시의時義'다. 〔중화와 이적의 구분법은 지기가 만들고 인간이 정의한 것이니 따라야 하지만, 인도의 가치를 구현하는 방식은 시의를 존중하지 않으면 안 된다.〕 성대중은 이 논설의 행간에서 그렇게 말했던 것이다.

성대중이 '시의'에 대해 더 이상 구체적으로 말한 것은 아니다. 그러나 그의 생각을 추측해 볼 수 있는 실마리가 전혀 없는 것은 아니다. 홍대용이 죽자 홍태화가 제문을 지었다. 성대중은 그 제문을 옮겨 적어 두고 때때로 음미했다. 거기에 이런 내용이 이런 내용이 있다.

제하諸夏가 동포이니/ 물성物性에는 거짓이 없었네/ 오랑캐 땅에 나아가 명분을 물리치니/ 많은 사람이 시끄러이 떠들어 댔네.[26]

이 제문의 문맥에 따르면, 홍대용은 '제하'를 '동포'로 여긴 것이고, 옛 제하의 땅에서 제하의 후예를 만난 것이다. 성대중이 이 제문에 동의했다는 가정 위에서 보면, 그에게 '시의'란 청나라에서 벼슬한다는 사실만으로 한족 지식인들을 '이적'이라 배척하거나 무시하지 않는 자세다.[27] 성대중은 다른 글에서 홍대용과 김재행이 북경에서 반정균을 만난 사실과 그 후일담, 그리고 그들이 주고받은 시를 기록해 두기도 했다.

서호수徐浩修(1736~1799)가 사신이 되어 길을 떠나게 되자, 성대중이 그에게 글을 적어 보냈다. 이 글에도 비슷한 문제의식이 엿보인다. 첫 번째 논점은 자부심에 관한 것이다. 그에 따르면, 조선은 기자가 8조의 가르침을 베푼 곳이었으며, 공자가 살고 싶어 했던 구이九夷의 땅이었으며, 주자가 죽은 뒤 주자의 도통을 계승한 곳이었다. 이제 천하의 문물은 오로지 조선에만 남게 되었다. 역대의 임금들이 길러 주고 은혜를 베풀어 주었으며, 여러 성현들이 가르침을 길러 준 효과가 이 나라에 가득하니, 그중에 한 가지만 있어도 만국의 중심이 되어 일치一治를 담당할 만한데, 조선은 그 둘을 겸비한 것이다. 그것은 어떻게 가능했는가? 하늘이 화하문명의 단서를 우리 동방에 주고 성현들이 쌓아 온 운을 우리 임금에게 주어 우리 임금이 일왕一王의 다스림을 다하고 '중화'의 통統을 대신 가지게[代有] 했기 때문이다. 오랑캐에게 예물을 보내 가며 사대해야 하는 치욕은 탕왕도 문왕도 피하지 못했던 것이니 이제 저들을 어찌하겠는가? 오직 우리가 할 수 있는 것을 다할 뿐이다.[28]

"하늘이 조선으로 하여금 중화의 통을 대신 가지게 했다"는 대목은 음미할 만하다. 그는 하늘이 조선에게 '중화'의 통을 계승시켰다고 본 것인가? 그런데 그는 화양동에 대해 남긴 글에서 이렇게 말했다. "중하中夏에서 진주眞主가 일어나면 반드시 우리에게 배워 갈 것이니, '노나라가 가진 것을 넓혀 간다'는 것은 곧 송시열의 공 때문일 것이다."[29] "대신 가지게 했다"는 말은 "중하에 진주가 나타날 때까지 조선에게 한시적으로 대신하게 했다"는 의미인 것이다. [언젠가 나타날 '중하'의 '진주'는 결국 조선에 와서 '중화'의 법을 배워 가게 될 것이고, 그런 상황을 대비해야 하는 것이 하늘이 조선에 부여한 역할이다.] 그는 행간에서 그렇게 말한 셈이다. "이제 저들을 어떻게 하겠는가? 오직 우리가 할 수 있는 것을 다할 뿐이다"라고 말하는 대목도 그런 의미와 무관하지 않다. "저들을 어떻게 할 수 없다"는 것이 북벌을 도모할 상황이 아니라는 뜻이라면, "우리가 할 수 있는 것"은 대보단과 만동묘를 통해 '중화'문화 계승자의 위치를 다지는 일일 것이다.

두 번째 논점은 조선의 부족함에 관한 것이다. 그에 따르면, 조선의 제도는 신라나 고려의 것을 답습한 것이 많았으므로 부족할 수밖에 없었다. 의관은 잘 정돈되었으나 순수한 '중화'의 제도라 말할 수 없고, 문장은 잘 다듬어졌으나 옛날의 도를 되살린 것은 아니었다. 학술은 부분적으로는 정밀하지만 근원에 대해서는 소략하고, 예의는 자잘한 것에는 자세하지만 큰 것에는 소략하다. 토지제도는 오랑캐의 법으로 인해 복잡해졌고, 군사제도는 척계광의 법으로 인해 흐려졌다. 천문은 관측이 정밀하지 못하고, 성률聲律은 악기가 정비되지 못했다. 이 모든 부족함은 역대 임금들이 미처 겨를이 없었기 때문에 아직도 남아 있게 된 것이다.[30] 그러니 지금이라도 서둘러서 '중화의 제도'에 가깝게 고쳐 나가야 한다는 의미가 행간에 들어 있다.

그 부족함을 메우기 위해서 지금 해야 할 일은 무엇인가? 그에 따르면, 천하의 '예악'을 모아서 절충하는 것을 '대성大成'이라 한다. 만일 그렇게만 할 수 있다면 오랑캐에게라도 갈 수 있는 것이다. 그런 이유로 공자는 담나라에 가서 관제를 묻고 오나라에 가서 장례를 보았다. 부녀자의 시와 오랑캐의 음악은 같은 이유로 주나라와 노나라의 뜰에서 행해질 수 있었다. '중토'는 삼대의 예악이 비롯된 곳이며, 고기故器의 유제를 찾아볼 수 있는 곳이니, 건주建州의 추장이 그것을 탐내서 '제하'를 병탄한 것이다. 저들의 장점을 취하여 우리의 단점을 보완하는 것은 자강自强의 방법이 될 수 있으니, 우리로서는 널리 살펴보고 신중하게 선택해야 한다.[31] "오랑캐에게라도 나아가 배워야 하는데, 중토에 가서 청나라가 가로챈 중화의 유제를 배워 오지 못할 이유가 없다." 성대중의 결론은 그런 것이었다.

성대중은 자존의식의 소유자였다. 그 점에서는 뒤에서 살펴볼 홍대용·박제가·박지원과는 달랐다. 그러나 조선의 부족함을 인정하고 오랑캐에게 나아가 배우려 했다는 점에서 보면, 성대중은 그들과 아무런 차이가 없다. 그가 〈성언醒言〉이라는 글에서 제기한 질문도 그런 문제의식과 무관하지 않다. 그에 따르면, 공자가 《춘추》를 지으면서 제시한 '존화양이'는 영원히 빛나지만, 세부적으로 살펴보면 그 기준이 반드시 합리적으로 적용되었다고 말할 수 없는 경우도 있다. 초나라·진나라·오나라·월나라는 모두 성인의 후예들이며, '중국'으로 대우받을 만한 문화가 있다. 오나라의 경우를 보자. 주나라 태왕 고공단보가 셋째 아들에게 양위하려 했을 때 큰아들인 태백이 형만荊蠻으로 가서 오나라를 세웠다. 오나라는 말하자면 주나라의 종가다. 더구나 태백이 주나라의 왕위를 동생에게 양보한 것은 백세토록 사표가 된다. 그런데도 땅이 형만이라 해서 오나라를 '이적'으로 폄하해서야 되겠는가?[32]

진나라의 경우도 다를 바 없다. 진중이 서융을 물리친 공을 세웠으며 주나라가 그 공에 힘입었는데, 그들을 이적이라는 이유로 비루하게 여겨서야 되겠는가? 불행히도 그 땅이 황복荒服에 해당하여 언어와 의복이 '화하'의 풍속과 달랐으며, 그런 이유로 '중국'으로부터 배척당했을 뿐이다. 그러나 '황복'에 살아서 언어와 의복이 다른 것이 그들의 죄는 아니지 않은가? 비록 그들이 이적이라고는 하지만, 후세의 흉노나 말갈에 비할 바가 아니다. 진실로 '진어중국'하게 할 수 있다면, 그렇게 하는 것이 옳았을 것이다. '중국'의 제후들 중에는 참월 僭越하거나 시역弑逆하여 이적의 축에도 끼지 못할 자들이 많은데, 도 리어 그들은 '중국'으로 대우해 주면서 이들 네 나라에 대해서 그렇게 하지 않는다면, 이들 네 나라가 억울해하지 않겠는가.[33]

공자는 왜 이들 네 나라를 그렇게 취급하지 않았는가? 그에 따르 면, 공자가 그렇게 한 것은 공자 스스로 높게 평가했던 오나라 계찰季 札마저 '이적'에 포함시킨 것에서 그 의도를 읽을 수 있다. 오나라의 계찰은 상국上國에서 태어났다면 정나라의 자산子産보다 더 뛰어났을 인물이다. 공자도 일찍이 계찰이 예에 정통하다는 것을 인정했다. 공 자는 그의 장례에 가서 친히 묘지문을 썼을 정도로 그를 높이 평가하 기도 했다. 그러나 결국 그를 '중국'으로 대우하지는 않았다. 오나라 를 포함한 이들 네 나라가 훗날 '중화'를 능멸할까 우려했기 때문이 다. 기수氣數는 막을 수 없는 것이어서, 결국 양이 음을 막지 못하고 '중국'이 '이적'을 막을 수 없게 되었다. 그러나 '중국'이 '이적'을 막지 못한 데에는 중국이 빌미를 제공한 탓도 있으니, 한탄스럽다 하지 않 을 수 있겠는가?[34]

성대중의 눈높이에서 본다면, 공자가 자기 원칙에 충실하지 못했을 리는 없다. 공자가 네 나라를 '중국'으로 대우하지 않은 것은 이후의 역사에서 이적이 '중국'을 멸망시킬 것을 이미 예견했기 때문이다. 성 인은 그토록 완벽했으나, 그런 성인조차 기수의 운행을 막지는 못했 다. 그것은 인간으로서 어찌할 수 없는 문제였다. 그러나 '중국'이 이 적을 대할 때 '진어중국'한 것을 근거로 그 이적을 중국으로 대우했더 라면 어땠을까. 적어도 '중국'을 멸망시키는 빌미를 주지는 않았을지 도 모른다. 인간이 기수의 운행에 개입할 수는 없지만, 여하튼 '중국'

이 이적을 대하는 태도가 좀 더 포용적이고 개방적일 필요는 있지 않았을까? 그것이 성대중의 생각이다.

그가 보기에 '중국'이 '진어중국'한 이적을 '중국'으로 대우해야 하는 것은 그렇게 함으로써 '이적'으로부터 핍박받게 될 가능성을 줄일 수 있기 때문이다. 더 나은 결과를 얻기 위한 최소한의 양보에 가깝다. 일종의 전략적 선택인 것이다. 그렇다면 '진어중국'한 이적을 '중국'으로 대우하는 일이 결코 그들을 '중국'으로 여긴다는 뜻이 아니라는 역설도 가능하다. 그의 논리로 본다면, 태어난 땅을 기준으로 '중화'와 '이적'을 나누는 것은 대우 이전의 문제였다. 형만의 땅에 터를 잡은 오나라를 '이적'으로 여기지 않는 한, 성대중이 그 나라에 대해 "훗날의 흉노나 말갈에 비할 바는 아니다"라고 말할 수는 없다. 오나라가 주나라의 종가가 된다는 사실조차 그 나라가 '이적'이 아니라고 말할 만한 근거는 되지 못했다. 황복의 땅에 자리 잡은 진나라에 대해 "이적이라는 이유로 비루하게 여겨서는 안 된다"고 주장하는 데서도 같은 생각을 엿볼 수 있다. 이적은 '진어중국'하기 이전에 이미 '이적'이었으며, 그 이후에도 '이적'이 아니었던 것은 아니다. 그렇다면 '진어중국'했다는 것은 중국이 '이적'을 '중국'으로 대우하는 근거일 뿐이다. 성대중의 방식으로 말한다면, 그것을 근거로 하여 '중국'과 '이적'의 구분을 해소시킬 수는 없는 일이다.

2장

친구와 배움을
찾아서

화인華人과 호로胡虜

김종후는 홍대용이 북경에서 항주의 세 선비와 사귀었다는 것을 전해
듣고 언짢은 기색을 감추지 못했다. 그 소식을 들은 홍대용이 김종후
에게 편지를 보냈다.

그렇게 질책하시리라고는 미처 생각하지 못했습니다만, 이 기회에 가르침
을 주시어 저의 몽매함을 깨우쳐 주셨으면 합니다.

편지의 시작이 정중하다. 홍대용에 따르면, 항주 선비들이 '제1등
인'이 아닌 것은 의심의 여지가 없다. '의관'이 무너진 시대에 벼슬길
을 찾았기 때문이다. 그러나 군자는 상대의 장점을 보고 사람을 사귈
뿐이다. 결코 '제1등인'만을 사귀지도 않으며, '제2등인' 이하를 천하

게 여겨 상대하지 않는 것도 아니다. '제1등인'만을 사귀어야 한다면, 진중자陳仲子처럼 청렴하고 의로운 인물도 사귈 대상이 되기는 어려울 것이다.

물론 '제1등인'이 아니어도 좋다는 것이 아무나 친구가 되어도 좋다는 의미는 아닐 것이다. 그들에게는 그렇게 처신하는 나름의 이유가 있었다는 뜻이다. 홍대용에 따르면, 그들은 단발斷髮하고 호복胡服을 입었다. 뜻을 굽히고 몸을 더럽혔으며, '좌임'의 풍속을 따랐다. 오랑캐의 풍속을 거부하지 않았다는 사실은 의심의 여지가 없는 것이다. 그러나 비난하기 전에 고려해야 할 변수가 있다. 그들이 사는 지금의 시간은 어떤 시대인가? 청나라가 방자하게 천자의 권위에 의지하여 법을 만들어 사람들을 구속한 지 이미 100년이 넘었다. 그러니 지금과 같은 시대에 성현이나 "호걸의 선비"가 있다 해도 옛 도를 행하다가 경솔히 법을 어겨 멸문의 화를 감수할 자가 있겠는가.

그들은 시대를 잘못 타고 태어나 옛 도를 행할 수 없는 상황에서 슬픔을 견디고 억울함을 참고 있으니, 그것은 그들로서는 불가피한 일이다. 인인군자仁人君子라면 자기 문제처럼 슬퍼해야 마땅한 상황이다. 그런데도 그들을 불쌍히 여기기는커녕 배척하거나 '이적' 보듯 해서야 되겠는가. 성현이나 "호걸의 선비"라면 그들처럼 과거를 준비하고 벼슬을 구하지는 않을 것이지만, 성현이나 호걸이 가진 기준을 어찌 그들 같은 보통 사람들에게 적용할 수 있겠는가. 계씨季氏는 임금을 쫓아낸 난신이었고, 위첩衛輒은 아비를 부정한 적자賊子였으니, 이들은 '이적'만도 못한 '제하' 사람 중에서도 심한 경우다. 그러나 덕행이 뛰어난 중궁仲弓이나 학문이 높았던 자로子路는 그들을 섬기면서도 부끄럽게 여기지 않았다. 그 문제 때문에 성문聖門으로부터 배척당하지도 않았다. 어떻게 이런 일이 가능했는가? 군자는 상대의 장점을 보고 사람을 사귈 뿐이고, 성현이나 호걸은 자신의 기준을 다른 모든 사람에게 적용하지는 않았기 때문이다.

벼슬 기회의 많고 적음을 보더라도, 섬기는 대상의 도덕성을 고려하더라도, 항주 선비들의 선택이 중궁이나 자로의 처신보다 낮게 평가되어야 할 이유는 없다. 춘추시대에는 여러 나라를 다니며 입신의 길을 찾는 일이 가능해서, 벼슬을 하려는 자들이 임금을 가릴 수도 있었고 상황을 저울질할 수도 있었는데도 중궁이나 자로는 계씨나 위첩 같이 도덕적으로 하자가 있는 사람들을 꺼리지 않았다. 그에 비하면 지금의 중국은 그 조정에 서지 않으면 초야에 묻혀 있을 수밖에 없다. 항주 선비들이 벼슬할 기회는 중궁이나 자로보다 훨씬 적은 것이다. 강희제 이후 청나라가 이룬 성취도 계씨나 위첩에 비할 바가 아니다. 정치는 백성을 편하게 쉴 수 있게 했으며 치도는 군더더기가 없었으므로 한 시대의 민심을 복종시킬 수 있었다. 그렇게 해온 지 이미 100년이 지난 상황임을 고려한다면, '화인' 가운데 은둔하지 못하는 자, 벼슬로 부르면 바로 달려가는 자들을 깊이 책망할 일은 아니다. 그들을 만주족 오랑캐 보듯 하는 것, 주나라의 후예로 여기지 않는 것은 인인군자의 마음 씀씀이라 할 수 없을 것이다.

명조明朝를 생각하지 않는다는 이유로 그들이 충의롭지 못하다고 비판하는 것도 온당한 일은 아니다. 천하에 나라가 바뀌는 것은 옛날부터 있던 일이며, 군자의 은혜도 5대면 다하는 것이니, 명나라가 망한 지 100년이 지난 시점까지 명나라를 그리는 마음이 그대로이기를 바라는 것은 인정상으로도 불가능한 일이지만, 천리에도 반하는 일이다. 그러나 그들이 명나라의 의관마저 잊었던 것은 아니다. 그들은 조선 사신단의 의관을 보고는 명조의 구제舊制라며 부러워했으며, 자신들의 모습을 부끄러이 여겼다. 천계天啓 연간(1621~1627)의 일을 입에 올릴 때면 울분과 불평을 감추지 않았다. 그들은 치발薙髮하고 좌임하게 된 부끄러움을 나라 망한 슬픔보다 더 크게 생각했던 것이다. 남명의 충신들인 이명예李明睿와 첨조항詹兆恒에 대해서 질문을 받고 고개를 떨군 채 아무 말을 하지 않은 것은 시세에 구애될까 위축되어 그런 것이니 괴이하게 여길 것이 없다.

누가 누구에게 먼저 마음을 열어 준 것인가? 홍대용이 말하려 한 마지막 논점이다. 그에 따르면, 항주 선비들은 '중화'라는 귀함을 잊고 재주의 민첩함도 내세우지 않으면서 "바닷가의 비루한 오랑캐"인 자신을 마치 옛 친구처럼 상대해 주었다. 그것은 그들이 넓은 국량과 소탈한 기질의 소유자임을 말해 준다. 그렇다면 그런 사람들과 어울려 지낸 것을 두고 어떻게 잘못되었다고 할 수 있단 말인가.[35]

김종후는 홍대용의 주장을 조목조목 반박했다. 청나라를 '비린내 나는 더러운 원수의 땅'이라 생각하는 김종후는 홍대용의 주장을 도저히 받아들이기 어려웠다. 의관이 무너진 시대에 청나라에서 과거에 응시한다는 이유로 항주 선비들을 '제1등인'이 아니라고 하는 논리는 성립할 수 있는가? 김종후에 따르면, 과거에 응시하여 호로胡虜에게 벼슬을 구하는가를 기준으로 제1등인 여부를 판단할 수는 없다. 주자는 과거에 응시하지 않는 사람을 제1등인이라 했을 뿐이다. 오랑캐의 과거에 응시하지 않는 것은 진실로 현명한 선택이겠지만, 그것이 주자가 말한 제1등인의 조건에 부합하는 것은 아니다. 그렇다면 어떤 사람이 제1등인가? 마음을 바르게 하고 몸을 닦으며 성현을 배우는 자, 사물 밖에 뜻을 두고 사욕에 얽매이지 않는 자가 제1등인이다. 여기 호로의 과거에는 응시하지 않았으나 마음을 바로잡지 못하고 몸을 바로 하지 못하며 욕심을 떨치지 못한 자가 있다고 하자. 그런 인물이라면 제2등인, 제3등인이 될 수는 있을 것이나, 그들을 찾아 어울린다 해도 그들이 결코 진중자 같은 사람이 될 수는 없다. 그런데도 군이 오랑캐의 과거에 응시한 자를 찾아서 그와 어울려야만 제1등인 사귀는 것을 고집하지 않고서도 중정한 도에 부합한다고 할 수 있을 것인가. "그대는 항주 선비들에게 제1등인이 되기를 바라지 않지만, 나는 그대가 제2등인이나 제3등인이 되지 않기를 바라니 그렇게 말할 수밖에 없습니다." 김종후는 제1등인 문제를 이 문장으로 마무리했다.

청나라 치하에서 성현이나 "호걸의 선비"들이 멸문의 화를 감수하면서까지 옛 도를 행하려 하지는 않을 것인가? 중궁과 자로가 계씨와 위첩을 섬긴 것은 과거에 응시하려는 항주 선비들의 처신을 정당화하는 근거가 될 수 있는가? 김종후가 문제 삼은 두 번째 논점이다. 김종후가 보기에, 중궁이 계씨에게 존군尊君의 의미를 깨우쳐 주었다면, 자로가 위첩이 제 아비를 거역한 일에 동참하지 않았다면, 그들에게 무슨 허물이 있다 할 것인가? 그렇게 하지 못한 것이 그들의 유일한 잘못이다. 그러나 저 항주 출신 피인彼人들은 중궁이나 자로와는 경우가 다르다. 그들이 과연 청나라 황제를 설득하여 천자의 자리에서 물러나게 하고 '중국인'을 구하여 받들 수 있는 자라고 할 수 있는가? 그렇다고 할 수 없는데도 중궁이나 자로에 빗대어 말한다면 그것을 공평한 언사라고 할 수 없다.

김종후는 이어서 주역에 관한 정이程頤의 해설을 실마리로 삼아 홍대용의 논리적 모순을 파고들었다. 정이가 말했다. "음의 위는 신하의 도이고 부인의 도이다. 후예后羿와 왕망王莽처럼 신하가 존위에 앉는 경우는 그나마 말할 수는 있다. 그러나 여와씨女媧氏와 무씨武氏처럼 부인이 존위에 앉는 경우는 비상한 변고이니 차마 말할 수 없다."[36] 흥망은 상도常道이지만 음이 존위에 있는 것은 변고다. 그것이 김종후가 정이를 읽은 방식이다. 김종후가 보기에, 사람들이 제후가 존위에 있는 것을 반역한 신하보다 더 문제라고 보는 것은 그 음을 경계하기 때문이다. 여자도 사람이지만 그 음 됨을 이렇듯 경계하는데, 하물며 이적은 더 말해 무엇하겠는가. 그렇다면, 중궁과 자로가 난신적자를 섬긴 사례를 끌어다 항주 선비들이 호로에게 벼슬하려는 행위를 정당화하거나, 심지어 계씨나 위첩을 "이적만도 못한 제하"라는 식으로 말해도 좋을 것인가? 그런 논리라면, 저들은 제2등인이 되기에 부족하지 않을 뿐만 아니라 장차 중궁이나 자로 같은 '대현大賢'보다 더 뛰어난 사람이 될 수도 있을 것인데, 제1등인이 될지도 모르는 그들을 굳이 제1등인이 아니라고 하는 것은 또 왜인가? 논리적인 모순이 있는 것이 아닌가? 주역에 대한 정이의 해설을 올바르게 읽은 사람이라면 그런 논리를 구사해서는 안 되는 것이 아닌가?

김종후는 홍대용이 《논어》나 《맹자》를 인용한 방식도 문제 삼았다. 공자나 맹자의 말을 그 맥락을 무시하고 필요한 부분을 자의적으로 인용하지 않았는지 의심했기 때문이다. 홍대용이 거론한 진중자 이야기와 "제하가 이적과 같지 않다"는 말은 각각 《맹자》와 《논어》에서 온 것이다. 《맹자》에 따르면, 진중자는 형이 제나라에서 받은 녹을 부정하다고 먹지 않았으며, 형의 집이 의롭지 못하다며 오릉으로 거처를 옮겼지만, 아내가 주면 불의를 따지지 않고 먹었으며 오릉의 집에 살면서 그 집을 지은 자가 불한 사람인지를 묻지 않았다.[37] 그는 의롭지 않은 방법으로 제나라를 주면 거절할 사람이지만, 친척과 군신과 상하의 도리를 가볍게 여기는 사람이기도 하다. 제나라를 받지 않는 것은 작은 의지만, 인륜을 지키는 것은 큰 의다.[38] 공자가 또 이렇게 말했다. "이적에게 임금이 있는 것이 제하에 (임금이) 없는 것보다 낫다."[39] 김종후의 시각에서 본다면, 맹자는 진중자가 청렴함과 의로움의 진정한 의미를 아는 사람이 아니라고 말했으며, 공자는 임금의 존재가 상징하는 질서와 위계가 무엇보다 중요하다고 강조했다. 그렇다면 진중자를 청렴한 인물로 묘사하고, '이적'보다 못한 '제하'가 있는 것처럼 말한 홍대용은 《논어》와 《맹자》를 제대로 읽은 사람이라 할 수 없다.

김종후의 질문이 토론해야 할 더 큰 문제로 향했다. 명나라는 무엇인가, '중국'은 무엇이며, '중화'는 무엇인가? 김종후는 청 치하의 한족 문인들이 명나라를 생각하지 않는 것 자체를 문제라고 보지는 않았다. "100년이 지나도록 명나라를 생각하는 것이 인정이나 천리에 비추어 불가능하다"는 홍대용의 주장도 크게 문제 삼지 않았다. 김종후에 따르면, 나라가 흥하고 망하는 것은 홍대용의 말처럼 늘 있어 온 일이었다. 그런 기준으로 본다면 명나라가 망한 뒤 100년이 지난 시점에서 명나라를 기억하지 않는다고 해서 그 자체가 문제인 것은 아니다. '삼대三代'나 한나라·당나라에 대해서도 당연히 그렇게 말할 수 있다. 그러나 명나라에 대해서라면 그렇게만 말할 수는 없다. 아무리 시간이 흘러도 명나라를 잊을 수 없는 것은 명조明朝 이후에 '중국'이 없어졌기 때문이다. 그러므로 "저들이 '명조'를 생각하지 않는 것을 꾸짖는 것이 아니라 '중국'을 생각하지 않는 것을 책망하는 것"이다. 항주 선비들이 자신들의 의복을 부끄럽게 여겼다고 하더라도 그것은 지엽적인 문제일 뿐이다. 대화 과정에서 '중국'이 없어진 것을 슬퍼하는 마음을 충분히 드러내지 않았다면 그들을 떳떳한 마음을 가진 자라고 보기 어렵다.

김종후는 홍대용이 '피인'들에 대해 "중화의 귀함"이라는 식으로 말한 대목도 문제 삼았다. 항주 선비들의 "중화 됨"을 귀하게 여긴다는 홍대용의 말은 무엇을 근거로 한 것인가? 사는 곳[居地]인가, 시대[世]인가? 그들이 사는 곳을 기준으로 '중화'라 한다면 청나라 황제도 '중화'일 것이며, 청나라가 중원의 주인이 된 시대를 가리켜 '중화'라고 한다면, 오초吳楚와 만융蠻戎도 성현의 후예가 되지 않을 자가 없을 것이다. 어느 경우든 결코 그들을 '중화'라 할 수는 없는 것이다. 그런데도 홍대용이 '피인'들을 높이고 귀하게 여기는 것은 무엇 때문인가? "나는 기꺼이 동이의 천함이 될지언정 저들 같은 귀함이 되고 싶지는 않습니다." 홍대용의 수사를 결코 납득할 수 없었던 김종후가 그렇게 적었다.

김종후는 또 홍대용이 노호虜號인 강희康熙를 만력이나 숭정 같은 "당당한" 연호와 다를 바 없이 썼다면서 비판했다. 그가 보기에, 자신처럼 대명大明을 지향하고, 효종과 송시열을 추종하는 사람이라면, 문서상 불가피한 경우 이외에는 '노호'를 절대 쓰지 말아야 하기 때문이다. 그런데 홍대용은 '노호'를 아무렇지 않게 쓴 것은 물론, 강희제의 정치를 주나라의 성왕成王과 강왕康王, 한나라의 문제와 경제景帝에 빗대면서도 부끄러워하는 기색이 없었다. 그러다가 언젠가 저 오랑캐 임금을 '강희공康熙公'이라 높이지 않는다고 어찌 장담할 수 있겠는가?

김종후가 이렇게 말했다. "그런데도 그대가 이런 말들을 이렇듯 거리낌 없이 하는 것을 보면 '활달하고 소탈한' 새 친구들에게 배운 것이 있음을 알 수 있으니, '바닷가의 비루한 오랑캐'가 끼어들 일이 아닌 것도 분명하오." '활달하고 소탈하다', '바닷가의 비루한 오랑캐'라는 표현들은 모두 홍대용이 구사한 것들이다. 전자가 항주 선비들의 넓은 국량과 소탈한 기질을 묘사한 수사라면, 후자는 조선인 자신에 대한 겸사다. 김종후는 홍대용이 구사한 표현을 그대로 빌려 와 그의 주장을 정면에서 논박한 것이다. 반어법이지만, 사실상 비아냥에 가깝다.

김종후의 눈으로 본다면, '강희'라는 표현도 문제지만 강희제 이후의 정치를 높게 평가한 대목은 더 문제다. 그에 의하면 우주가 생긴 이래로 많은 나라가 일어섰다가 스러졌다. 그중에는 이적이 '중국'을 무너뜨린 경우도 많았다. 그러나 오랑캐가 지금처럼 오랫동안 대륙을 차지한 적은 없었다. 상황이 그렇다 보니 '중국' 성현의 후예라 해도 청나라가 지배하는 상황을 익숙하게 받아들일 뿐, 화이를 변별해야 한다는 것을 알지 못하는 지경이다. 지사와 인인仁人들이 분통스럽게 여기며 살고 싶어 하지 않는 것은 이 때문이다. 그런데도 홍대용은 저들이 오랫동안 안정적인 상태를 유지하고 있는 것을 칭찬하면서 그런 식으로 유세를 하고 있으니, 어찌 된 일이란 말인가. 우리가 사는 시대가 효종이나 송시열의 시대와 아주 멀다 할 수 없고 시의와 인심이 그 시대와 아주 다르다 할 수 없는데도 이런 주장이 횡행한다면, 뒷날 상황이 달라지면 또 어떻게 될 것인가. "족하는 왜 그런 점들을 깊이 생각하지 않는 것이요?"[40] 김종후가 따지듯 말했다.

홍대용이 김종후에게 다시 답장을 보냈다.[41] 진의가 왜곡되었거나 소통이 되지 않은 부분이 있다고 생각했기 때문이다. 그는 김종후가 제기한 비판의 논점들을 따라 하나하나 해명하고 또 반론했다. 홍대용에 의하면, 자신은 오랑캐의 과거에 응시하지 않는 것을 제1등인의 기준으로 삼은 적도, 저들 항주 선비들을 제2등인으로 여긴 적도 없다. 아무리 뛰어난 재주를 가졌다 해도 이미 과거에 응시한 이상 제1등인이 될 수 없다고 여겼을 뿐이다. 이 지점이 비판의 도마 위에 오른 것은 소통이 원활하게 되지 않은 탓일 수도 있을 것이다. 그러나 분명한 것은 제2등인, 제3등인을 버리고 저들 항주 선비들만을 찾아 사귄 것이 아니라는 사실이다. "제가 군이 오랑캐의 과거에 응시한 자를 찾아서 그들과 어울렸다고 말씀하신 부분은 받아들이기 어려운 주장입니다." 홍대용이 그렇게 말했다.

그는 김종후가 중궁과 자로의 예시를 들어 항주 선비들, 더 나아가 그들과 사귄 자신을 비판한 대목도 받아들이기 어려웠다. 김종후의 주장에 따르면 중궁은 존군尊君의 의미를 깨우쳐 주기 위해 계씨에게, 자로는 아비를 거역하지 않도록 하기 위해 위첩에게 벼슬을 했다. 그러나 과연 그런가. 그들은 녹을 구하지 않으면 안 될 정도로 집이 가난하여 어떤 자리인지를 따지지 않고 벼슬한 것이 아닌가. 현자의 약점은 덮어 둔다는 의리가 중요하지 않은 것은 아니지만, 억지로 인물의 이미지를 만드는 것이 의리에 해가 되는 것도 사실이다. 어지러운 나라에 살면서 악인을 보는 것은 성인이라야 할 수 있는 일이다. 성인이 아닌데도 그렇게 한다면, 중궁과 자로 같은 현자라도 결국 실신失身의 혐의에서 자유롭지 못하게 된다. 김종후는 중궁이 계씨에게 존군의 의미를 깨우쳐 주지 못한 것을, 자로가 위첩이 제 아비를 거역하지 못하게 만들지 못한 일을 비판했지만, 중궁과 자로가 계씨나 위첩 같은 난적亂賊에게 벼슬한 것을 비판하지는 않았다. 그러나 저 항주 출신의 '피인'들에 대해서는 청나라 황제를 설득하지도 못하고 '중국'

을 받들게 하지 못했다고 비판하는 것도 모자라, 시속을 좇아 오랑캐 과거에 응시한 것까지 책망했다. 저 항주 선비들에 대해 그렇게 비판하는 것을 과연 공정하다 할 수 있는가? 그들이 청 치하에서 과거에 응시한 것만을 문제 삼는다면 김종후처럼 말할 수 없는 것은 아니겠지만 설사 그렇다 해도 그들을 대현大賢인 중궁과 자로보다 훌륭하게 처신하지 못한다며 비판할 수는 없는 일이다.

홍대용은 김종후가 주역에 관한 정이의 해설을 끌고 들어온 대목에도 동의할 수 없었다. 아무리 그럴싸한 비유라도 맥락을 감안해야 하기 때문이다. 홍대용에 따르면, 김종후는 적어도 정이를 정밀하게 읽지는 않았다. 정자程子가 말한 것은 여자가 임금 노릇 하는 것이 큰 변고라는 사실이다. 결코 후예와 왕망의 찬역행위를 가볍게 처분해도 좋다는 뜻이 아니다. 그런데도 김종후는 후예와 왕망의 사례를 여주女主의 경우와 구별해서 말했다. 만일 김종후의 논리대로라면 적인걸狄仁傑이 절개를 잃은 것이 양웅보다 심하고, 허형과 조맹부趙孟頫 무리의 죄가 오착具滾과 심읍尋邑 같은 이들보다 심하다고 말해야 하겠지만, 군자는 결코 그렇게 말하지는 않았다.

그가 보기에, 김종후가 "음이 존위에 있는 것은 변고"라는 주장을 정당화하기 위해 "흥망은 늘 있는 일"이라고 말한 대목도 문제다. 결과만을 놓고 본다면 역사상의 흥망성쇠를 그렇게 말할 수 있겠지만, 그런 대비는 정자의 말뜻을 이해하는 데 큰 도움이 되지는 않는다. 만일 김종후의 방식으로 말한다면 계씨가 임금을 내쫓은 것이나 위첩이 아비를 거역한 것이 모두 그럴 수도 있는 일이 되고 말 것이다. 그러나 정자가 어찌 후세인들에게 불충과 불효를 가르쳐서 난신적자가 그것을 구실로 삼을 수 있게 했겠는가? 홍대용이 보기에, 정자가 그럴

리가 없을 테니, 그렇다면 김종후가 정자를 잘못 읽은 것이다.

김종후는 "음이 존위에 있는 것은 비상한 변고"라는 방식으로 정자를 인용한 뒤, 그가 '이적'으로 보는 청나라를 그 음과 동일시하려 했다. 그런데 과연 '이적'이란 어떤 존재인가? 홍대용은 그 점을 되물었다. 그에 따르면, 이적이 '이적'이 되는 것은 예의와 충효의 마음이 없기 때문이며, 살육을 좋아하는 천성에 금수 같은 행동을 하기 때문이다. 아비를 거역한 위첩 같은 자식이나 임금을 내쫓은 계씨 같은 신하야말로 바로 그런 자들이 아니었는가. 지금의 '이적'은 '중국'에서 오래 살아오면서 원대한 계책을 세우게 되어, 예의와 충효를 어느 정도 알게 되었을 뿐만 아니라 살육하는 천성과 금수 같은 행동도 예전처럼 심하지는 않게 되었다. 그렇다면 역사상의 계씨와 위첩을 지금의 '이적'과 비교해서 "이적만도 못한 제하諸夏"라고 말하지 못할 것도 없지 않은가. 이런 뜻으로 한 말을 두고 청나라의 정치와 교화를 칭찬했다고 흠을 잡는다면, 앞으로는 마음을 숨기고 아무 말도 하지 말아야 하는 것인가.

홍대용에 의하면, "이적만도 못한 제하"가 생기는 데도 그럴 만한 이유가 있다. '중국'의 선비가 언제부터인가 몸가짐을 바르게 하지 못하고 변화된 풍속을 편안히 여긴 것이 문제였다. 그들은 늘 하던 것처럼 다른 사람 따라 벼슬길을 찾느라 자기 이름과 몸가짐에 누가 되는 것을 깨닫지 못하게 되었고, 그 결과 옛날 일을 논평하는 선비들로부터 '이적'만도 못하다는 비판을 받는 상황에 이르게 된 것이다. 그들이 기꺼이 그렇게 했다고 말할 수는 없다. 시세가 그들을 그렇게 만들었다. 그러니 '난적'은 이적보다 심하고 복종함이 실신失身함과 다를 바 없다 할 수 있는 것이다. 그렇다면 남에 대해 단점은 버리고 장점만 취한다면, 좀 덜 책망한다면 천하에 아주 버릴 사람은 없는 것이다. 김종후가 주실周室을 높이고 이적을 물리치려 한 것은 《춘추》의 애독자다운 면모이지만, 그런 그가 계씨나 위첩 같은 난신적자에 대해 엄정하게 비판하지 않는다면 그것은 문제가 아닌가?

홍대용은 김종후가 '이적'을 음으로 보고 '이적'의 행위를 금수의 그것과 동일시한 것에 대해 비판하지 않았다. 그러나 이적을 '인人'이 아니라 하는 대목까지 동의할 수는 없었다. 홍대용이 보기에 그런 주장은 '중국'에서 했다고 해도 과한 이야기이니, '동국' 사람들이 한다면 '중국'의 고인古人들로부터 비웃음을 살 뿐이다. 홍대용이 보기에 김종후가 항주 선비들에 대해 대현 운운한 대목도 냉소적인 비아냥에 가까울 뿐이다. "이것은 실로 강론상講論上의 큰 병통입니다." 홍대용은 김종후가 상대의 입을 다물게 만들려 한다며 이렇게 비판했다.

청나라 치하의 한족 문인들이 '중국'의 몰락을 애통해하지 않았는가? 김종후는 홍대용이 그렇게 말한 것처럼 여겼지만, 홍대용은 그것을 부인했다. 잘못된 전언 탓에 김종후가 오해했다는 것이다. 홍대용이 보기에 진실은 그 반대에 가깝다. 그는 그들에게서 '중국'이 없어진 것을 슬퍼하는 마음을 충분히 확인했다고 주장했다. 그의 해명에 따르면, 저 항주 선비들이 '중국'이 없어진 것을 슬퍼하지 않았다면 처음부터 그들을 찾아 사귀지는 않았을 것이다. 그들은 청나라의 시제時制를 찬양할 때면 웃고 즐기는 가운데 속뜻을 담았으며, 옛날을 이야기할 때면 서로 돌아보며 흐느끼기도 하였다. 편지와 시화에서도 청나라 연호를 사용하지 않고 홍대용의 뜻을 따랐다. 그들은 자신을 가련한 여행자, 야밤에 우는 까마귀나 닭에 비유한 시를 짓기도 했는데, 명나라를 생각하는 그들의 마음은 거기에도 녹아 있었다. 시를 보고 그들에게 "말이 공손하지 않아 이심二心에 가깝다"고 말한 적도 있었다. 겉보기에는 책망하는 듯한 말이지만 그 안에 담은 것은 걱정하는 마음이었다. 공자는 나라에 도가 없을 때 행실은 당당하게 하되 말은 공손해야 한다고 했으니,[42] 그런 공자의 말에 비추어 보면 그들이 너무 내놓고 명나라를 사모하는 마음을 드러낸 것이 아니냐는 뜻이었다. 저 청나라에 도가 없는 상황을 아랑곳하지 않은 채 그렇게 하다가 혹시라도 역심을 품었다는 의심을 받아 해를 당하지 않겠느냐는 걱정이기도 했다. 걱정스러운 마음에 그들에게 홍우정洪宇定이 지은 시 구절 하나를 소개했다. "대명천하에 집 없는 나그네요 태백산중에 머리 난 중이로세." 병자호란 후 은둔하기 위해 학가산에 숨은 김상헌과 태백산에 숨은 세족世族들을 노래한 것이다.[43] 그런 정도라면 말이 공손하니 이심二心의 혐의를 받지는 않으리라는 뜻이다. 그들은 무릎을 치며 이 구절을 외우며, 자신이 처한 현실을 부끄러워하고 또 슬퍼했다. 그들이 지은 것들 가운데 "나도 멀리 가고 싶다"거나 "산으로 들어가 고사리나 캘까나" 같은 구절은 그들의 본심이 무엇인지를 잘 보여 준다. '인정'이 있는 사람이라면 이것을 보고 눈물을 흘리지 않을 수는 없는 일이다. 사실관계가 이런데도 잘못된 전언을 듣고 항주 선비들에 대해서 떳떳한 마음이 없다고 단정한다면, 그들이 억울해하지 않겠는가. 홍대용은 김종후에게 그렇게 항변했다.

홍대용은 김종후가 '중화의 귀함[中華之貴]'이라는 표현을 문제 삼으면서 "나는 동이의 천함이 될지언정 저들 같은 귀함이 되고 싶지는 않다"고 말한 장면도 그냥 지나치지 않았다. 홍대용에 따르면, 전에 보낸 편지에서 "중화의 귀함" 운운한 것은 항주 선비들의 입장에서 그렇게 말했을 뿐이다. 결코 그들을 높이고 우러러본다는 뜻은 아니었던 것이다. 그러나 그들을 우러러볼 필요가 없는 것처럼 조선의 '이夷' 됨을 부정할 이유도 없다. 아동我東이 이夷가 된 것은 지계地界가 그렇게 한 것이니 군이 감출 필요가 없는 것이다. 《중용》에 의하면 군자는 자신이 처한 위치에 맞게 행동한다 했다.[44] 그렇다면 '이적'에 처해서 '이적'에게 필요한 도리를 행하면 성인도 되고 현자도 되며 진실로 큰 일을 해낼 수 있으니, '아동'이 이夷된 것을 마뜩찮게 여길 이유가 무엇인가? '아동'이 '중국'을 사모하고 또 본받아 그 '이' 됨을 잊은 지 오래인 것은 사실이지만, '중국'과 비교해 볼 때 그 등급이 같다고 할 수는 없다. 그런데도 좁은 속에 보잘것없는 재주를 가진 자들은 이런 말을 들으면 화를 내거나 부끄러워한다. '동속東俗'이 치우친 까닭일 것이다. 그러나 김종후처럼 고명한 사람조차 이렇게 생각할 줄은 미처 몰랐다. 오초와 만융의 사례 또한 김종후가 보는 것처럼 간단하게 이夷로 치부하고 말 일은 아니다. '중국'에 빗대어 본다면 그들을 천하게 보는 것이 옳지만, 오나라의 계찰과 초나라의 굴원屈原 같은 사람에 대해서는 '중국'의 성현들도 친구로 삼고 높이며 우러러보았기 때문이다. 저 항주 선비들이 불행히도 그 나라가 멸망하여 지금 호융胡戎에게 신하 노릇에 종노릇까지 하고 있기는 하지만, '아동'과 비교해 보면 그 내외의 구분과 출신의 차이는 진실로 하늘이 경계를 지어 놓은 것이니, '아동'이 그들을 높이고 우러러보아 '귀함'으로 여긴다고 하여 안 될 것이 무엇인가.

"청나라 치하의 대륙에서 중국도 중화도 모두 사라졌다고 말해도 좋은가?" 홍대용은 그렇게 묻는 방식으로 김종후의 문제의식을 비판하기도 했다. 그에 따르면, '중국'이란 천하의 '종국宗國'이며, '화인華人'이란 천하의 '종인宗人'이다. 지금 상제上帝가 위세를 떨치고 시운은

북학
427

어그러져서 삼대의 유민과 성현의 후예들이 머리를 깎고 만달滿燵과 다름이 없게 되었으니, 당세의 지사들이 비탄에 잠기는 때이다. 신주神州의 액운이 금나라나 원나라 때보다 10배는 더한 상황이다. 섬겨왔던 지난 세월을 생각하면 애통해하고 상심하기에도 겨를이 없어야 할 때다. 그런데 이 위기를 기회로 도리어 위해를 가하고, 정위正位가 비어 있는 틈을 타서 은연중에 '중화'를 자처하려 드니, 그런 김종후의 발상은 납득할 수 없다.

홍대용은 강희康熙라는 연호를 쓴 것, 청나라의 정치에 대해 우호적으로 평가한 것에 대해서도 해명하지 않을 수 없었다. 그에 의하면, 전에 편지에 쓴 강희라는 표현은 그들의 기년紀年을 따라 쓴 것일 뿐이다. 결코 청나라의 우두머리를 천자로 높이거나 황제로 칭한 것이 아니다. 세간의 관행에 따른 것을 두고 "만력이나 숭정 같은 당당한 연호와 다를 바 없이 썼다"고 비판하는 것은 구절을 짜 맞추어 억지로 혐의를 만들려는 것에 가깝다. 강희제 이후 청나라의 정치를 높이 평가한 대목 역시 청나라 황제를 높이려던 것은 아니다. 실상이 그렇다는 것을 적었을 뿐이다. 저 항주 선비들이 그런 사회 분위기 속에서 과거에 응시한 것이므로 그들을 심하게 허물할 필요가 없다고 주장하려 했기 때문이다. 주자의 문하에서도 금나라 오랑캐에 대해 '소요순小堯舜'이나 '대요순大堯舜' 운운한 사례가 있었던 것에 비추어 본다면, 청나라의 실상이 그렇다는 것을 사실 그대로 말하는 것은 청나라를 원수로 보거나 천하게 여기는 것과는 전혀 다른 문제다. 사실이 그런데도 없는 일을 마치 있는 것처럼 꾸며서 비판해서야 되겠는가?

"새 친구"와 "바닷가의 비루한 오랑캐" 운운하며 해댄 비야냥은 실소를 자아내게 할 뿐이다. '유세'한다는 비판도 사실과는 거리가 먼 주장이다. 물론 청나라의 실상에 대한 견해가 달라서 생긴 문제이니, 이렇게 책망하는 자체를 이상하게 여길 일은 아닐지도 모른다. 그러나 김종후가 효종과 송시열을 인용한 뒤, "강희공" 운운한 대목은 도저히 참기 힘든 모욕이다. "제 말의 전후 맥락을 끊어 낸 채 강희공이라는 세 글자를 써서 거리낌 없이 남을 함정에 빠뜨리니, 너무나 심하지 않습니까." 홍대용이 그렇게 항변했다.

홍대용이 보기에, 저들 항주 선비들은 취할 만한 재주가 있고 이해해 줄 만한 사정이 있는 사람들이었다. 천리나 인정에 비추어 사귀지 말아야 할 이유가 없었기 때문에 그들에게 마음을 열었던 것이다. 전에 보낸 편지에서 누누이 그 점을 말했다. 비유가 적절치 못하고 말주변이 부족해서 사소한 오해를 살 수는 있었겠지만, 진실이 그런 것이었으니 김종후에게 그렇게 심하게 비난받아야 할 일은 아니었다. 김종후는 지난 편지를 빌미로 견제하고 공격하는 과정에서 대의를 들어 비판하기도 하고 적변賊邊으로 단정하기도 했지만, 내 마음이 떳떳하니 그런 비판에 끌려다니거나 억지로 동의할 수는 없는 일이다.

홍대용은 김종후가 항주 선비들을 한나라 이릉李陵과 비교했다는 사실을 사촌동생으로부터 전해 들었다. 한나라 장수였던 이릉은 흉노와 싸우다가 결국 살기 위해 항복했다. 그는 그렇게 처신함으로써 조상을 더럽혔을 뿐만 아니라 절개를 지키지 못했다. 김종후는 이릉의 실절失節을 부득이한 것으로 보면서 그것이 항주 선비들이 과거에 응시하기로 한 결정보다는 낫다고 평가했지만, 홍대용은 그런 평가에 동의할 수 없었다. "이이李珥가 허형에 대해 평가한 것을 보시지 못하신 것인가요?" 홍대용이 되물었다. 원나라에서 벼슬한 허형에 대해 "실신失身한 것은 맞지만 실절失節한 것은 아니"라고 한 이이의 말을 들어 반박했던 것이다.[45] 홍대용의 눈높이에서 말한다면, 실절한 이릉을 실신한 항주 선비들보다 낫다고 한 김종후의 견해는 이이의 평가와 충돌한다. 이이가 맞다면 김종후가 틀린 것이다. 저 항주 선비들도 실신한 것은 맞지만 실절까지 한 것은 아니니, 이이가 틀리지 않았다면 저들의 '실신'을 이릉의 '실절'보다 박하게 평가할 일은 아니다.

역외춘추域外春秋와 동이

'중화'와 '이적', '중국'과 '동국'에 대한 통찰은《의산문답》에서 깊어지고 또 넓어졌다.《의산문답》은 홍대용 만년의 저작이다.[46] 그 글에 담긴 혁신적인 주장들은 많은 연구자를 매료시켰다. 1960년대 이후 학자들이 홍대용의 생각을 두고 실학 사상, 북학 사상, 평등 사상이라고 불렀을 때 그 글을 유력한 근거의 하나로 삼았던 것은 의심의 여지가 없다. 정인보鄭寅普(1892~?)도《의산문답》의 독자 가운데 한 사람이었다. 그는 1939년《담헌서》간행 과정에 깊이 개입했으며,《담헌서》에 서문을 썼다. 그는 이 글에서 홍대용의 문제의식에 대해서 음미할 만한 통찰을 보여 주었다.[47]

정인보에 따르면, 학술이란 인간사의 성패와 직접적인 연관을 가진 것이어서, 학술의 근본을 잘 지키면 덕을 바르게 하고 이용후생할 수 있지만, 그렇지 못하면 모든 일이 어그러진다. 근고近古의 시대에도 그런 일이 있었다. 사람들은 정치적 견해나 경제적 이해관계에 따라 상대를 공격했다. 서로를 물과 불, 얼음과 숯처럼 서로 섞일 수 없는 존재로 여기면서,《춘추》를 근거로 삼아 자신을 정당화했다.《춘추》를 상반된 방식으로 끌어다 쓴 것이다. 그러나 근본과 말단, 자기와 타인의 구별에 관한 《춘추》의 진정한 정신을 이해하지 못했다는 점에서 보면, 그들은 다를 바 없는 사람들이었다.

정인보가 보기에 《의산문답》은 바로 그런 점을 분명히 밝혔다는 점에서 특별하다. 그에 의하면, 홍대용은 세상사가 어그러진 원인을 학술이 근본을 잃은 것에서 찾았다. 학술이 그렇게 되자 사람들은 자신과 타인이 누구인지를 알지 못하게 되었으며, 허虛는 위僞를 낳고 위僞는 다시 허虛를 낳게 되었다. 결국 '실심實心'과 '실정實政'은 기대하기 어려운 세상이 된 것이다. 홍대용이 허자와 실옹이 문답하는 형식의 글에서 '허실'의 문제를 가장 먼저 논의하면서 학문이 천하를 현혹시키고 어지럽혔다고 비판한 것은 그런 이유 때문이다. 공자와 주자의 학술 자체에 문제가 있었다는 뜻이 아니다. 공자와 주자의 계승자들에게 오류가 있었다는 의미다. 그들은 "현자의 성취를 숭상했으나 그 참의미를 잊었으며, 그들의 말을 익혔으나 그 뜻을 잃었다. 정학正學을 받들었으나 내세우려는 마음 때문이었고, 사설邪說을 배척했으나 이기려는 마음 때문이었다. 인仁으로 세상을 구제하는 것은 권력을 향한 욕망에서 말미암았으며, 명철함으로 몸을 보존하는 것은 이기심에서 비롯되었다. 그 결과 온 천하가 허로 치닫게 된 것이다."

정인보에 따르면, 《의산문답》의 논점이 허와 실의 문제로부터 우주와 천문으로 이어지는 것은 결코 우연한 현상이라 할 수 없다. 현실의 천하가 허로 가득하게 된 것이 《춘추》에 담겨 있는 구별의 의미를 제대로 알지 못했기 때문이라면, 이제 그 점에 대해서 자세하게 밝히면 그만일 텐데, 홍대용은 그렇게 하지 않았다. 《춘추》를 오독해 온 역사가 너무 오래되어 이미 고질이 되었기 때문이다. 그런 상태라면 다른 예시가 불가피하다. 그는 '천문신학天文新學'의 원리를 빌려 설명했다. 일식·월식·조수·지진 등 각종 천문 현상과 자연 현상이 모두 정치와 무관하다는 것, 분야설分野設이나 오행에 관한 수리적數理的 해설이 근거가 없거나 견강부회에 가까운 것이라는 사실을 분명히 밝혔다.

정인보의 방식으로 말하자면, 홍대용은 우주와 천문의 사례를 통해 근본보다 말단에 집착해 온 도술에 어떤 문제가 있었는지를 보여 주려 했다. 그런데 그런 시야에서 보면, 《춘추》를 오독해 온 것도 천문 현상에 대한 자의적인 설명만큼이나 심각한 문제다. 홍대용이 곧이어 논의를 《춘추》로 되돌린 것은 그런 이유 때문이다.

> 공자는 주나라 사람이요, 《춘추》는 주나라 역사서이니 공자가 자신을 내內라 하고 남을 외外라고 한 것은 당연하지만, 만약 공자가 구이九夷 사람이었다면 그 존왕양이의 의리에 비추어 볼 때 당연히 역외의 《춘추》를 지었을 것이다.

홍대용은 공자가 《춘추》에서 내외를 구별한 의미에 대해 그렇게 말했다. 공자가 자기와 남을 구분한 것은 의심의 여지가 없지만, 사실의 말단에 집착할 것이 아니라 그 문제의식의 근본을 이해해야 한다는 뜻이다. 누군가 홍대용을 알려고 한다면, 그가 근본과 말단, 자기와 타인을 구별한 진정한 뜻을 이해하지 않으면 안 된다.[48] 그것이야말로 홍대용이라는 인물이 가진 생각의 정수이기 때문이다.

'화이'와 '역외춘추' 이야기는 《의산문답》의 말미에 등장한다. 허자가 물었다. "공자가 《춘추》를 지어서 중국을 내로 하고 사이四夷를 외로 하였으니 화이의 구분은 이처럼 엄정한 것인데, 왜 실옹께서는 이적이 대륙의 주인이 되었던 고금의 변變을 두고 인사와 천시天時의 결과라 말하십니까?" 실옹이 답했다. "천지간에 다양한 사람, 군왕, 방국, 풍속이 있지만 하늘로부터 본다면 내외의 구분이 없을 것이다. 그렇기 때문에 '화'는 '화'대로, 또 '이'는 '이'대로 자기 사람을 친하게 여기고 자기 임금을 높이며 자기 나라를 지키고 자기 풍속을 편안히 여기는 것은 화나 이나 마찬가지다."

"하늘에서 보면 내외의 구분이 없다"는 말은 "천지간에 다양한 사람, 군왕, 방국, 풍속이 있다"는 말과 합쳐져서 온전한 하나의 의미를 이룬다. "화나 이나 마찬가지다"는 말도 같은 의미다. 결코 '내외'가 없다거나 '화이'가 구분되지 않는다는 뜻이 아니다. 실상은 그 반대에 가깝다. '내외'에 관해 실옹이 이렇게 말했다.

천지가 변하자 인물이 번성했고, 인물이 번성하자 물아物我가 생겼으며, 물아가 생겨나자 내외가 나뉘었다. 한 몸으로 말한다면 장부臟腑는 내이며 지절肢節은 외이고, 한 집안으로 말한다면 팔다리는 내이고 처자는 외이다. 한 문중으로 말한다면 형제는 내이고 종당宗黨은 외이며, 한 나라로 말한다면 인리鄰里는 내이고 사경四境은 외이다. 또 천지로 말한다면 동궤同軌는 내이고 화외化外는 외이다.

실옹이 말한 동궤와 화외는 허자가 말한 '중국'과 '사이四夷'에 짝한다. 실옹이 보기에, '화이'를 구분할 수 있는 것처럼 '내외'도 구분할 수 있다. 그에 따르면, '화이'는 서로 구분되지만 사람, 군왕, 방국, 풍속과 관련하여 자기의 방식을 가지고 있다는 점에서는 '화'나 '이'가 같다. 중요하게 여기는 것은 다르지만, 자기의 방식에 따라 무엇을 중요하게 여긴다는 그 사실 자체는 다를 바 없다는 뜻이다. 그렇다면 '중국'과 '사이'가 하는 침략행위도 얼마든지 같은 식으로 설명할 수 있다. 남의 것을 뺏는 것을 도盜라 하고, 죄 없는 자를 죽이는 행위를 적賊이라 하며, 사이四夷가 '중국'을 쳐들어가는 것을 '중국'이 구寇라 하고, '중국'이 '사이'를 치는 것을 '사이'가 적賊이라 하는 것은 사람들이 각각의 행위를 다르게 보기 때문일 것이다. 그러나 그런 모든 행위는 서로 침략하고 서로 죽인다는 사실 그 자체로 보면 전혀 다를 바 없다.

실옹이 그렇게 말했던 이유는 무엇인가? '화이'를 엄정하게 구분하는 것은 고금의 변變을 인사와 천시의 결과로 간주하는 것과는 층위가 다른 문제이며, 따라서 병존할 수 있다고 주장하기 위해서였다. 실옹의 논리에 따르면, 춘추시대가 되자 주실周室은 날로 권위가 떨어지고 제후들은 쇠약해졌다. 오나라나 초나라가 '중국'을 침략하는 일도 벌어졌다. 그것은 "고금의 변" 중 하나다. 《춘추》는 그 시대를 적은 역사책이다. 공자의 입장에서는 주나라를 내로 하고 '사이'를 외로 하여 내외를 엄하게 구분하는 역사 서술을 하지 않을 수 없었을 것이다. 그것은 전적으로 옳다. 그러나 '고금의 변'이라는 현실 그 자체가 인사와 천시의 결과라는 점을 감안해야 한다. 그런 현실 속에서 공자는 바다 건너 구이의 땅에 들어가 살고 싶어 했다. 만일 실제 그런 일이 벌어졌다면, 공자는 그곳을 '용하변이'하여 주나라의 도를 '역외'에 일으켰을 것이며, 그 연장선상에서 노나라의 《춘추》가 아니라 역외의 《춘추》를 저술했을 것이다. 어떻게 그런 일이 가능할 수 있는가? 공자는 결코 대륙이냐 구이의 땅이냐를 따지려 하지는 않았기 때문이다. 공자가 성인으로 추앙받을 수 있는 이유가 거기에 있다.

"공자가 진정으로 중요하게 여긴 것은 내외를 구별하고 존양尊攘의 뜻을 밝히는 일이었다." 홍대용이 실옹의 입을 빌려 그렇게 말했다. 공자는 '화이'나 '내외'를 구별할 필요가 없다고 말하지 않았다. 그것들이 서로 평등하다고 말하지도 않았다. 공자는 다만 그것들을 구별하여 존양의 뜻을 구현하는 것이 중요하다고 말했을 뿐이다. '고금의 변'이 인사와 천시의 결과라는 점을 고려한다면, 구이의 땅을 '용하변이'하여 주나라의 도를 역외에 펼치는 일, 역외의 《춘추》를 쓰는 일이야말로 공자가 《춘추》에서 '화이'와 내외를 구별한 진정한 의미에 부합한다. 정인보의 방식으로 말한다면, 그것이 공자의 뜻을 말단이 아니라 근본에서 포착하는 방식이기 때문이다. 그것이 '화'와 '이', 내와 외, 자기와 타인의 구별에 관한 《춘추》의 진정한 정신을 구현하는 일이기 때문이다.

홍대용이 "내외의 구분이 없다"거나 "화나 이나 마찬가지"라고 말하면서 "하늘에서 본다면"이라는 가정적인 화법을 구사하는 장면을 보자. 그는 《의산문답》의 전반부에서 인사과 물物의 관계를 논할 때도 이미 같은 논리를 구사했다. 실옹이 물었다. "인간과 초목과 금수는 모두 생명을 가진 존재이지만, 초목은 지知는 있어도 각覺이 없고, 금수는 각覺이 있으나 혜慧가 없다. 그렇다면 이 셋 사이에 귀천이 있는가?" 허자가 답했다. "금수나 초목은 각覺이 없거나 혜慧가 없으며, 예도 없고 의도 없으니, 인간이 가장 귀합니다." 허자가 보기에 초목에게 각이 없고 금수에게 혜가 없다는 점은 실옹도 인정했으니 결국 귀천을 결정하는 것은 예의의 유무이고, 그렇다면 예의를 가진 인간이 가장 귀한 존재일 수밖에 없다. 그렇다면 초목이나 금수에게 예의가 없는가? 실옹의 질문은 그런 것이었다. 실옹이 말했다. "오륜과 오사

五事가 인간의 예의라면, 무리 지어 다니며 길러 주는 것은 금수의 예의이며, 무성하게 피어 질서를 이루는 것은 초목의 예의다. 사람의 입장에서 물物을 보면 사람이 귀하고 물이 천하지만, 물의 입장에서 보면 물이 귀하고 사람이 천하니, 하늘의 입장에서 보면 인과 물은 균均하다."[49]

《의산문답》을 관통하는 홍대용의 문제는 무엇이었는가? "하늘에서 본다"는 가정을 치밀하게 독해하기 위해서는 그렇게 묻지 않을 수 없다. 여기 인과 물, 내와 외, 화와 이, 자기와 남이 있다. 홍대용의 방식으로 말한다면, 하늘에서 보는 것은 인人·내內·화華·자기를 귀하게 여기거나 반대로 물物·외外·이夷·남을 천하게 여기는 것이 부당하다는 사실을 깨닫게 해준다는 점에서 중요하다. 그런데 주의할 점이 있다. "하늘에서 본다"고 해서 인과 물, 내와 외, 화와 이, 자기와 남이 "같다"거나 "마찬가지"라고 말할 수는 없다. 그것들은 각자 그렇게 되는 이유가 있다. 그렇다면 구별되지 않는다거나 구별할 필요가 없다고 말해서는 안 된다. 그것들은 서로 구별되는 것이자, 이미 주어진 상수常數다. 문제는 어떤 것을 귀하게 여기거나 천하게 여기는 과정에서 사람들이 말단에 집착했다는 데 있다. "하늘에서 본다"는 점을 의식하지 못했기 때문이다. 그렇다면 말단의 시야를 넘어서는 것에서 출발해야 한다. 근본으로 돌아가 인과 물, 내와 외, 화와 이, 자기와 남을 구별하는 일이다. 공자라면 구이의 땅을 '용하변이'한 뒤 역외의 《춘추》를 저술했을 것이니, 근본으로 되돌아가 "내외를 구별하고 존양의 뜻을 밝히는" 것이야말로 바로 그런 것이 아니겠는가?[50]

안동 김씨 김재행이 한족 문인 엄성 등과 만났을 때 김재행의 옆에는 조선인이 한 사람 더 있었다. 홍대용이었다.[51] 이덕무는 홍대용과 엄성의 우정에 대해 이렇게 노래했다.

하늘가에 지기의 벗을 맺었으니/ 생사가 궁금함에 슬픈 한숨 많다네/ 내가 옆에서 한탄하는 것 들었기에/ 그대의 그 허전해함을 위로하노라/ 동방의 한 고매한 선비여/ 정말 벗할 만하네.[52]

이덕무의 시야에서 보면, 홍대용 역시 "중원을 좋아하고 견문을 넓히려" 노력했던 것이다. 그러나 모든 사람이 그런 노력을 적극적으로 평가한 것은 아니다. 김종후는 이덕무와 친분이 있었지만,[53] 홍대용의 '노력'을 인정할 수 없었다. 그가 보기에 필요한 것은 그런 '노력'이 아니라 '중국을 잊지 않으려는 몸부림'이었기 때문이다.[54]

《대동풍요》에 붙인 서문에서 홍대용은 이렇게 말했다. "조선은 진실로 동방의 이夷여서 풍기風氣가 좁고 얇으며 방음方音도 알아듣기 어려운 데다가 시율詩律의 정밀함은 중화에 한참 미치지 못한다."[55] 그것은 물론 '분分'의 차이로부터 비롯된 측면도 있다. 그러나 노력으로 극복되지 않는다고 할 수도 없다. 그런데도 조선 선비들은 "넓은 소매의 옷을 입고 큰 갓을 쓴 채로 경망스럽게 스스로 기뻐하거나 조그만 일에 만족"하고 만다. 넓은 소매의 옷과 큰 갓이 상징하는 것은 '중화'의 예악 문물이다. 홍대용의 눈에 비친 조선 선비들은 '중화'에 비해 한참 동떨어진 조선의 현실을 자각하지 못한 채, "조선이 중화 문화의 계승자"라며 거들먹거릴 뿐이다.

〔조선은 중국의 예악 문물을 자기화했고, 마침내 조선 자신을 중화 문화의 유일한 계승자로 여길 수 있게 되었다. 그러나 아무리 그렇게 주장한다 해도 조선은 원래의 중화와 같을 수는 없다. 둘 사이에는 엄

연한 차이가 있다. 그러니 지금 필요한 것은 그 한계를 넘어서기 위한 노력이다. 무엇이 중요한가. 존주를 말하고 조선을 중화 문화의 계승 자라고 말하는 것도 무의미한 것은 아닐 것이다. 그러나 청나라에 계 승된 중화의 다른 유제들에 주목하고 적극적으로 배우는 것이 훨씬 더 중요하지 않은가.)[56] 홍대용이 행간에서 그렇게 말했다. 홍대용이 조선의 언어를 '이풍夷風'으로 규정하고 부끄러워했던 장면은 되새겨 볼 만하다.[57] 물론 이런 생각을 그가 처음 한 것은 아니다. 북벌을 주 장했던 안석경도 동방의 '어음'을 못내 아쉬워했다. 북벌을 주장하는 안석경과 북학을 주장하는 홍대용은 너무 멀리 있지만, 언어 문제에 관한 한 같은 목소리를 냈던 것이다. 그런데 그 목소리가 향하는 방향 이 다르다. 안석경에 따르면 조선은 어음을 제외한 나머지 모든 면에 서 '중화 문화'를 내면화해 왔으며, 명나라와 특별한 관계를 가져 왔 다. 그러니 그 '어음' 때문에 조선을 '이적'이라 할 수는 없다. 홍대용 에게 '조선의 어음'은 생활 세계에서 조선의 낙후함을 상징하는 키워 드이다. 낙후함을 인정하는 것은 조선이 태생적으로 '동이'였음을 인 정하는 것과 같다. 벽돌과 수레는 청에 계승된 '중화' 문물의 선진성 을 상징하는 것들이다. 홍대용이 보기에, 벽돌과 수레를 들여와야 하 는 것은 '동이'의 그런 낙후함을 넘어서기 위해서다.

박제가朴齊家(1750~1805)도 홍대용처럼 조선의 낙후함을 인정하고 청나라에 이어진 한나라·당나라·송나라·명나라의 유제遺制들에 주 목했다. 박제가에 따르면, "아국은 신하로서 명나라를 200년간 섬겼 다." 임진왜란이 일어나자 만력제 신종은 천하의 군대를 동원하여 왜 적을 몰아냈으니, 동방 백성의 털끝 하나도 '재조'의 은혜 아닌 것이 없었다. 불행히도 명나라가 망하여 천하 백성이 변발辮髮하고 오랑캐 옷을 입게 되자 조선에서는 춘추존양春秋尊攘을 말하는 사대부들이 이어졌다. 그 유풍이 지금까지 남아 있으니 훌륭하다 하지 않을 수 없다. 그러나 "청나라가 천하를 차지한 지 이미 100년이 흘렀다." 그 청나라에 명나라 백성의 재산이 그대로 남아 있으며, 집을 짓고 수레를 만들고 경작하는 방법은 그대로 이어졌다. 명나라 사대부 가문들도 그대로 남아 있다. 그런데도 그들까지 싸잡아 오랑캐 보듯 하면서 그법까지 팽개치는 것은 옳지 않다. "성인은 백성들에게 이익이 되는 것이라면 비록 혹시라도 오랑캐에서 나온 것이라도 그 제도를 택할 것인데, 하물며 중국의 옛 땅에서 나온 것이야 더 말할 것도 없다."[58]

청나라가 들어선 지 100년이 지났을 뿐만 아니라 청나라에 '중국의 옛 땅'에서 나온 실용적인 제도가 계승되고 있으니 그것을 취하는 것은 춘추존양과 충돌하지 않는다는 주장이다. 결국 박제가는 북학이 존주와 모순되지 않는다는 논리로 사람들을 설득하려 했던 셈이다.[59] 그 글의 제목이 〈존주론〉이고, 그 글을 담고 있는 책의 이름이 《북학의》인 것이 의미심장하다. '춘추존양'이 '존주'의 다른 표현이라면, "중국의 유제를 취하는 것"이 의미하는 것은 '북학'이다. 대륙의 주인이 바뀐 이후 조선에서 중화는 '존주'라는 단어와 같이 쓰여 왔다. '존주'만을 의지해 왔던 사람들에게 언제나 명나라는 '황명'이며, 청은 '오랑캐'였다. 박제가는 이 글에서 명나라와 청나라를 '황명'과 '오랑캐' 대신 '명조'와 '청'이라 불렀다. 상대적으로 객관화된 시선이다. 그러나 그런 그도 결코 청을 "중국"이라 부르지는 않았다는 사실이 중요하다. 청은 100년 이상 안정적으로 '중국'을 차지하고 있을 뿐 결코 '중국'은 아니라는 문제의식이 묻어난다.

박제가의 시야에서 보면, 조선이 배워야 할 그 법은 청나라가 아니라 "중국의 옛 땅[中國之故]"으로부터 나온 것이다. '존주'는 그래서 여전히 중요하다. 결국 박제가에게 문제가 되었던 것은 명나라냐 청나라냐가 아니었다. '중국'을 어떻게 내면화할 것인가? 그것이 중요했다. 그런 눈으로 보면 명나라는 '중국'의 일부이며 청나라는 명나라를 거쳐 이어져 온 '중국'의 유제를 100년 이상 유지하고 있는 주체다. 존주론은 여전히 유효하다 할 수 있지만 그것은 '중국'을 내면화하기 위한 한 가지 방법일 뿐이다. 청나라가 100년 이상 중원을 안정적으로 지배하고 있는 상황을 고려한다면, '중국'의 유제를 배우는 일은 존주론과는 다른 층위에서 '중국'을 내면화할 수 있는 길이다. 여기에 집중해야 한다. 이것이 〈존주론〉에 담긴 박제가의 메시지다. 박제가가 조선의 언어를 버리고 중국어를 써야 한다고 주저 없이 말했던 것도 이런 맥락에서 독해되어야 한다. '조선'의 '중국화'를 시도했던 박제가에게 '중국'은 내부이며 '조선'은 외부였던 것이다.[60] 그가 주장한 북학의 이념적 기저에 '중화'가 있었음은 의심의 여지가 없다.[61]

박제가가 《북학의》를 지어서 정조에게 올리며 이렇게 말했다.

> 신이 어려서 연경을 다녀와서 중국의 일에 대해 즐겨 말하였더니 사람들이 지금의 중국은 옛 중국이 아니라고 하면서 저를 심하게 비웃고 비난했으니, 지금 이렇듯 진언하는 내용도 그때 비웃음을 받거나 비난받은 이야기와 다르지 않습니다만 이 구상이 아니면 달리 드릴 말씀이 없습니다.[62]

박제가가 거듭 거론한 것이 청나라가 아니라 '중국'이라는 사실은 의미심장하다. 그가 보기에, 조선이 배워야 할 곳은 '중국'이다. 그것은 중원에 남겨진 한나라·당나라·송나라·명나라의 유제다. 적어도

그의 시야에서 그 '중국'이 청나라의 그늘 아래 있는가 어떤가는 그리
중요한 문제는 아니었다.

3장

오랑캐다움을
어떻게 볼 것인가

북학과 좌임左袵

북학을 해야 한다는 소신은 홍대용이나 박제가의 것만은 아니었다. 《열하일기》의 저자인 박지원도 그렇게 생각했다. 그는 박제가의 《북학의》에 서문을 붙이기도 했다. "학문의 길은 묻고 배우는 데 있다"는 선언이 서문의 첫머리를 장식하고 있다. 글을 이렇게 시작한 것은 조선 선비들이 순 임금과 공자처럼 묻지 않고 있음을 질타하기 위해서였다. 박지원에 따르면, "오동의 선비들은 구석진 곳에서 치우친 기운을 타고나서 자기가 사는 곳이 제일인 양 여기고 살아 왔다." 자기 한계를 인식하지 못한 채 자존감만 높은 것이 결국 남을 무시하는 태도로 이어졌다. 조선 선비들은 "'지금 중국에서 주인 노릇 하는 자는 이적이라 하면서 중국의 옛 법마저 모두 무시해 버린다."[63]

조선 선비들이 묻지 않고 배우지 않는 것이 "한쪽 구석에서 태어나

편벽된 기운을 타고 났기 때문"이라고 말하는 장면이 눈에 띈다. 그런데 청나라에서 배워야 하는 이유는 무엇인가. 이어지는 단락의 논점이다. "만주족이 치발에 오랑캐 복장[左袵]을 하고 있기는 하지만 그들이 점거하고 있는 땅은 삼대 이래 한나라·당나라·송나라·명나라의 함하[函夏]이며, 그 땅 안에 살고 있는 사람들은 그 유민이다. 법과 제도가 훌륭하다면 오랑캐에게도 배워야 할 텐데, 하물며 중국의 옛 법을 배우지 않을 수 있는가?"[64] 북학을 해야 한다고 주장하는 이 대목은 박제가가 〈존주론〉에서 강조한 논점과 정확하게 일치한다.

홍대용·박제가·박지원 등이 화이론을 극복했다고 보는 입장에 서면 그들의 존주론이나 존명의식은 반대파들에게 '북학'의 정당성을 주장하기 위한 수사나 외피처럼 보일 수도 있다. 그러나 그들은 '존주'와 '북학'을 대척점에 놓고 생각하지 않았으며, '중국'을 내면화하는 문제를 고민했다. 그렇다면 그들을 화이론의 지지자였다고 말하지 않을 수 없다.[65] 그들도 앞세대의 문인들처럼 조선의 편재성을 인정했으며, 청나라를 '중국'으로 여기지도 않았다.

그들이 특별한 것은 '중화' 문화를 계승했다는 자존감에만 매달리지 않으려 했다는 데 있다. 그들은 자존감의 약한 고리를 공격했으며, 백성들의 일상에 도움이 될 만한 것들을 '중화'의 유제로 간주했다는 점에서 결정적으로 달랐다. 홍대용·박제가·박지원 등의 생각은 청나라 지배하의 중원에서 "사도[斯道]를 자임하는 호걸"을 만날 수도 있다고 여겼던 김창협의 문제의식과 통하며, 김창협의 노력을 예찬한 이덕무의 문제의식과 이어진다. 그들도 존명의식의 소유자였으며, 존주론에 동의했다. 다만 그들은 대보단 건립 이후 조선 사회에 생겨난 자부심에 기대는 것보다는 청나라에 남아 있는 '중화'의 유제들을 받아들여 낙후된 조선의 생활 세계를 개선해 나가야 한다고 주장했을 뿐이다. 수레와 벽돌이 상징하는 것들이야말로 그들에게는 좀 더 시의성 있는 '중화' 문화였던 것이다.[66]

박지원은 청나라가 '인仁한 정치'로 '천명'을 받았음을 인정했다는 점에서 특별하다. 《열하일기》의 〈호질虎叱〉은 그런 지점을 잘 보여 준다.

이 글은 비록 작자의 이름은 없으나 아마도 근세에 화인華人이 비분강개하여 지은 것이리라. 세상의 운세가 긴 밤 안으로 들어가고 이적의 화가 맹수보다도 심하게 되었는데도, 부끄러움조차 없는 선비는 알량한 문장을 주워모아 세상에 아첨하였으니, 그런 자야말로 남의 무덤을 몰래 파서 재물을 챙기는 유자儒者일 것이라 승냥이나 이리도 더러워 물어가지 않을 것이다.

박지원은 〈호질〉에 붙인 논평을 그렇게 시작했다. 이야기를 읽어 본 감상이 이어진다. "지금 이 글을 읽어 보니, 이치에 어긋난 말이 많아서 거협胠篋과 도척盜跖의 이야기와 다를 바 없을 정도이기는 하지만, 천하의 뜻있는 선비들이 하루라도 중국을 잊을 수 있단 말인가?"[67] 이 서사에서 호랑이는 청나라이며, 북곽 선생으로 대표되는 선비는 그런 청나라 치세에 아첨하는 선비이다. 그런데 '이치에 어긋난 말'은 누구의 말인가? 화인인가, 호랑이인가, 북곽 선생인가? 그 말의 내용은 무엇인가? 거협과 도척의 이야기에서 그 실마리를 찾을 수밖에 없다.

《장자》 거협편에 이런 이야기가 있다. 작은 도둑으로부터 물건을 지켜 내려면 상자를 끈으로 묶고 자물쇠를 채워야 한다. 그러나 큰 도둑이 들면 상자를 옆구리에 끼고 달려가면서 자물쇠나 끈이 단단하지 못할까 걱정한다. 그렇다면 그 지혜란 결국 큰 도둑을 위해 쌓아 둔

데 불과한 것이 아닌가?[68] 물건을 지키려는 지혜가 결국 큰 도둑에게 득이 되는 꼴이다. 박지원이 거협을 거론한 이유는 도척을 인용하는 장면에서 좀 더 분명해진다. 도척 이야기도 《장자》에 그 근거가 있다. 무리 중 한 사람이 도척에게 물었다. "도둑질하는 데도 도가 있습니까?" 도척이 답했다. "어디엔들 도가 없겠느냐? 방 속에 감추어진 재화를 멀리서 바라보는 것만으로 짐작할 줄 아는 것이 성聖이다. 먼저 들어가는 것이 용勇이고 뒤에 나오는 것이 의義다. 가부를 아는 것이 지知고, 고르게 나누는 것이 인仁이다. 이 다섯 가지를 갖추지 않고 큰 도둑이 된 자는 천하에 아직 없다."[69]

성·용·의·지가 모두 도적질에 필요한 소양이라면, '인'은 훔친 재물을 처리하는 원칙에 해당한다. 박지원의 현실에서 도적은 누구인가? '중국'을 훔친 청나라다. 그런데 그 청나라가 도둑질한 물건을 고르게 나누어준다면, 그것을 "인仁한 도적"이라 하지 않을 수 없다. 거협편을 가지고 말한다면, 지혜는 '중화'의 유제이며, 큰 도둑은 청나라다. 다시 도척의 이야기로 돌아가 보자. 도적에 대해 '인'하다고 하는 것은 이치에 어긋난 말이며 일종의 형용모순이지만, 그것이 현실이라는 점도 부정할 수 없다. 청나라는 도적이지만 '중국'을 훔친 청나라가 "인仁한 정치"를 펴 왔다면 그렇게 말하지 않을 수 없기 때문이다. 그렇다면 청나라는 위선자인 북곽 선생을 꾸짖는 호랑이처럼 굴지 못할 이유가 없다.

북곽 선생이 위선자인 것은 겉과 속이 다르기 때문이다. 온 세상의 오명을 모두 끌어다 범에게 가져다 붙이다가 사정이 급해지자 면전에서 낯간지러운 아첨을 하기 때문이다. 이 이야기에서 호랑이가 청나라라면, 북곽 선생은 누구인가? 그들은 청나라는 '중화'의 적이라고 멸시하면서 청나라에 조공하는 현실을 마음속에서 부정하는 자들이다. 그들은 북곽 선생처럼 겉과 속이 다른 자들이다. 위선자들이 횡행하는 그런 현실 속에서도 "뜻있는 선비"의 숙명은 여전히 남아 있다. 그 숙명이란 무엇인가? "하루라도 중국을 잊어서는 안 되는" 일이다. 그것이 이 논평 전체에 담겨 있는 박지원의 문제의식이다.

각론은 청나라가 중원에서 "인한 정치"를 펴 왔음을, 그것이야말로 하늘의 뜻임을 논증하는 데서 시작하지 않을 수 없다. 박지원은 말했다. "청나라가 중원에서 주인이 된 지 겨우 4대이지만 그사이 저들은 모두 문무를 갖추었고 제 명대로 오래 살다가 죽었으며, 세상은 100년 동안 태평하였으니 이는 한나라나 당나라 때에도 없던 일이다. 청나라가 태평성대를 이루고 인재와 나라를 일으켜 세운 것을 보니, 진실로 하늘이 세운 명리命吏라고 하지 않을 수 없다."[70]

청나라가 중원의 주인이 된 것이 하늘의 의지가 투영된 결과라는 의미다. 《맹자》에는 그 하늘의 의지에 관한 에피소드가 있다. 만장이 맹자에게 물었다. "요 임금이 천하를 순에게 주었다고 하는데, 그런 일이 있었습니까?" 맹자가 답했다. "천자는 천하를 사사로이 남에게 줄 수 없는 것이다. 순이 천하를 소유한 것은 하늘이 준 것이다. 하늘이 주었다는 것은 하늘이 순 임금에게 자상諄諄하게 명했다는 뜻이 아니다. 하늘은 말을 하지 않고 행동과 일로 보여 주실 뿐이다. 천자는 하늘에 사람을 천거할 수는 있어도 하늘로 하여금 그에게 천하를 주게 할 수는 없다. 요 임금이 순을 하늘에 천거하였는데 하늘이 받아들였고, 백성들에게 드러내 보여 주었는데 백성들이 받아들였다. 그러니 하늘은 말을 하지 않으며 행동과 일로 보여 주실 뿐이라고 하는 것이다. 요 임금이 순에게 제사를 주관하게 하였는데 모든 귀신들이 흠향하였으니 이는 하늘이 받아들이신 것이며, 순에게 일을 주관하게 하였는데 일이 잘 다스려져 백성들이 편안하게 여겼으니 이는 백성들이 받아들인 것이다. 이렇게 하늘이 주고 백성들이 주는 것이다. 그래서 천자는 천하를 사사로이 남에게 줄 수 없다고 한 것이다. 순이 요 임금을 도와 28년 동안 섭정하였는데, 이는 인력으로 할 수 있는 것이 아니라 하늘의 뜻이었다. 요 임금이 죽은 뒤 순이 요 임금의 아들 단주丹朱를 피하여 남하南河의 남쪽으로 가 있었는데, 천하의 제후와 송사를 해결하려는 자들이 순에게 갔으며, 사람들이 요 임금의 아들이 아니라 순의 공덕을 칭송했으므로, 그것을 하늘의 뜻이라 한 것이다. 순은 이렇게 된 뒤에야 중국으로 가서 천자의 자리에 올랐던 것이다. 만일 요 임금의 궁궐에 그대로 거하여 요 임금의 아들을 핍박하였다면, 이는 찬탈한 것이지 하늘이 준 것이 아니다."[71]

그 시대의 조선 문인 모두가 그랬듯, 박지원도 《맹자》를 읽었다. 그렇다면 청나라를 "하늘이 세운 명리命吏"라고 말하는 것은 "하늘은 행동과 일로 보여 줄 뿐"이라는 맹자의 말로 설명할 수 있는가? 박지원은 《맹자》를 읽다가 의구심이 커졌다. 청나라가 중원의 주인이 된 것은 '용이변하用夷變夏'이며, 천하의 큰 욕일 테니 백성의 원통함과 원한은 얼마나 클 것이며, 귀신은 또 누가 올리는 제사를 흠향할 것인가? 정녕 하늘이 그것을 그렇게 만들었다고 할 수 있는가? 그가 찾은 답은 이렇다. "사람의 입장에서 보면 화하와 이적이 뚜렷하게 나뉘지만, 하늘이 명命한다는 관점에서 보면 하늘이 그들을 중원의 주인으로 삼은 것은 그들이 화하이기 때문은 아니었다. 그들이 보여 준 정치가 순조롭고 백성들이 따랐기 때문이다. 하늘의 눈으로 보면 은나라가 쓰던 후관緅冠도 주나라가 쓰던 면류관도 화하의 제도가 아니라 시왕時王의 제도일 뿐이었다. 청나라의 정치가 순조롭고 백성이 청나라를 따르는 데도 그들이 붉은 모자를 쓴다는 이유로 그들이 중원의 주인 자격이 있는지 의심할 필요가 있겠는가."[72] 그렇다면 청나라를 '명리'라고 여기는 것은 "하늘은 행동과 일로 보여 줄 뿐"이라는 맹자의 언술과 충돌하지 않는다. 맹자는 여전히 성인인 것이다. 하늘의 뜻은 언제나 사람의 의지와 함께하는 것이다. 맹자의 말을 고민하던 박지원은 그런 결론에 도달했다.

박지원이 보기에, 하늘의 입장에서는 '화하'냐 '이적'이냐를 가릴 필요가 없는데도 세상 사람들은 여전히 사람의 입장에서 '화하'와 '이적'을 나누는 잣대로 청나라를 본다. 그러다 보니 청나라가 번영을 구가하는 현실을 설명하는 데 어려움을 겪을 수밖에 없다. 사람들은 마침내 하늘의 뜻과 사람의 의지를 대립적인 관계에서 바라보기 시작했다. 그들은 "사람이 많으면 하늘을 이기는 경우도 있지만 하늘의 뜻이 정해지면 또 능히 사람을 이기는 법이다"는 말을 떠올렸다.

이 말은 《사기》〈오자서 열전〉에 근거가 있다. 초나라 평왕이 오자서의 아버지와 형에게 누명을 씌워 죽였다. 시간이 흘렀고 평왕은 죽었다. 복수의 칼날을 갈던 오자서가 뒷날 초나라를 점령하고 평왕의 무덤을 파헤쳐 그 시체에 매질을 가했다. 친구인 신포서가 그 소식을 듣고 말했다. "그대의 복수는 너무 지나치지 않은가. 들으니, 사람의 수가 많으면 한때는 하늘을 이길 수 있으나 하늘이 한번 결정하면 또 능히 사람을 이기는 법이라 했네. 옛날 평왕을 섬겼던 그대가 지금 그 시신을 욕되게 하는 것은 천도에 크게 어긋나는 일이 아닌가?"[73]

사람들이 신포서의 주장을 떠올린 것은 왜인가? 박지원의 시야에서 보면, 그들이 사람의 논리로 '화하'와 '이적'을 나누고, 그 위에서 청나라가 번영을 구가하는 현실을 어떻게든 설명해 보려 했기 때문이다. 그런 설이 유행하다 보니, 사람의 의지와 하늘의 뜻이 함께 가는 원리는 도리어 기氣라는 변수에 가려지고 또 잊었다. 그러나 그런 식의 논리는 맹자가 한 말에 부합되지 않는다. 사람들은 "천지의 기수氣數가 이렇구나"라고 말할 뿐이지만, 이것이 어찌 기수의 문제이겠는가?[74] 그것은 하늘의 뜻이며, 청나라의 번영하는 현실이 하늘의 뜻이 무엇인지를 말해 준다. 그는 그렇게 생각했다.

청나라의 "인한 정치"로부터 '천명'을 설명했다면, 이번에는 "뜻있는 선비"의 숙명에 대해서 말할 차례다. 그것은 "하루라도 중국을 잊어서는 안 된다"는 사실이다. 그는 말했다. "명나라의 왕택王澤은 말라 버렸고 중주中州의 선비들이 자발적으로 변발을 한 지 이미 100년이 지났는데도, 오매불망 가슴을 치며 명실明室을 생각하는 것은 왜인가? 중국을 잊지 않으려 했기 때문이다."[75] '가슴을 치며 명실을 생각하는 자'는 누구인가? 물론 박지원이 〈호질〉의 저자라고 한 "근세의 화인華人"일 것이다. 그러나 〈호질〉을 이렇게 논평하는 박지원 자신이 아니라 할 수 없다.

박지원은 청의 '인한 정치'와 '천명'을 인정하고 그 위에서 '북학'을 주장했다. 그러나 그 사실은 그가 청을 여전히 '중국'으로 여기지 않았으며 청의 고유문화를 이적시했다는 사실과 함께 음미되어야 한다. 박지원이 보기에, 그 "중국을 잊지 않으려 하는 자"의 입장에서 보면 청나라는 "인한 정치"로 천명을 받았지만, 결코 '중국'이라 할 수는 없다. 청나라가 끊임없이 중국을 내면화하려고 노력한다면 모르겠지만, 청나라는 결코 그렇게 하지 않았다. 그는 말했다. "전 시대의 오랑캐 군주[胡主]들이 중화를 본받으려 하다가 쇠퇴한 것을 거울로 삼기 위해 쇠로 만든 비碑를 자금성 태자궁 앞뜰에 묻어 두었다. 입으로는 그 의복과 모자를 부끄럽게 여긴다고 말하면서도 그것으로 강약의 형세를 판단하려 드니 어찌 그리도 어리석은가. 어리석은 백성이 그들의 모자를 벗어 내팽개치기라도 하는 날이면 청나라 황제는 앉아서 천하를 잃게 되는 꼴이니, 전에 강성함의 상징으로 자부하던 그 모자로 나라를 구할 수 있겠는가? 이렇게 된다면 쇠로 만든 비를 세워 후대에 교훈으로 삼으려 한 것을 어찌 잘못이 아니라 할 것인가?"[76]

그는 논평을 이렇게 맺었다. "이 글에는 원래 제목이 없었으나, 본문 안에 들어 있는 호질 두 글자를 따서 제목으로 삼아 중주가 맑아지기를 기다린다." 무슨 의미인가? 청나라가 '중화'의 복제가 아니라 만주족의 옷과 모자를 고집하는 한, 청나라가 역대의 비한족 왕조에서 '중화'를 본받으려다가 쇠퇴한 것을 교훈으로 삼으려는 태도를 고치지 않는 한, '인仁한 도적'이 천명을 받아 '명리命吏'가 되었다고는 해도 결코 '천리天吏'가 되거나 '중국'이 될 수 있는 길은 없다. 중주도 결코 맑아질 수 없다.[77] "뜻있는 선비"는 호랑이로 상징되는 "인한 도적"의 꾸짖음을 되새겨야 한다. 그리고 "중국을 잊지 않으려는" 마음을 다잡아야 한다. 박지원의 결론은 그런 것이었다. 그는 청나라가 훔친 '중화'의 유제를 배움으로써 전면적인 중국화를 달성해야 한다고 생각했으며, 그런 의미에서 의심의 여지 없는 중화주의자였다.[78]

총론의 "중국을 잊지 않는 마음"은 결론의 "중주가 맑아지기를 기다리는 자세"로 이어진다. 이 수미상관한 구조가 박지원의 생각이 무엇이었는지를 잘 보여 준다. 청나라는 한나라·당나라·송나라·명나라를 거치며 계승되어 온 '중화'의 유제를 훔쳤다. 청나라가 "인한 정치"를 펼침으로써 100년 이상 중원의 주인 노릇을 할 수 있었던 것은 그런 이유 때문이다. 그러나 그들을 결코 '중국'이라 부를 수 없다. 그렇다면 조선은 '중국'이라 할 수 있는가?

박지원의 시야에서 말한다면, 조선은 청나라가 '강탈'한 한나라·당나라·송나라·명나라의 유제를 배우려 하지 않고, 청나라를 숙명적인 오랑캐로 멸시하는 데만 몰두해 왔다. 조선이 구사해 온 논리에 따르면, 청나라는 변화가 불가능한 오랑캐여서 '중화'의 유제를 계승할 수 없다. 중원의 중화 문화는 그런 오랑캐에 의해 오염되고 말았다. 중원의 불행을 극복할 수 있는 단서는 오직 조선에만 남아 있다. 대보단으로 상징되는 중화의 씨앗을 오롯이 혼자 간직하고 있기 때문이다. 그런데 그것을 과연 "중국을 잊지 않는 마음"이라 할 수 있는가? 그것을 "중주가 맑아지기를 기다리는 자세"라고 여길 수 있는가? 박지원의 질문은 그런 것이었다.

박지원의 눈으로 보면, "중국을 잊지 않는 마음"과 "중주가 맑아지기를 기다리는 자세"는 '중국', '중국'의 주체와 외부자의 역할, 더 나아가 천명을 정의하는 방식과 무관하지 않다. 박지원에게 '중국'은 중원에서 "삼대 이래 한당송명漢唐宋明을 거치며 계승되어 온 중화 문화"다. "한당송명의 유민들"이 계승해 온 것들이자, 규모規模·심법心法·제작制作·문장文章상의 성취로 상징되는 것들이다.[79] 거자오광이 중국 사상사를 정리하면서 구사한 개념을 빌려 말한다면, 그것은 "날마다 사용하면서도 의식하지 못하는 일종의 보편적인 지식과 사상"이다.[80]

박지원이 '중국'과 '중화'의 계승관계에서 몽골을 중시하지 않는 것은 〈호질〉에서 청나라를 "인한 도적"이라 말하는 장면과 크게 다를 바 없다. 그들은 그런 보편적인 지식과 사상을 생산해 내는 데 기여한 적 없는 외부자일 뿐이다. 간과할 수 없는 것은 박지원이 그런 청나라에 중원에서 주인될 자격까지 박탈하지는 않았다는 사실이다. 그에 따르면, 원나라나 청나라처럼 외부자들이 중원의 주인이 될 수 있었던 것은 그들이 그럴 만한 성취를 이루어 냈기 때문이며, "인한 도적"이 되었기 때문이다. 그런 점에서 '천명'이라 하지 않을 수 없다. 하늘의 입장에서 볼 때 '화하'와 '이적'을 구분하는 것이 무의미하기 때문이다. 박지원에게 "잊히지 말아야 하는 것"으로서의 '중국', 그리고 "맑아지기를 기다려야 하는 곳"으로서의 '중주'는 그런 의미였다.

박지원이 보기에, "중국을 잊지 않는 마음"과 "중주가 맑아지기를 기다리는 자세"를 가진다는 것은 존명 의리를 지킨다는 뜻이기도 하다. 왜 존명 의리인가? 명나라가 중원의 주인이어야 해서가 아니다. 중원의 주인이냐 아니냐를 기준으로 한다면, 중화 문화를 강탈하여 "인한 정치"를 펼쳐 온 청나라도 중원의 주인이 아니라 할 수는 없기 때문이다. 명나라를 높여야 하는 것은 명나라가 중원에서 한나라·당나라·송나라를 거치며 이어져 온 '중화' 문화의 주인이기 때문이다. 그들이 '중국'이다. 청나라가 가진 '중화'의 유제를 배워야 하지만, 청나라를 '중국'이라 부를 수 없는 것은 그들이 그 '중화' 문화를 '강탈'했기 때문이다. '북학'을 주장하는 일과 '중주'가 맑아지기를 기다리는 일은 박지원에게 떼어 내려 해도 떼어 낼 수 없는 관계에 있다. 그것은 동전의 양면과 같은 것이었다. '북학'은 손가락, 존명 의리는 그 손가락이 가리키는 달이었다.

"하늘의 입장에서는 화이를 가리지 않는다"라는 주장도 그런 달과 손가락이 지시하는 의미 안에 있다. 그에 따르면, 청나라가 중원의 주인이 되었던 것은 사람의 일이고, 사람의 일이 하늘의 뜻과 별개가 아니라면 그것은 곧 하늘의 뜻이기도 하다. 하늘은 결코 청나라가 '중국'이 아니라는 이유로 중원에서 주인이 될 수 있는 기회를 박탈한 적이 없었다. 청나라의 번성이 하늘의 뜻이라는 사실은 왜 중요한가? "중국을 잊지 않으려는 자"를 각성시키기 때문이다. 하늘이 "화이를 가리지 않는다"는 것은 결코 화이의 구분이 무의미하다는 뜻이 아니다. 박지원에게 '화이'는 여전히 중요한 문제였다. 누군가 그런 박지원에게 "여전히 화이론을 벗어나지 못했다"고 평가한다면, 적어도 박지원의 생각을 온전히 묘사한 것이라 할 수는 없을 것이다. 그는 결코 화이론을 무력화하거나 거기에서 벗어나는 길을 모색한 적이 없다.

천의와 천도

문천상文天祥의 사당은 박지원이 북경에서 깊은 인상을 받은 장소 중 하나였다. 문천상은 몽골의 침입에 맞서 싸우다가 붙잡힌 뒤, 쿠빌라이의 회유를 뿌리치고 송나라에 대해 절개를 지키다가 사형당했다. 비한족 정권인 몽골에 대해 타협을 거부한 남송의 충신이었던 것이다. 사당에 참배를 마친 박지원이 상념에 잠겼다. 새로 들어선 왕조는 이전 왕조의 충신과 의사를 어떻게 대해야 하는가? 하늘은 누구에게 정당성을 부여했는가? 이것이 그의 질문이다. 양자택일을 해야 하는 것이라면, 새 왕조의 제왕은 이전 왕조의 충신과 의사들을 탄압하지 않을 수 없고, 전 왕조의 충신과 의사라면 새 왕조의 제왕과 같은 하늘을 이고 살 수는 없는 일이다. 그러나 그는 그런 이분법을 선호하지 않았다.

박지원은 생각했다. "한 왕조가 망하고 다른 왕조가 흥하는 시점이면 하늘은 망하는 나라에는 재앙을, 또는 흥하는 나라에는 상서로운 조짐을 보여 준다. 그것은 누구나 하늘의 뜻[天意]이 무엇인지 쉽게 알 수 있게 해준다. 상황이 그런데도 망해 가는 왕조의 충신과 의사들은 헛되이 한 손으로 하늘과 맞서려 한다. 그것은 새 왕조에 상서로운 조짐을 보여 준 하늘의 뜻에 어긋나는 일이다. 그러나 막강한 힘을 가진 새 왕조가 끝내 충신이나 의사 같은 일개 선비를 굴복시키지 못하는 것은 선비 한 사람의 절개가 백만 군중보다 강하고 만세토록 이어질 강상 윤리가 한 시대에 나라를 얻는 일보다 중해서 그런 것이니, 여기에도 하늘의 도[天道]가 깃들어 있다고 하지 않을 수 없다."[81]

그가 보기에, "사람의 기준으로 볼 때 새 왕조의 주인과 옛 왕조의 충신·열사는 정반대의 위치에 서 있다. 그러나 새로 왕조가 들어서게 한 천의와 충신·열사에게 절개를 지키게 한 천도는 같다. 결국 사람으로서는 하늘이 새 왕조에게 준 천의와 충신·열사에게 허락한 천도를 하나로 하는 일이 남았다. 그 일에 칼자루를 쥔 것은 새 왕조의 주인이다. 새 왕조의 주인은 어떤 자세로 무엇을 해야 하는가? 새로 왕업을 일으키는 자가 스스로 잘 살펴서 중원의 주인이 되었다고 하자. 그것은 천명인가, 아니면 그가 힘으로 차지한 것인가. 천명이라고 해야 한다. 그런데 하늘이 이미 내게 중원의 주인이 되도록 명했으면서도 내가 힘으로 일개 선비를 굴복시키지 못하게 했다면, 그것은 하늘이 나에게 천하에 대한 책임을 맡기려 해서인가, 아니면 천하를 가지고 내 몸을 이롭게 만들려 한 것인가? 천하에 대한 책임을 맡기려 해서일 것이다. 하늘이 이미 나에게 천하를 이롭게 하는 책무를 맡겼다면, 천하를 이롭게 하는 방법에는 진실로 천도가 담겨야 한다. 그것은 내가 천명을 받은 자로서 도탄에 빠진 백성을 구제하는 데 있을 뿐이다."[82]

박지원에 따르면, 천의에 따라 왕업을 일으킨 자가 천도를 실천하는 유일한 방도는 도탄에 빠진 민생을 구제하는 일이다. 그는 무왕을 예로 들었다. 주나라 무왕이 은나라 주왕을 정벌한 것은 개인 무왕이 개인 주왕을 정벌한 것이 아니라, 민생을 구제하기 위해 천도로 무도無道를 정벌한 것이다. 당당히 천하를 차지하고서도 그 지위를 가지고 자기 몸을 이롭게 하려 하지는 않았으므로, 하늘의 뜻에 대해서 의심하지 않았고 사람에 대해서 꺼림이 없었으며, 적국과 원수를 지지 않고 천하에 대해서도 나를 주장하지 않을 수 있었다. 무왕은 도가 있는 곳을 따라 거기에 나아갔던 것이다.[83] 박지원이 보기에 무왕이 훌륭한 것은 하늘의 뜻에 따라 천하를 이롭게 하려 했기 때문이다. 무왕은 다른 어떤 것에도 흔들리지 않고 오로지 도道의 유무만을 보고 행동한 인물인 것이다.

문천상의 사당을 참배한 박지원이 무왕을 떠올린 것은 무왕이 은나라의 유민인 기자를 방문했기 때문이다. "무왕이 은나라의 유민 기자를 찾아간 것은 기자가 가진 천도를 존중한 것이며, 천도를 존중한 것은 무왕이 천하를 이롭게 하려 했기 때문이다. 만일 무왕이 기자를 핍박하여 억지로 신하로 삼으려 했다면, 기자는 홍범구주를 싸들고 문천상이 그랬던 것처럼 땔나무 시장에 나아가 죽으려 했을 것이다. 무왕의 핍박을 받았다면 기자는 도를 후세에 전하는 것을 중시하지 않았을지도 모른다. 만일 그랬다면 과연 그것이 주 무왕에게, 또 후대에 도움이 되는 결과라 할 수 있는가? 결코 그렇지는 않을 것이다."[84]

그가 보기에 무왕의 사례는 특별했다. 후대에 무왕의 면모를 가진 제왕을 찾기 어려웠기 때문이다. "천하를 가진 후대의 여러 왕조 역시 천명을 받지 않은 것은 아니다. 그러나 그들은 하늘이 자신에게 부여한 책무를 깨닫지 못하여 하늘을 불신했고, 하늘을 불신하여 사람을 꺼리게 되었다. 나의 무력으로 굴복시킬 수 없는 자들을 모두 나의 강적으로 간주하고는 늘 그들이 의병을 규합하여 옛 왕조의 부흥을 기도하지 않을까 근심했다. 새 왕조는 결국 전 왕조의 유민을 죽여서 후환을 없애는 편이 낫다는 결론에 도달했다. 전 왕조의 유민 또한 한 번 죽어 대의를 만천하에 밝히려 했다. 새 왕조는 죽이려 했고, 전 왕조의 유민은 기꺼이 죽으려 한 것이다. 전 왕조의 유민은 천하 사람들에게 어버이나 형 같은 존재였다. 새 왕조가 그런 사람들을 죽여 놓고, 그의 자제나 동생 같은 천하 사람들과 원수가 되지 않기를 바란다면 가당키나 한 일인가?"[85]

이런 논리에서 보면, 남송의 충신 문천상을 죽게 한 새 왕조의 주인 쿠빌라이는 "하늘을 불신하고 사람을 꺼린" 전형적인 사례가 된다. 그는 이렇게 생각했다. "천명을 받아 새로이 천하를 가진 제왕은 전 왕조의 충신, 의사들을 어떻게 대해야 하는가? 백성으로 삼되 신하로 삼지 말아야 하고, 존중하되 지위를 주지 말아야 하며, 봉작하지도 말고 조회하게 하지도 않는 반열에 두면 그만이다. 그렇다면 원나라 세조(쿠빌라이)는 문천상에 대해서 어떻게 했어야 하는가? 친히 그가 수감된 옥사로 가서 손수 형틀을 풀어 준 뒤, 동쪽으로 향해 절을 하고 용하변이의 도를 물으며 천하 사람들과 함께 그를 스승으로 받들었어야 한다. 그것이 바로 선왕의 도다."[86] 박지원이 말하는 '선왕의 도'란 '천도'를 따르던 무왕이 기자를 찾았던 방식, 바로 그것이다.

〈문승상사당기〉 전체를 지배하는 서사에서 박지원이 이전 왕조나 새 왕조가 한족 왕조인지 그렇지 않은지를 묻지 않았다는 점은 주목할 만하다. 박지원은 주왕을 정벌하고 기자를 찾아간 무왕의 사례를 거론하면서 한족 왕조냐 이적 왕조냐를 따지지는 않았다. 이적 왕조라 해서 중원의 주인이 될 자격이 없다는 투로 말하지도 않았다. 〈호질〉의 문제의식이 잘 엿보이는 대목이다. 〈문승상사당기〉에 담긴 그의 시야로 보면, 이적 왕조든 한족 왕조든 중원을 차지하여 천하의 주인이 되었다는 것은 그들이 도탄에 빠진 백성을 구해 내서 결국 민심을 얻은 결과이며, 인심을 얻었다는 것은 천명을 얻었다는 것의 다른 말이다. 박지원은 분명 중원의 주인이 된 이적 왕조가 천명 혹은 천의를 받았음을 인정했다. 그러나 주의해야 할 점이 있다.

그가 이적 왕조에 대해 천명을 인정했다는 그 사실은 그가 전 왕조의 유민에게 천도가 있음을 승인했다는 또 다른 사실과 함께 음미되어야 한다. 그 둘은 동전의 양면과 같은 관계에 있다. 결국 한족 왕조와 이적 왕조의 교체를 보는 박지원의 시야에서 중요한 문제는 천명을 받은 새 왕조가 전 왕조의 유민에게 계승되어 온 천도를 품을 수 있느냐 하는 것이었다. 한족 왕조냐 이적 왕조냐를 따질 필요가 없다는 의미가 아니다. 천명을 받은 것이 몽골과 같은 이적 왕조라면 더욱더 그렇게 해야 한다는 의미다. 쿠빌라이가 문천상을 "스승으로 삼아 용하변이의 방법을 물었어야 한다"는 말은 그런 박지원의 생각을 잘 보여 준다.

인심과 천명을 동일시할 수 있다면, 도탄에 빠진 백성을 구해 내는 일은 왕조가 교체된 이후에만 중요한 것은 아니다. 그것은 왕조가 무너져 내리는 그 시점에서조차 왕조의 충신과 의사들이 집중해야 할 일이다. 〈앙엽기〉에 실려 있는 홍인사弘仁寺 이야기는 그런 박지원의 생각을 잘 보여 준다. 북경성 주변을 살펴보던 박지원이 홍인사에 들렀다가 큰 가리개 그림을 보게 되었다. 바닷속에서 누군가 위태롭게 어린아이를 껴안고 있는 형상에서 그는 남송의 충신 육수부陸秀夫와 어린 황제 조병趙昺을 떠올렸다.

박지원이 말하고자 한 것은 이런 것이었다. "몽골의 침략으로 나라가 기울어져 가는 상황인데도 육수부는 아무 일 없던 것처럼 황제에게 《대학장구》를 가르치며 성의·정심에 대해 논했다. 나라가 무너져 내린다 해도 충애忠愛하는 마음을 게을리하지 않는 사람을 충신이라 한다면, 육수부야말로 충신이라 해야 한다. 성의誠意·정심正心이야말로 군신관계의 기본이며, 위기 상황에서 치국·평천하 할 수 있는 원리이기도 하기 때문이다. 그러나 육수부는 성의·정심을 넘어서 치국·평천하를 위해 무엇인가를 실천하지는 못했다. 이런 상황에서 성인은 어떻게 했는가? 양식이 없으면 백성이 굶어죽을 것이고, 군사가 없으면 나라가 망하겠지만, 성인은 양식이 없어 굶어죽고 군사가 없어 나라가 망하더라도 백성들의 신뢰를 회복하는 것을 더 중요하게 여겼다. 육수부가 진정으로 위기를 벗어나려 했다면 문천상이 지휘하는 군사보다, 등광천이 관리하던 양식보다 백성의 신뢰를 얻는 데 치중해야 했다. 그러나 육수부는 그렇게 하지 않았다."[87]

《논어》의 〈안연顔淵〉 편에는 자공子貢이 묻고 공자가 답한 내용이 실려 있다. 자공이 정치에 대해 묻자, 공자가 답했다. "식량을 풍족하게 하고 군대를 충실하게 갖추면 백성이 나라를 믿게 될 것이다." "어쩔 수 없어서 버려야 한다면 이 셋 중에 무엇을 먼저 버려야 합니까?" "군대를 버려야 한다." "어쩔 수 없어서 버려야 한다면 나머지 둘 중에서 무엇을 먼저 버려야 합니까?" "양식을 버려야 한다. 자고로 사람은 누구나 죽게 마련이지만, 백성에게 신뢰를 얻지 못하면 나라는 존립하지 못한다."[88] 박지원의 시야에서 보면, 백척간두의 남송에 가장 필요했던 것은 식량과 군사가 아니라 도탄에 빠진 백성을 구해 내 그들에게 신뢰를 얻는 일이다. 그러나 남송은 그렇게 하지 않았다. 그것이 남송이 몰락하게 된 진정한 이유인 것이다.

박지원의 북학론 내지 중화론은 '천명'과 '천의', '천도'와 '인심'으로 정당화된다는 점에서 특별하다. 그는 새 왕조가 들어섰다는 것을 인심을 얻은 결과로 보았으며, 천명이 새 왕조에 있다는 것을 인정했다. 그는 천명과 인심을 얻는 데 '이적' 왕조든 한족 왕조든 차이를 두지 않았다. 천명이 '이적' 왕조에 있다는 것을 부정한 채 청나라가 중원을 지배하게 된 것을 기수氣數 탓으로 돌리던 다른 문인들에 비추어 보면, 박지원은 분명 그들과는 다른 지점에 서 있다고 해야 한다. 이전 왕조의 충신과 의사가 천도를 따랐음을 인정했다는 점에서, 중원의 주인이 된 '이적' 왕조에 '용하변이'를 요구했다는 점에서 그는 중화주의자였다. 이 경우 '중화'는 한족 왕조가 중원에서 탄생시켜서 한나라·당나라·송나라·명나라를 거쳐 온 문화다. 박지원이 배우려 한 것은 청나라에 의해 강탈당한 그 유제였을 뿐, 결코 몽골과 청나라 등 비한족 왕조가 중원 대륙에 이식한 오랑캐 문화가 아니다.

박지원이 '중화'를 한나라·당나라·송나라·명나라의 유제로 여긴 것은 그가 문천상을 죽게 한 쿠빌라이의 몽골에 대해 비판적이었다는 사실과 결코 무관하다 할 수 없다. 몽골은 허형을 통해 유학을 제도화했다. 그러나 조선의 문인들은 '중화'를 상상하면서 한나라·당나라·송나라·명나라를 말할 뿐 몽골을 말하지 않았다. 박지원도 그런 사람 중 하나였다. 쿠빌라이의 몽골에 대한 태도와는 달리, 그는 옹정제·건륭제의 청나라에 대해서 높게 평가했다. 그는 옹정제가 오광빈이 오삼계에게 받아 50년 넘게 보관해 오던 문서들을 빼앗지 않았던 일,

건륭제가 명나라 충신과 의사들을 찾아 드높이려 했던 사실을 《열하일기》에 기록했다.[89] 그의 시야에서 보면 옹정제와 건륭제가 전 왕조의 충신들을 관대하게 포용한 것은 "이적 왕조가 용하변이하는 길"을 찾은 것이라고 해야 한다. 천명을 받아 중원의 주인이 된 '이적' 왕조가 '용하변이'를 위해 노력하는 것은 천도를 따르기 위한 것이며, 동시에 한나라·당나라·송나라·명나라의 유제를 써서 민생을 도탄에서 구해 내기 위한 노력이기도 하다. 그러나 이적 왕조가 '용하변이'의 방법을 배워 완벽한 중국화를 시도하려 하지 않고 도리어 변발로 상징되는 만주족의 정체성을 고집한다면 그것은 문제다. 변발은 그가 말하는 북학에서 결코 배움의 대상은 아니다.

'중화'에 대한 고민이 《열하일기》 전체를 관통하고 있는 것은 박지원이 '중화'를 내면화하는 것에서 조선의 정체성과 미래를 상상했기 때문이다. 그가 보기에, 청나라가 인심을 얻어 중원의 새로운 주인이 된 것을 천명 혹은 천의라 한다면, 대륙의 주인이 바뀐 뒤 조선이 존주론과 존명 의리를 견지한 것은 일종의 천도라고 해야 한다. 따라서 이적 왕조인 청나라가 인심을 얻어 '용하변이'하려고 한다고 조선의 존명 의리까지 무의미해지는 것은 아니다.[90] 그러나 존명 의리가 소중하다고 해도 18세기 조선에서 북벌을 주장하는 것까지 시의적절하다 할 수 없다. 무엇보다 청이 전성기를 구가하고 있으므로 현실성이 떨어진다. 그뿐만이 아니다. 북벌을 주장한다는 것은 전쟁에 대비해 군사를 기르고 양식을 준비한다는 뜻이기도 하지만, 그것들을 하다 보면 민생을 도탄에서 구해 내기 어렵고, 따라서 백성들의 신뢰를 얻기 어려워진다. 따라서 아무리 존주 대의가 중요하다 해도 북벌을 주장할 수는 없다. 북벌을 주장하지 않는다는 것은 "중주가 맑아지기"

를 기대하지 않는다는 의미는 아니었다.

조선은 청나라가 오랑캐라는 숙명적인 이유로 100년을 버티지 못할 것이라고 생각했지만,[91] 박지원은 그 청나라가 100년을 넘기는 현실을 목격했다. 그는 청나라가 100년을 버티지 못할 것이라는 희망을 비현실적인 것으로 여기면서도,[92] 유사시 청나라가 만주에 돌아가 조선에 군사적·재정적 압박을 가해 올 상황을 우려했다.[93] 그들의 정치적 실패가 조선에 드리울 먹구름을 걱정한 것이다. 그렇다면 할 일이 분명해진다. 그에 따르면, 당장 해야 할 일은 민생 구제를 위한 조치들이다. '중화'의 유제가 '이적' 왕조 청나라에 강탈당했다면, 그들에게서라도 그것을 배워 조선 백성들을 이롭게 하는 것이 중요하다. 그뿐만이 아니다. 청나라를 백안시하고 아무것도 배우려 하지 않는 태도가 잘못된 것이라면, 조선이 자기 문화에 대해 가진 자부심이 시의적절한 것인지도 재검토해야 한다. '중화'의 유제가 중원에 살아 있다는 전제 위에서 보면, 조선이 대보단을 내세우며 '중화' 문화의 씨앗을 독점했다고 자부하는 태도는 일종의 시대착오다. 조선이 자신의 의관을 '중화' 문화의 유제라며 자랑스러워하는 것도 마찬가지다.

'중화'의 유제를 내면화하여 전면적인 중국화를 달성하고자 했던 중화주의자 박지원이 '조선풍朝鮮風' 문학을 주장했다는 사실은 이채롭다고 하지 않을 수 없다.[94] 조선풍에 관한 그의 아이디어는 이덕무의 시집에 붙인 서문에 들어 있다. 유연柳璉이 말했다. "이덕무가 지은 시는 참으로 비루하다. 옛사람의 시를 배운 자가 지었는데도 비슷한 점을 찾지 못하겠다. 야인의 비루함을 편안히 여기고 시속의 자질구레함을 즐거이 여기니, 이것은 오늘날의 시[今之詩]이지 옛날의 시[古之詩]가 아니다." 이 말을 들은 박지원이 크게 기뻐했다. 반론을 제기할 기회를 얻었기 때문이다. 과연 무엇이 '고古'이고, 무엇이 '금今'인가? 박지원의 첫 번째 질문이다. 그는 유연이 당연하게 여긴 것들을 새삼 스레 문제 삼았다. 그의 논리는 이렇다. '고'로부터 '금'을 본다면, '금' 은 진실로 비루하다고 할 수 있겠지만, 우리가 옛사람古人으로 생각 하는 그들도 자신을 보면서 스스로를 '고'라 여겼을 것인가? 그렇지는 않을 것이다. 그 당시 사람들 역시 그때 기준으로는 '금'이었으리라. 결국 '고'와 '금'은 고정불변하는 어떤 시점을 말하는 것이 아니다. '고'와 '금'이 그런 것이니 세월이 흐르면서 풍요風謠도 여러 번 변하게 된다. 아침에 술을 마시던 사람이 저녁에 그 자리를 떠나고 없는 것처 럼, 그때의 '금'은 이렇듯 변하여 다음 시점에서 '고'가 되는 것이다. 그러므로 '금'이라는 것은 '고'에 대해서 하는 말이다.[95] 박지원이 가 진 상대주의적 관점이 유감없이 드러나는 장면이다.

비슷함似이란 무슨 의미인가? 박지원의 두 번째 질문이다. 이것을 저것과 비교할 때 "비슷하다"고 말할 수는 있지만, 비슷하다는 것은 결국 이것과 저것이 같지 않다는 뜻이기도 하다. 아무리 잘 그려진 초 상화라도 그림 속 인물이 말을 할 수 있는 것은 아니다. 남대문 밖 남 관왕묘 안에 모셔져 있는 관우 상은 아이들이 눈동자를 후벼 파도 눈 을 깜빡이지 않으며 코를 쑤셔도 재채기를 하지 않는다. 관우 상일 뿐 진짜 관우는 아니기 때문이다.[96] 무슨 뜻인가? "비슷한 것"으로는 결 코 진짜를 나타낼 수 없다는 의미이다. 그렇다면 "옛사람의 시와 비슷 한 점을 찾기 어렵다"는 이유로 이덕무의 시를 "비루하다"고 할 수는 없다. 설사 이덕무의 시가 옛사람의 시와 비슷하다고 해도 사정은 달 라지지 않는다. 이덕무의 시대와 옛날 사람의 시대가 다르니, 어떻게 해도 이덕무의 시가 옛날 사람의 시가 될 수 없기 때문이다. 반대로 말한다면 이덕무의 시가 굳이 옛날 사람의 시가 되어야 할 이유가 없다.

이제 이덕무의 시를 논평할 차례이다. 이어지는 문단에서 그는 이렇게 말했다. "지금 이덕무는 조선 사람이다. 땅을 기준으로 말한다면 조선의 산천·풍기는 중화와 다르고, 시대를 기준으로 말한다면 조선의 언어·풍속은 한나라나 당나라 때의 것이 아니다. 그런데도 중화의 산천·풍기에서 법을 본받고 한·당의 언어·풍속으로부터 체體를 따른다면, 법은 높아지겠지만 뜻[意]은 더 낮아지고 체는 비슷해지겠지만 말[言]은 더 거짓이 될 뿐이다. 산천·풍기로 말한다면 좌해左海의 나라 조선은 비록 궁벽한 곳에 있지만 또한 천승千乘의 제후국이고, 언어·풍속으로 말한다면 신라와 고려는 비록 보잘것없는 나라였지만, 민간에 아름다운 풍속이 많았다. 그러니 그 방언을 글로 적고 그 민요를 노래하면 저절로 문장이 되어 진기眞機가 발현될 것이다. 오직 이덕무의 시만이 남의 것을 모방하려 하지 않고 빌려 오려 하지도 않으며 조용히 지금을 생각하며 삼라만상을 논하였다."[97]

박지원에 따르면, 《시경》은 새와 짐승, 풀과 나무의 이름, 뒷골목에서 남녀들이 나누던 말들로 이루어져 있다. 《시경》의 〈국풍國風〉 편에 등장하는 패국北國과 회국檜國은 풍토가 같지 않으며, 강수江水와 한수漢水는 백성의 풍속이 제각각이었으므로, 주나라의 채시관採詩官이 그것으로 열국의 노래를 삼아 백성들의 성정을 살펴보았던 것이다. 《시경》의 노래와 풍속이 그런 것이라는 사실에 견주어 본다면, 이덕무의 시가 "예스럽지 않은" 것에 대해 의구심을 가질 것이 무엇인가? 《시경》이 '그 당시의 금今'에 관한 이야기였던 것처럼 이덕무의 시는 "지금의 금"을 노래한 것이니, 그의 시가 예스럽지 않은 것을 문제 삼아야 할 이유가 없다. "언젠가 성인이 제하諸夏에서 일어나 열국列國의 노래를 살피게 된다면, 영처고嬰處稿를 보고서 조선의 새와 짐승, 풀과 나무의 이름을 알게 될 것이고 조선 백성의 성정을 살펴볼 수 있을 것이니, 그의 시를 조선의 노래[朝鮮之風]라고 해도 좋을 것이다."[98] 그는 이덕무의 시를 그렇게 자리매김하고 글을 맺었다.

'조선지풍', 즉 '조선의 노래'라는 표현은 박지원이 독자적인 조선 문화를 추구한 것 같은 상상을 불러일으킨다.[99] 많은 연구들이 이 말을 그렇게 독해하고 그에게서 "조선 문화의 개별성에 대한 주체적인 의식"을 읽어 왔다.[100] 물론 박지원이 조선을 중국의 한 지방으로 간주한 적은 없었으니, 중국의 지방적 향토성이라고 말할 수는 없을 것이다. 그러나 박지원이 "조선의 개별성에 대해 자부심을 드러냈다"거나, "조선의 주체성을 강조했다"는 식으로 말하는 것은 그 글 전체의 문제의식과는 아무 관련이 없다. 박지원에게 '조선지풍'이란《시경》〈국풍〉의 조선편 그 이상도 이하도 아니었다.[101] 그가 보기에 개별성은 조선이 한나라·당나라·송나라·명나라의 유제遺制를 내면화함으로써 전면적인 중국화·문명화를 달성한다는 전제 위에서만 유의미한 것이었다.

비류匪類의 질박함·소박함

박지원의 시대가 지나가고 있었지만, 중앙에서 '중화'와 '이적', '중국'과 '이적'의 대립 구조를 전제로 하는 의미장은 강고했다. 그러나 그 구조 안에서 미세한 변화가 감지된다. 남공철南公轍(1760~1840)이나 홍희준洪羲俊(1761~1841) 등은 청나라를 '중국'이나 '상국'으로 여기지는 않았지만, 청나라와 만주족 문화에 대해 박제가나 박지원과는 결

이 다른 문제의식을 보여 주었다.[102]

1807년(순조 7) 사신단의 일원으로 북경을 찾은 남공철은 청나라의 문인들과 적극적으로 교류했다. 청나라 문인들로부터 자신이 지은 시문에 서문을 받기도 하고, 직접 만나 필담을 나누기도 했던 것이다. 조강曹江 등은 강남 출신의 문사들로 옹방강의 제자들이었는데, 남공철은 그들과의 만남을 명나라 유민과의 교류로 정의했다.[103] 그는 이렇게 말했다. "이상하게도 만인滿人이 중국에 들어와 점거[入據]한 뒤로 명나라의 유민과 시나 서찰을 주고받거나 그들에게 문집 서문을 써 달라고 부탁하면 간혹 무리 지어 비난하면서 그들을 똑같이 비류匪類로 대하니 이 어찌 견식이 있는 행위이겠는가? 만인은 진실로 비류이지만 한인漢人은 황명皇明 사대부의 후예다. 그들이 과거에 응시하여 벼슬을 하면서 죽지 못해 사는 것이나 우리나라 사람이 예물과 보배로 남의 조정[殊庭]에 절하고 꿇어앉는 것은, 원망을 머금고 고통을 참으며 어쩔 수 없어서 하는[含冤忍痛迫不得已] 마음이라는 점에서 다를 바 없다. 지금 조선만이 홀로 명나라를 생각하고 명나라를 존숭하는 것을 대의로 삼고 있기는 하지만 조선 사람들은 명나라의 후예들을 좋아하는 경우가 드물고 만한滿漢을 구별하려 하지도 않는다. 그것은 인인군자仁人君子가 가져야 할 마음은 아니다. 하물며 장강 이남 사람들은 더욱 명분과 의리를 숭상하여 하는 말마다 옛 왕조의 어진 임금을 그리워하는 생각이 담겨 있다. 천리와 인심이 진실로 여기에 담겨 있다."[104]

'한인'을 '황명 사대부'의 후예로 간주하는 방식으로 한족 지식인과의 교류를 정당화했던 것이 그가 처음은 아니다.[105] 남공철은 대륙의 주인이 명나라에서 청나라로 바뀐 것을 '만인'이 '중국'을 점거한 것으로 보았다. 이 경우 '만인'은 '비류'이며, '한인'은 '황명 사대부'의 후예다. '수정殊庭'이라는 단어에도 같은 문제의식이 들어 있다. 그가 보기에, 청나라에서 벼슬하는 한인 관료들은 어쩔 수 없이 '다른 조정庭', 즉 '남의 조정'에 몸을 담고 있을 뿐이다. 청나라에 조공하는 조선의 처지는 청나라에서 관료가 된 명나라의 유민과 다를 바 없다. 그가 구사한 수사에서도 같은 분위기가 묻어난다. "원통함을 품고 어쩔 수 없어서 한다含冤忍痛迫不得已"는 것은 주자가 한 말이며, 송시열이 늘 되뇌던 말이기도 했다. 남공철에게 존명의리론은 사유의 토대다. 그에게 청나라에서 벼슬하는 한족 문인들과 글을 주고받는다는 것은 '존명'의 의리를 가진 황명 사대부의 후예와 교류하는 것이다. 그러니 아무런 문제가 없다. 그가 인연의 끈을 놓고 싶지 않았던 것은 황명 사대부의 후예였으며, 그가 그렇게라도 찾고 싶었던 것은 '중국'이다. 그런데 '비류'인 만인은 어떻게 하여 그 '부당한' 일을 성사시킬 수 있었는가. 설명이 필요한 문제다.

남공철에 따르면 송나라 때와 명나라 때 선비들이 높은 관과 넓은 소매를 하고 다녔다. 그 걸음걸이가 법도에 맞기는 했으나, 거짓되고 경박한 폐단이 있어 하늘이 그 나라들을 버렸다. 반면 당시 북쪽 오랑캐는 그 조상들이 선을 쌓고 질박하고 순실하여 태초의 질박함이 흩어지지 않은 듯했으므로, 하늘이 그들에게 기회를 준 것이다. "하늘이 취하여 오랑캐에게 기회를 주었다"거나, "오랑캐에게는 중원에서 100년간 버틸 운세는 없다"는 말들은 모두 중원의 원래 주인이었던 송나라나 명나라 사람들이 "원통함을 품은 채 어쩔 수 없었던 마음"을 표현한 것들이다. 그는 이렇게 덧붙였다. "중국은 운이 쇠하였는데 오랑캐의 운이 왕성했던 것이니, 또한 순환하는 이치인 것이다."[106] 청나라가 가진 질박함을 인정하는 장면이 흥미롭다.

홍희준은 청나라가 가진 '이夷'의 속성을 더 적극적으로 인정했다. 그의 주장을 담은 논설들이 《전구傳舊》라는 이름의 문집 안에 남아 전한다. 〈장성론長城論〉은 '중화'와 '이적'의 관계에 관한 그의 문제의식을 잘 보여 준다. "예부터 진시황이 만리장성을 쌓은 것을 그의 웅도雄圖와 장략將略이라고 일컫지만, 나는 장성에서 진시황의 소견이 작음을 알겠노라." 논설의 도입부가 이채롭다. 왜 진시황의 소견이 좁았다고 하는가? 그에 따르면, 해와 달이 비추는 곳이나 서리와 이슬이 내리는 곳이 모두 왕토 아닌 곳이 없으니, 비록 사해까지 성을 쌓는다고 해도 그것을 크다 할 수 없고, 안쪽이라고 할 수도 없다. 천자가 되어 천하를 다스리는 자는 마땅히 물아物我와 내외를 없게 하여 팔황八荒을 뜰이나 길거리로 여기고 사해에 교화를 펼쳐야 하거늘, 어찌하여 성을 세워서 내외를 구분했단 말인가? 진시황이 장성 안에서만 의기양양하며 장성 밖에 또 수만 리의 대지가 있음을 알지 못했으므로 그의 소견이 작다고 하는 것이다.

그는 장성이 진시황도 예상하지 못했을 부작용을 낳았다고 여겼다. 그에 따르면, '이하夷夏'의 경계를 나누는 장성으로 인해, 북적은 '중국'의 풍속에 교화되지 않았다. 오랑캐의 땅이었던 남쪽에서 '화풍'을 본받아 '문교'가 일어난 것은 모두 장성 같은 경계가 없었기 때문이다. '중국'이 장성을 쌓아서 그 밖을 강역이 아닌 것으로 여기자 북적 또한 '중국'에 대해 자신을 바깥으로 여기게 되어 '중국'을 사모하고 본받아 풍속을 크게 변화시키려는 뜻을 가지지 않게 되었다. 장성에 가로막히지 않았다면 북적의 풍속이 '중화'의 가르침[華敎]에 교화되어 북해에 닿는 곳까지 관대冠帶의 지역이 되지 않았으리라 어찌 장담할 수 있겠는가?[107]

　홍희준은 장성으로 인해 '중화'의 풍속과 교화가 '사이'에 미치지 않았다고 주장했다. 그렇다면 그는 '용하변이'를 주장했는가? 〈청인불복의관론清人不復衣冠論〉이라는 논설은 홍희준의 입장이 결코 그런 것이 아니었음을 보여 준다.[108] "옛날 제왕이 나라를 세워 창업할 때면 정삭을 고치고 복색을 바꾸었으니, 하나라가 변복을 입고, 은나라가 후복縞服을 입으며, 주나라가 면복을 입은 것은 모두 시대에 따라 가감한 제도인 것이다." 논설의 도입부에서 홍희준은 그렇게 주장했다. 복색의 문제를 논의하는 층위부터 이미 색다르다. 조선에서 의관이 '중화'의 예악과 문물을, '피발'과 '좌임'이 '이적'의 문화를 상징하는 것으로 여겨져 왔다는 사실을 그가 몰랐을 리는 없다. 그런데 그는 복색을 '중화'를 높이고 '이적'을 깎아 내리는 차원에서 논하지는 않았다. 그가 보기에 복색은 다만 나라를 세운 역대 제왕이 시대에 따라 가감한 제도일 뿐이다. 새로 창업한 왕조에서 도입하는 복색은 다만 시의성의 문제인 것이다. 도입부가 이미 본론의 방향을 예시하고 있다.

　이 논설 본론의 요지에 따르면, 청나라 황제가 만주로부터 '중국'에 들어와 천자가 되었다. 만주 풍속에 머리는 깎아 땋아 내리고 털모자를 쓰며 옷은 '좌임'을 한다. 청제淸帝가 '중국'의 복식을 바꾸어 모두 머리를 깎고 '좌임'을 하게 하자, '중국' 사람들[中國之人]이 스스로 관복冠服을 돌아보며 상심하고 원통해한 것이 이제 150년이 되었다. 또 지금 황제가 의관과 전례는 옛날로 돌아갈 수 없다고 하자 '중국' 사람들이 또 절망했다. 이로 인해 '동인'이 '중국' 사람들을 보면 모두 만인으로 여기더니, 마침내 뭉뚱그려 '이적'이라 부르며 멸시하기에 이르렀다. 그러나 지금의 만인은 묵가墨家의 이름에 이夷의 행실을 하는 자다.

홍희준이 청나라 황제를 천자로 인정한 것은 그 나라가 중원의 주인이 되었기 때문일 것이다. 그러나 그는 결코 청나라가 곧 '중국'이라고 말하지는 않았다. 그는 청나라의 복식과 '중국'의 복식, 청나라 사람[滿人]과 '중국 사람'을 의식적으로 구별했다. 그의 시야에서 보면, 청나라는 청나라의 복식을 입는 만주 사람과, 청나라 복식을 강요당했지만 내면에서 '중국' 복식을 잊지 않고 있는 '중국 사람'으로 구분된다. 만주 사람을 "묵가의 이름에 오랑캐의 행실을 하는 자"라고 말하는 장면은 특별하다. 한유韓愈가 〈문석 스님에게 보내는 글〉에서 이렇게 말했다. "사람들 가운데는 유학자라 자처하면서 묵자의 도를 행하는 사람이 있다. 그 유학자의 이름은 옳다 해도 그 행실을 따져 보면 잘못되었으니, 그런 사람과 어울릴 수 있겠는가. 묵자라 자처하면서 유학의 도를 행하는 사람도 있다. 그 묵자의 이름은 옳다고 할 수 없지만 그 행실은 옳은 것이니, 이런 사람과는 어울릴 수 있다." 문석이 이름은 승려이지만 행실은 유학자이므로 그와 어울릴 수 있다는 의미다.[109] 홍희준은 한유가 말한 "묵명이유행墨名而儒行"이라는 표현을 따온 뒤 '유儒'를 '이夷'로 바꾸었다. 한유가 그 표현을 "어울릴 수 있는 사람"이라는 맥락에서 구사했던 사실을 고려한다면, 홍희준이 만주인을 "인정할 만한 사람"으로 보고 있었다고 할 수 있다. '이'라는 표현을 "인정할 수 있다"는 맥락에서 구사한 보기 드문 경우라고 해야 한다.

'이'는 어떤 맥락에서 인정될 수 있는가? 만주는 왜 복색을 바꾸지 않아도 좋은가? "청제淸帝가 이미 중국에 들어와 선왕의 궁궐에 살고 선왕의 정사를 행하게 되었으니 마땅히 선왕의 의복을 입어야 한다"

고 말하는 사람들이 있었다고 하자. 홍희준에 따르면, 그렇게 말하는 자들이야말로 "시무時務를 모르는" 사람이다. 그는 이렇게 말했다. "무릇 청제는 만주인이다. 만일 만주 복식을 바꾸어 중국을 따르게 된다면 이는 중국을 써서 만주를 변화시키는 것일 뿐, 만주를 써서 중국을 변화시키는 것이 아니다. 만주인으로서 대명을 무너뜨리고 천하를 다스리게 되었으니, 이는 역사상 유례없는 대업이다. 그런 청나라 황제가 '중국 사람'들에게 만주의 풍속을 따르고 만주의 복식을 입게 한 것은 만주의 위대함을 천하에 보여 주기 위해서였다. 청나라 황제가 만일 만주의 의복을 버리고 중국을 따랐다면, 누가 만주 사람이 중국 땅을 차지했음을 알게 되었을 것인가? 이것이야말로 영웅의 통치술이다. 그런 관점에서 보면 청제는 창업할 때 마땅히 정삭을 고치고 복색을 바꾸어야 했다. 그 모자와 좌임은 하나라의 변복, 은나라의 후복, 주나라의 면복처럼 시대에 따라 가감한 전례들과 다르지 않기 때문이다. 만일 청나라가 뒷날 나라를 잃고 동쪽으로 달아나 만주로 돌아가게 된다 해도, 만주족의 풍속을 지키고 있어야 한 귀퉁이의 작은 나라라도 이룰 수 있을 것이다. 만일 만주인이 모두 중국 의복을 입게 된다면 이는 만주 땅이 모두 중국의 군현이 되는 셈이니 다시 어느 곳으로 향하여 할거하여 나라를 이룰 수 있겠는가. 이 또한 청제의 원려遠慮다."[110]

복제 문제를 '화이'가 아니라 '시무'의 관점에서 보아야 한다는 주장을 자세히 들여다보자. 시의성을 근거로 '이'의 복제를 인정할 수 있다는 홍희준의 주장은 청나라 내부자의 시점이라 해도 좋을 정도로[111] 개방적이다. 그러나 홍희준이 "만주 땅이 모두 중국의 군현이 되는" 상황을 경계하고 있는 것을 보면 단순히 그렇게만 보기 어려운 측면도 있다. 홍희준은 논설의 결론부에서 이적이 '중국'의 땅에 들어오는 경우, 반대로 '중국'이 이적의 땅으로 들어가는 경우 모두에 대해 말했다. "북적이 중국에 들어온다면 마땅히 북적의 의복을 입어야 하고, 남만이 중국에 들어온다면 마땅히 남만의 의복을 입어야 한다. 문신하고 단발하는 나라나 이마에 무늬를 새기거나 이빨에 칠을 하는 사람들이 중국에 들어온다면 또한 그렇게 해야 한다. 자신들의 옛 풍속을 무조건 따르거나 새 풍속을 피해야 한다는 의미가 아니다. 우 임금은 나국 裸國에 들어갈 때 옷을 벗고 들어갔다. 중국의 옛 풍속을 따르지 않았고 나국의 새 풍속을 피하지도 않았다. 우 임금은 그렇게 한때의 풍속을 따랐을 뿐이다. 만일 우 임금이 나국을 얻어서 중국의 군현으로 삼으려 했다면 반드시 나국 사람들에게 중국의 의복을 따르게 하셨을 것이다. 그러나 우 임금은 그렇게 하지 않았다."[112]

이 지점에 이르러서야 그가 말하는 '시무時務'의 의미가 분명해진다. 홍희준에 따르면, '시무'는 "한때의 풍속을 따르는 일"이다. 언제 어디서나 정당한 가치가 아니다. 결국 이적이 '중국'에 들어와 이적의 의관을 따르는 일은, '중국'이 이적의 땅에 들어갈 때 이적의 복장을 따르는 것과 아무런 차이가 없다. 그것들은 모두 한때의 풍속을 따르는 일이다. 그것이 '시무'다. '중국'에 들어온 청제가 선왕의 의복을 입어야 한다고 말하는 것은 나국에 들어간 우 임금에게 '중화'의 의복을 입어야 한다고 말하는 것과 같다. '시무'를 모르는 어리석은 주장인 것이다. '시무'가 그런 것인 한, '시무'를 아는 자에게 중요한 것은 '이적'의 문화가 '중화'의 문화에 동화되지 않도록 하는 일이다. 물론 만주의 '이' 문화는 '중국'문화가 만주에 동화되지 않는다는 전제 위에서 유의미하다. 그것이 만주에도 좋고 '중국'에도 좋다. 반대로 말한다면, '중국'이 만주에 동화되어서 삼대의 예악과 문물을 잃어버리거나, '중국'과 만주가 구별되지 않는 것을 가장 피해야 한다. '시무'가 그런 것이라는 점을 염두에 두고 보면, 만주 사람이 "묵가의 이름에 오랑캐의 행실을 하는 자"라는 말의 의미도 좀 더 분명해진다. 그가 "오랑캐의 행실을 하는 만주 사람"을 "인정할 수 있다"고 본 것은 만주족이 '중화'의 예악과 문물을 받아들였기 때문이 아니다. 자기 문화를 고수했기 때문이다. 그런 정책 덕분에 '중국'과 만주가 구분되고 만주가 '중국' 군현이 되지 않을 수 있었던 것이다.

홍희준이 '중국'과 구별되는 만주의 '이' 문화를 인정했다는 것은 그가 '중국'의 예악과 문물이 가진 가치를 과소평가했음을 의미하지는 않는다. 그에 따르면, 청나라가 '중국' 사람에게 자기 복제를 강요한 결과, '중국' 사람 중에 삼대의 복제를 기억하려는 사람이 없어져 갔다. "내가 이번 사행에서 네덜란드 사람을 보게 되었다. 깊은 바다를 건너 중국에 들어온 여정이 삼만 리인데도, 곤복袞服과 관면冠冕과 수놓은 비단옷은 보지 못하고 머리를 깎고 좌임한 것만을 보게 되어서 마침내 중국 삼대의 의복이 이와 같다고 여기게 된다면, 어찌 성대한 중국 문물[中國文物之盛]을 먼 나라 사람들에게 보여 줄 수 있겠는가. 이에 중국 사람을 위해 거듭 상심하고 탄식하노라." 그는 〈청인불복의관론〉을 그렇게 끝맺었다.

'중국' 문물의 성대함을 예찬하는 장면이 시사하는 것처럼, 그는 존명의리론을 따르고 대보단을 중시하는 중화주의자이기도 했다. 숭정제가 자결한 뒤 명나라 역사를 전해 주는 기록이 없음을 아쉬워하던 홍희준은 《남명강목》을 편찬했다.[113] 〈옥과창의사기玉果倡義祠記〉라는 글도 그의 중화주의자적 면모를 잘 보여 준다. 이 글에서 그는 병자호란이 일어난 해를 "황명 의종 황제 숭정 9년"이라 적었다. 인조가 전국에 하교를 내려 근왕병을 불러 모으자, 옥과의 선비들이 의병을 일으켜 남한산성으로 향하다가 인조가 항복했다는 소식을 듣고 의병을 해산한 일이 있었다.[114] 홍희준은 옥과 의병에 대해 이렇게 말했다. "제공의 뜻은 근왕에만 있지 않았으니, 황조의 은혜가 잊히지 않게 하려 함이었다. 척화를 주장한 여러 현인들과 행적은 달랐으나 마음은 같았으니, 풍천風泉의 마음은 시 중에서도 발하였다."[115]

정조가 1796년(정조 20)에 대보단에 친히 제사를 지내고 어제시를 짓자, 홍희준이 거기에 맞춰 시를 지었다.

재조하신 은혜로운 말 부모님처럼 받들고/ 세 황제의 지극한 은택 봄처럼 피어나네/ 명나라 천지에 대보단이 있고/ 금척의 산하에 옛 폐백이 펴 있네/ 좌해의 천추에서 일월을 바라보니/ 만국의 유민 중에 홀로 의관을 가졌네/ 은하수 떠올라 풍천의 감상을 불러일으키니/ 북극성 향한 정성 대대로 이어 가리.[116]

대보단을 바라보는 정조와 홍희준의 시점은 무엇 하나 다를 것이 없다. 그는 전형적인 존명주의자이자 유민의식의 소유자였으며, 조선이 '중화' 문화의 유일한 계승자임을 믿어 의심치 않던 그런 인물이었다.

'중국' 문물의 성대함을 인정하고 명나라를 '황조'라 하는 홍희준이 만주족의 '이夷'다움을 높이 평가했던 것은 왜일까. 〈청국창업군신론淸國創業君臣論〉에서 그 이유를 찾을 수 있다. "지금 청인들을 보니 사람됨이 유순하고 남을 관대하고 두터이 대하니, 그들은 사납고 교활한 흉노와는 다르다. 이는 대개 그들이 동방에서 태어나 어질고 선한 본성을 부여받았기 때문이다." 논설의 첫머리를 장식하는 문장이다. "선한 본성을 가진 청인"들을 "사납고 교활한" 흉노와 구별하는 장면이 두드러진다. 그러나 여전히 답이 필요한 질문이 남아 있다. '청인'이 선한 본성을 가졌다 해도, 하늘이 그들로 하여금 성왕이 살던 문명의 땅을 150년 이상 다스리게 한 것은 왜인가? 그에 따르면, 하늘이 그렇게 한 데는 다 이유가 있다. 송나라나 명나라는 '인문人文'이 지나치게 성하여 번거로운 의례와 세세한 절차 등이 생겨났다. 하늘의 도란 무엇인가. 사물이 극에 달하면 반드시 되돌리는 것이다. '인문'의 과도함과 예절의 번다함이 극에 달하자, 하늘이 그제서야 청인을 중국에 들어오게 하여 천하를 다스리게 하였다. 그 예절을 간략하게 하고 그 문물을 간소하게 하여 천하로 하여금 다시 태고적 시대로 돌아가게 한 것이다. 그 의관과 전례는 소흘기疏訖紀나 선통기禪通紀 시대와 비슷한 점이 있어서 번거로움을 없애고 소박함을 회복하였으니, 대개 과한 것을 덜어 내고 부족한 것을 채우는 이치인 것이다.[117]

홍희준에게 청나라는 중화 문명의 교정자校正者였다.[118] 그렇다면 그는 청나라가 중화 문명을 대체할 수 있다고 생각했던 것일까? 소흘기와 선통기라는 예시를 통해 본다면, 홍희준이 생각한 '소박함'이란 인의도덕의 도, 서로 선양하는 도를 뜻한다. 유교적 가치를 본질로 하는 그런 소박함인 것이다.[119] 그 소박함은 '청나라의 문화'라기보다는 송나라와 명나라의 번잡함이 청나라를 거치면서 도달한 지평이다. 그의 시야에서 본다면, '중화' 문명의 교정자가 된 청나라가 손가락이라면, 교정자의 도움으로 소박함을 회복한 '중화' 문명은 그 손가락이 가리키는 달이다. 그가 청나라의 중원 지배를 정당화하지 않은 것은 아니다. 그러나 그가 궁극적으로 말하고 싶었던 것은 '과할 때는 덜어 내고 부족할 때는 채우는 방식으로' 유지해 나가야 할 중화 문명이다. 청나라에게는 '과할 때 덜어 내는' 역할이 부여되었다. 청나라는 중화 문명을 유지해 나가는 데 필요한 도구이자 일시적인 보완재였던 것이다. 그 점에 관한 한 홍희준은 남공철과 생각이 같았다.

중화와 외국

중화 문명이 소박함을 회복해야 한다면, 그 문명의 토대를 이루는 학문도 번잡함을 넘어 기본에 충실해야 한다. 홍희준은 〈경술經術〉이라는 글에서 이 문제를 다루었다.[120] 1795년(정조 19) 정조가 초계문신을 친히 시험 보았을 때 제출한 이 답안에서, 그는 사서四書와 구경九經(시경·서경·역경·주례·의례·예기·춘추좌씨전·춘추곡량전·춘추공양전)을 전후 혹은 표리의 관계에 두어야 온전한 학문에 도달할 수 있다고 주장했다. 사실상 구경의 중요성을 강조한 것이다. "주자는 사서가 육경의 계제라고 말했다." 답안의 첫머리에서 그가 이렇게 주장했다. 그에 따르면 송나라 이후로 끊어졌던 성학이 다시 살아나고 어두웠던 경술은 다시 밝아졌고 사서와 구경은 모두 존중되었다. 그러나 언젠가부터 사서만을 중시하고 구경을 소홀히 하면서 학술이 쇠퇴했다.[121]

그는 구경의 쇠퇴가 가져온 폐해를 중국의 역사에서, 그리고 다시 조선의 현실에서 찾았다. 그에 따르면, 구경이 쇠퇴한다는 것은 이단 잡설이 유행한다는 것과 같은 의미다. 한나라 때 유학자들은 나름의 전문 분야를 중시했지만, 그 설들이 번잡해지는 만큼 도는 더 어두워 졌다. 물명物名이나 기계器械를 중시하는 이가 있었고 고증이나 박학

다식함을 강조하는 이들도 있었지만, 그들 가운데 대의의 근본을 궁구하는 자는 없었다. 그러는 사이 이단잡설이 횡행하여 인의를 막히게 할 뿐이었다. 송나라 때의 육상산陸象山이나 명나라 때의 왕양명王陽明도 크게 다르지 않다. 격물치지의 학문을 배척하며 본 마음만을 강조하는 그들의 학문 자세를 결코 옳다고 할 수는 없다. 새로운 것만을 추구하며 주자를 배척한 모기령毛奇齡 같은 경우는 더 말할 나위조차 없다. 조선에도 같은 문제가 있다. "유학을 숭상하지 않는 것이 아닌데도 경술은 날로 쇠퇴하고 풍속은 날로 무너져 내리기만 할 뿐이다. 성현의 말씀을 담은 경전이나 심성의 학문을 전하는 책들은 아무도 돌아보지 않는다. 책상 위에 올라가 있는 것은 패관소설뿐인데도 부끄러워할 줄 모르고, 음란한 기예를 즐기면서도 전아典雅하다고 여길 뿐이다. 심지어 서양 학문은 인심을 어지럽히고 윤리를 망가뜨리고 있다."[122]

그가 학문적 모델로 삼은 것은 윤선거尹宣擧(1610~1669)였다. 〈송파서원중수기松坡書院重修記〉라는 글은 윤선거에 대한 그의 생각을 잘 보여 준다. 그의 서원 이야기는 윤선거가 "숭정 갑진"에 영춘을 유람했을 때로 거슬러 올라간다. 그에 따르면, 윤선거는 영춘 현령 유한주가 세운 집을 보고 거기에 '달천당'이라 편액을 걸었다. 현종 때 지역 선비들이 건물을 증축하고 송파서원이라 이름을 고쳤으며, 그 뒤로 현감 정술인이 대대적으로 중수 공사를 벌여 서원의 면모를 일신시켰다. 정술인은 정제두鄭齊斗(1649~1736)의 증손이자 윤선거의 외가 쪽 후손이기도 했다. 그리고 1796년(정조 20), 홍희준이 사촌동생인 영춘 현감 홍낙유洪樂游(1761~?)로부터 송파서원 중수기를 써 달라는 부탁을 받게 되었다. 그가 이렇게 적었다. "지금 정학이 무너진 지 오래되었다. 근세에 선비된 자들이 몸과 마음을 닦지 않는 자들이 많아서 경전을 쓸모없는 것으로 여기고 공리만을 추구한 채 하학상달의 뜻이 없으니, 윤선거의 가르침에 비추어 보면 크게 부끄러운 일이다."[123]

이런 상황을 어떻게 타개할 수 있는가. 그는 유자儒者의 학문으로 돌아오는 데서 해법을 찾았다. "정자께서 말씀하셨다. '옛날에는 학문이 하나였는데 지금은 셋이니, 문장의 학문, 훈고의 학문, 유자의 학문이 그것이다. 오늘날 이른바 경술經術이라고 하는 것은 문장의 학문이나 훈고의 학문에 불과할 뿐 유자의 학문은 외면받고 있으니, 구경을 기반으로 하는 경술이 그로 인해 더 어두워지고 있다.' 정자의 말씀이 뜻하는 바는 무엇인가? 유자의 학문이란《대학》에서 말하는 성의정심, 격물치지, 수신제가, 치국평천하를 가리키는데, 이 일련의 과정이란 구경에 근본을 둔 것이다." 홍희준은 〈경술〉에서 그렇게 주장했다. 아버지 홍양호洪良浩(1724~1802)가 소론계의 리더인 심수현沈壽賢(1663~1736)에게 배웠고, 심수현의 아들 심육沈錥(1685~1753)이 정제두의 제자였다는 점으로 본다면, 홍희준 역시 소론계에 속하는 인물이라고 해야 한다. 그러나 그는 공리주의와 양명학, 패관소설과 서학西學을 배척하는 대신 구경의 중요성을 강조했다.

그가 보기에 구경이 학문의 본령이라면 언어학과 역학은 '동인'이 '중국'과 '중화'에 접속할 수 있는 유용한 분야다. 그는 〈방언설方言說〉에서 이렇게 말했다. "중화의 자字는 음音과 의義가 하나인데 외국의 자는 음과 의가 둘이어서, 중화 사람들[中華之人]은 자로써 언를을 삼아 그 언이 쉽게 통하는데, 외국 사람들[外國之人]은 의로써 언를을 삼아 그 언을 이해하기 어려우니, 이것이 또한 중화와 외국의 언를과 성聲이 다른 까닭이다." 그는 또 인간이 '중화 문자'와 '방언'의 절충을 통해

의사를 소통할 수 있다고 주장했다.[124]

　'중국'과 '외국', '중화'의 언어와 '방언'을 각각 이항대립의 양편에 배치하고 개념들로 구분했다는 점에서, 그는 방언을 방언으로 만드는 중심, 즉 '중화'의 우월성과 중원 대륙이 가지는 선험적 중심성을 긍정했다. 그가 보는 '중국' 혹은 '중화'의 맞은편에는 늘 '외국'이 있다. 이 틀의 연장선상에서 본다면, 중원 대륙이 청나라의 지배하에 놓인다 해서 그 구조가 바뀌지는 않는다. 이 경우 청나라는 중원의 주인이 된 '외국'일 뿐이며, 청나라가 쓰는 만주어는 결코 '중화'의 자字가 될 수는 없다.

　〈방언설〉의 문제의식은 〈언서훈의설諺書訓義說〉로 이어진다. 이 논설에 따르면, 인간이 소리를 내어 말을 할 수 있다는 것은 동물과 구별되는 중요한 특징 중 하나다. 그러나 형체가 없는 말만으로는 후대에 무엇인가를 전해 줄 수 없다. 성인이 문자를 만든 것은 그런 이유 때문이다. 이 문자로 인해 형形으로 성聲을 변별하고 성聲으로 의義를 통할 수 있게 되었다. 그러나 언과 성이 무한한 데 비한다면 문자의 숫자는 유한하기 때문에 성聲이 있으나 자字가 없는 경우를 피할 수 없다. 그것이 중화의 문자다. 표의문자인 '중화의 문자'가 무한한 성聲을 다 표현할 수 없는 것과는 달리, 서역·서양·몽골·일본 등에서 쓰이고 있는 "외국의 방언"은 표음문자로서 적어도 성聲을 표시하는 것에는 큰 문제가 없다. 그러나 성만 있고 의가 없는 그런 언어는 근본적으로 천하만국에 통용할 수 없다. 그런 의미에서 보면, 사물을 명명할 때 '화자華字'를 써 온 '동방'은 방언만을 써 온 다른 외국들보다는 사정이 훨씬 낫다. 그러나 구역의 풍기가 다르고 일국의 방언이 다르므로 '동방'은 문자의 음이 '중화'와 다르고, '중화의 문자'에 비해 성聲

이 있으나 자字가 없는 경우도 훨씬 많다. 세종의 훈민정음은 그래서 중요하다. 표음문자인 훈민정음은 의義를 포함하지 않기 때문에 한계가 있지만, 형태로 소리를 나타냈다는 점에서 다른 '외국'의 '방언'들과는 다르다. 오히려 '중화'의 '문자'와 공통점이 있는 것이다. 더구나 훈민정음은 그간 성聲이 있는데도 문자로 표현하지 못했던 것들을 모두 나타내게 되었다는 점에서도 특별하다. 그렇다면 의를 통하는 '중화의 문자'와 더 많은 성聲을 표현할 수 있는 훈민정음을 연결하는 것에서 천하만국에 통용할 수 있는 답을 찾을 수 있을 것이다. 언자諺字에 대해 훈의訓義하는 것은 그런 점에서 중요하다.[125]

〈언서훈의설〉에서도 '중화 문자'는 '외국 방언'의 상대어이다. 이 글의 핵심은 '중화'의 문자와 훈민정음의 상호보완성에 있다. 그에 따르면, '언자'에 '훈의'하는 것은 새에게 날개를 달아 주는 격이며 수레에 바퀴를 달아 주는 격이다. 성聲은 있으나 의義가 없는 편방의 방언들은 천하만국에 통용될 수 없지만, 성인이 만든 '중화의 문자'는 의를 지향한다는 점에서 우월하다. 유한한 문자가 무한한 성을 다 표현할 수 없어서 수많은 성聲이 끝내 형形을 갖추지 못한 것이 문제라면 문제일 뿐이다. 홍희준은 훈민정음에 '훈의'함으로써 이 언어가 '중화'의 '문자'가 중심일 천하만국의 언어 세계에 통용될 수 있는 길을 찾아보려 한 것이다. 그가 인식한 '중화' 언어의 보편성, 훈민정음의 개별성이란 그런 것이었다.

《화동음원華東音源》은 음운의 근원을 탐구한 책이다. 홍희준은 그 책에 서문을 붙였다. 그 글에 따르면, 문자에는 음音과 의義가 있어야 한다. 문자가 음과 의를 가지는 것은 기물에 이름이 있고 쓰임이 있는 것과 같은 이치다. 그러니 음과 의는 어느 것 하나 소홀히할 수 없다.

음과 의를 가진 문자가 처음 만들어진 곳은 '중국'이다. '중국' 사람들은 이 문자를 대대로 익혀 왔으니 음과 의가 이미 '중국'에 자세히 갖추어져 있다고 할 만하다. 다만 음을 분류하는 음운학적 원리는 지역에 따라 다르다. '중국'의 음운학은 자모절운법을 쓰고 '아동'의 훈민정음은 초중종성을 나누는 방식을 쓴다. 그러나 그 음운학적 기준이 서로 들어맞지 않는 것이 없으니, 천지의 정음正音이라는 기준에서 보면 '중국'이나 조선 같은 '외국'이 다를 바 없다.[126]

홍희준이 '언자'를 문자 세계에 개입시키기 위해 노력하는 장면은 그가 지향하는 중국 중심주의에서 조선적인 것이 차지하는 의미를 짐작하게 해준다. 그는 "단군이 요 임금과 같은 때 나라를 열었다"고 주장할 만큼 자국사의 유구성을 믿어 의심치 않았다.[127] 적어도 그는 박제가처럼 중국어 공용론을 주장하지는 않았다. 그가 청나라 문인 기윤紀昀(1724~1805)에게 보낸 편지에서 이렇게 말했다. "소방小邦은 기자가 분봉받은 이후로 팔조의 가르침과 홍범구주의 교화가 일역一域을 감화시키고 생민을 변화시키었으니, 수천 년에 이르도록 예의의 풍속이 있다고 일컬어지고 있습니다. 선비들은 모두 공맹의 서적을 읽으며 사람들은 모두 충효의 행실에 힘쓰니, 집안에서는 양성하고 수신하며, 밖에서는 윗사람을 받들고 어른을 공경합니다. 심지어 위항의 천부들조차 두 지아비 섬기기를 부끄러워하며, 수레를 끌거나 심부름하는 하인들도 3년 상복을 입습니다. 문장과 경술에 관해서는 간간이 저술가들이 있었는데, 모두가 정로正路를 따르며 성대히 논쟁합니다. 이처럼 순미한 풍속과 연원을 가진 학문이기는 하나 감히 중화의 대방大方께 견주지는 못할 것입니다만, 만일 '외번'의 제국에서 찾으려 한다면, 조선의 학문과 풍속은 결코 그들에 뒤지지 않을 것입니다. 이런 이유로 동인이 사신이 되어 연경에 가면 '중화'의 사대부들께서 모두 교유를 허락해 주셨던 것입니다."[128] 기윤은 《사고전서》 편찬을 주관했던 한족 문인이다.

'동인'과 "중화의 사대부"를 대비시켜 말하는 장면에 주목해 보자. 홍희준은 '동인'의 유교문화 수준이 '중화'의 대방에 견줄 수는 없지만 '외번' 제국보다는 낫다는 것을 말하고 싶었다. 이 장면에서 기윤은 청나라에 벼슬하는 '이적'의 백성이 아니라 중원에서 태어난 "중화의 사대부"일 뿐이다. 그는 이렇게 말하기도 했다. "선비가 세상에 태어나지 않으면 그만이지만, 그렇지 않다면 마땅히 중국에서 태어나야 한다. 무릇 중국은 고금의 인물이 모두 모이는 곳이요, 경·사·자·집의 책들이 소장되어 있는 곳이며, 천하만국이 모여드는 곳이다. 그러므로 한 가지 재주, 한 가지 기예를 가진 사람이라면 모두 몸을 그 시대에 드러낼 수 있고 이름을 후세에 남길 수 있으니 초목과 함께 썩어가지는 않는 것이다."[129]

'중화의 사대부'가 되지 못한 자에게 남은 선택지는 '중국'과 '중화의 사대부'에게 자신의 역량을 인정받는 일뿐이다. 홍희준은 자신의 역학易學 연구에 대해 특히 자부심이 강했다. 역학의 근본이 복희씨로부터 시작되어 공자에 이르는 과정에서 완비되었다고 할 수 있다면, 자신은 성인이 말해 놓은 그 단서들을 실마리로 하여 주역의 뜻을 새롭게 밝혔다는 것이다.[130] 그렇다면 이제 자신이 이룬 성취를 '중원'이라는 넓은 마당에서, '중화'의 대방가大方家에게 인정받는 일이 중요하다. 그는 기수유(기윤의 손자)에게 보낸 편지에서 또 이렇게 말했다.

제가 일찍이 역경을 읽고 침잠하며 연구해 온 지가 여러 해인데, 소용이나 주자와 같은 여러 선생들이 미처 말하지 않은 바이니, 전인前人이 발하지 않은 바를 발한 것이라 생각합니다. 지금 이제 하나의 책으로 만들어 고명하신 분께 득실을 질의하고자 합니다. 중화의 대방가 가운데 또한 주역에 정통하신 분이 많을 테니 그분들께 검토를 받아 후세에 전할 수 있게 한다면 진실로 그 아름다움을 이루고 후학에게 은혜를 돌리는 한 가지 길이 될 것입니다.[131]

이 장면에서 청나라냐 아니냐는 전혀 문제가 되지 않는다. 홍희준에게 중요했던 것은 오직 '중원'이며, '중화'였을 뿐이다.

홍희준의 희망은 간절했지만, "중원의 대방가"들이 '동국'의 책을 검토하려 할지 알 수 없는 일이었다. 그는 기수유에게 보낸 편지에서 또 이렇게 말했다. "지금 동국에서 온 책이라 하여 가벼이 여긴 나머지, 제 책이 역학 분야에서 전해지지 못한 채 없어지고 만다면, 제가 역학의 온오蘊奧를 밝힌 것은 헛되어 한가로운 공부가 되고 말 것이거니와, 역학은 갖추어지지 않게 될 것이니 어찌 애석하지 않겠습니까."[132]

결국 홍희준이 강조했던 것은 소박함을 회복한 '중화' 문명, 그리고 구경九經으로 돌아가는 유자의 학문이었다. 그가 열망했던 것은 '중화'로부터 자신의 학문을 인정받는 일이었다. 그가 보기에, '피발'하고 '좌임'한 만주족은 결코 '중국'이 아니다. 궁극적으로 중요한 것은 청나라가 아니라 그들에게 동화될 수 없고 동화되어서도 안 되는 '중국'이며 '중화' 문명이다. '중국'은 처음부터 청나라와 무관했다. '중국'은 개벽開闢한 것이 가장 이르고 신성神聖이 먼저 나왔으니 예악과 문물이 가장 뛰어나다. 천지가 개벽되고 수레가 서로 통한 지 오래되었으며, 서양과 남해 사람들이 깊은 바다를 건너 '중국'에 들어온 것도 이미 400~500년은 되었다. '중국'이 "천하 문명의 땅[天下文明之地]"이 되는 것은 사람에게 배꼽이 있어서 사지와 백맥百脈이 모두 배꼽에 모이는 것과 같다. 이후로 풍기風氣가 점차 열려 해외에서 모두 통하게 된다면, 온 세상 사람들이 머지않아 모두 장차 '중국'과 통하게 될 것이다.[133]

홍희준은 청나라와 '중국'을 애써 구별한 뒤 '중국'이라는 중심의 확대재생산과 전면적인 중국화를 시도했다.[134] 대보단을 중시하거나 남명에 관심을 가지고 있었던 것도 그가 '유민'의식의 소유자이자 중화주의자임을 잘 보여 준다. 조선 후기의 다른 문인들이 그랬듯, 그역시 여전히 중화의 의미장 안에서 생각하고 발화했다. 그러나 그는 청나라의 '이夷'다움이 가지는 의미를 전면적으로 긍정했다는 점에서 특별했다.

5부

기자·진인·동양

箕子·眞人·東洋

1장
변경의 문인들과 '기자'

'서양西洋'과 '외이外夷'

화서학파는 먼저 정통을 밝히고 나서 중국사에 동국사를 덧붙이려 했고 박지원은 북쪽에서 배워야 한다고 주장했지만, 그들은 '중화'의 내면화를 주장했다는 점에서 다를 바 없는 사람들이었다. 그 점에 관한한 성대중과 성해응, 이덕무, 박제가 등 서얼 출신들도 마찬가지였다. 그들에게 '중화'는 예악, 문물, 한·당·송·명의 유제라는 형태와 '중국'·'진주'·유학·'천명'·'천리'·인륜이라는 가치가 만들어 내는 의미망 위에 있었다. '중화'는 '동'과의 관계 속에서, 때로는 '사대'와 '동국', 그리고 '북학'의 이름으로도 호명되었다. 논쟁은 치열했다. 그러나 그들 누구도 그 교직하는 의미의 그물망 바깥쪽으로 나가지는 않았다.

논쟁의 양상에만 집중하다 보면, 그들 모두가 서울과 그 주변, 즉 조선 유교문화의 중앙에 있었던 사람들이었다는 점을 잊기 쉽다. 그러나 그들이 가진 사회적 배경의 특수성을 염두에 둔다면, 그런 '중화'의 의미장이 예외없이 18~19세기 조선을 지배하고 있었다고 서둘러 단정해서는 안 된다. 사회사적인 변수를 염두에 두고 좀 더 질문해야 하기 때문이다. 과연 변경의 유학자들도 '중화'를 말했을까? 그렇지 않았을 수도 있다. 그러나 중앙의 유학자들이 '중화'와 함께 구사했던 다른 단어들까지 말하지 않았을 리는 없다. 그렇다면 그들은 그 단어들에 어떤 의미를 담아 발화했는가? 그들은 그 단어들을 사용해서 무엇을 정당화하려고 했는가? 변경에는 유학적인 소양을 가진 평민 지식인들도 있었다. 그들은 또 '중화', 혹은 '중화'와 같이 쓰이던 단어들에 대해서 무엇을 어떻게 발화했는가? 그들이 가장 중요하게 여기는 문제는 무엇이었는가? 변경에서의 목소리는 중앙에서 '중화', 혹은 그것과 같이 쓰이던 단어들이 만든 의미의 그물망 안으로 수렴될 것인가? 그렇지 않다면 변경에서 '중화'의 의미장에 균열이 생기고 있었다고 보아야 하는 것은 아닌가? 만일 그렇다면 어떤 사회적인 조건들이 그런 균열을 일으켰을 것인가?

평안도 태천 출신의 박문일朴文一(1822~1894)은 변경의 유학자이지만 이항로의 문인門人이 되어 중앙 학계와 접속했다. 그는 뒷날 '관서부자關西夫子'라는 칭호를 듣기도 했다.[1] 평안도의 대학자라는 뜻이다. 1843년(헌종 9), 22세의 청년 박문일이 고향을 떠나 남쪽으로 향했다. 영호남 지역에 경학에 정통한 선비가 많다는 말을 듣고 그들을 만나 보고 싶었기 때문이다. 그가 양근楊根의 벽계蘗溪로 가서 이항로를 만났다. 이항로가 그에게 《의례경전儀禮經傳》이라는 책을 건네주었다.

"내가 남쪽을 여행했을 때 두 가지 기쁜 일이 있었으니, 하나는 《의례경전》이라는 책을 보게 된 것이요, 다른 하나는 금강산을 구경한 일이다." 뒷날 박문일이 그렇게 회상했다. 무엇을 어떻게 공부해 왔는가? 처음 대면한 자리에서 이항로가 박문일에게 그런 취지로 물었다. 이항로가 박문일의 대답을 들은 뒤 다른 제자들에게 말했다. "서토西土는 풍기風氣가 뛰어나 선우협 같은 호걸의 선비가 나왔지만, 박문일 같은 학자는 500년 만에 처음 나온 셈이다. 그가 마음으로 터득하고 몸으로 실천한 것은 나도 미치지 못할 바이니, 사문斯文에 다행이다."[2] 30년 연상의 스승이 자신을 찾아온 평안도 청년에게 공개적으로 격려를 아끼지 않은 것이다.

태천에서 삶은 녹록지 않았다. 다른 사람의 책을 빌려 와 공부해야 했을 정도로 경제적인 어려움을 겪었다. 공부에 대한 열정은 넘쳤지만, 주변에 책을 가진 사람이 많지 않은 것도 문제였다. 주자의 저작을 구하는 일은 더더욱 어려웠다. 그는 전 재산의 반을 들여《주자대전》과 《주자어류》를 구입하기도 했다. 주변 사람들이 모두 과거시험에만 매달리는 상황이었지만, 그는 그런 세태를 외면하고 주자학에 전념했다. 그가 고향을 떠나 이항로를 찾은 것도 학문의 중심에 접속하여 주자학의 본령을 탐구하겠다는 의지 때문이었다. 그는 이항로의 문하門下에서 이항로의 두 아들인 이준李埈과 이벽李蘗은 물론, 김평묵金平默(1819~1891), 유중교柳重教(1832~1893), 최익현崔益鉉(1833~1906)과 함께 배우고 어울렸다. 27세 때에도 박문일은 벽계에 체류 중이었다. 어느 날 이항로가 말했다. "내가 그대와 이웃하며 강학하고 싶지만 평안도가 학문적으로 적막한 상태이니, 그대가 그곳에 가서 관서 사람들에게 고인古人의 학문을 알게 하고, 기성箕聖의 고향에 예양禮讓의 기풍이 다시 일게 한다면 그것도 좋은 일이 아니겠는가?"[3]

스승의 바람대로 박문일은 고향에 돌아와 주자학을 뿌리내리고 전파했다. 그사이 시간이 흘렀다. 1852년(철종 3) 환갑을 맞은 이항로는 유중교에게《합편강목》을 편찬하게 했다.[4] 이항로가 유중교에게 말했다. "아동은 중국의 속국이다. 고려 때부터 존주의 뜻을 서서히 알아가기 시작하여 변이邊夷의 내실을 갖추더니, 아조我朝에 이르러서는 모든 것이 조화로워졌다. 또 고려 말에 정몽주가 주자학을 제창한 뒤로 아조에 이르기까지 선각자들이 주자학을 심화시키고 도통을 계승하였으니, 아동이야말로 진어중국이라는 옛말이 가장 잘 어울리는 나라다." 이항로는 자신이 "신주神州가 육침陸沈하고 서양이 해악을 끼치는" 시대를 살고 있다고 생각했다. 그가 보기에 그 시간은 "여러 겹의 음한 기운이 끝나고 양陽의 덕이 돌아올" 때이기도 하다. 그렇다면 "그 시작을 밝게 빛내어 후세에 밝히고 사예四裔에 모범을 보이는 것"이 중요하다.《합편강목》을 편찬하여 중국사의 정통을 바로잡고 거기에 동국사를 붙여 내는 일이 그것이다.[5]

이항로가 보기에 "신주가 육침하고 서양이 해악을 끼치는" 상황은 위기라고 하지 않을 수 없다.《합편강목》편찬을 제자들에게 부탁할 때까지만 하더라도 그에게 서양이란 대포라기보다는 서학이나 과학기술에 가까운 것이었다. 그가 보기에 서양은 중국 고대 성인의 가르침을 받은 적이 없는 존재이므로, 결국 그들이 이루어 낸 것들을 문명적인 성취라 할 수 없다. 그것들은 다만 화이의 구분을 희석시킬 수 있는 위험성을 가졌을 뿐이다.[6] 결국 "서양이 해악을 끼치는" 현실은 "신주가 육침한" 상황과 다를 바 없다. 인륜질서의 위기다. 그렇다면 누가 이 위기를 어떻게 타개해 나가야 하는가? 답은《합편강목》을 지어 중국사의 정통을 바로잡는 데 있다. '진어중국'한 '아동'이야말로 그런 일을 감당할 수 있는 유일한 존재다.

〈동서남북설〉이라는 논설은 '서양'에 대한 이항로의 문제의식을 잘 보여 준다. 그에 따르면, '아동'이 '동해'의 끝에 있다면, '양국洋國'은 '서해'의 끝에 있다. 동쪽은 해가 뜨는 곳이고 만물이 소생하는 곳이다. 사람들은 삶을 즐기고 의를 중시한다. 서쪽은 반대다. 해가 지는 곳이며 만물이 시들어 가는 곳이다. 사람들은 죽음을 즐기고 이득을 중요하게 본다. 자연조건에서 인간의 기질에 이르기까지 동쪽과 서쪽은 모든 면에서 대조가 되는 것이다. 서로 떨어진 거리로 보더라도 '아국'은 '서양'과 가장 먼 곳에 있다. '중국'은 '아국'의 서쪽에 있고, 곤륜은 '중국'의 서쪽에 있으며, 총령葱嶺은 곤륜의 서쪽에 있다. 그리고 다시 서양이 총령의 서쪽에 있다. 성미性味도 거리 차이만큼이나 차이가 분명하다. 인하고 선한 성품을 가진 '동인'은 예의를 중시하지만, 교묘하고 각박한 기질을 가진 '서인'은 윤리를 업신여긴다. 공통점이 없다고 해도 좋을 정도다. 그런 '서양'이 명나라 때 '중국'과 통하더니 다시 '아방'에 미쳐 왔다. 해가 달에 끌리듯, 바늘이 자석에 달라붙듯 사람들이 그들이 전해 준 것에 물들어 갔다. 왜 이런 일이 생긴 것인가? 그것은 천지의 기운이 잠시도 쉬지 않고 유동하기 때문이다. 그 쉼 없는 운동으로 인해 동과 서가 서로 감응하게 되는 것이다. 다만 거리와 속도의 차이만 있을 뿐이다.[7]

거리로 본다면 가장 인접한 나라의 영향이 크다. '중국'과 '아동'의 관계가 그렇다. 단군의 시대에는 요순의 교화가 미쳤으며, 기자는 8조의 가르침을 베풀었다. 한나라와 당나라 이후에는 '화和'와 '전戰'이 반복되었으며, 명나라 때는 '중국'이 '아동'을 '내복'처럼 대우하기도 했다. 그러나 속도로 본다면 의아하게도 그 반대에 가깝다. 총령은 동해와 멀리 떨어진 곳인데도 불교가 이곳에 가장 먼저 전파되었다. 지금 '서양'의 해독이 만국보다 앞서서 '아국'에 미친 것도 그렇다. 가장 먼저 피해를 입었으니 더 이상의 피해를 막을 수 있게 해야 하고, 가장 깊이 피해를 당했으니 그 문제의 뿌리를 드러내지 않을 수 없다. 그렇다면 어떻게 해야 하는가. '오도吾道'를 밝히고, 선왕과 선성의 가르침을 되새기며, 오상五常과 사단四端의 마음을 넓혀 갈 따름이다. '서역'의 해독이 하천이 무너진 정도라면, '서양'의 해독은 바다가 넘쳐흐르는 상태라고 해야 한다. 하천이 무너진다면 '중국'이 피해를 입는 정도에 그치겠지만, 바닷물이 넘친다면 결국 만국이 피해를 보게 될 것이니, 경각심을 가지지 않을 수 없다.[8]

이항로가 '서양'을 곤륜의 서쪽 끝에 배치하는 방식이 인상적이라고 하지 않을 수 없다. 그는 또 '아동'과 '양국洋國'을 각각 '동해'와 '서해'의 끝에 배치했다. 방위가 가진 특성으로 인간과 문화를 설명하려 했기 때문이다. 그는 동쪽을 양기의 영향을 받아 인과 도리를 추구하며, 지세의 작용으로 인해 만물이 만들어지고 성인이 배출되는 곳으로 여겼다. 물론 서쪽은 그 반대다.[9]

이항로가 동쪽과 서쪽을 그런 식으로 나누었던 것은 '중화'와 '이적'의 구분을 가장 중요한 문제로 여겼기 때문이다. 김평묵이 기록한 이항로의 행장에는 그런 이항로의 면모가 잘 드러난다. 그 글에 의하면, 이항로는 '화'와 '이'를 구분하거나, '이'에 맞서 '화'를 지키는 데 기여한 사람으로 공자와 주자, 그리고 송시열을 들었다. 공자는 주나라가 쇠약해지고 이적이 '하'를 어지럽히던 시절에 《춘추》를 지어 '존왕양이'의 뜻을 밝혔으니 그 공이 크다. 그러나 주나라가 남아 있었고 문왕과 무왕, 제 환공과 진 문공의 시대로부터도 멀지 않은 시점이었으니 '존왕양이'의 뜻을 펼칠 수 없는 시기였다고 하기는 어렵다. 주자는 여진이 들어와 신주神州가 비린내로 뒤덮인 시절에 태어나 《춘추》의 뜻을 밝혔으니, 그 공은 공자보다 더 빛난다. 그러나 그런 주자에게도 남송이라는 의지할 만한 나라가 있었다. 공자나 주자에 비하면 송시열은 더 열악한 시대를 살았다. 그는 남명의 영력제 이후 희망을 걸 만한 곳이 없어지고 대의를 펼치기 더욱 어려워진 상황에서 양기陽氣가 회복되는 기초를 놓았으니, 그 공은 주자보다 크다고 할 만하다. 《주역》에서 박괘剝卦는 '큰 과실은 먹지 않는다[碩果不食]'는 뜻을 가지고 있으니, 한 줄기 양기가 남아 있다는 의미다. 또 곤괘坤卦는 천지가 막혀 한 점의 양기마저 볼 수 없는 상황인데도 성인이 양기가 없던 적이 없음을 밝힌 것이니, 도를 아는 자가 아니라면 그런 믿음을 가질 수는 없다. 그렇다면 "공자와 주자는 박괘의 시대를 살았으니 그 성취가 상대적으로 가볍지만, 송시열은 곤괘의 시대에 그런 일을 행했으니 그 어려움이 가장 컸다."[10] 이항로가 보기에 송시열은 한 줄기 양기를 기대하기 훨씬 어려운 조건 속에서도 그런 미래에 대한 믿음을 저버리지 않았으니, 공자나 주자보다 더 어려운 일을 해낸 것이다.

혹자가 되물었다. "오랑캐가 천하에 황제가 되자 백성들이 안도하며 생업을 즐겼으니, 그는 중국의 폭군보다 훨씬 훌륭하지 않습니까. 지금 선생께서 송시열의 성취를 공자와 주자에 빗대며 그가 세상을 바로잡았다 하신 것은 과하신 것 같습니다." 이항로가 답했다. "낮이 비록 어둡다 해도 밤이라 할 수 없고, 밤이 비록 밝다 해도 낮이라 할 수 없지 않은가. 그렇다면 중국의 폭군은 어두운 낮이고, 참로僭虜가 행한 소강少康의 정치는 밝은 밤이니, 이 둘을 어찌 같다고 할 수 있겠는가. 화하에게는 화하의 잘잘못이 있고 예융裔戎에게는 예융의 잘잘못이 있으니, 그것을 혼동하면 안 된다. 만일 이적으로 진어중국한다면 '중국'으로 대우해 주는 것이 지당한 일이고, 스스로 능히 '변이'하지 못한다면 그들의 본분에 따라 이적으로 대우하는 것이 옳을 것이니, 어떻게 그 본질을 호도할 수 있겠는가."[11]

무엇을 '중국'이라 하고 무엇을 '외이外夷'라 할 것인가? 다시 혹자가 묻고 이항로가 답했다. "하늘은 땅의 바깥을 감싸고 있고, 땅은 하늘의 가운데 있으며, 상하 사방은 모두 이 땅입니다. 지금 말씀하신 중국은 다만 곤륜 동쪽에 있는 한 덩어리의 땅이니, 하늘로부터 본다면 모두 같은 땅일 뿐입니다. 어찌 화이·중외·존비·주객의 차이가 있겠습니까. 그렇다면 성현께서 중국과 외이의 설을 지으셔서 존양의 뜻을 드러내신 것은 너무 불공不公한 일이 아니었을까요?" "육합의 안팎이 모두가 천이지만, 북극의 중앙인 태일太一 자리야말로 하늘의 중추다. 사지와 백체는 모두 몸이지만, 작은 크기의 심心이 몸의 주인이 된다. 사방과 8면이 모두 땅이지만, 풍기가 균일한 곳이 '토土'의 중심이 된다. 이런 이치를 아는 자라야 이하와 내외의 오묘함, 존화양이의 뜻을 알 수 있다."[12]

"풍기가 균일한 곳이 토의 중심"이라면 '오동'은 '외이'인가 아닌가? 다시 혹자가 묻고 이항로가 답했다. "그렇다면 오동도 또한 외이인데도, 오동에서 현덕한 무리들이 나오고, 오동 인의예악이 중하에 견줄 만한 것은 무슨 이유 때문입니까?" "이는 제왕이 동방에서 나오기 때문이다. 천지의 동쪽은 서남북의 으뜸이니, 황명의 말기에 도학과 명절名節이 조선에 있었던 것이 이러한 이치다. 어찌 몽고나 여진이나 태서泰西 사람들을 동방의 조선에 빗댈 수 있겠는가? 조만간 중국에서 의주義主가 나타나면 아국은 마땅히 고려 말 정몽주가 했던 것

처럼 그 의주를 따를 뿐, 최영의 주장을 따라서는 안 될 것이다. 병자
호란으로 인해 청나라와 맺은 약속은 강요된 것이니, 강요된 것은 제
대로 된 맹약이라 할 수 없다. 또 저들의 신방臣邦에서 왕자王者가 일
어난다면 그를 따르는 것이 옳은 선택이니, 중화를 높이고 이적을 물
리치는 것은 천지의 대의이기 때문이다."[13]

'서추西醜'와 '기자箕子'

박문일이 보기에 이항로의 명에 따라 《합편강목》을 완성한 유중교와
김평묵은 "사문師門의 적전適傳"이었다. 박문일이 말했다. "그분들과
나는 동문이기는 하지만, 학문으로 말한다면 사실상 내게는 스승 같
은 분들입니다."[14] 유중교와 김평묵의 학문적 역량을 존중한다는 의
미일 것이다.

　그러나 스승과 그의 직계 제자를 존중한다는 것이 그들과 모든 면
에서 문제의식을 같이한다는 의미라고 단정할 수 없다. 이항로가 그
랬던 것처럼 박문일도 "신주가 자취를 감추고 서학이 세를 얻어 가
는" 상황을 근심스러워했다.[15] 그러나 박문일이 《합편강목》 편찬 과정
에 개입한 흔적은 확인되지 않는다.[16] 변경의 유학자 박문일이 고민
한 문제들은 중앙 학맥의 중심에 있던 이항로가 생각하던 의제들과는
어떤 면에서 겹치고 어떤 면에서 결이 달랐던 것일까?

　1866년 이항로가 대원군과 적대적 공생관계에 있던 김병학金炳學
(1821~1879)의 천거로 벼슬길에 나섰다. 평생 재야의 산림으로 살아
온 이항로였지만, 나라가 병인양요라는 위기를 맞은 상황이었으므로

다른 선택지는 없었다.[17] 박문일도 고향 태천에서 병인양요에 관한 소식을 전해 들었다. 그도 국난에 힘을 보태지 않으면 안 된다고 생각했다. 이항로의 제자다운 발상이다. 박문일은 서울로 올라와 대원군을 만난 뒤 고향으로 되돌아왔다. 그런데 뒷말이 무성했다. 소문은 일파만파로 퍼져 나갔고, 마침내 승지 곽치섭郭致燮의 귀에까지 흘러 들어갔다. 곽치섭은 태천 현감을 역임했을 때 박문일과 경의재 건립을 함께 논의한 인연이 있었다.[18] 곽치섭이 박문일에게 편지를 보내 사람들이 웅성거리고 있다는 소식을 전했다. 박문일은 답장에서 자신이 왜 그런 선택을 하지 않을 수 없었는지를 상세하게 설명했다.

박문일의 편지에 따르면, 그가 프랑스군의 강화도 공격으로 민심이 흉흉해졌다는 소식을 들은 것은 그해 9월 15일의 일이었다. 며칠 뒤 관아에서 편지를 보내 왔다. "대원군께서 양변洋變을 방어할 계책을 물으려 그대를 불렀으니 속히 상경하십시오." 박문일은 생각했다. "나라에 변란이 일어난 것은 근심스러운 일이지만 세상에 나갈 것인지 말 것인지는 신중하게 생각해야 할 문제다. 더구나 내게는 옆에서 돌보아야 할 노부모가 계시지 않은가?" 박문일은 대원군의 부름을 거절했다. 그는 다만 양요洋擾가 잘 진압되었다는 기별이 오기를 기다릴 뿐이었다. 얼마 뒤 온 소식은 그의 기대와는 정반대였다. 상황은 점점 심각해져서, 임금이 남한산성으로 몸을 피할 것이라는 소문마저 나돌았다.

"양요가 이렇듯 심각해졌다면 선비로서 원칙만 지키고 있을 수는 없지 않은가? 상황에 맞는 임기응변의 처신을 해야 하지 않을까?" 고민하던 박문일이 마침내 그런 결론에 도달했다. 10월 13일, 박문일이 서울로 가기 위해 집을 나섰다. 4일 후, 평양에 도착한 박문일은 자신이 사복시 주부에 임명되었다는 소식을 들었다. 중화를 지나는 길에는 평안도 도사에 임명되었다는 소식을 다시 들었다. 엽관 운동을 위해 서울로 간다는 혐의를 받을 만한 상황이 되고 말았으니, 고민이 없을 수 없었다. "병인양요가 심각해지자 비로소 길을 떠났으니 나는 떳떳하다. 그러니 도중에 관직을 제수받았다는 이유로 말머리를 돌려야할 필요는 없다." 박문일은 그렇게 생각하고 다시 길을 재촉했다. 마침내 서울에 도착했다. 며칠 뒤, 박문일은 양비洋匪가 물러갔다는 소식을 전해 들었다. "이미 장안에 들어왔으니 아무 말도 안 하고 되돌아올 수는 없다." 박문일은 그렇게 생각하고 대원군을 찾아가 만난 뒤고향으로 되돌아왔다.[19]

박문일의 연보에 따르면, 그가 대원군의 부름에 응하기로 한 것은스승 이항로가 그렇게 처신했기 때문이다. 박문일이 서울에 도착했다는 소식에 대원군이 그를 불러들였다. 대원군은 박문일에게 예를 극진히 다했으며, 1,000리를 멀다 않고 달려와 준 충성심과 노고를 치하했다. 대원군이 묻고 박문일이 답했다. "지금 저들의 배가 물러가기는 했지만, 선생은 제게 어떤 가르침을 주시렵니까?" "제가 국난에 달려온 것은 충성을 다하려는 것일 뿐, 나랏일의 성패를 가늠하는 것은제가 할 수 있는 일이 아닙니다." 대원군이 그의 말에 고개를 끄덕이며 말했다. "임금께서 선생의 크신 포부를 잘 아시고 뒷날 나라를 위해 크게 쓰실 것이니, 오늘만 그런 것은 아닐 것입니다." 대원군이 주변의 신하들을 보며 또 말했다. "나이 50 이전에 산림 직에 등용되는것은 전에 없던 일이다." 박문일의 역량을 높이 평가한 것이다. 대원군은 박문일을 예의를 갖추어 전송했다. 박문일은 서울에 머물면서참판 정해상鄭海尙과 승지 곽치섭을 한 번 만났을 뿐, 다른 고위 관료들이 요청해 온 만남을 모두 거절했다.[20]

대원군이 박문일을 불러올린 것을 전례없는 일이라 할 수는 없다. 대원군 집권기가 시작되자마자 임금은 서북 지방과 개성 사람들을 등용하겠다는 전교를 내렸다. 오랫동안 차별받던 평안도 사람들에게 비로소 중앙에 진출할 수 있는 길이 열린 것이다. 병인양요가 발생하자 조정에서는 평안도에서 의병을 모집하기도 하고, 서북 지역 출신 포수를 동원해 프랑스군과 맞서게 하기도 했다.[21] 그러니 대원군이 이항로를 발탁한 바로 그즈음에 따로 박문일을 불러올렸다는 사실을 우연으로 치부하기는 어렵다.

이항로는 그해 9월과 10월 몇 차례 상소를 올려서 한편으로는 척화론을 제기하고, 다른 한편으로는 대원군의 내정을 비판했다. 척화에 대해 생각이 다를 것은 없었다. 그러나 내정에 관한 한 이항로는 대원군을 긴장시켰다. 대원군이 경복궁을 중건하고 원납전을 징수하면서 민심에 균열이 생겼고, 그런 균열이 결국 양요를 초래했다고 주장했기 때문이다.[22] 이항로가 보기에 양적洋賊이 창궐한 것은 아민我民이 내응했기 때문이고, 백성들이 내응한 것은 민심이 이탈했기 때문이며, 민심이 떠나간 것은 수탈이 극심했기 때문이다. 무엇 때문에 백성들을 수탈했는가? 과도한 토목공사 때문이다.[23]

얼마 뒤 이항로는 서울을 떠나기로 했다. 자신의 문인門人인 양헌수梁憲洙(1816~1888)가 강화도 정족산성에서 프랑스군을 물리쳤다는 소식을 들었기 때문이다. 양요가 수습 국면에 접어들었으니 평생을 산림으로 살아온 사람이 굳이 서울에 머물러야 할 이유는 없었을 것이다. 그는 상소를 한 편 써서 아들 이박에게 올리게 하고는 성문을 나섰다. 그는 그런 식으로 서울을 떠남으로써 산림의 방식으로 현실에 개입하고 또 현안을 제기하려 한 것이다. 양요의 경험으로부터 무엇을 배울 것이며, 또 혹시 또 생길지도 모르는 위협에 어떻게 대비할 것인가? 이항로가 그 상소에서 제기한 첫 번째 의제다. 그것은 일종의 대증요법에 가깝다. 그렇다면 무엇이 근원적인 해법이며, 또 무엇이 그 해법에 걸림돌이 되고 있는가? 그것이야말로 그가 상소에서 말하려던 핵심이었다.

그에 따르면, 공자가 《춘추》를 짓고 주자가 《자치통감강목》을 지었을 때 가장 중요하게 여긴 것은 '존주'의 의리다. "우리 대명[我大明]"의 태조 황제는 '호원'을 쓸어 버리고 '화하'의 '의주'가 되었다. 신종(만력제)은 임진왜란 때 '토우土宇'를 재조再造하게 해주었다. 조선과 명나라는 의리로는 군신의 관계라 해야 하지만 은혜로는 부자의 관계와 같으니, '동한東韓' 천 리 땅에 황제의 은덕을 입지 않은 것이 없다. 불행히도 병자호란 때 '권도'를 행할 수밖에 없었고, 명나라가 망하여 천지가 뒤집히는 경험을 하게 되었다. 성현은 그런 난세에 맞서 세상을 바로잡으려는 마음을 다잡았다. 인물로 말한다면, 효종과 송시열, 그리고 시설물로 말한다면 만동묘가 그런 경우라고 해야 한다. 만동묘는 권상하가 송시열의 유지를 받들어 세운 것인데, 비린내와 누린내로 가득 찬 세상에서 한 줄기 희망의 빛이 이곳에 있었다고 해야 한다. 대보단을 설립한 뒤에도 이곳을 중시해 온 것은 그 의미가 특별하기 때문이다. 그렇다면 지금 천하가 치발하고 좌임한 데다 '이적' 중의 이적이라 해야 할 '서양'이 창궐하는 상황에서 만동묘의 제례를 폐지한 조치가 정당한가? 군신의 의리와 화이의 변별과 같은 불변의 공리를 국가만 독점하는 것이 옳은가?[24]

대원군에게 이항로는 계륵과 같은 존재였을지도 모른다. 이항로가 가진 학문적 권위는 유용했으나 경복궁 중건과 만동묘 폐지를 비판하는 그의 목소리는 불편했기 때문이다. 대원군이 산림에게 바란 것은 척화 정책에 관한 일관된 지지였을 뿐이다. 이항로의 상소가 올라오던 그 시점에 대원군이 평안도에서 박문일을 불러올리고 프랑스군이 물러간 상황인데도 굳이 박문일에게 가르침을 청한 것은 그런 이유 때문이었을 것이다.

그런 관점에서 본다면, 대원군이 박문일에게 물은 것은 외부의 위협에 대처할 수 있는 근원적 해법이었다. 그러나 그것은 이항로가 잘 보여 주었듯이 내정에 대한 평가와 연동된 문제다. 박문일은 그 질문에 즉답을 피했다. 이항로와는 달리 내정에 대해 전혀 문제를 제기하지 않았다. 대원군에 의해 발탁된 박문일은 김병학의 추천으로 벼슬길에 나선 이항로에 비해 훨씬 권력에 친화적이었던 것이다. 평안도 차별의 역사를 고려한다면, 박문일이 대원군을 대하는 태도는 그런 맥락에서 해석할 수 있다. 그는 곽치섭에게 자신이 벼슬에 연연하지 않는다고 말했다. 그러나 그는 태천 현감으로 부임해 온 인사들과 적극적으로 교류했을 뿐만 아니라 지역에 성리학을 보급하는 과정에서 평안 감사로 온 남정철南廷哲(1840~1916), 민영휘閔泳徽(1852~1935), 민병석閔丙奭(1858~1940) 등과 협력했다.[25] 그들 중 일부와는 그들이 임기를 마친 뒤까지 계속 관계를 유지하기도 했다. 곽치섭이 그런 경우다.

이항로와 박문일이 권력을 대하는 자세에서만 달랐던 것일까? 박문일은 스승 이항로의 의제 중 어떤 것에 동의하고 어떤 것에 무심했는가? 확인해 두어야 할 문제다. 박문일은 이항로가 병인양요 때 벼슬길에 나설 수밖에 없었던 것은 그만큼 상황이 절박했기 때문이라고 주장했다.[26] 그에 따르면, 도가 부진하게 되자 사특한 풍조가 일었다. '양묵楊墨'과 '불로佛老'야말로 인의를 막히게 한 대표적인 사례라고 해야 한다. 그러나 그것이 미친 해악은 '서추西醜'에 비하면 미미하다고 해도 좋다. '서추'는 지금 천하를 육침의 상황에 이르게 한 자들이니 누군가 나서서 물리치지 않을 수 없다. 그런 중임을 사문斯文의 원로인 이항로가 맡게 된 것이다.[27]

'양묵'은 양주와 묵적, '불로'는 불교와 노장 사상을 가리키는 말이다. 박문일이 '서추'라고 부른 것이 '서양'임은 의심의 여지가 없다. '서양' 세력을 인의의 적으로 간주하고 배척했다는 점에서 박문일의 문제의식은 이항로의 생각과 완벽하게 겹친다. 두 사람 모두 '육침'을 말했다. 이항로가 말하는 "신주가 육침한" 상황은 '서양'이 해악을 끼치는 시점보다 앞서서 발생했다. 그는 명나라가 망하고 청나라가 대륙의 주인이 된 사태를 가리켜 그렇게 말했다. 그가 "여러 겹의 음한 기운[重陰]"이라고 말한 것은 연달아 발생한 사태들이 중첩된 시대에 살고 있다고 생각했기 때문이다. 그런데 박문일이 말한 '육침'은 결코 '신주'의 '육침'은 아니다. 다만 '서추'가 끼친 해악일 뿐이다. 그는 다른 글에서 중원 대륙의 패권자가 바뀐 일을 "신주의 사변"이라 말하기도 했다.[28] 중요한 사실은 박문일이 '서양'이 초래한 위기를 청나라가 불러온 상황의 연속선상에서 보지는 않았다는 점이다. 청나라보다 서양을 더 이적시했던 이항로가 '서양'이 초래한 위기를 청나라가 불러온 위기의 연장선에서 이해했던 것과는 결의 차이가 있다.

박문일이 지은 〈삼희재서〉라는 글에도 비슷한 문제의식이 엿보인다. 그는 도의 본질이 인의와 인륜에 있다고 주장했다. 그가 보기에, 도를 얻으면 태평성대를 맞아 '문명'이 꽃피울 것이지만, 도를 잃으면 혼란기를 맞아 사설邪說이 횡행하게 된다. 맹자와 정자와 주자가 아니었다면 '양묵'과 '노불'이 '인'을 알지 못하게 만들지 않았으리라 장담

할 수 없다. 만일 그랬다면, 문제의 심각성은 치발하고 좌임하는 것에
비할 바 아니다. 최근에 만연하고 있는 '이교異敎'는 '양묵'이나 '노불'
보다 더 걱정스럽다. 온 세상 사람들을 몰아다 금수로 만들 것이 자명
하니, '양묵'이나 '노불'도 그런 심한 해악을 끼치지는 못했다.[29]

　박문일이 '이교'라 부른 것은 '서양'이다. 이항로의 경우와 대비해
보면, '서양'이 끼치는 해악이 '양묵'과 '노불'이 가져온 문제들보다 더
심각하다는 주장은 그 자체로 특별하다고 할 수는 없다. 그런데 '양
묵'과 '노불'의 해가 치발과 좌임보다 크다고 말하는 대목은 주목할
만하다. 이항로의 방식으로 말한다면 서양이 "이적 중의 이적"인 것
은 분명하지만, 청나라가 남긴 '치발'과 '좌임'의 문화가 '서양'의 해독
이 상징하는 것과 본질적으로 다르다 할 수는 없다. 어느 경우든 대륙
에서 '중화'가 오염되었거나 사라졌음을 의미하기 때문이다. 그러나
박문일의 입장에서 보면, 청나라가 끼친 해악의 크기는 '서양'이 끼친
악영향에 비교할 정도는 아니다. 치발과 좌임이 변수가 아닌 것은 아
니지만, '서양'에 비해 훨씬 작은 변수일 뿐인 것이다. 이 장면이야말
로 박문일이 이항로가 주장한 핵심적인 의제들을 이항로와 같은 밀도
로 고민하지는 않았을 것임을 짐작하게 한다.

　이항로가 《합편강목》을 통해 추구한 목표가 박문일에게 뚜렷하게
확인되지 않는다고 해서, 박문일이 이항로가 구사한 단어들이나 어휘
들에 무심했다고 할 수는 없다. 예를 들면, 그도 기자箕子를 말했고,
'소중화'를 말했다. 그러나 그는 때로 그 단어들을 이항로와 다른 방
식으로, 다른 단어들과 함께 구사하기도 했다.

　1879년(고종 16) 윤두수尹斗壽(1533~1601)의 원본을 대폭 보완한《기
자지》가 중간되었다. 박문일의 연보에 따르면, 같은 해 그가《기자실

기》에 서문을 지었다. 현재 전하는 중간본 《기자지》에는 기정진奇正鎭 (1798~1879)이 1878년에 쓴 서문, 송병선宋秉璿(1836~1905)이 1879년 에 쓴 발문만 붙어 있다. 두 사람에게 각각 서문과 발문을 부탁했던 사람은 최종형崔宗衡이었다. 그는 《기자지》를 중간하는 과정에서 이손 영李巽榮 등과 함께 교정을 맡아 보았다. 책 말미에 붙어 있는 명단에 따르면, 이 편찬 사업을 발의한 사람은 정인기鄭璘基·백영조白永祚 등 이었다.[30] 그런데 박문일의 문집에 붙어 있는 총 목차에는 백승조白承 祚를 대신해서 《기자실기》의 서문을 지었다는 기록이 있다.[31] 문자 그 대로 보면 1879년에 기자 관련 서적을 간행하는 과정에 백영조와 백 승조가 각각 참여하고 있었다고 해야 하겠지만, 공교롭게도 백영조의 '영永'과 백승조의 '승承'은 글자 형태가 비슷하다. 박문일과 백영조의 관계를 보여 주는 다른 사례도 있다. 박문일이 경의재에 주자의 위판 을 봉안할 수 있게 해달라는 요지의 통문을 썼을 때, 그 의제를 발의 했던 사람이 백영조였다.[32] 박문일은 백영조를 위해 제문을 짓기도 했다. 그렇다면 박문일의 문집에 등장하는 백승조가 백영조일 가능성 을 배제할 수 없다. 박문일이 백영조의 부탁으로 《기자실기》의 서문 을 지어 주었으며, 그 책이 박문일의 서문 없이 《기자지》의 이름으로 간행되었다는 추정도 가능하다.

송병선에 따르면, 윤두수의 《기자지》를 보완하기 위해 "사방의 여 러 선비들"이 모여서 편찬 작업을 진행했으며, 책이 완성되자 최종형 이 "멀리서 찾아와 발문을 청했다"고 한다.[34] 《기자지》 중간 사업을 주도했던 인물들이 서울에서 먼 곳, 즉 평안도 사람이었음을 짐작하 게 하는 대목이다. 그들은 평양에 살던 지방 선비들이었다.[35] 기정진 은 기자를 '변이變夷'라는 단어와 함께 구사했다.[36] 송병선도 기자를

'예의'와 '문명'의 상징으로 여겼다. 평안도 문인文人들은《기자지》중간을 주도하는 방식으로 자신들의 유학적 정체성을 강화하려 했지만, 정작 기정진과 송병선 같은 외부인에게 이 책은 조선이 가진 '용하변이'와 문명의 역사를 증거한다는 점에서 중요했다. 두 사람에게 평안도의 로컬리티는 적어도 가장 중요한 문제는 아니었던 것이다.

박문일이 쓴 서문에 따르면, 은나라의 불행은 우리 '동인'의 행운이었다. 그 일로 인해 기자가 '해동'에 와서 구주九疇의 윤리와 8조의 가르침을 펼쳤으므로 문명이 성대해져서 마침내 '소화小華'라 불리게 되었기 때문이다. '아동'의 학문이 공자와 맹자를 위주로 하게 된 것도 기자의 가르침 때문이다. '오군吾君'이 '좌임'의 풍속을 변화시킬 수 있었던 것도, '오사吾師'가 '이륜彝倫'의 학문을 펼칠 수 있었던 것도 모두 기자 덕분이다. 윤두수의《기자지》는 기자의 사적을 망라한 책이지만 결코 완전하다고 할 수 없는 책이라 선비들이 아쉬워해 왔다. '나'는 이 책을 중간해 보려 했으나, 쉽사리 뜻을 이루지 못했다. 1879년(고종 16) 서울에 팔역八域의 명석名碩들이 모였다. '나'는 그들과 뜻을 모아 그 책을 보완하고 중간했다.[37]

중간본《기자지》《기자실기》의 서문에 등장하는 '기자'는 '오동'의 '문명'과 '소화'를 상징하는 단어다. 그러나 박문일이 언제나 기자를 그런 방식으로 읽은 것은 아니다. 지역의 정체성을 상징하는 단어로 여기기도 했던 것이다. 박문일은 다른 글에서 이렇게 말했다.

우리 평안도는 옛날의 기치箕治다. 소화小華라는 이름이 여기에서 비롯되는데도, 그 전통이 지난 천 년 동안 막히고 육침되었으니 슬프다 하지 않을 수 없다. 그러나 그것은 또한 스스로 초래한 결과라고 하지 않을 수 없다.

옛사람처럼 스스로 수양하고 인의를 강학하는 것은 사람에게 본래 갖추어진 역량이니, 서인西人들이 그렇게 한 다음 진나라나 초나라처럼 부자가 된다 해도 내게 무슨 거리낄 것이 있겠는가. 지금 평안도 전역에서 학문을 한다는 자들은 과거시험에 필요한 시나 글을 짓는 것에 매달린다. 이백과 두보를 높이면서 공자와 맹자를 도외시하고, 공리功利를 추구하면서 예의를 버리니, 이것은 본말이 전도된 행위다. 그러니 스스로 초래한 문제가 아니라 할 수 없는 것이다.[38]

'기치箕治'는 기자가 다스리던 곳이라는 의미이며, '소화'는 '소중화'라는 뜻이다. '기자'와 '소중화'를 호명하는 방식을 주목해 보자. 이 글로만 한정해서 말한다면, 그는 이 단어들을 '동국', '조선', '오동'과 함께 구사하지 않았으며, 자국의 문화적 정체성을 의미하는 기호로 여기지도 않았다. 그 단어들은 평안도라는 지역 로컬리티를 상징할 뿐이다.[39] 그런 전통이 "천 년 동안 육침되었다"고 말하는 장면도 이색적이다. 이 경우 '육침'이 가리키는 것은 한나라·당나라·송나라·명나라를 통해 계승되어 온 문명이 아니다. '기자'와 '소중화'로 상징되는 지역 로컬리티다. '천 년'은 고려시대를 기점으로 당시에 이르기까지 평안도의 시간을 가리키는 말이다.

평안도 외부에서 '기자'라는 기호를 조선의 것으로 여겼다면, 평안도 안에서는 그것을 지역의 자산으로 여기는 흐름이 있었다. 그런 균열은 이미 18세기부터 분명하게 확인된다.[40] 그런 점에서 보면 기자의 해석을 둘러싼 긴장은 그 유래가 오랜 것이었다고 해야 한다. 그러나 중앙 학계와 접속하고 통로를 유지하려 하는 경우라면 기자를 평안도에만 가두어 두어야 할 이유는 없다. 기자는 평안도의 정체성을 상징하는 기호이자, 조선의 문화적 자산이라고 주장하는 편이 훨씬 유익하다. 그렇게 함으로써 평안도 학계를 중앙으로부터 고립시키지 않을 수 있고, 궁극적으로는 차별에 저항할 수 있기 때문이다. 박문일에게 '기자'는 그런 의미였다.

박문일이 "천 년 동안 육침된 것은 슬픈 일이지만 또한 스스로 초래한 결과"라고 말하는 장면도 곱씹어 볼 만하다. 누가 평안도의 로컬리티를 천 년 동안이나 '육침'시켰는가? 그는 그 점에 대해 분명하게 말하지 않았다. 그러나 그가 "또한 스스로 초래한 결과"라고 말하는 대목은 의미심장하다. 무언가가 평안도 사람에게 '기자'와 '소중화'로 상징되는 로컬리티를 잊게 만들었고, 그 결과 평안도 사람도 그런 세태와 타협하면서 스스로 '육침'의 원인을 제공했다는 식이다.

그가 로컬리티를 회복하기 위한 공부를 강조하는 맥락도 이채롭다. 과거시험 공부와 글짓기, 부를 추구하는 지역 세태를 비판하는 것이 핵심 메시지였던 것은 분명하다. 그러나 그런 지역 세태를 원천적으로 부정한 것은 아니었다는 사실이 이채롭다. 〔평안도의 문제는 사람들이 부를 추구하는 것에 있지 않다. 인의를 공부하지 않는 것에 있다. 인의를 공부하는 일은 특별한 사람만 할 수 있는 일은 아니다. 평안도 사람도 할 수 있다. 인의를 공부하여 기자와 소중화로 상징되는 지역 로컬리티를 회복할 수만 있다면, 그다음에 부를 추구하는 것은 전혀 문제가 될 일이 없다. 온전한 학문을 한다면 그다음에 과거시험에 필요한 공부를 할 수도 있는 일이다. 공자와 맹자의 경학을 공부한다면, 그 뒤에 이백과 두보의 글쓰기를 따라 해도 될 것이다. 예의를 중시한다면 그다음에 공리를 추구해도 무방하다.〕 박문일이 한 말의 행간에는 이런 의미도 숨어 있는 것이다. 이 지점에서도 박문일과 이항로 사이에는 또 하나의 간극이 있다.

이항로의 문인門人답게, 박문일도 '숭정'과 '황명', 그리고 '중국'을 말했다. 그러나 박문일과 이항로 사이에서 확인되는 균열을 고려한다면, 박문일이 그 단어들을 이항로와 동일한 방식으로 구사했으리라는 보장은 없다. 박문일이 지은 〈황명칠의사전서皇明七義士傳序〉는 명나라와 명나라에 대해 의리를 다한 조선 사람들을 기억하는 그의 방식을 잘 보여 준다. 황명칠의사란 병자호란 후 반청 운동을 기획하거나 참여했다가 목숨을 잃은 황일호黃一皓, 최효일崔孝逸, 차충량車忠亮, 차예량車禮亮, 안극함安克誠, 장후건張厚健, 차맹윤車孟胤 등 일곱 사람을 가리킨다.

박문일은 장후건의 후손인 장기풍張起豐의 부탁을 받고 《황명칠의사전》의 서문을 지었다. 흔히 관서칠의사關西七義士라 불리는 그들을 황명칠의사라 한 점이 이채롭다. 그러나 박문일의 논점은 '황명'을 강조하는 데 있지 않다. 그에 따르면, 나라를 위해 충성을 바친 열사들을 역사책에서 찾아보는 것은 어렵지 않다. 그러나 이 일곱 명의 의사가 특별한 이유는 다른 데 있다. 그들은 영해瀛海에 사는 포의布衣일 뿐이었다. '신주'에서 일어난 '사변'을 자기 문제로 여기지 않는다고 해서 특별히 이상할 것 없는 사람들이었는데도 '황명'을 위해 목숨을 바쳤으니 진정한 '의사'라 할 만하다.[41]

〈국암사실서菊菴事實序〉라는 글에서도 같은 논조가 엿보인다. 박문일에 따르면, 일반적인 기준에서 볼 때 인신人臣이 나라에 닥친 위기를 못 본 체한다면, 그것은 죽음을 면하기 어려운 죄다. 그러나 이역에 사는 위포韋布 같은 미미한 존재라면 사정이 다르다. 그들은 황제 폐하에 대해 영원히 충성을 다하겠노라 맹세한 적 없고, 풀 한 포기

달게 여기는 의리가 없으니, 설령 큰 변란이 있다 해도 거취를 자유롭게 하지 못할 것은 없다. 숭정제가 자결하고 명나라가 무너진 일은 '춘추'의 '대의'에 관한 일이지만, 실제로는 '황명'의 '천하'에 관한 일이었으니, 그렇다면 해동의 위포와는 아무런 상관이 없는 일이었다.[42]

박문일이 '황명皇明'에 대해 의리를 지킨 조선 사람들을 높이지 않은 것은 아니다. 그러나 그는 "명나라의 멸망은 해동의 위포와는 상관없는 일"이라는 자세를 일관되게 견지했다. 그렇게 하지 않아도 되는데도 그렇게 했다는 논지이지만, 이항로와 비교해 보면, "그렇게 하지 않아도 된다"는 발상 자체가 특별하다고 하지 않을 수 없다. 박문일의 시야에서 본다면, 조선은 모두가 명나라의 배신陪臣이나 유민이 되어야 할 필요는 없다. '중국'의 범위 안에 반드시 '황명'만이 들어가야 할 이유도 없다. 그가 명나라 태조에서 청나라 건륭제에 이르는 429년의 시간을 "중국의 연대수年代數"라고 말했던 것도[43] 그런 의식과 무관하다고 할 수 없다.

태천은 선우협鮮于浹(1588~1653)이라는 걸출한 학자를 배출했지만, 지역 선비들은 언제부터인가 과거시험을 위한 공부에만 집착했다. 박문일이 보기에 급선무는 지역 사람들을 설득하여 학문 풍토를 바꾸어 내는 일이다. 그러려면 모범적인 인물이 있어야 했다. 그가 백지눌白志訥(1645~1714)에게 주목했던 것은 그런 이유 때문이다. 박문일은 백지눌을 위해 지은 비문에서 그를 "태천의 유종儒宗"이라 했다.[44] 선우협이 보여 준 학문의 길에 백지눌이 있다면, 선우협과 백지눌로 이어져 온 그 길의 끝에 자신이 서 있다고 생각했음직하다.

박문일에게 건네받은 백지눌 관련 자료들 중에는 판서 신석우申錫愚(1805~1865)가 지은 일대기, 그리고 한성부 좌윤 백경해白慶楷(1765~

1842)가 지은 제문이 있었다.[45] 신석우가 박규수朴珪壽(1807~1877)와 평생토록 친분을 유지한 노론 벌열가의 후예라면,[46] 백경해는 태천 현감을 역임한 평안도 정주 출신 관료였다. 늘 평안도의 학풍을 고민 하던 박문일의 관점에서 본다면 백경해는 신석우보다 특별하다. 평안 도, 그것도 태천 인근인 정주 지역 출신으로 한성부 좌윤까지 역임한 인물이 백지눌로 상징되는 학풍을 높이 평가했기 때문이다. 더구나 백경해는 홍경래 난이 일어났을 때 의병을 일으켜 "국적"과 맞서 싸 운 인물이기도 했다.[47] 어떻게 과거시험에 매달리는 지역 분위기를 일신하고 기자로 상징되는 지역적 정체성을 확립시킬 것인가? 어떻 게 중앙 학계와 접속하면서도 지역에 대한 중앙의 시선을 바꾸어 놓 을 것인가. 그것은 박문일이 대면한 과제였지만, 백경해가 처방을 내 놓으려 했던 문제이기도 했다.

평안도의 의병과 의사義士

서울에서 벼슬살이하던 시절, 백경해는 오희상吳熙常(1763~1833)이나 홍직필洪直弼(1776~1852) 같은 노론계 산림을 찾아 교류했다.[48] 홍직 필은 백경해에 비해 11세나 어린 나이였지만, 백경해는 홍직필의 학 문과 실천을 높이 평가하고 적극적으로 소통하려 했다.[49] 오희상과 홍직필은 세도정치에 대해 대체로 비판적이었지만, 외척을 추종하는 지식인들의 자세를 더 문제 삼았다. 그들은 자신들의 시대를 위기 상 황으로 보면서도 그 현실에 직접 몸을 던져 문제를 해결하려 하지는 않았다. 《반계수록》이 보여 준 경세의 비전에 동의했지만, 수신과 이기심성론의 중요성을 환기하고 '화이'의식의 쇠퇴와 천주교의 확산을 경계했다.[50] 그것이 그들의 방식이었다.

오희상은 19세기 전반기를 살았지만, 이적과 청나라를 보는 그의 시선은 박지원보다는 오히려 송시열에 가깝다. 그에 따르면, 중국을 높이고 이적을 물리치는 것은 천지의 상경常經이다. 조선은 불행히도 '대의'를 천하에 밝히지 못하고 비단으로 오랑캐를 섬기게 되었다. 나라가 작고 힘이 약했기 때문이다. 조선과 청나라는 외면적으로는 군신의 '분分'이 있는 것처럼 보이지만 실상은 다르다. 그 관계는 '소국'이 '대국'에, '약국'이 '강국'에 사역하는 일종의 도리에 불과한 것이다. 태왕이 곤이를 섬기고 문왕이 훈육을 섬기는 것과 다를 바 없다. 태왕과 문왕은 곤이와 훈육에 대해 신하로서 섬긴 것은 아니므로 조선이 청나라를 섬기는 것과 같다고 말할 수 없지만, 마음으로부터 우러나오는 진정성으로 섬긴 것이 아니며 일시의 권도權道일 뿐이라는 점에서 보면 다를 바 없다.[51]

오희상은 조선과 청나라가 군신의 관계로 연결되어 있다는 사실보다 조선이 청나라를 마음으로 섬긴 것은 아니라는 점을 더 중시했다. 조선이 청나라에 대해 군신의 분의分義가 있는 것은 아니라는 논리가 가능해지는 것도 그런 이유 때문이다. 그에 따르면, 조선이 숭정 연호를 고집하는 것은 명나라가 베풀어 준 은혜에 보답하기 위해서이기도 하지만 '중국'을 높이고 '이적'을 물리치기 위한 실천이기도 하다.[52] '숭정'이라는 연호를 문명으로서의 중국을 상징하는 기호로 여긴다는 의미다.

홍직필은 '대명'의 '유민'을 자처할 정도로 존명의리론에 충실한 인물이었지만,[53] 청나라가 번성하는 현실을 어떻게든 설명해 보려 했다는 점에서 오희상과 결이 다르다. 물론 박지원처럼 '북학'을 주장했던 것은 아니다. 홍직필에 따르면, "청인淸人이 중국의 주인이 되어서 주자를 높여 치법의 요체로 삼고 주자학으로 인재를 뽑았으니, 그들이 수백 년간 나라를 유지할 수 있었던 것은 정학正學을 숭장崇奬한 공이다."54

어떻게 그들은 그렇게 할 수 있었던 것인가? 그가 이렇게 말했다. "건주의 오랑캐가 강희제를 배출할 수 있었던 것은 천지의 기수氣數가 그런 것이어서 사람의 힘으로 어찌해 볼 수 없는 문제다. 강희제가 문장과 경술經術로 문화적인 황무지를 일구고 비루함을 걷어 낸 성취는 당나라나 송나라 이래로 왕기王畿 밖의 임금들이 한 일과 비교할 수 없다. 그만큼 대단한 것이다. 강희제는 유학을 숭상하고 세교世敎를 유지했으며, 부역을 덜어 주고 민심을 안정시켜서 지난 200년간 나라를 유지할 수 있었다."55

성리학을 '중화'의 요체로 여기는 주자주의자는 100년이 지나도 여전히 건재한 청나라를 어떻게 설명해야 하는가? 홍직필의 생각은 그 한 갈래를 잘 보여 준다. 조선은 입버릇처럼 "오랑캐에게 100년의 운세가 없다"고 말해 왔지만, 홍직필은 더는 그렇게 말할 수 없는 시대를 살았다. 홍직필은 청나라 자신의 문화적 역량에 주목하려 했다는 점에서 박지원과는 달랐으며, 청나라의 문화적 역량을 주자학에서 찾으려 한 점에서 남공철과도 달랐다. 그러나 중요한 점은 그가 그 현실을 부당하게 보았으며, 심지어 그 부당함을 인력으로 어쩔 수 없는 기수氣數 때문이라 생각했다는 사실이다.

두 사람은《소화외사小華外史》라는 책에 서문을 붙이기도 했다.《소화외사》는 오경원이라는 인물이 명나라와의 외교문서와 관련 기록을 모아 펴낸 책이다. 오경원은 삼학사 오달제의 후손이다. 오희상은 특히 '석과'의 역할을 강조했다. '석과'는 "큰 과실은 먹지 않는다"는 뜻인데, 여기에서는 조선이 유일하게 계승하고 있다고 여기는 '중화'문화를 상징한다. 잘 보존하고 있다가 중원에서 진인이 일어나면 전해주어야 하는 과실인 것이다.[56] 홍직필이 보기에, 오경원이 《소화외사》를 편찬한 것은 '견융大戎'이 '중화'를 어지럽히는 시대이기 때문이며, 그런 시대일수록 '오방'이 '황명'을 잊지 말아야 하기 때문이다. 왜 조선은 명나라를 잊어서는 안 되는가? 조선과 명나라가 '천성과 천륜의 당연한 이치', 즉 천리가 관철되는 관계에 있기 때문이다. '중화'를 높이는 뜻은 조선 사람 오경원이 명나라의 역사를 편찬하면서 《소화외사》라고 한 것에도 담겨 있다. '소화'는 '중화'를, '외사'는 '정사'를 의식한 단어인 것이다.[57] '중화'를 높이는 것이 천리의 문제인 한, 천리를 따른다는 것은 '정통'을 높이는 행위와 다를 바 없다. 홍직필은 몽골을 '정통'으로 인정하지 않았으며,[58] 허형을 문묘에서 배제하려 한 송시열의 문제의식을 따랐다.[59]

백경해는 그런 그들과 접속했다. 그런데 백경해는 오희상과 홍직필의 의제들을 자신의 것으로 받아들이고 있었던 것일까? 차별의 현실을 고민하던 백경해임을 고려한다면 그럴 가능성은 높지 않다. 1804년(순조 4) 1월, 홍직필이 백경해에게 편지를 보냈다. 백경해가 보내온 편지를 읽고 답장을 한 것이다. 홍직필에 따르면, 관서는 '오동吾東'의 기주冀州라 할 만큼 강산이 빼어나고 인물도 많은 곳이다. 기자가 이곳에 와서 가르침을 펼쳐서 본조本朝의 문명을 열었으니, 그 점에서는 다른 도가 평안도에 미칠 수 없다. 그러나 평안도의 현실은 참담하다. 평안도의 인재들은 글을 잘 외우고 문장을 잘 지어 출세하려고 할 뿐이니 지역의 학풍이 날이 갈수록 쇠락해 간다. 김태좌의 문하에서 선우협이 나왔고, 선우협의 뒤로 강규康逵(1714~1798) 같은 인물이 배출되었지만, 그런 강규조차 살아서 능력을 정당하게 인정받지 못했으며, 그의 시문은 정리되어 간행되지 못한 채 상자 안에서 썩어 가고 있을 뿐이다. 그런 현실을 바로잡으려면 어떻게 해야 할 것인가? 홍직필은 백경해에게 지역의 학문적 전통과 뿌리를 밝히는 데서 답을 찾아야 한다고 주장했다. "기봉箕封 수천 리 땅에 어찌 사람이 없다고 하겠습니까. 덕을 아는 자가 적을 뿐입니다. 온 도에 통문을 보내 선우협의 전서를 중간하고 정전유편井田遺編을 간행하여 세상에 널리 보급하여 풍속을 바로잡는 바탕으로 삼으시기 바랍니다."[60]

홍직필에 따르면, 기자는 평안도의 정체성을 보여 주는 기호지만, 동시에 '본조'의 '문명'을 상징하는 키워드이기도 하다. 주목할 만한 사실은 백경해가 생각하는 평안도 유학의 계보에 홍직필이 강조했던 강규가 없다는 점이다.[61] 홍직필의 관점에서 보면, 선우협에서 강규에 이르는 평양의 유학자 계보가 노론 낙론계 학맥에 연결된다는 사실이 중요하다. 선우협은 태천 출신이지만 평양의 김태좌에게 배웠으며 평양에서 성리학을 진흥시켰다. 백경해에게도 홍직필 같은 낙론계 산림과 소통하는 일은 중요했다. 그러나 정주 출신 백경해의 관점에서 보면 선우협은 태천 출신의 유학자이며 선우협의 학문이 반드시 평양으로만 계승되어야 할 이유는 없다.

그사이 평안도에서는 홍경래 난이 일어났다. 홍직필은 홍경래의 반란군이 쉽사리 진압되지 않는 상황을 우려했다. 그에 따르면, 난이 발생한 지 석 달이 다 가도록 반란군을 진압하지 못하고 있는 것은 정주성이 철옹성이라서 그런 것도 아니고, 그들이 가진 무기가 우수해서도 아니다. 다만 관군이 죽기로 싸우려 하지 않았기 때문이다. 문신이 돈을 아끼고 무신이 자기 목숨을 아끼려 해서 결국 이런 사태에 이르게 된 것이다. 임경업이나 박엽 같은 장수가 있었다면 이런 지경까지 이르지는 않았을 것이다. 난이 일어난 뒤로 유언비어가 일고 민심이 흉흉해지고 있으니 이를 어찌하면 좋은가?[62]

백경해의 형인 백경한白慶翰(?~1812)은 의병을 일으켜 반란군에 맞서려 하다가 죽음을 맞았다. 뒷날 홍직필이 지은 백경한의 비문에 따르면, 포의인 백경한은 신안충의군新安忠義軍의 기치 아래 토적討賊하다가 죽었다. 난이 평정된 뒤, 평안 감사가 그 사실을 보고했다. 그 결과 백경한은 호조참판에 증직되었고, 그의 집안에는 충신을 기리는 정려문이 내렸다. 1813년(순조 13)에는 왕명으로 정주성 인근에 단을 세워 백경한을 포함한 7명의 '의사'를 기렸으며, 정주 사람들은 오봉산 아래 표절사를 세워 그들을 제사 지냈다.[63]

백경해의 시야에서 보면, 형의 의로운 죽음을 기록하고 알리는 것은 평안도의 학풍을 새롭게 하기 위해서도 중요한 일이라 하지 않을 수 없다. 백경해는 홍직필에게 백경한의 가장家狀 한 편을 건네며 형의 삶에 관한 글[傳]을 지어 줄 것을 부탁했고, 홍직필은 그 청을 받아들였다. 1816년(순조 16)의 일이었다. 홍직필이 보기에, 벼슬을 한 적도 없고 임금의 얼굴을 본 적도 없는 백경한이 의기로써 떨쳐 일어난 것에는 근본이 있다. 평생토록 독서하여 군신과 부자의 윤리를 밝힐 수 있었던 힘이 그것이다. 그가 난리 때 그렇게 행동할 수 있었던 것을 결코 한때의 의기라고만 말할 수 없는 이유가 거기에 있다.[64]

백경해는 오희상에게도 편지를 보내 형의 행장을 지어 주도록 부탁한 것 같다. 오희상은 글을 지은 다음, 그것을 홍직필에게 보내 주었다. 홍직필은 오희상이 지은 행장을 참고한 뒤, 백경한의 전을 완성했다. 1818년(순조 18) 홍직필이 오희상에게 보낸 편지는 그런 전후 사정을 짐작하게 한다. 홍직필은 백경한을 "백 의사白義士"라 부른 뒤, 그를 포함한 7명의 '의사'들이 17세기에 반청 운동을 벌이다 죽은 최효일, 차예량 등 7명의 의사들보다 더 훌륭하다고 평가했다. 홍직필이 보기에 백경한은 그중에서도 더욱 특별하다. 학문에 전념하여 군신과 부자의 의리를 깨우쳐서 그렇게 행동했기 때문이다. 공자는 "독실하게 믿으며 학문을 좋아하고, 죽음으로 지키면서 도를 잘 행해야 한다"고 말했는데, 백경한은 그런 공자의 말이 잘 어울리는 사람이다.[65]

백경해도 기자나 소중화 같은 단어로 평안도의 문화적 정체성을 정당화하려 했다. 그의 눈으로 보면, 그런 정체성이야말로 차별의 부당함을 주장할 수 있는 근거가 된다. '단기檀箕'는 단군과 기자를, '소화小華'는 소중화를 가리키는 단어다. 기자의 시대는 물론 단군의 시대까지 '소화'라 한 것이 이례적이다. '소화'를 평안도의 특성을 강조하는 단어로 사용하는 장면에는 평안도 사람의 정서가 짙게 묻어 있다. 그는 또 '강국'의 이미지까지 거론했다. 평안도가 세련된 문화와 강한 힘을 갖춘 지역이며, 그런 지역이라면 버려진 땅으로 대접받아야 할 이유가 없다는 것이다.

박문일이 그랬던 것처럼, 백경해도 평안도가 가진 '소화'의 정체성이 '조선'의 것으로 이어진다고 여겼다. 〈아동방언정변설我東方言正變說〉에 따르면, '아동'에는 방언을 기록할 문자가 없었으나, 세종이 언서諺書를 만들고 방언을 정했다. 세종은 또 대명의 여러 학사에게 13차례에 걸쳐 검증을 받고 북경의 한자 음가를 한글로 표기했다. 예를 들면 천天을 "텬"이라 하고, 지地를 '디'라 한 것이다. 세월이 흐르면서

"天地를 "텬디"라 하지 않고 "쳔지"라 하는 사람들이 늘어갔다. 그러나 관서는 유일하게 "텬디"라는 옛 '정음'을 그대로 보존하고 있다. 관서는 '아동'이 개벽한 곳이며, 기자가 온 곳이라, 세종도 그런 문화적 자산을 의식하여 평안도의 발음을 존중하여 "텬디"라 했을 것이니, '서토'는 진실로 '방언'의 '정본正本'이다. 그러니 이렇게 말할 수 있다. "천하의 음은 중화가 정이 되고 아동의 음은 관서가 정이 된다. 관서는 또 아동이 가진 방언문자의 근본이 되는 곳이기도 하다."[66]

백경해가 이 글에서 '중화'와 '아동'을 대비시키는 장면은 인상적이다. 그는 또 다른 글에서 '중국'과 '이적', '춘추'와 '의리'라는 단어를 구사했으며,[67] '소화'나 '황명'이라고 말하기도 했다.[68] 그러나 그는 결코 '유민'과 '석과', '의주'와 '진주', '정통'과 '이단'을 중시하지 않았다. '존화'를 '천리'로 정당화하지도 않았으며, 아예 '존화'와 '양이'라는 말 자체에 무심했다. 청나라를 이적이라는 이유로 부정하거나, 반대로 청나라에게 배워야 한다고 말하지도 않았으며, 조선 자신을 '중화' 문화의 유일한 계승자로 여기지도 않았다. 17세기 이래로 평안도 밖에서는 '중화'라는 단어가 다른 단어들과 함께 구성하는 특별한 의미의 그물망이 있었지만, 박문일이 그랬던 것처럼, 백경해 역시 그것을 자신의 의제로 여기지는 않았다. 강고한 듯 보이는 '중화'의 의미장은 그 시절 평안도에서 균열이 시작되었던 것이다.

2장

반란군과 '진인'

진인眞人

"평서대원수가 급히 격문을 보내니, 우리 관서의 부로와 자제 및 공사의 천민[公私賤]은 모두 이 격문을 들으라." 1811년 평안도 여러 군현에 이런 문장으로 시작되는 격문이 뿌려졌다. 오늘날 홍경래洪景來(1771~1812)의 난으로 불리는 대규모 반란이 일어난 것이다.[69] 반란군의 격문을 작성한 것은 김창시金昌始(?~1812)였다. 그가 격문의 첫 번째 문단에서 거론한 것은 평안도의 문화적 정체성과 차별의 역사다.

격문에 따르면, 평안도는 '기성箕聖'의 옛터이자 단군의 터전이니, 의관이 만연하고 문물이 빛나는 곳이다. 그런 로컬리티에 어울리는 인물들도 많았다. 공로로 말한다면 임진왜란 때 나라를 '재조'한 곳이 서북이고, 충성으로 말한다면 정묘호란 때 정봉수鄭鳳壽 같은 인물을 배출한 곳도 서북이다. 그뿐만이 아니다. 학문으로 말한다면 선우협을 배출했고, 재주로 말한다면 홍경우洪儆禹를 낳았다. 그런데도 조정은 그런 '서토'를 버렸다. 조정이 그렇게 하니, 권세가의 노비조차 '서토' 사람을 보면 '평안도놈'이라 한다. 도대체 '서토' 사람이 조정을 실망시킨 것이 무엇이 있기에 그렇게 차별한단 말인가.

김창시가 단군보다 기자를 먼저 호명한 것, 그리고 기자에 대해서만 '성聖'이라는 글자를 붙인 것을 보면, 그가 평안도의 정체성을 기자로부터 찾고 있었음을 알 수 있다. 의관과 문물은 기자가 표상하는 문명 세계의 키워드이다. 평안도는 기자 이래로 문명의 세례를 받아 온 곳이라는 주장이다. 기성·의관·문물 같은 단어들은 그 자체로는 특별히 새롭지는 않다. 이른 시기부터 넓은 지역에서 더 많은 사람이 이 단어들을 사용하여 조선이 문명 세계의 구성원이었음을 주장했기 때문이다. 그러나 김창시는 그 단어들을 다만 서북의 정체성을 상징하는 것으로 여겼다.

"재조의 공" 운운한 대목도 특별하다. 조선에서 '재조'라는 말은 '은恩'과 함께 쓰였다. 임진왜란 때 조선을 구원해 준 명나라의 은혜를 뜻하는 말로 빈번히 사용되었으며, 정치적 지형에 따라 다양한 방식으로 변주되었지만, 대체로 존명 의리의 범주에서 크게 벗어나지는 않았다.[70] 그런데 김창시는 '재조'라는 단어를 사용하면서 결코 명나라가 조선을 구해 준 '은'을 말하지는 않았다. 평안도 지역 사람들이 임진왜란을 극복하고 조선을 재건하는 데 힘을 보탠 '공'을 강조했을 뿐이다. 그가 '재조'를 '은'과 짝지어 쓰던 조선 후기적인 관성으로부터 완전히 이탈해 있었음을 보여 주는 대목이다. '충'의 상징으로 정봉수가 등장하는 장면도 예사롭지 않다. 정봉수는 용골산성에서 후금군을 패퇴시킨 장수였다. 그는 평안도 철산 출신으로,[71] 숙종 때 그곳 충무사忠武祠에 배향되었다.[72] 충성의 상징으로 여겨질 만하다.

'학學'과 '재才'의 아이콘으로 선우협·홍경우가 거론되고 있는 점도 마찬가지다. 선우협은 평안도 유학을 대표하는 상징적인 인물이었다. 평안도의 유학 전통을 말하는 사람들은 예외 없이 선우협을 거론했다.[73] 중앙 학계와 소통하려 했던 평안도의 유학자·문인이 없었던 것은 아니지만, 김창시는 그보다 지역의 학문적 전통을 강조했다. 홍경우는 1639년(인조 17) 문과에 급제했다. 방목에 따르면, 그의 아버지 홍천석은 1616년(광해군 8)에 생원시에 급제했으며, 할아버지 홍연기는 철산의 훈도를 역임했다. 그 밖의 가계는 확인되지 않는다.[74]

평안도 출신 문과급제자의 비율은 18세기에 9.77퍼센트에 달했지만, 17세기만 하더라도 3.47퍼센트에 불과했다.[75] 그런 17세기 상황이었음을 고려한다면, 김창시가 문과급제자 홍경우에 대해 익히 들어 알고 있었음은 의심의 여지가 없다. 홍경우의 역량을 '재주'라고 한 대목도 눈에 띈다. 김창시는 평안도가 홍경우로 상징되는 과거시험 합격자들을 배출했다는 사실을 근거로 지역 학풍의 경학적 깊이나 성숙도를 주장하려 하지는 않았던 것이다. 그가 보기에 홍경우가 보여준 것은 평안도 출신 문인들이 가진 '재주'다. 김창시가 보기에 성리학을 중앙 학계와 같은 방식으로 연구하고 토론하는 것은 평안도에서 그리 중요한 문제는 아니었던 것이다.

두 번째 문단의 주제는 정치의 파행과 민생 파탄이다. "지금 어린 임금이 왕위에 계시어 권간의 횡포가 나날이 심해지고, 김조순이나 박종경 같은 무리는 국권을 농단하니, 어진 하늘도 재앙을 내려서 겨울에 우레가 치고 땅이 흔들리게 한다. 혜성과 바람과 우박이 없는 해가 거의 없다. 이로 인해 흉년이 이어져 아사자가 길바닥에 뒹굴고,

노약자가 구덩이를 채워 생민이 다 없어질 지경이다." 김창시의 방식으로 말한다면, 400년간의 지역 차별은 봉기의 맥락이며, 정치의 파행으로 인한 민생 파탄은 반란에 불을 붙인 일종의 기폭제였다. 그러니 반란군의 목표는 도탄에 빠진 백성을 구제하는 일에 맞추어질 수밖에 없다. 그런데 누가 어떻게 백성을 구할 것인가?

격문의 다음 문단에 따르면, '제세濟世'의 '성인聖人'만이 유일한 희망이다.

다행히 세상을 구제할 성인이 청북淸北 선천의 검산 일월봉 아래 군왕포君王浦 위쪽에 있는 가야동伽倻洞 홍의도紅衣島에서 탄강誕降하셨다. 성인은 나면서부터 신령했으며, 다섯 살이 되자 신승神僧을 따라 중국에 들어갔다. 장성해서는 강계 폐사군의 여연 땅에 은거하였으며, 5년이 지나 황명 세신유손世臣遺孫 출신의 철기 10만을 거느리게 되었다. 성인은 마침내 동국을 맑게 하려는 뜻을 품게 되었으나, 관서 땅은 풍패豊沛의 고향이라 차마 짓밟지 못하고 먼저 관서의 호걸들로 하여금 군사를 일으켜 백성을 구원하게 하였으니, 의기義旗가 이르는 곳마다 소생하지 않는 곳이 없게 되었다. 우선 이 격문으로 효유曉諭하니 여러 군현의 군후郡侯들은 절대로 동요하지 말고 성문을 크게 열어 우리 군사를 맞이하라. 만일 완고하게 거부한다면 철기 5,000으로 남김없이 짓밟아 버리리니, 모름지기 속히 명령을 받들 일이다. 이상과 같은 격문을 안주의 병사·우후·목사, 숙천 부사, 순안 현령, 평안의 감사·중군·서윤, 강서 현령, 용강 현령, 삼화 부사, 함종 부사, 증산 현령, 영유 현령에게 내리노라.

기자로부터 지역의 정체성을 찾는 김창시이고 보면 '성인' 운운하는 것은 자연스럽다. 그런데 그가 말하는 '성인'은 유가에서 말하는 이상적인 인간형과는 거리가 있다. '탄강'은 성인보다는 제왕의 탄생을 묘사하는 데 적합한 표현이다. '성인'이 태어난 곳을 설명하는 여러 지명도 예사롭지 않다. 실체가 확인되는 곳은 청천강 이북의 선천부, 그리고 검산劍山 정도다. 검산은 선천부 경내의 산 이름이자, 진보鎮堡의 이름이기도 하다. 규장각에 소장된 1872년 지도들 가운데 〈선천부소속검산진지도宣川府所屬劍山鎮地圖〉가 있다(奎10582, 54cm×81cm) 지도 이름에 들어 있는 검산진劍山鎮, 지도 안에 그려진 검봉劍峰이 격문에서 말하는 검산일 것이다. 김창시는 청북 선천부 검산이라는 지명을 불러 냄으로써 지역의 부로·자제와 공사천에게 '성인'이 실재한다는 믿음을 가지게 만들려고 했다. 그런데 하필이면 선천이자 검산인가? 선천은 중국과 한반도를 연결하는 의주대로상의 도시이며, 검산이라는 지명은 문보다는 무를 연상시킨다.[76] '무'로 세상을 구하는 '성인'은 일종의 형용모순이다. '성인'은 유가가 그리는 이상적 인간형이지만, 그 유가적 성인은 결코 '무'로 세상을 구원하는 존재는 아니다.

상징성은 가야동과 홍의도, 일월봉과 군왕포 등 다른 지명들에서 더 두드러진다. 1872년 〈선천부지도〉(奎10559, 84cm×52cm)에 따르면, 검산진 인근의 포구로는 어변포禦邊浦가 유일하다. 그렇다면 김창시가 말하는 일월봉과 군왕포는 사실상 검봉과 어변포일 수밖에 없다. 김창시가 일월봉과 군왕포라는 지명을 쓴 것은 그 지명이 연상시키는 권위와 신비감 때문이다. 그의 눈으로 보면, '무'로 세상을 평정할 '성인'이라면 일월과 군왕이라는 상징에 어울리는 곳에서 '탄강'하는 것이 자연스럽다.

《순조실록》에는 격문에 등장하는 가야동과 홍의도에 관한 정보가 있다. 평안 병사가 보고한 반란군 한지겸의 공초에 따르면, 다섯 살 때 해도海島에서 중국으로 들어갔던 가야동의 '정가鄭哥'는 칼을 잘 쓸 뿐만 아니라, 큰 뜻을 품은 인물이었다.[77] 한지겸이 말한 '해도'는 격문에 등장하는 홍의도일 수밖에 없다. 문제는 선천부에 있다는 이 섬 이름이 격문을 제외한 다른 어떤 문헌에서도 확인되지 않는다는 데 있다. 김창시에게 이 섬은 "세상을 구할 성인"이 "탄강"한 곳을 신비화하기 위한 장치에 가깝다. 한지겸이 말한 '정가'는 《정감록》에서 말하는 정진인鄭眞人이다. 이 지점에 이르러 '정가'는 정치적 구원자가 된다. 종교적인 의미의 메시아라 할 수는 없지만, 민중을 도탄에서 구해 줄 현실적인 구원자인 것이다.[78] '성인'과 '진인'은 '정가'가 가진 두 개의 얼굴이다. 말하자면 그는 이제 '성인 정진인'이다.

《정감록》의 영향은 격문 이곳저곳에서 확인된다. "인仁한 하늘이 재앙을 내린다"는 표현은 유가들이 정치를 비판할 때 흔히 구사하는 수사이지만, 말세의 징후이기도 하다. "세상을 구원할 성인"이 홍의도라는 미지의 땅에서 "탄강"했고, "나면서부터 신령했다"고 한 것도 진인의 출현을 암시하는 것들이다. 말세의 징후나 진인의 출현은 《정감록》을 구성하는 핵심적인 서사다.[79] 격문만 그랬던 것은 아니다. 홍경래는 우군칙을 끌어들일 때도, 민중을 선동할 때에도 정진인을 말했다.[80] 《정감록》은 홍경래 난에 결코 과소평가될 수 없는 강한 영향을 미쳤다.

반란군은 그 정진인을 정제민鄭濟民이라고 부르기도 했다. 그 이름은 '제세의 성인' 이미지에 잘 맞아떨어진다. 반란군이 《정감록》에 기대면서도 정진인의 이름을 정제민이라 상상했던 것은 그들이 '성인 정진인'을 생각하고 있었음을 잘 보여 준다. '진인'은 세상을 구원할 영웅이지만, '성인'이라는 유가의 언어로 정당화되지 않으면 안 되는 존재였던 것이다. 격문에 따르면 그 '성인'은 '중국'에 갔다 온 적이 있다.

1787년(정조 11)에 발생한 김동익 역모사건은 변란을 꿈꾸던 이들이 '진인'·'신도新島'·'신승'·'해도海島'의 수사를 즐겨 구사했다는 사실을 보여 준다. 김동익은 정씨 성을 가진 인물이 무석국無石國이라는 섬에서 나와 새로운 나라를 일으킬 것이라고 주장했다. 사건 관련자들 중에는 무석국의 '신승'에 관해 진술한 이들도 있었다. 또 어떤 이들은 무석국을 서해상의 '신도新島'라고 말했다. 진인이 출현할 것이라는 이야기는 18~19세기 서북 지역에 널리 퍼져 있었다.[81] 홍경래가 이끄는 반란군도 같은 수사를 구사했다. 우군칙이 전하는 홍경래의 구상에 따르면, '신도'는 홍경래가 "당병唐兵 수만 명을 불러 모아 집결시킨 곳"이다. '신승'은 김창시의 격문에서 어린 진인을 중국으로 안내한 존재이며, '해도'는 한지겸의 공초에서 "가야동의 정가가 중국으로 들어가기 위해 출발한 곳"이다. 김동익 역모사건에서 '신도'는 실체를 확인할 수 없는 미지의 섬에 불과했지만, 반란군은 평안도 신도新島라는 실체가 분명한 곳을 근거지로 하여 봉기를 모의했다.[82] 홍경래의 신도는 진인 이야기를 익숙하게 들어왔을 청자들에게 신뢰감을 주기에 충분한 장소였다.

김창시가 '황명'의 '철기' 운운한 것은 지인인 호윤조 때문이었다.[83] 난이 한창 진행 중인 1812년 2월, 평안 병영이 소길호리小吉號理 권관 호윤조의 혐의를 포착했다. 호윤조가 반란군 지휘부인 김창시와 내응하여 발병부發兵符를 공유했다는 제3자의 진술을 확보한 것이다. 병영에서는 창성 부사 허승許乘에게 관문을 내려보내 철저한 조사를 지시했다. 호윤조는 자신이 "명조明朝 충현의 후예"이며 국가의 특별한 배려를 받아 여러 차례 변장邊將 직을 역임해 왔다는 말로 진술을 시작했다. 그런 자신이 어떻게 김창시 같은 역적과 결탁할 리가 있느냐는 말을 하고 싶었기 때문이다. "제가 곽산에서 김창시와 이웃으로 살기는 했습니다만, 그가 유업儒業에 종사하여 저를 멸시하였으므로 저 역시 그 얼굴만 알고 지냈을 뿐이니 어떻게 그와 반란을 공모할 수 있었겠습니까."[84] 호윤조는 혐의를 부인했다. 그러나 그는 김창시가 소과에 합격한 것을 축하했을 뿐만 아니라, 자신이 관곡을 유용한 혐의를 받았을 때는 김창시에게 기대기도 했다.[85] "명조 충현의 후예"이자 평안도 무관인 호윤조의 이미지는 격문에서 "황명의 철기"로 표현되었다.

"풍패의 고향"이라는 말도 의미심장하다. 제왕의 고향 혹은 발상지를 뜻하는 이 단어는 조선에서 이성계의 고향인 함흥, 혹은 그의 본관인 전주를 가리키는 말로 자주 쓰였다. 정조는 화성을 조선 왕실의 발상지인 함경도에 빗대어 '풍패지향'이라 부르기도 했다.[86] 평안도에 "풍패의 고향"이라는 수사를 붙이는 것은 결코 흔한 일이 아니었다. 김창시의 문맥에 따르면, 평안도가 "풍패의 고향"이 되는 것은 '기성箕聖'의 옛 구역이자 단군의 터전이기 때문이다. 조선 왕조의 발상지가 아니라 동국 역사의 출발지라는 뜻으로 이 수사를 구사한 것이다. "풍패의 고향"에서 조선 왕조 발상지라는 이미지를 없애고 그 빈자리에 단군과 기자의 터라는 의미를 채워 넣은 것은 결코 우연한 현상이라 할 수는 없다. 반란군은 조선 왕조에 대한 반감을 그런 식으로 표시했다.

격문을 근거로 말한다면 '성인'은 '중국'이라는 이름의 자산을 소유한 존재이며, 평안도에서 '의기義旗'를 들어 올릴 인물이다. 그러나 김창시가 거론한 '의'는 중앙 학계에서 중요한 의제로 여기던 의리론이나 화이론과는 무관했다. 격문이 말하는 '의'는 도탄에 빠진 민생을 힘으로 구제하는 일이다. '의기'를 들어 올린 주체도 단일하지 않다. 격문에 따르면 성인은 휘하에 "황명의 세신유손"을 이끌었다. 그런데 한지겸의 공초에 의하면 '정가'가 유망인流亡人이나 반민叛民들을 받아들여 그 숫자가 거의 수만 명에 달했다.[87] 그뿐만이 아니다. 반란군은 "진인 정제민이 호병胡兵을 빌려 와서 폐사군에 주둔하고 있다"고 선전하기도 했다.[88] 그들이 내세운 서사에 따르면, 정진인이 중국에서 어울린 사람들도 호병이었다.[89] 말하자면 반란군은 "황명의 세신유손", 유망인이나 반민, 그리고 호병 지원군이 모두 의기의 깃발 아래 결집해 있었다고 주장한 셈이다.

정주의 이속으로 반란군에 가담했던 최이륜은 이렇게 말했다. "한 무리 정병이 북도로부터 개성으로 향했으며, 10만에 달하는 호병은 4군으로부터 곧바로 경성으로 향하는 중이다."[90] 《진중일기》에 따르면 반란군이 '피지彼地'로부터 부도통이 중강에 왔다는 소식을 듣고 이렇게 말했다. "우리가 청한 호병이 이제 왔다."[91] 관군에 의해 포위된 상황에서 반란군 지휘부가 심리전 차원에서 한 말이다. 반란군은 청나라에 지원을 요청한 적도 없으며, 청나라 지휘관은 가경제의 명을 받고 국경지대를 돌아보며 순찰을 강화했을 뿐이다.[92] 그러나 이 장면에서 반란군이 청나라 군대를 '호병'이라 부른 것은 의심의 여지가 없다.

"황명의 철기"를 지휘하는 '진인'과 '진인'을 따르는 반란군이 청나라 군대를 지원군으로 간주하는 장면은 어딘가 어색하다. 그러나 그것은 명나라와 청나라를 이항대립의 양편에 놓고 생각하던 사람들의 눈으로 보았을 때만 그렇다. 발화자가 말한 '호병'의 '호胡'는 결코 '화

華'를 위협하는 '이夷'가 아니다. 듣기에 따라서는 '황명의 후손으로 구성된 호병이 반란군을 돕고 있다'는 인상을 주기에 충분하다. 반란군의 시야에서 보면, 논리적으로 허점이 있는가 없는가가 중요한 문제가 아니다. '진인'이 이끄는 대군이 자신들이 뒤에 있다는 식으로 대중을 설득할 수 있으면 그만인 것이다.

중앙 학계에서 '기성'·'의관'·'문물'·'재조'·'성인'·'중국'은 조선이 '소중화'가 되는 이유, 조선이 '중화' 문화의 유일한 계승자가 되는 이유를 말해 주는 단어였다. 그러나 김창시는 이 단어들을 구사하면서 차별의 부당성과 '의기義旗'의 정당성을 주장했다. 격문을 비롯한 여러 문건에서 홍경래와 지휘부가 '중화'·'화'·'이' 등을 거론하는 장면이 확인되지 않는 사실도 음미할 만하다. 반란군 지휘부에게 중원의 지배자가 명나라인지 청나라인지는 전혀 중요한 문제가 아니었다. 그들에게는 '황명'이나 '호' 사이의 차이에 주목해야 할 어떤 절실한 이유도 없었다. 그들에게는 '진인'이 '성인'으로서 '중국'·'황명'·'호'라는 이름의 문화적·정치적 자산을 가졌다는 사실만이 중요했다. 김창시가 구사한 '중국'이라는 단어에서 특별한 문화적 함의를 읽어 낼 수는 없다. 그에게 '중국'은 다만 '진인'이 들어간 곳일 뿐이다. 반란군에게 '중화'는 잊힌 단어였다. 그러나 반란군은 중앙에서 '중화'와 같이 쓰이던 다른 단어들을 전유하여 '진인'을 정당화했다. 서울에서 오희상은 "중원을 맑게 할 진인"을 상상했지만, 반란군은 오희상이 생각하던 '진인'과는 전혀 다른 '진인'을 연상했던 것이다.

사라진 칠의사七義士

격문이 무엇을 말하지 않았는지를 묻는 것은 무엇을 말했는가를 아는 것만큼이나 중요하다. 그런 점에서 보면, 박문일이 말한 '황명칠의사'의 존재가 격문에서 전혀 확인되지 않는 사실은 특별하다. 황명칠의사의 에피소드는 황일호黃一皓(1588~1641)가 의주 부윤으로 재직 중이던 때로 거슬러 올라간다. 그때 의주 사람 최효일이 처자를 데리고 명나라로 들어간 일이 있었다. 청나라는 그 일과 관련하여 잠상潛商 차충량을 의주부에 수감하게 했다. 조선은 그를 일단 옥에 가두었다가 곧 석방했다. 그사이 청나라는 안주와 선천의 다른 잠상들도 이 망명 사건에 연루되어 있다고 판단하고 그들을 옥에 가두게 했다.

조선은 사건 관련자들을 엄히 다스릴 의지가 있는 것인가? 조선에 대한 청나라의 의심은 커져만 갔다. 청나라가 최효일을 수신자로 하는 편지 하나를 적발한 것은 바로 그즈음이었다. 조선에 남아 있던 일가 어른이 보낸 편지였다.[93] "네가 중원에 들어가 고관이 되었다 하니 다행이다. 조선도 또한 비밀리에 중원에 연락을 취하려 한다. 삼공 육경이 모두 이런 뜻이 있었으므로 너에게 죄를 묻지 않은 것이며, 처음에 너의 가속家屬을 가두었다가 곧 석방하였다. 너의 가속이 지금껏 목숨을 부지하고 있는 것은 의주 부윤 황일호 덕분이다." 편지를 확인한 청나라는 박시baksi라는 칭호로 불리던 문관을 조선에 파견해 황일호는 물론 최효일의 가속과 잠상들을 직접 조사하게 했다. 박시는 황일호가 망명하는 최효일을 적극적으로 단속하지 않았으며, 그의 가속을 살려 준 것을 모두 문제 삼았다. 조사를 마친 박시와 조선인 역관 정명수鄭命壽는 사람들이 보는 앞에서 황일호는 물론 최효일의 가속과 잠상들을 모두 베어 죽였다.[94] 뒷날 숙종은 황일호에게 정경正卿을 추증했으며,[95] 충렬이라는 시호를 내려 주었다.[96]

사건 관련자들을 더 확인하고 또 명예를 높여 주자는 움직임도 이어졌다. 1713년(숙종 39) 민진원閔鎭遠(1664~1736)에 따르면, 최효일이 국경을 넘었을 때 평안도 사람 차예량은 최효일이 필요로 하는 물자를 조달해 주며 이렇게 말했다. "그대가 그곳에 머무르다가 천조天朝와 함께 심양을 공격하면, 청국이 반드시 조선에 파병을 요구할 것이고 조선은 틀림없이 청북淸北 지방의 병사들을 징발할 것입니다. 그렇다면 우리 동지들이 파병군으로 자원하고 그대와 내응하여 대사를 도모하겠습니다." 그 뒤 차예량은 정탐차 심양에 잠입했다가 정명수에게 발각되었다. 결국 의주 부윤 황일호는 조선에서, 최효일과 차예량은 북경에서 각각 죽음을 맞았다. 사건의 전말을 보고받은 숙종은 평안 감사에게 화를 당한 사람들의 이름과 사적을 상세히 조사하여 보고하게 했다.[97]

1715년(숙종 41) 평안 감사 민진원이 최효일 등 여러 사람에게 증직을 해주자고 청했다. 이이명李頤命(1658~1722)은 특별히 최효일에 주목했다. 외번外蕃의 배신陪臣으로 천조天朝를 위해 절의를 세우는 것은 학사나 대부 같은 사람도 쉽게 하기 어려운 일인데, 최효일은 변방의 무사 처지에 그런 어려운 일을 해냈으니 그에 합당한 대우를 해주어야 한다는 것이었다. 숙종은 최효일에게 종2품직을 주었다. 사관은 이렇게 평가했다. "최효일은 쇠뇌를 쏘는 천한 무사로서 춘추의 대의를 알고 천조에 몸을 바쳤으니, 진실로 천고의 의사다."[98]

1756년(영조 32) 영조는 원인손元仁孫(1721~1774)으로부터 황일호가 화를 입게 된 경위를 자세하게 들을 수 있었다. 원인손은 최효일에 대해 이렇게 평가했다. "최효일은 관서의 한 냉족冷族으로 황조를 위해 분기하여 자기 몸을 돌아보지 않더니 끝내 큰 절개를 지키고 영원히 강상을 세웠습니다." 이성중李成中(1706~1760)도 거들었다. "최효일이 저들의 땅에 있으면서 피로인被擄人들과 힘을 합쳐 적을 섬멸하려 하다가, 일이 발각되어 화를 입었습니다."

전후 사정을 알게 된 영조는 황일호와 최효일의 자손을 발탁하도록 했다.[99] 평안도의 한미한 가문 출신인데도 '황조'를 위해 목숨을 바쳤다는 점을 높이 평가했기 때문이다. 이튿날, 영조가 원인손을 불러 《최효일전崔孝一傳》을 읽으라 명했다. 영조는 최효일이 사촌간인 선천 사람 차여량의 집에 머물다 미곶진彌串鎭에서 출발했다는 사실은 물론 죽음에 이르기까지 그가 보여 준 행적에 대해서도 자세히 알게 되었다.[100] 1762년(영조 38), 영조가 다시 《최효일전》을 들여다 읽게 한 뒤 하교했다. "최효일이 명나라의 마지막 황제인 의종의 능 앞에서 7일 동안 통곡하고 나무에 목매 죽었으니 그 절의는 삼학사보다 못하지 않다. 이 책을 《수열천추전樹烈千秋傳》이라 이름하고, 호조에 명하여 2부를 베껴 1부는 궁중에 들이고 1부는 사고에 보관하게 하라." 사신의 논평에 따르면, 최효일은 청나라에 복수하려는 계획을 세우고 배편으로 '중주'에 들어가 오삼계의 휘하에 있었는데, 의종이 죽자 7일간 단식하고 그 능 앞 나무에 목을 매 자결했다 한다.[101]

정조는 평안 감사 김재찬金載瓚(1746~1827)으로부터 최효일 등의 행적에 관한 이야기를 들었다. 김재찬에 따르면, 용천 출신의 안극함安克諴, 선천 출신의 차예량은 의주 출신의 최효일과 함께 '청북삼호淸北三豪'로 불렸다. 하루는 안극함과 차예량이 최효일에게 전국시대 제나라의 노중련魯仲連이라는 인물 이야기를 꺼냈다. 진나라가 천하를 차지한다면 "동해로 뛰어들어 죽을 뿐 그의 백성이 될 수는 없다"는 결기를 보여 준 인물이었다. "우리도 노중련처럼 해야 하지 않겠는가?" 최효일은 그들이 노중련 이야기를 꺼낸 의도를 바로 알아차리고 그렇게 말했다. 거사에 함께하겠다는 뜻이다. 세 사람은 곧 구체적인 계획을 논의하기 시작했다. 그 결과, 한 사람은 등주登州로 가서 천조의 여러 장수를 설득하여 심양을 공격하고, 또 한 사람은 심양으로 들어가 내응하며, 다른 한 사람은 청천강 이북의 의사들을 이끌고 들어가기로 했다.

안극함은 최여일에게 내부內附를, 차예량에게 정탐을 각각 부탁한 뒤 자신은 청천강 북쪽의 의사를 지휘하기로 했다. 먼저 비밀리에 '사사死士' 100여 명을 모집했다. 1639년(인조 17)에 최효일이 미곶진에서 배를 띄워 등주로 향했다. 세 사람은 시를 주고받으며 눈물로 이별했다. 1641년(인조 19)에는 차예량이 몰래 압록강을 건너 심양으로 들어 갔다. 안극함은 그사이 국내에서 날마다 전구戰具를 준비하며 북쪽으로부터 소식이 오기를 기다렸다. 그들의 거사는 실행에 옮겨지기 전 발각되었다. 차예량은 심양의 감옥에서 죽음을 맞았지만, 죽는 순간까지 혈서를 남기며 청나라를 꾸짖었다. 안극함은 황일호와 함께 서울의 저잣거리에서 죽음을 맞았는데, 그 역시 죽는 그 순간에도 정명수에게 "너를 죽이지 못한 것이 한"이라고 일갈했다. 최효일은 오삼계 군에 소속되어 있다가 황경皇京이 함락되자 숭정 황제의 무덤 앞에서 7일간을 통곡하다가 죽었다.[102]

김재찬은 이 이야기가 민진원의 청원과 정실鄭實의 보고서를 근거로 한 것이라고 주장한 뒤, 안극함과 차예량을 최효일의 위패가 있는 의주 현충사顯忠祠에 배향해야 한다는 평안도 지역의 여론을 전했다.

얼마 뒤, 우의정 윤시동尹蓍東(1729~1797)이 최효일·차예량·안극함에게 자급을 더해 주고 최효일에게는 정2품직을 내려 주자고 청했다. 정조는 윤시동보다 더 적극적이었다. "차예량과 안극함이 한 일은 최효일과 황일호의 경우에 뒤지지 않으니 그들을 현충사에 배향하지 않을 수 있겠는가. 사당의 이름이 현충인데도 평안 감사가 차예량과 안극함을 추가로 배향하자고 청하지 않은 것은 소홀함이 심했다."[103]

최효일·안극함·차예량·차충량車忠亮(차예량의 형)·차원철車元轍(차예량의 사촌동생)·차맹윤車孟胤·장후건張厚健 등 7인은 뒷날 관서칠의사 혹은 신사칠의사辛巳七義士로 불렸다.[104] 정조는 이들을 의주 현충사에 추가 배향하게 했으며, 얼마 되지 않아 황일호를 배향자 명단에 추가시켰다. 칠의사의 위패 위치도 정해졌다. 정조는 최효일을 강감찬·임경업과 나란한 위치에 두고, 나머지 6의사는 그 아래 동서로 배치하게 했다.[105]

현충사에서 제사 지낼 인물들을 추가하자는 논의도 있었다. 승지 심진현에 따르면 칠의사가 순절했을 때, 백대호白大豪 등 21인이 그들과 함께 화를 당했다. 그는 현충사 경내에 별도의 제단을 만들고 신사의사백대호등21인辛巳義士白大豪等二十一人이라고 위패를 적어 칠의사와 함께 제사 지내자고 주장했다. 우의정 이병모李秉模(1742~1806)는 별도의 제단을 만들어 제사 지내는 것이 '의리상 행해야 할 예'에 해당하는지 확신하지 못했다. 정조는 의제를 더 넓혔다. 정조가 보기에, 병자호란 후 조선이 사당에 위패를 모시고 배향했어야 하는 두 인물군이 있다. 하나가 최효일·차예량 사건의 관련자들이라면, 다른 하나는 명나라 유민인 임인관 등이다. 백대호 등 21인은 최효일·차예량 사건으로 인해 목숨을 잃었고, 임인관 등은 현종 때 조선에 표류했다가 청에 압송되어 목숨을 잃었다. 임인관 등의 죽음에 대해서는 이단상李端相(1628~1669)의 시나 윤이건尹以健(1640~1694)의 상소에서 거론된 적 있지만, 그들을 제사의 대상으로 삼은 바 없다. 두 인물군이 화를 당한 경위는 다르지만, 그들을 제사 대상으로 삼는다는 것은 조선이 지향하는 존명 의리에 부합한다.[106] 정조는 '황명 의사' 백대호 등 21인, 그리고 '황조 유민' 임인관 등 95인의 위패를 각각 만들어 현충사에 보관해 두었다가 봄·가을로 제사 지내게 했다. 예조에서는 현충사 경내에 별도의 제단을 설치하고 백대호 등의 위패를 동쪽에, 임인관 등의 위패를 서쪽에 배치했다.[107]

성대중成大中(1732~1812)은 이들 칠의사의 전기를 편찬하기도 했다. 차씨 가운데 의주 현충사에 가장 먼저 배향되었던 것은 차예량이었지만, 성대중은 차충량을 차예량보다 앞에 두었다. 차충량을 의로운 행위의 기획자로 보았기 때문이다. 성대중이 전하는 차충량의 이야기는 정묘호란 때로 거슬러 올라간다. 정묘호란이 일어나자 선천 부사가 급히 능한산성으로 들어가 방어 태세를 갖추었다. 선천 바닷가에 살던 차충량은 부사와 동행하지는 못했지만, 곧 동지들을 규합하여 접도蝶島에 들어간 뒤, 모문룡이 주둔해 있던 가도椵島로 연락을 취했다. 모문룡이 그런 차충량을 의롭게 여기며 말했다. "심하深河의 싸움에서 차씨들이 절의를 세운 것을 익히 들어 알고 있었는데, 지금 또 그런 차씨를 보게 되었구나." 차충량의 아버지 형제들 5인과 족제族弟가 김응하를 따라 참전했다가 후금군에게 패하여 전사한 일을 거론한 것이다. 1636년(인조 14) 봄 차충량의 동생 차예량이 임경업을 보좌하여 선천에 검산성을 쌓았는데, 그해 겨울 병자호란이 일어났다. 선천 부사 민응건閔應騫은 검산성에 들어가 지키면서 모든 일을 차충량에게 자문했다. 1637년(인조 15) 봄, 청나라 군대 수천 명이 청강에 주둔하자, 차충량이 "적이 더 진격하지 못하도록 평안도에서 막아야 한다"고 주장하며 민응건을 설득했다. 차충량은 다른 의병장들과 함께 주둔 중인 청나라 군대를 격파하고 포로로 잡혀 있던 조선인들을 구해냈다. 강화가 이루어지자 차충량이 동생 차예량에게 말했다. "아국은 본래 충의를 숭상하고, 우리 집안은 대대로 명절名節을 지켜 왔으니 오랑캐에게 무릎을 굽힐 수는 없는 일이다. 하물며 명나라의 만력제가 조선을 재조해 준 은혜를 잊을 수는 없다. 나라에서 받은 은혜를 갚고 오랑캐에 받은 수모를 씻는 것은 우리 형제의 일이다." 차충량이 동생 차예량을 설득하면서 시작된 거사 계획에 최효일과 안극함이 합류했다.

그러던 어느 날이었다. 누군가 차충량에게 와서 이렇게 말하는 것이었다. "내가 별자리의 움직임을 보니 10년이 못 되어 천하가 좌임左衽이 될 형상입니다. 그대의 계획은 성사될 리 없고 나라에 화만 미칠 것입니다." 차충량이 웃으며 말했다. "제갈공명이 성패와 손익은 미리 예측할 수 있는 것이 아니라고 했지만, 출사出師의 목표를 이루지 못하리라는 것은 지자智者가 아니더라도 알 수 있는 것이었다. 그러나 그에게 출사는 목숨이 붙어 있는 한 그만둘 수 없는 일이었으니, 오직 그 의를 다할 뿐이었다. 내가 하려는 일도 그런 것이다. 성공할 것인가 실패할 것인가는 하늘에 달린 일이다. 실패한다고 하더라도 나만 죽으면 되리니, 어찌 나라에 누를 끼칠 일이겠는가." 차충량이 이윽고 최효일을 명나라로, 동생 차예량을 심양으로 들여보냈다.[108]

황경원은 차예량에 대해 최효일을 도운 역사力士라고 말했다.[109] 그런데 성대중에 따르면, 차예량은 무사 기질과 문인적 소양을 겸비한 인물이었다. 《춘추좌씨전》을 좋아했으며, 진사인 백이충白以忠에게 배웠다. 백이충이 과거시험에 응시해 볼 것을 권하자 그가 답했다. "공령功令과 장구章句가 어찌 장부가 할 일이겠습니까." 그 뜻을 가상히 여긴 백이충이 차예량을 사위로 삼았다. 차예량은 팽창 일로에 있는 건주위 오랑캐가 조만간 조선을 압박해 오리라 예측하고, 향당鄕黨의 일가 젊은이들을 뽑아서 병법과 무예를 가르쳤다. 정묘호란으로 평안도가 무너지자 차예량이 말했다. "만일 이곳이 오랑캐 차지가 된다면 나는 배를 띄워 남쪽으로 가서 오삼계의 문지기가 될망정 비린내 나는 오랑캐에게 이 몸을 더럽힐 수는 없다." 그가 따르는 사람들을 이끌고 접도에 들어가자 후금을 피해 따라 들어온 자가 수천 명에 달했다. 병자호란 때에는 모집해 들인 군사를 이끌고 신미도身彌島에 들어가 가도에 있던 총병 심세괴沈世魁와 협력했다. 심세괴가 차예량이 청나라 군대를 격파한 공적을 보고하자, 명나라 천자가 차예량에게 상을 내렸다. 1637년(인조 15) 임금이 청나라 태종에게 머리를 조아리면서 전쟁이 끝났다. 차예량은 그해 겨울 청북 교수에 임명되었으나 사양하였으며, 스스로 '풍천자風泉子'라고 호를 붙여 쇠락해 가는 명나라를 걱정하는 속마음을 드러냈다.[110]

성대중이 차충량을 이 에피소드의 중심에 두고, '재조', '좌임', '비린내' 같은 메타포를 구사한 데에는 그 나름의 의도가 있었다. 무엇보다 그는 이 사건을 존명 의리를 실천한 사례로 여겼다. 사건 관련자들이 한때의 의협심으로 그런 일을 벌인 것이 아니라는 점을 강조한 것도, 사건 기획자가 존명 의리에 충실한 인물이었다는 점을 힘주어 말한 것도 그런 이유 때문이다. 그런 그에게 관서칠의사(신사칠의사)가 평안도 출신이라는 사실은 특별한 의미를 부여할 필요가 없는 대목이다.

유인석柳麟錫(1842~1915)도 《관서칠의사전》을 읽었다. 그에 따르면, 공자가 존왕양이를 표방하며 대경大經을 세운 이래로, 중국에서 태어나 그곳에서 조신朝臣이 된 사람들 가운데 공자의 가르침을 따라 대의와 대절大節을 세운 사람은 많았다. 그러나 '외번'의 백신白身으로 '천조'를 부지하고 '강이强夷'를 처단하는 일에 목숨을 바친 사람은 없었다. 천리의 극명함과 인심의 극정함도 이보다 더할 수는 없다. 그중에서도 차씨 가문의 네 사람 차예량·차충량·차원철·차맹윤은 더 두드러진다. 그들은 모두 사촌공槎村公의 후예들이다. 사촌공은 효성스러움으로 선조에게 인정받았으며, '좌해부자左海夫子' 이이에게 배웠으니, 차씨 네 사람이 대의를 세운 것은 그런 사촌공의 가르침을 따른 것이다.[111]

유인석이 사촌공이라 부른 인물은 차신식車愼軾이었다. 성대중에 따르면, 차신식은 차충량의 고조다. 차신식이 임진왜란 때 선조의 가마를 따라 의주에 이르렀다. 임금은 그의 공로를 인정하여 의주부 교수로 삼았다. 서울로 돌아가게 된 선조가 차신식에게 동행할 것을 명하자 차신식이 늙은 부모를 두고 갈 수 없다며 사양했다. 선조는 친히 '효자차신식리孝子車愼軾里'라는 글자를 쓴 뒤, 이 여섯 글자를 돌에 새겨 그가 사는 마을에 세워 두게 했다.[112] 차신식의 후예들이 모두 무반이었던 것은 의심의 여지가 없다. 그러나 유인석은 그들 전부를 차신식을 매개로 하여 이이에게까지 연결시킨 것이다. 차씨들이 간접적으로나마 이이의 학문적 세례를 받아서 그런 의로운 선택을 할 수 있었다고 말하려 했기 때문일 것이다. 유인석은 그 차씨들이 평안도 출신의 무반이었다는 사실을 눈여겨보지는 않았다.

성대중은 차충량의 입을 빌려 "성패와 손익은 미리 예측할 수 있는 것이 아니다[成敗利鈍 非所逆覩]"라는 제갈공명의 말을 남겼다. 유인석이 차신식의 스승이라 한 이이도《성학집요》에서 그 문장이 포함된 제갈 공명의 원문을 길게 인용했다.[113] 그들만 그랬던 것은 아니다. 이 문 장은 조선에서, 척화나 북벌, 존주를 주장하던 사람들이 즐겨 구사하 던 수사 중 하나였다. 송시열은 이완을 위해 지은 비문에서 "성패와 이둔을 예측할 바가 아니라 하면서 효종을 보필했다"고 적었다.[114] 김 창협은 국난에 처한 근신近臣과 대신의 처신을 설명하면서 그 문장을 활용했다.

김창협에 따르면, 근신이라면 임금의 피란길을 수행해야 하지만, 종묘사직을 지켜야 할 대신이라면 나라를 지켜 내고 적을 토벌해야 한다. 그렇게 사심 없이 나랏일을 처리하다가 일이 잘못되어 죽게 된 대신이 있다고 하자. 군자는 그의 충성스러운 마음을 정당한 것으로 여기고, 그에게 닥친 불행을 안쓰럽게 생각할 것이다. 일의 형세와 자 기 역량을 헤아리지 못했다고 질책하거나, 임금을 따라간 신하보다 낮게 평가할 수는 없는 일이다. 가장 첫 번째여야 하는 것은 "지공무 사至公無私의 마음"이며, "성패와 이둔은 미리 예측할 수 있는 것이 아 니라는 태도"다.[115] 세손 시절의 정조도 이 문장에 대해 논평을 남겼 다. "제갈공명이 오직 의리에 부합하는지 그렇지 않은지만 살피고 이 로운지 해로운지를 묻지 않은 것이니, 이것이야말로 성의정심誠意正心 의 학문이다. 이것이 이른바 천덕天德이라는 것이니, 이 마음을 미루 어 나간다면 거의 왕도에 이를 수 있지 않겠는가."[116] 전우田愚(1841~ 1922)도, 유인석도 이 문장을 같은 방식으로 이해했다.[117] 결국 성대중 이나 유인석의 시야에서 본다면, 성패와 손익을 미리 따져 보지 않는 다는 것은 칠의사들의 의로운 행위를 더욱 의롭게 만들기 때문에 중요하다.

김창시가 이 7명의 평안도 출신 의사들을 전혀 언급하지 않은 것은 왜일까? 임금과 조정은 물론, 중앙의 학자들도 그들을 관서칠의사, 신사칠의사로 호명했다. 심지어 평안도의 유학자 박문일도 《황명칠의사전》에 서문을 붙이기도 했다. 그들은 모두 존명 의리의 코드로 평안도의 무사들을 읽은 것이다. 그러나 반란군의 시야에서 보면 관서칠의사는 그렇게 호명되는 순간 이미 존명 의리의 기호로 '오염'될 뿐이다. 칠의사의 의거를 도운 황일호는 더 말할 것도 없다. 황일호는 당시 의주 부윤이었을 뿐이며, 평안도 사람도 아니었다. 반란군이 보기에 황일호의 딸이 이이명李頤命의 어머니이며 이이명이 뒷날 노론 4대신의 한 사람으로 불리게 되었다는 사실은 전혀 중요하지 않다.

그런 맥락에서 보면 김창시가 정봉수鄭鳳壽를 거론하면서 '충'을 말했을 때, 그 충이 명나라에 대한 충일 가능성은 크지 않다. 그가 말하려고 한 것은 평안도 무장들이 나라를 구하는 데 보여 준 충일 뿐이다. 황경원黃景源(1709~1787)이 지은 《명 배신전》에 따르면[118] 최효일은 의로운 일을 했지만, 정봉수는 그다지 내세울 만한 점이 없다. 황경원이 보기에, 정봉수는 후금을 치는 데 필요한 장졸 300명을 내어달라는 최효일의 요청을 받아들이지 않은 인물일 뿐이다. 뒤에서 보는 것처럼, 영조가 정봉수를 '황조가장인皇朝嘉獎人'이라 했던 것과는 결이 다르지만, 정봉수를 '배신陪臣'이라는 기준으로 적용해 평가하려 했다는 점에서는 다를 바 없었다. 그러나 김창시가 보기에, 정봉수는 명나라의 '배신'으로 존명 의리를 실천한 인물은 아니다. 평안도 출신의 무장으로 나라를 구한 유일한 인물인 것이다.

'당병'·'호군'·'호병'·'황명'

홍경래와 우군칙禹君則(1776~1812)이 만나 나눈 대화는 반란이 기획되던 시점의 사정을 알려 주기도 하지만, 반란군이 구사한 수사를 더 풍부하게 보여 준다는 점에서도 시선을 끈다. 《진중일기》에 기록된 우용문의 진술서에 따르면, 그는 태천현에서 태어나 가산으로 이주하였으며, 풍수를 업으로 삼아 살아 가던 지관이었다. 우용문은 우군칙의 다른 이름이다. 그는 어머니의 묏자리를 찾기 위해 가산 청룡사에서 풍수지리 관련 서적을 읽다가 우연히 용강 사람 홍경래를 만나 어울렸다. 뒷날 홍경래가 청룡사를 다시 찾아왔다. 홍경래가 물었다. "일식과 지진, 흉년과 민생 파탄이 이어지고 있으니, 장차 세상을 구제할 사람이 나타나지 않겠는가?" 우용문이 답했다. "요 임금의 시대에는 9년 동안이나 홍수가 있었고, 탕 임금의 시대에는 7년 동안이나 한재가 있었으며, 성명聖明의 시대에도 이런 재앙은 있었으니, 지금의 일식이나 지진은 크게 염려할 것이 못 된다." 평안도 지관이 가진 유학적 소양을 엿볼 수 있는 답변이다. 다시 홍경래의 질문과 우용문의 답변이 이어졌다. "네가 임신년(1812)에 큰 병란이 있게 될 줄 어찌 짐작이나 하겠느냐?" "그대가 내년 일을 맞춘다면 신통한 일이겠으나 어찌 반드시 그런 일이 있으리라 장담할 수 있겠는가?"

1810년(순조 10) 11월, 우군칙이 청룡사에서 선천 사람 정시수와 동행한 홍경래를 다시 만났다. 깊은 밤 홍경래가 우군칙에게 말했다. "내가 오랫동안 다른 뜻를 품어 오면서 당병唐兵 수만 명을 초모하여 신도에 둔취시켜 왔는데, 신도에 지금 진보가 생기는 바람에 지금은 그들을 강계 여연 땅으로 옮겨 주둔시키고 있다. 진인이 선천 검산 아래 청

수면에 있는 일월봉 아래쪽 군왕포 위쪽에서 났다. 그의 이름은 정제세 혹은 정시수, 나이는 41세인데, 지금 그도 강계의 여연 땅에 있으면서 삼을 캐는 호군胡軍과 뒤섞여 지내고 있다. 도내의 모사를 구한 연후라야 거사를 실행에 옮길 수 있으니 네가 동참하는 게 좋겠다."[119]

홍경래가 자신을 '군君'이라 부르는 우군칙에 대해 '너[汝]'라고 낮추어 부르는 장면이 이채롭다. 우군칙이 전하는 홍경래의 구상에 따르면, 반란을 위해서는 새 세상을 꿈꾸어 온 자신, 자신이 이끄는 '당병 수만 명, '진인', 그리고 모사가 필요하다. 모사를 제외한 나머지는 강계 여연 땅에 갖추어져 있다. 그곳에는 홍경래 자신이 신도에서 옮겨 온 수만 명의 당병이 있고, 선천 검산 아래에서 태어난 '진인'이 자신의 정체를 숨긴 채 여연에서 삼을 캐는 호군들과 뒤섞여 지내고 있다. 〔너만 우리와 함께 해준다면 이제 계획을 행동으로 옮길 수 있다.〕홍경래는 우군칙에게 그런 의미로 말한 것이다.

우군칙이 전하는 홍경래의 주장이 사실에 기반한 것이라고 볼 만한 근거는 없다. 정진인이 여연에 머무르면서 "황명의 세신유족 철기 10만"을 거느리게 되었다는 김창시의 격문 내용도 마찬가지다. 이것들은 모두 화자가 청자를 설득하거나 선동하기 위한 전략이라고 보아야 한다. 그러나 '당병' 혹은 "황명의 세신유족으로 구성된 철기 10만" 이야기는 여전히 호기심을 자극한다. 홍경래가 '당병'을 노병虜兵의 반의어로 썼다면, 그가 여연에 주둔시켰다고 주장한 수만 명의 '당병'은 정진인이 여연에서 이끈다는 "황명의 세신유족 철기 10만"과 이미지가 겹친다. 홍경래가 우군칙을 모사로 끌어들이려 했을 때도, 김창시가 "관서의 부로·자제와 공사천"을 상대로 격문을 썼을 때도 그들은 '당'과 '황명'이라는 수사를 구사했던 것이다.

'당병'이라는 단어가 신도라는 장소와 맞물려 있다는 점도 그냥 지나치기 어렵다. 홍경래는 왜 신도를 거론했을까. 물론 정진인설 때문이었을 것이다. 그러나 그것 때문만이라고 할 수는 없다. 《만기요람》에 따르면, 신도薪島는 용천에 속한 지역이다. 신도에서 '피지彼地'까지 바닷길로 10여 리 되는 곳에 양하구羊河口가 있는데, 인가가 즐비하여 저 나라의 장사치들이 모두 이곳을 거쳐 온다. 1807년(순조 7)에 미곶진을 설치하고 첨사가 관리하게 했는데, 바람이 잔잔할 때는 나가서 신도에 주둔하게 했다.[120] 또 《신증동국여지승람》에 따르면, 용천부에 속한 섬들 가운데 신도가 군으로부터 서쪽으로 60리 지점에 있다. 결국 신도는 압록강 너머에서 월경하기에 가장 적합한 곳 중 하나였던 셈이다. 홍경래가 신도와 '당병'을 연결하여 청자를 설득하려 했던 이면에는 경계를 넘나들던 지역 사람들의 경험과 정서가 자리 잡고 있었다.

조선이 신도의 해방구적인 실태를 새삼스럽게 알게 된 것은 1786년(정조 10)의 일이었다. 이해 2월, 용천의 지방관과 휘하 지휘관은 장교들을 파견해 신도를 점검하게 했다. 장교들은 신도에서 474명에 달하는 '피인彼人'들이 머무르고 있는 것을 목격했다. 조선은 우여곡절 끝에 피인의 소굴을 초토화시키고 그들을 추방했다.[121] 정조가 신도에 모여든 '피인'들을 상인商人이라 여긴 것을 보면, 그들이 신도에서 어로나 벌목만이 아니라 조선인과 불법적인 교역을 했을 가능성을 짐작할 수 있다. '피인'과의 사적인 접촉을 봉쇄하려는 조정의 노력을 비웃기라도 하듯, 교역은 점차 대담해져 갔다. 1807년(순조 7) 11월, 백대현 등 조선인들이 신도에 들어가 '피인'들에게 쌀을 건네고 각종 물품을 사들였다가 적발된 일이 있었다.[122] 좌의정 이시수李時秀

(1745~1821)는 청나라에 자문을 보내서 사건의 경위를 설명하고 아울러 신도에 관리 기구를 설치하겠다는 계획을 알려야 한다고 주장했다.[123] 순조는 이시수의 청에 따라 북경의 예부로 자문을 보냈다.[124] 황제가 조선의 계획을 인가했다. 1807년(순조 7) 12월, 마침내 미곶 첨사를 신도 첨사로 개칭하고 신도로 진을 옮겨서 백성을 모집해 들이게 하는 결정이 있었다.[125]

신도를 무대로 한 조선인과 '피인' 사이의 사적 접촉과 교역은 이제 현실적으로 불가능해졌다. 체제로부터의 일탈을 꿈꾸는 자의 시야에서 보면, 신도는 이제 해방구의 이미지를 잃게 되었다. 신도에 미곶진이 설치되기 이전에 이미 수만의 '당병'을 모았으며, 진보가 설치된 이후에 그들을 여연으로 이동시켰다는 홍경래의 말은 그런 맥락 위에서 음미되어야 한다. "당병 수만 명"은 사실이라 보기 어렵다. 그러나 홍경래가 신도에 미곶진이 설치된 사실과 그 시점을 정확하게 알고 있었던 것은 의심의 여지가 없다. 그것은 신도가 가진 해방구적인 의미를 홍경래도, 그의 청자도 잘 알고 있었다는 뜻일 것이다.

그런 의미에서 보면, 홍경래가 "수만의 당병을 신도로부터 옮겨 두었다"고 말한 여연 역시 그런 곳이었을 개연성이 크다. 여연이 압록강의 기점이라면 압록강이 바다와 만나는 신도는 그 종점에 해당했다. '피인'들이 보기에 이곳들은 벌목으로 큰 돈을 벌 수 있는 장소일 뿐만 아니라, 평안도 내에서 조선의 지배력이 가장 취약한 곳이기도 했다. 그런 지역의 실정을 고려해 보면, "당병 수만"이 여연으로 옮겨 갔다거나, "정진인이 그곳에서 삼 캐는 호군 사이에 살고 있다"는 주장은 청자들에게 충분히 설득력이 있다. 동조자들을 규합해야 할 홍경래로서는 그렇게 주장하지 않는 것이 도리어 이상할 정도다.

우군칙에 따르면, 그 여연 땅에는 정씨 성을 가진 '진인'이 와서 "채삼호군과 산처散處"하는 중이었다.[126] 그런데 "채삼호군"은 누구이며 '진인'은 왜 그들과 "산처" 중이었는가? '채삼'은 삼을 캔다는 뜻이며, '산처'는 '흩어져 산다'라는 의미다. '진인'이 "채삼호군과 산처"했으니, 결코 그들을 휘하에 거느렸다고 말할 수는 없다. 그런데 '채삼호군'은 삼을 캐는 오랑캐 군인인가?《만기요람》을 근거로 말한다면, 압록강을 건너 여연으로 들어온 뒤 삼을 캐는 자들은 '피인'이며 '채호採胡'일 뿐 결코 청나라 군인들이 아니다. '호군'이 '오랑캐꾼'인 것은 《만기요람》에 등장하는 조선의 채삼군採蔘軍이 군인이 아니라 삼을 캐는 민간인 '꾼'인 것과 마찬가지다.《만기요람》의 '채호'는 홍경래가 말한 '채삼호군'과 같은 존재를 가리키는 것이다. 홍경래가 그런 사실관계를 알지 못했을 리는 없다. '진인'의 휘하에 유망인이나 반민, 심지어 '호병'이 있다고 선전했던 반란군 지휘부로서는 굳이 그 채삼꾼들을 청나라 군대가 아니라고 말할 필요가 없었을 뿐이다.

홍경래의 주장에 논리적인 허점이 전혀 없는 것은 아니다. 여연에서 "황명의 후예로 구성된 철기 10만 명"을 이끌고 있었다던 '진인'은 어떻게 해서 채삼하던 '피인'들과 뒤섞여 있게 되었는가? 그 "황명의 후예들"은 홍경래가 여연에 보냈다고 주장한 "당병 수만 명"일 수도 있다. '당병'은 조선과 청나라의 단속을 피해 월경한 신도의 '피인'들일 수도 있다. 어느 경우든 그들이 '호병'이 되기는 어렵다. 그러나 누구도 그렇게 묻지 않았다. 홍경래는 '채삼호군'에 관한 다양한 해석의 가능성을 열어 둔 채, 그것을 진인설과 버무려 냄으로써 지역의 청자들을 설득하려 했을 뿐이다. '중화'와 '이적'을 가리지 않으면 안 된다는 자의 시선으로 보면, '당병'과 '호군', '호병'과 '황명'은 전혀 어울리지 않는 단어들이다. 그러나 반란군 지휘부의 감각으로 보면, 그 단어들은 모두 신도나 여연이 가지는 해방구적인 의미를 드러내는 데 부족함이 없는 것들이었다.

'효'와 '예'

격문을 작성했던 김창시는 수하인 조문형의 손에 비참한 최후를 맞았다.[127] 조문형은 1,000냥을 주겠다는 선천 부사 김익순의 약속을 믿고 김창시의 수급을 그에게 넘겼다. 김익순은 김창시의 수급을 자신이 벤 것이라며 관군에 넘겼다. 공을 독차지하기 위해서였다. 조문형이 김익순을 관가에 고발했다.[128] 비변사는 평안도 병영에 관문을 내려보내 경위를 조사하게 했다. 병영에서는 고발인인 조문형을 불러 거래를 부추겼던 주변 사람들에 대해 조사했다. 조문형은 이름을 알 수 없었던 두 사람에 대해 인상착의를 진술했다. 병영에서 선천부에 다시 관문을 내려보내 그들을 찾아내서 보고하게 했다. 선천부의 조사 결과 그곳 아전인 정종교鄭宗僑가 그중 한 사람이라는 사실이 확인되었다. 정종교는 이렇게 말했다. "지난 1월 15일 함종·순천·곽산 등 세 곳의 수령이 저희 선천부에 머무른 일이 있었습니다. 그날 밤 2경 쯤이었습니다. 조문형이 김창시의 수급을 베어 와서 관군에 바치려 하였으므로, 제가 당시 선천 부사인 김익순에게 고하였습니다. 김익순이 조문형의 손을 잡고 1,000냥을 주겠노라 약속하고는 아전인 김중석에게 수표를 써 주게 하였습니다. 김익순은 정주 목사와 왕래할 때 김창시와 안면이 있었고, 저도 김창시가 본부에서 열린 백일장에 참석했을 때 그와 안면이 있었기에, 조문형이 가져온 보자기를 풀어서 김창시의 수급을 확인하였습니다."[129]

김창시가 특별한 것은 그가 반란군 지휘부 가운데 유일하게 소과小科에 합격한 인물이기 때문이다. 풍수에 능한 평민 홍경래나 우군칙과는 출신 배경이 다른 것이다.[130] 그의 죽음이 기회주의적인 처신에 따른 결과라면, 그가 쓴 격문도 저항 지식인으로 구성된 반란군 지휘부의 문제의식을 온전히 대표한다고 할 수 없다.[131] 그가 수하인 조문형의 배신으로 죽은 것이라면,[132] 그의 죽음은 그가 반란을 조직한 지역 지배층의 일원이었다는 사실을 부정할 근거가 되지 못한다. 물론 반란의 성격을 규정하는 것은 중요하다. 그러나 반란군 지휘부가 자신들이 가진 사상적·문화적 자산들을 어떻게 전유하고, 재조직하고, 활용했는가를 묻는 것은 그것과는 충위가 다른 문제다. 그런 지점에서 본다면 정작 주목해 보아야 하는 것은 반란군 지휘부의 유교적 소양이다.

1812년 3월, 반란군이 점령 중인 정주성으로 정주 출신 전前 공릉령恭陵令 한호운韓浩運(1761~1812)이 찾아왔다. 결박당한 채로 홍경래 앞으로 끌려온 한호운이 말했다. "내가 너희들에게 깨우쳐 줄 것이 있어서 왔다." 홍경래가 물었다. "네가[汝] 언과諺科에 합격한 뒤로 무슨 그럴듯한 벼슬을 받았고 무슨 은혜를 나라로부터 입었다고 지금 이렇게 망령되이 죽으려는 것이냐?" 한호운이 홍경래를 향해 거친 비난을 쏟아 냈다. "네가[汝] 임금의 음덕을 입어 태어나 자란 주제에 그 은혜를 생각하기는커녕 역모를 꾸미고 왕사王師에 맞섰으니 천벌을 면치 못할 것이다." 홍경래의 수하가 창으로 한호운의 발을 찔렀다. 유혈이 낭자했다. "내가 듣건대 이 사람이 효자라 하니 차마 죽일 수는 없다." 홍경래가 그렇게 말하면서 한호운을 정주성 밖으로 돌려보내려 했다. 소식을 들은 우군칙이 한호운을 자기에게 보내 달라고 청했다. 홍경래가 한호운을 우군칙에게 보냈다. 우군칙이 예를 갖추어 말한 뒤 다시 위협하려 하자, 한호운이 화를 버럭 내며 우군칙을 꾸짖었다. 우군칙이 말했다. "나[我]는 예로써 그대[君]를 대했는데, 그대는 어찌 하여 나를 너[爾汝]라고 부르는가?" 한호운이 답했다. "나는 나라를 위 하는 의사고, 너는 나라를 배반한 대적大賊이니, 어찌 너[汝]를 너[汝]라 고 부르지 않겠느냐." 심문 끝에 우군칙이 한호운을 죽였다. 그 소식 을 들은 홍경래가 우군칙을 나무라며 말했다. "그대가 나의 선생이기 는 하나, 어찌 내 명을 따르지 않고 이 효자를 죽였단 말인가."[133]

한호운은 1800년(정조 24) 문과에 급제했지만, 홍경래 난이 일어난 그때까지 이렇다 할 벼슬을 하지 못했다. 승정원의 사변가주서, 성균 관의 학유, 그리고 공릉령을 역임한 것이 거의 전부였다. '언과'는 쓸 모없는 시험이라는 뜻이다. 홍경래가 한호운에게 그 과거시험이 너에 게 무슨 의미가 있었느냐는 투로 말한 것이다. 아마도 홍경래는 한호 운의 관력을 잘 알고 있었던 것 같다. 두 사람이 정주성에서 만났을 때 서로를 '너'라고 부르는 장면은 인상적이라 하지 않을 수 없다. 홍 경래는 한호운에 대해 "어릴 때 사귄 사이"라고 말한 적이 있다. 사실 두 사람은 열 살 가까이 나이 차이가 났다. 홍경래 난 당시 한호운은 52세였던 데 비해, 홍경래는 40대 초반이었다.[134] 그런 두 사람이 한 사람은 반란군의 지도자가 되어, 다른 한 사람은 결박당한 포로가 되 어 정주성에서 대면한 것이다. 먼저 '너'라고 한 것은 한호운이다. 홍 경래가 그런 한호운에게 '너'라고 되받은 것은 당연하다. 서로를 예로 써 대할 수 있는 상황이 아니었기 때문이다.

홍경래가 한호운을 죽이지 않으려 한 이유가 '효'라는 유교적 덕목과 관련되어 있다는 것이 인상적이다. 반란군의 수괴가 귀순을 권유하는 포로를 효자라는 이유로 살려 주려 한 것이다. 우군칙이 한호운을 인계받은 뒤, 그에게 예를 갖추어 말하는 장면도 인상적이다. 지관 출신 반란군의 수괴가 포로가 된 15세 연상의 문과 급제자에게 존경어를 구사했던 것이다. 안면이 있던 홍경래를 '너'라 했던 한호운이라면 우군칙을 '너'라 하는 것은 전혀 이상한 일은 아니다. 우군칙이 한호운을 힐난하는 장면은 더 재미있다. 적어도 우군칙은 자신이 예를 갖추어 말했을 때 한호운도 예를 갖추어 말해 주기를 기대했던 것이다. 그러나 그것은 우군칙만의 생각이었다. 결국 한호운은 죽음을 피할 수 없었다.

홍경래는 조선 왕조의 과거제도와 관직 시스템이 무의미하다고 비아냥거렸으며, 반란군은 관군에 대해 "너희 나라" 운운했다.[135] 그러나 홍경래는 효자라는 이유로 한호운을 살려 주려 했으며, 우군칙은 한호운에게 예를 갖추어 말하는 관계를 기대했다. 반란군 지휘부는 조선 왕조에 대해서는 반체제적이었지만, 유학적 소양을 반드시 부정하지 않으면 안 되는 것으로 여기지는 않았던 것이다. 홍경래는 봉기 후 태천의 오천사鰲川祠에서 선우협에게 제사를 올리려 했으나 뜻을 이루지 못했다. 농사 형편이 좋지 못하고 향을 마련하는 데도 어려움을 겪었기 때문이다. 선우협은 학문과 덕행으로 명성이 높아 '관서 부자'로 여겨지던 인물이었다. 홍직필은 선우협의 영혼이 난적亂賊의 사적인 제사를 받아들이지 않았기 때문에 그렇게 된 것이라고 주장했다.[136] 그러나 무엇보다 중요한 것은 홍경래가 선우협을 제사 지내려 했다는 그 사실이다. 반란군이 성리학적 세계관이나 문명관에 동의해서 선우협을 제사 지내려 했던 것은 아니다. 그들의 시야에서 보면, 선우협을 제사 지낸다는 것은 지역 사회에 봉기의 정당성을 호소하는 효과적인 방법이 될 수 있다. 평안도 지역 사회의 리더들 가운데 반드시 한호운이나 백경한 같은 인물들만 있는 것은 아닐 것이기 때문이다. 평민 홍경래와 문과 급제자 한호운의 관계가 잘 보여 주는 것처럼, 이 지역 지배 엘리트의 존재 양태는 서울이나 다른 지역과 달랐다.

3장

황제국에서 '동양'까지

'청국'과 '중국'

1860년, 영국과 프랑스 연합군이 북경까지 밀고 들어오자, 함풍제가 열하로 피신하는 사태가 벌어졌다. 조선은 사신의 보고서를 통해 그 사실을 알게 되었다. 철종이 홍정당에서 신하들을 불러 보고 이 사태가 조선에 미칠 영향을 논의했다. 철종이 묻고 조두순趙斗淳(1796~1870)이 답했다.

"중국의 일이 참으로 걱정스럽다. 그 큰 천하를 가지고도 대적하지 못하는 것을 보면 저들이 얼마나 강한지 알 수 있다. 생각건대, 연경은 아국과 순망치한의 관계에 있으니, 연경이 위험해진다면 아국이 어찌 무사할 수 있겠는가. 또 들으니, 저들이 강화하자고 하는 것은 교역을 하려는 것만은 아니다. 인륜을 무너뜨리고 상도를 어그러뜨리는 술법으로 사해를 전염시키고자 하는 것이다. 대국이 이렇듯 곤경을 심하게 겪고 있으니, 아국이 어찌 무사할 수 있겠는가?" "그 큰 천하로 이적 중의 소추小醜에게 저렇듯 욕을 당하는 것은 전에 없던 일입니다." "양적洋賊은 이적 가운데에서도 쉽게 형언하기 어려운 별종이다." "양적은 《사기》에서 말하는 서역대진국西域大秦國의 여종餘種이며, 중국이 욕을 당하는 것 또한 천지의 운수 때문입니다."[137]

서양을 '양적'이라 부르는 것이 전통적인 화이론의 연장선상에서 나온 것임은 의심의 여지가 없다. 새롭다고 하기 어려운 반응이다. 그에 비한다면, 철종과 조두순이 청나라를 아무렇지 않은 듯 '중국'이라고 부르는 장면은 인상적이다. 물론 그 사실 자체에 과도한 의미를 부여할 필요는 없다. 청나라를 그렇게 부른다고 해서 '중화'와 '이적'의 이항대립 구조와 그 위에 세워진 온갖 구조물들이 곧바로 무의미해지는 것은 아닐 것이기 때문이다. 그러나 '북학'을 주장했던 박지원이 청나라를 '중국'이라 부르지 않았으며, 청나라의 '이'다움을 긍정했던 홍희준조차 청나라를 '중국'이라 부르지 않았던 사실을 고려한다면, 그 의미를 결코 과소평가할 수 없다. 박지원이나 홍희준은 '중국'이라는 단어가 가지는 문명적 의의를 인정했지만, 적어도 철종과 조두순에게 그런 문제의식은 엿보이지 않는다.

김윤식金允植(1835~1922)은 '중국'이라는 단어의 의미가 희석되어 가는 과정을 잘 보여 준다. 1861년(철종 12) 조선은 열하로 사신을 보내 피신 중인 함풍제를 찾아 문안을 하기로 했다. 사신단의 책임자가 된 사람은 박규수朴珪壽(1807~1877)였다. 김윤식은 글을 지어 박규수를 전송했다. 그 글에 따르면, 처음 박규수가 선발되었을 때 그의 주변 사람들이 걱정스러워하며 말했다. "저 난리가 우리와 무슨 상관이 있길래 박 공만 고생시키는 것인가?" 김윤식은 다섯 가지 이유를 열

거하며 사신을 파견하기로 한 결정을 옹호했다.[138]

그에 따르면, '아동'은 오랫동안 일관되게 '사대'해 왔다. 그뿐만이 아니다. 국제정세의 변화에 효과적으로 대처하기 위해서는 수집해야 할 정보들도 많다. 현장에 가서 '양이'의 강점과 약점을 파악함으로써 조선에 닥칠지 모르는 위기의 가능성에도 대처해야 한다. 그간 청나라로부터 받은 후한 대우도 생각해야 한다. 청나라가 왜 이런 위기 상황을 맞게 되었는지를 잘 파악하여 교훈을 얻을 필요도 있다.[139]

이 글이 시선을 끄는 것은 곳곳에서 청나라와 '중국', 그리고 '사대'에 관한 문제의식이 묻어나기 때문이다. 무엇보다 그는 '사대'의 연속성과 일관성을 중요시했다. 그가 이렇게 말했다. "아동은 상세上世 이래로 사대로 칭찬받았다. 당나라 현종이 안록산의 난으로 어려움에 처했을 때나 송나라가 거란의 위협을 받았을 때는 물론, 원씨가 망하려 하던 즈음에도, 명실明室이 쇠락하던 때에도 모두 먼 길을 마다하지 않고 사대의 정성을 다했다. 조선이 청국淸國을 신하로서 섬긴 지 이미 200년이 되었으니, 흥할 때 잘 지내 온 것을 고려한다면 쇠망할 때 우호를 계속하겠다는 뜻을 보이지 않을 수는 없다."[140] '아동'이 '사대'해 온 대상이 한족 왕조인지 정복 왕조인지를 구분하지 않는 장면이 이채롭다. 그런 그라면 청나라를 '이적'이라 불러야 할 이유는 없다. 그가 보기에 조선과 청나라는 순망치한과 같이 밀접한 관계에 있으니, 청나라의 불행은 결코 조선의 복이 아니다.[141]

김윤식은 또 이렇게 말했다. "소방小邦은 의로 하고 대방大邦은 힘으로 하는 것이 서로 돕고 의지하는 방법이다. 청인淸人은 조선이 그들의 발상지에 가깝다는 이유로 시종일관 조선을 후하게 대우했고, 200년 동안 그 변방 사람이 조선 땅에 들어와 소란을 피우지 못하도록 단속하여 함께 태평한 복을 누려 왔으니, 조선이 그 은혜를 받은 것이 많았다. 지금 저들이 일시적으로 곤란한 지경에 처해 있으나, 만일 천심이 그대로여서 저들이 북경으로 돌아가 옛 정치를 회복하게 된다면, 신의를 지킨 나라는 상을 주고 그렇지 않은 곳은 관계를 끊어 버리게 될 것이다. 우리가 이번에 사신을 보낸다면 저들이 어려울 때 배신하지 않았다며 우리를 더욱 후하게 대할 것이고, 우리가 위기 상황에서 도움을 요청할 때 우리에게 힘이 되어 줄 것이다."[142] 사신을 보냄으로써 은혜를 베풀어 준 '대방'에 '의'를 보여 줄 수도 있지만, 현실적으로는 미래의 도움을 기대할 수도 있다는 뜻이다. 그것은 결코 최명길이나 송시열의 방식은 아니었다. 그는 결코 "대륙의 비린내를 씻어 내고 싶다"거나, "오랑캐에게는 100년 가는 운수가 없다"는 식으로 발화하지는 않았다. 그에게 청나라는 다만 "조선에 은혜를 베풀어 준 대방"이었으며, "일찍이 박지원이 유람한 '상국上國'"이었다.[143]

이 글의 말미에는 '화華'와 '서교西敎'에 대해 논평한 별지가 붙어 있다. 별지의 첫 문단은 '중주中州'의 역사에 관한 이야기다. 그 글에 따르면, '중주'는 '요순 삼대'가 서로 전해 온 곳이다. 이때에는 천리와 인심을 살펴 제도를 만들었으며, 여러 성인들이 그 전통을 잘 계승하고 보완했다. 주나라가 쇠퇴하고 성현의 말씀이 이어지지 않게 되면서, 옛 제도는 전해지지 않게 되었다. 수레·복식·기용器用 등에 절문節文과 제도의 흔적이 겨우 남아 전해졌을 뿐이었다. 진시황이 서적을 불태우고 한나라도 그것을 답습하면서 상황은 더욱 악화되었다. 그러나 '오호五胡'가 '화華'를 어지럽힐 때에도 '강좌江左'는 문물을 지켰고, 원씨는 '용하변이'하여 의관은 모두 '화제華制'를 따랐다. 청인이 하夏에 들어와 천하의 장보章甫 대신 만주족의 털모자를 쓰게 하면서 옛 성인이 남긴 위의와 문장이 씻은 듯 없어지게 된 것은 사실이다. 그러나 저들은 여전히 성인을 높이고 경행經行을 흠모할 줄을 아니, 그들의 시조艑謈는 한나라나 당나라를 능가하기도 했다. 결국 중주의 선비는 오랑캐의 옷을 입으면서도 중화 문화를 이어갔고 200여 년 동안 천하는 평안할 수 있었던 것이다. 이것은 군신과 부자의 도가 계승되어 왔기 때문이다.[144]

김윤식은 이 글에서 한족 왕조인지 이적 왕조인지를 따져 묻지는 않았지만, 사실상 한족 왕조에서 시작된 문화적 전통을 이적 왕조가 계승한 지점을 중시했다. 그가 보기에 '중주'는 '요순 삼대'가 서로 전해 온 곳이지만, 그 전통을 약화시킨 것은 정복 왕조가 아니라 진나라와 한나라 같은 한족 왕조다. 도리어 이적 왕조는 요순 삼대에서 시작된 문화적 전통을 단절시키지 않았다.

김윤식의 방식으로 말한다면, '중주'에 계승되어 온 '요순 삼대'의 문화는 '절문'이라는 이름의 예절과 의식 혹은 '제도'이기도 했다. 때로는 문물과 의관과 '장보'이기도 했다. '위의'와 '문장'이기도 했으며, '시조'이기도 했다. 그러나 그것 중 어느 것 하나에 '요순 삼대의 문화'가 독점적으로 구현되었다고 할 수는 없다. 한족 왕조나 이적 왕조를 포함한 그 어느 한쪽만 그것을 온전히 계승했거나 약화시켰다고 할 수도 없다. 중요한 것은 명멸하는 왕조들 사이로, 다양한 제도의 성쇠 속에서 중주에서 생겨난 요순 삼대의 문화가 계승되어 왔다는 사실뿐이다. 그것은 군신의 도이고 부자의 도이다. 청나라는 그 전통을 계승해 온 주체 중 하나다.

'양교洋敎'의 위협과 희망의 등불 '조선'. 두 번째 문단의 주제다. 그에 따르면, '태서지교泰西之敎'가 행해질 경우 사람의 '류類'는 멸망하

고 말 것이다. 저들이 중국을 차지하고 만민에게 황제 노릇을 하게 될
지는 알 수 없는 일이지만, 화하를 능멸하고 해치며 선성先聖의 자취
를 더럽힐 것이니 그 해가 됨이 석시 않을 것이다. 책을 불태운 진시
황의 행위가 문제인 것은 그가 모든 책을 다 불태워서가 아니라 그 해
독이 지금껏 영향을 미치기 때문이다. '서교西敎'가 끼칠 해악은 마치
진시황이 남긴 해독과 같은 것이니, 조선으로서는 '청가淸家'를 돕지
않을 수 없는 일이다. 다행스럽게도 '오동'만은 '좌임'의 세상에서 '치
발'을 면했으며, '양교'에 대한 금령도 잘 지켜지고 있다. 비유하자면
'오동'은 가늘게 불 밝힌 한 줄기 등불과 같다. 모든 거리를 환히 비추
기에는 부족해도 한 귀퉁이를 밝힐 수 있어서 다행이지만, 기름을 더
부어 주지 않는다면 그 빛을 오래도록 유지하기 힘들어질지도 모르
니, 걱정스럽다.[145]

　김윤식에 따르면, 조선이 '한 줄기 등불'인 것은 '좌임'의 세상에서
'치발'을 면했을 뿐만 아니라 '양교'에 물들지 않았기 때문이다. 그가
'좌임'이나 '치발'이라는 단어를 청나라를 이적시하는 근거로 구사하
지 않았다는 사실은 주목할 만한 가치가 있다. 17~18세기 조선에서
치발하지 않은 조선은 중화 문화의 유일한 계승자 조선, 오랑캐 문화
에 물들지 않은 조선, 미래의 중화 세계를 재건하기 위한 문화적 근거
등과 사실상의 동의어로 여겨졌다. 그에게도 "치발하지 않은 조선"이
란 '중화'의 의관을 보존한 조선이다. 그러나 그가 보기에 '의관'보다
중요한 것이 있다. 군신과 부자의 도이다. 그것은 중주에 계승되어 온
요순 삼대 문화의 핵심이다. 청나라도 그 계승자 중의 하나다. 그런
청나라가 위기에 봉착했다면, 조선이 도와야 한다. 그는 그렇게 생각
했다. 18세기 말에 박지원이 그랬던 것처럼, 그도 청나라가 "용하변

이하여 천명을 가졌던" 것을 인정했다.[146]

'양이'와 '서교'는 중주에서 살아남게 될 것인가? 김윤식은 세 번째 문단에서 그렇게 묻고 답을 찾았다. 그가 이런 요지로 말했다. "기수氣數가 사이四夷의 흥망성쇠를 좌우하니, 사이가 흥하면 중국의 근심 거리가 된다. 사물이 흥하면 쇠퇴하게 하는 것이 또한 하늘의 이치인데 지금 양이洋夷는 극성한 상태다. 양이가 청나라를 대신해 자립할 정도로 천하무적인데도 청나라와 화친하고 돌아간 것은 천하에 욕심을 내지 않아서인가? 그렇지는 않다. 자고로 힘을 가진 자들은 언제나 천하의 신기神器를 차지하려 했으며, 힘이 부족해서 그 욕심을 채우지 못한 경우가 있었을 뿐이다. 거란과 금나라가 신기를 차지했으면서도 족류가 다르고 인심이 복종하지 않아 그곳에 오래 머물지 못했다. 그러므로 사이로 중국의 주인이 된 자들은 그들의 소굴에서 멀지 않은 곳에 도읍을 정해서 다스렸던 것이다. 양이는 만 리 밖에 있으니, 그들이 화친하고 떠난 것은 주군의 수비에 대적하기 어렵고 탐욕스러운 속마음이 드러날 것을 두려워했기 때문이다. 또 그들의 종교는 해외의 제이諸夷에게는 받아들여질지 몰라도 중국과 오방吾邦에는 그렇지 않을 것이다. 성인의 도를 즐겨 듣고 이륜彝倫의 규칙을 행하기 때문이다. 진주眞主가 일어난다면 서교西敎는 중주에서 자연히 소멸하게 될 것이다."[147]

'천하의 신기'란 '중주'의 다른 말이다. 그는 '사이'가 언제나 천하의 '신기'를 가지려 했다고 주장한 뒤, 힘이 부족해서 그 뜻을 이루지 못한 사례로 거란과 금나라를, 그 연장선상에서 '양이'를 거론했다. 그러나 그는 청나라를 예로 들지는 않았다. 그는 청나라를 중주의 선비가 "복이하되 행하할 수 있게" 한 나라이며, '용하변이'한 나라라고 했지만, 그 청나라가 "사이의 하나로 천하의 신기를 가지려 했다"는 식으로 말하지는 않았던 것이다. 그에게 청나라는 특별한 나라였다. 그런 점을 고려해 보면, "진주가 일어나면 서교가 중주에서 소멸될 것"이라는 주장은 음미할 만하다. '진주'는 부활하는 한족 왕조를 상징하는 단어로 여겨져 왔지만, 그가 청나라의 몰락을 기대하거나 한족 왕조의 부활을 꿈꾸었고 할 수는 없다. 그가 구사한 '행하'나 '용하변이' 같은 단어들이야말로 그의 생각을 잘 보여 준다. 그는 '사대'의 역사에서 "신하로서 섬긴다[臣事]"는 말의 의미를 가장 적극적으로 해석한 인물 중 한 명이었다.

1882년(고종 19) 임오군란이 일어났을 때 김윤식은 영선사로 청나라에 체류 중이었다. 영선사가 되어 천진 기기국에 도착한 김윤식이 조선의 유학생들을 격려하며 지은 시에 이런 구절이 있다.

시국을 구제하려면 북학이 마땅하니/ 변화를 모색하여 큰 곳으로 향해야 하리/ 이곳에서 부지런히 공부하여/ 공을 이뤄 우리 조정에 보답하기를.[148]

그도 박제가나 박지원처럼 '북학'이란 단어를 구사했다. 그러나 박제가나 박지원이 청나라를 통해서 배우려 했다면, 그는 다만 청나라를 배우려 했을 뿐이다.

영선사로 있었을 때 김윤식은 이홍장과 조미수호통상조약의 초안을 두고 협의를 진행하기도 했다. 이홍장이 조약문의 첫 조에 "조선은 오랫동안 중국의 속방이었으며 외교와 내정에 관한 일은 모두 자주해 왔다"는 내용을 넣는 방안에 대해 물었다. 김윤식이 답했다. "폐방이 중국에게 속국이 되고 각국에게 자주가 된다는 것은 이름이 바르고 말이 순하며, 사리상 양쪽이 모두 편할 것입니다. 이 한 조항을 첨입하는 것이 아주 좋겠습니다."[149] 김윤식이 보기에, 조선이 중국의 '속방'이라는 것은 천하가 다 아는 일이며, 조선은 늘 '중국'이 착실하게 자신을 '담당'해 주지 않으면 어쩌나 근심해 왔으니, 만일 '대방'의 도움이 없다면 힘없는 조선이 자신을 보존하기 어렵다. 지금 이홍장은 '중국'의 군대를 관장하는 대신으로 다행히 조선을 돕는 일을 자임하고 있으니, 이미 그렇게 여러 나라에 말해 놓고 유사시에 조선을 돕지 않는다면 천하의 웃음거리가 될 뿐이다. 또 천하 사람들은 중국이 조선을 '담임'한다는 사실을 알게 되면 우리를 가벼이 여기지는 못할 것이다. 또 속방에 관한 서술 아래에 '자주'에 관한 내용이 이어지고 있으니, 그것을 근거로 각국과 교제할 수 있으며 '평등의 권[平等之權]'을 쓸 수 있다. 각국에 대해 '평등의 권'을 잃을 일도 없고 중국에 대해 '사대'의 의리를 등질 이유도 없으니, 가히 양득兩得이라 할 만하다. 이홍장의 제안은 '오방'에 유익함이 크다.[150]

　김윤식이 '중국'과 '아국'의 관계를 묘사하면서 '속국' 혹은 '속방'이라는 표현을 구분 없이 사용하고 있는 장면이 눈에 띈다. 뒷날 그는 이 두 단어를 명확하게 구별했다. 갑신정변에 대해 조선이 중국의 '속방'인 것을 못마땅히 여긴 일본이 조선을 자신의 '속국'으로 만들려고 했던 사건으로 여겼던 것이다.[151] 만국공법에서 '속국'은 근대적인 의미의 보호국을 의미한다. 그러나 이홍장과 조미수호통상조약 초안을 논의하는 그 시점까지만 하더라도 김윤식은 결코 '속국'이라는 단어를 그런 의미로 쓰지는 않았다. 그것은 그가 '담당'과 '담임', '자임' 같은 단어들을 구사하는 장면에서도 잘 확인된다. 그의 방식으로 말한다면, 이 단어들이야말로 조선이 '중국'에 대해 '속국' 혹은 '속방'이 되는 이유를 잘 보여 준다. '중국'은 조선을 '담당'하고, '담임'하며, 도움을 '자임'한 존재다.

인상적인 것은 그가 그런 조선과 '중국'의 관계를 사대事大로 이해하고 있다는 사실이다. '사대'라는 표현 자체에 주목한다면, 또는 그가 말한 '양편'과 '양득'을 '속국'과 '자주'로 독해한다면, 김윤식이 중화 사상에 한 발을 걸친 채 전통과 근대가 병존하는 국제질서를 상상했다고 여길 수도 있다.[152] 그러나 '양편'을 '조선과 미국이 모두 납득할 수 있다'는 의미로, '양득'을 자주와 안보라는 두 가지 실리로 독해한다면, '사대'라는 단어는 다만 근대적 의미의 실리외교를 정당화한 일종의 외피에 불과하다고 볼 수도 있다.[153] 김윤식의 의도는 어느 쪽에 가까운 것이었을까.

12월 26일의 대화를 복기해 보자. 이홍장이 '속방'과 '자주'를 명시해 두는 방안을 제시하면서 이렇게 말했다. "타국이 과문過問하기 쉽지 않을 것이며, 촉觸하지 않으며 배背하지도 않을 것입니다." 과문한다는 것은 '세세하게 캐묻는다'는 의미다. 김윤식이 그 제안에 찬성하면서 말한 '양편兩便'이 조선과 미국을 가리킨다면 이홍장의 제안에 이렇게 화답한 셈이 된다. 〔'속방'과 '자주'를 조약문에 명시해 두는 것은 조선도 미국도 모두 납득할 만합니다.〕 '양편'이라는 말 그 자체에 주목한다면 충분히 가능한 독해다. 그러나 김윤식의 의도를 이해하기 위해서라면 그 말이 이홍장의 제안에 동의하는 과정에서 나왔다는 사실을 좀 더 의식할 필요가 있다. 〔조미조약에서 '속방'과 '자주'를 밝힌다면 타국이 조선에 대해 속방의 의미를 세세히 따져 묻기는 어려울 것이다. 조약문에서 그렇게 한다면 조선은 무엇인가에 저촉되지도 않을 것이며, 또 무엇인가를 등질 일도 없다.〕 이홍장의 말은 그런 뜻이다. 그렇다면 그런 이홍장에게 화답하는 과정에서 김윤식이 말한 '양편'을 조선과 미국으로 보기는 어렵다.

12월 27일 자《음청사》기사는 이홍장이 말한 "촉하지 않고 배하지 않는 것"에 대해 김윤식이 어떤 식으로 이해하고 있었는지를 잘 보여준다. 김윤식이 보기에 '속방'과 '자주'를 명시함으로써 조선은 "촉하지 않고 배하지 않는" 두 가지 이득을 얻을 수 있다. 그것이 '양득'이다. "촉하지 않는" 이득이란 각국에 대해 '평등의 권'을 주장할 수 있게 된다는 뜻이며, "배背 하지 않는" 이득이란 청나라에 대해 사대의 의리를 등지지 않는다는 의미다. 그것들이 이득이 되는 이유는 분명하다. 각국에 대해 '평등의 권'을 주장함으로써 만국공법 체제의 구성원임을 인정받을 수 있으니 이득이며, 사대의 의리를 등지지 않음으로써 조선을 '담당'하고, '담임'한 중국으로부터 도움을 얻을 수 있으니 이득이다.

김윤식이 '중국'에 대한 '사대'관계와 각국에 대한 공법체제를 내용으로 하는 국제질서를 상상한 것은 의심의 여지가 없다. 그러나 그가 인정한 '사대'관계가 이전까지 상상되어 왔던 것들과 다르다는 점이 중요하다. 조선의 문인들은 긴 시간 동안 '외천사대'의 의미를 두고 치열하게 논쟁했다. 그러나 '사대'를 말하는 김윤식에게 그런 문제의식을 확인할 수는 없다.

그에게는 다만 '대방'인 '중국'이 '속국'인 '아국'을 '담당'하고 '담임'하는 관계만이 중요했을 뿐이다. 그에게 청나라와의 '사대'관계를 유지해야 하는 것은 오로지 조선이 "그렇게 함으로써 얻을 수 있는 이득"이 크기 때문이다. '중국'이 '속방'인 조선을 '담당'하고 '담임'한다는 것을 조선이 승인한다면, 유사시에 '중국'이 조선을 돕지 않을 수 없기 때문이다. 조공과 책봉의 형식은 달라지지 않았지만, '중국'과 '사대'는 이제 '담당'과 '담임'처럼 전에 함께 쓰인 적 없던 단어들과 함께 발화되기 시작했다.

1895년(고종 32) 3월 청나라와 일본은 이홍장과 이토 히로부미를 대표자로 하여 시모노세키에서 강화조약을 맺었다. 그것으로 청일전쟁을 마무리하는 절차가 끝났다. 조약 제1조의 내용은 이렇게 되어 있다. "청국은 조선국이 완전무결한 독립자주의 나라임을 확인한다. 따라서 위 독립자주를 훼손할 수 있는 청국에 대한 조선국의 공헌貢獻, 전례典禮 등은 장래에 완전히 폐지한다." 청나라를 '중국'이 아니라 '청국'이라 한 대목이 특별하다. 이로써 조선과 청나라 사이의 조공-책봉관계는 청산되었다.

17세기부터 19세기까지 조선에서 유행한 〈천하도〉는 독자들이 '중국'이라는 단어에서 문명적 의의를 읽어 냈음을 잘 보여 준다. 그러나 '중국'이라는 단어가 가진 그런 이미지는 시간이 갈수록 점점 희석되어 갔다. 철종과 조두순이 잘 보여 준 것처럼, '중국'을 점차 청나라를 포함한 역대 중원 왕조를 가리키는 단어로 여기는 사람들도 생겨났다. 1883년에 발행된 《한성순보》도 '중국'이란 단어를 그렇게 여겼다. 이 신문에 따르면, '중국'은 아시아의 동쪽에 있는 '최대국'이며, 성명聲名과 문물이 번성했던 곳이자 역사가 가장 오랜 나라다. 부강한 서양 열강에 비해 뒤떨어진 상태이지만, 여전히 자강自強의 가능성을 기대할 만한 나라이기도 하다.[154]

문명개화론 혹은 진화론적 문명관의 시야에서 보면, 청나라의 낙후함은 문명화를 이루지 못했기 때문이며, 낙후함의 결과는 청일전쟁의 패배로 확인되었다. 조선 민중이 일상생활에서 경험한 청나라와 청나라 사람의 이미지는 더 부정적이었다. 1882년 〈조청상민수륙무역장정〉으로 청나라 상인들이 내륙 깊숙이 침투해 오면서 조선인들과 갈등을 빚었다.《독립신문》이 청나라에 대해 "천한 청국"이라 했던 것은 그런 이유 때문이었다.[155] '천함'을 강조하는 입장에서 보면, 청나라에 대해 '중국'보다는 '청국'이라 하는 편이 편할 수도 있다. 실제로《독립신문》은 청나라를 가리킬 때 '중국'보다 '청국'을 즐겨 사용했다.

'청국'과 '중국'의 문제는 한청통상조약(1899)을 협의하는 과정에서 외교 사안으로 떠오르기도 했다. 이 조약이 체결된 것은 청나라와 평등조약을 맺으려 했던 대한제국 정부와 조선에 있는 자국 상인을 보호하려는 청나라 정부의 이해관계가 맞아떨어졌기 때문이었다.[156] '대청국' 정부는 1차 조약문 초안에서 자국을 모두 '중국'이라 했다. '대한국' 정부는 2차 조약문 초안에서 청나라 측 초안에 있던 '중국'이라는 표현을 모두 '청국'으로 바꾸었다. '대한국' 정부의 입장에서 보면, '중국'보다 '청국'을 쓰는 편이 명실상부한 평등관계에 부합했기 때문이다.[157] '대청국'의 협상 책임자인 서수붕徐壽朋에 따르면, '중국'이 동서양의 여러 나라들과 체결한 평등조약에서도 모두 '중국'이라 썼으므로, '중국'이라는 두 글자는 관습적인 칭호일 뿐이다. 그렇다면 '중국'이라는 단어를 쓴다고 해서 조약의 평등성에 문제가 생기지는 않는다. 통상의 이권에도 아무런 변화가 없다. 서수붕은 '중국'이라는 단어를 그대로 유지하자고 주장하면서, 또 이렇게 말했다. "지금 만일 홀연히 옛 칭호를 바꾼다면 무슨 말로 우리 정부에 보고할 것이며, 또 어떻게 서인西人들의 힐문에 답할 수 있겠습니까?"[158]

결국 1899년 9월 11일에 체결된 최종 조약문에서 청나라의 명칭은 '중국'으로 정해졌다. 그러나 '대한국'이 '대청국'에 대해 '중국'이라는 표현을 쓰지 않으려 했던 사실, '대청국'이 '중국'이라는 명칭을 "관습적으로 써온 통칭"이라 말하는 장면은 여전히 중요하다.《독립신문》에 따르면 청나라를 '중국'으로 부르는 호명법은 "유식자의 느끼는 정에 해로운" 것이었다.[159] 조선에서 '중국'이라는 단어는 점점 성명과 문물 같은 이미지와 무관한 단어가 되어 갔지만, 조선의 식자층 중에는 청나라를 '중국'이라 부르는 것을 여전히 불편하게 여기는 사람들이 있었던 것이다. '중국'이라는 단어에서 '중화'로 표상되는 문명적 의의를 떠올리는 관성이 남아 있었기 때문이다. 그런 상황에서 '대한국'이 '중국'이라는 명칭에 합의했다. '대청국'이 '중국'을 관습적인 칭호 이상으로 확대해석하지 않는다고 인정했기 때문일 것이다. 이제 조선은 '중국'이라는 단어에서 문명적 의의를 떠올리거나, 조공—책봉 관계를 연상할 필요도 없었다. '중국'은 이제 조약체제하의 '대청국'을 의미할 뿐이었다.[160]

'제통帝統'과 '의주義主'

'중국'의 의미가 변화되어 가는 19세기 말을 전후하여 '중화'를 발화하는 방식도 달라지기 시작했다. 선택지는 둘이다. '중화'의 이름으로 계승해 온 문명을 믿어 의심치 않는 사람이라면, '중화'의 의미장을 임계점 직전까지 넓혀 갈 수도 있다. '중화'의 의미장이 더는 유효하지 않게 되었다고 판단하는 사람이라면 '중화'를 폐기하고 그 의미장에서 쓰이던 단어들로 새롭게 발견한 대체재를 정당화하는 길이 있다. 이항로의 제자 최익현이 '제통'과 '의주'라는 단어를 구사하면서 보여 준 것은 첫 번째 길이었다.

고종과 독립협회 사이의 긴장이 고조되던 1898년 가을, 최익현은 의정부 찬정에 임명되었다. 그는 개화파와 독립협회에 반대하는 자신의 정치적 입장을 담아 사직 상소를 올렸다. 이 상소의 12번째 항목에서 그가 이렇게 말했다. "중화와 이적의 구분을 엄격히 하여 대방大防을 확립하소서."[161] 그에 따르면, 태초에 천지가 열릴 때 위로 올라간 기운은 하늘이 되고 아래로 내려간 기운은 땅이 되었다. 남북이 중추가 되고 동서는 벼리가 되는 그 사이에서 사람과 만물이 태어나니 누가 '중화'고 누가 오랑캐인지가 분별되지 않았다. 그러나 하늘은 자子 방위에서 열렸으니 자는 북방의 위치이며, 땅은 축丑 방위에서 열렸는데, 축 또한 북방의 위치이다. 북방은 천지가 처음 생겨난 곳이며 음양의 기운이 먼저 생겨난 곳이다. 따라서 바르고 큰 기운, 맑고 빼어난 기운이 모두 여기에 모이게 되었으므로, 오제삼왕과 같은 성인들이 이곳에서 출생하였다. 이곳이 곧 지금의 중원 땅이다.[162]

송나라 소옹의 《황극경세서》에 이런 말이 있다. "하늘은 자子에서 열리고, 땅은 축丑에서 열리며, 사람은 인寅에서 난다."[163] 소옹에 따르면, 30년이 1세世, 12세가 1운運, 30운이 1회會, 12회가 1원元인데, 12회가 지나면 새로운 천지가 개벽된다. 원회운세설로 불리는 이 우주론적 연대기는 중국과 조선에서 널리 받아들여졌다. 남송의 주자도, 조선 전기의 유희춘도, 조선 후기의 송시열과 정조도 예외 없이 이 설을 승인했다.[164] 최익현도 소옹을 따라 "하늘은 자 방위에서 열리고 땅은 축 방위에서 열린다"고 말하고, 자방과 축방이 속하는 북방을 '천지와 음양이 생겨나는 방위', '정대하고 청수한 기가 모이는 방위' 그리고 '삼황오제와 같은 성인이 태어난 방위'로 정의했다. 그는 또 그 북방이 지금의 중원 땅이라고 선언했다.

중원이 북방이라면, 그곳에서 태어난 사람은 누구이며 무엇을 했는가? 최익현에 따르면, 사람은 인·의·예·지의 천성을 구비한 채로 태어났으므로 자연히 측은·수오·사양·시비와 같은 사단四端의 도덕을 갖추었으며, 부자·군신·부부·장유·붕우 사이에 각각 친親·의義·별別·서序·신信이라는 오륜이 있게 되었다. 사람은 이런 것들을 모두 가진 채 태어나지만, 그것을 자각하기는 쉽지 않다. 성인들이 그것을 가르치는 법을 만들어 천하를 교화하게 된 것은 그런 이유 때문이다. 사람에게는 누구나 친소의 차이가 있으므로 상복을 차등 있게 하였고, 귀천에 차이가 있으니 의복에 차등을 두었으며, 내외가 분별되어야 했기 때문에 주거 공간을 나누었다. 예를 만들어 윗사람과 아랫사람이 질서 있게 사귀게 하고, 악을 만들어 신명과 사람이 화합하게 했다. 형벌을 만들어 간악함을 다스리고, 정치를 행하여 가르침을 내렸으며 학교를 세워 인륜을 밝히고 제사를 행해 조상에게 보답했으며, 군대로 난리를 막았다. 사농공상은 의복과 음식 등 크고 작은 일상생활에서 모두 지켜야 할 일정한 규칙이 있게 되었다. 이 모든 것들은 "성인이 만세의 큰 법을 세워 만세의 표준으로 삼은 것들이므로 화하라 하는 것이다. 화하라는 것은 문명함이니, 전장과 법도가 밝게 문명함을 말하는 것이다."

'중화'가 중원으로부터 나왔기 때문에 '중화'일 수밖에 없다면, '이적'이 '이적'이 되는 이유도 같은 논리로 설명하지 않으면 안 된다. 최익현에 따르면, 이적은 "천지의 지극히 치우친 곳"에서 태어났다. "치우친 곳"이어서 그 산천의 풍기風氣가 고르지 못하니 더 문제다. 그래서 '이적'에게는 정대함이 적고 속임수가 많다.[165] '이적'에게 인·의·

예·지의 본성이 없는 것은 아니지만, 그들은 "화하의 성현"들이 하듯이 그것을 크고 넓게, 또 정밀하게 밝히고 확충하지는 못한다. 부자·군신·장유·부부의 윤리는 있지만, "화하의 성현"들이 하듯이 친·의·서·별을 곡진하게 두루 밝히지는 못한다. 학문을 하기는 하지만 오로지 기품를 숭상하여 모질고 방자하니, "우리 유학"에서 말하는 도에 집중하고 사욕을 극복하는 공부, 그리고 기질을 변화시키는 공부는 없다. 이理를 말하기는 하지만, 그것을 천명·인심·성정의 오묘함이나 인륜·일용日用·상행常行의 사이에서 찾지 못한다. 하늘을 공경하기는 하지만 하늘과 사람이 하나의 이치라는 사실을 깨닫지 못하고 망령되어 스스로 예배禮拜하고 복을 바라며 음사淫邪를 어렵게 여기지 않는다. 의관을 갖출 줄 알지만, 단발하고 좌임하니, 의례나 문장에 귀천과 상하의 구분이 없다. 심지어 남녀를 구분하지 않고 내외를 분별하지 못한다. 음양과 건곤의 이치에 알지 못하고 강유와 존비의 질서를 지키지 않으니, 금수의 행동과 다를 바 없다. 거처하는 것은 교만하고, 사는 곳은 기괴하다. 이들은 모두 "성인에게 버림받은 자들인 고로 이적이라 불린다."

'이적'의 문제가 근본적으로 치우친 곳의 풍기로 인해 생긴 것이라면, '이적'이 스스로 노력한다 해서 그 문제를 해결할 수 있는 것은 아니다. 최익현의 시야에서 보면, 중국이 '중화'일 수밖에 없는 것이 중원 대륙의 특별함 때문이라면 일본과 서양이 '이적'이 되는 것은 그 땅이 치우친 곳이기 때문이다. '중국'은 당연히 '중화'이며, 일본과 서양은 '이적'이 되지 않을 도리가 없다. 이항로의 제자다운 발상이다.

'화'와 '이'를 그렇게 정의하는 한, "중국의 제통帝統"은 언제나 '화'에게만 계승되어야 한다. 이항로의 또 다른 제자 유중교에 따르면, 이 세상에서 가장 엄정하게 해야 하는 것이 "왕자王者의 대일통"이다. 주나라 말에 열국이 '왕'을 참칭하자 공자가 《춘추》를 지었다. 공자는 강하다는 이유로 대통大統이 둘이 될 수 없음을 밝혔다. 한나라 황실의 종통宗統이 끊어지고 소열제昭烈帝가 황실의 먼 친족으로 간신히 명맥만 유지했을 때, 당나라 측천무후가 황제의 자리를 참람하게 차지하고 중종中宗이 초야에 묻혔을 때, 사람들이 대통이 옮겨 간 게 아닐까 의심했다. 주자는 《자치통감강목》을 지어 미약하다고 해서 대통이 끊어지는 것이 아니라는 것을 밝혔다. 원나라, 청나라 때 '이적'이 천하를 통일하여 "중국의 제통"이 한 줄기도 남아 있지 않게 되자 사람들이 '이적'이 '대통'을 차지했다고 여겼다. 그러자 송시열과 이항로가 의리를 펼쳐서 대통이 불변임을 밝혔다.[166]

유중교는 "왕자의 대일통"이 "중국의 제통"이며 결코 '이적'이 힘이나 권력으로 빼앗을 수 없는 것이라고 주장한 것이다. 여기에는 '중국'과 '이적'이 원래부터 정해진 것이어서 '이적'이 아무리 노력해도 '중국'이 될 수 없다는 전제가 깔려 있다. 유중교가 다시 말했다. "이 세상에는 성현의 도통이 있고 중화의 제통이 있는데, 성현의 도통은 맹자가 죽자 끊어졌다가 주렴계가 태어나면서 다시 이어졌고, 중화의 제통은 송나라가 망하자 끊어졌다가 명나라 태조가 나면서 다시 이어졌다."[167] 이 이야기대로라면, 명나라가 망하면서 중원 대륙에서 끊어진 것은 "중화의 제통"이다. 물론 조선이 대보단을 세워 명나라 황제를 제사 지낸 것은 조선이 중화를 계승한 유일한 존재임을 자부할 만한 근거가 된다. 그러나 최익현 이전까지는 조선에서 누구도 "조선이 중화의 제통을 계승했다"거나 경우에 따라서 "조선이 중화의 제통을 계승할 수 있다"는 식으로 말하지는 않았다.

1894년(고종 31) 12월 17일, 총리대신 김홍집 등이 아뢰었다. "왕실 존칭에 대해 새 규례를 갖추어 아뢰니, 재결해 주시기를 바랍니다." 고종이 윤허했다. 이로써 '주상전하'는 '대군주 폐하'로, 전문箋文은 표문表文으로 이름이 바뀌었다. 청일전쟁이 진행 중인 와중에 전격적으로 내려진 결정이었다.[168] 1882년 미국과 조약을 체결하면서, 조선은 군주라는 단어를 국왕의 호칭으로 사용하기 시작했다. 1883년 영국과 조약을 체결한 이후에는 대군주라는 호칭을 사용했으며, 동시에 외교문서에서 짐朕·조詔·칙勅·흠차欽差와 같은 황제국 용어를 구사하기도 했다. '대군주 폐하'라는 명칭은 그런 흐름의 연장선에서 등장했다. 조선은 조약체제 아래 국가 평등 원칙에 맞추어 국왕의 호칭을 그렇게 조정했던 것이다.[169]

최익현은 문제를 다르게 보았다. 1895년(고종 32) 6월, 그가 상소를 올려 왕의 존칭을 변경한 것에 대해 전면적으로 비판했다.[170] "요사이 조정에서 청나라를 저버리고 자주自主하여, 전하를 높여 대군주 폐하라고 한다고 들었습니다. 만약 전하께서 효종이 계획했던 일을 계승하여 중원을 맑게 하고 사이四夷를 진무했다면, 명분이 바르고 말이 순탄하여 천하 후세에 할 말이 있을 것입니다. 꼭 그렇지는 않다고 하더라도 만약 진실로 자주하여 청나라와 왜를 제어하셨다면, 지금처럼 황통이 끊어진 지 오래인 때에 스스로 '하늘의 뜻을 이어받아 세상의 기준을 세우는 일[繼天立極]'을 자임하셔도 혹 안 될 것은 없겠습니다. 그러나 지금은 그렇지 못합니다. 전하는 고립되고 구적寇賊들이 엿보아서 지척인 대궐 뜰에서도 명령이 시행되지 않습니다. 사정이 이런데도 한갓 왜노倭奴의 참람한 칭호를 본떠 하루아침에 폐하란 칭호를 받으신다면 명실상부하지 않으며 끝내 전하의 덕에 누가 될 것입니다. 하물며 대군주라는 세 글자는 예에도 근거가 없고 옛날에도 들어보지 못한 것이니, 더 말해 무엇하겠습니까?"[171]

최익현은 행간에서 이렇게 말하고 싶었으리라. [폐하라는 칭호는 일본을 흉내 낸 것이며, 대군주는 전례도 없고 예법에도 근거가 없는 호칭이니, 고립무원의 고종에게 이 새로운 칭호가 무슨 의미가 있다는 말인가?] 그러나 상소의 행간에는 좀 더 근원적인 문제에 대한 고민도 포함되어 있다. 일본을 흉내 내어 폐하라 할 수는 없는 일이지만, 조건이 갖추어졌을 때 조선이 황통을 이을 수는 있는 것일까? [조선의 임금이 황통을 잇는다고 자임하려면 둘 중 하나는 충족되어야 한다. 효종의 북벌론을 실천에 옮겨 중원에서 청나라를 몰아낸다면 가장 좋다. 그러나 꼭 그렇지 않다 해도 진정한 자주를 달성하여 청과 일본의 외압에서 자유로워져야 한다. 숭정제를 끝으로 중원에서 황통이 끊어진 지 이미 오래되었기 때문이다. 황통을 잇는 것은 곧 '하늘의 뜻을 이어받아 세상의 기준을 세우는 일'이다.] 조건이 충족되지 않았으니 '황통'을 주장해서는 안 된다는 논지지만, 역으로 말한다면 조건이 충족될 경우 조선이 '황통'을 계승할 수도 있다는 발상이기도 하다.

《대학장구》에 의하면, 하늘이 사람을 낼 때 이미 인·의·예·지의 성性을 부여하지 않은 것은 아니지만, 사람마다 그 부여받은 본성이 똑같은 것은 아니다. 그러므로 한 사람이라도 총명하고 예지를 갖추어 그 본성을 다 갖춘 자가 나오면 하늘은 반드시 그에게 명하여 백성들의 군주이자 스승이 되게 하여 백성들을 다스리고 교화시키며 그 본성을 회복하게 하였다. 이것이 복희·신농·황제·요순이 하늘의 뜻을 이어서 세상의 기준을 세운[繼天立極] 것이다.[172] 《중용장구》에도 '계천입극繼天立極'이라는 표현이 등장한다. "대개 상고시대로부터 성신聖神

이 하늘의 뜻을 이어받아 세상의 기준을 세웠으니, 도통이 전해진 것이 원래 유래가 있었다."[173] 《중용장구》는 '계천입극'의 뜻을 도통 중심으로 해석했다. 그러나 계천입극의 주체로서 '군사君師'를 세웠다는 《대학장구》의 설명을 보면, 복희·신농·황제·요순은 도통의 주체인 동시에 제통의 전수자이기도 하다.[174] '계천입극'이라는 표현에 담긴 주자의 메시지는 제후국과는 무관한 것이었지만, 최익현은 그 의미를 전유하여 경우에 따라서 조선이 '황통'을 계승할 수도 있다는 논리를 구사했던 것이다.

그렇게 생각한 것은 최익현만은 아니었다. 1897년(고종 34) 10월, 대한제국이 탄생했다. 제후국 조선은 사라지고 황제국 '대한'이 등장한 것이다. 광무라는 독자 연호에서 시작된 제국 만들기는 황제 즉위식으로 마무리되었다. 대한제국이 탄생하기 한 달 전인 1897년(고종 34) 9월 5일, 이수병李秀丙 등 유생들이 상소를 올려 고종에게 황제의 자리에 오를 것을 청원했다. 상소문의 첫머리에 나오는 '도통'과 '제통'에 관한 설명에 따르면, '도통'은 인극人極에서 나오고 '제통'은 황극皇極에서 말미암는다. 이수병 등이 이어서 말했다. "요 임금과 순 임금, 송나라와 명나라는 하늘의 뜻을 이어받아 세상의 기준을 세웠으므로[繼天立極] 제통과 도통이 전해 내려온 것은 그 유래가 있었다."[175] '계천입극'한 요·순과 송나라, 명나라로 인해 '도통'과 '제통'이 이어질 수 있었다는 주장이다.

문제는 동방이다. 이수병이 이어서 말했다. "단군은 요 임금과 같은 시기에 임금이 되었고, 기자는 도를 동쪽으로 전하여 이곳을 하夏로 변화시켰다. 학문은 장횡거·정자(정명도·정이천)·주자를 숭상했으며 예악과 문물은 중하中夏에 버금가게 된 지 이미 4,000년이 되었다.

오직 황통의 호칭을 갖추지 못한 정도가 다를 뿐이다. 조선은 수명受命하여 소화小華로 불렸다. 명나라는 임진왜란 때 재조의 은혜를 베풀어 주었으니 명나라와 조선은 의리로 보면 군신관계이지만 은혜로 보면 부자관계라 해야 한다. 그런데 천명이 일정치 않아서 명나라가 망하고 제통은 땅에 떨어졌다. 오직 대보단에 황통 한 줄기가 붙어 있어서 존왕양이하려던 효종의 의리와 정성이 아직도 빛나고 있다."

이수병의 시야에서 보면, 조선은 땅이 좁다고는 하지만 만승지국萬乘之國이 될 만하고, 고종의 덕과 성취는 충분히 "대명의 통서統緒를 계승"할 만하다. 지금 고칙誥勅과 명령命令, 그리고 전장典章과 연호年號에 모두 '천자'의 형식을 쓰면서 오직 황제의 칭호만을 쓰지 않는 것은 문제다. 그가 이어서 말했다. "삼가 생각건대 폐하께서는 만동萬東의 뜻을 깊이 체득하고 중흥의 뜻을 크게 발휘하여 속히 황제의 자리를 바르게 하고 속히 명을 내리시어 천명을 따르고 민심에 순응하심으로써, 명나라의 계통을 이어서 영원히 끝없는 복을 누리셔야 할 것입니다."

이수병이 구사한 몇몇 수사는 주의 깊은 독해가 필요하다. 그는 "대보단에 황통의 한 줄기가 붙어 있다"고 말했다. 오랫동안 대보단은 조선이 제후국이자 '중화'문화 계승자임을 말해 주는 상징물로 여겨졌다. 대보단에서 명나라 황제들을 제사하는 것은 그런 조선이 가진 당연한 의무였다. 개항 이전에는 아무도 "조선이 대보단에서 황통의 갈래를 계승하고 있다"는 식으로 말하지는 않았던 것이다. 그러나 이수병에게 조선은 '중화'문화의 유일한 계승자이자 '황통', 즉 '제통'의 계승자였다.

만동萬東은 만절필동萬折必東의 줄임말이다. 황하가 만 번 굽이쳐도 반드시 동쪽으로 흘러 들어가는 것처럼 제후국 조선이 '재조'의 은혜를 베풀어 준 천자국 명나라를 지성으로 섬긴다는 의미다. 개항 이전에는 어느 누구도 "만절필동의 뜻을 새겨 대명의 통서를 계승하여 황제가 되어야 한다"고 말하지는 않았던 것이다. '만승지국'이란 천자국을 상징한다. 제후국 조선은 흔히 '천승지국'으로 표현되었다. 이수병은 '만승지국'이라는 전례 없는 수사로 황제 칭호를 쓰는 조선을 정당화했다. 김약행이 "천자의 의례를 쓰는 제후국"을 말했다면, 이수병은 "제통을 이어 천자국이 된 제후국"을 주장했던 것이다. 이수병도 김약행처럼 중화와 대보단을 말했지만, 더는 김약행처럼 제후국의 틀 안에 갇혀 있지 않으려 했다. 그것을 가능하게 한 것이 '황통'이고 '제통'이었다.

최익현이 궁내부 특진관을 물러나며 올린 상소에는 그가 이전에 말했던 '계천입극'의 의미가 좀 더 분명하게 드러난다. 그에 따르면, 개화파가 '대군주 폐하'라는 칭호를 도입한 것은 "소중화를 소일본小日本으로 바꾸어 놓고 이제 천명이 새로워졌다고 주장하는 꼴"이다. 그들에게는 '이적'을 따르게 된 것을 수치스럽게 여기는 모습은 없고 '소중화'를 없앤 것을 다행으로 여기는 기색만 있을 뿐이다. 조선은 "당당한 천승지국이니, 진실로 자존自尊하고 싶다면 이처럼 황통이 끊어진 지 오랜 때에 권도를 따라 칭제하는 것도 그다지 의리에 해될 것은 없다." 그러나 구차하게 서구 여러 나라의 사례를 모방하는 것은 욕이 될 뿐이다. 만일 임금이 "제왕의 업적"을 일으키고 "천자의 직분"을 닦는다면 "중국에 자리하고 사이四夷를 진무하여 천하의 의주義主가 된다 해도 안 될 것은 없을 것"이다. 그러나 경솔히 '중화'의 법을 고치고 기꺼이 이적을 따른다면 황천이 돌봐주지 않을 것이다.[176]

최익현의 주장은 당위론이라기보다는 추가적인 조건이 충족되었을 때 가능한 일종의 상황 논리다. '당연히 옳다'기보다는 "조건이 충족된다면 그럴 수도 있다"는 쪽에 가깝다. 조선은 황제를 칭할 수 있지만, 그것은 어디까지나 '황통이 끊어진 지 오래'라는 상황에서 '천승지국'이 취할 수 있는 권도인 것이다. 따라서 이 논리를 연장해서 보면, 언제라도 중원에서 '황통'을 다시 잇는 사태가 생긴다면, 조선이 '황통'을 독점적으로 계승해 갈 수 있다고 주장하기는 어려워질 수도 있다. 그 황통은 조선을 거쳐 다시 "복원된 중원의 황통"으로 이어지는 것이 순리처럼 여겨질 수도 있기 때문이다. 그러나 있을 수 있는 모든 경우의 수를 고려하더라도, 조선이 '황통'을 계승할 수 있다는 발상은 전통적인 '중화'의 의미장에 균열이 생긴 양상을 잘 보여 준다.

'지나支那'와 '문명'

한국사에서 번역어가 범람하던 20세기 초는 '중화'의 의미장에 소멸의 징후가 확인되는 시기이기도 하다. 그런 측면에서 보면, 《황성신문》이 '중국'을 '지나'라 부르거나, '지나' 혹은 '청국'의 중심적 지위를 부정한 것이 눈에 띈다. 〈인기기폐아반취기人棄其弊我反取棄〉라는 논설은 1902년 당시 《황성신문》의 중국관과 조선관을 잘 보여 준다. 강유위가 주도한 변법자강운동은 100일 천하로 끝나고 말았지만, 《황성신문》은 메이지 유신을 모델로 한 이런 움직임에서 나라가 소생할 수 있는 희망을 보았다. 반대로 말한다면, 청나라든 조선이든 그런 변화의 움직임이 없다면 어떤 희망도 볼 수 없다는 의미이기도 할 것이다.

그 기사에 따르면, '지나'는 "5,000년을 이어 온 노대老大한 제국"이다. 지리로 말한다면 "동아東亞의 중토中土"에 해당하는 곳이며, 사람으로 말한다면 "선성先聖의 유택遺澤"을 받았다고 할 수 있다. 산하는 인물과 재산을 길러 주었으며, '신성神聖'의 가르침은 예악과 문물을 아름답게 해주었으니, 가히 "문명의 대륙"이라고 이를 만하다. 그것은 '지나'에게 자부심의 원천이 되었다. '지나'는 도덕·교화와 지모·웅략雄略을 내세우며 "거만하게 '중화'라 자존"하고, '황복荒服' 바깥은 교화될 수 없는 곳이라 여겨 왔다. 그나마 과거 '융성한 시대[邳隆之世]'에는 땅이 우 임금의 영역을 넘지 않았고 사람들은 모두 복희씨·신농씨의 교화를 받았으니, 그 정도의 정치와 문물로도 크게 부족함은 없었다. 이제 그 시대가 지나고 바야흐로 약육강식하는 '말세[傷季]'가 되었다. 그렇다면 그런 시대에 맞게 대처해야 했다. 그러나 '지나'는 그렇게 하지 못했다. 자부심과 자존감을 버리지 못했기 때문이다. '지나'는 청일전쟁에 져서 영토를 할양하고 배상금을 지급하고 나서야 사태의 심각성을 깨닫고 실업에 힘쓰기 시작했으니, 비로소 '유신'의 가능성이 엿보인다고 할 만하다.[177]

《황성신문》이 중원을 "문명의 대륙"이라고 말하는 장면은 주목할 만하다. 이 신문은 미개·야만이라는 말을 사용하면서도 그것을 '문명'의 반의어로 쓰지는 않았다.[178] 유학의 경전에서 '문채가 밝다'거나 '밝은 문채'라는 의미로 사용되었던 '문명'은 조선시대 들어 유학적 교화로 그 의미가 확장되었다. '문명'은 '중화'의 다른 표현이었다고 해도 과언은 아니다.[179] 송시열은 《주역》에 등장하는 "문명이지인문야文明以止人文也"라는 표현에 대해 "군신과 부자가 각기 제자리에 그친다"는 뜻으로 해석했다.[180] 그의 시야로 본다면, 인간사란 각기 분

에 맞는 위치에서 분에 맞게 행동해야 질서가 잡히는 것이고, '문명'
이란 그런 상태를 의미한다. 결국 '문명하다'는 것은 '중화의 지경에
도달한다'는 것의 다른 표현이다.

후쿠자와 유키치福澤諭吉(1835~1901)는 '문명'이라는 말을 civilization
의 번역어로 사용했다. 유길준은 〈세계대세론〉(1883)이라는 논설에서
야만·미개·반개·문명의 네 단계를 구분했다. 그에게 '문명'은 경쟁·
부강과 어울리는 단어였으며, '야만'의 반의어였던 것이다. 문명이 경
쟁을 통해 진보한다고 주장하는 것은 도덕과 인륜이 아니라 적자생존
과 약육강식의 눈으로 세계를 본다는 것을 뜻한다.[181] '문명'은 갑오개
혁 이후 조선 정부가 도달하려 했던 구체적인 목표가 되었다. 조선 정
부는 일본에 관비유학생을 파견하고 소학교를 설립했다.[182] 1895년 학
부는 소학교 설립 방침을 발표했다. 이 고시에 따르면, '교육'은 '개화'
의 근본이다. '애국'의 마음과 '부강'의 기술이 모두 '학문'으로부터 생
겨난다는 점에서, 나라의 '문명'은 '학교'의 성쇠에 달린 일이다. 교육
과정에는 오륜행실五倫行實·소학小學 등 생활 규범, 본국 역사·지지地
誌·국문國文 등 자국의 역사·언어·문화, 그리고 산술과 기타 외국 역
사·지지地誌 등이 포함되었다. 학부는 이것들을 "시의에 적용"한 교과
로 여겼다.[183] 오륜행실·소학처럼 전통적인 내용들이 교과과정에 포
함되어 있어서 이채롭다. 그러나 그 내용들이 학교라는 근대적인 기구
를 통해, 교육이라는 근대적인 형식으로, 그리고 개화·애국·부강이라
는 근대적 지향점 아래 편제되어 있다는 사실이 더 중요하다. 오륜행
실이나 소학조차 더는 성리학적 인간을 길러 내기 위한 기초 소양은
아니었던 것이다.

'문명개화'라는 의제를 정부만 독점한 것은 아니었다. 《독립신문》

은 '문명개화'라는 용어를 처음 사용했으며, 세계의 나라들을 문명 국·개화국·반개화국·야만국으로 구별했다.[184] 또 서양을 문명, 동 양·중국·대한을 '미개' 혹은 '야만'과 등치시켰다. 그들에게 '문명'의 길은 곧 서양의 길이다. 서양처럼 자주독립하고 '문명부강'하려면 서 양 학문을 교육하고 야만의 풍속을 변화시키지 않을 수 없다.[185] 《황 성신문》을 발행한 개신유학자들도 '문명'과 '개화'의 중요성을 강조했 다. 그러나 '문명'을 보는 그들의 시야는 《독립신문》과 결이 다르다. 근대 번역어들을 구사했던 《황성신문》이 서양 근대가 이룩한 것이나 일본이 메이지 유신을 통해 도달하려 했던 것, 조선이 지향해 나가야 할 것을 '문명'이라 불렀던 것은 자연스러운 일이다.[186] 그러나 그들은 여전히 유교의 도덕성을 존중했으며 그 유교를 기반으로 하여 서양과 메이지 일본이 이룬 '문명'적 성취를 받아들일 수 있다고 주장했다. 그들이 '문명'을 과거의 '동양' 역사에서 찾을 수도 있다고 생각했다 는 사실은 인상적이다.[187]

〈인기기폐아반취기〉에 보이는 '문명'은 '야만'의 반의어라 하기 어 렵다. 이 기사에서 《황성신문》이 "문명의 대륙"으로 호명했던 것은 융 성한 시대[邦隆之世]의 중원이다. 그런데 그들은 자국의 역사와 문화에 대해서도 '문명'이라고 말했을까? 그 경우 '문명'은 유학적 성취만을 의미하는 것인가? 1898년 9월 5일 자 《황성신문》 사설에 따르면, 단 군이 처음 내려왔을 때만 해도, 우리 '동방'은 아직 '인문'이 흥하지 않 았고 문헌도 많지 않았다. 동방의 첫 번째 성인이라 해야 할 기자가 8 조의 가르침을 베풀어 인민을 교육하면서, 인민이 '개명'하고 서적이 많아졌다. 신라와 고려 때 약간의 침체기가 있었다. 마침내 태조 이성 계가 우문右文의 정치를 내걸고 백성들을 '문명'의 지경으로 나가게 하면서, 현인과 문장가들의 기상이 천하에 견줄 만하게 되었다. 그러나 한문을 모르는 사람들은 그런 문자 생활에서 배제되어 있었다. 세종이 이 상황을 타개하고 백성들을 개명시키기 위해 '국문'을 창제했다. 갑오개혁기에 자주독립의 기초를 닦고 '경장更張'하기 위해 노력하던 고종은 "기성箕聖이 유전遺傳한 문자와 선왕이 만든 문자를 병행하여 모든 문서에 국한문으로 혼용하라"는 칙교를 내렸다.[188]

이 사설은 《황성신문》이 단군·기자 계승의식을 가지고 있었음을 잘 보여 준다. 그러나 단군이 초점은 아니었다.[189] 개명한 역사의 계보에 단군의 자리는 없었다. 백성들을 개명시킨 기자가 첫 번째 성인으로 간주되었을 뿐이다. 조선 태조 이성계는 그 개명한 역사의 연장선상에서 '문명의 군주'로, '국문'을 창제한 세종은 개명한 역사에서 남아 있던 과제를 해결한 인물로, 국한문 혼용을 지시한 고종은 개명한 역사에서 빛나는 '기성'과 선왕의 유지를 받든 인물로 각각 독해되었다. '기자'와 세종이 '개명'이라는 키워드로 연결되고, 태조 이성계가 '문명'으로 이어지는 대목도 주목할 만하다. 이 경우 '문명'은 '개명'이 확장된 상태라고 해야 한다. 《황성신문》은 '문명'이라는 말을 '한문'으로 상징되는 유교적 성취만으로 한정하지도 않았으며, 중원에만 적용하지도 않았다. 그들이 보기에 '문명'이라는 단어는 중원 안팎의 비유학적 성취에도 적용할 수 있는 일종의 일반명사였던 것이다.

《황성신문》은 또 중원을 "선성의 유택을 받은 땅"이라거나 "신성의 가르침으로 예악과 문물이 아름다운 땅"이라고 말하기도 했다. 그들이 조선시대 유학자들과 같은 관점에서 중원을 보고 있었던 것이 아닌가 하는 느낌을 줄 정도다. 그러나 그들이 그렇게 묘사한 중원을 "동아東亞의 중토"라고 말하는 장면이 중요하다. 이곳은 더는 시간을 초월한 문명 세계의 중심이 아니었다. 다만 과거 시점의 '중토'였으며 그것도 "동아의 중토"일 뿐이다.

그들에게 청나라는 "거만하게 중화라고 자존自尊한 노대한 제국"일 뿐이었다. 이제 '중토'·'선성'·'예악'·'문물'이라는 단어는 더는 '중화'라는 이름이 표상해 온 의미를 정당화하지 못했다.

시골 선비 황현黃玹(1855~1910)은 자신이 '중화'와 '이적'의 구분이 사라진 시대를 살고 있다고 생각했다. 〈양영학교기養英學校記〉라는 글에서 그가 이렇게 말했다. "의리를 논하자면 중화를 존숭하고 이적을 배척해야 하고, 정치를 논하자면 왕도를 존중하고 패도霸道를 천시해야 한다. 그러나 오늘날의 천하 형세로 보면, 옛날 중국 사람들이 오랑캐로 여겨 끼워 주지 않던 자들이 도리어 방자하게 대항해 오고 있다. 대항해 올 뿐만이 아니라 점점 더 중국을 압도하여 그보다 앞서는 상황이다. 이제 천하에 오랑캐가 없어져 버린 것이다. 천하에 중화와 이적의 구별이 없어졌는데, 어찌 왕도와 패도를 구별할 수 있겠는가. 옛날 서융西戎이나 형만荊蠻 같은 오랑캐와 비교해 보면, 지금 바다 밖 여러 나라들은 '이적'이라 할 것도 없다. 도깨비일 따름이다. 또 옛날 춘추시대의 제나라 환공이나 진나라 문공이 했던 것과 비교해 보면, 저들의 기만책과 부국강병책은 패도라 할 것도 없다. 다만 강도짓일 뿐이다. 함께 마주 앉아 도의를 논할 수 있는 존재가 아니다. 그러나 나라는 그대로 망하게 둘 수 없고 백성은 이대로 죽게 할 수 없다. 오직 분발하여 전력을 다하고 힘껏 그들과 대적하여서, 약육강식을 당하는 상황은 면해야 한다. 그렇게 되려면 어떻게 해야 하는가? 저들의 부강함을 본받아야 한다. 부강해지려면 저들의 학문을 배워야 한다."[190]

유학자는 왜 신학문을 받아들이지 않으면 안 되는가? 황현은 그렇게 물었고, "약육강식의 시대에 살아남기 위해서"라고 답했다. 그런데 이 글은 조선에서 '중화'의 의미장이 소멸해 가고 있었음을 보여 준다는 점에서도 중요하다. 황현에게 약육강식의 시대란 '중화'와 '이적'의 구별이 없고 왕도와 패도의 차이가 없는 세상이었다. '중화'를 존숭하고 왕도를 추구하는 것이 불가능한, 춘추시대와도 비교할 수 없는 그런 세상인 것이다. '중화'를 '이적'의 이항대립 항에 두지 않는 것, 무엇이 '중화'인지를 묻지 않는 것은 이제 그런 세상에서 살아남기 위한 전제조건이 되었다. 그도 유학자답게 충과 의를 말했지만, 그것은 어디까지나 자기 나라를 향한 충이며 의였다. 그는 숭정이라는 명나라 연호 대신 자국의 연호를 사용해야 한다고 주장하기도 했다.[191]

'동국'과 '동양'

서울의 언론인 신채호申采浩(1880~1936)는 '아'와 '비아', 그리고 '본국사'를 말했다. 그에게 '아'는 '사회'에 대한 대안이며, '독립'을 본질로 하는 단어였다.[192] 〈역사에 대한 관견 2칙〉은 신채호가 1908년 6월 17일 자 《대한매일신보》에 실은 논설 제목이다. 이 논설에서 '여余'는 "역사를 애愛ᄒᄂᆫ 자"다. 그러나 '여'는 《통감》이나 《자치통감강목》 같은 책만 중시하고 본국사에는 눈길조차 주지 않던 기왕의 관성에는 결코 만족할 수 없다. '여'가 보기에 특히 국호와 기년紀年은 시급히 고쳐야 한다. 왜인가? 토지와 인민이 있으면 반드시 국가가 있고, 국가가 있으면 반드시 일종의 대명사라 해야 할 '국호'가 있다. 그러면 본국의 대명사는 무엇인가? 조선인가 삼한인가 고구려인가, 아니면 신라·백제·발해 등인가? 그렇지 않다. 그것들은 당시 '조정'의 대명사일 뿐이다. '조정'의 범위는 좁고 '국가'의 범위는 넓으며, '조정'의 운명은 짧고 '국가'의 운명은 길기 때문에 '조정'의 대명사를 '국가'의 대명사로 쓸 수 없다. '외국인'들이 왕왕 말하는 코리아 민족이라는 것도 사실은 고려의 번역어에 불과하기 때문에 그것을 국호로 삼을 수는 없다. 그런 점에서 보면 '여'가 국호로 삼을 만한 것은 '동국東國' 이외에는 없다.

'여'가 보기에, '동양'에 있는 나라가 '아국'뿐인 것은 아니다. 그러나 《동국통감》이나 《동국문헌비고》처럼 늘 익숙하게 써 오던 칭호가 있으니, 이제 역사를 편찬한다면 국호로 '동국'을 쓰는 것이 좋을 것이다. 이전의 관행은 '국민'의 '국가정신'을 어둡게 하여 한 국가의 흥망을 한 '조정'의 흥망으로 오인하게 하고, 한 '민족'의 흥망을 한 성씨나 한 집의 흥망으로 오해하게 하여 결국은 '국가'에 대한 관념을 박약하게 만들기 때문에 문제다. 국호는 역사를 저술하는 자가 주의를 기울여야 하는 매우 중요한 문제다. 국호를 그렇게 정한다면, 기년하는 방식도 새로워져야 한다. 지금 여러 나라가 기년하는 방식은 역사를 읽는 자가 기억하기 좋을 뿐만 아니라 또한 국민의 정신을 통일하는 의미도 있다. '아사我史'는 복잡하고 번다하기 이를 데 없는 '역대 군주'의 기년을 써 왔지만, 이제 그것을 버리고 기년의 기준을 '아건국성조단군我建國聖祖檀君'으로 하면 독자가 이해하기에도 쉬울 뿐만 아니라 동조동족同祖同族의 관념이 생겨 애국심을 환기할 수도 있다. [193]

이 논설은 신채호가 적어도 1910년까지는 '조선'보다 '동국'을 선호했음을 보여 준다.[194] 그러나 중요한 것은 그 단어가 포함된 단어들과 그것들이 구성하는 의미장이다. 대한제국 이전까지 '동국'은 한반도에 명멸했던 전근대 왕조를 부르던 대명사였으며, 그것은 늘 '중국'을 중심에 둔 상태에서의 '동쪽 나라'라는 의미를 내포했다. 그러나 신채호에게 '동국'은 '조정'과 분리된 상태의 '국가'를 가리키는 단어일 뿐이다. 이 나라는 이제 '중국'에 대한 '동국'이 아니라 '동양'에 있는 아국我國일 뿐이다. 그렇다면 이제 '동국'을 '중화'와의 연관 속에서 정의할 필요는 없다. '동국'이 중요한 것은 다만 그것으로 국민의 정신을 통일하고 애국심을 함양할 수 있기 때문이다. 신채호는 '동국'을 말하면서 이전에 '동국'과 함께 쓰이던 단어들을 구사하지 않았다. 그에게 '동국'은 '국민'·'정신'·'애국심' 같은 새로운 단어들이 만들어 내는 새로운 의미장을 수식하고 정당화하는 용어였던 것이다.

'동양'이라는 개념은 일본이 '서양'의 대립 항으로 발명해 낸 것이다. 물론 일본의 맹주적 지위가 전제된 단어다.[195] 19세기 후반부터 삼국이 연합하여 지역 안보를 달성한다는 삼국제휴론 내지 삼국공영론이 조선의 조야를 풍미했는데, 일본이 선도하는 지역연합체가 서양에 맞선다는 점에서 기본적으로 그런 '동양'을 전제로 하고 있었다. 동·서양 개념에 인종주의가 결합하면서, '동양'이 서양에 맞선다는 것은 황인종이 백인종과 대립한다는 것으로 여겨지기도 했다.[196]

황인종과 백인종이 맞서서 서로 다투는 시대에 누가 그 중심에 설 것인가? 《독립신문》에 따르면, 일본은 "황인종 중에 먼저 깨달은 사람"이며 "동포 형제의 의로써 조선과 청국을 깨닫게 하여 동양의 큰 판을 보존하고 서양 백인종의 침략과 노략질에 항거하고자 하는 존재"였다.[197] 《독립신문》만 그즈음의 세계정세를 그렇게 본 것은 아니었다. 《황성신문》에 따르면, 황인종과 백인종은 유럽과 아시아 대륙의 형세에 영향을 미치는 인종들인데, 그중 한 인종이 강해지면 다른 한 인종이 약해지는 관계에 있다. 그런 관계를 생각한다면 서세동점 西勢東漸의 시대, 혹은 약육강식의 시대에 살아남기 위해서는 힘을 합칠 필요가 절실하다. "지나의 사억만과 대한의 이천만, 그리고 일본의 사천만 동포는 동주同洲·동종同種·동문同文의 사람들"이므로, 이런 시국에 지혜와 힘을 합하여 "우리 동아東亞를 견고하게 하고 우리 인종을 보호"하는 것이 당연하다.[198] 누가 이 공동체의 연합을 이끌 것인가? 《황성신문》이 처음부터 일본의 지도적 위치를 승인했던 것은 아니다. 청일전쟁이나 시모노세키조약으로 확인된 일본의 욕심이 결국 영국·러시아·프랑스·독일이 청나라의 영토를 침탈하는 데 빌미를 주었다는 판단 때문이다. 논설에 따르면, 청이 "미개한 나라"라서 주권을 침해당한 것이야 그렇다 하겠지만, 일본이 목전의 이익 때문에 "동양대국의 권리[東洋大局之權]"를 잃게 만든 것이야말로 문제다.[199]

'동주·동종·동문'은 각각 지역·인종·유교 문화를 가리킨다. 그것을 '동양'의 동질성으로 규정하고 그것을 기반으로 하여 서양·백인종과 맞서는 정치적 연대를 상상한 것은 다루이 도키치樽井藤吉(1850~1922)였다. 그는 《대동합방론大東合邦論》(1893)에서 유교문화를 근거로 동양의 우월성을 주장했다. 그에 따르면, 동방이 우월한 것은 그곳에서 태양이 떠오르기 때문이다. '발육'과 '화친'의 기운이 있는 그 땅에 조선과 일본이 있으므로, 이 두 나라 사람들이 인애의 성性과 청명한 기氣를 가진 것은 자연의 이치다. 일본과 조선이 각각 화和와 인仁을 소중히 여기는 것은 두 나라의 친밀한 정을 말해 준다. 유교문화의 근간이라 할 화와 인은 '한토漢土'로부터 유래한 것이니, 그곳 역시 지역·인종·문화적으로 같은 권역에 속해 있다고 해야 한다. 따라서 그 같은 권역 내의 국가가 연대하는 것은 자연스러운 현상이다. 일본과 조선이 합방하여 대동국을 세우고 대동국이 중국과 합종한 뒤 대아시아를 구성할 수 있는 것이다. 물론 그 연대의 중심에는 일본이 있어야 한다.[200]

《황성신문》이 일본에서 유래한 "동주·동종·동문"에 관한 주장이나 '지나'·'동아' 같은 개념을 사용하면서도 일본을 "눈앞의 이익에 연연했다"는 이유로 비판한 대목은 시선을 끈다. 그러나 그렇다고 해서 결론이 달라지지는 않는다. 청나라를 야만으로 보는 《황성신문》의 입장에 서면, 결국 일본이 이 공동체를 이끌어야 한다는 결론에 도달하는 것은 시간문제였기 때문이다. 러시아와 일본 사이에 전운이 감돌기 시작하던 1903년 10월, 《황성신문》은 이렇게 말했다. "일본이 러시아와 싸우는 것은 일본 스스로를 위한 계책만이 아니라 실로 동양 전국全局을 위한 계책이니, 우리 황종인족黃種人族이야 누군들 일본의 개전을 원하지 않겠는가?"[201]

동양주의의 신봉자 중에는 대동학회大東學會의 리더인 신기선申箕善 (1851~1909)이라는 인물도 있었다. 젊은 시절의 신기선은 송시열을 추앙하고, 청을 금수로 여기는 북벌론자였다.[202] 〈휘언彙言〉은 그의 그런 면모가 잘 드러나는 글이다. 그에 따르면, 효종과 송시열이 세상을 떠난 지 100년이 넘으면서 대의가 어두워지기 시작했다. 전성기를 구가하던 청나라는 마침내 쇠락하기 시작했다. 상황이 그런데도 "은혜를 베풀어 준 청나라를 배반할 수 없다"는 주장이 생겨났다. 그것은 온 천하를 끌어다 금수의 지경에 밀어 넣는 꼴이다. 조선은 명나라에 대해 300년 동안 "군신의 의"가 있고, "존화양이의 의"도 있다. '의'란 그런 것이다. 병자호란 후 어쩔 수 없이 저들에게 무릎을 굽힌 것은

'의'라 할 수 없으니, 무릎을 꿇었다는 이유로 등을 돌릴 수 없다고 주장하는 것은 어불성설이다. 명나라가 조선을 '재조'해 준 은혜는 결코 위추僞酋인 청나라가 조선을 부호扶護해 준 은혜와 비길 수 없기 때문이다. 그렇다면 춘추시대 제나라 양공이 힘을 길러 9세대 전의 원수에게 복수했던 것처럼 할 뿐이다. '의'에 의거하여 오랑캐 청나라와 단절하고, 때를 보아 일어서서 10만 명의 군대를 이끌고 '화하'의 회복을 도모해야 한다. '위추'의 목을 베어 천하에 보이고, '대명'의 후예를 찾아서 끊어진 종사를 이어야 한다. 그렇게 함으로써 하늘이 다시 밝아지는 것을 보게 될 것이다. 저들이 우리에게 살 땅을 구걸해 오면, 그때야말로 궁한 저들을 몰아붙여 멸망시켜야 한다. 송나라 양공이 궁지에 몰린 적에게 인仁을 베풀다가 도리어 패한 전례가 있으니, 그렇게 해서는 안 된다.[203]

신기선이 강렬한 북벌의식을 드러냈던 것은 아편전쟁 이후 청나라가 사양길에 접어든 조짐이 현저해졌기 때문일 것이다. 그러나 전쟁 이전까지 청나라는 여전히 동아시아의 중심이었으므로 마냥 그런 시선으로만 볼 수 없다는 데도 문제가 있었다. 신기선은 노론 기호 산림이자 홍직필의 제자인 임헌회任憲晦(1811~1876)의 문하에서 전우田愚와 함께 공부했다. 어느 날 임헌회가 제자들에게 "의리를 엄정하게 변별하지 않을 수 없다"는 취지로 말했다. 신기선이 송나라 이종理宗의 부름에 응한 유학자 진덕수眞德秀의 사례를 거론했다. 이종은 남송의 재상 사미원史彌遠이 황태자를 부당한 방법으로 폐출한 뒤 옹립한 황제였다. 폐위된 황태자는 이종이 즉위한 뒤 죽음을 맞았다. 이종에게 잘못이 없다고 말할 수 없다. 이이는 진덕수의 처신을 잘못된 것으로 여겼다. 그러나 이황은 생각이 달랐다. 임금을 시해한 정도의 잘못이 아니라면 임금의 부름을 마냥 거부해야 할 일은 아니다.[204] 이황이 진덕수를 두고 문제가 없다고 했는데도 이이의 평가를 따라야 하는가? 신기선은 임헌회에게 그렇게 물은 것이다. 임헌회가 답했다. "이황이 진덕수를 용서한 것은 진덕수의 처신에 이미 큰 잘못이 있다는 것을 전제로 했기 때문이다." 다시 질문과 답이 이어졌다. "그렇다면 김종직의 처신에도 문제가 있었습니까?" "그렇다. 단종 때 벼슬하지 않았다고 해서 문제가 되지 않는 것은 아니다." 임헌회에 따르면, 김종직이 단종 때 벼슬하지 않은 것, 〈조의제문〉을 지은 것이 세조의 부름에 응해 벼슬길에 나섰던 것 자체에 면죄부가 되는 것은 아니다.[205]

전우가 청나라를 거론하면서 논의를 넓혀 갔다. "지금 청주清主가 왕도를 행하는 데 뜻을 두어 이夷를 하夏로 변화시키려고 인재를 찾는다면 어찌해야 합니까?" 임헌회가 답했다. "나아가 벼슬해서는 안 된다." 듣고 있던 신기선이 이의를 제기했다. "이적도 인성이 있으니 변화한다면 천하의 일을 함께 논의할 수 있습니다." 그러나 임헌회가 보기에 그것은 '얼굴을 바꾸는[革面] 것에 불과하다. 속은 끝내 '이적'인 것이다. 그 얼굴만 바꾼 '이적'에게 벼슬한다면, 주공周公과 같은 업적을 낸다 해도 처신을 잘못한 죄를 씻을 수는 없다. 이적이 '변이위화變夷爲夏'하여 여러 해를 지난 경우라면 모르지만, 그렇지 않다면 부름에 응해서는 안 된다.[206]

전우가 물었다. "산림처사라면 당연한 일이지만, 세록世祿의 집안 자제도 그렇게 해야 할까요?" 임헌회가 답했다. "그렇다." 신기선과 임헌회의 문답이 이어졌다. "오늘날 저 나라에서 태어났다면 바다 건너 예의 땅을 찾아 사는 것이 옳을 듯 합니다." "피할 만한 곳이 있다면 피하는 것이 좋을 것이다." "피할 곳이 없다면 죽어야 합니까?"

"오늘날 태어난 자라면 만주족의 풍속을 좇아 체발剃髮하되 내수內修에 힘쓰는 것이 옳다. 청나라 초기에 체발해야 하는 처지라면 죽는 것이 옳으니, 그래서 명나라 말에 많은 사대부들이 체발하지 않고 죽음을 택했던 것이다. 저들이 아국을 체발하지 못했던 것은 온전히 김상헌과 삼학사의 공이다."207 청나라를 '이적'으로 여기는 것은 여전했지만, '이적'에게 인성과 변화 가능성을 인정하는 신기선은 이미 예전의 그가 아니었다.

1877년(고종 14), 그가 과거에 급제하여 벼슬길에 나섰다. 당시 조선의 조야는 개항의 후폭풍에 휩싸여 있었다. "때에 맞고 나라에 이롭다면 이적의 법이라도 행할 수 있다"고 생각하던 그는 이적의 변화 가능성을 인정하던 논리를 발전시켜 "중토의 도로 서국西國의 기器를 행할 것"을 주장했다. '오도吾道'와 '서기西器'의 조화를 추구한다는 기본 입장은 한동안 달라지지 않았다. 그러나 1880년대에 '서기'에 찍혀 있던 방점은 어느새 '오도'로 옮겨 가 있었다. 그는 흥아회興亞會의 회원인 야마요시 모리요시山吉盛義를 통해서 동양주의에 눈떴다.208 신학과 구학 사이에 갈등의 골이 깊어 가던 1907년, 그는 대동학회를 창립하고 회장을 맡으면서 다시 한번 신·구학의 통합과 절충을 시도했다.209 이토 히로부미로부터 학회 운영자금을 지원받았고, 이완용을 고문으로 영입하기도 했다.210 그가 제기한 신·구학 절충의 문제가 일본 발 동양주의와 무관하지 않음을 상징하는 장면이다.211

《황성신문》과 신기선은 서로 다른 정치적 지향점을 추구하면서도 모두 '동양'·'동아'를 말했다. 복고와 혁신을 동시에 의미했던 '유신'이 메이지 유신을 상징하는 말이 되었듯이212 '중화'라는 단어가 연상시켰던 전통적인 이미지는 이제 '동양'·'동아' 혹은 '동주·동종·동문'

의 이름으로만 소환되었다. '유신'의 의미를 변질시키고, '중화'의 의미장에 타격을 가한 근대적인 번역어들이었다. 자강과 계몽을 주장하며 독립을 추구하던 이들은 물론, 제국 일본의 식민주의자들, 그리고 그들의 주장에 동조하던 인물들이 같은 번역어의 사용자가 되었다.[213] '동양'도 그런 번역어의 하나였다. 신기선의 입장에서 본다면, '동양'을 말했다는 이유로 비판의 대상이 된다는 것은 부당하다. 그러나 '동양'이라는 단어에 들어 있는 계몽의식과 일본의 그림자 사이에 경계가 선명하다 할 수 없다는 데 문제가 있었다.

'동양'과 '공公'

러일전쟁이 발발하고 한일의정서가 체결되자 《황성신문》은 국가와 한인韓人 종족 보존의 필요성을 주장하기 시작했다.[214] 그사이 '동양 평화'라는 구호가 한일병합에 이르는 그 시점까지도 맹위를 떨쳤다. 이토 히로부미를 쏘았던 안중근도, 합방을 청원했던 일진회도 자신들의 정치적 정당성을 '동양 평화'에서 찾았다.[215] 《황성신문》은 유교 부흥이 '동양 평화'의 토대가 될 것이라고 주장했으며,[216] 안중근이 여순감옥에서 《동양 평화론》을 집필하는 상황을 예의 주시했다.[217] 《황성신문》에게 '동양'은 여전히 중요한 의제였던 것이다.

　《황성신문》이 정의하는 '동양'과 '공公'의 관계도 음미할 만하다. '중화'와 '공'과 맞물리던 양상과는 질적으로 다른 부분을 보여 주기 때문이다. "동양 전국"을 위해 러시아와 맞서려 했던 일본이 "황인종 중에 먼저 깨달은 사람"이라면, 깨달음의 내용은 무엇인가? 《황성신문》에 따르면, 만국공법萬國公法이 그 핵심이다. 100년 전까지만 하더라도 세계의 지도자들은 "천리를 준수하지 않고" 가렴주구를 일삼았다. 이것이 '폭학'의 법률이다. 최근 인인군자仁人君子들은 백성을 학대하는 것이 멸망을 자초할 뿐이라는 사실을 자각하고 '공평公平'의 법률을 모색했다. 그들은 민심을 살피고 자애를 숭상하여 그 나라를 부강하게 만들었을 뿐만 아니라, 만국에 통행하는 '율례律例'를 정했다. 그 결과 만국공법을 갖추고 '만국공회萬國公會'를 열게 되었다. 결국 이 '공평'의 법률을 모르는 나라는 미개한 야만의 나라여서 공회에 참여할 수 없게 된다. 그 나라에 남은 것은 멸망뿐이다.[218]

《황성신문》은 '동양' 세 나라를 예로 들었다. 일본은 매사에 서법西法을 준행遵行하여 1895년 이래로 만국공회에 참여할 수 있게 되었다. 청국은 여전히 구법을 고치지 않고 "명나라가 백성을 수탈하던 제도"를 그대로 사용한다. 백성의 고통과 국가의 위기는 알지 못한 채, 스스로를 '대국'이나 '중화'라 하고 외국을 '이적'이나 '금수'라 부른다. 세계정세에 어두운 이 나라는 청일전쟁에서 일본에 당한 것을 복수한다면서 서양 여러 나라에 땅과 항구를 내주어 스스로 쇠약해지기를 자초하고 있다. 호랑이나 이리를 데려다 스스로 지키겠다고 말하는 형국이다. '아국'의 사정은 더더욱 문제다. 언제나 청국을 본받고 외국을 오랑캐라 하며, 본국은 '소중화'라 한다. 학문은 한나라·당나라·송나라·명나라를 최고로 여기고, 가렴주구도 청국에 뒤지지 않는다. "분야가 같으니 아국은 청국과 같지 않을 수 없다"고 되뇌이지만, 백성을 개명시키거나 외국의 사정을 파악하거나 국가를 보존할 계책은 없다. 새로운 법령을 제정하지 않은 것은 아니지만, 외신내구外新內舊한다는 혐의를 지울 수 없다. 이런 상태라면 '아국'이 "공평公平한 신제新制"를

준행하여 만국공회에 참여할 수 있으리라는 기대를 하기 어렵다.[219]

이 논설에 들어 있는 '천리', '공', '신구' 같은 단어들은 정밀하게 독해해야 한다. 이전부터 쓰이던 단어들이지만, 더는 이전과 같은 의미를 담고 있지는 않기 때문이다. 《황성신문》은 '천리'를 여전히 준수해야 할 것으로 여겼지만, 그 '천리'는 주자가 말하는 도덕수양론을 기초로 한 것은 아니었다. 이제 '천리'가 관철되는 세계는 '중화'·'이적'이 아니라 '만국'이다. '공'도 마찬가지다. 조선이 견지해 온 '중화'의 의미장에서 '공'은 '천리'와 짝하는 단어였다. 물론 《황성신문》도 '천리'의 맥락에서 '공'을 말했다. 그러나 '천리'의 의미가 달라진 이상, '공'의 의미도 예전과 같을 수는 없다. 이제 '공'은 뒤에서 보듯이 '만국공법'이나 "공평의 법률"이라는 식으로만 호명될 뿐이다. '구'와 '신'은 의미가 역전된 경우다. 조선의 문인들에게 '구'는 삼대 같은 단어가 상징하는 이상이며, '신'은 그 반대다. 언제나 돌아가야 할 곳은 '구'였다. 《황성신문》도 '신'과 '구'를 대비시켰다. 그러나 이 논설에서 '신'이 공평함을 상징한다면, '구'는 그 반대다. '신'과 '구'의 의미가 역전된 것이다. '공평'·'공법'·'공회'라는 단어가 '만국'과 함께 쓰인 것도 눈여겨볼 만하다. 《황성신문》의 시야로 보면, '공평'을 추구하지 않는다면 '미개' 혹은 '야만'의 상태를 면할 수 없다. 결국 '서법西法'을 받아들이느냐 마느냐가 관건이다. 일본이 먼저 깨달은 것은 그 '만국'의 의미를 내면화했기 때문이고, 청국과 '아국'이 여전히 스스로를 '중화'·'소중화'라 하고 외국을 이적·금수라 하는 것은 그 '만국'의 세계 안으로 온전히 진입하지 못했기 때문이다. '중화'라는 말 자체에 집착하는 것은 일종의 시대착오다.

《황성신문》은 '중화' 의미장의 붕괴를 보여 줌으로써 유학자들을 계몽하려 했다. 《황성신문》의 바람과는 달리 유생들은 여전히 '소중화'라는 말을 선호했다. 그러나 그런 유생들조차 '소중화'를 조선시대의 방식으로 구사하지는 않았다. 다음 사례를 보자. 1905년 유생들이 일본공사관과 각국 공사관에 조선의 '자주독립'을 청원했다. 그들의 주장에 따르면, 조선이 비록 작은 나라이기는 하지만 "단성檀聖 이래 4,000년 동안 독자적인 강토에서 제도와 정령政令을 스스로 해왔다." 명목상은 독립국이라 할 수는 없지만, 내용상은 자주국이었으니, "동양과 세계에서 이 나라를 소중화라 일컬어 왔던 것"은 그런 이유 때문이다. 일본은 "동양 평화를 유지하고, 조선의 독립을 부식한다"고 주장했지만, 실제 그들이 해온 것은 그 반대다. 겉으로는 러시아를 막는다면서 속으로는 대한제국을 삼키려 했던 것이다. 이런 상황에서 조선의 독립을 유지하기 위해서는 세계가 인정하는 하나의 논리에 기대는 수밖에 없다. 그것이 만국공법이다. 유생들은 청원서를 이렇게 마무리했다. "이제 만국공법이라는 것이 있고 만국의 공의公議도 있을 것이니, 우리로서는 만국의 공담公談에 의지하여 조선의 주권을 보호할 수 있기를 바랄 뿐입니다. 그대들이 이미 공사公使라는 직함을 띠고 있으니 반드시 공公 한 글자로 헤아려 주시기를 바랍니다."[220]

'단군'과 '소중화'를 운운하는 양상이 두드러진다. 조선의 자주독립을 국제사회에 청원하는 입장에서 보면, 기자가 상징하는 '중화'문명의 역사보다는 단군이 표상하는 조선 역사의 유구함과 자주성을 강조하지 않을 수 없다. '단성'이라는 단어는 청원을 제기한 유생들이 단군을 성인의 반열에 올려 두었음을 말해 준다. 그들은 '성인 단군'을 근거로 소중화를 주장했으며, 그 소중화를 '중국'·'중원'·'기자'·'유학' 대신 '만국'·'공법'·'자주'·'독립'·'동양'·'세계' 등과 함께 구사했던 것이다. 그렇게 '중화'의 의미장은 이완되었고, 마침내 담론의 영역에서 사라졌다.

대한제국기를 거치면서 '중화'는 물론 '의관'·'예악'·'문물'처럼 '중화'와 함께 쓰이던 다른 단어들도 담론의 영역에서 자취를 감추었다. 그러나 모든 단어들이 똑같은 운명을 맞은 것은 아니다. 번역어나 신조어, 혹은 그것들이 만들어 내는 새로운 의미장을 정당화할 만한 가치가 있는 이전의 단어들은 살아남았다. '공公'도 그런 경우라고 해야 한다. 조선시대에 국가를 의미하기도 하고 인륜이자 천리를 의미하기도 했던 '공'은 대한제국기를 거치면서 공법과 공덕公德, 공평의 이름으로만 소환되었다.

《황성신문》은 '공'법이 '만국'을 관철하는 질서를 승인했다. 이 지점에서 '화'의 대척점에 '이'를 놓는 전래의 보편주의는 사라지고, 만국의 규모에서 '공'이 '법'으로 실현된다는 새로운 보편주의만 남게 된다. 결국 '법'으로 실현되는 '공'이 중요해진다. 조선 후기에 '중화'와 결합되어 있던 '공'은 법보다는 '예'나 '천리'에 가까운 것이었지만, 이제 '공'은 온전히 '법'의 문제가 되었다.

전통시대 동아시아에서 '공公'은 '지배권력 및 지배기구'로서의 국가·왕·국가기구를 가리키거나, 윤리원칙으로서의 공정성·공평성, 공동을 의미했다. 조선의 경우도 예외는 아니었다. 단어 그 자체는 근대 시기 국가주의·공정사회·다수결의 방향을 연상시키기도 한다.[221] 그러나 그보다 중요한 것은 전근대 동아시아에서 '공'이라는 의제가 놓여 있던 층위이다. 군신공치君臣共治를 이상으로 여기는 유가적 전통에서 '공公'은 처음부터 군주권 그 자체가 아니라 덕치를 지향하는 통치 시스템을 의미했다. 송나라 때 성리학에서 '존천리거인욕存天理

去人慾'이 도덕수양론의 핵심으로 떠올랐다. 주자는 '공公'과 '사私'를 함께 쓸 때면 대체로 이 둘을 모순관계로 규정했다. '천리'가 공公이라면 '인욕'은 사私로 본 것이다. 서구 계몽주의가 잘 보여 주는 것처럼, 사회를 개인들이 공동의 이해관계를 매개로 만든 결사체로 보았을 때 비로소 공·사는 각각 사회·개인에 해당하는 단어가 되지만, 주자는 결코 그런 공·사를 말하지는 않았다. 그는 공·사를 '천리'와 '사사로움'이라는 윤리적 층위에서 다루었던 것이다. '천리'로서의 '공公'은 한편으로는 왕정이 수행해야 할 덕치·예치이기도 했지만, 다른 한편으로는 사대부가 실천해야 할 도덕적 의제이기도 했다.[222]

공公이 수기修己를 통해 도달해야 할 천리로 정의되는 바로 그 지점에서 사士는 공公을 실현하는 윤리적 주체가 된다. 사는 언제나 수기修己의 영역에만 머물러 있어도 좋은 그런 존재는 아니었다. 《대학》에서 격물·치지는 수기修己로, 수기는 다시 치국·평천하로 이어진다. 개인과 사회를 대비하는 오늘날의 관점에서 보면, 치국의 '국'과 평천하의 '천하'는 넓은 의미에서 사회에 해당한다. 결국 사士에게 천리로서의 공은 윤리적 수양만을 의미하지는 않는다. 그들에게 공은 사회적 실천의 의제이기도 했던 것이다.

송시열은 윤리적 원칙의 사회적 실천을 '공公'으로 간주하는 사士의 시야를 여실히 보여 주었다. 1663년(현종 4) 임금이 청나라 사신을 맞기 위해 모화관으로 행차할 즈음이었다. 임금을 수행해야 할 위치에 있던 김만균金萬均(1631~?)은 사직 상소를 올렸다. 병자호란 때 할머니를 죽게 한 원수의 사신을 마중 나갈 수는 없었기 때문이다. 우승지 서필원은 김만균의 상소를 반환하고 그에게 '행공行公'하게 해야 한다고 주장했다. 조손 간의 관계는 부모-자식의 관계와 같지 않으니, 나랏일을 우선해야 한다고 보았기 때문이다. 결국 김만균은 그 상소로 인해 옥에 갇혔다가 파직되고 말았다. 얼마 뒤, 송시열이 이 사안을 문제 삼았다. 그가 보기에, 조손 간이든 형제 간이든 복수의 의리는 인륜이자 천리이며, 그것을 실천하려는 사의私義를 이루지 못하게 하는 것은 사람을 금수에 빠뜨리고 중국을 오랑캐에 빠뜨리는 행위다. 서필원이 송시열의 상소를 비판하면서 '공의公義'와 '사의'를 둘러싼 논쟁이 촉발되었다.[223]

논쟁의 참여자들은 '공公'과 '사私'라는 말을 구사했다. 서필원이 말한 '행공'은 공무를 수행하다는 뜻이고, 이 경우 공무란 나랏일이다. 서필원은 '공'을 국가의 층위에서 바라본 것이다. 송시열은 김만균의 뜻을 '사의'라고 말했다. 영역을 기준으로 해서 본다면, 국가가 공이고 개인이 사라는 의미일 것이다. 그러나 송시열이 이 문제를 '국사'냐 아니냐의 층위에서 보지 않았다는 사실이 중요하다. 송시열의 방식으로 말한다면, 나랏일을 우선한다는 이유로 사람을 금수에 빠뜨리고 중국을 오랑캐에 빠뜨릴 수는 없는 일이다. 이 지점에서 영역으로 사私라 해야 할 김만균의 상소는 가치로서 공公이 된다. 송시열의 방식은 '천리'를 '공'이라 한 주자의 정의와 다르지 않다. 그런 공을 염두에 두고 장기사적 시야에서 '공'의 연속성을 생각할 때, 중요한 문제는 그것을 표층과 심층의 관계, 변하지 않은 것과 변한 것의 관계 속에서 논의해야 한다는 사실이다.

'공법'이라는 단어가 근대에 번역어로 처음 사용된 것은 아니다. 조선시대를 기록한 연대기 자료는 이 단어가 특히 18세기 때 빈번히 사용되었던 사실을 전해 준다. 1778년(정조 2) 임금이 이복동생 은전군의 사면을 추진하자 논란이 일었다. 눈에 띄는 점은 임금도 신하도

'공법'이라는 단어를 '사은私恩'의 반의어로 구사했다는 사실이다. 그들은 '공법'이라는 단어를 원칙에 따른 법 집행으로 여겼다. 누구나 지켜야 하는 원칙, 임금이라 해서 예외가 될 수 없는 원칙으로 간주했다는 점에서, 사실상 자연법에 가까운 것으로 인식했던 것이다. 이 사례로부터 미루어 본다면, '공법'에 대한 전통적인 인식이 뒷날 만국공법을 자연법적으로 독해하는 데 영향을 끼쳤을 가능성도 있다.[224] 그러나 전근대에 쓰인 단어가 근대에 살아남았다고 하더라도 그 단어와 함께 쓰이던 다른 단어들이나 그 단어가 속했던 의미장까지 그대로 살아남았다고 단정할 수는 없다. 그런 점에서 보면, 유생들이 '공법'이라는 단어를 구사하면서 그것을 천리에 기초한 도덕률로 여기지 않았다는 사실이 더 중요하다. 그들이 말한 '공법'은 적어도 수기修己를 통해 천리에 도달한다는 주자적 수양론의 맥락 위에 있지 않았다. 공公 담론의 주체로 사士가 전제되었다고 말하기도 어렵다. 그들은 '공법'을 '만국'·'독립'이라는 단어와 함께 구사했을 뿐, 결코 중화·예·의를 함께 호명하지는 않았다.

'공'은 새로운 도덕률과도 결합되었다. 《황성신문》은 이것을 '공덕公德'이라고 불렀다. 공법이 만국 공통의 법률이라면, 공덕은 새로운 시대가 요구하는 새로운 도덕 규범이었다. 《황성신문》은 1904년 무렵부터 이 단어를 쓰기 시작했다.[225] 이 단어를 처음 말한 것은 양계초梁啓超였다. 그에게 '공덕'은 근대국가 수립을 위해 개인이 갖추어야 할 '공적인 소양, 혹은 새로운 도덕률'에 가까운 것이었다.[226] 《황성신문》에 따르면, 정치의 잘잘못이 그 나라의 풍속·인재·민지民智·국력에 큰 영향을 끼치는 것은 사실이지만, 그 결과의 정도를 결정하는 것은 정치가 아니라 "사회상의 풍화風化"다. 사회에 좋은 풍화가 있으면 위에 나쁜 정부가 있더라도 나라는 무너지지는 않는다. 그것이 "사회상 풍화"의 힘이다. "구시대 사회"는 '공리公理'가 밝혀지지 않고 '공덕'이 없어서 위정자들은 사리사욕만 추구할 뿐 국가는 안중에도 없었다. 그것이 나쁜 정치를 낳았다. 그렇다면 새 시대는 정치의 잘못으로 인해 나라가 기울어지지 않도록 사회적인 토대를 잘 닦는 일이 중요하다. 그중에서도 가장 중요한 것은 부패사회의 사슬에서 벗어나지 못한 동포를 구해 내는 일이다. 천부天賦의 양심에 귀 기울이려는 마음가짐, 동포의 고통을 자기의 고통으로 받아들이는 자세가 필요하다. 그것이 바로 '공리'와 '공덕'을 밝히는 일이다. 그 일을 해야 할 주체는 "사회상 주선자社會上 周旋者"다.[227]

'공덕'이라는 단어가 번역어인 '사회'와 함께 구사되었다는 사실도 특별하다. 《황성신문》은 사적 개인들 간의 결사체라 해야 할 "사회를 발견"했고, 그 맥락 위에서 '공덕'을 강조했던 것이다.[228] 바야흐로 공·사는 개인과 사회를 정의하는 차원에서 발화되기 시작했던 것이다. '공덕'이 중요한 것은 "사회상의 풍화" 때문이고 그것을 이끄는 것이 "사회상 주선자"라는 주장 자체가 '공덕'과 '사회'의 관계를 잘 보여 준다. "사회상 주선자"는 《황성신문》의 운영진 그리고 그 신문의 독자라 해야 할 개신유학자들일 것이다. 조선의 성리학자들이 그랬던 것처럼 개신유학자들도 도덕률을 강조했다. 그러나 국가·사회·개인의 유기적 관계 속에서, 만국공법과 적자생존의 시대에 부합하는 방식을 주장했다는 점에서 그들은 조선시대의 성리학자들과는 달랐다. 그들은 '중화'의 의미장에 들어 있던 공과는 전혀 다른 '공'을 상상했던 것이다.

중화 다시 읽기

남은 문제들

지금 여기에서 역사학은 어떻게, 누구를 향해, 무엇을 연구하고 또 발화할 것인가? 쉽게 답하기 어려운 질문이다. 나는 이 책에서 '중화' 그리고 그것과 함께 쓰이던 다른 단어들의 역사에 주목하고 그것을 '중심과 주변의 의제' 위에서 해석하고 묘사해 보려 했다. 이 책의 제목이 '중화'인 것은 이 단어가 한국의 역사에서 한때는 상식이었으며 다수였지만 결국 실현되지 않았던 가능성들 가운데 가장 유력한 것이라고 보기 때문이다.

　책을 마치기 전에 본문에서 미처 언급하지 못한 것들을 한두 가지 덧붙여 두고 싶다. 첫째, 19세기 평안도의 문인文人들, 그리고 홍경래난의 반란자들과 관련된 문제다. 그들이 정치적으로 같은 방향을 바라보고 있었다고 할 수는 없다. 그러나 나는 본문에서 그들이 평안도에서 각자의 방식으로 '중화'의 의미장에 생채기를 내고 있었다고 주장했다. 홍경래가 반역행위를 꾸짖는 어린 시절의 지인 한호운을 효자라는 이유로 죽이지 않으려 했던 장면은 반란군과 그 반대자들이 공유했던 지점들을 매우 극적인 형태로 보여 준다. 무엇인가 평민 출신의 반란군 지도자와 사족 출신의 반대자로 하여금 그런 관계를 유지하게 하고, 그런 소양을 공유하게 만들게 한 힘이 있었던 것이다. 그 힘의 근저에는 평민이지만 유교적 소양으로부터 배제되지 않는 분위기, 문반과 무반을 자유롭게 넘나드는 분위기, 사족이라는 이유만으로는 지역 사회에서 진정한 지배 엘리트로 인정받지 못하는 분위기가 있었다.

한호운의 이름이 정주 지역 향안鄕案에 원향原鄕으로 기록되지 않았던 것을 결코 우연이라 할 수는 없을 것이다. 향안은 지역 사회 지배 엘리트임을 증명하는 권위 있는 인명부다. 여기에는 원래부터 구성원임을 인정받아 온 원향原鄕, 그리고 새로이 이름을 올린 신향新鄕이 있다. 그 인명부에서 한호운은 다만 신향일 뿐이었다. 서북 지역 바깥에 서라면 '의'를 실천하다가 목숨을 잃은 한호운 같은 인간형을 그렇게 대우하지는 않았을 것이다. 한호운의 사례는 평안도의 원향의 구성원리가 매우 폐쇄적이거나 특수했음을 잘 보여 준다.[1]

1766년(영조 42) 정주에서 원향의 권위에 도전하는 누군가가 그럴듯한 말을 꾸며 대어 관아에 청원했고, 관에서 그들의 청원을 받아들여 향적鄕籍을 소각하는 일이 벌어졌다. 청원한 자들은 원향의 이름과 흔적을 지워 버리려는 그들의 오랜 목표를 달성한 셈이었다. 그러나 그 결과 정주의 '장보章甫'들은 자신들의 인명록을 가질 수 없게 되었다. 지역 사회에서 자신들이 가져온 권위의 근거가 부정된 것이었다.

사태가 이렇게 되자 전 참봉 백천장白天章 등이 향안을 복구하기 위해 지역에 통문을 돌렸다. 김보만을 비롯한 정주의 원향들은 이전 향안에 기록된 모든 사람 대신 처음 기재된 당사자의 명단만을 나이와 함께 기록했다. "선향의 자손" 모두의 이름을 싣지는 않은 것이다.[2]

17~18세기 정주 향안의 역사는 이 지역에서 신향이 원향의 향권에 도전하고 있었음을, 원향들이 향안에 일대一代만을 기록하고 각 가문에서 그 사본들을 보관하는 방식으로 신향의 위협으로부터 향권을 지켜 내려 했음을 잘 보여 준다. 1766년(영조 42) 신향이 향안에 대해 문제를 제기했을 때 정주 목사는 향당에 보관되어 오던 전래의 향안을 소각하게 했다.[3] 그 흐름의 연장선상에 매향賣鄉 문제가 있다. 매향은 향안에 이름을 올리는 것이 거래의 대상이 되었음을 뜻한다. 신향과 관권은 그 거래의 주체이기도 하다.

평안도 매향의 문제는 결국 1790년 정주 매향사건 때 표면에 드러났다.[4] 당시의 지방관은 물론 매향에 동원된 전 장령 백인환白仁煥, 전 첨사 이양필李良弼 등 지역 사회의 원향들도 처벌을 피할 수 없었다. 매향의 결과로 만들어진 새 향안이 어떻게 되었는지는 분명치 않다. 그러나 분명한 것은 새 향안이 기존 향안과는 아무런 관련이 없었다는 사실이다. 새 향안 작성을 주도한 것은 재정 확보책의 불가피성을 내세운 지방 수령이다. 물론 원향들도 그 과정에 깊이 개입했다. 원향들이 수령을 회유한 것인지, 수령이 그들을 동원한 것인지는 분명치 않다. 그러나 어느 경우든 원향들이 새 향안 작성에 간여했다는 것은 새로 이름을 올린 신향들이 지역 사회에서 원향들이 누려 오던 권위와 특권을 동등하게 누리게 되었음을 말해 주지는 않는다. 지역 사회에는 원향들이 주도하는 매우 폐쇄적인 형태의 전통적인 향안과, 그것과 무관하게 매향의 결과로 만들어진 새로운 향안이 있었다.[5] 매향의 결과로 만들어진 새 향안은 결코 안정적으로 유지되거나 관리되지는 않았던 것 같다. 감사가 새 향안을 폐기하자고 주장했던 사실은 새 향안이 매향의 사생아였으며, 결코 지역 사회에 안착하기 어려운 운명을 가진 것이었음을 잘 보여 준다.

1766년(영조 42) 향안이야말로 정주의 원향이 누구인지를 말해 주는 지배 엘리트 가문의 인명부였다고 해야 한다. 《신안지속편》은 1766년(영조 42)의 향안에 수록된 158명 중에 최소한 14명의 무과 급제자 혹은 무반직 역임자가 있었음을 보여 준다. 삼남에서와는 달리, 정주를 포함한 평안도에서 무반이 원향이 되는 것은 전혀 이상한 일이 아니었던 것이다. 매향사건에 원향으로 등장하는 전 첨사 이양필이 그런 경우다. 그는 홍경래 난 때 관군 측에 큰 판자 60개를 바쳤으며, 정조正租 100석을 정주 목사에게 내주어 관군을 지원하기도 했다.[6]

1766년(영조 42) 향안에 수록된 158명 중에는 수원 백씨 가문처럼 문과와 무과를 자유롭게 넘나드는 집안도 있었다. 백여욱은 문산계인 봉훈랑을 받았으며, 군자감 판관을 역임했다. 그러나 아버지 백예경은 무과 합격자다. 또 5대손인 백인환白仁煥과 백의환白義煥은 모두 문과 급제자들인데, 백의환의 아들인 백종학은 무과 출신자다. 그것을 정주만의 분위기였다고 할 수는 없다. 1787년(정조 11) 암행어사 이곤수의 보고서에 따르면, 평안도의 풍속은 사람들이 분수를 지키지 않는다. 퇴교退校와 노졸老卒의 아이들이 분수에 맞지 않게 책을 끼고 다닐 생각을 하는가 하면, 변경의 진보에 사는 사람들 중에 활을 잡는 자를 찾기 어렵다. 돈이 좀 있는 자들은 다양한 형태로 뇌물을 써서 향안이나 교안에 이름을 올리고, 일단 교임이나 향임을 거치고 나면 여러 세대 동안 역을 면한다.[7] 이곤수의 방식으로 말하자면, 매향사건의 당사자인 백인환은 "퇴교와 노졸의 후예로 책을 끼고 다닌 자"일 것이다.

물론 평안도에도 성리학이 보급되었고, 서원과 사우가 있었다. 다수의 사족 가문들이 족보를 가졌고 문집을 편찬했으며, 다른 지역을 상회하는 문과 급제자를 배출했다.[8] 그들 중 일부는 차별을 뚫고 서울에서 벼슬살이를 하기도 했으며, 중앙 학계와 접속하거나 지역의 경학 전통을 세우려 노력하기도 했다. 그러나 그것들을 근거로 하여 정주에 삼남 지역과 다를 바 없는 양반문화가 있었다고 주장할 수 있을지는 미지수다. 평안도 원향의 구성원 중에는 삼남에서 확인되지 않는 유형이 있었고, 그것을 가능하게 하는 지역의 분위기가 있었다. 평안도를 차별의 시선으로 바라보던 외부 관찰자들이 그곳에 "사족이 없다"거나 "경학 선생이 없다"고 말한 데는 그런 이유가 있었던 것이다. 평안도의 로컬리티란 그런 것이었다. 그런 분위기는 홍경래가 봉기했을 때까지 이어졌다. 그것이 평안도의 문인들과 평민 지식인들이 유학의 언어를 중앙과 다른 방식으로 구사한 이유였다. 변경의 문인들과 반란의 참여자들이 19세기 평안도에서 각자 자신의 방식대로 '중화'의 의미장에 균열을 냈던 것에는 그런 배경이 있었다.

둘째, '중화'의 의미장이 소멸한 이후의 상황에 관한 것이다. 대한제국이 식민지의 나락으로 떨어지면서 '중화'나 '이적'이라는 말 자체도 담론의 영역에서 자취를 감추었다. 그러나 이전에 '중화'나 '이적' 등과 함께 쓰이던 다른 단어들이 모두 사라졌다고 말할 수는 없다. '공公'과 '의'가 그런 것들이었다. '중화'의 의미장 안에서 '공'은 '천리'와 같이 쓰였던 단어였지만, 식민 권력은 '공익公益'을 내세우면서 통치시스템의 한 켠에 토착 엘리트가 들어올 수 있는 여지를 만들어 두었다. 식민 권력이 유포한 '공' 담론은 식민지 토착 엘리트와 하위 주체를 국민으로 불러 내기 위한 기획이었다.

식민 권력이 표방한 '공'은 'public'의 번역어였지만, 조선인 커뮤니티의 리더들은 그 기획에 참여했다. 여전히 '공'으로 불리고 있었기 때문이다. 식민지 경성에 콜레라가 강타했을 때, 조선인 유지들은 권력이 유도한 길을 따라 '사립' 피병원 건립 캠페인을 벌였다. 그들이 보기에, 자신들은 공직자가 아니니 세워질 병원은 '사립私立'이지만, '유지'로서 권력이 제시한 '공익'에 호응하려 한 것이니 자신들의 활동은 '공익'에 기여하는 것이 된다. 젊은 시절 조선의 '사士'로 살았던 김윤식은 식민지 시기 조선인 '유지'가 가진 문제의식을 잘 보여 준다.[9]

'의'는 식민 권력에게는 상대적으로 덜 중요한 단어이지만, '공'과 함께 살아남았다. 조선인 커뮤니티에게는 여전히 중요한 단어였기 때문이다. 1930년대 재만在滿 조선인들은 삼학사가 순절한 자리를 찾아 비석을 세우고, 송시열의 《삼학사전》을 다시 간행했다. 송시열은 같은 조선 사람이라도 삼학사의 의로운 행위를 부정하는 사람을 '적賊'으로 여겼다. 적賊이라는 단어를 국가나 민족의 경계를 뛰어넘는 보편적인 의제로 여긴 것이다. 김구경은 송시열이 쓴 '호胡', '로虜', '적賊' 등을 찾아 그 대부분을 '적敵'으로 고쳤다. 김구경에게 '의'가 여전히 중요했다면 그것은 '국가, 혹은 제국'을 전제로 한 '의'일 뿐이다. 그는 《중간 삼학사전》의 독자들에게 중국이 적敵임을 연상하게 만들기 위해, 더 나아가 재만 조선인들이 '충'으로 무장된 제국의 신민으로서 그런 '적'과 맞서고 있다는 점을 식민지 조선의 유력자들에게 드러내기 위해 일종의 전략적 '고쳐쓰기'를 했던 것이다. 송시열이 말한 인륜적 질서로서의 '의'는 이제 제국을 향한 '의'로 전유되었던 것이다. '의'는 그렇게 흔적을 남겼다.[10]

지금 여기에서 '중화'를 읽는다는 것

이미 한국의 담론 영역에서 소멸한 지 오래인 '중화'를 탐구의 대상으로 삼는다는 것은 어떤 의미인가? '중화'가 한국사의 긴 시간을 관통하는 유력한 주제 중 하나인 것은 의심의 여지가 없다. 그런데 그 시대의 '중화'를 해석하고 묘사하는 행위는 지금 이 시대, 우리들에게 어떤 유익함을 주는가? 우리는 더 재미있거나 교훈적인 역사, 지금의 문법에 부합하는 역사, 직관적이며 즉자적인 역사 이야기를 우리 주변에서 얼마든지 만날 수 있지 않은가?

계몽의 욕망을 포기할 수 없다고 여기는 역사가는 어떻게든 자신이 연구한 과거를 손가락으로 삼아, 현실과 유용함이라는 달을 가리키고 싶어 한다. 어떤 이들은 과거를 21세기와 동일시하면서 한국이 나아갈 길을 역사에서 찾으려 하고, 다른 이들은 역사의 '재미'를 대중에게 깨우쳐 주려 한다. 그러나 대중은 그렇게 생각하는 역사가보다 훨씬 현명하다. 공공역사公共歷史가 담론의 영역으로 진입한 것이 그 지점을 잘 보여 준다. 공공역사의 공리公理에 따르면, 역사 학습은 "지나간 과거의 실재를 각자 이야기하거나 상상하는 역사로 만드는 생산적으로 자의적인 전유 과정"이다.[11] 마침내 한국의 역사가들도 대중이 전유하는 역사의 가능성에 주목하기 시작했다.

한국사를 둘러싼 현재의 지형은 역사학의 역할과 의미를 근본에서부터 되돌아보지 않을 수 없게 한다. 한국사학계에서는 정명正名 투쟁이 여전하다. 2006년에 간행된 《역사용어 바로 쓰기》는 역사용어의 '올바름'에 관한 논의가 현재진행형임을 잘 보여 준다.[12] "객관성을 담보한 개설서"를 만들어 내려는 역사학자들의 노력은 《시민의 한국사》로 결실을 맺었다.[13] '올바름'과 '객관성'이 역사학의 중요한 덕목들임은 의심의 여지가 없다. 그러나 역사학의 역할이 그것뿐이라고 할 수는 없다. '올바름'과 '객관성'이라는 덕목 자체에 대한 해석과 성찰부터가 다름 아닌 역사학의 몫이 아닐까.

나는 나의 공부가 인문학적인 출발점을 좀 더 많이 의식하면서, 우리 자신, 그리고 우리가 살아가고 있는 21세기에 대해서 더 맥락적인 질문을 할 수 있는 디딤돌이 될 수 있기를 바라는 편이다. 되돌아보니 나는 이 책에서 역사를 시공간의 맥락에서, 또 감당할 수 있을 만큼 변수를 늘려 가면서 읽어 내는 과정을 보여 주려 했다. 역사의 풍경을 그렇게 묘사해 내는 것이야말로 지금 여기에 대해 다르게 질문하는 실마리가 될 수 있을 것이라 믿기 때문이다.

머리말

[1] 이춘복, 〈중국 전통시대 중화와 이적을 식별하는 구성요소 시론〉, 《중앙사론》 41, 2015, 190쪽.

[2] 〈奉天討胡檄佈四方諭〉. 특히 '만주'가 '중국'의 음을 고쳤다고 보는 관점이 이채롭다.

[3] 《禮記》, 王制.

[4] 蘇軾, 《蘇東坡全集》, 王者不治夷狄論.

[5] 박지훈, 〈송대 화이론연구〉, 이화여대 박사학위 논문, 1990, 125쪽.

[6] 《春秋左氏傳》, 成公傳四年.

[7] 《春秋左氏傳》, 閔公傳元年 孔穎達疏.

[8] 陳寅恪, 김지영 역, 〈한유에 대하여 논함〉, 《중국어문논역총간》 28, 2011, 473쪽.

[9] 韓愈, 《昌黎集》 卷39, 論佛骨表.

[10] 韓愈, 《昌黎集》 卷11, 原道.

[11] 앞의 글.

[12] 周静, 〈韓愈经学考〉, 曲阜師範大學 박사학위 논문, 2013, 230쪽.

[13] 《春秋左氏傳》 魯僖公 下, 二十七年.

[14] 周静, 앞의 논문, 2013, 230쪽.

[15] 《春秋穀梁傳注疏》, 哀公 十三年.

[16] 《春秋公羊傳注疏》, 成公三年 鄭伐許.

17 周靜, 앞의 논문, 2013, 231쪽.

18 《詩經》小雅 北山: 普天之下 莫非王土 率土之濱 莫非王臣.

19 徐洪興, 〈石介論〉, 《中國哲學史》1期, 1993, 111쪽.

20 거자오광은 북송 대 "중국의식의 출현"을 보여 주는 두 가지 문건을 주목했다. 석
   개石介의 중국론中國論, 그리고 구양수의 정통론이 그것이다. 거자오광, 이원석 역,
   《이 중국에 거하라》, 글항아리, 2012, 53쪽.

21 石介, 《徂徠集》卷10, 中國論(《欽定四庫全書》수록본, 이하 동일).

22 石介, 《徂徠集》卷10, 中國論.

23 앞의 글.

24 李懿, 〈石介《中国论》的文学书写与文化意蕴〉, 《船山学刊》, 2012, 149쪽.

25 石介, 《徂徠集》卷10, 中國論.

26 앞의 글.

27 孔瀟瀟, 〈略论石介的民族思想—以中国论为中心〉, 《西安文理学报》16-6, 2013, 13
   쪽.

28 앞의 글.

29 앞의 글.

30 박지훈, 앞의 논문, 1990, 115쪽.

31 孔瀟瀟, 앞의 논문, 2013, 14쪽.

32 歐陽脩, 《居士集》卷17, 論六首, 本論 上(《歐陽文忠公集》수록본, 이하 동일).

33 歐陽脩, 《居士集》卷17, 論六首, 本論 下(《歐陽文忠公集》수록본, 이하 동일).

34 앞의 글.

35 앞의 글.

36 王维, 〈英雄实然生命视野下的经世济民之道〉, 山东大学 박사학위 논문, 2010, 132
   쪽.

37 《朱子語類》卷4, 性理 1.

38 이혜경, 〈청인이 만난 두 보편문명—중화와 시빌라이제이션〉, 《철학사상》제32권,
   2009, 8~9쪽.

39 이춘복, 〈청말 혁명파의 용하변이 논리체계와 그 적용범주 연구〉, 《중앙사론》44,
   2016, 215쪽.

40 《朱子語類》卷1, 理氣 上.

41 한정길, 〈유학에서의 정통과 이단—주자학적 도통론에 대한 양명학의 대응을 중심
   으로〉, 《율곡사상연구》21, 2010, 65~86쪽.

42 陳亮, 戊戌再上孝宗皇帝書(王维, 〈英雄实然生命視野下的经世济民之道〉, 山东大学 박사학위 논문, 2010, 137쪽에서 재인용).

43 陳亮, 《龍川集》卷1, 上孝宗皇帝第一書.

44 陳亮, 《龍川集》卷20, 又甲辰答書.

45 김양섭, 〈남송대 금화金華지역의 반도학 운동과 주자학 수용〉, 《중앙사론》 10·11, 1998, 344~345쪽.

46 陳亮, 《龍川集》卷15, 送王仲德序.

47 이상익, 〈주자와 진량의 왕패 논쟁에 대한 재검토〉, 《동방학지》 138, 2007, 348쪽.

48 민두기, 〈대의각미록에 대하여〉, 《진단학보》 25, 1964.

49 우심화, 〈왕부지의 화이관〉, 《신학과 선교》 3, 1999, 150쪽.

50 王夫之, 《讀通鑑論》卷14.

51 王夫之, 《讀通鑑論》卷11.

52 王夫之, 《讀通鑑論》卷4.

53 王夫之, 《讀通鑑論》卷13.

54 王夫之, 《讀通鑑論》卷13.

55 이춘복, 〈청말 혁명파의 용하변이 논리체계와 그 적용범주 연구〉, 《중앙사론》 44, 2016, 210쪽.

56 반초의 서역 원정에 대해서는 장석재, 〈한의 서역 정책 연구〉, 충북대학교 박사학위 논문, 2019, 138~147쪽 참조.

57 王夫之, 《讀通鑑論》卷7.

58 우심화, 앞의 논문, 1999, 174~175쪽.

59 王夫之, 《讀通鑑論》卷13.

60 王夫之, 《思問錄》.

61 이춘복, 〈전통 화이관과 근대 민족주의의 연속성 연구〉, 《중국근현대사연구》 68, 2015, 58쪽.

62 楊貞德, 〈從完全之人到完全之平等─劉師培的革命思想及其意涵〉, 《臺大歷史學報》 44, 2009, 96~98쪽.

63 이춘복, 앞의 논문, 2016.

64 楊貞德, 앞의 논문, 2009, 96~109쪽.

65 이춘복, 앞의 논문, 2016, 192~201쪽.

66 李帆, 〈'夷夏之辨'之解說傳統的連續更新〉, 《近代史研究》 第6期, 2019, 100쪽.

67 劉師培, 〈兩漢學術發微論·兩漢種族發微論〉, 《劉申叔先生遺書》(李帆, 〈'夷夏之辨'之解

說傳統的連續更新〉, 《近代史研究》第6期, 2011, 100쪽; 요코야마, 《중화민족의 탄생》, 62쪽 참조).

68 劉師培, 〈南北學派不同論〉(양녠천, 명청문화연구회 옮김, 《강남은 어디인가》, 글항아리, 2015, 336쪽 참조).

69 양녠천, 앞의 책, 2015, 336쪽.

70 李帆, 앞의 논문, 2011, 100쪽.

71 康有爲, 〈答南北美洲諸華商論中國只可行立憲不可行革命書〉, 1902.

72 李帆, 앞의 논문, 2011, 100쪽.

73 康有爲, 앞의 글, 1902.

74 이춘복, 〈청대 공양학파의 대일통 사상과 청말 개혁파의 대민족주의〉, 《중국근현대사연구》 71, 2016, 41~52쪽.

75 那波利貞, 《中華思想》, 岩波書店, 1936(藤田至善, 批評紹介): 那波利貞, 《中華思想》, 東洋史研究 2(3), 1937.

76 이성규, 〈중화사상과 민족주의〉, 《철학》 37, 1992, 32쪽.

77 《春秋公羊傳》, 隱公 元年.

78 김충렬, 〈중국의 천하사상─그 철학적 기초와 역사적 전통의 형성〉, 《중국학논총》 3, 1986, 30쪽.

79 이춘복, 〈중국 근대 지식인들의 '민족국가' 인식〉, 《다문화콘텐츠연구》 3, 2010.

80 毛澤東, 〈論十大關系(一九五六年四月二十五日), 漢族和少数民族的關系〉《毛澤東選集》 5, 人民出版社, 1977), 267~288쪽.

81 정종욱, 〈중국에서의 경제개혁과 근대화정책〉, 《성곡논총》 19, 1988, 11쪽.

82 신정근, 〈중화주의와 중국철학의 동행〉, 《동양철학》 23, 2005, 114쪽.

83 포스트모던 역사학은 언어가 가지는 중요성을 환기했지만, 언어와 대상의 상호작용을 시야에 넣지는 않았다. 독일의 개념사는 바로 그 지점을 파고들었다는 점에서 분명한 정체성을 가진다. 그러나 개념사에 관한 한국학계의 이해가 단일하다고 하기는 어렵다. 서양사학자들의 문제의식에 대해서는 김학이, 〈개념이 적은 개념사 연구〉, 《역사와 문화》 17, 2009; 나인호, 《개념사란 무엇인가─역사와 언어의 새로운 만남》, 역사비평사, 2011을 참조. 사회과학자들의 시야에 대해서는 김용구, 〈한국개념사총서 발간사〉, 《만국공법》, 소화, 2008; 강동국, 〈한국 국제정치학과 개념사─매개항 '문명'의 방법론적 재구축〉, 《개념과 소통》 13, 2013; 하영선, 〈한국 개념사 연구의 새로운 지평을 찾아서〉, 하영선·손열 엮음, 《한국 사회과학 개념사─조공에서 정보화까지》, 한울, 2018을 참조. 영미권의 지성사 역시 언어를 강조했

다. 사회구조의 변동을 중시하는 개념사가들과는 달리, 그들은 텍스트의 언어가 가지는 시대적 맥락에 좀 더 집중했다. 언어맥락주의적 지성사의 문제의식에 대해서는 멜빈 릭터, 송승철·김용수 옮김, 《정치사회적 개념의 역사》, 소화, 2010; 퀜틴 스키너, 황정아·김용수 옮김, 《역사를 읽는 방법—텍스트를 어떻게 읽고 해석할 것인가》, 돌베개, 2012; 리처드 왓모어, 이우창 옮김, 《지성사란 무엇인가—역사가가 텍스트를 읽는 방법》, 오월의봄, 2020을 참조.

84 《코젤렉의 개념사 사전》은 한림과학원이 진행한 번역 프로젝트의 결과물이다. 푸른역사에서 총 25권으로 간행했다.

85 《한국개념사총서》는 한림과학원이 기획한 총서 시리즈 중 하나다. 한국 근대에서 언어적 혁명의 지표를 읽어 내려 한 사례로는 김현주, 《문화》, 소화, 2020 참조.

86 존 루이스 개디스, 강규형 옮김, 《역사의 풍경—역사가는 과거를 어떻게 그리는가》, 에코리브르, 2004, 160쪽.

87 김학이, 〈롤프 라이하르트의 개념사〉, 박근갑 외, 《개념사의 지평과 전망》 개정증보판, 소화, 2015.

88 박지훈, 〈송대 화이론 연구〉, 이화여대 박사학위 논문, 1990; 도현철, 《고려 말 사대부의 정치사상 연구》, 일조각, 1999; 도현철·김순자, 〈원명 교체와 여말선초의 화이론〉, 《한국 중세사 연구》 10, 2001.

89 일반적으로 원간섭기로 불리던 시기다. 이 책에서는 이명미의 견해를 따라 몽골 복속기로 부르기로 한다(이명미, 〈몽골 복속기 권력구조의 성립〉, 《한국사연구》 162, 2013). 고려가 상대한 몽골이 중국 왕조이기만 한 것은 아닌 데다가, 6사와 친조 등으로 상징되는 몽골적 질서와 논리가 중요한 변수가 되던 시기였기 때문이다.

90 최종석, 〈고려 후기 '자신을 夷로 간주하는 화이의식'의 탄생과 내향화—조선적 자기 정체성의 모태를 찾아서〉, 《민족문화연구》 74, 2017.

91 존 루이스 개디스, 강규형 옮김, 앞의 책, 2004, 150쪽.

92 배우성, 《조선과 중화》, 돌베개, 2014; 배우성, 《독서와 지식의 풍경》, 돌베개, 2015.

1부 이적

1 이재운, 〈고운 최치원의 사상과 역사 인식 연구〉, 이화여대 박사학위 논문, 1996, 26쪽.

2 최치원, 《계원필경집桂苑筆耕集》 권18, 長啓.

3 《春秋左氏傳》, 魯隱公 三年.

4 최치원의 동인東人의식과 동문同文의식에 대해서는 최영성, 〈최치원 사상에서의 보편성과 특수성의 문제—동인의식과 동문의식을 중심으로〉, 《동양문화연구》 4, 2009를 참조.

5 《삼국사기》 권5, 신라본기, 진덕왕 2년.

6 《삼국사기》 권5, 신라본기, 진덕왕 3년.

7 전덕재, 〈신라의 대외인식과 천하관〉, 《역사문화연구》 20, 2004, 206~209쪽.
'대당大唐'은 원문에서는 확인되지 않지만, 허성도의 교감을 따랐다(표점교감본 《삼국사기》, 한국사사료연구소, 2004. 삼국사기 교감 내용에 대해서는 이하 동일), 《삼국사기》 권5, 신라본기 진덕왕 4년.

8 《삼국사기》 권5, 신라본기 진덕왕 4년.

9 김창석, 〈통일신라의 천하관과 대일인식〉, 《역사와현실》 56, 2005, 146~158쪽.

10 《삼국유사》 권4, 義解 5, 慈藏定律.

11 최치원, 《고운집孤雲集》 권2, 無染和尙碑銘.

12 최치원, 《고운집》 권1, 表, 新羅賀正表.

13 최치원, 《고운집》 권1, 讓位表.

14 王充, 《論衡》, 訂鬼篇.

15 《隋書》 卷67, 列傳 32, 裴矩.

16 《史記》 卷61, 伯夷列傳.

17 《山海經》 海外東經.

18 《淮南子》 卷10, 繆稱訓.

19 김복순, 〈최치원의 역사 인식 연구〉, 《민족문화》 34, 2010, 58쪽.

20 《史記》, 世家, 宋微子世家.

21 최영성, 〈고운 최치원의 역사의식 연구〉, 《한국사상과 문화》 2, 1998, 68~69쪽. 그런 점들을 감안한다면 그가 편찬한 《제왕역대력》 안에 제와 왕, 즉 천자와 제후의 연표 혹은 연대기가 함께 들어 있을 것이라는 추정도 가능해진다(조인성, 〈최치원의 역사 인식〉, 《역사학보》 94·95 합집, 1982, 48~533쪽; 최영성, 앞의 논문, 1998, 77~83쪽).

22 송기호, 〈발해에 대한 신라의 양면적 인식과 그 배경〉, 《한국사론》 19, 1988, 87~88쪽.

23 최치원, 《고운집》 권1, 表, 謝不許北國居上表.

24 앞의 글.

25 앞의 글

26 앞의 글.

27 최치원, 《고운집》 권1, 狀, 遣宿衛學生首領等入朝狀.

28 앞의 글.

29 최치원, 《고운집》 권1, 狀, 奏請宿衛學生還蕃狀.

30 최치원, 《고운집》 권2, 碑, 眞監和尙碑銘竝序.

31 최치원, 《고운집》 권1, 謝恩表.

32 최치원, 《고운집》 권1, 善安住院壁記.

33 최치원, 《고운집》 권1, 表, 謝恩表.

34 《禮記》, 王制.

35 앞의 글.

36 이춘식, 《중화사상》, 교보문고, 1998, 249~265쪽.

37 郜喆, 〈《王制》的天下格局与内外秩序─以儒家"风俗"论为线索〉, 《中国哲学史》 2020 年 第2期, 2020, 41쪽.

38 《禮記》, 王制.

39 郜喆, 앞의 논문, 2020, 42쪽.

40 《후한서》, 〈동이열전〉 서.

41 기수연, 〈後漢書 東夷列傳 硏究─三國志 東夷傳과의 비교를 중심으로〉, 단국대 박사학위 논문, 2002, 40쪽.

42 許愼, 《說文解字》 卷10, 大部, 夷.

43 許愼, 《說文解字》 卷4, 羊部, 羌.

44 최병헌, 〈고려 시대의 오행적 역사관〉, 《한국학보》 13, 1970, 20~26쪽.

45 기수연, 앞의 논문, 2002, 19~20쪽.

46 최치원, 《고운집》 권1, 선안주원벽기.

47 앞의 글. 범엽이 동방의 이夷를 '구이九夷'라 했고, 뒷날 주자도 "동방東方의 이夷가 구종九種"이라 한 것을 보면(《논어》, 〈자한〉 편, 子欲居九夷: 東方之夷有九種) 최치원이 말한 '구종'은 범엽이 거론한 '동방의 구이'일 것이다.

48 최치원, 《고운집》 권3, 碑, 智證和尙碑銘竝序.

49 장일규, 〈최치원의 유불 인식과 그 의미〉, 《한국사상사학》 19, 2002; 최영성, 〈최치원 사상에서의 보편성과 특수성의 문제─동인의식과 동문의식을 중심으로〉, 《동양문화연구》 4, 2009; 최영성, 《고운 최치원의 철학사상》, 문사철, 2012; 정연수, 〈유교와 불교에 관한 최치원의 인식 변화, 사상비명병서를 중심으로〉, 《유학연구》 53,

2020.

50 최치원, 《고운집》 권2, 無染和尙碑銘.

51 《論語》, 季氏.

52 맹자에 따르면, '인심仁心'을 가졌으며 인仁하다는 평판이 난 사람인데도 백성들이
   그 혜택을 입지 못한다면 그런 인물은 결코 후세에 본보기가 될 수 없다(《孟子》, 離婁
   上).

53 《淮南子》, 人間訓.

54 《상서尙書》 요전堯典에 따르면, 요 임금은 준덕峻德한 선비를 써서 구족九族을 화목
   하게 하고 구족이 화목해지자 백성들을 고루 보살폈으니, 백성들은 밝아지고 만방
   을 화목하게 되어 온 백성이 화락하게 되었다.

55 최치원, 《고운집》 권3, 碑, 大嵩福寺碑銘竝序.

56 앞의 글.

57 불교 용어인 반야般若는 산스크리트어를 음차한 것인데, 그것을 의역하면 지혜를
   뜻하는 '혜慧'가 된다.

58 최치원, 《고운집》 권3, 碑, 智證和尙碑銘竝序.

59 崔瀣, 《拙藁千百》 卷1, 問擧業諸生策二道(泰定丙寅).

60 崔瀣, 《拙藁千百》 卷2, 送奉使李中父還朝序.

61 김형수, 〈책문을 통해 본 이제현의 현실 인식〉, 《한국중세사연구》 13, 2002, 187
   ~190쪽.

62 이민우, 〈고려 후기 이제현의 정치론 연구〉, 성균관대 석사학위 논문, 2018, 5~13
   쪽.

63 이제현, 《익재난고益齋亂稿》 권3, 詩, 涇州. 이하 이 책에서 활용한 시는 한국고전
   번역원이 제공하는 번역문을 참고하였으며 필요할 경우 저자가 일부 수정하였다.

64 이제현, 《익재난고》 권3, 詩, 朝那.

65 이제현, 《익재난고》 권2, 詩, 道見月支使者獻馬歸國.

66 이곡, 《가정집稼亭集》 권9, 序, 送偰副令入朝序.

67 이곡은 자국 역사와 문화의 기원을 기자에게서 찾기도 했다. 기자를 자국사의 기점
   으로 여기는 인식은 이제현과 최해 등에게서도 확인된다(최봉준, 〈李穀의 箕子 중심의
   국사관과 고려 원 典章調和論〉, 《한국중세사연구》 36, 2013, 316~319쪽).

68 이곡, 《가정집》 권17, 律詩, 送鄭仲孚遊杭州謁丞相.

69 이색, 《목은집牧隱集》 권7, 序, 益齋先生亂稿序.

70 김황호, 〈고려 후기 문인들의 在元期 한시 연구—이제현, 이곡, 이색의 내면의식을

중심으로〉, 성균관대 석사학위 논문, 18쪽.

71 최봉준, 앞의 논문, 2013, 311쪽.

72 최봉준, 〈14세기 고려 성리학자의 역사인식과 문명론〉, 연세대 박사학위 논문, 2013, 36~37쪽.

73 이곡, 《가정집》 권6, 碑, 大都大興縣重興龍泉寺碑.

74 최봉준, 앞의 논문, 2014, 73쪽.

75 도현철, 《이곡의 개혁론과 유교 문명론》, 지식산업사, 2021, 178~179쪽.

76 《고려사高麗史》 권109, 列傳 22, 이곡李穀(이하 공녀 요구를 비판하는 이곡의 상소에 대해서는 별도의 표시가 없는 한 이 기사에 의함).

77 《고려사》 권109, 列傳 22, 이곡.

78 《元高麗紀事》 世祖 中統 元年(원종 원년 6월) 復降詔 諭儞曰 卿表請附奏六事 一皆允俞 衣冠從本國之俗(이익주, 〈高麗元關係의 構造에 대한 연구—소위 '世祖舊制'의 분석을 중심으로〉, 《한국사론》 36, 1996, 8쪽에서 재인용).

79 이 에피소드에 대해서는 김형수, 〈원간섭기의 국속론과 통제론〉, 《한국 중세사회의 제문제》, 한국중세사학회, 2001; 김형수, 〈고려 후기 원율의 수용과 법전편찬시도〉, 《전북사학》 35, 2009, 87~88쪽: 도현철, 앞의 책, 2021, 221~223쪽에서 이미 다루어진 바 있다. 이 글에서는 '구속舊俗'과 '토풍土風'의 의미를 중심으로 논의 양상을 검토하기로 한다.

80 이곡, 《가정집》 권9, 序, 送揭理問序.

81 앞의 글

82 김형수, 앞의 논문, 2009, 88쪽.

83 몽골은 정복지에 대해 6사라는 이름의 정치·군사·경제적인 요구를 하면서도 문화 제도의 변경을 강요하지는 않았다. 쿠빌라이가 고려에 대해 '의관'과 '전례'를 유지해도 좋다고 한 것은 그런 맥락에서 나온 것이다. 쿠빌라이가 고려에 대해 취한 정책의 의미와 의도에 대해서는 김호동, 《몽골제국과 고려》, 서울대학교출판부, 2007 참조.

84 《고려사절요高麗史節要》 권25, 충숙왕 정축 3년.

85 《고려사》 권131, 列傳 26, 安遇慶.

86 김인호, 〈이제현의 정치 활동과 역사의식〉, 《실학사상연구》 19·20, 2001, 106~107쪽.

87 이제현, 《익재난고》 권6, 書, 在大都上中書都堂書.

88 이명미, 〈몽골복속기 권력 구조의 성립: 元宗代 고려-몽골 관계와 권력구조의 변

화〉, 《한국사연구》 162, 2013, 313~323쪽.

89 고명수, 《몽골-고려 관계 연구》, 혜안, 2019, 106~114쪽.

90 이명미, 앞의 논문, 2013, 306~323쪽.

91 이익주, 앞의 논문, 1996.

92 이명미, 〈몽골 황제권의 작용과 고려 국왕의 사법적 위상 변화〉, 《동국사학》 60, 2016, 97~113쪽.

93 최종석, 〈고려 후기 '자신을 이로 하는 화이 의식'의 탄생과 내향화—조선적 자기 정체성의 모태를 찾아서〉, 《민족문화연구》 74, 2017.

94 이명미, 〈元宗代 고려 측 對 몽골 정례적·의례적 사행 양상과 그 배경—1273년(元宗 14) 고려 측 賀册封 使行 사례를 중심으로〉, 《한국문화》 69, 2015, 178~198쪽.

95 몽골이 왕조체제를 유지하게 한 사례에 대해서는 森平雅彦, 〈事元期 高麗における在來王朝體制の保全問題〉, 《北東アジア研究》 1, 2008을 참조.

96 森平雅彦, 앞의 논문, 2008, 161쪽.

97 고명수, 앞의 책, 2019, 13~24쪽.

98 고명수, 〈몽골의 '복속' 인식과 여몽관계〉, 《한국사학보》 55, 2014, 65~74쪽.

99 채웅석, 〈원간섭기 성리학자들의 화이관과 국가관〉, 《역사와현실》 49, 2003, 108쪽.

100 《고려사》 권113, 列傳 26, 安遇慶.

101 이제현, 《익재난고》 권2, 詩, 在上都奉呈柳政丞淸臣吳贊成潛.

102 이곡, 《가정집》 권11, 祭文, 爲元宰相祭養父政丞利用文.

103 이곡, 《가정집》 권8, 送金同年東陽遊上國序.

104 김보경, 〈고려 후기 유교 지식인의 세계—자기 인식과 대응방식〉, 《국문학연구》 15, 2007, 121쪽.

105 이제현, 《익재난고》 권6, 書, 在大都上中書都堂書.

106 이규보, 《동국이상국집東國李相國集》 권17, 古律詩, 題華夷圖長短句.

107 이규보, 《동국이상국집》, 부록, 〈백운소설白雲小說〉.

108 앞의 글.

109 박대재, 〈기자조선과 소중화〉, 《한국사학보》 65, 2016, 34~44쪽.

110 《동문선東文選》 권28, 册, 文王哀册.

111 최봉준, 앞의 박사학위 논문, 2013, 37·62쪽.

112 정동훈, 〈고구려인가 기자조선인가: 몽골제국에서 고려 역사상의 경합〉, 《역사와현실》 125, 2022, 161~173쪽.

113 김순자, 〈고려 말 대중국관계의 변화와 신흥 유신의 사대론〉, 《역사와 현실》 15, 1995, 115쪽; 김순자, 〈원명 교체와 여말선초의 화이론〉, 《한국중세사연구》 10, 2001, 118~119쪽.

114 《皇明詔令》 권1, 登極詔.

115 정동훈, 〈원말 동란기의 한인지주와 주원장〉, 《역사비평》 121, 2017, 82쪽.

116 이성규, 〈中華帝國의 팽창과 축소: 그 이념과 실제〉, 《역사학보》 186, 2005, 127쪽.

117 《고려사》 권42, 世家 41, 1369년(공민왕 18) 4월.

118 전순동, 〈원말 동란기의 한인 지주와 주원장〉, 《충북사학》 6, 1993, 64~71쪽.

119 《고려사》 권42, 世家 42, 1369년(공민왕 18) 5월.

120 《번국의주》에 대해서는 岩井茂樹, 〈明代中國の禮制覇權主義と東アジアの秩序〉, 《東洋文化》 85, 2005; 최종석, 〈고려 말기 조선 초기 迎詔儀禮에 관한 새로운 이해 모색—蕃國儀注의 소개와 복원〉, 《민족문화연구》 69, 2015; 최종석, 〈고려 후기 '전형적' 제후국 외교 의례의 창출과 몽골 임팩트〉, 《민족문화연구》 85, 2019 등을 참조.

121 최종석, 앞의 논문, 2017, 214쪽.

122 명초 외교 의례와 제도의 정비 과정에 대해서는 정동훈, 〈明과 주변국의 外交關係 수립절차의 재구성—이른바 '明秩序' 논의에 대한 비판을 겸하여〉, 《명청사연구》 51, 2019; 정동훈, 〈명초 외교제도의 성립과 그 기원—고려·몽골 관계의 유산과 그 전유〉, 《역사와현실》 113, 2019; 윤승희, 〈여말선초 對明 外交儀禮 연구〉, 숙명여대 박사학위 논문, 2021 등을 참조.

123 《孟子》, 滕文公章句 上 [集註].

124 이색, 《목은집》, 목은시고牧隱詩藁, 권34, 時, 聞朝論將從海路入貢金陵.

125 《고려사》 권95, 列傳 8, 朴寅亮; 《고려사절요》 권6, 肅宗 원년 9월.

126 뒷날 안정복도 송나라가 고려 사신의 숙소를 소중화지관小中華之館이라 불렀다고 적었다(정선모, 〈고려 중기 동인의식의 형성과 시문선집의 편찬〉, 《동양한문학연구》 36, 2013, 248쪽).

127 《고려사》 권117, 列傳 30, 鄭夢周.

128 이색, 《목은고》, 목은시고, 권17, 詩, 閔祗候安仁 集諸家詩稿 將續出翁東文 子喜之 甚 作短歌以勖其成.

129 이색, 《목은고》, 목은시고, 권22, 詩, 讀詩行.

130 《국조인물고》, 민안인.

131 김보경, 앞의 논문, 2007, 125쪽.

132 이색, 《목은집》, 목은문고牧隱文藁, 권11, 事大表牋, 請子弟入學表.

133 《고려사》권43, 世家 43, 恭愍王 6, 1372년(공민왕 21) 3월.

134 이색, 《목은집》, 목은문고, 권11, 事大表牋, 請冠服表.

135 《고려사》권136, 列傳 49, 辛禑 4, 1387년(우왕 12) 2월.

136 《고려사》권42, 世家 42, 恭愍王 5. 1370년(공민왕 19).

137 《고려사》권133, 列傳 46, 辛禑 1, 1378년(신우 4) 8월.

138 《고려사》권135, 列傳 48, 辛禑 3, 1385년(우왕 11).

139 《고려사절요》권32, 辛禑 3, 1386년(우왕 12) 7월.

140 이명미, 〈성지를 통해 본 여말선초의 정치외교환경〉, 《역사비평》, 2017, 68~69쪽.

141 김순자, 〈원명 교체와 여말선초의 화이론〉, 《한국중세사연구》 10, 2001, 137~138쪽.

142 《고려사》권118, 趙浚傳; 《동문선東文選》권54, 奏議, 條陳時務書(趙浚).

143 조준, 《송당집松堂集》권2, 七言律詩, 送大明使周倬.

144 《고려사절요》권8, 睿宗 2 乙未十年 宋 政和五年, 遼 天慶五年, 金 太祖 收國元年.

145 《동문선》권41, 表箋, 上大宋皇帝遣學生請入國學表.

146 《고려사절요》권9, 仁宗 1(1123).

147 이곡, 《가정집》권6, 碑, 金剛山長安寺重興碑.

148 이곡, 《가정집》권6, 碑, 大都大興縣重興龍泉寺碑.

149 도현철, 앞의 책, 2019, 258쪽.

150 이곡, 《가정집》권3, 記, 新作心遠樓記.

151 이곡, 《가정집》권8, 序, 送水精長老序.

152 《고려사》권120, 列傳 33, 金子粹.

153 姜龙范·刘子敏, 〈明太祖在位时期大明与高丽的关系〉, 《延边大学学报(社会科学版)》 2, 1998, 59쪽.

154 《고려사》권42, 世家 42, 1370년(공민왕 19) 5월.

155 《구당서舊唐書》권160, 列傳, 韓愈傳. 〈論佛骨表〉와 〈原道〉를 참고하여 불교를 비판했던 것은 15세기 조선의 성리학자들도 마찬가지였다(진성규, 〈조선 초기 유학자의 불교 인식―조선왕조실록을 중심으로〉, 《백산학보》73, 2005, 206~214쪽). 정도전도 〈論骨佛表〉의 문장을 그대로 인용해 와서 불교를 비판했다(정도전, 《삼봉집》권5, 〈불씨잡변〉).

156 정상봉, 〈정명도의 천리와 인성에 대한 이해〉, 《한국철학논집》40, 2014, 280쪽.

157 허벽, 〈정명도의 천리사상 연구〉, 성균관대 박사학위 논문, 2011, 91~96쪽.

158 최정묵, 〈주자 철학에서 이욕관계론〉, 《철학논총》21, 2000, 129쪽.

159 지준호, 〈주자문인의 도통의식〉, 《동양철학연구》35, 2003, 363쪽.

160 《고려사절요》 권31, 辛禑 2(1379).

161 정도전, 《삼봉집三峯集》 권3, 序, 贈任鎭撫詩序(甲子).

162 권근, 〈경제문감서經濟文鑑序〉(정도전, 《삼봉집》 권11, 경제문감 별집 상).

163 김인호, 〈정도전의 역사인식과 군주론의 기반─경제문감의 분석을 중심으로〉, 《한국사연구》 131, 2005, 267~270쪽.

164 최봉준, 앞의 논문, 2014, 109쪽.

165 뒷날 안정복도 유사한 논리를 구사했다. 원나라가 '중국의 통'을 계승했음을 인정 하면서도, 그 원나라를 결코 '중화의 정통'이라 여기지는 않았던 것이다. 이색 등은 원나라를 '천명天命을 받은 성원聖元'이라 여겼지만, 정도전은 결코 그렇게 말하지 는 않았다. 그에게 원나라는 다만 '중국의 정통왕조를 계승한 이적'일 뿐이다.

166 최봉준, 앞의 논문, 2014, 106·122쪽.

167 이 책의 4부 3장을 참조.

168 배우성, 〈《열하일기》와 중화中華 개념〉, 《개념과 소통》 27, 2021.

169 정도전, 《삼봉집》 권13, 《조선경국전朝鮮經國典》 상, 國號.

170 정도전, 陶隱先生詩集序, 《도은집陶隱集》.

171 이 책의 2부 1장을 참조.

172 정도전, 《삼봉집》 권14, 《조선경국전》 하, 憲典, 儀制.

173 정도전, 《삼봉집》 권3, 序, 陶隱文集序(戊辰十月).

174 이원석, 〈유가 경전 내 주요 존재론적 개념에 대한 여말 유학자들의 인식〉, 《태동 고전연구》 34, 2015, 79쪽.

175 정도전, 《심봉집》 권8, 《조선경국전》 하, 憲典, 儀制.

176 정도전의 문집(《삼봉집》)에서는 '동이'라는 단어가 전혀 확인되지 않는다.

177 《고려사》 권2, 世家 2, 太祖 2, 943년(태조 26).

178 《고려사》 권2, 世家 2, 太祖 2, 942년(태조 25).

179 이미지, 〈11세기 초 동북아시아 외교 지형의 변화와 고려-거란 관계〉, 《한국중세 사연구》 60, 2020, 15쪽.

180 윤영인, 〈고려 전기 대거란 관계와 북방문화의 영향〉, 《동양문화연구》 19, 2014, 132쪽.

181 이마니시今西龍가 〈훈요십조〉를 태조가 남긴 것이 아니라고 주장한 이후 〈훈요십 조〉의 신빙성에 관해서는 여러 의견들이 있었다(김석근, 〈훈요십조와 시무 28조〉, 《아세 아연구》 101, 1999, 348~349쪽). 렘코 브레커도 그런 주장에 힘을 보탰다. 이마니시는 4조가 태조 대가 아니라 현종 대의 분위기를 보여 준다고 주장했다. 그러나 〈훈요

십조〉가 지어진 942년(태조 25)의 상황을 보면 태조가 정치적으로 거란을 적대시할
만한 이유는 충분했다.

182 이재범, 〈고려 태조 대의 대외정책—발해 유민 포섭과 관련하여〉, 《백산학보》 67,
　　　2003, 718쪽; 윤영인, 앞의 논문, 2014, 133쪽.

183 이기백, 〈태조 왕건과 그의 호족연합정치〉, 《고려귀족사회의 형성》, 1990, 33쪽;
　　　노명호, 〈고려 시대의 다원적 천하관과 해동천자〉, 《한국사연구》 105, 1999, 28쪽;
　　　추명엽, 〈고려의 다원적 종족 구성과 ‘我國·我東方’ 의식의 추이〉, 《역사와경계》
　　　109, 2018, 132~133쪽; 최봉준, 〈고려 태조~현종 대 다원적 사상지형과 왕권 중심
　　　의 사상정책〉, 《한국중세사연구》 45, 2016, 84~85쪽.

184 《고려사》 권7, 世家 7, 文宗 1, 1054년(문종 8).

185 《고려사》 권27, 世家 27, 元宗 3, 1272년(원종 13).

186 《고려사》 권107, 列傳 20, 閔漬傳.

187 《고려사》 권85, 志 39, 刑法 2, 禁令.

188 정솔미, 〈羅麗 志怪의 특질과 그 향방〉, 《동방한문학》 80, 2019, 130쪽.

189 정솔미, 앞의 논문, 2019, 130쪽.

190 최치원, 《고운집》, 事蹟, 崔孤雲鸞郞碑序及三國史.

191 최영성, 〈최치원 사상에서의 보편성과 특수성의 문제—동인의식과 동문의식을 중
　　　심으로〉, 《동양문화연구》 4, 2009, 99~100쪽.

192 최치원이 난랑비鸞郞碑 서문을 작성한 시점이 진성왕 대라는 점으로부터 미루어
　　　본다면, 그는 진성왕 대의 사회적 혼란을 극복하기 위한 일종의 지도 이념을 찾으려
　　　했고, 그것을 풍류로 표현했다(최광식, 〈신라의 화랑도와 풍류도〉, 《사총》 87, 2016, 22쪽).

193 《동문선》 권31, 表箋, 八關會仙郞賀表(郭東珣).

194 《삼국사기》 권4, 新羅本紀 4, 진흥왕 37년.

195 李劍國·崔桓, 《《新羅殊異傳》 朴寅亮本 및 金陟明本考〉, 《중국소설논총》 11, 2000,
　　　253쪽.

196 차광호, 〈三國遺事 인용 鄕傳과 殊異傳의 관련성 검토〉, 《영남학》 27, 2015, 190
　　　쪽.

197 정도전, 《삼봉집》 권5, 經濟文鑑 上, 宰相.

198 이성원, 〈위진 사대부의 청담 문화와 유지론〉, 《중국학보》 67, 2013, 115쪽.

199 김민나, 〈世說新語에 표현된 위진 명사의 풍류—자연을 추구한 삶의 제 양상 및
　　　의의 탐색을 중심으로〉, 《중국어문학》 33, 1999, 269~273쪽.

200 풍류의 의미 변화, 청의로부터 청담으로의 변화 과정 등에 대해서는 牟发松, 〈说

"风流"—其涵义的演化与汉唐历史变迁〉, 《历史教学问题》 2010年 第2期, 2010 참조.

201 차광호, 앞의 논문, 2015, 190쪽.

202 최영성, 〈崔致遠 사상에서의 보편성과 특수성의 문제〉, 《동양문화연구》 4, 2009, 95쪽.

203 이성시, 〈崔致遠과 渡唐留學生—동아시아 文化史上의 意義를 둘러싼 재검토〉, 《한국사학》 63, 2016, 87쪽.

204 이성시, 앞의 논문, 2016, 89~90쪽.

205 《고려사절요》 권2, 成宗, 982년(원년).

206 《고려사》 권93, 列傳 6, 崔承老.

207 최봉준, 〈고려 태조~현종 대 다원적 사상 지형과 왕권 중심의 사상정책〉, 《한국중세사연구》 45, 2016, 86~87쪽.

208 노명호, 앞의 논문, 1999, 24쪽.

209 물론 '토풍'에 의미를 부여하는 방식은 달랐다. 그러나 문명의 보증이나 황제국의 인가를 전제로 '토풍'을 논의한다는 점에서 구조적인 유사성이 있다.

210 이명미, 〈聖旨를 통해 본 여말선초의 정치·외교 환경〉, 《역사비평》 121, 2017, 48~51쪽.

211 문중양, 〈15세기의 '풍토부동론'과 조선의 고유성〉, 《한국사연구》 162, 2013, 58~71쪽; 이명미, 앞의 논문, 2017, 62~71쪽.

212 외연 안에서 용인되는 차이에 관한 발상은 뒷날 정조가 즉위윤음에서 언급한 예와 정의 관계도 엿보인다.

213 문중양, 앞의 논문, 2013, 49~57쪽.

214 《세종실록》 권60, 세종 15년 6월 11일.

215 문중양, 앞의 논문, 2013, 57쪽.

216 《고려사》 권70, 志 24, 雅樂, 太廟樂章.

217 《詩經》, 頌, 魯頌, 駉之什, 閟宮.

218 문중양, 앞의 논문, 2013, 63~66쪽.

219 《태종실록》 권 31, 태종 16년 6월 1일.

220 배우성, 《조선과 중화》, 돌베개, 2014, 116쪽.

221 배우성, 앞의 책, 2014, 115~116쪽.

222 장래건, 〈조선 초기 圓壇祭 시행의 난제와 독자 왕조의 의례 모색〉, 서울대 석사학위 논문, 2021, 43~49쪽.

223 《세종실록》, 세종 1년 6월 7일.

224 배우성, 앞의 책, 2014, 121쪽.

225 《세종실록》 권113, 세종 28년 9월 29일.

226 한글이 발음기호라는 주장이 있다(정광, 《한글의 발명》, 김영사, 2015). 그러나 세종은 "나라의 어음語音이 '중국中國'과 달라 '문자文字'와 서로 통하지 않는다"고 말했을 뿐이다. 결코 "조선이 쓰는 한자음은 북경의 한자음과 달라서 문제"라는 식으로 말한 것이 아니다. 발음기호설에 대한 비판은 김슬옹, 〈훈민정음 한자음 발음기호 창제설에 대한 반론—이영훈(2018)의 주장을 중심으로〉, 《한국어정보학》 21-2, 2018 참조.

227 《세종실록》 권113, 세종 28년 9월 29일.

228 배우성, 앞의 책, 2014, 125쪽.

229 《세종실록》 권103, 세종 26년 2월 20일

230 배우성, 앞의 책, 2014, 127~129쪽.

231 崔岦, 《簡易集》 卷3, 序, 送朴僉樞子龍奉使赴京師詩序.

232 崔岦, 《簡易集》 卷9, 稀年錄, 洪範學記.

233 魯認, 《錦溪日記》, 4월 26일: 弊邦雖僻在東藩……至自晉時 各分疆域 自爲聲敎 然 恭修職分 事大以誠 獨居諸侯之首 僭得小中華之名 久矣 而與諸夏無異也.

234 송시열, 《송자대전》 권137, 序, 送咸興二朱君序(배우성, 앞의 책, 2014, 156쪽).

235 송시열, 《송자대전》 권131, 雜著, 雜錄(배우성, 앞의 책, 2014, 157~158쪽).

2부 사대

1 《孟子集》. 梁惠王章句 下.

2 앞의 글.

3 이미지, 앞의 논문, 2020, 15~16쪽.

4 《고려사》 권3, 世家 3, 成宗, 994년(성종 13).

5 이미지, 앞의 논문, 2020, 16쪽.

6 《고려사》 권6, 世家 6, 定宗, 1038년(정종 4) 3월.

7 최종석, 〈현종 대 고려-거란 관계와 외교 의례〉, 《동국사학》 60, 2016, 9~12쪽.

8 《고려사》 권99, 列傳 12, 庾應圭[庾資諒].

9 《고려사》 권133, 列傳 46, 辛禑 2, 1376년(우왕 2).

10 夫馬進, 〈清中国の対朝鮮外交における礼と問罪〉, 《中国東アジア外交交流史の研

究》, 京都大学学術出版会, 2007.

11 《고려사》 권15, 世家 15, 1126년(인종 4) 3월.

12 《고려사》 권102, 列傳 15, 俞升旦.

13 《고려사》 권38, 世家 38, 1352년(공민왕 1) 2월.

14 《고려사》 권42, 世家 42, 恭愍王 5, 1370년(공민왕 19).

15 《고려사》 권135, 列傳 48, 辛禑 3, 1383년(우왕 9) 8월.

16 《고려사》 권136, 列傳 49, 辛禑 4, 1386년(우왕 12) 2월.

17 후진의 경연광과 상유한, 그들과 관련하여 최명길과 조익 사이에 있었던 논쟁에 대해서는 한명기, 《최명길 평전》, 보리, 306~316쪽에 자세히 소개된 바 있다. 여기에서는 최명길이 발화한 의도와 그가 사용한 언어, 호안국을 해석하는 방식을 중심에 두고 다시 읽어 보기로 한다.

18 《구오대사舊五代史》 권88, 列傳 3, 景延廣.

19 최명길, 《지천집遲川集》 권11, 箚, 丙子封事(第三).

20 앞의 글.

21 한명기, 앞의 책, 2019, 315~316쪽.

22 《거란국지契丹國志》 권2, 下. 내용 요소만으로 본다면 《거란국지》의 원문과 최명길의 인용문은 거의 동일하다. 그러나 최명길은 호안국이 거란을 '북쪽 오랑캐[北狄]'라고 한 표현을 생략했다.

23 최명길, 《지천집》 권11, 箚, 丙子封事(第三).

24 앞의 글.

25 앞의 글.

26 앞의 글.

27 명나라에 의리를 지켜야 한다는 주장은 명청 교체 이전부터 제기되어 온 논점이며, 주화파의 맹장인 최명길도 그런 주장에 동의했다. 조선에서 명나라에 의리를 지켜야 한다는 주장은 일종의 상식에 가까웠다. 명은 현실의 명나라만이 아니라 중화를 상징하는 단어이기도 했기 때문이다. 최명길의 대명의리론에 대해서는 허태구, 〈최명길의 주화론과 對明義理〉, 《한국사연구》 162, 2013; 허태구, 《병자호란과 예, 그리고 중화》, 소명출판, 2019 등을 참조.

28 최명길, 《지천집》 권11, 箚, 丙子封事(第三).

29 앞의 글.

30 진회는 이후 오랫동안 영웅 악비를 탄압한 간신으로 기억되었다. 《송사》에 실려 있는 악비와 진회의 이야기는 조선에서 널리 회자된 것 같다. 조선에서 누구라도 주

화를 주장하려 한다면, 무엇보다 상황 논리에만 의존한 진회와 차별화하는 일이 중요하지 않을 수 없다.

31 조익, 《포저집浦渚集》 권16, 書, 答崔完城鳴吉書.

32 앞의 글.

33 앞의 글.

34 《신오대사新五代史》, 宦者傳, 第二十六.

35 조익, 《포저집》 권16, 書, 答崔完城鳴吉書.

36 앞의 글.

37 앞의 글.

38 허목, 《기언》 권40, 東序記言, 輔國崇祿大夫行判中樞府事趙龍洲諡狀.

39 최명길, 《지천집》 권17, 雜著, 祭箕子文.

40 남구만, 《약천집藥泉集》 권32, 書, 答崔汝和.

41 앞의 글.

42 앞의 글.

43 앞의 글.

44 앞의 글.

45 앞의 글.

46 남구만은 형제관계의 시점에서 군사적 대비를 하는 것이야말로 의리와 이해를 모두 가질 수 있는 유일한 길이라고 생각했다. 무력 노선에 집착해서는 안 된다고 주장하는 윤선거와도, 항복 이후 청에 대한 복수를 명분으로 군사적인 대비 태세를 강화하고자 했던 효종이나 송시열과도 다른 입장이다.

47 남구만, 《약천집》 권32, 書, 答崔汝和.

48 《孟子》, 告子章句 下.

49 남구만, 《약천집》 권32, 書, 答崔汝和.

50 송시열, 《송자대전宋子大全》 권68, 書, 與朴和叔.

51 윤선거, 《노서집魯西集》 別集, 書, 擬答宋英甫(己酉).

52 《숙종실록》 권58, 숙종 42년 7월 25일.

53 《숙종실록》 권58, 숙종 42년 7월 29일.

54 朴世采, 〈成均生員贈通政大夫吏曹參議魯西先生尹公行狀〉, 《魯西集》 附錄(下), 雜著.

55 이 책의 3부 1장 참조.

56 송시열, 《송자대전》 권5, 封事, 己丑封事(八月).

57 양득중, 《덕촌집德村集》 권5, 雜著.

58 앞의 글.

59 앞의 글.

60 앞의 글.

61 앞의 글.

62 김문기, 〈淸米, 癘疫, 大報壇: 강희제의 海運賑濟와 조선의 반응〉, 《역사학연구》 53, 2014, 121~127쪽.

63 《승정원일기》 숙종 24년 3월 11일 병술.

64 오도일, 《西坡集》 권13, 疏, 辭職兼陳所懷疏(工曹參判時).

65 앞의 글.

66 앞의 글.

67 정재훈, 〈우암 송시열의 정치사상—주희와의 비교를 중심으로〉, 《한국사상과 문화》 23, 2004, 68~86쪽.

68 송시열, 《송자대전》 권5, 封事, 己丑封事.

69 앞의 글.

70 송시열, 《송자대전》 권5, 封事, 己丑封事.

71 앞의 글.

72 우경섭, 《조선 중화주의의 성립과 동아시아》, 유니스토리, 2013, 60~61쪽.

73 송시열, 《송자대전》 권5, 封事, 己丑封事. 홍광제는 남명의 복왕을 가리킨다. 송시열에 따르면, 홍광제가 남쪽에서 즉위하였으므로 명나라로 이어져 온 중화의 대통은 사라지지 않았다. 조선이 남명에 사대의 예를 갖춘 적은 없다. 그러나 홍광제가 신종의 손자이기 때문에 조선이 명나라 신종에 대해 가진 군신의 의리는 홍광제로 이어진다. 송시열이 홍광제를 중요하게 본 것은 그가 신종의 혈육이기 때문이다. 그런데 송시열이 포기할 수 없었던 것은 명나라 주씨 황제라기보다는 그 주씨 황제로 계승되어 온 중화의 대통이다. 그가 매달린 것은 명나라가 아니라 명나라로 표현된 중화세계였다. 송시열은 홍광제의 원수를 갚고 인조의 수치를 씻고자 했다. 그가 보기에, 복수는 조선과 명나라를 하나의 단위로 하는 중화세계를 위한 것이었다.

74 앞의 글.

75 앞의 글.

76 송시열, 《송자대전》 권5, 封事, 丁酉封事.

77 송시열이 여기에서 대일통이라고 말한 것은 사실상 대통大統, 즉 제통帝統의 소재를 의미한다.

78 송시열, 《송자대전》 권5, 封事, 丁酉封事.

79 송시열, 《송자대전》 권5, 封事, 丁酉封事. 송시열만 허형을 문제삼은 것은 아니었다. 윤증도 허형이 요나라와 금나라를 대요大遼 대금大金이라 하고 송나라를 전송前宋이라 부름으로써 요순으로부터 송나라에 이르는 정통을 흔들었다고 비판했다(윤증, 《명재유고》 권31, 雜著, 手錄).

80 우경섭, 〈송시열의 세도정치 사상 연구〉, 서울대 박사학위 논문, 2005, 276~323쪽.

81 우경섭, 앞의 논문, 2005, 193~269쪽.

82 송시열 자신도 '朝鮮國陪臣'을 자처했다(송시열, 《송자대전》 권146, 跋, 庚午大統曆跋).

83 송시열, 《송자대전》 권213, 傳, 三學士傳.

84 송시열, 《송자대전》 권18, 疏箚, 請追上徽號於太廟疏(癸亥四月).

85 우경섭, 앞의 논문, 2005, 257~269쪽.

86 숙종 대 대보단 건립과 관련된 논의의 경과에 대해서는 정옥자, 《조선 후기 조선 중화사상 연구》, 일지사, 1998, 66~99쪽; 계승범, 《정지된 시간—조선의 대보단과 근대의 문턱》, 서강대출판부, 2011, 59~98쪽 참조.

87 《숙종실록》 권40, 숙종 30년 9월 16일.

88 앞의 글.

89 《숙종실록》 권40, 숙종 30년 9월 16일.

90 《숙종실록》 권41, 숙종 31년 3월 9일.

91 《숙종실록》 권41, 숙종 31년 3월 9일: 幾年經營 竟遂至願 事勢所拘 雖未准禮 此固可幸也.

92 성대중과도 친분이 있던 그는 김창협의 문인들 사이에서 공유되던 '도본문말道本文末'의 문장관을 공유하면서도 문장의 독자적 가치를 결코 부인하지는 않았다. 그에게 도란 형이상의 인륜은 물론 형이하의 의식주까지를 망라하는 것이어야 했다. 그는 도에 대한 이런 정의를 기초로 이용후생을 강조했다(윤지훈, 〈18세기 농암계 문인의 문학론과 비평에 관한 연구—雪橋 安錫儆을 중심으로〉, 성균관대 박사학위 논문, 2008, 46~59쪽).

93 안석경, 《삽교집霅橋集》 권5, 論, 論王猛.

94 윤지훈, 〈삽교 안석경의 인물론과 북벌에 대한 인식〉, 《한문교육연구》 27, 2006, 582~583쪽.

95 안석경, 《삽교집》 권4, 記, 南漢山城西將臺無忘樓記.

96 앞의 글.

97 안석경, 《삽교집》 권6, 雜著, 論華陽洞萬東祠作碑事.

98 안석경, 《삽교유집霅橋遺集》, 對策, 擬大庭對策.

99 앞의 글.

100 앞의 글.

101 앞의 글.

102 앞의 글.

103 앞의 글.

104 앞의 글.

105 윤지훈, 앞의 논문, 2008, 50·66쪽. 성대중은 김준金焌에게 배웠고, 김준의 아버지와 안석경의 아버지가 친분을 가지고 있었다. 성대중은 청성문고에 안석경이 김준의 집을 방문했을 때의 일화를 기록해 두었으며, 안석경은 성대중에게 문장을 학습하는 방법을 제시해 주기도 했다.

106 김문식, 〈성해응의 경학관과 대중국인식〉, 《한국학보》 70, 1993, 115~119쪽.

107 김문식, 앞의 논문, 1993, 144~147쪽.

108 한족 선비 증정의 반청 역모사건과 옹정제의 대응에 대해 정리한 책이다. 성해응 이외에도 정조, 한원진, 이익, 홍대용, 유한준, 유만주, 박지원 등이 이 책의 존재를 알고 있었다(김홍백, 〈대의각미록과 조선 후기 화이론〉, 《한국문화》 56, 2011, 54~55쪽).

109 《대의각미록大義覺迷錄》의 주요 논점에 대해서는 민두기, 〈대의각미록에 대하여〉, 《진단학보》 25, 1964; 이혜경, 〈청인이 만난 두 보편문명―중화와 시빌라이제이션〉, 《철학사상》 제32권, 2009; 김홍백, 〈대의각미록과 조선후기 화이론〉, 《한국문화》 56, 2011 참조.

110 《대의각미록》 권2.

111 《대의각미록》 권1.

112 이혜경, 앞의 논문, 2009, 20~21쪽.

113 《대의각미록》 권1.

114 앞의 글.

115 성해응, 《연경재전집研經齋全集》, 外集, 권64, 雜記類, 曾呂案.

116 성해응, 《연경재전집》, 外集, 권64, 雜記類, 曾呂案, 呂留良如此江山圖歌. 이 시의 해석은 양녠췬, 명청문화연구회 옮김, 《강남은 어디인가》, 글항아리, 65쪽을 토대로 하여 필자가 부분 수정하였다. 이하 동일.

117 성해응, 《연경재전집》, 外集, 권64, 雜記類, 曾呂案, 呂留良錢墓松歌.

118 양녠췬, 명청문화연구회 옮김, 《강남은 어디인가》, 글항아리, 2015, 59~83쪽.

119 성해응, 《연경재전집》, 外集, 권55, 識小類, 詩話, 呂晩村詩.

120 성해응, 《연경재전집》권34, 風泉錄 4, 大報壇祭義.

121 성해응, 《연경재전집》권34, 風泉錄 4, 大報壇祭義; 성해응, 《연경재전집》권34, 風泉錄 4, 大報壇祭義.

122 《숙종실록》권39, 숙종 30년 1월 10일.

123 《숙종실록》권41, 숙종 31년 3월 9일.

124 성해응, 《연경재전집》권34, 風泉錄 4, 大報壇祭義.

125 앞의 글.

126 〈복설의〉에 묘사된 북벌론과 서북 지역 정비론의 세부 양상에 대해서는 김문식, 〈성해응의 대중국인식〉, 《한국학보》 70, 1993; 강석화, 〈성해응의 서북변계 의식〉, 《진단학보》115, 2012 참조.

127 성해응, 《研經齋全集》권32, 風泉錄 2, 復雪議.

128 앞의 글.

129 앞의 글.

130 이원준, 〈중화 계승 상징물에 대한 식산 이만부의 견해와 그 이론적 기반〉, 《국학연구》43, 2020, 350~351쪽.

131 이원준, 앞의 논문, 2020, 352~364쪽.

132 이원준, 앞의 논문, 2020, 364~365쪽. 그러나 그는 결코 "중토中土를 깨끗하게 하고 황조皇朝를 회복"하는 꿈을 버리지 않았다(이만부, 《息山集》卷11, 〈策問〉, 春秋).

133 이익, 《성호사설星湖僿說》권11, 人事門, 大報壇配祭.

134 이익, 《성호사설》권24, 經史門, 東邦如吳越.

135 앞의 글.

136 이익, 《성호사설》, 經史門, 朝鮮侯.

137 허목, 《기언記言》권32, 外篇, 東事, 箕子世家.

138 이익, 《성호사설》, 經史門, 朝鮮侯.

139 앞의 글.

140 앞의 글.

141 《論語》, 陽貨 第十七.

142 이익, 《성호사설》권23, 經史門, 東周.

143 앞의 글.

144 이익, 《성호사설》권22, 經史門, 絶北元.

145 앞의 글.

146 앞의 글.

147 《論語》, 雍也, 子曰質勝文則野.

148 이익,《성호전집星湖全集》권30, 書, 答權旣明 庚辰.

149 안정복,《순암집順菴集》권19, 說, 東國地界說(戊寅). 이하 동국의 강역에 관한 안정복의 논점을 서술한 내용은 별도의 표시가 없는 한 모두 동국지계설을 근거로 하였다.

150 안정복,《동사강목東史綱目》제9, 상, 경인 의종 24년, 8월.

151 이익,《성호사설》, 권26, 經史門, 東國內地.

152 안정복,《순암집》권9, 書, 與鄭子尙別紙.

153 안정복,《순암집》권1, 修廣州府志至丙丁事閣筆潛然謾書一律.

154 안정복,《순암집》권1, 出南門憶崔遲川當日事馬上慨然成七絕.

155 《인조실록》권34, 인조 15년 1월 13일.

156 《인조실록》권34, 인조 15년 1월 29일.

157 《연려실기술燃藜室記述》권35, 仁祖朝故事本末, 丙子虜亂丁丑南漢出城

158 《삼학사전三學士傳》수정의 전말에 대해서는 김일환, 〈고난의 역사를 기억하기—삼학사전과 삼학사비를 중심으로〉,《한국문학연구》26, 2003, 148~156쪽 참조.

159 송시열,《송자대전》권32, 傳, 三學士傳, 校理尹集修撰吳達濟.

160 오달제는 남일성의 여동생과 혼인했으므로 송시열로서는 남일성이 전하는 오달제의 이야기가 신빙성이 있다고 판단했음 직하다.

161 송시열,《송자대전》부록, 권19, 記述雜錄, 韓㘣祚 江上問答.

162 오항녕, 〈우암 송시열 문집의 편찬과 간행〉,《한국사학보》33, 2008.

163 남인이 존주 대의의 명분에 대해 동조했던 것에 대해서는 이승수, 〈죽음의 수사학과 권력의 상관성—전계 서사를 중심으로〉,《대동문화연구》50, 2005, 343쪽 참조.

164 안정복,《東史綱目》第1 上, 丙午 王準 26年.

165 앞의 글.

166 안정복,《東史綱目》上, 高句麗傳世之圖: 不知畏天事大之義 黨靺鞨 侵上國.

167 윤은숙, 〈여몽전쟁의 성격과 몽골의 태도 변화〉,《강원사학》24·25합집, 2011, 115~117쪽.

168 《고려사절요》권15, 고종 8년(1221) 8월~윤12월.

169 안정복,《동사강목東史綱目》제10하, 고종 8년(1221) 추8월.

170 《고려사절요》권15, 고종 8년(1221) 9월.

171 안정복,《동사강목》제10하, 고종 8년(1221) 추8월.

172 앞의 글.

173 안정복이 보기에, 중국 땅을 반이나 차지했다 해서 몽골이 중국의 정통이 되는 것은 아니다. 중화가 되는 것은 더더욱 아니다. 이적 왕조인 몽골은 뒷날 중원의 지배자가 되어 원나라를 표방했다. 원은 그렇게 중국의 정통의 일부가 되었지만, 중국의 정통을 정당하게 계승해 온 한·당·송·명과 같다고 할 수는 없다.

174 《고려사절요》 권15, 고종 8년(1221) 8월~윤12월.

175 《고려사절요》 권16, 고종 19년(1232): 俞升旦曰 以小事大 理也.

176 안정복, 《동사강목》 제10하, 고종 19년(1232): [按].

177 안정복, 《동사강목》 제11상, 고종 45년(1258), 12월.

178 안정복, 《동사강목》 제11하, 원종 9년(1268) 3월: 時 蒙主疑我事大不誠.

179 안정복, 《동사강목》 제11상, 원종 원년(1260) 2월: 歷年四百七十五 能綿祚不喪者 何也 此莫非事大之力也.

180 이익, 《성호사설》 권22, 經史門, 高麗事大.

181 안정복, 《동사강목》 제6하, 성종 12년(993).

182 안정복, 《동사강목》 제6하, 성종 12년(993): 先戰後和 和可成矣.

183 《고려사》, 世家 15, 인종 6년(1128) 6월, 己巳.

184 박윤미, 〈12세기 전반기의 국제 정세와 고려-금 관계〉, 《사학연구》 104, 20~21쪽.

185 《고려사》, 世家 15, 仁宗 6년(1128) 6월, 己巳 8월.

186 《고려사》, 世家 15, 仁宗 6년(1128) 8월.

187 박윤미, 앞의 논문, 2011, 21쪽.

188 안정복, 《동사강목》 권8하, 고려 인종 6년(1128) 6월.

189 안정복, 《동사강목》 권8하, 고려 인종 6년(1128) 6월.

190 안정복이 《성호사설》을 안 것은 1757년(영조 33)이었으며, 편목을 정하고 체계를 잡아 《성호사설류선》을 편찬한 것은 1766년(영조 42) 무렵이었다(한만성, 《星湖僿說類選》의 판본 문제와 정보 선별 및 지식 분류〉, 《대동문화연구》 101, 2018, 173쪽).

191 안정복, 《동사강목》 제15상, 공민왕 17년(1368) 9월.

192 앞의 글.

193 이익, 《성호전집》 권25, 書, 答安百順問目.

194 《현종실록》 권14, 현종 8년 6월 23일. 이 표류사건과 성해응의 《정미전신록》에 대해서는 김문식, 〈成海應이 증보한 《丁未傳信錄》〉, 《진단학보》 115, 2012를 참조.

195 성혼, 《우계집》 권3, 章疏 2, 便宜時務畫一啓辭(甲午五月).

196 정옥자, 앞의 책, 1998, 117~128쪽.

197 계승범, 〈조선 후기 대보단 친행 현황과 그 정치·문화적 함의〉, 《역사와현실》 75, 2010, 175~176쪽.

198 구범진은 이런 형태의 특사 파견외교를 '진하외교'라 명명했다(구범진, 〈조선의 청황제 성절 축하와 건륭칠순 진하외교〉, 《한국문화》 68, 2014).

199 김창수, 〈건륭 연간 외교 공간의 확장과 조선 사신의 교류—조선·청지식 교류의 기반에 관하여〉, 《한국학논총》 51, 2019, 239~247쪽.

200 김창수, 앞의 논문, 2019, 101~103쪽.

201 《정조실록》 권44, 정조 20년 3월 2일.

202 안석경, 《霅橋遺集》, 對策, 擬大庭對策.

203 앞의 글.

204 앞의 글.

205 이 책의 3부 3장 참조.

206 안석경, 《霅橋遺集》, 對策, 擬大庭對策.

3부 동국

1 윤기는 서학을 배척했던 목만중 등과 교류하면서 자연스럽게 천주교에 대해 부정적인 시야를 가지게 되었다(조지형, 〈無名子 尹愭의 서학 비판 저술과 천주교 인식〉, 《누리와말씀》 41, 2017, 127~128쪽).

2 윤기의 생애와 관력, 이익과의 인연에 대해서는 김병건, 〈無名子 尹愭의 思想과 文學〉, 성균관대 박사학위 논문, 2004; 이규필, 〈윤기의 생애와 교유〉, 《대동문화연구》 89, 2015 등을 참조.

3 김병건, 앞의 논문, 2004, 27쪽.

4 김영식, 앞의 책, 2018, 153쪽.

5 윤기, 《무명자집無名子集》 8책, 東方疆域. 이하 〈동방강역〉에 내용에 관한 서술은 모두 이 사료를 근거로 한 것이다.

6 앞의 글.

7 윤기, 《무명자집》 6책, 시, 영동사, 6.

8 윤기, 《무명자집》 6책, 시, 영동사, 10.

9 윤기, 《무명자집》 6책, 시, 영동사, 232.

10 앞의 글.

11 윤기, 《무명자집》 4책, 朱子影堂上樑文(藍浦新安面新建).

12 윤기, 《무명자집》 3책, 詩, 題奎章全韻.

13 김약행은 스스로 호를 선화자仙華子라 했는데, 김상용의 호인 선원仙源에서 '선'을 따오고, 중화의 화華에서 '화'를 가져와 합친 것이다. 그는 뒤에서 살펴볼 한원진의 문하생이었다(이용형, 〈선화자 김약행의 선론에 관한 고찰—주선록 내편을 중심으로〉, 《공자학》 17, 2009, 186~187쪽).

14 《영조실록》 권110, 영조 44년 5월 10일.

15 《승정원일기》 영조 44년 5월 11일.

16 《論語》 八佾: 嗚呼 曾謂泰山不如林放乎.

17 《論語集注》 八佾.

18 《승정원일기》 영조 44년 5월 12일.

19 《승정원일기》 영조 44년 5월 12일.

20 한지희, 〈조선 후기 정치상의 시비명변론 연구〉, 숙명여대 박사학위 논문, 188쪽. 영조는 대왕대비가 칠순이 되던 1756년(영조 32) '體天建極聖功神化'라는 8글자 존호를 받았다(《영조실록》 영조 32년 1월 1일).

21 《영조실록》 권104, 영조 40년 5월 17일.

22 《영조실록》 권104, 영조 40년 11월 28일.

23 《영조실록》 권104, 영조 40년 3월 15일.

24 《영조실록》 권104, 영조 40년 3월 16일.

25 《論語》, 陽貨.

26 《승정원일기》 영조 40년 3월 16일.

27 《승정원일기》 영조 40년 3월 16일.

28 《禮記》 禮運.

29 1779년(정조 3) 송덕상은 대보단 제사 중 제후의 육일무六佾舞를 천자의 팔일무八佾舞로 개정하자고 청했다. 그는 대보단에서 제사를 받는 사람이 천자이므로 천자의 예악을 쓰는 것이 옳다고 믿어 의심치 않았다(《정조실록》 권7, 정조 3년 1월 24일).

30 《승정원일기》 영조 40년 3월 16일.

31 《영조실록》 권103, 영조 40년 3월 19일.

32 《영조실록》 권103, 영조 40년 3월 20일.

33 《영조실록》 권110, 영조 44년 6월 11일.

34 《정조실록》 권49, 정조 22년 8월 8일.

35 앞의 글.

36 《승정원일기》 정조 22년 8월 8일.

37 앞의 글.

38 《정조실록》 권49, 정조 22년 8월 12일.

39 한원진, 《남당집南塘集》, 拾遺, 권6, 雜著, 拙修齋說辨.

40 앞의 글.

41 앞의 글.

42 앞의 글.

43 앞의 글.

44 앞의 글.

45 송시열, 《宋子大全》 권213, 傳, 三學士傳, 掌令洪翼漢.

46 송시열과 한원진 등 노론만 그런 것은 아니다. 남인계의 리더인 이익도 조선 자신
   을 중화 문화의 유일한 계승자로 여기면서 여전히 편방의식을 드러냈다(김영식, 앞
   의 책, 2018, 143~145쪽).

47 세종 때 의정부는 복색제도를 논하면서(《세종실록》 권112, 세종 28년 5월 25일), 선조
   는 명나라 제독과 인사를 나누면서(《선조실록》 권115, 선조 32년 7월 23일) 조선 자신을
   '편방偏邦'이라 했다.

48 박지원이 구사한 중화 개념에 대해서는 배우성, 〈열하일기와 중화 개념〉, 《개념과
   소통》 27, 2021을 참조.

49 김영식, 앞의 책, 2018, 46~47쪽.

50 《論語》, 泰伯, 有天下也而不與.

51 위백규, 《존재집存齋集》 권6, 讀書箚義.

52 성문준, 《창랑집滄浪集》 권4, 雜著, 送外甥安厚之歸觀山陽序.

53 배우성, 《조선과 중화》, 2014, 167~175쪽.

54 장현광, 《여헌집旅軒集》 속집, 권4, 雜著, 靑邱圖說.

55 유숙기, 《겸산집兼山集》 권7, 序, 送竹溪從兄受基赴燕京序.

56 심정진, 《제헌집霽軒集》 권3, 雜著, 嘉峽說(四).

57 이 책의 1부 2장 참조.

58 최립, 《간이집簡易集》 권4, 四行文錄, 上尙書第三書.

59 최립, 《간이집》 권3, 序, 送朴僉樞子龍奉使赴京師詩序.

60 송시열, 《송자대전》 권19, 論大義仍陳尹拯事疏(丁卯正月二十八日).

61 송시열, 《송자대전》 권154, 圃隱鄭先生神道碑銘幷序.

62 앞의 글.

63 송시열의 정몽주 인식에 대해서는 우경섭, 〈송시열의 세도정치사상연구〉, 서울대 박사학위 논문, 2005, 214~216쪽; 김문준, 〈송시열의 춘추 사상과 정몽주 추숭의 의의〉,《포은학연구》17, 2016 참조.

64 송시열,《송자대전》권81, 書, 答趙復亨(己亥閏月晦日).

65 송시열,《송자대전》권145, 記, 永興府興賢書院記.

66 우경섭, 앞의 논문, 2005, 258~31쪽.

67 이익,《성호사설》권6, 萬物門, 髪髻.

68 허태용, 〈중화 계승 의식의 형성과 정통론의 강화〉,《진단학보》103, 2007, 78쪽.

69 이익,《성호집》권48, 雜著, 尹東箕字源明說.

70 이익,《성호집》권41, 雜著, 洪範說.

71 《春秋左氏傳》, 魯昭公 17년.

72 《漢書》권30, 藝文志.

73 유중교,《성재집省齋集》권36, 燕居謾識.

74 앞의 글.

75 앞의 글.

76 앞의 글.

77 안정복,《순암집》권2, 書, 答上星湖先生書(戊寅).

78 이익,《성호전집》권26, 書, 答安百順(丁丑).

79 안정복,《순암집》권2, 書, 答上星湖先生書(戊寅).

80 배우성, 앞의 책, 2014, 79~182쪽 참조.

81 장현광,《여헌집》권2, 疏, 陳罪疏(丁卯二月).

82 송시열,《송자대전》권19, 疏, 論大義仍陳尹拯事疏(丁卯正月二十八日).

83 송시열의 제자 한원진도 용하변이를 말했다. 그러나 그는 용하변이의 출발점을 기자로부터 잡았다(한원진,《남당집》권3, 疏, 陳戒疏(九月)). 그에 따르면 동방의 도학은 8조법금으로 용하변이시켜 예의의 나라를 만든 기자에게서 시작되어 성리학을 제창한 고려 말 정몽주로 이어졌다 한다(한원진,《남당집》권6, 筵說, 經筵說(下)). 도학의 시작이 용하변이의 시점이라는 것이다. 기자에게서 주자가 주장한 화이론을 읽을 수는 없다는 사실로 미루어 본다면, 송시열의 용하변이론은 화이변별을 강조했다는 점에서 특별하다.

84 송시열,《송자대전》권154, 碑, 圃隱鄭先生神道碑銘(并序).

85 송시열,《송자대전》권145, 記, 永興府興賢書院記. 몽골에 벼슬했던 허형과 달리 정몽주는 몽골의 사신을 물리쳤다(송시열,《송자대전》권81, 書, 答趙復亨(己亥閏月晦日).

86 송시열, 《송자대전》 附錄, 권19, 記述雜錄(李溂).

87 송시열, 《송자대전》 권131, 雜著, 雜錄.

88 김영식, 앞의 책, 2018, 150·282쪽.

89 이종휘, 《수산집修山集》 권10, 題後, 題東國輿地勝覽後.

90 앞의 글.

91 배우성, 앞의 책, 2014, 173쪽.

92 배우성, 앞의 책, 2014, 180~181쪽.

93 안정복, 《순암집》 권17, 雜著, 天學問答.

94 이제현, 《익재난고》 권7, 碑銘, 有元高麗國淸平山文殊寺施藏經碑; 이색, 《목은고》, 牧隱文藁, 권18, 墓碑銘, 有元高麗國忠勤節義贊化功臣重大匡瑞寧君諡文僖柳公墓誌 銘并序.

95 '유명조선국' 뒤로 이색이 원나라와 고려에서 한 벼슬, 조선에 들어와 받은 품계가 나열되어 있다. 원나라는 다만 '원', 조선은 '본국'이라 표시했다(權近, 有明朝鮮國元宣授朝列大夫征東行中書省左右司郞中本國特進輔國崇祿大夫韓山伯諡文靖公李公神道碑).

96 1442년(세종 4) 태종의 헌릉獻陵에 묻힌 묘지석은 '유명조선국'으로 시작된다(《세종실록》 권17, 세종 4년 9월 6일).

97 《선조실록》 권132, 선조 33년 12월 26일.

98 김상헌, 《청음집淸陰集》 권23, 議, 宗廟祫禮賓廳獻議.

99 장현광, 《여헌집》 권5, 答問目, 答申晉甫.

100 《일성록日省錄》, 정조 5년 2월 20일.

101 정조가 진하를 명분으로 추진했던 외교에 대해서는 구범진, 〈조선의 건륭 칠순 진하특사와 열하일기〉, 《인문논총》 70, 2013; 김창수, 〈17~18세기 조선 사신의 외교 활동과 조선-청 관계 구조〉, 《조선시대사학보》 88, 2019를 참조.

102 《승정원일기》 영조 2년 7월 5일.

103 앞의 글. 한덕사韓德師와 같은 발상이 없었다 할 수는 없으나, 조선 후기 사회에서 그것은 일종의 금기에 가까운 것이었다.

104 배우성, 앞의 논문, 2021.

105 《영조실록》 권69, 영조 25년 3월 14일.

106 《승정원일기》 영조 25년 3월 14일.

107 《정조실록》 권7, 정조 3년 1월 10일.

108 형개와 양호는 임진왜란 때 조선을 도운 명나라 사람들이다. '재조번방再造藩邦'이라는 선조의 어필과 '수은해동垂恩海東'이라는 영조의 어필이 걸린 장소가 바로 이

곳이다. 조선이 명군을 위해 단묘를 세운 양상에 대해서는 우경섭, 〈17~18세기 임진왜란 참전 明軍에 대한 기억〉, 《한국학연구》 46, 2017 참조.

109 《정조실록》 권8, 정조 3년 8월 9일.

110 김이안, 《삼산재집三山齋集》 권1, 詩, 上遣官賜祭于顯節祠同諸人往參歸後諸人有詩次韻(代人作).

111 김이안보다 좀 더 오른쪽 끝에 한원진의 자리가 있다. 조선에 대해서 "땅을 기준으로 내외內外를 가를 수 없고, 사람을 기준으로 화이華夷를 가릴 수 없다"던 한원진은 청나라에 대해서는 정반대로 "그들이 이적일 수밖에 없는 것은 풍기風氣 때문"이라는 식으로 말했다.

112 김이안, 《삼산재집》 권1, 詩, 崧陽書院.

113 김종후, 《본암집本庵集》 권3, 書, 答洪德保.

114 김명호, 앞의 책, 2020, 696쪽.

115 김이안, 《삼산재집》 권10, 雜著, 華夷辨(上).

116 앞의 글.

117 앞의 글.

118 김이안의 이적관과 화이에 관한 논설에 대해서는 이경구, 《조선 후기 안동 김문 연구》, 일지사, 2007 참조.

119 김이안, 《삼산재집》 권10, 雜著, 華夷辨(上).

120 앞의 글.

121 김이안, 《삼산재집》 권10, 雜著, 華夷辨(下).

122 앞의 글.

123 김이안, 《삼산재집》 권10, 雜著, 華夷辨(下).

124 앞의 글.

125 정통론적 역사 인식의 유래에 대해서는 김경태, 〈이익과 안정복의 동국정통론 재검토〉, 《한국사학보》 70, 2018 참조.

126 김경태, 앞의 논문, 2018, 150쪽.

127 이익, 《성호전집》 권47, 雜著, 三韓正統論.

128 이익, 《성호전집》 권25, 書, 答安百順問目.

129 이익, 《성호전집》 권47, 雜著, 三韓正統論.

130 앞의 글.

131 허태용, 〈전근대 동국의식의 역사적 성격 재검토〉, 《역사비평》 111, 2015, 457쪽.

132 안정복, 《동사강목》, 凡例.

133 안정복, 《동사강목》, 凡例, 統系.

134 안정복, 《동사강목》, 凡例, 名號.

135 안정복, 《동사강목》, 凡例, 朝會.

136 앞의 글.

137 안정복, 《순암집》 권9, 書, 與洪生錫胤書(甲辰).

138 앞의 글.

139 배우성, 앞의 책, 2014, 179~180쪽.

140 안정복, 《순암집》 권12, 雜著, 橡軒隨筆上, 華夷正統.

141 안정복, 《동사강목》, 東史綱目序.

142 안정복, 《순암집》 권2, 書, 答上星湖先生書(戊寅).

143 崔岦, 《簡易集》 권3, 序, 李參贊見示楊天使簡帖序.

144 魯認, 《錦溪日記》, 4월 26일.

145 박인호, 〈여사제강 공양왕기의 산삭과 그 정치적 함의〉, 《한국사학사학보》 7, 2003, 7쪽.

146 송시열, 《송자대전》 권137, 序, 麗史提綱序.

147 송시열, 《송자대전》 권137, 序, 麗史提綱序.

148 앞의 글.

149 《승정원일기》 영조 21년 7월 22일.

150 《승정원일기》 영조 21년 7월 23일.

151 《승정원일기》 영조 22년 4월 15일.

152 《승정원일기》 영조 22년 12월 11일.

153 《승정원일기》 영조 22년 12월 11일.

154 《승정원일기》 영조 23년 7월 26일.

155 《승정원일기》 영조 23년 11월 26일.

156 《승정원일기》 영조 24년 6월 18일.

157 《승정원일기》 영조 25년 4월 18일.

158 제1권을 가리키는 듯하다.

159 《승정원일기》 영조 25년 4월 22일.

160 《승정원일기》 영조 25년 4월 23일.

161 《승정원일기》 영조 25년 5월 13일.

162 《승정원일기》 영조 25년 5월 14일.

163 앞의 글.

164 《여사제강》 권23, 〈공양왕기〉, 別祿(박인호, 앞의 논문, 2003, 17쪽, 각주 31번에서 재인용).

165 《승정원일기》 영조 25년 5월 19일.

166 앞의 글.

167 앞의 글.

168 박인호, 〈여사제강 공양왕기의 산삭과 그 정치적 함의〉, 《한국사학사학보》 7, 2003.

169 최익현, 《면암집勉菴集》 권24, 跋, 華東史合編.

170 앞의 글.

171 박인호, 〈송원화동사합편강목에 나타난 화서학파의 역사인식〉, 《조선시대사학보》 27, 2003, 195~196쪽.

172 이 에피소드에 대한 유계, 송시열, 화서학파의 문제의식에 대해서는 洪允基, 〈華西學派의 中華觀과 高麗인식─《宋元華東史合編綱目》을 중심으로〉, 서울시립대 석사학위 논문, 2019, 52~65쪽 참조.

173 홍윤기, 앞의 논문, 2019, 56쪽.

174 홍윤기, 앞의 논문, 2019, 60쪽.

175 유중교, 《성재집》 권31, 講說雜稿, 宋元華東史合編綱目書法.

176 앞의 글.

177 유중교, 《성재집》 권31, 講說雜稿, 宋元華東史合編綱目書法.

178 유인석, 《의암집毅菴集》 권42, 序, 宋元華東史合編綱目序.

179 이항로, 《화서집華棲集》 부록, 권9, 年譜, 壬子年.

180 이항로, 《화서집》 부록, 권7, 語錄, 李長宇(初名炳元)錄.

181 조영임, 〈장암 정호의 생애와 시세계〉, 《한중인문학연구》 63, 2019, 8쪽.

182 정호, 《장암집丈巖集》 권23, 序, 史略補要序.

183 앞의 글.

184 앞의 글.

185 앞의 글: 當趙宋旣亡之後 使許衡劉因吳澄之輩 不仕胡元 則中原赤子 必有所觀感 而不忘戴宋之心也.

186 정옥자, 〈화서학파의 위정척사론에 대한 새로운 조명〉, 《화서학논총》 7, 2016, 16쪽.

187 허태용, 〈17세기 말 18세기 초 중화 계승 의식의 형성과 정통론의 강화〉, 《진단학보》 103, 2007, 65쪽. 조선이 중화의 유일한 계승자임을 자부하게 된 전후 사정과

관련해서는 정옥자, 앞의 책, 1998; 허태용, 《조선 후기 중화론과 역사 인식》, 아카넷, 2009; 우경섭, 《조선 중화주의의 성립과 동아시아》, 유니스토리, 2003 참조.

188 정옥자, 앞의 책, 1998, 86쪽.

4부 북학

1 김창협, 《농암집》 권22, 序, 贈黃敬之欽赴燕序.

2 앞의 글.

3 조성산, 앞의 논문, 2004, 183~190쪽. 김창협을 포함한 장동 김문의 학문 경향에 대해서는 이경구, 〈17~18세기 장동 김문 연구〉, 서울대 박사학위 논문, 2003 참조.

4 윤지훈, 〈18세기 농암계 문인의 문학론과 비평에 관한 연구—雪橋 安錫儆을 중심으로〉, 성균관대 박사학위 논문, 2008, 30쪽(李德懋, 《청장관전서》 권35, 農巖三淵慕中國).

5 윤지훈, 앞의 논문, 2008, 56쪽. 후생을 강조하는 점에서 보면 안석경의 입장은 박지원, 이덕무 등 실학파 문인들의 견해와도 유사하다. 이 유사성은 그들 사이에 있었을지도 모르는 다른 공통점, 혹은 차이점의 관련 속에서 논의되었을 때 그 의미가 좀 더 분명해질 수 있을 것이다.

6 김문식, 〈성해응의 대중국 인식〉, 《한국학보》 70, 1993, 117쪽.

7 김문식, 〈宋史筌에 나타난 이덕무의 역사 인식〉, 《한국학논집》 33, 1999, 48~50쪽.

8 안순태, 〈남공철의 연행 체험과 대청 의식〉, 《국문학연구》 36, 2017, 220쪽.

9 이덕무, 《청장관전서》 권48, 耳目口心書.

10 이덕무, 《청장관전서》 권48, 耳目口心書.

11 임명걸, 〈이덕무와 박제가의 연행록에 나타난 중국 인식 비교 연구〉, 《새국어교육》 112, 2017, 344~361쪽.

12 이덕무, 《청장관전서》 권5, 嬰處雜稿 1.

13 이덕무, 《청장관전서》 권35, 潘輈錄 四, 農巖三淵慕中國.

14 홍양호와 기윤에서 시작된 인연이 두 사람의 3대 후손들까지 이어진 것에 대해서는 진재교, 〈18세기 조선조와 청조 학인의 학술교류—홍양호와 기윤을 중심으로〉, 《고전문학연구》 23, 2003 참조.

15 《정조실록》 권16, 정조 7년 7월 18일. 그의 북학론에 대해서는 서인원, 〈이계 홍양

호의 북학론〉, 《역사와실학》 2, 1992; 김문식, 〈홍양호의 북학론〉, 《문헌과해석》 24, 2003 참조.

16 홍양호의 존명의리론에 대해서는 김창수, 〈이계 홍양호의 화이관과 청 인식의 두 층위〉, 《사림》 69호, 2019 참조.

17 《정조실록》 권49, 정조 22년 7월 21일.

18 홍양호, 《이계집耳溪集》 권10, 序, 晉陽四世忠義合編序.

19 앞의 글.

20 홍양호, 《이계집》 권11, 序, 送李學士鼎運赴燕序.

21 《정조실록》 권16, 정조 7년 7월 18일.

22 성대중, 《청성집靑城集》 권7, 記, 明隱記.

23 앞의 글.

24 성대중, 《청성잡기》 권3, 醒言.

25 앞의 글.

26 앞의 글.

27 앞의 글.

28 성대중, 《청성집》 권5, 序, 送徐侍郎浩修以副价之燕序.

29 성대중, 《청성집》 권7, 記, 華陽洞記.

30 성대중, 《청성집》 권5, 序, 送徐侍郎浩修以副价之燕序.

31 앞의 글.

32 성대중, 《청성잡기靑城雜記》 권3, 醒言.

33 앞의 글.

34 앞의 글.

35 홍대용, 《담헌서》 內集, 권3, 書, 與金直齋鍾厚書.

36 《周易傳義》 上, 卷2, 坤.

37 《孟子》, 滕文公 下.

38 《孟子》, 盡心 上.

39 《論語》, 八佾.

40 김종후, 《본암집本庵集》 권3, 書, 答洪德保.

41 홍대용, 《담헌서》 內集 권3, 書, 又答直齋書.

42 《論語》, 憲問.

43 홍대용, 《담헌서》 外集 권2, 杭傳尺牘, 乾淨衕筆談; 이상정, 《대산집》 권50, 杜谷洪公行狀; 이익, 《성호사설》 권30, 詩文門, 洪宇定詩.

44 《中庸》14장.

45 김명호, 앞의 책, 2020, 705쪽.

46 박희병, 《범애와 평등─홍대용의 사회사상》, 돌베개, 2013, 134쪽. 박희병은 홍대용을 북학파로 여겨서는 안 된다고 주장했다. 그가 보기에 북학파가 화이론의 틀 안에서 물질을 중시한 유학자들이라면, 홍대용은 화이론을 부정하고 절검을 강조했으며 묵자의 사상을 받아들였다는 점에서 북학파와 분명하게 구별된다. 그러나 김호는 홍대용을 포함한 북학파의 화이론과 주자학자의 화이론이 가진 차이를 "열림의 정도"에 관한 문제로 보았다(김호, 〈조선 후기 화이론 재고〉, 《한국사연구》 162, 2013). 김명호는 《의산문답》에 보이는 혁신적인 주장들이 주자학을 기반으로 한 것이었다고 주장했다(김명호, 〈홍대용과 만촌 여유량〉, 《민족문화연구》 77, 2017). 그는 홍대용을 치밀하게 독해해 내기도 했다(김명호, 《홍대용과 항주의 세 선비》, 돌베개, 2020).

47 정인보, 〈湛軒書序〉.

48 앞의 글.

49 홍대용, 《담헌서湛軒書》 內集, 권4, 補遺, 毉山問答.

50 역외춘추론은 내외를 구별하는 것이 가지는 근본적 의미를 강조하는 과정에서 나온 일종의 예시이자 수사라고 해야 한다. 그런 맥락에서 보면, 역외춘추론을 실학사상이나 평등사상의 이름으로만 호명해 내는 것은 적어도 홍대용 자신의 문제의식과 정확하게 들어맞는다고 할 수는 없다.

51 이덕무, 《청장관전서》 권63, 天涯知己書, 養虛堂記. 홍대용은 김원행의 제자인데, 김원행은 주자와 송시열을 존중하고, 김창협의 학풍을 계승했던 인물이다(조성산, 〈18세기 후반 석실서원과 지식 지식인의 재생산〉, 《역사와담론》 66, 2003).

52 이덕무, 《청장관전서》 권10, 雅亭遺稿 2, 詩, 洪湛軒大容園亭. 같은 시가 홍대용의 문집에도 인용되어 있다(홍대용, 《담헌서》 外集, 附錄, 乾坤一草亭題詠).

53 김경, 〈이덕무의 김창협 비평 수용 연구─이규보에 대한 비평을 중심으로〉, 《어문논집》 78, 2016, 129~130쪽.

54 배우성, 《조선과 중화》, 돌베개, 2014, 18쪽.

55 홍대용, 《담헌서》 內集, 권3, 序, 大同風謠序.

56 홍대용이 여유량呂留良의 생애와 사상에 특별한 관심을 보였다는 사실은 그가 가진 사상의 본질이 무엇이었는지를 잘 보여 준다. 홍대용은 민생을 위한 학문을 추구했으며 서양에 대해서도 관심을 드러냈지만, 그것들은 대체로 주자학을 혁신한다는 구상 안에서 이루어진 것이었다. 그 점에서는 여유량도 다를 바 없었다. 이덕무도 여유량을 그런 눈으로 보았다. 홍대용의 여유량 인식에 대해서는 김명호, 〈홍대용

과 晩村 呂留良〉,《민족문화연구》77, 2017, 435~441쪽을 참조.

[57] 배우성, 앞의 책, 2014, 165쪽.

[58] 박제가,《북학의北學議》, 外篇, 尊周論.

[59] 김대중, 〈내부 외부에 대한 두 개의 시선〉,《한국사연구》162, 2013, 178쪽.

[60] 김대중, 앞의 논문, 2013, 187쪽.

[61] 박희병, 〈홍대용은 과연 북학파인가〉,《민족문학사연구》50, 2012, 133쪽.

[62] 박제가,《정규각문집貞蕤閣文集》권2, 文, 應旨進北學議疏.

[63] 박지원,《연암집燕巖集》권7, 別集, 鍾北小選, 北學議序.

[64] 앞의 글.

[65] 북학파의 화이론자적인 면모에 대해서는 김문식, 〈18세기 후반 서울 학인의 청학
인식과 청 문물 도입론〉,《규장각》17, 1994; 박성순, 〈조선 후기의 대청인식과 북
학론의 의미〉,《사학지》31, 1998; 류창, 〈청 문물 인식에 입각한 조선 후기 북학파
의 화이관 연구〉,《중한언어문화연구》11, 2016 등을 참조.

[66] 《열하일기》 전체를 관통하는 박지원의 문제의식에 대해서는 배우성, 〈《열하일기》
와 중화 개념〉,《개념과소통》27, 2021을 참조.

[67] 박지원,《연암집》권12, 別集,《熱河日記》, 關內程史, 虎叱.

[68] 《莊子》, 外篇, 胠篋.

[69] 앞의 글.

[70] 박지원,《연암집》권12, 別集,《熱河日記》, 關內程史, 虎叱.

[71] 《孟子》, 萬章 上.

[72] 박지원,《연암집》권12, 別集,《熱河日記》, 關內程史, 虎叱.

[73] 司馬遷,《史記》卷66, 伍子胥列傳.

[74] 박지원,《연암집》권12, 別集,《熱河日記》, 關內程史, 虎叱.

[75] 앞의 글.

[76] 앞의 글.

[77] 박지원에 따르면, 이吏라는 말은 '다스린다'는 뜻인데, 천리天吏가 있고, 명리命吏가
있으며, 장리長吏가 있고, 연리掾吏가 있다 한다. 천리는 하늘을 대신하여 백성을 다
스리는 자이며, 명리는 임금의 가르침을 받들어 백성에게 교화를 펴는 자이다(박지
원,《연암집》권1, 居昌縣五愼祠記). 박지원이 청나라를 군이 '천리'가 아니라 '명리'라고
불렀던 것은 그 나라를 '천명을 받았으나 결코 중국이라 할 수 없다'고 생각했기 때
문일 것이다.

[78] 박지원이 청을 중화로 간주한 적이 없다는 점에 대해서는 김영식, 앞의 책, 2018,

331~333쪽 참조.

79 박지원, 《연암집》 권70, 鍾北小選, 序, 北學儀序.

80 갈조광, 이동연 외 옮김, 《중국사상사—사상사의 서술방법》, 일빛, 2007, 36쪽.

81 박지원, 《연암집》 권15, 別集, 《熱河日記》, 謁聖退述, 文丞相祠堂記.

82 앞의 글.

83 앞의 글.

84 앞의 글.

85 앞의 글.

86 앞의 글.

87 박지원, 《연암집》 권15, 別集, 《熱河日記》, 弘仁寺.

88 《論語》, 顔淵篇, 子貢問政.

89 박지원, 《연암집》 권15, 別集, 《熱河日記》, 銅蘭涉筆.

90 박지원은 1636년(인조 14) 회답사로 심양에 간 이확이란 인물의 신도비를 위해 글을 쓰기도 했다. 이확은 1636년(인조 14) 회답사로 심양에 갔다가 청나라가 황제국을 선포하려 한 의식에 불참하고 돌아온 인물이다. 박지원에 따르면, "머리가 잘릴지라도 조아려서는 안 되고, 무릎이 끊어지더라도 꿇어서는 안 되는" 상황에서 이확이 의연하게 대처함으로써 조선은 천하에 대해 스스로 떳떳할 수 있게 되었다(박지원, 《연암집》 권2, 嘉義大夫行三道統制使贈資憲大夫兵曹判書兼知義禁府事五衛都摠府都摠管諡忠烈李公神道碑銘 并序).

91 북벌이 불가능해지자 조선 지식인들 사이에는 '청나라가 오랑캐라는 숙명적인 이유로 중원에서 더 이상 버티지 못하고 결국 그들의 고향인 영고탑으로 돌아가게 될 것'이라는 전망이 생겨났다. 그들은 한편으로는 대보단에 기대고, 다른 한편으로는 이런 희망 섞인 전망에 의지했다.

92 박지원, 《연암집》 권14, 別集, 《熱河日記》, 口外異聞, 羅約國書.

93 박지원, 《연암집》 권13, 別集, 《熱河日記》, 行在雜錄.

94 박지원의 '조선풍朝鮮風'에 관한 한문학계의 연구는 1970년대에 시작되었으며 지금도 이어지고 있다. 김동준의 논문(〈조선 후기 조선풍 한시에 대한 재론〉, 《국문학연구》 10, 2003)에서 선행연구들이 검토된 바 있다. 그 이후 진행된 관련 연구로는 이정선, 〈조선 후기 문화변동과 조선풍의 위상〉, 《한국언어문화연구》 34, 2007; 한윤숙, 〈조선풍 한시의 사상적 배경과 성격 연구〉, 《동양예술》 36, 2017 등이 있다.

95 박지원, 《연암집》 권70, 別集, 鍾北小選, 序, 嬰處稿序.

96 앞의 글.

97 앞의 글.

98 앞의 글.

99 이정선, 〈조선풍의 개념과 문학적 지향〉, 《한국시가연구》 8, 2000, 315쪽.

100 김동준, 앞의 논문, 2003, 60~74쪽.

101 '조선지풍朝鮮之風'의 해석도 문제지만, 박지원이 가진 학문관이나 사상체계 안에서 시작詩作이 차지하는 위계가 높지 않았다는 점도 고려해야 한다(배우성, 《독서와 지식의 풍경》, 돌베개, 2015, 85~106쪽). 박지원의 눈높이에서 본다면, 이덕무의 시를 '조선지풍'으로 평가하는 일은 '중화의 유제를 내면화하여 전면적인 중국화·문명화를 추구하는 것'에 비추면 훨씬 하위에 속한 변수였다.

102 홍희준의 대청 인식에 관해서는 김대중, 〈홍희준의 대청 인식〉, 《고전문학연구》 47, 2019 참조.

103 안순태, 앞의 논문, 2017, 206~209쪽.

104 안순태, 앞의 논문, 2017, 212쪽. 南公轍, 《金陵集》, 自識.

105 이 책 5부 1장 참조.

106 홍직필, 《매산잡록梅山雜識》 권1(조성산, 앞의 논문, 2009 71쪽에서 재인용).

107 홍희준, 《전구傳舊》 제4책, 長城論.

108 홍희준, 《전구》 제4책, 淸人不復衣冠論.

109 韓愈, 〈送浮屠文暢師序〉.

110 홍희준, 《전구》 제4책, 淸人不復衣冠論.

111 김대중, 앞의 논문, 2019, 72쪽.

112 홍희준, 《전구》 제4책, 淸人不復衣冠論.

113 이군선, 〈훈곡 홍희준의 화동음원 해제〉, 《민족문화연구》 43, 2005, 328쪽; 이지연, 앞의 논문, 2011, 53~54쪽.

114 홍희준, 《전구》 제5책, 玉果倡義祠記.

115 홍희준, 《전구》 제5책, 玉果倡義祠合享祝文.

116 홍희준, 《전구》 제2책, 廣詩.

117 홍희준, 《전구》 제4책, 淸國創業君臣論.

118 김대중, 앞의 논문, 2019, 75·83쪽.

119 소흘기와 선통기는 중국 신화시대에 관한 이야기들 중 일부이다. 이규경에 따르면, 소흘은 소로써 먼 것을 알고 홀로써 인의도덕의 쓰임을 판단했다는 것을, 선통은 서로 선양하는 도가 하늘의 도에까지 통하였다는 것을 의미한다(이규경, 《오주연문장전산고》 경사편 5—논사류 2, 인물—제왕, 광음천인光音天人에 대한 변증설).

120 홍희준, 《전구》 제10책, 經術. 이하 홍희준의 학문관에 관한 설명은 이 논설을 토대로 하였다.

121 홍희준, 《전구》 제10책, 抄啓應製, 經術(乙卯十二月初七日七月親試三下).

122 앞의 글.

123 홍희준, 《전구》 제4책, 松坡書院重修記(丙辰).

124 홍희준, 《전구》 제4책, 方言說.

125 홍희준, 《전구》 제4책, 諺書訓義說.

126 홍희준, 《전구》 제4책, 華東音源序.

127 홍희준, 《전구》 제1책, 詩, 檀君臺.

128 홍희준, 《전구》 제4책, 上曉嵐書(丁巳冬).

129 홍희준, 《전구》 제4책, 宋姜校理百源奉使之燕序.

130 홍희준, 《전구》 제5책, 圖卦發蘊序(壬辰).

131 홍희준, 《전구》 제5책, 與紀茂林樹葵書.

132 앞의 글.

133 홍희준, 《전구》 제4책, 荷蘭國人記.

134 김대중, 앞의 논문, 2019, 94~95쪽.

5부 기자·진인·동양

1 노관범, 〈조선 후기 관서 유학사 시론〉, 《한국사상사학》 66, 2020, 224~227쪽.

2 박문일, 《운암집》, 雲菴先生年譜(上), 癸卯 先生二十二歲.

3 박문일, 《운암집》, 雲菴先生年譜(上), 戊申 先生二十七歲.

4 이항로, 《화서집》, 附錄 권9, 年譜, 壬子年.

5 이항로, 《화서집》, 附錄 권3, 語錄, 金平默錄 三.

6 임종태, 〈도리의 형이상학과 형기의 기술—19세기 중반 한 주자학자의 눈에 비친 서양 과학기술과 세계: 이항로(1792~1868)〉, 《한국과학사학회지》 21-1, 1999, 68쪽.

7 이항로, 《화서집》 권24, 雜著, 東西南北說.

8 앞의 글.

9 임종태, 앞의 논문, 1999, 87쪽.

10 이항로, 《화서집》, 附錄 권8, 行狀(金平默).

11 앞의 글.

12 앞의 글.

13 앞의 글.

14 박문일,《운암속집雲菴續集》권8, 書, 答金憲植.

15 박문일,《운암속집》권8, 書, 與白至卿.

16 박문일은 이항로를 위해 지은 제문에서 그의 학덕을 칭송했다. 그러나 이항로의 삶
에서《합편강목》이 가지는 의미에 대해서는 언급하지 않았다(박문일,《운암집雲菴集》
권10, 祭文, 祭華西李先生文).

17 박성순,〈丙寅洋擾 時期 李恒老의 薦擧를 둘러싼 政局의 動向〉,《사총》72, 2011,
120~123쪽.

18 곽치섭은 1857년(철종 8) 태천 현감으로 부임했으며, 그해 박문일을 만났다. 雲菴先
生年譜(上), 丁巳(先生三十六歲) 縣侯郭致燮來候.

19 박문일,《운암속집》권6, 書, 上郭承旨.

20 박문일,《운암집》, 雲菴先生年譜(上), 丙寅 先生四十五歲 十月.

21 하명준,〈朝鮮後期~近代改革期 平安道의 政治·文物 伸長 硏究〉, 서울대 박사학위
논문, 2016, 108~110쪽.

22 박성순, 앞의 논문, 2011, 120~123쪽.

23 이항로,《화서집》, 附錄 권9, 年譜, 丙寅(先生七十五歲) 十月丁亥.

24 이항로,《화서집》, 附錄 권9, 年譜, 丙寅(先生七十五歲) 十月丁亥.

25 노관범, 앞의 논문, 2020, 227쪽.

26 실제 이항로는 이적이 초래한 해악의 역사 가운데 "양적洋賊이 가장 심하다"고 주
장했다(김창수,〈19세기 후반, 지방 지식인의 대외인식 지형—華西학파의 華夷觀과 청 인식
을 중심으로〉,《한국사학보》72, 2018, 100~104쪽).

27 박문일,《운암속집》권18, 序, 華西先生回巹序.

28 장기풍張起豊은 관서칠의사 장후건張厚健의 봉사손이었다. 박문일은 장기풍의 부탁
을 받고《황명칠의사전》에 서문을 지어 붙였다. 그에 따르면, 역사책에는 나라를 위
해 목숨을 바친 '열사烈士'들이 적지 않게 등장한다. 그들은 대부분 관료였으며, 제
나라를 위해 충성을 다 했다. 황명칠의사는 '영해瀛海에 사는 포의布衣'였지만, '신
주神州'의 '사변事變'을 걱정하고 의를 실천했다는 점에서 특별하다(박문일,《운암집》
권11, 序, 皇明七義士傳序).

29 박문일,《운암집》권11, 序, 三希齋序.

30《기자지》제3책, 編輯諸生.

31 한국문집총간이 간행한 《운암집》 권11, 序, 箕子實記序 아래의 설명을 참조.

32 박문일, 《운암속집》 권15, 雜著, 通文: 請朱夫子奉安文(本縣代述白永祚等).

33 박문일, 《운암집》 권10, 祭文, 祭白公永祚文.

34 송병선, 《연재집淵齋集》 권28, 跋, 箕子誌跋: 四方多士 復輯經史所載……崔君宗衡 遠來徵跋.

35 유미나, 〈조선 시대 기자에 대한 인식과 기자 유상〉, 《강좌 미술사》 44, 2015, 222 쪽.

36 기정진, 《노사집蘆沙集》 권20, 序, 箕子誌重刊序.

37 박문일, 《운암집》 권11, 序, 箕子實記序 代白承祚.

38 박문일, 《운암집》 권11, 序, 淸溪存道齋序.

39 다른 글에서 그는 태천을 "인현仁賢의 소화小華"라 부르기도 했다(박문일, 《운암속집》 권15, 雜著, 狀, 代經義生稟本縣狀).

40 Sunjoo Kim, "Marginalized Elite, Regional Discrimination, and the Tradition of Prophetic Belief in the Hong Kyongnae Rebellion", Ph.D. Dissertaion, University of Washington, 2001(김선주, 김범 역, 《조선의 변방과 반란, 1812년 홍경래 난》, 푸른역사, 2020, 102쪽).

41 박문일, 《운암집》 권11, 序, 皇明七義士傳序.

42 박문일, 《운암집》 권11, 序, 菊菴事實序.

43 박문일, 《운암속집》 권14, 雜著, 說, 中國年代數.

44 박문일, 《운암속집》 권18, 墓碣銘, 杏園白公墓碣銘.

45 박문일, 《운암속집》 권18, 墓碣銘, 杏園白公墓碣銘.

46 김명호, 《환재 박규수 연구》, 창비, 2008, 207~209쪽.

47 박문일은 백경해의 문집에 붙인 서문에서 그 사실을 자세히 적었다(박문일, 《운암집》 권11, 序, 守窩白公慶楷文集序).

48 백경해, 《수와집守窩集》 권8, 遺事(21則, 白宗杰).

49 백경해, 《수와집》, 附錄, 墓誌銘 幷序(白周鉉).

50 노대환, 〈세도정치기 산림의 현실인식과 대응론—노론 산림 오희상·홍직필을 중심으로〉, 《한국문화》 42, 2008, 70~82쪽. 홍직필의 스승 박윤원 역시 대명의리론을 견지했다(노대환, 같은 논문, 2008, 68쪽).

51 오희상, 《노주집老洲集》 권21, 雜著, 警世.

52 오희상, 앞의 글.

53 노대환, 앞의 논문, 2008, 68쪽.

54 홍직필, 《매산잡록》 권1 (조성산, 〈18세기 후반~19세기 전반 대청인식의 변화와 새로운 중화관념의 형성〉, 《한국사연구》 145, 2009, 71쪽에서 재인용).

55 홍직필, 앞의 글.

56 오희상, 《노주집》 권15, 序, 小華外史序.

57 홍직필, 《매산집梅山集》 권30, 題跋, 小華外史跋(己酉).

58 홍직필, 《매산집》 권23, 書, 答李在慶(壬辰元月).

59 한원진, 《남당집》 拾遺, 권6, 雜著, 拙修齋說辨.

60 홍직필, 《매산집》 권17, 書, 答白聖益 慶楷(甲子元月).

61 노관범, 앞의 논문, 2020, 231~233쪽.

62 홍직필, 《매산집》 권9, 書, 答李子岡 壬申二月二十五.

63 홍직필, 《매산집》 권32, 神道碑, 贈戶曹參判鼎湖白公神道碑銘 幷序(庚子).

64 홍직필, 《매산집》 권17, 書, 答白聖益(丙子陽月).

65 홍직필, 《매산집》 권5, 書, 答老洲吳丈(戊寅五月七日).

66 박문일, 《수와집》 권6, 雜著, 我東方言正變說(辛巳).

67 백경해, 《수와집》 권5, 書, 答金雲仲(致龍,戊寅).

68 백경해, 《수와집》 권2, 序, 水原白氏定州族譜重修序(戊子).

69 이하 격문 내용은 《辛未洪景来乱の研究》(小田先生頌壽記念會, 1934), 37~38쪽 참조.

70 한명기, 〈'재조지은'과 조선 후기 정치사—임진왜란~정조 대 시기를 중심으로〉, 《대동문화연구》 59, 2007.

71 《인조실록》 부록, 인조대왕 행장.

72 이긍익, 《연려실기술燃藜室記述》 別集 4, 祀典典故.

73 노관범, 〈조선 후기 관서유학사 시론〉, 《한국사상사학》 66, 2020.

74 한국 역대인물 종합정보시스템이 제공하는 문과방목과 사마방목을 참조. 평안도 곽산의 월포사는 홍경우를 제향하던 사원이었다. 그는 곽산 출신의 남양 홍씨(당성계)로 봉사겸첨정을 지냈다(《신증동국여지승람》 권53, 평안도, 곽산군).

75 박현순, 〈조선 후기 문과에 나타난 경향 간의 불균형 문제 검토〉, 《한국문화》 58, 2012, 22쪽.

76 검산진 성곽은 1631년(인조 9)에 무신 임경업에 의해 증축되었다(규장각 한국학연구원 홈페이지에 실려 있는 이기봉의 지도 해설).

77 《순조실록》 권5, 순조 12년 1월 3일: 宣川伽倻洞鄭哥 五歲 自海島入中國 能使劍 有大志.

78 김선주에 따르면, 《정감록》의 정진인은 종교를 기반으로 하지 않는 세속적이고 정

치적인 구원자이다(김선주, 김범 역, 앞의 책, 2020, 167쪽).

79 이종필, 〈정감록과 조선 후기 하위 주체들의 저항적 연대〉, 《우리문학연구》 62, 39쪽.

80 오수창, 〈19세기 초 평안도 사회 문제에 대한 지방민과 중앙관리의 인식과 정책〉, 《한국문화》 36, 2005, 132쪽.

81 백승종, 〈18~19세기 정감록을 비롯한 각종 예언서의 내용과 그에 대한 당시대인들의 해석〉, 《진단학보》 88, 1999, 283~289쪽.

82 정석종, 〈홍경래 난의 성격〉, 《한국사연구》 7, 1972, 536쪽.

83 김선주, 김범 역, 앞의 책, 2020, 200~201쪽.

84 《진중일기陣中日記》 1812년 2월 23일: 矣身 本以明朝忠賢之後 流來東土 特蒙朝家收用之恩. 屢經邊將食祿.

85 김선주, 앞의 책, 2020, 200~201쪽.

86 배우성, 〈정조의 유수부 경영과 화성 인식〉, 《한국사연구》 127, 2004, 256~260쪽.

87 《순조실록》 권5, 순조 12년 1월 3일: 招亡納叛 幾至累萬. 그가 말한 유망인流亡人이나 반민叛民은 격문에 등장하는 '황명皇明의 세신유손世臣遺孫'일 것이다.

88 백경해, 《수와집》 권3, 記, 滄桑日記.

89 오수창, 앞의 논문, 2005, 132쪽.

90 《진중일기》 1812년 4월 29일.

91 《진중일기》 1812년 3월 15일.

92 김선민, 〈1812년 홍경래의 난으로 본 조청 관계〉, 《중국학보》 90, 2019, 222쪽.

93 《인조실록》 권42, 인조 19년 11월 9일. 영조 때 원인손에 따르면, 최효일은 청나라에 체류하다가 발각되어 죽임을 당했는데, 용골대가 최효일의 이름으로 가짜 편지를 써서 조선의 일가에 보내 답장을 유도했고, 그렇게 해서 받은 답신에서 황일호가 최효일 일가를 비호하고 있다는 사실을 알게 되었다 한다(《영조실록》 권87, 영조 32년 2월 22일).

94 《인조실록》 권42, 인조 19년 11월 9일.

95 《숙종실록》 권11, 숙종 7년 2월 13일.

96 《숙종실록》 권50, 숙종 37년 6월 16일.

97 《숙종실록》 권53, 숙종 39년 4월 13일.

98 《숙종실록》 권56, 숙종 41년 8월 25일.

99 《영조실록》 권87, 영조 32년 2월 22일.

100 《영조실록》 권87, 영조 32년 2월 24일. 차여량車汝良은 숙종 때 민진원이 말한 차

예량車禮亮일 것이다.

101 《영조실록》영조 38년 11월 28일.

102 《정조실록》권44, 정조 20년 3월 19일.

103 앞의 글.

104 《정조실록》권44, 정조 20년 6월 24일;《홍재전서弘齋全書》권35, 敎, 忠烈公黃一皓追享義州顯忠祠敎. 백경해는 그들을 신사칠의사辛巳七義士라 불렀다(백경해,《수와집》권1, 詩, 與車掌令(敬鎭).

105 《정조실록》권45, 정조 20년 7월 21일. 의주 현충사에는 강감찬·임경업·황일호·최효일·안극함·차예량·차충량車忠亮·차원철車元轍·차맹윤車孟胤·장후건張厚健 등 모두 10사람이 배향되어 있었다(《신증동국여지승람》권53, 평안도, 의주목, 사원).

106 《홍재전서》권36, 교7, 本朝義士白大豪等皇朝漂人林寅觀等春秋幷享顯忠祠壇敎.

107 뒤에 승지 이익운李益運의 청원에 따라, 한사웅韓士雄의 종형從兄 한득인韓得仁의 위패를 동쪽에 추가하였다(《정조실록》권49, 정조 22년 7월 23일). 역대인물종합정보시스템이 제공하는 방목 정보에 따르면, 백대호의 아들 백상흥白尙興은 의주 태생의 배천 백씨로 1672년(현종 13)에 무과에 급제했다.

108 성대중,《청성집》권7, 傳, 黃一皓等七義士傳, 車忠亮.

109 황경원,《강한집江漢集》권30, 傳, 明陪臣傳 四, 序.

110 성대중,《청성집》권7, 傳, 黃一皓等七義士傳, 車禮亮.

111 유인석,《의암집》권38, 雜著, 奉贈車桂巖(壬寅十月).

112 성대중,《청성집》권7, 傳, 黃一皓等七義士傳, 車忠亮.

113 이이,《栗谷全書》권24, 聖學輯要 六, 爲政第四上.

114 송시열,《송자대전》권158, 右議政李公神道碑銘 幷序.

115 김창협,《농암집農巖集》권12, 書, 上尤齋問目[再問]; 農巖集, 권17, 書, 與北溪李公.

116 《홍재전서》권3, 春邸錄, 書, 答宮僚.

117 전우,《간재집艮齋集》前編, 권16, 記, 敬出齋記(癸未); 유인석,《의암집》, 권18, 書, 與李萬汝徐敬殷相烈(乙未十二月七日).

118 황경원,《강한집》권30, 傳, 明陪臣傳 四, 序.

119 《진중일기》1812년 4월 29일.

120 《만기요람萬機要覽》, 軍政編 4, 海防, 西海之北.

121 《일성록》1786년(정조 10) 3월 3일, 3월 6일.

122 《일성록》순조 7년 8월 11일.

123 《일성록》 순조 7년 9월 10일.

124 《순조실록》 권10, 순조 7년 9월 21일. 이 자문에는 신도가 '장자도'라는 이름으로 되어 있다. 己未/以獐子島潛商事 移咨北京禮部.

125 《순조실록》 권10, 순조 7년 12월 22일.

126 《진중일기》 1812년 4월 29일.

127 오수창, 《조선후기 평안도 사회발전연구》, 일조각, 2002, 288쪽.

128 김선주, 김범 역, 앞의 책, 2020, 250쪽.

129 《순조신미별등록純祖辛未別謄錄》 1812년 2월 20일.

130 오수창, 앞의 책, 2002, 260~270쪽.

131 오수창, 앞의 책, 2002, 288~290쪽.

132 김선주, 김범 역, 앞의 책, 2020, 250쪽.

133 《진중일기》 1812년 3월 18일.

134 오수창, 앞의 책, 2002, 261쪽.

135 정석종, 〈홍경래 난의 성격〉, 《한국사연구》 7, 1972, 576쪽.

136 홍직필, 《매산집》 권52, 雜錄.

137 《승정원일기》 철종 11년 12월 10일.

138 이 논설의 글은 선행연구에서 이미 상세하게 소개된 바 있다(김명호, 《환재 박규수 연구》, 창비, 2008). 이 책에서는 청과 중국, 중화에 대한 김윤식의 문제의식에 대해서 검토하기로 한다.

139 김윤식, 《운양속집》 권2, 序, 奉送瓛齋朴先生珪壽赴熱河序 哲宗辛酉○補遺.

140 앞의 글.

141 앞의 글.

142 앞의 글.

143 앞의 글.

144 앞의 서문의 別紙.

145 앞의 글.

146 김명호, 앞의 책, 2008, 388쪽.

147 김윤식, 《운양속집》 권2, 序, 奉送瓛齋朴先生珪壽赴熱河序 哲宗辛酉○補遺의 別紙.

148 김윤식, 《운양속집》 권1, 詩, 奉工徒到天津東局分廠灌爐課(補遺).

149 김윤식, 《음청사》, 1881년(고종 18) 12월 26일.

150 김윤식, 《음청사》, 1881년(고종 18) 12월 27일.

151 김성배, 〈金允植의 政治思想 硏究: 19세기 朝鮮의 儒敎와 近代〉, 서울대 박사학위

논문, 2001, 153쪽《유교적 사유와 근대 국제정치의 상상력─구한말 김윤식의 유교적 근대 수용》, 창비, 2009, 4장 2절).

152 李嘯谷, 〈朝鮮王朝末期における《中華思想》の 実践─金允植(雲養)の場合〉, 《朝鮮史研究會會報》137, 1999; 박은숙, 〈김윤식과 원세개·이홍장·주복의 교류(1881 ~1887)〉, 《한국사학보》61, 2015.

153 김성배, 앞의 논문, 2001, 155~160쪽.

154 장보운, 〈1880년대 한성순보의 중국 인식〉, 《규장각》48, 2016, 197~205쪽.

155 백영서, 〈대한제국기 한국 언론의 중국 인식〉, 《역사학보》153, 1997, 113~118쪽.

156 권석봉, 〈한청통상조약의 체결〉, 《동방학지》56, 1987, 133쪽.

157 은정태, 〈1899년 한청통상조약 체결과 대한제국〉, 《역사학보》186, 2005, 51쪽.

158 《韓淸議約公牘》(규15032): 光武三年五月五日第三次會議 徐大臣說帖.

159 《독립신문》1899년 9월 28일, 인천통신.

160 시모노세키조약 이전까지 청나라는 조선으로부터 조공을 받고 조선을 책봉하는 위치에 있었다. 그러나 한청통상조약으로 '대청국'은 '대한국'에게 "최혜국 대우를 받는 열강의 일원"이 되었다(박준형, 〈청일전쟁 이후 잡거지 한성의 공간 재편 논의와 한청통상조약〉, 《서울학연구》45, 2011, 98쪽).

161 최익현, 《면암집》권4, 辭議政府贊政疏(再疏) 戊戌十月初九日. 이하 최익현의 화이론에 대해서는 별도의 표시가 없는 한, 이 상소문에 의거하여 서술하였다.

162 최익현, 《면암집》권4, 辭議政府贊政疏(再疏) 戊戌十月初九日.

163 소강절, 《황극경세서》, 天開於子 地闢於丑 人生於寅.

164 박권수, 〈역서와 역사─조선 후기의 상수학적 연대기서와 시헌력〉, 《동국사학》64, 2018, 54~63쪽.

165 최익현, 《면암집》권4, 辭議政府贊政(再疏) 戊戌十月初九日.

166 유중교, 《성재집》, 附錄, 권1, 年譜, 甲戌(先生四十三歲).

167 유중교, 《성재집》권6, 往復雜稿, 上重菴先生(辛未九月).

168 《고종실록》권32, 고종 31년 12월 17일.

169 민회수, 〈갑오개혁 이전 조선의 황제국 용어 사용〉, 《규장각》55, 2019, 130~144쪽.

170 최익현은 이 상소에서 박영효 등 실각한 개화파 세력을 엄벌하고 갑오개혁 이전으로 의복제도를 복원하자고 주장했다(오영섭, 〈갑오경장~독립협회기 면암 최익현의 상소운동〉, 《한국민족운동사연구》18, 1998, 47쪽). '대군주 폐하'라는 명칭에 대한 비판은 이 상소의 말미에 붙어 있다.

171 최익현, 《면암집》권4, 疏, 請討逆復衣制疏 乙未六月二十六日.

172 《大學章句》.

173 《中庸章句》, 序 蓋自上古聖神繼天立極 而道統之傳 有自來矣.

174 제통의 관점에서 보면 '계천입극'은 대일통大—統의 문제이기도 했다. 정조는 이렇게 말했다. "왕자王者의 '계천입극'은 경사京師를 높이고 일통—統을 중요하게 여기는 것을 말한다"《홍재전서》권111, 經史講義, 綱目, 秦始皇: 王者繼天立極 尊京師大—統之謂也).

175 《승정원일기》고종 34년(1897) 9월 5일. 이하 이수병의 상소 내용에 관한 서술은 별도의 표시가 없는 한 이 기사에 의거하였다.

176 최익현, 《면암집》권4, 辭宮內府特進官疏(再疏) 戊戌十二月十九日.

177 《황성신문》1902년 4월 5일, 論說, 人棄其棄我反取棄.

178 《황성신문》1898년 9월 12일.

179 노대환, 〈1880년대 문명 개념의 수용과 문명론의 전개〉, 《한국문화》 19, 2010a, 223~228쪽.

180 송시열, 《송자대전》권139, 序, 月沙集序.

181 유길준은 《서유견문》(1889)에서 '문명'이 '경쟁'이 아니라 경려競勵로 진보하며, '공법'도 힘이 아니라 '시비'가 기준이 된다고 주장했다. 후쿠자와를 통해 이해한 번역어들을 도덕적·유교적 문맥에서 정의하려 한 것이다(노대환, 앞의 논문, 2010a, 230쪽).

182 노대환, 〈1890년대 후반 '문명' 개념의 확산과 문명의식〉, 《한국사연구》 149, 2010b, 245쪽.

183 《고종실록》권33, 고종 32년 9월 28일.

184 김윤희, 〈문명개화의 계보와 분화(1876~1905년)―개념의 의미화 과정을 중심으로〉, 《사총》 79, 2013, 20~21쪽.

185 길진숙, 〈《독립신문》·《매일신문》에 수용된 '문명/야만' 담론의 의미 층위〉, 《국어국문학》 136, 2004, 331~342쪽.

186 교육 진흥을 위해 학교를 세우는 일은 '문명사업文明事業'으로(《황성신문》1908년 3월 4일, 祝賀海朝新聞), '문명민족文明民族'의 사명으로 간주되었다(《황성신문》1908년 5월 24일, 興學勸告).

187 김윤희, 앞의 논문, 2013, 27쪽.

188 《황성신문》1898년 9월 5일, 社說.

189 백동현, 앞의 논문, 2004, 51쪽.

190 황현, 《매천집》권6, 記, 養英學校記.

191 김소영, 〈尺牘을 통해 본 梅泉 黃玹의 삶의 자세와 시대인식〉, 《한문학보》 10, 2010, 235~236쪽.

192 신채호의 '아'가, 사회 혹은 독립과 가지는 관계에 대해서는 노관범, 〈대한제국기 신채호의 '아我' 개념의 재검토〉, 《개념과소통》 14, 2014 참조.

193 《大韓每日申報》 1908년 6월 17일, 歷史에 對한 管見二則.

194 임상석, 〈신채호 연구의 잃어버린 한 고리―대동제국사서언―의 발견〉, 《민족문화 연구》 38, 2003, 5쪽. 신채호의 초기 연구에서 '동국'이 가지는 의미에 대해서는 김 종복·박준형, 〈大東歷史(古代史)를 통해 본 신채호의 초기 역사학〉, 《동방학지》 162, 2013; 노관범, 앞의 논문, 2014 등을 참조.

195 박정심, 〈《황성신문》의 동양 인식에 관한 연구〉, 《한국철학논집》 59, 2018, 428쪽.

196 19세기 후반 문화적 제휴론은 대한제국기에 들어서서 일본의 아시아연대론에 영 향을 받으면서 '인종적 제휴론'으로 진화했다. 의화단사건은 조선에서 인종적 제휴 론이 확산되는 데 촉매 역할을 했다(김도형, 〈대한제국기 계몽주의 계열 지식층의 '삼국제 휴론'―'인종적 제휴론'을 중심으로〉, 《한국근현대사연구》 13, 2000, 10쪽).

197 《독립신문》 1899년 11월 8일, 논설.

198 《황성신문》 1899년 5월 24일, 論說.

199 《황성신문》 1898년 12월 24일, 論說.

200 김윤희, 〈1909년 대한제국 사회의 '동양' 개념과 그 기원―신문매체의 의미화 과 정을 중심으로〉, 《개념과소통》 4, 2009, 109쪽.

201 김도형, 앞의 논문, 2000, 17쪽. 《황성신문》 1903년 10월 24일, 論說, 辨漢城新報 趑趄逡巡之題.

202 노대환, 〈19세기 후반 申箕善의 현실 인식과 사상적 변화〉, 《동국사학》 53, 2012, 320쪽.

203 신기선, 《양원유집陽園遺集》 권17, 彙言.

204 이황, 《퇴계집退溪集》 권39, 書, 答鄭道可問目.

205 신기선, 《양원유집》 권15, 問答, 明剛問答.

206 청나라를 두고 진행된 세 사람의 대화에 대해서는 권오영, 〈신기선의 동도서기 론〉, 《청계사학》 1, 1984, 109~110쪽 참조.

207 신기선, 《양원유집》 권15, 問答, 明剛問答.

208 배우성, 〈조선 후기 역사학과 신채호, 그리고 21세기〉, 《한국학논집》 43, 2011, 43~47쪽.

209 신기선의 이런 주장은 학계에서 '동서서기론'이라는 이름으로 불린다. 그러나 그 는 1880년대 시점에서 '동도東道'라고 말하지 않았다. 그는 다만 '오도吾道', 혹은 '중토中土'의 도道라고 말했을 뿐이다.

210 노대환, 앞의 논문, 2012, 323~336쪽.

211 그는 이미 1896년에 〈유학경위〉에서 메이지유신에 성공한 일본을 높게 평가했다 (백천, 〈陽園 申箕善의 생애와 대외 인식〉, 《역사학연구》 61, 2016, 112쪽).

212 이예안, 〈대한제국기 '유신維新의 정치학—개념의 치환과 일본 유신 30년사〉, 《개념과소통》 14, 2014, 67~74쪽.

213 앙드레 슈미드, 정여울 역, 《제국 그 사이의 한국》, 휴머니스트, 2002, 제3장 문명화된 일본과의 만남 참조.

214 백동현, 앞의 논문, 2004, 76~79쪽.

215 김윤희, 앞의 논문, 2009, 99쪽.

216 《황성신문》 1909년 11월 16일, 論說, 儒教發達이 爲平和之最大基礎.

217 《황성신문》 1910년 3월 16일, 東洋平和脫稿期; 3월 24일, 自傳과 平和論; 4월 1일 平和論未了.

218 《황성신문》 1898년 9월 12일.

219 앞의 글.

220 《황성신문》 1905년 3월 16일, 投函各舘.

221 이승환, 〈한국 및 동양의 공사관公私觀과 근대적 변용〉, 《정치사상연구》 6, 2002, 47~63쪽.

222 권향숙, 〈공사 개념을 통해서 본 이익의 철학〉, 서울대 박사학위 논문, 2005, 11~20쪽.

223 이 논쟁과 논점에 대해서는 정만조, 〈조선 현종조의 사의·공의 논쟁〉, 《한국학논총》 14, 1992를 참조.

224 민회수, 〈한국 근대 만국공법 인식의 전통적 기원〉, 《한국사학보》 81, 2020, 188~193쪽.

225 곧이어 《대한매일신보》·《서우》·《대한자강회월보》·《대동학회월보》 등 유력한 매체와 잡지 등도 이 새로운 단어를 사용했다(정욱재, 〈한말 유림의 공사 인식〉, 《역사와현실》 93, 2014, 105쪽).

226 정욱재, 앞의 논문, 2014, 98~102쪽.

227 《황성신문》 1909년 1월 29일, 論說: 敬告社會上僉君子.

228 정욱재, 앞의 논문, 2014, 112~113쪽.

맺음말

1 김선주, 앞의 책, 2020, 67쪽.

2 이하 관련 서술은 별도의 표시가 없는 한《신안지속편》(국립중앙도서관, 古2778-1)을 근거로 하였다.

3 1766년(영조 42) 현재 정주 목사는 이심원李心源이었다(《승정원일기》영조 42년 4월 25일).

4 정주 매향사건에 대해서는 고석규, 〈18세기 말 19세기 초 평안도 지역 향권의 추이〉, 《한국문화》11, 1990; 오수창, 앞의 책, 2002; 김선주, 앞의 책, 2020 등을 참조.

5 김선주, 앞의 책, 2020, 64쪽.

6 《진중일기》 1812년 1월 23일

7 《정조실록》 권 23, 정조 11년 4월 16일.

8 김선주, 〈조선 후기 평안도 정주의 향안 운영과 양반문화〉, 《역사학보》185, 2005, 67~74쪽; 김선주, 앞의 책, 2020, 94~95쪽.

9 배우성, 〈1920년대 피병원 건립 캠페인과 경성 조선인사회—조선 후기적 관성과 식민지 시기의 단면〉, 《서울학연구》56, 2014.

10 배우성, 〈역사적 기억은 어떻게 전유되었는가?—1930년대 봉천 조선인 사회와 삼학사〉, 《개념과소통》25, 2020.

11 마르틴 뤼케·이름가르트 취도르프, 정용숙 옮김, 《공공역사란 무엇인가》, 푸른역사, 2020, 55~56쪽.

12 《역사용어 바로 쓰기》는 본격적인 개념사 연구를 위한 기초 작업을 표방했다. 그러나 개념사가인 나인호가 보기에 '올바름'을 정의하려는 것은 개념사의 공리와 무관하다. 나인호, 《개념의 정치인가 개념의 역사인가—역사용어 바로 쓰기》, 역사비평 편집위원회 엮음, 역사비평사, 2006.

13 한국역사연구회, 《시민의 한국사》1·2, 돌베개, 2022,

찾아보기

중화中華, 사라진 문명의 기준

Chunghwa : the Criteria of a Lost Civilization

2024년 6월 29일 초판 1쇄 발행
2024년 10월 4일 초판 2쇄 발행

글쓴이	배우성
펴낸이	박혜숙
디자인	이보용 김진
펴낸곳	도서출판 푸른역사

  우) 03044 서울시 종로구 자하문로8길 13

  전화: 02)720−8921(편집부) 02)720−8920(영업부)

  팩스: 02)720−9887

  전자우편: 2013history@naver.com

  등록: 1997년 2월 14일 제13−483호

ⓒ 배우성, 2024

ISBN 979−11−5612−277−7 93900